Horizonte I

Geschichte für die Oberstufe

Von der griechischen Antike bis zur Amerikanischen Revolution

Herausgegeben von
Frank Bahr

Erarbeitet von
Frank Bahr, Adalbert Banzhaf und Leonhard Rumpf

westermann

Druck A [8] / Jahr 2016
Alle Drucke der Serie A sind inhaltlich unverändert.

Redaktion: Christoph Meyer
Herstellung: Udo Sauter
Druck und Bindung: westermann druck GmbH, Braunschweig

ISBN 978-3-14-**110929**-0

Inhalt

Inhalt

Horizonte – Geschichte für die Oberstufe

Die beiden Bände des Geschichtsbuches „Horizonte" ermöglichen es dem Lernenden, Horizonte des Vergangenen aus der Perspektive der Gegenwart freizulegen. Dabei soll die bei geschichtlichen Vorgängen vorhandene Interdependenz politischer, wirtschaftlicher, gesellschaftlicher und ideeller Faktoren erkannt werden. Die „Horizonte" gehen daher von einem multi-perspektivischen Ansatz aus, bei dem „klassische" historische Texte mit solchen aus anderen Fachgebieten in jeweils unterschiedlicher Gewichtung kombiniert werden. Im Wesentlichen fanden dabei Politikwissenschaft, Ökonomie, Sozialgeschichte, Ökologie, Kultur-, Mentalitäts- und Frauengeschichte, Sozialpsychologie sowie Ideen- und Rechtsgeschichte Berücksichtigung. Insofern bieten die „Horizonte" in besonderem Maße einen Beitrag zum fächerübergreifenden Lernen.

Rationale Auseinandersetzung und kritischer Umgang mit der deutschen, europäischen und außereuropäischen Geschichte sind notwendige Voraussetzungen für die Gewinnung einer individuellen, sozialen und historischen Identität. Daher soll der Geschichtsunterricht, der in seiner Vergangenheitsdimension auf die Gegenwart und die Zukunft hin ausgerichtet ist, einen wesentlichen Beitrag zur Bildung eines informierten, kritischen und kompromissbereiten Staatsbürgers leisten, der historisch-politische Sachverhalte am Demokratie- und Freiheitspostulat des Grundgesetzes misst und sozial verantwortlich im Sinne des Eintretens für Frieden und Menschenwürde handelt.

Die „Horizonte" sind als Lehr- und Arbeitsbücher konzipiert. Die einzelnen Teilkapitel gliedern sich in einen Darstellungsteil, der die Funktion einer Hinführung, einer zusammenfassenden Übersicht oder eines eigenständigen Informationsangebotes hat und mit einer Chronologie endet, sowie den anschließenden Materialteil mit Texten, Statistiken, Karten, Bildern und Karikaturen, die eine Vertiefung ermöglichen. Ergänzt wird diese Anordnung durch die problematisierenden „Fragen an die Geschichte" und weiterführende „Exkurse". Der Anhang des ersten Bandes „Arbeitstechniken und Methoden" stellt Vorgehensweisen bei der Quellenerschließung und Informationsbeschaffung vor. Hinweise zur Facharbeit, wichtige Internetadressen, ein Lexikon historisch-politischer Grundbegriffe sowie ein Verzeichnis weiterführender Literatur vervollständigen das Angebot. Somit bieten die Bände vielfältige Nutzungs- und Anwendungsmöglichkeiten, inbesondere im Kontext mit selbstständigem Lernen und der Projektarbeit.

Bewusst wurde auf eine detaillierte und hierachisierte Formulierung der Arbeitshinweise am Ende der Teilkapitel verzichtet, um den unterrichtlichen Spielraum nicht unnötig einzuengen.

Bei der Zusammenstellung der Materialien wurde auf eine Mischung von historisch-politischen Primärquellen und wissenschaftlichen Sekundäranalysen geachtet. Die Kombination von authentischen historischen Äußerungen und wissenschaftlichen Analysen eröffnet ein weites Spektrum für eine reflektierte Erschließung der Vergangenheit. Die Hervorbringung von „Geschichte" als soziale Konstruktion kann so zum Gegenstand des Unterrichts werden. Die Erkenntnis von historischen Wirklichkeitsmodellen steht in einer engen Beziehung zu einem kritisch-hinterfragenden Geschichtsbewusstsein. Die Einbeziehung der Theoriebildung entspricht zudem auch den wissenschaftpropädeutischen Anforderungen der gymnasialen Oberstufe.

1. Einführung in die Geschichte

Das Bild zeigt das Forum Romanum, den „Marktplatz“ Roms, gleichsam das Herz des Römischen Reiches in der republikanischen Zeit. Dies war der Ort der Volksversammlung, hier tagte der Senat, hier wurden Gesetze und Staatsverträge archiviert, hier hüteten vornehme Jungfrauen das heilige Staatsfeuer, hier residierte der Pontifex maximus, der oberste Priester.

Im Mittelalter diente das Forum als Steinbruch, aber auch heute noch sind die zum Teil über 2000 Jahre alten Hinterlassenschaften der Römer beeindruckend.

Der gegenwärtige Zustand ist das Ergebnis von Ausgrabungen, die im Wesentlichen im 19. Jahrhundert durchgeführt wurden. Damals bedeckte eine über zehn Meter hohe Schicht aus Schutt und Trümmern das Gelände. Die Archäologen, die mit der systematischen Ausgrabung und Konservierung der Funde befasst waren, mussten sorgfältig Schicht für Schicht abtragen.

So wie die Archäologie in immer tiefere Schichten vordringt und damit in immer weiter zurückliegende Epochen der Menschheit, so versucht auch die Geschichtswissenschaft die Vergangenheit freizulegen. Wortgeschichtlich steckt in „Geschichte“ das Geschehen, aber man kann mit Geschichte auch die Vorstellung von Schichten verbinden. Die Gegenwart bildet – um im Bild zu bleiben – jeweils nur die letzte Schicht in der Kontinuität menschlichen Daseins. So wie im Bereich der technischen Zivilisation zum Beispiel die Gerätschaften (Werkzeuge, Instrumente, Maschinen) und Erkenntnisse (Erfindungen, Know-how) weitergereicht werden, so handelt jede neue Generation auf der Basis dessen, was vorangegangene Generationen politisch, kulturell, rechtlich und moralisch tradiert (übertragen) haben. Keine Generation kann die vorgefundenen Grundlagen ignorieren oder sich von ihnen gänzlich frei machen. Mit einer Tradition kann zweifellos gebrochen werden, aber auch der Traditionsbruch ist ein Teil der gesellschaftlichen Kontinuität, mit der sich die Historiker befassen.

Genauso wenig wie sich Individuen ihrer eigenen Biografie entledigen können, so wenig können Nationen ihre Geschichte verschwinden lassen.

Die historische Wissenschaft beschäftigt sich also immer mit der Vergangenheit. Ihr Gegenstand sind die Veränderungen im Kontinuum der Zeit. Und da diese Veränderungen alle Lebensbereiche umfassen, hat sich die moderne Geschichtswissenschaft in vielfacher Weise spezialisiert und kann sich zum Beispiel auf Staat, Gesellschaft, Wirtschaft, Recht, Technik, Kunst und Familie beziehen.

In der Vergangenheit ist dem historischen Prozess wiederholt eine Finalität (zielgerichtetes Geschehen) unterstellt worden, wobei die Perspektive vom „Gottesstaat“ bis zur „klassenlosen Gesellschaft“ reichte.

Dem ist entgegenzuhalten, dass die Geschichte keinen abgeschlossenen Vorgang bildet und eine Offenheit besitzt, solange die Menschheit eine Zukunft hat.

1.1 Zugänge zur Geschichte

Was ist Geschichte?

Soziales Gedächtnis

Es ist ein Merkmal aller menschlichen Kulturen, dass sie sich mit ihrer eigenen Vergangenheit beschäftigen. In dieser Hinsicht gleichen sie dem einzelnen Menschen. Offenkundig bedarf der Mensch einer Geschichte, weil er selbst eine hat. Was für den Einzelnen die Biografie, das ist für die Gesellschaft das soziale Gedächtnis. In der Aneignung ihrer Geschichte entwickeln soziale Gruppen, zum Beispiel Nationen, ihre Identität. „Wir sind, was wir geworden sind" – so formulierte es der Historiker Hagen Schulze.

Historische Sinnbildung

Die Aneignung der Geschichte folgt offensichtlich einem generationsübergreifenden Bedürfnis nach Selbstvergewisserung und Sinngebung. Mit historischer Sinnbildung ist ein Vorgang gemeint, mit dem im Rahmen der kollektiven Erinnerung dem Vergangenen eine bestimmte Deutung gegeben wird. Die Gesellschaft selbst ordnet das komplexe Geschehen der Vergangenheit: Sie gliedert Epochen, „vergisst" oder betont bestimmte Ereignisse – bis das Vergangene in einer strukturierten Weise wahrgenommen wird. Damit gibt jede Gesellschaft implizit eine Antwort auf die Frage: Was soll erinnert werden?

Funktionen des kollektiven Erinnerns

Als Ergebnis dieses Prozesses wird aus unzähligen Geschichten „die Geschichte":

- Die gemeinsame Geschichte stärkt das kollektive Zugehörigkeitsgefühl einer Gruppe.
- Sie stiftet nicht nur Identität, sondern sie ermöglicht es, die Gegenwart in einen Zusammenhang einzuordnen und besser zu verstehen. Geschichte ist immer Vor-Geschichte.
- Man hat bisweilen die Geschichte als „Lehrmeisterin des Lebens" bezeichnet. Ob und inwiefern man aus der Geschichte lernen kann, das bleibt umstritten. Entgegen einer weitläufig verbreiteten Meinung wiederholt sich die Geschichte nicht. Gleichwohl weisen politische Situationen strukturelle Ähnlichkeiten mit historischen Umständen auf, was Erkenntnis bringend genutzt werden kann. Die Geschichte Deutschlands nach 1945 und ihre „Aufarbeitung" lässt sich nur vor dem Hintergrund des Nationalsozialismus verstehen. Die Gegenwartspolitik spiegelt diese historische Erfahrung wider. Die Verstrickung vergangener Generationen in die Diktatur, in den Krieg und den Völkermord führte zu der Erkenntnis bei Überlebenden und Nachgeborenen, die Verantwortung zu übernehmen. Eine Wiederholung dieses Zivilisationsbruchs war zu verhindern und eine Versöhnung mit den Opfern anzustreben. Das „Nie wieder … !" kann geradezu als Gründungskonsens eines demokratischen und freiheitlichen Deutschlands begriffen werden. Die kollektive Erinnerung findet ihren Ausdruck in Form von Gedenktagen (zum Beispiel der 20. Juli 1944: Attentat auf Hitler, oder der 27. Januar 1945: Befreiung des KZ Auschwitz), Staatsakten, Feierstunden, Fernsehdokumentationen, Publikationen, Lehrplänen und Seminaren.

M 1 **Karikatur** von F. Behrendt, Frankfurter Allgemeine Zeitung, 1985

Geschichte als Rekonstruktion

Es gibt keinen direkten Zugang zur Geschichte. Der Historiker kann die Vergangenheit in ihrer hochkomplexen Form nie wirklich zum Leben erwecken. Die schier unerschöpfliche Fülle und Mehrdeutigkeit des historischen Materials zwingt ihn dazu, eine Auswahl zu treffen und das Vergangene zu rekonstruieren. Er muss das historische Material gliedern, Fakten einordnen, Wirkungszusammenhänge herstellen, sodass im optimalen Fall ein realitätsgerechtes Bild entsteht.

Die Arbeit des Spuren suchenden Historikers wird bereits dadurch beschränkt, dass in der Vergangenheit nicht jede soziale Gruppe gleichermaßen zu Worte kam beziehungsweise überhaupt Spuren hinterlassen konnte. Wir wissen heute zum Beispiel mehr über mittelalterliche Könige und Bischöfe als über den „Gemeinen Mann". Zu bestimmten Zeiten hatte der Klerus fast ein Informationsmonopol, sodass es nicht wundernehmen kann, dass wir Nachgeborenen viel über die geistig-religiösen Aspekte des Mittelalters wissen, hingegen wenig über den Alltag eines durchschnittlichen Landarbeiters.

„Das Normale macht keine Schlagzeilen." Das gilt heute, und das war auch früher so. Dokumentiert und damit überliefert wird nicht das Selbstverständliche, sondern das Aufsehenerregende beziehungsweise das, was man für wichtig hält. Sollten sich zum Beispiel künftige Generationen über unsere Gegenwart nur anhand von Boulevard-Zeitungen (durchaus eine wichtige Quelle!) informieren wollen, so bekämen sie mit Gewissheit ein völlig verzerrtes Bild von unserer Wirklichkeit.

Eine Chronik, die nur auflistet, was war, bringt dem Leser relativ wenig Erkenntnis. Geschichte, wie wir sie heute verstehen, stellt einen komplexen Rekonstruktionsversuch der Vergangenheit dar. Da das historische Material sich nicht von selbst erschließt, muss es vielmehr erst „gelesen" werden. Vielfach fehlen auch Informationen, sodass solche historischen Leerstellen auf plausible Weise überbrückt werden müssen. Das interpretierende Einwirken des Historikers wird auch deutlich in der Differenz zwischen der rein formalen kalendarischen Ordnung und der Periodisierung, die von inhaltlichen Aspekten ausgeht. So vertritt zum Beispiel der britische Historiker Eric J. Hobsbawm die These vom langen 19. und dem kurzen 20. Jahrhundert. Danach setzte das 19. Jahrhundert mit der Französischen Revolution (1789) ein und endete 1914 mit dem Ausbruch des Ersten Weltkrieges. Das 20. Jahrhundert hingegen fing mit dem Ersten Weltkrieg beziehungsweise 1917 an, dem Jahr der Oktoberrevolution in Russland, und endete mit dem Zusammenbruch der kommunistischen Ordnung in Osteuropa beziehungsweise der Auflösung der Sowjetunion (1989/91).

Die Geschichte ist nichts Totes. Neue Erkenntnisse oder auch politische Veränderungen können den Blick auf die Vergangenheit verändern und zu einer Neubewertung führen. Andererseits wirkt die Vergangenheit ständig auf die Gegenwart ein. Gerade im Zusammenhang mit den Nachwirkungen des Dritten Reiches ist des Öfteren von einer Vergangenheit die Rede, „die nicht vergehen will". Wer zum Beispiel eine Antwort auf die Frage sucht, warum nicht der 9. November – der Tag der Maueröffnung – zum Nationalfeiertag des wiedervereinigten Deutschlands erhoben wurde, der findet sie in der Geschichte:

9. Nov. 1989	Öffnung der Mauer
9. Nov. 1938	Pogrom gegen die Juden („Reichskristallnacht")
9. Nov. 1923	Hitler-Ludendorff-Putsch in München
9. Nov. 1918	Novemberrevolution

Erst die Freilegung der historischen Schichten macht deutlich, dass dieses Datum politisch vorbelastet ist. Gleichzeitig veranschaulicht dieses Beispiel den Satz: „Wir sind, was wir geworden sind."

Hermeneutik

Die Erkenntnis, dass im Umgang mit schriftlichen Zeugnissen der Vergangenheit naturwissenschaftliche Erkenntnismethoden nicht anwendbar sind, hat zur Ausformung einer eigenständigen geisteswissenschaftlichen Methode geführt. Diese historisch-philosophische Methode des Verstehens nennt man Hermeneutik. Die Hermeneutik grenzt sich zwangsläufig von den experimentell verfahrenden Wissenschaften ab, weil historische Tatsachen einzigartig und von ihrer Interpretation letztlich nicht zu trennen sind. So ist zum Beispiel der Reichstagsbrand vom 27. Februar 1933 eine Tatsache. Aber erst durch die Interpretation gewinnt das historische Faktum einen wirklichen Aussagewert. Wer hat den Brand gelegt? Wie wurde er politisch ausgenutzt? Welche Folgen hatte er?

Wissenschaftlichkeit

Historisches Material ist selten eindeutig. Die Individualität des Historikers, seine subjektive Wahrnehmung und seine politische Einstellung werden zwangsläufig die Deutung beeinflussen. Auch wenn Geschichtsschreibung stets ein Vorgang der Interpretation und Rekonstruktion des historischen Materials ist, so bedeutet das keineswegs Willkür und Beliebigkeit. Will der Historiker dem Anspruch auf Wissenschaftlichkeit gerecht werden, darf er weder wichtige Fakten ignorieren noch die Überprüfung seiner Deutung verwehren. Informationsquellen müssen von ihm offengelegt werden, und die gezogenen Schlussfolgerungen müssen zumindest plausibel sein.

Die Konkurrenz innerhalb der Fachwissenschaft und eine interessierte Öffentlichkeit sorgen im Übrigen in einer freiheitlichen Gesellschaft erfahrungsgemäß dafür, dass einseitige und falsche Darstellungen der Geschichte nicht unwidersprochen bleiben.

1.2 Die Arbeit des Historikers

Das natürliche Zeitempfinden der Menschen wurde und wird durch den Wechsel der Jahreszeiten geprägt. Die Regelmäßigkeit, mit der Sonne und Mond ihren Lauf verändern, setzte einen zeitlichen Rahmen, der interkulturell gültig war. Darüber hinaus stand die Zeitrechnung über Jahrtausende im Dienst des religiösen Lebens.

Chronologie

Menschen aller Kulturepochen versuchten schon immer, Zeit beziehungsweise Zeitabschnitte zu messen. Die Chronologie stellt ein vorrangiges Ordnungselement für Geschehnisse dar. Die Geschichtsschreibung kennt eine Reihe von unterschiedlichen Zeiteinteilungssystemen.

Während der frühdynastischen Zeit Ägyptens (etwa 3000 v. Chr.) wurde die Jahreszählung zum Beispiel nach kultischen oder einschneidenden politischen Ereignissen vorgenommen, später – ähnlich wie bei den Sumerern in Mesopotamien (etwa 3000 v. Chr.) – nach Königslisten.

Weder die griechische Welt der Antike noch das Römische Reich kannte ein allgemeingültiges und festes Datum, auf das sich alle Jahreszahlen bezogen. In Griechenland hatten fast jede Stadt und jedes Heiligtum eine eigene Chronologie. Im antiken Athen zählte man nach dem vierjährigen Zyklus der Olympiaden (beginnend 776 v. Chr.) und benannte die Jahre nach den Namen des ersten der neun Archonten, den von den Athenern jährlich neu gewählten höchsten Beamten. In Sparta gab es eine Liste der Könige. In diese Listen wurden gelegentlich auch wichtige historische Ereignisse, die zum Beispiel auf Kriege oder Plünderungen hinwiesen, aufgenommen. Es wurden auch Personen erwähnt, die in der Politik eine wichtige Rolle spielten.

Die Jahreszählung während der römischen Ära erfolgte mit Bezug auf die sagenhafte Gründung Roms im Jahre 753 v. Chr. und nach Konsulatsjahren.

Es dauerte lange, bis man die Jahre nach einem Fixpunkt vor- und rückwärts zählte. Das Datum der Geburt Christi ist ein fiktiver, erst nachträglich errechneter Zeitpunkt. Gleichwohl stellt es heute einen weithin akzeptierten Bezugspunkt der Geschichtsdatierung dar. Diese Zählung der Jahre ging auf den römischen Mönch Dionysius Exiguus zurück (525). Sie war bereits im 8. Jahrhundert auf königlichen und privaten Urkunden zu finden. Im hohen Mittelalter wurde sie die gebräuchlichste Form der Datierung, die sich in den folgenden Jahrhunderten als allgemeingültig durchsetzte.

Kalender

Die Aufstellung eines Kalenders im Sinne eines Verzeichnisses der Monate und Tage eines Jahres war an astronomische Beobachtungen gebunden. Die Grundlage der abendländischen Zeitrechnung ist der von C. Julius Caesar nach dem ägyptischen Vorbild erneuerte römische Kalender (1. Januar 45 v. Chr.). Da das julianische Kalenderjahr elf Minuten länger war als das Sonnenjahr (Umlaufzeit der Erde um die Sonne), musste es zu Abweichungen kommen, die nach einer Korrektur verlangten. Darum ordnete Papst Gregor XIII. eine Kalenderreform an (1582). Die notwendige Angleichung wurde unter anderem durch eine Auslassung von zehn Kalendertagen (zwischen dem 4. und dem 15. Oktober 1582) erreicht. Dieser gregorianische Kalender wurde in den römisch-katholischen Ländern über eine päpstliche Bulle sogleich eingeführt, während er sich in den protestantischen Ländern nur zögernd durchsetzte (nach 1700 in Deutschland, Schweden und Dänemark). Der julianische Kalender blieb im Bereich der griechisch-orthodoxen Kirche bis 1918 in Kraft. Hieraus resultieren auch viele Doppeldatierungen, so zum Beispiel für die russische Oktoberrevolution: 25./26.Oktober beziehungsweise 6./7. November 1917.

Der gregorianische Kalender hat sich mittlerweile weltweit durchgesetzt (Japan 1872, Griechenland 1923, Türkei 1927, Volksrepublik China 1949). Lediglich in der islamischen Welt hat sich die Zählung der Jahre nach der Flucht Mohammeds von Mekka nach Medina (622) erhalten.

Von einer anderen Datierung geht die alte jüdische Zählung aus. Diese heute noch im israelitischen Gottesdienst gebräuchliche Zählung beginnt 3761 v. Chr.

Unsere Monatsnamen von September (septem = sieben) bis Dezember (decem = zehn) zeigen noch, dass das Jahr ursprünglich am 1. März begann. Im Jahre 153 v. Chr. wurde bei einer der oft notwendigen Neuordnungen der Jahresanfang auf den 1. Januar gelegt. Trotz starker kirchlicher Bedenken (zum Beispiel wegen heidnischer Neujahrsbräuche) hat sich der Jahresanfang 1. Januar allmählich und seit dem 16. Jahrhundert allgemein in Deutschland durchgesetzt. Eine Datierung nach dem kirchlichen Festkalender (Ostern, Pfingsten, Heiligentage der katholischen Kirche) hielt sich zum Teil bis ins 17. Jahrhundert.

Chronik der Zeitmessung

14. Jahrhundert v. Chr.: Die Uhren der Antike machen das Verrinnen der Zeit am Stand der Sonne oder am sinkenden Wasserspiegel in einem Tongefäß sichtbar. Erstmals erscheint Zeit als objektive, messbare Größe.

12. Jahrhundert: Mechanische Uhren erlauben die Feineinteilung des Tages, zuerst in den Klöstern: Mönche richten ihre Gebete nach dem Stundenschlag.

15. Jahrhundert: Taschenuhren machen die Zeiterfassung allgegenwärtig und mit immer besserer Mechanik minutengenau.

19. Jahrhundert: Im Zeitalter der Industrialisierung wachen Stempeluhren über die Arbeitermassen in den Fabriken: Die Zeit wird zum Maß für geleistete Arbeit.

1844: Die Längengrade mit Nullpunkt Greenwich werden Bezugssystem für den Gang der Uhren weltweit: Die Erde wird auf Gleichtakt geeicht.

1949: Die Atomuhr macht die Zeit auf milliardstel Sekunden genau messbar. Unterdessen hat Einsteins Relativitätstheorie die Vorstellung einer objektiven Zeit widerlegt.

Zit. nach: Der Spiegel 1/1998, S. 96–97.

Griechische Sonnenuhr
(um 300 v. Chr.)

Ägyptische Wasseruhr
(um 100 v. Chr.)

Glockenturm in Assisi
Italien (11. Jahrhundert)

Mechanische Stempeluhr
(19. Jahrhundert)

Royal Observatory auf dem Nullmeridian in Greenwich bei London

Atomuhr in Braunschweig
aus heutiger Zeit

Quellen

Der Zugang zur Geschichte erfolgt zwangsläufig über Zeugnisse menschlichen Handelns. Der Historiker betreibt Spurensuche, wobei alles Hinterlassene zweckdienlich sein kann:

- schriftliche Quellen: Texte,
- Sachquellen: Bilder, Bauwerke und Gegenstände aller Art,
- Bild- und Tonträger: Filme und Tonbänder.

Grundsätzlich unterscheidet man zudem zwischen Primärquellen und historischen Darstellungen. Primärquellen sind Zeugnisse aus erster Hand, die folglich eine große Nähe zum Geschichtsereignis aufweisen. Bei Geschichtsdarstellungen handelt es sich um Texte eines Historikers, die in der Regel auf der Grundlage von Quellen verfasst werden.

Die Unterscheidung zwischen Quelle und Darstellung ist allerdings nicht substanzieller Natur. Das wird insbesondere bei Darstellungen deutlich, die älteren Datums sind und die wie eine Quelle verwendet werden. Die „Geschichte des Peloponnesischen Kriegs" des griechischen Geschichtsschreibers Thukydides (ca. 460–400 v. Chr.) ist zum Beispiel streng genommen eine Darstellung, wird aber heutzutage als Quelle aufgefasst.

Eine weitere begriffliche Unterscheidung bezieht sich auf die Art der Quelle. Es gibt absichtliche Zeugnisse, die speziell für den Zweck der Information von Zeitgenossen und späteren Generationen angefertigt wurden, zum Beispiel Verträge, Urkunden, Gesetze und Testamente.

Allgemein gilt, dass die moderne Geschichtswissenschaft den Rahmen der „traditionellen" Quellen zusehends gesprengt hat. Aufschluss über die Vergangenheit erhofft man sich heute zum Beispiel auch aus der Auswertung von kirchlichen Bußregistern, Zollbüchern, Möbeln und Kleidungsstücken, von Skeletten und Abfallgruben. In diesem Zusammenhang spricht man von unabsichtlichen Quellen, denn sie werden zu einem Zweck genutzt, an den die Urheber nicht gedacht haben.

M 1 **a) Diese Goldmünze zeigt die Kaiserin Agrippina,** die die Tochter des Oberbefehlshabers der römischen Rheinarmee war. Sie hatte 49 n. Chr. den Kaiser Claudius geheiratet und ihn veranlasst, ihren Geburtsort zur Stadt zu erheben. Das war der Beginn der Stadt Köln, dem römischen Colonia Claudia Ara Agrippinensum.

M 1 **b) Das Siegel Heinrichs IV.** aus der zweiten Hälfte des 11. Jahrhunderts. Ein solches Siegel war an den Briefen aus der Kanzlei Heinrichs IV., dem König des Heiligen Römischen Reiches, befestigt. Es bestand aus Wachs oder Blei und sollte die Echtheit des königlichen Schreibens beweisen.

Quellen stehen dem forschenden Historiker nicht für alle Epochen in gleichem Maße zur Verfügung. Während insbesondere seit der Erfindung des Buchdrucks im 15. Jahrhundert eine ungeheure Vermehrung des schriftlichen Quellenmaterials festzustellen ist, nimmt die Quellendichte in Bezug auf weiter zurückliegende Zeiten deutlich ab. Kämpft der Historiker der Neuen Geschichte mit der Unüberschaubarkeit des Quellenmaterials, so leidet der Althistoriker an einem Quellenmangel. Für die frühesten Zeiten menschlicher Geschichte stehen sogar überhaupt keine schriftlichen Aufzeichnungen zur Verfügung. Für diese Zeit kommt naturgemäß den Sachquellen eine entscheidende Bedeutung bei der Spurensuche zu. Auf diesem Feld überschneidet sich die Arbeit des Historikers mit der des Archäologen (Archäologie = Altertumskunde). In den letzten Jahren wurden verschiedene archäologisch-historische Verfahren entwickelt, die eine unentbehrliche Ergänzung zur Analyse schriftlicher Quellen darstellen.

Moderne archäologisch-historische Methoden

Luftbildarchäologie: Mit ihrer Hilfe können oberirdisch nicht sichtbare Denkmäler aufgespürt werden, zum Beispiel Siedlungsreste, Wälle, Gräber.

M 2 Luftbildarchäologie
Aus der Luft noch heute erkennbar: Reste eines römischen Landhauses im Kreis Euskirchen in Nordrhein-Westfalen, erbaut Anfang des 3. Jahrhunderts nach Christus.

Altersbestimmung durch Radiokohlenstoff (C^{14}-Methode): Diese wissenschaftliche Datierungsmethode beruht auf dem physikalischen Tatbestand, dass aus dem Stickstoff der Luft winzige Mengen von natürlichem radioaktiven Kohlenstoff entstehen. Diese Kohlenstoffisotope bezeichnet man als C^{14}. Sie zerfallen nach dem Prinzip der Halbwertzeit, das heißt, sie halbieren sich im Laufe von 5730 Jahren. Der C^{14}-Gehalt des historischen Materials lässt sich vergleichen mit demjenigen eines Materials aus der Gegenwart. Die Differenz ermöglicht dann eine annähernd genaue Altersbestimmung des Fundstücks. Je älter der Untersuchungsgegenstand ist, desto niedriger ist der Anteil an Radiokohlenstoff. Damit nimmt dann allerdings auch die Ungenauigkeit der Messung zu. Die C^{14}-Methode ist nur anwendbar bei biologischem Material, zum Beispiel Holz oder Lebensmittelresten.

M 3 Pollendiagramm vom Roten Moor in der Rhön
Die Pollen spiegeln die Vegetation der Zeit von 800 v. Chr. bis zum Beginn des 20. Jahrhunderts in der Umgebung des Moores. Die erste Spalte gibt die Tiefe der Moorhorizonte an. Die Spalte mit den Getreidepollen lässt eine starke Zunahme des Ackerbaus seit dem beginnenden 9. Jahrhundert und im 12. Jahrhundert sowie den tiefen Einbruch in der zweiten Hälfte des 14. und in der ersten Hälfte des 15. Jahrhunderts erkennen.

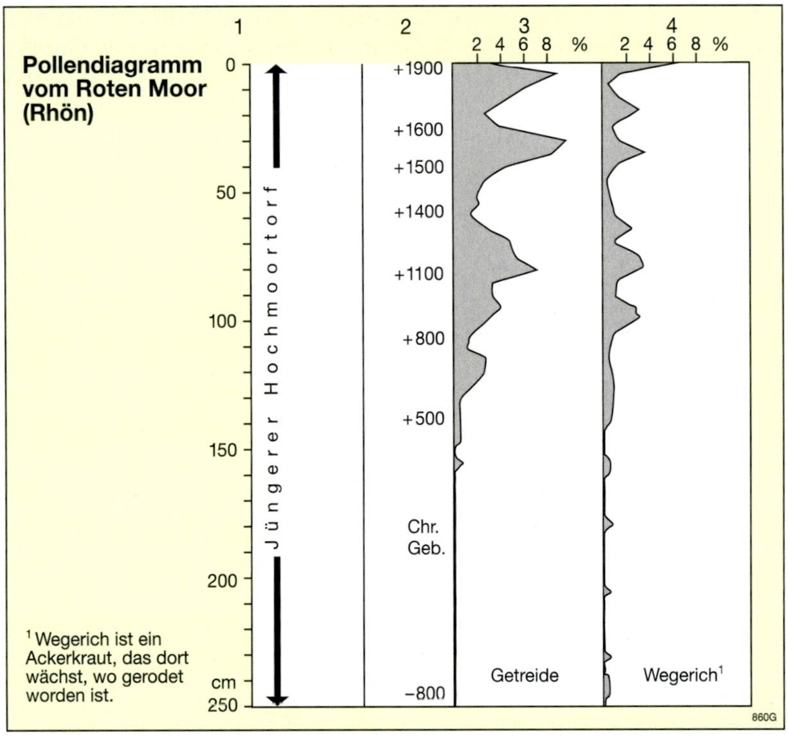

Pollenanalyse: Der Blütenstaub, der sich in luftdicht abgeschlossenen Schichten, zum Beispiel von Mooren, erhalten hat, ermöglicht Rückschlüsse auf das Klima und den Pflanzenbestand vergangener Zeiten. Auch uralte Kloakeninhalte sind für den Historiker von Interesse. Die Zählung von Parasiteneiern (Würmer, Egel) gibt Aufschlüsse zum Beispiel über die Durchseuchung einer Bevölkerung.

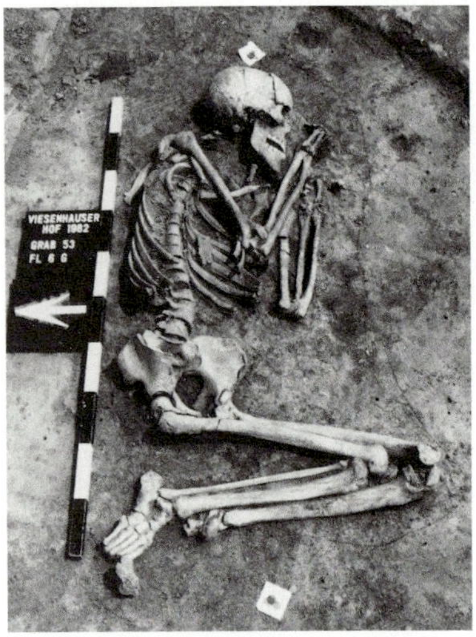

M 4 Eine Grabstätte der Bandkeramik vom „Viesenhäuser Hof" bei Stuttgart-Mühlhausen. Der Tote ist in Schlafstellung als „Hocker" bestattet und in gutem Erhaltungszustand. In modernen Gräbern ist das Knochenmaterial häufig bereits nach 20 Jahren brüchig, etwa 4000 v. Chr.

Dendrochronologie: Auf der Grundlage der Identifizierung von Jahresringen ermöglicht diese Methode die genaue Datierung von Holzfunden. Jahresringe stellen praktisch einen Kalender dar, den die Natur hinterlassen hat. Denn das Wachstum von Bäumen vollzieht sich nicht gleichmäßig, sondern unterliegt jährlichen klimabedingten Schwankungen. Mittlerweile stehen verschiedene Dendrochronologien mit Standardkurven für die verschiedenen Holzarten zur Verfügung, die mehrere Tausend Jahre zurückreichen.

Knochen- und Skelettanalyse: Vor allem Friedhöfe sind zu einem Fundort unentbehrlicher Quellen der Frühgeschichte geworden. Menschliche Skelette dienen der Bestimmung von Geschlecht, Alter und Körpergröße. Erkenntnisse über Krankheiten, Verletzungen, Todesursachen und Lebensweise sind ebenfalls möglich. Beispielsweise lässt der Zahnabrieb Rückschlüsse auf die Ernährungsgewohnheiten zu. Grabbeigaben, wie zum Beispiel Kleidung, Waffen, Keramik, Fibeln, geben unter anderem Aufschluss über Kulturniveau, Jenseitsvorstellungen, Handelsbeziehungen und soziale Zugehörigkeit der Bestatteten.

M 5 Ernährung im Mittelalter

Der Ökologe Karl-Ernst Behre vermittelt ein Bild von der Ernährung in einer frühmittelalterlichen Stadt:

Am besten bekannt geworden aus dieser frühen und fast schriftlosen Zeit ist die frühmittelalterliche (wikingerzeitliche) Stadt Haithabu bei Schleswig, die um 800 gegründet und nach 1 000 zerstört und nicht wieder aufgebaut wurde. Während der großflächigen Ausgrabungen in den sechziger Jahren sind große Mengen von Pflanzenresten und Tierknochen geborgen und bearbeitet worden, die ein recht gutes Bild der Ernährung dieser sich im Frühmittelalter zur Stadt entwickelnden Siedlung geben.

Die Zahl der für die Ernährung in Haithabu nachgewiesenen Pflanzenarten ist erheblich höher als die der gleich alten anderen Siedlungen. An Feldfrüchten standen Gerste, Roggen, Saathafer, daneben Saatweizen, Rispenhirse und Pferdebohne zur Verfügung. Der Lein spielte eine wichtige Rolle als Ölpflanze.

Sehr vielseitig waren in Haithabu die Obst- und anderen Sammelarten, zum Teil wohl zurückzuführen auf die hervorragenden Erhaltungsbedingungen, durch die auch empfindliche Reste seltener Arten überliefert wurden. An Steinobst kultivierte man Pflaumen in großer Zahl, daneben vereinzelt Pfirsiche. Weit mehr Steinobst, und zwar Schlehen und geringe Mengen von Wildkirschen, wurden in Ergänzung dazu in der Umgebung gesammelt. Das Verhältnis von gesammelten zu kultiviertem Steinobst lag in Haithabu bei 10:1 (mit fast 10 000 Fruchtsteinen statistisch gut abgesichert). [...]

Beerenobst war in Haithabu mit acht Arten vertreten, alle gesammelt, wobei heute kaum noch genutzte Beeren, wie Weißdorn oder Eberesche, verwendet wurden. Bucheckern und Haselnüsse deckten etwa die Hälfte des Bedarfs an Pflanzenöl. Zum Würzen des Bieres wurde in großen Mengen Hopfen gesammelt. Als besonders bemerkenswert geht aus den Untersuchungen hervor, dass trotz des städtischen Charakters der Siedlung Haithabu und ihrer weiten Handelsverbindungen fast alle konsumierten Kulturpflanzen von der Siedlung aus oder in ihrer unmittelbaren Umgebung kultiviert worden sind. Importiert wurden nur zwei Luxusgüter pflanzlicher Herkunft: Wein und Walnüsse. [...]

Über 220 000 untersuchte Säugetierknochen aus Haithabu lieferten sichere Informationen zur Fleischernährung. Ein Anteil der Wildtierknochen von nur 0,6 Prozent zeigt, dass die Jagd keinen nennenswerten Beitrag zur Ernährung brachte. Schwein, Rind, Schaf und Ziege summierten sich zu 97,2 Prozent der Haussäugetiere, von denen die letzteren auch der Milcherzeugung dienten. Hühner und Gänse kamen als wichtiges Geflügel hinzu. Weiter spielte der Fischfang, vor allem von Hering, Flussbarsch und Hecht, eine wichtige Rolle.

K.-E. Behre, Die Ernährung im Mittelalter, in: B. Herrmann (Hg.), Mensch und Umwelt im Mittelalter, Stuttgart 1986, S. 81 f.

M 6 Größe der Städte

Die Mittelalter-Historikerin Edith Ennen zeigt, wie schwierig es ist, die Einwohnerzahl einer spätmittelalterlichen Stadt zu errechnen:

Da Angaben in literarischen Quellen vielfach sehr unzuverlässig sind, müssen wir vor allem amtliche Listen zur Berechnung heranziehen, also Häuserlisten, Feuerstättenverzeichnisse, Listen wehrpflichtiger Bürger, Steuerlisten u. dgl. Sie bieten uns auf jeden Fall nur Zahlenangaben der bürgerlichen Häuser oder Haushaltungen. Wir müssen dann den richtigen Multiplikator finden, um zu Einwohnerzahlen zu kommen. Herdlisten sind dafür brauchbarer als Häuserlisten. Man kann gemeinhin 4 bis 5 Personen pro Haushalt rechnen; viel schwieriger ist der Rückschluss vom Haus auf die Einwohnerzahl; denn gerade in größeren Städten mehren sich im ausgehenden Mittelalter die Mietparteien. Auch die Zahl der bebauten Grundstücke ist kompliziert auszuwerten. Ein Rückschluss aufgrund der Stadtfläche ist schwierig, weil die Bebauungsdichten sehr unterschiedlich sind. Die Listen, von denen wir auszugehen pflegen, enthalten im Allgemeinen nur die Vollbürger. Wir müssen uns also überlegen, welche Personengruppen der betreffenden Stadt in der Liste nicht erfasst waren, die Bettler etwa, die zu arm waren, um Steuern zu zahlen. Die große Schwierigkeit, die Unterschichten zu fassen, bedeutet einen erheblichen Unsicherheitsfaktor bei vielen Berechnungen. Aber auch die privilegierten Schichten, die oft Steuerfreiheit genossen, Adel, Klerus, Universitätsangehörige, müssen zahlenmäßig abgeschätzt und hinzugerechnet werden, wollen wir eine Einwohnerzahl der betreffenden Stadt gewinnen.

Eine andere, allerdings nur relativ selten anwendbare Methode zur Berechnung der Einwohnerzahl basiert auf der Feststellung des Lebensmittelverbrauchs. Die Schwierigkeit dieser Methode besteht vor allem darin, dass die einer Stadt zugeführten Lebensmittel nicht alle zum Verbrauch der Stadtbevölkerung, sondern teilweise zum Export bestimmt sind; nur in besonderen Situationen, bei Belagerungen, wirtschaftlichen Blockaden u. dgl., ist diese Berechnungsart anwendbar, wobei aber auch wieder berücksichtigt werden muss, dass in Kriegszeiten Landbevölkerung den Schutz der städtischen Mauern sucht, Söldner in der Stadt sind usw. So erhalten wir mit diesen Methoden nur Näherungswerte.

E. Ennen, Die europäische Stadt des Mittelalters, Göttingen 1979, S. 225 f.

M 7 Urkunden

Den Quellentyp der Urkunde erläutert der Historiker Hansmartin Schwarzmaier:

Urkunden, also Aufzeichnungen über Rechtsgeschäfte, bilden für das Mittelalter die wichtigste, in vielen Bereichen die einzige schriftliche Quelle für die Erkenntnis geschichtlicher Vorgänge. Vor allem in den Bistümern und Klöstern hat man vom späten 8. Jahrhundert an begonnen, zur Rechtssicherung Urkunden über Gütergeschäfte auszustellen, und so verdanken die meisten Dörfer unseres Landes ihre erste namentliche Erwähnung den Urkunden der Klöster Fulda, Lorsch und Weißenburg. Nur wenige der alten Abteien haben ihre ältesten Urkundenschätze, die sie sorgfältig hüteten, bis in die Neuzeit hinein retten können, so das Kloster St. Gallen, in dessen Archiv noch heute nach 1200 Jahren die Originalurkunden über seine ersten Besitzerwerbungen ruhen. [...] Durch viele Jahrhunderte hindurch ist die Urkunde die fast einzige schriftliche Überlieferungsform für Rechts- und Verwaltungsakte geblieben, und auch sie blieb weitgehend auf den geistlichen Bereich beschränkt. Erst im 12. Jahrhundert begann auch der Adel, wenig später die Städte, Aufzeichnungen über ihre Gütergeschäfte zu machen, und so besitzen wir seit dieser Zeit die immer stärker anschwellenden Urkundenarchive der Fürsten, des Adels, der Stifte und Klöster, Städte und Korporationen (Verbände). [...]
Die Urkunde ist an bestimmte innere und äußere Formen gebunden. Die inneren, die sehr gestelzte Rechtssprache, das Formular, nehmen auf den Rechtsinhalt Bezug; die äußeren wiederum hängen von bestimmten Kanzleigewohnheiten ab. Als Beschreibstoff dominierte bis in die beginnende Neuzeit das Pergament, als Beglaubigungszeichen das in Wachs oder Lack geformte, auf die Urkunde aufgedrückte oder an Pergamentstreifen und Schnüren anhängende Siegel. Siegler waren neben dem Aussteller beziehungsweise den Vertragspartnern meist die beim Rechtsakt anwesenden Zeugen – nur König und Papst siegelten in der Regel allein –, sodass wir Urkunden besitzen, an denen bis zu 100 Siegel angebracht sind. Die eigenhändige Unterschrift des Ausstellers begegnet uns erst im 15. Jahrhundert; die älteren Urkunden tragen meist diejenigen der Schreiber und Kanzleibeamten. [...]
Die Urkunde kennzeichnet also – im Gegensatz zu den Akten – eine Endstufe und lässt in den meisten Fällen die Verhandlungen nicht erkennen, die zur Beurkundung geführt haben. Sie sind, verglichen mit dem Meer moderner Überlieferung, erratische [verstreute] Blöcke, die aus der Wüste fehlender Schriftlichkeit herausragen.

H. Schwarzmaier (Bearbeiter), Dokumente zur Geschichte des Oberrheins, Katalog der ständigen Archivalienausstellung im Badischen Generallandesarchiv Karlsruhe, Karlsruhe 1971, S. 6 f.

M 8 Mittelalterliche Urkunde

Städtebündnis gegen den König von Dänemark und die Seeräuber aus dem Jahr 1361 mit den Siegeln von Lübeck, Wismar, Rostock, Stralsund, Greifswald, Stettin, Kolberg und Anklam (von links nach rechts)

M 9 Das Bild als Quelle
Viel Hausrat findet sich auf den Darstellungen der Geburt Mariens, hier ein Tafelbild vom Meister des Eggelsberger Altars, 1481.

Aufgaben

1. Erläutern Sie, welche Rolle die „Zeit" für den Historiker spielt?
   → Text
2. Erstellen Sie eine Übersicht der Mittel, mit denen der Historiker versucht, sich Zugang zur Vergangenheit zu verschaffen.
   → Text, M1–M6, M9
3. Wie kann sich der Historiker ein Bild von der Vergangenheit machen, auch wenn keine schriftlichen Quellen vorliegen?
   → Text, M1–M4, M9
4. In mittelalterlichen Quellen sind Zahlenangaben in der Regel unzuverlässig. Wie kann der Historiker dennoch die Einwohnerzahl einer Stadt annähernd errechnen?
   → M6
5. Charakterisieren Sie die Besonderheiten einer Urkunde. Erläutern Sie, welche Bedeutung Urkunden als Geschichtsquelle haben.
   → Text, M7, M8
6. Werten Sie das Bild im Hinblick auf die hygienischen Verhältnisse und die Haushaltsausstattung aus.
   → M9

1.3 Formen historischer Darstellung

Deutung von Geschichte

Die Geschichtsphilosophie hat eine Reihe von Gedankensystemen über den Gesamtverlauf der Geschichte entwickelt.

Der griechische Dichter Hesiod (um 700 v. Chr.) gab in der Sage von den Zeit- oder Weltaltern erstmalig eine Deutung der Menschheitsentwicklung. Ausgehend von einem paradiesischen (goldenen) Zeitalter beinhaltet sein Entwurf eine Periode der allmählichen Verschlechterung bis zur Entartung durch Habgier und Krieg (silbernes, bronzenes und eisernes Zeitalter).

Der griechische Historiker Polybios (zirka 200–120 v. Chr.) betrachtete den Verlauf der Geschichte als Abfolge von Werden und Vergehen (zyklisches Geschichtsbild). Für das Mittelalter war das Geschichtsbild des Christentums ausschlaggebend. Das Christentum nahm einen linearen und einmaligen Ablauf der Geschichte an – beginnend mit der Schöpfung und endend beim Jüngsten Gericht (Augustinus, 354–430). Im Gegensatz zu den antiken und mittelalterlichen Theorien eines „göttlichen“ und vom Menschen nicht beeinflussbaren Geschichtsablaufs wird seit der Aufklärungszeit die Geschichte als ein vom Menschen gestalteter Prozess gedacht. Die bekanntesten Geschichtsphilosophen des 18. und 19. Jahrhunderts sind Immanuel Kant (1724–1804), Johann Gottfried Herder (1744–1803), Antoine Condorcet (1743–1794), Georg Wilhelm Friedrich Hegel (1770–1831) und Karl Marx (1818–1883).

Hegel war ein äußerst einflussreicher deutscher Philosoph. Er interpretierte die Weltgeschichte als einen Fortschrittsprozess, der sich dialektisch vollzieht. Die Dialektik wird als Bewegungsgesetz der Geschichte verstanden. Ihr zufolge schreitet die Geschichte entsprechend dem Dreischritt von These, Antithese und Synthese voran. Marx übernahm dieses Geschichtsverständnis, stellte aber – nach eigenen Worten – Hegel vom Kopf auf die Füße, indem er nicht in den Ideen das bewegende Moment der Geschichte sah, sondern in den ökonomischen Verhältnissen (Historischer Materialismus).

Für einige Denker des 20. Jahrhunderts scheint sich die Geschichte der Menschheit analog zum Geschehen in der Natur zyklisch zu vollziehen. So wie Lebewesen entstehen und vergehen, so gibt es auch in Bezug auf die unterschiedlichen Zivilisationen Geburt, Wachstum und Verfall. Die Geschichte Roms diente bei dieser Geschichtsphilosophie als Modell (Oswald Spengler, 1880–1936; Arnold Toynbee, 1889–1975).

Der Historiker Jakob Burckhardt formulierte einst: „Geschichte ist, was ein Zeitalter an einem anderen interessiert.“ In der Geschichtsschreibung dominierte lange Zeit die „klassische“ Politikgeschichte, in deren Mittelpunkt die Staaten und deren Machtausübung standen. Seit dem 19. Jahrhundert erweiterte sich das historische Interesse hin zu einer Gesellschaftsgeschichte, die sich nicht nur der Herrschaft, sondern auch den Bereichen Arbeit und Kultur zuwandte.

Historismus

Im 19. Jahrhundert bildete der so genannte Historismus die vorherrschende Form der Geschichtsbetrachtung. Maßgeblich beeinflusst von Leopold von Ranke (1795–1886), ging er von der Einmaligkeit und

Unvergleichlichkeit vergangener Zeiten aus. Aufgabe des Historikers sei es, durch einfühlendes Verstehen die Andersartigkeit der Vergangenheit ins Bewusstsein zu holen. Im 19. Jahrhundert bildete der Historismus die Basis der deutschen Nationalgeschichtsschreibung.

Strukturgeschichte

Ein vom Historismus und seiner geisteswissenschaftlichen Ausrichtung abweichendes Modell der historischen Erkenntnisgewinnung wurde im 20. Jahrhundert in Frankreich entwickelt. Diesem zufolge stehen nicht die Individualität von Personen und die Chronologie von Ereignissen im Mittelpunkt, sondern übergreifende historische Strukturen. Die Zeit und ihre unterschiedlichen Rhythmen wurden einer genaueren Betrachtung unterzogen. Dabei differenzierte man zwischen drei unterschiedlichen Zeitebenen: Ereignis, Konjunktur und Struktur.

M 1

Zeit-Begriff	Zeit-Maß	Beispiel 1	Beispiel 2	Beispiel 3
Ereignis	kurze Zeit (Tage bzw. Wochen)	„Reichskristallnacht" 9. Nov. 1938	Hinrichtung Ludwigs XVI. 21. Jan. 1793	Verbrennung von 28 Hexen Hallstatt, 7. Feb. 1618
Konjunktur (größerer Zusammenhang)	mittlere Zeit (Monate bzw. Jahre)	3. Reich 1933–1945	Französische Revolution 1789–1799	Viehseuchen und schlechte Ernten 30jähriger Krieg 1618–1648
Struktur (lange Dauer)	lange Zeit (Jahrzehnte bzw. Jahrhunderte)	Antisemitismus	Aufklärung Entsakralisierung des Königtums	duale Weltsicht: „Realität" des Teufels Unterscheidung von Gut und Böse

- geografische Lage → z. B. Insel
- klimatische Bedingungen → z. B. Niederschlagsmengen
- demografische Bedingungen → z. B. Bevölkerungsgröße
- biologische Dispositionen → z. B. Anfälligkeit für Seuchen
- mentale und kulturelle Einstellungen → z. B. Glaubensformen und Weltbilder
- ökonomische Strukturen → z. B. Landwirtschaft und Industrie
- gesellschaftliches Ordnungsgefüge → z. B. Stände oder Schichten

Diese Sichtweise des Historischen hat die europäische Historiografie nachhaltig beeinflusst. Sie verbindet sich mit den französischen Historikern Lucien Febvre und Marc Bloch und der von ihnen begründeten Zeitschrift „Annales" (seit 1929). Eigentlich bezeichnet man mit Annalen (lat. annus, das Jahr) eine altertümliche Form der Geschichtsschreibung, in der Ereignisse – nach Jahren geordnet – aufgelistet wurden. Die französischen Historiker definierten aber davon abweichend Geschichte als „Wissenschaft vom Menschen". Den materiellen und geistigen Gütern des täglichen Lebens schenkten sie eine größere Aufmerksamkeit. Das menschliche Handeln in seiner gesamten Bandbreite sollte erforscht und dargestellt werden, was die Zusammenarbeit mit anderen Disziplinen erforderlich machte. Geografie, Psychologie, Wirtschaftswissenschaft und Ethnologie (Völkerkunde) wurden systematisch einbezogen. Alltags- und mentalitätsgeschichtliche Untersuchungen rückten in den Mittelpunkt. Man erforschte kollektive seelische Befindlichkeiten. Die Menschen mit ihren Gefühlen (zum Beispiel Ängsten), Vorstellungen und kulturellen Handlungen bildeten nunmehr ein Thema der Historiografie.

Verordnete Geschichte in der DDR

Es hat immer wieder Versuche gegeben, die Geschichte mit einem Ziel zu versehen. Es ist ein verführerischer Gedanke, dem Ablauf der Geschichte Gesetze zu unterlegen und damit ihre Berechenbarkeit beziehungsweise Prognostizierbarkeit zu unterstellen. Im 19. und 20. Jahrhundert kam diesbezüglich dem Historischen Materialismus (Karl Marx, Friedrich Engels, Wladimir Iljitsch Lenin und anderen) eine herausragende Bedeutung zu. Der marxsche Geschichtsentwurf ging von einer gesetzmäßigen Evolution in Richtung auf eine kommunistische Gesellschaftsordnung aus. Er hat sich als unrichtig erwiesen.

M 2 Das Verhältnis der DDR zur Geschichte

In den sechziger Jahren versuchte die DDR verstärkt, sich als zweiter deutscher Staat neben der Bundesrepublik Deutschland zu etablieren. In diesem Zusammenhang stand auch die Abkehr von den ausschließlich revolutionären Traditionslinien der deutschen Geschichte. Daher hatte sich die SED zu einer positiveren Bewertung Luthers, Friedrichs des Großen und Preußens im Allgemeinen entschlossen.
Zu sehen ist Walter Ulbricht – Vorsitzender der Staatspartei SED von 1950 bis 1971. Hammer und Zirkel waren die Hoheitszeichen der DDR, Karikatur aus der Süddeutschen Zeitung, 1967.

Insbesondere in totalitär beziehungsweise diktatorisch regierten Staaten gibt es die Tendenz, eine bestimmte Sichtweise „von oben" zu verordnen. Die Geschichte wird dabei für legitimatorische Zwecke missbraucht, das heißt, die Herrschenden benutzen die Geschichte zur Rechtfertigung ihres Machtanspruchs. Das galt nicht nur für die nationalistische und biologistische Geschichtsinterpretation im Dritten Reich, sondern – in noch konsequenter praktizierter Form – für die marxistisch-leninistische Historiografie in der ehemaligen DDR. Wie in George Orwells Roman „1984" unterlag die Geschichtsschreibung in der DDR wie in den anderen kommunistischen Ländern einer ständigen Kontrolle durch die Regierenden. Die Staatspartei SED beanspruchte ein historisches Wahrheitsmonopol gemäß dem Motto: „Wahrheit ist, was der Partei nutzt." Im Gegensatz zum als „bürgerlich" abgewerteten Wissenschaftsideal wurde Parteilichkeit von Staats wegen gefordert.

Die Instrumentalisierung der Geschichte diente dazu, die führende Rolle der SED in Staat und Gesellschaft zu legitimieren. Ausgangspunkt war dabei die marxistisch-leninistische Geschichtskonzeption, in der die DDR sich als höchste Stufe der historischen Entwicklung in Deutschland darstellte. Weitere Konstanten der Geschichte bildeten die Gesetzmäßigkeit der Entwicklung zum Sozialismus, der Klassenkampf, die Kraft der Arbeiterbewegung und die führende Rolle der Sowjetunion. In diesem Sinne wurden die Lehrbücher für Schulen und Bildungseinrichtungen einer scharfen inhaltlichen Zensur unterzogen. Es gab folglich keine Wahl zwischen inhaltlich konkurrierenden Geschichtsbüchern. Die Publikationen innerhalb der DDR durchliefen einen mehrstufigen Zensurprozess, wobei die Fäden im für Ideologie zuständigen ZK-Sekretariat der SED zusammenliefen. Gedrucktes Material aus dem Westen (Zeitungen, Zeitschriften, politische Bücher) wurde regelmäßig bei der Einreise in die DDR konfisziert.

Historische Kontroversen

Historische Kontroversen verweisen darauf, dass es in der freiheitlichen Demokratie *die* historische Wahrheit und mithin ein in sich geschlossenes Geschichtsbild nicht geben kann – und auch nicht geben darf. Im Folgenden werden einige Streitpunkte skizziert.

Fischer-Kontroverse

Auslöser für die „Fischer-Kontroverse“ war eine Publikation des Hamburger Historikers Fritz Fischer im Jahre 1961 mit dem Titel: „Griff nach der Weltmacht. Die Kriegspolitik des kaiserlichen Deutschland 1914/18.“ In ihr kam er aufgrund neuen Quellenmaterials zum Ergebnis einer maßgeblichen Schuld Deutschlands am Ersten Weltkrieg. Fischer stellte sich mit dieser Interpretation in Gegensatz zur vorherrschenden Sicht, nach der es sich 1914 um eine defensive „Selbstbehauptung des Reiches“ gehandelt habe.

Fischers Thesen zielten darüber hinaus auch auf die Kontinuität deutscher Eliten vom Kaiserreich zum Nationalsozialismus. Fischer machte sie für die aggressive Außenpolitik verantwortlich.

Historikerstreit

Der so genannte Historikerstreit in den achtziger Jahren nahm die Form einer weit über die Fachwissenschaft ausgreifenden öffentlichen Diskussion an. Auslöser dieser leidenschaftlich geführten Debatte war ein Aufsatz des Philosophen und Soziologen Jürgen Habermas von 1986, in dem dieser die These des Historikers Ernst Nolte scharf angriff. Nolte hatte – zugespitzt formuliert – den nationalsozialistischen Holocaust als Reaktion auf die kommunistische Massenvernichtung in der Sowjetunion interpretiert. Habermas und in der Nachfolge viele andere Historiker und Publizisten sahen darin den Versuch, die deutsche Schuld an den Nazi-Verbrechen zu relativieren. Im weiteren Verlauf der Debatte ging es auch um die Frage der „Singularität“ von Auschwitz: Könne beziehungsweise dürfe ein solches Ereignis historisiert und mit anderen Formen des Genozids (Völkermords) verglichen werden?

Wehrmachtsausstellung

Seit 1995 wurde in verschiedenen deutschen Städten eine anklagende und emotionalisierende Ausstellung über die Verbrechen der Wehrmacht im Zweiten Weltkrieg gezeigt. Ausgerichtet vom Hamburger Institut für Sozialforschung (Jan-Philipp Reemtsma), zog sie in den folgenden vier Jahren über 800 000 Menschen an. Eine weitgehend polarisierte Öffentlichkeit diskutierte in diesem Zusammenhang, inwieweit „normale“ Soldaten in die nationalsozialistischen Verbrechen verstrickt gewesen waren. Außerdem ging es auch um die Authentizität des ausgestellten Bildmaterials.

Goldhagen-Debatte

Eine andere Kontroverse der jüngeren Zeit drehte sich um das Buch des amerikanischen Politikwissenschaftlers Daniel Goldhagen: „Hitlers willige Vollstrecker. Ganz gewöhnliche Deutsche und der Holocaust“ (1996). Der Politikwissenschaftler lenkte dabei die Aufmerksamkeit auf die Täter und deren Motive. In diesem Zusammenhang untersuchte er das mörderische Handeln von Polizeibataillonen, die hinter der Front an der Durchführung des Holocausts beteiligt waren.

Goldhagen zufolge war dem deutschen Volk – schon lange vor 1933 – ein „eliminatorischer Antisemitismus“ eigen, der darauf abzielte, die Juden aus der Gesellschaft auszustoßen beziehungsweise auszurotten. Goldhagens Thesen fanden in der Öffentlichkeit große Resonanz, wurden aber von der historischen Fachwissenschaft weitgehend abgelehnt.

Anleitung zur Analyse geschichtlicher Darstellungen

- Welche Themen beziehungsweise Inhalte werden dargestellt?
- Wie werden die Themen beziehungsweise Inhalte dargestellt: distanziert, engagiert, affirmativ, einseitig, kritisch, polemisch?
- Sind die Aussagen empirisch überprüfbar?
- Nimmt der Autor erkennbare Wertungen vor?
- Stehen Informationen über den Autor zur Verfügung?
- Sind im Falle von Beurteilungen die Begründungen nachvollziehbar?
- Auf welche Fragestellungen sucht beziehungsweise gibt der Autor eine Antwort?
- Aus welcher Perspektive schreibt er?
- Wie wurde das Material ausgewählt? Sind bestimmte Lücken oder Auslassungen erkennbar?
- Vertritt der Verfasser ein bestimmtes Interesse?
- Vermittelt die Lektüre einen Erkenntnisgewinn?
- Hält sich der Autor an die methodischen Vorgaben für eine wissenschaftliche Arbeit?
- Wie schreibt der Autor: abstrakt, konkret, anschaulich, lebendig?
- Ist ein Zweck der Darstellung ersichtlich: Propaganda, Legitimation, Kritik, Information?

M 3 Geschichtsschreibung

Im Vorwort zu seiner „Geschichte des Peloponnesischen Kriegs" erläutert der griechische Historiker Thukydides (ca. 460–400 v. Chr.) seine methodische Vorgehensweise:

Thukydides aus Athen hat den Krieg des Peloponnesischen Bundes und der Athener, so wie sie ihn gegeneinander geführt haben, aufgezeichnet. Er hat damit gleich bei seinem Ausbruch begonnen in der Erwartung, dass er [der Krieg] groß sein werde und denkwürdiger als alle vorausgegangenen. Dies schloss er aus der Tatsache, dass beide Teile, als sie in den Krieg zogen, mit aller Rüstung auf der Höhe ihrer Kraft standen, und aus der Beobachtung, dass

Thukydides

das übrige Griechenland der einen oder der anderen Partei beitrat, und zwar zum Teil sofort in der Tat, zum Teil wenigstens in der Absicht. So ist dies denn wirklich die größte Erschütterung geworden nicht nur für die Hellenen, sondern auch für eine Gruppe der Barbaren, ja, man kann wohl sagen, für den größten Teil der Menschheit. [...]

Was die Reden betrifft, die die Einzelnen vor ihrem Eintritt in den Kampf oder bereits im Kriege gehalten haben, so war es schwierig, den genauen Wortlaut des Gesprochenen im Gedächtnis zu behalten, und zwar ebenso für mich, wo ich sie selbst gehört habe, wie für die Gewährsleute, die mir solche von irgendwo andersher berichteten. Wie ich mir habe vorstellen können, dass der Einzelne gesprochen haben würde, wenn er das jeweils Erforderliche am besten sagen wollte, wobei ich mich so eng als möglich an den ganzen Sinn des wirklich Gesagten hielt – so wird bei mir geredet. Was aber die Begebenheiten, die im Kriege ins Werk gesetzt wurden, angeht, so habe ich es nicht für meine Aufgabe gehalten, sie niederzuschreiben, wie ich sie auf gut Glück erfuhr, noch auch so, wie ich sie mir allenfalls zurechtlegen konnte, sondern indem ich sowohl den Dingen, bei denen ich selbst dabei war, als auch dem, was ich von anderen erfuhr, mit höchstmöglicher Gewissenhaftigkeit im Einzelnen bis aufs Letzte nachging. Das war ein mühsames Forschen, weil die Augenzeugen jeweils nicht dasselbe über dieselben Ereignisse aussagten, sondern so wie jede Partei in ihrem Gefühl oder ihrem Gedächtnis befangen war. Auf den Leser wird meine Darstellung bei ihrem Mangel an Fabelhaftem wenig unterhaltsam wirken. Wer aber wissen will, wie es wirklich gewesen ist und also, bei der Natur des Menschen, in Zukunft immer wieder so oder so ähnlich zugehen wird – wenn so einer das Buch nützlich findet, so soll mir das genügen. Zum dauernden Besitz der Menschheit, nicht für den augenblicklichen Erfolg bei den Lesern ist es verfasst worden. [...]

Zit. nach: W. Lautemann, M. Schlenke (Hg.), Geschichte in Quellen, Altertum, München 1965, S. 213 f.

M 4 Geschichte und Gesellschaft

Der Politikwissenschaftler Ekkehart Krippendorff unterscheidet vier Typen des historischen Verständnisses:

Während das Tier – von relativ minimalen Prozessen abgesehen – immer bei seiner Geburt wieder am Nullpunkt des Lernens einsetzt, beginnt das Kulturwesen Mensch immer mit dem Erbe gespeicherten Erfahrungswissens seiner Eltern und Vorfahren, das ihm mittels kodifizierter [hier: Regeln setzender] Informationen vermittelt wird: von den ungeschriebenen Verhaltensregeln seiner Kultur, über die Sprache [...] bis hin zu Bild und Schrift. Insofern ist Gesellschaft immer zugleich geschichtlich und ist Zeit bzw. Zeit-Bewusstsein die Bedingung der Möglichkeit von Gesellschaft überhaupt. [... es] lassen sich vier Typen historischen Verständnisses unterscheiden, die sehr grob auch den Phasen sozialer Evolution entsprechen.

Erstens finden wir das, was man als „magische Geschichte" bezeichnen kann: Religion als Erklärungshorizont der Zeitlichkeit, des Woher und des Wohin unter den Bedingungen eines hohen Maßes von Abhängigkeit und von relativer Ohnmacht gegenüber der Natur – der Mensch als Spielball willkürlicher Götter und ihrem Willen, ihren Gesetzen unterworfen. Der den Willen – die Verheißungen und Drohungen – der Götter interpretierende Priester ist „Historiker" im Sinne seiner Befähigung zur Sinngebung von Existenz.

Zweitens finden wir Geschichte als Legitimation von Herrschaft: Die göttliche Herkunft von Dynastien ebenso wie die ideologische Untermauerung von Herrschaftsansprüchen erscheint im Gewande von geschriebener Geschichte – im klassischen Rom als Bestandteil der Ausbildung der herrschenden Klasse in „Rhetorik", im Mittelalter finden wir die Hofchronisten.

Drittens dient Geschichte als säkularisierte [weltliche] Orientierungshilfe bzw. konkreter, als Lehre vom Fortschritt. In dieser Form erscheint sie – in Westeuropa zumindest – mit dem Ende des Mittelalters (die ersten Universitätslehrstühle für Geschichte werden im 17. Jahrhundert eingeführt), und zwar als Begleiterscheinung zur Auflösung der Feudalordnungen bzw. zu der vom Bürgertum getragenen kapitalistischen Revolution. [...] Geschichte wird nun als Wissenschaft möglich, und zwar im Kontext des präzedenzlosen [beispiellosen] Aufschwungs der Wissenschaften überhaupt, „und die Historiker, auf der Suche nach festen Regelmäßigkeiten, die sie zu [Gesetzen] erheben könnten, stießen sehr bald auf etwas, das von den Naturwissenschaften selbst nahegelegt wurde: das Gesetz menschlichen Fortschritts." [...]

Viertens schafft Geschichte sodann als Wissenschaft die Voraussetzungen für die Herausbildung einer Wissenschaft von der Gesellschaft, indem sie auf dem „Umweg" über die Erkenntnis, dass menschliche Evolution – der „Fortschritt" – nicht von Göttern, sondern von Menschen vollbracht wurde und wird und schließlich vorstößt zur Entdeckung der Gesetze sozialer Reproduktion. Der historische Prozess des Aufstiegs und Untergangs von Kulturen und der Konflikt zwischen diesen erscheint als Abfolge bzw. Konkurrenz unterschiedlicher Produktionsweisen, unterschiedlicher Formen, in denen Menschen sich reproduzieren [d. h. das Fortbestehen der Gesellschaft sichern].

E. Krippendorff, Internationale Politik, Geschichte und Theorie, Frankfurt/M./New York 1987, S. 49 ff.

M 5 Gesetzmäßigkeit der Geschichte?

Der Historiker Sebastian Haffner setzt sich mit der Frage auseinander, warum vom hegelianisch-marxistischen Geschichtsbild eine so große Faszination ausging:

Alle die großen Geschichtssystematiker und Geschichtspropheten fußen natürlich irgendwie auf Hegel, der als erster den Gedanken verkündete, dass die Geschichte eine Gesetzmäßigkeit, ein inneres System, einen Sinn habe, dass sich, in seinen Worten, der Weltgeist in der Geschichte verwirkliche. Auch dass er es mittels eines dialektischen Prozesses tue, glaubte der alte Hegel schon herausgefunden zu haben, allerdings war er vorsichtiger als seine Nachfolger: Er hütete sich vorm Prophezeien. Was der Weltgeist jeweils in der Geschichte vorgehabt hatte, das erfuhren wir bei Hegel immer erst hinterher. Solange Napoleon siegte, war er der Weltgeist zu Pferde, als er dann unterlag, hatte es sich der Weltgeist eben anders überlegt, und Napoleon hatte die Geschichte nicht mehr auf seiner Seite – sehr einfach.

[...] Der große unkorrigierbare Grundfehler nämlich, den alle Geschichtssystematiker und alle Geschichtsdeuter begehen, liegt meiner Meinung nach darin, dass sie die Geschichte als etwas objektiv Gegebenes ansehen, eine Summe jederzeit greifbarer und erforschbarer Realitäten wie die Natur. Besonders bei Marx wird das ganz explizit [ausgesprochen]. Der Grundgedanke des historischen und dialektischen Materialismus ist ja gerade, dass menschliche Geschichte einfach eine Fortsetzung des natürlichen Evolutionsgeschehens ist, und dass Geschichtsgesetze also sozusagen eine Fortschreibung der Naturgesetze sind. [...] Aber auch bei den anderen Geschichtssystematikern spürt man als Grundimpuls, ich möchte fast sagen, eine Art Neid auf die Naturwissenschaften.

Der große Erfolg der Naturwissenschaften hat den Wunsch nach einer Geschichtswissenschaft erzeugt. Wenn der Mensch als Naturwissenschaftler dem Schöpfer sozusagen seine Tricks abgucken und sich dadurch in die Lage versetzen konnte, selbst ein wenig Gott zu spielen, sollte er es dann nicht auch bei dem so viel interessanteren Gegenstand seiner eigenen Vergangenheit tun können? Der Gedanke hat unbedingt etwas Verführerisches, sogar Berauschendes. Der Mensch als Herr der Natur, schön und gut; aber nichts verglichen mit dem Menschen als Herrn der Geschichte.

Erst der Mensch, der seine eigene Vergangenheit so durchschaut und beherrscht, wie er die außermenschliche Natur zu durchschauen und zu beherrschen gelernt hat, erst der wird wirklich sein eigener Herr. Die Beherrschung seiner Vergangenheit nämlich macht ihn dann auch zum freien Gestalter seiner Zukunft. Das ist der berühmte Sprung aus dem Reich der Notwendigkeit in das Reich der Freiheit. Wie gesagt, ein höchst verführerischer Gedanke, aber einer von den Gedanken, die den Wunsch zum

Vater haben. Mit dieser Art von Gedanken ist es bekanntlich meist nichts – und so auch mit diesem. Eine Geschichtswissenschaft, die mit der Naturwissenschaft vergleichbar wäre, gibt es nicht und kann es nicht geben, aus einem sehr einfachen Grunde: Die Natur ist Gegenwart, die Geschichte aber befasst sich mit Vergangenheit. Gegenwart ist real, konkret, erforschlich. Vergangenheit aber ist eben nicht mehr real, sie ist irreal geworden. Die Zeit hat sie uns entrückt, es gibt sie nicht mehr, daher kann man sie auch nicht mehr erforschen.

S. Haffner, Was ist eigentlich Geschichte?, in: dgl., Im Schatten der Geschichte, Stuttgart 1985, S. 13 ff.

M 6 Zyklisches Geschichtsdenken: Das Rad der Fortuna

Schicksalsdenken ist eine grundlegende Kategorie der menschlichen Lebensauffassung. Verblüffenderweise lebte im christlichen Mittelalter neben der Hoffnung auf göttliche Führung auch der antike Fortuna-Begriff, vereint mit der Aussage von der Unerforschlichkeit göttlicher Ratschläge, aus breiter Gedankentradition vermittelt durch das Bild vom Glücksrad in der Schrift „Vom Trost der Philosophie“, die der todgeweihte Boethius 524 im Kerker Theoderichs verfasst hatte. Nach einer französischen Handschrift des 15. Jahrhunderts. Die Aussprüche lauten: Regno, ich regiere, bei der Figur oben; regnabo, ich werde regieren, bei der aufsteigenden Figur; Regnavi, sum sine Regno, ich habe regiert, ich bin ohne Reich, unter dem Rad. Das Rad der Geschichte, zu dem dieses Glücksrad durch den Bezug auf die Könige geworden ist, vermittelt übrigens auch eine technische Neuerung: Aus der Kurbel, die seit der Spätantike bekannt war, wurde in Räderwerken des 14. Jahrhunderts die Nockenwelle entwickelt.

Aus: F. Seibt, Glanz und Elend des Mittelalters, Berlin 1987, S. 394.

M 7 „Wir sind, was wir geworden sind.“

Der Geschichtswissenschaftler Hagen Schulze geht der Frage nach, inwiefern sich historisches Wissen nutzen lässt:

Die Geschichte erteilt keine direkten Handlungsanweisungen. Keine historische Situation ist einer anderen Situation völlig gleich. [...]
Man kann aber auch, wie der Fall des Bonner Grundgesetzes zeigt, aus der Geschichte zu lernen suchen, indem man die Wiederholung komplexer historischer Konstellationen und Entwicklungen zu vermeiden trachtet. Nicht die Analogie, die Gleichheit von Entscheidungssituationen, wird hier angenommen, sondern die Ähnlichkeit längerer historischer Verläufe und Strukturen mit Gegenwärtigem. Hier befindet man sich auf festerem Boden. Es gibt die Geschichten der großen Tendenzen, der typischen Verlaufsformen, der charakteristischen Grundmuster, über die wir angesichts unserer historischen Erfahrung allgemeine Aussagen machen können. Das beginnt mit Sätzen über das übliche Verhalten von Menschen unter bestimmten Umständen, etwa: „Macht korrumpiert“, oder: „In Zeiten wirtschaftlicher Schwierigkeiten nehmen politische Unruhen zu“, oder: „Kein Regierungssystem hat auf die Dauer Bestand ohne einen Grundkonsens zwischen den direkt oder indirekt an der Machtausübung Beteiligten“. Es gibt lang anhaltende Strukturen, die das Verhalten der Menschen beeinflussen, begrenzen und bestimmte Handlungs- und Reaktionsweisen wahrscheinlicher machen als andere. Staaten ohne ausreichende Ernährungsbasis für ihre Bevölkerung sind normalerweise anders organisiert und neigen zu anderen wirtschaftlichen Verhaltensweisen als Staaten, deren eigene Ressourcen die Bevölkerungsbedürfnisse hinreichend befriedigen. Die politischen Rahmenbedingungen eines Inselstaats sind wesentlich andere als die eines von vielen Nachbarn umgebenen Kontinentalstaats, und das hat typische Auswirkungen auf deren jeweilige Geschichte.
Das alles sind Regelmäßigkeiten, die wir historisch ableiten und zur Erklärung heutiger Ereignisse und Entwicklungen nutzen können. Weil es solche durch die Historie bewährten politischen, wirtschaftlichen und gesellschaftlichen Regelannahmen gibt, sind

wir auch imstande, diese Regeln für die Zukunft zu ändern, indem wir einzelne ihrer Bedingungen verändern. Wenn die aus der Geschichte der Weimarer Republik gewonnene Regel lautet: „Falls eine Demokratie nicht durch Tradition fest verankert ist, neigt ein Volk in Krisenzeiten dazu, die Grundlagen dieser Demokratie mithilfe der demokratischen Regeln zu beseitigen", dann liegt es nahe, für die Zukunft die demokratischen Regeln so zu gestalten, dass sie nicht mehr als Waffe gegen die Demokratie als solche verwendet werden können: Man merzt also plebiszitäre Elemente [Plebiszit = Volkentscheid] aus der Verfassung aus, erklärt einen Teil der Verfassung – den Grundrechtskatalog und das Föderalismusprinzip – für unabänderlich, begrenzt die Zahl der Parteien, erschwert den Regierungssturz und schwächt die Position des Staatspräsidenten. Diese Art, aus der Geschichte Nutzen zu ziehen, ist realistisch und führt im gegebenen Fall, bei der Formulierung des Bonner Grundgesetzes als Negativfolie der Weimarer Reichsverfassung, in der Tat zu dem gewünschten Erfolg – wobei sich allerdings darüber streiten lässt, ob dieser Erfolg nicht vielleicht eher in den günstigen wirtschaftlichen und außenpolitischen Verhältnissen der Bundesrepublik Deutschland begründet ist.

Wiederum ganz anders steht es mit unserem dritten Beispiel. Auch hier wird mit Geschichte politisch argumentiert, aber nicht, um Handlungsanleitung für einen Einzelfall zu gewinnen oder um unheilvolle Entwicklungen der Vergangenheit für die Zukunft zu verhindern. Nicht die Frage „Was sollen wir tun?" spielt hier eine Rolle, sondern die Frage „Wer und was sind wir?" Es geht darum, was der deutsche Nationalstaat ist, und die Antwort auf diese Frage kann sich nur aus der Geschichte ergeben: Nur weil es von 1871 bis 1945 einen bestimmten deutschen Nationalstaat gegeben hat, können wir heute sagen, was dieser deutsche Nationalstaat ist und was er nicht ist. Der Nutzen der Geschichte für die Gegenwart besteht in diesem Fall also darin, Klarheit über eine Identität zu schaffen. […]

Unsere Identität ist erst dann zureichend geklärt, wenn unsere Geschichte bekannt ist; wir sind, was wir geworden sind.

Indem wir die Geschichte eines Individuums erzählen […] sagen wir nicht nur, wer jemand ist, sondern erklären zugleich, warum er so und nicht anders ist. Wenn wir uns unsere Geschichte als deutsche Nation vergegenwärtigen, wissen wir also […] wer wir heute sind und was im Einzelnen der Grund dafür ist, dass wir so und nicht anders sind. […]

Und der Versuch, sich einer schwierigen, nicht durchweg zustimmungsfähigen Geschichte zu entledigen, indem man aus ihr aussteigt, sie anderen zuschiebt, ganz neu anfangen will, scheitert mit Notwendigkeit. Denn die Identität einer Gruppe lässt sich nicht nach Belieben abstreifen, wie jeder weiß, der als Deutscher längere Zeit im Ausland gelebt hat; wir haften auch für unsere Geschichte nicht im Sinne persönlicher Verantwortung, aber als Teilhaber an der Identität der deutschen Nation.

Und schließlich können wir nicht für die Zukunft handeln, ohne von einer historisch gewordenen und begrenzten Gegenwart auszugehen: Niemand kann anfangen, sondern nur anknüpfen – was heißt, dass diejenigen, die glauben, völlig Neues zu tun, buchstäblich nicht wissen können, was sie tun.

H. Schulze, Wir sind, was wir geworden sind. Vom Nutzen der Geschichte für die deutsche Gegenwart, München 1987, S. 10ff.

Aufgaben

1. Erklären Sie, warum es keine absolute Objektivität bei der Aneignung der Vergangenheit geben kann.
   → Text
2 Begründen Sie, warum diktaktorische Herrschaftssysteme in aller Regel versuchen, die Geschichte zu manipulieren.
   → Text, M2
3. Der Grieche Thukydides gilt als Vater der modernen Geschichtsschreibung. Charakterisieren Sie seine Vorgehensweise bei der geschichtlichen Darstellung.
   → Text, M3
4. Unterscheiden und vergleichen Sie Typen und Formen des geschichtlichen Verständnisses.
   → M4–M6
5. Wie beurteilen Sie den Gedanken, dass es eine historische Gesetzmäßigkeit gibt?
   → Text, M5
6. Beurteilen Sie die Aussage: „Wir sind, was wir geworden sind."
   → Text, M7

Erinnern oder Vergessen?

Von krankhaften Ausnahmen abgesehen, die man Amnesie nennt, besitzt jedes menschliche Individuum ein Gedächtnis. Es gibt aber auch so etwas wie ein soziales Gedächtnis, in dem sich die Kontinuität einer Gesellschaft und ihr gemeinsamer Lebenshorizont spiegelt. Jede menschliche Kultur bringt ein solches soziales Gedächtnis hervor – sei es gestützt auf Medien oder basierend auf mündlicher Überlieferung. So wie jedes Individuum eine Identität braucht und einen Lebenssinn sucht, so benötigen offenkundig auch Gesellschaften Orientierung und Sinngebung – also eine Identität, die zu ihrer Stabilität beiträgt. Diesem Zweck dient eine staatliche Erinnerungspolitik, die mithilfe von Festen, Gedenktagen und Feierstunden eine Verbindung zwischen dem Gestern und dem Heute schafft.

Der Umgang mit der Vergangenheit stellt sich erfahrungsgemäß in den einzelnen Nationen höchst unterschiedlich dar. Es gibt je eigene nationale Erinnerungskulturen. Diese können in einer vorbehaltlosen Identifikation mit der eigenen Geschichte bestehen und – darauf aufbauend – in einem überschwänglichen Patriotismus münden, wie das in Frankreich, Großbritannien oder den USA tendenziell der Fall ist.

Als äußerst schwierig erweist sich naturgemäß der Umgang mit der deutschen Vergangenheit, die von den nationalsozialistischen Verbrechen überschattet wird. Im Namen des Konzentrations- und Vernichtungslagers Auschwitz verdichtet sich symbolhaft der Genozid (Völkermord) unter rassistischen Vorzeichen. Dieser ungeheuerliche Zivilisationsbruch stellt auf unabsehbare Zeit eine Last für die nachfolgenden Generationen dar, und das Vermächtnis lautet zweifellos: „Nie wieder!"

Nach Auschwitz stellten sich – für die Deutschen – viele wichtige Fragen:

- Wie wird man mit begangenen Verbrechen fertig? Erinnern – Verdrängen – Vergessen?
- Wie kann das Zusammenleben künftiger Generationen gesichert werden?
- Wie kann dem Drang nach Rache vorgebeugt werden?
- Wie sollen nachwachsende Generationen mit den (Un-)taten der Vorfahren umgehen?

Natürlich gibt es auf diese Fragen von Tätern und Opfern unterschiedliche Antworten. Die deutsche Gesellschaft hat sich im Umgang mit der NS-Vergangenheit gegen das Vergessen entschieden. Vor allem seit den sechziger Jahren – verknüpft mit einem Generationswechsel – wurde die öffentliche und private Erinnerungsarbeit intensiviert. Gedenktage, Staatsakte, die Errichtung von Denkmälern, Filme und Fernsehdokumentationen, tausende von Büchern und nicht zuletzt der Geschichtsunterricht an den Schulen sorgen dafür, dass die Verbrechen der Nazi-Zeit nicht in Vergessenheit geraten.

Die Erinnerungspolitik hat das Nachkriegsdeutschland als respektables Staatswesen ausgewiesen und zweifelsohne den Weg für die Wiederaufnahme Deutschlands in die Gemeinschaft der freiheitlichen Demokratien geebnet.

M 1 Zentrales deutsches Mahnmal für die während der NS-Zeit ermordeten europäischen Juden
Das Denkmal – entworfen vom New Yorker Architekten Peter Eisenman – besteht aus einem Feld mit 2711 Stelen und einem unterirdischen „Ort der Information". Es wurde im Mai 2005 eingeweiht, Fotografie von 2005.

M 2 Käthe Kollwitz: Trauernde Mutter
Käthe Kollwitz' Plastik „Trauernde Mutter" befindet sich in der Neuen Wache „Unter den Linden" in Berlin. Die Plastik, die im Original nur 38 cm hoch ist, stammt aus dem Jahre 1937. Käthe Kollwitz hat sie zum Gedenken an ihren im Ersten Weltkrieg gefallenen Sohn geschaffen. Kunsthistorisch steht sie in der Tradition der Pietà, also der Darstellung Marias mit dem Leichnam Christi. Der klassizistische Bau von Karl Friedrich Schinkel diente zu DDR-Zeiten als „Mahnmal für die Opfer des Faschismus und Militarismus". Auf Beschluss der Bundesregierung wurde die neue Wache mit der für diesen Zweck vergrößerten Plastik zur „Zentralen Gedenkstätte der Bundesrepublik Deutschland" (1993). Die Inschrift lautet: „Den Opfern von Krieg und Gewaltherrschaft." An dieser Inschrift wurde Kritik geübt, weil der Begriff „Opfer" zu ungenau sei und weil sie nicht hinreichend zwischen Tätern und Opfern unterscheide.

M 3 Erinnern – Verdrängen – Vergessen

Der Althistoriker Christian Meier über die Frage, wie mit vergangenem Unrecht umgegangen wurde:

„Die Erinnerung darf nicht enden; sie muß auch künftige Generationen zur Wachsamkeit mahnen" – so heißt es in der Proklamation, durch die der Bundespräsident zu Anfang dieses Jahres den 27. Januar zum „Tag des Gedenkens an die Opfer des Nationalsozialismus" erklärt hat. „Wer sich der Unmenschlichkeit nicht erinnern will, der wird wieder anfällig für neue Ansteckungsgefahren", hatte Richard von Weizsäcker in seiner Rede zum 8. Mai 1985 gesagt. Zwei Zitate aus einer unendlich langen Reihe: Ohne Erinnerung an die beispiellosen Untaten des nationalsozialistischen Deutschlands, so die weitverbreitete Überzeugung unserer Tage, erwächst die Gefahr der Wiederholung.

Ganz anders liest man es im ersten Artikel eines Vertrags aus dem Jahr 851. Dort bekunden die Parteien ihre Absicht: „[...] daß aller vergangenen Übel" – und nun folgt eine Aufzählung verschiedener Arten von Schädigungen und Betrügereien – „eine Aufhebung (abolitio) geschähe, zwischen uns und bei uns, und daß all dies aus unseren Herzen gründlich herausgerissen werde mitsamt aller Bosheit und allem Groll – derart, daß künftig nichts davon ins Gedächtnis, nämlich daß es nicht zur Vergeltung des Übels", der Widerwärtigkeiten etc. komme. Einmal soll Erinnerung also der Wiederholung des Bösen vorbeugen, das andere Mal will man die Erinnerung geradezu aus den Herzen reißen, weil man befürchtet, daß sie das Böse neuerdings erzeuge.

Sieht man sich sonst in der Geschichte um, so findet man [...] vor allem Zeugnisse für das Letztere: Immer wieder wird beschlossen, vereinbart, eingeschärft, daß Vergessen sein soll, Vergessen von vielerlei Unrecht, Grausamkeit, Bösem aller Art. So in einer langen Reihe von Friedensverträgen. Noch anlässlich des Türkischen Friedens von Lausanne 1923 [mit Griechenland] wird ein Amnestieabkommen geschlossen, dessen Präambel den Wunsch ausdrückt, Vergessen über die „Ereignisse, die den Frieden im Orient gestört haben", zu breiten.

Entsprechend urteilt Cicero in einer Rede, die er zwei Tage nach Caesars Ermordung, also am 17. März 44 vor Christus, im römischen Senat hält: alle Erinnerungen an die mörderischen Zwieträchtigkeiten seien durch ewiges Vergessen zu tilgen. Auf diese Weise will er die „Fundamente des Friedens" legen und das Beispiel der Athener, die berühmte Amnestie von 403 [nach dem Krieg mit Sparta] erneuern. Damals war es um die Beendigung eines Bürgerkriegs gegangen. Den Griechen wird auch jenes Wort verdankt, das ursprünglich einfach „Nicht Erinnern" heißt: Amnestie. Es begegnet seit dem 2. Jahrhundert vor Christus.

1814 wird die gleiche Methode auf die Untaten und Gräuel der Französischen Revolution, zumal den Königsmord angewandt. Der aus dem Exil zurückkehrende französische König, Ludwig XVIII., erklärt in der Präambel der Charte Constitutionelle, der von ihm gewährten Verfassung: „Indem Wir so versucht haben, die Kette der Zeiten neu zu knüpfen, welche unheilvolle Abweichungen" – so umschreibt er Revolution und Empire [gemeint ist die Französische Revolution und die Herrschaft Napoleons] – „unterbrochen hatten, haben Wir aus Unserer Erinnerung sämtliche Übel, welche während Unserer Abwesenheit die Heimat bedrückten, ebenso getilgt, wie Wir wollten, daß man sie aus der Geschichte tilgen könnte". Anschließend setzt der König in Artikel 11 fest: „Sämtliche Nachforschungen über Meinungsäußerungen und Abstimmungen vor der Restauration sind verboten. Dasselbe Vergessen wird den Gerichten und den Bürgern auferlegt." [...]

Gegenbeispiele habe ich nur in der Geschichte der Juden gefunden, unter denen vom Deuteronomion [5. Buch Mose in der Bibel] bis in unsere Tage ständig und intensiv das Gebot der Erinnerung eingeschärft worden ist. „Hüte Dich, daß Du des Herrn vergissest, der Dich aus dem Lande Ägypten herausgeführt hat." Aber auch das Schlimme soll erinnert werden, sowohl das erlittene – „Und Du sollst daran denken, daß Du Sklave warst im Lande Ägypten" – wie das selbst angerichtete: „Denk daran und vergiß es nicht, wie Du den Herrn, Deinen Gott, in der Wüste erzürntest!"

„Denk an die Tage der Vergangenheit", wird eingeschärft, „frage Deinen Vater, er wird es Dir erzählen, frage die Alten, sie werden es Dir sagen". [...]„Das Vergessenwollen verlängert das Exil, und das Geheimnis der Erlösung heißt Erinnerung", sagt jüdische Weisheit.

Chr. Meier, Erinnern–Verdrängen–Vergessen, in: Merkur, Nr. 9/10, 1996, S. 937 f.

Aufgaben

1. Erinnern oder Vergessen? – Wie soll Ihrer Meinung nach mit der NS-Vergangenheit umgegangen werden?
2. Diskutieren Sie die Bedeutung des Appells „Erinnern für die Zukunft".

2. Griechenland

Leo von Klenze, Baumeister des bayerischen Königs Ludwig I., malte 1846 eine rekonstruierte Ansicht der Akropolis von Athen: Rechts der prachtvolle Tempel der Athena Parthenos (das Heiligtum der jungfräulichen Athena), in der Mitte die Propyläen (so bezeichnete man in der griechischen Architektur große Torbauten), dahinter erhebt sich die – nicht mehr erhaltene – Bronzestatue der Athena Promachos, der Vorkämpferin, mit Lanze und Schild, ein Werk des Phidias, des berühmtesten Bildhauers der griechischen Klassik des 5. Jahrhunderts vor Christus. Diese Statue war in Erinnerung an die erfolgreiche Abwehr der persischen Feldzüge aufgestellt worden. Im 5. Jahrhundert v. Chr. war Athen zum politisch führenden Stadtstaat (polis) und zum geistigen Zentrum Griechenlands aufgestiegen. Der Ausbau der Akropolis von Athen unter seinem bedeutendsten Staatsmann Perikles zeugt sowohl von der Religiosität als auch vom politischen Machtwillen des attischen Staates.

Eine Akropolis (Hochstadt) findet sich in den meisten griechischen Städten, zumindest dort, wo es die Topografie zuließ. Die ausgebaute Anhöhe diente als Ort der Zuflucht, der militärischen Verteidigung, aber auch als Kultstätte und Ziel religiöser Prozessionen.

Marathon, Salamis und Plataä sind geografische Bezeichnungen, aber mehr noch symbolisieren sie die Siege der Griechen über die traditionelle orientalische Monarchie der Perser. Erst diese Siege ebneten den Weg für die Entfaltung der griechischen Stadtkultur und damit einer Lebensform mit (für damalige Verhältnisse) außergewöhnlicher Freiheit und relativer Gleichheit. Jede Beschäftigung mit dem antiken Griechenland ist eine Zeitreise zu den Ursprüngen der europäischen Zivilisation. In Griechenland wurde vor etwa 2500 Jahren zum ersten Mal systematisch über die Organisation menschlichen Zusammenlebens nachgedacht, über die Frage, wie Bürgerkriege zu vermeiden seien, wie die hemmungslose Durchsetzung der politischen Macht des Stärkeren zu verhindern sei, kurzum: Die Griechen gelten als „Erfinder“ der Demokratie und damit eines Politikmodells, zu dem sich heute die europäischen Staaten bekennen.

Aber nicht nur die Politik verbindet die Gegenwart mit der griechischen Antike. Auch „Logos“ ist ein griechisches Wort und meint soviel wie das geordnete Denken, modern gesprochen: Vernunft und Verstand. Griechenland wurde auch darin zur Geburtsstätte des Abendlandes, weil hier Logik, Wissenschaft, Philosophie und Geschichtsschreibung ihren Ursprung haben. Auch Kunst und Ästhetik besitzen im Griechentum Bezugspunkte – was in besonderem Maße für die Literatur und das Theater gilt. Die Tragödie (griechisch „Gesang der Böcke“) ist ebenfalls eine griechische „Erfindung“ und hat ihren Ursprung in den Dionysien, also den alljährlichen Festen zu Ehren des Gottes Dionysos, des griechischen Gottes der Fruchtbarkeit. Und nicht zuletzt die modernen Olympischen Spiele besitzen – aller heutigen Kommerzialisierung zum Trotz – ihren Ursprung in den panhellenischen Spielen zu Ehren des griechischen Göttervaters Zeus.

2.1 Frühes Griechentum

Als Antike wird die geschichtliche Epoche des griechischen und römischen Altertums bezeichnet, die um 2500 v. Chr. mit der minoisch-kretischen beziehungsweise der mykenischen Kultur begann und bis zur Absetzung des letzten weströmischen Kaisers Romulus Augustulus durch die Germanen dauerte (476 n. Chr.). Sie umfasst die Gesamtheit der griechischen und römischen Kultur. Räumlich meint Antike den Mittelmeerraum und die angrenzenden Länder. Über die Jahrhunderte hin hat die griechische Antike auf nahezu alle Bereiche von Kultur, Wissenschaft und Politik ihren Einfluss ausgeübt.

Der geografische Raum

Die Ägäis bildet mit ihren unzähligen Inseln, die verstreut zwischen den Küsten Nordgriechenlands und Kretas, zwischen dem westlichen Europa und dem Orient liegen, das Herz der Geschichte und der Kultur Griechenlands.

In diesem Raum lebten, durch Berge oder das Meer voneinander getrennt, binnenländische Bauernvölker neben Seefahrer- und Handelsstaaten, die kaum Austausch miteinander pflegten. Die Entfaltung staatlichen Lebens war nur möglich, weil die meisten Städte neben Acker- und Weideland auch über Zugang zum Meer verfügten.

Auf dem Hintergrund dieser geografischen Zersplitterung, die zum Teil unterschiedliche Wirtschaftsweisen und soziale Verhältnisse bedingten, entstand der für Griechenland typische Stadtstaat, Polis genannt.

Während in Ägypten oder in Mesopotamien eine große Bevölkerung einem einzigen Herrscher unterworfen werden konnte, fehlte also im antiken Griechenland eine zentrale politische Verwaltungs- und Kontrollinstanz sowie eine territorial zusammenhängende einheitliche Wirtschaft.

M 1 Palast von Knossos auf Kreta

Der Engländer Arthur Evans hatte 1900 mit den Ausgrabungen begonnen.
Der restaurierte Nordeingang des Palastes von Knossos zeigt sowohl die Quadermauern, die für die bedeutenderen Fassaden verwendet wurden, wie auch weiter oben das gröbere Mauerwerk, das für Innenwände benutzt wurde. Meist war es – wie hier – mit Gips und Fresken verkleidet.

Die minoisch-kretische Kultur

Die altgriechische Kultur wurde stark geprägt von der auf der Insel Kreta entwickelten, nach dem sagenhaften König Minos benannten minoischen Kultur. Der Einfluss der minoischen Kultur auf das griechische Festland wurde nachgewiesen durch die Ausgrabungen der Deutschen Heinrich Schliemann und Wilhelm Dörpfeld in Troja an der Nordwestspitze Kleinasiens (1870), in Mykene und Tiryns auf der Peloponnes (1876) und dem Engländer Arthur Evans in Knossos auf Kreta (1900). Die Ruinen der Paläste von Knossos bezeugen den Höhepunkt der minoisch-kretischen Kultur.

Um 1400 v. Chr. erlosch die kretische Kultur. Die Ursachen für ihren Zusammenbruch liegen im Dunkeln.

Die mykenische Kultur

Seit etwa 2000 v. Chr. kam es zu starken Wanderungsbewegungen indogermanischer Völker, vermutlich aus Gebieten zwischen Mitteleuropa und Südrussland. Bei einer ersten großen indogermanischen Einwanderungswelle in den Vorderen Orient entstanden die Reiche der Hethiter in Kleinasien und der Achäer in Griechenland und in der Ägäis.

Die Achäer, wie die allgemeine Bezeichnung für alle Griechen in dieser Periode lautet, wurden die Träger der mykenischen Kultur (1600–1100 v. Chr.). Seit etwa 700 v. Chr. taucht der Begriff Hellenen auf. Als Hellenen benannte man ursprünglich die Angehörigen eines nordgriechischen Stammes. Später ist dies die Bezeichnung für alle Griechenstämme geworden, die auch zur Abgrenzung von nicht griechisch sprechenden Fremdvölkern (Barbaren) verwendet wurde.

Die Mykener beherrschten in ihrer Blütezeit den gesamten Süden Griechenlands. Im Norden reichte ihr Machtbereich bis nach Thessalien und im Osten bis zu den vor Kleinasien liegenden Ionischen Inseln.

Es bestand eine Reihe kleiner unabhängiger Staaten. Zu den herausragenden zählten neben Mykene mit seiner strategisch günstigen Lage Pylos, Tiryns, Athen und Theben.

M 2 Das Löwentor in Mykene
Es wurde um 1250 v. Chr. erbaut, etwas vor der Zeit, in der der trojanische Krieg stattgefunden haben soll. Da das Tor über drei Meter hoch ist, konnten Wagen hindurchfahren. Ihre Spuren erkennt man noch auf der Schwelle. Über dem aus drei gewaltigen Steinplatten gebildeten Tor ist die aus verschiedenen Steinblöcken bestehende Burgmauer dreieckig ausgespart; in dieses Dreieck ist eine Kalksteinplatte mit dem Relief zweier Löwen, die sich auf das Postament einer Mittelsäule stützen, eingelassen. Dies ist das erste monumentale Relief Griechenlands. Gewaltige Burganlagen sind für die mykenische Kultur bezeichnend.

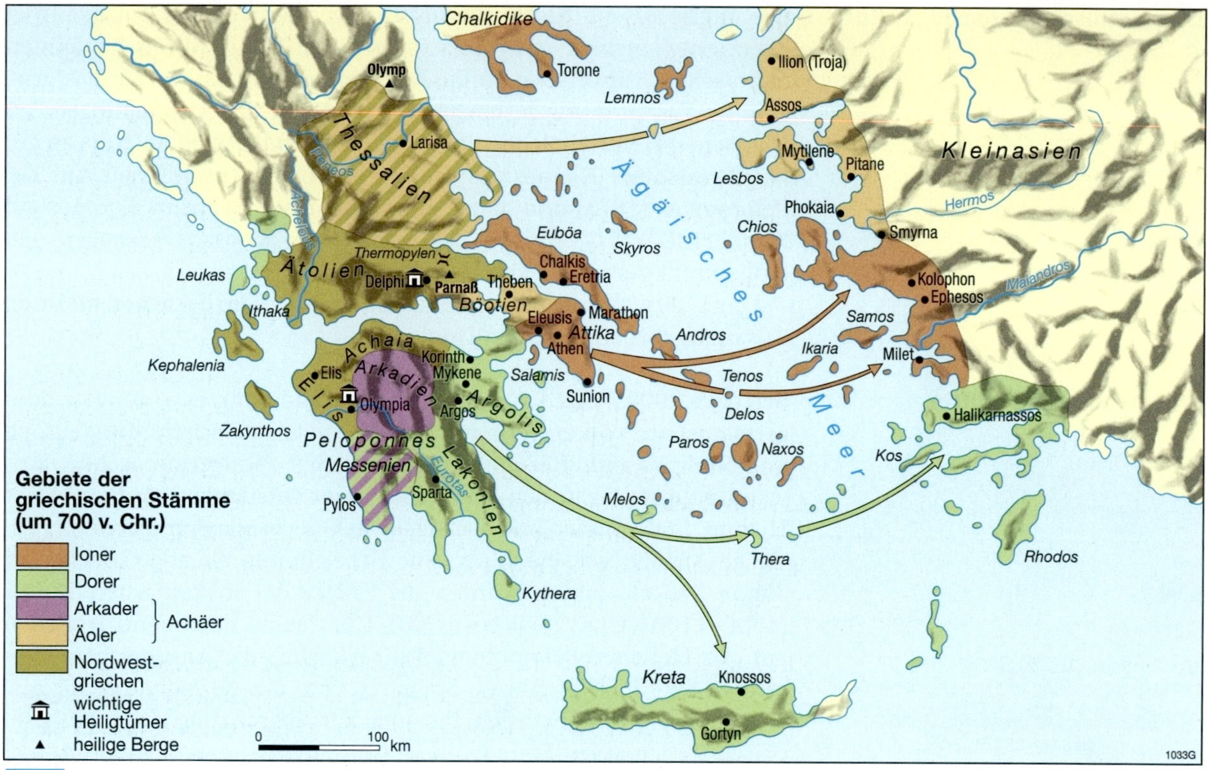

M 3

Die Stadt Mykene gab der Kultur des 2. Jahrtausends v. Chr. ihren Namen, da in Mykene die Reste dieser Kultur gefunden worden sind. Die von Heinrich Schliemann freigelegten Schachtgräber offenbarten die Pracht, mit der sich die mykenischen Machthaber umgaben.

In mehreren aufeinander folgenden Einfällen griechischer Stämme (1200–1150 v. Chr.) aus dem Norden (Dorer) wurden Mykene und zahlreiche Burgen zerstört, die Bevölkerung unterworfen beziehungsweise vertrieben. Die dorischen Invasionen beschleunigten den Zusammenbruch der mykenisch-späthelladischen Kultur.

Die dorische Wanderung

Mit dem etwa 1200 v. Chr. einsetzenden zweiten großen indogermanischen Völkerstrom gelangten Dorer und andere nordgriechische Stämme zunächst nach Mittelgriechenland, dann auf die Peloponnes und die südöstlichen Inselgruppen der Ägäis. Die Eroberer waren aufgrund ihrer Waffentechnik – Reiter mit Eisenwaffen gegen Streitwagenkämpfer mit Bronzewaffen – den Ansässigen weit überlegen.

Die „Griechische Völkerwanderung“, die im Laufe der Zeit zu einer Verschmelzung der frühgriechischen Bevölkerung mit ihren Invasoren führte, bewirkte allmählich die Ausbildung neuer politischer Ordnungen und eine entscheidende Umgestaltung der Wirtschaft und Gesellschaft.

Gesamtgriechische Bindungen

Religiöse Kulte

Obwohl die Griechen sich zunehmend über den gesamten Mittelmeerraum verteilten, bewahrten sie sich ihre kulturelle Einheit.

Für die Griechen bildeten die olympischen Götter mit Zeus, dem Göttervater, an der Spitze eines wohlgeordneten Kosmos, eine Gesellschaft, die der menschlichen sehr ähnelt. Diese Religion war stark diesseitig geprägt. Die Religion stiftete mit ihren Kultstätten in verschiedenen religiösen Zentren gesamtgriechische Bindungen.

An heiligen Orten, die der Verfügungsgewalt der Menschen entzogen waren, wurden auf Altären den Gottheiten zu festgesetzten Zeiten Opfer gespendet. Überall in Griechenland und in Kleinasien gab es Orakelstätten, an denen man sich von einer Gottheit Antwort auf eine gestellte Frage erbat. Diese Orakel übten eine nicht zu unterschätzende Autorität aus. Zu den bedeutendsten Orakeln gehörten neben Delphi, das lange Zeit der religiöse Mittelpunkt der griechischen Welt war, das Orakel zu Olympia.

Die griechischen Priester bildeten, von wenigen Ausnahmen abgesehen, keine eigene Kaste, die sich ausschließlich der Götterverehrung und der Tempelpflege widmete. Dies mag mit ein Grund dafür sein, dass die Griechen Kulte für die unterschiedlichsten Götter nebeneinander duldeten und für neue Gottheiten empfänglich blieben.

Religion, Mythos und Kult bildeten neben der gemeinsamen Sprache vielfach ein letztes Bindeglied zwischen den oft verfeindeten griechischen Völkerschaften.

Panhellenische Spiele

Zum anderen stifteten die aus dem religiösen Kult erwachsenen panhellenischen (gesamtgriechischen) Spiele, die in regelmäßigen Abständen in Olympia zu Ehren des Zeus, in Delphi zu Ehren Apollos, in Korinth zu Ehren Poseidons und an anderen heiligen Orten abgehalten wurden, ein für alle Griechen nachweisliches Zusammengehörigkeitsgefühl. Der Ursprung der Spiele liegt in der vorhomerischen Zeit. Die übliche Datierung auf das Jahr 776 v. Chr. ist eine aus der Rekonstruktion der Siegerlisten herrührende Festsetzung. 393 n. Chr. wurden die Spiele aufgrund der Einflussnahme der christlichen Kirche abgeschafft.

Die Wettkämpfe wurden periodisch in verschiedenen griechischen Orten abgehalten. Der Vierjahresrhythmus (Olympiade) wurde Grundlage der griechischen Zeitrechnung.

Während der Wettkämpfe, die alle griechischen Stämme vereinten, ruhte die kriegerische Austragung von Konflikten. Ein Gottesfriede schützte Teilnehmer und Zuschauer vor Angriffen während des Festes und bei der An- und Abreise. Die Olympischen Spiele waren auch für Künstler, Philosophen oder Politiker eine gern genutzte Gelegenheit, tausende von Menschen mit ihren Werken und Ideen vertraut zu machen. Dichter verfassten Oden (Lieder) und Epigramme (Sinnsprüche) auf die Sieger. Berühmte Männer zogen viele der Zuschauer mehr an als die Spiele selbst.

M 4 **Streitwagenrennen zu Ehren des Patroklos nach Homers „Ilias“,** Vasenbild um 570 v. Chr.

Grundriss von Olympia

- Heiliger Bezirk: Tempel, Altäre und ähnliches
- Bauten des Heiligtums ohne religiöse Funktion
- Bauten mit Aufgaben für die Wettkämpfe

Ⓐ Zeustempel mit Statue des Phidias
Ⓑ Heiliger Bezirk des Pelops
Ⓒ Großer Zeus-Altar von 8 m Höhe
Ⓓ Tempel der Hera
Ⓔ Tempel der Göttermutter Gaia
Ⓕ Bouleuterion (Rathaus)
Ⓖ Prytaneion (Verwaltung)
Ⓗ Schatzhäuser:

I Sikyon	VII (unbekannt)
II Syrakus	VIII Selinunt
III Epidamnos	IX Metapont
IV Byzanz	X Megara
V Sybaris	XI Gela
VI Kyrene	

Ⓘ Werkstatt des Phidias, in der die Zeus-Statue hergestellt wurde
Ⓚ Gästehaus
Ⓛ Palästra (Trainingsplatz für Ringer und Faustkämpfer)
Ⓜ Gymnasion (Sportplatz)
Ⓝ. Bad
Ⓞ Stadion (Bahn für Wettläufer mit Start- und Zielschwellen; links: Sitze der Schiedsrichter)

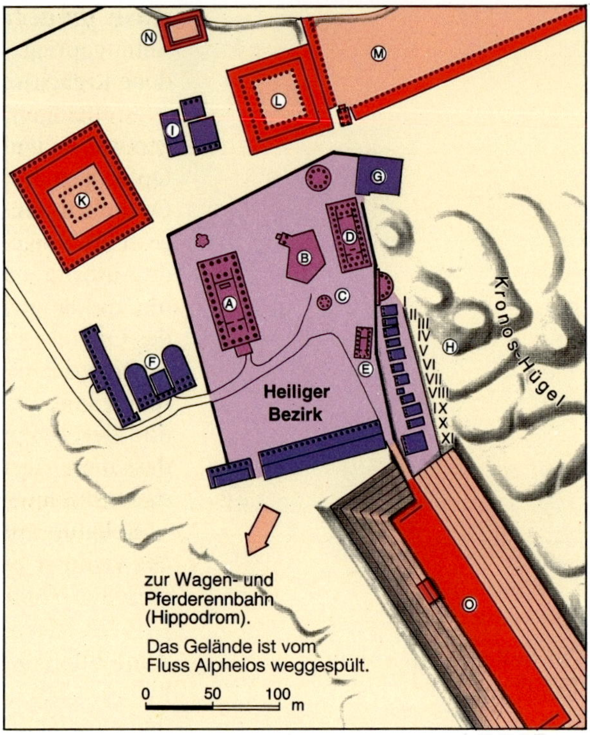

M 5 **Plan der Ausgrabungen in Olympia**

Die olympischen Sportwettkämpfe gingen einher mit religiösen Zeremonien. Sie dienten der Bekräftigung gemeinsamer Werte und standen darüber hinaus für die kulturelle Einheit des politisch zersplitterten Griechenlands. Die Olympischen Spiele fanden zu Ehren des Göttervaters Zeus statt, der nach antiker Vorstellung seinen Sitz auf der höchsten Erhebung Griechenlands – dem Olymp – hatte.
Gefördert vom Deutschen Reich, begannen die ersten systematischen Ausgrabungen in Olympia 1875.

Die gemeinsame Teilnahme an feierlich begangenen Opferungen und die Begeisterung beim Wettkampf waren dazu angetan, zur Ausbildung eines Zusammengehörigkeits- und Einheitsgefühls beizutragen.

Sprache und Literatur

Schriftzeichen gab es bereits in der mykenischen Zeit. Während des 8. Jahrhunderts entwickelten die Griechen aus der Buchstabenschrift der Phönizier ein Alphabet, das sich aus frühen Formen bis zur klassischen überall in Griechenland ausbreitete (Ende des 5. Jahrhunderts). Die Griechen in Unteritalien oder die Etrusker gaben diese Schrift an die Römer weiter, denen sie als Vorlage für ihr (lateinisches) Alphabet diente.

Für die Entwicklung des griechischen Geisteslebens waren die Homerischen Epen von grundlegender Bedeutung. Die Dichtungen dürften im 8. Jahrhundert wohl von mindestens zwei Autoren – die in der Tradition ein einziger namens Homer sind – verfasst worden sein. Jedes der beiden Epen fasste die mündlichen Überlieferungen verschiedener im Umlauf befindlicher Heldensagen zu einer einheitlichen Dichtung zusammen. Die „Ilias" schildert den Trojanischen Krieg, die „Odyssee" hat die Heimkehr des Odysseus von Troja und seine Irrfahrt zum Thema.

Mangels anderer Quellen lassen sich aus den Homerischen Epen für die von der Forschung als die dunklen Jahrhunderte bezeichnete Epoche vorsichtige Schlüsse über Mentalität, Staat, Gesellschaft und Wirtschaft ziehen. Religion, Mythologie, Dichtung und die Schaffung einer eigenen Schrift trugen zur Integration des griechischen Volkes bei.

Die griechische Kolonisation (750–550 v. Chr.)

Die Kolonisationsbewegung setzte recht unvermittelt ein. Die erste Kolonisationswelle zielte nach Westen auf die Inseln und die Küsten des Ionischen Meeres, nach Sizilien, Süditalien, schließlich nach Libyen, Ägypten, Südfrankreich und Südspanien. In der zweiten Welle besetzten griechische Kolonisten fast lückenlos die Ränder des Marmarameeres, das Schwarzmeergebiet und die Küsten Kleinasiens. Diese Ansiedlungen waren keine Kolonien im üblichen Sinne, denn das von den Griechen gebrauchte Wort „Apoikia“ bedeutet Auswanderung. Damit wird auch verständlich, dass sich jede Kolonie von Anfang an wirtschaftlich und politisch unabhängig als selbstständiger griechischer Gemeindestaat fühlte.

Zahlreiche Ursachen können für diese Ansiedlungen griechischer Menschen angeführt werden: Landknappheit, Überbevölkerung, politische Spannungen. Die Kolonisation minderte den Bevölkerungsdruck, verursachte aber auch eine Änderung der wirtschaftlichen Strukturen. Nunmehr fand ein Warenaustausch zwischen den einzelnen Städten statt, der einen regen Schiffsverkehr bedingte.

Viele griechische Städte importierten Grundnahrungsmittel, während spezialisierte Handwerker bereits für den Export produzierten.

M 6

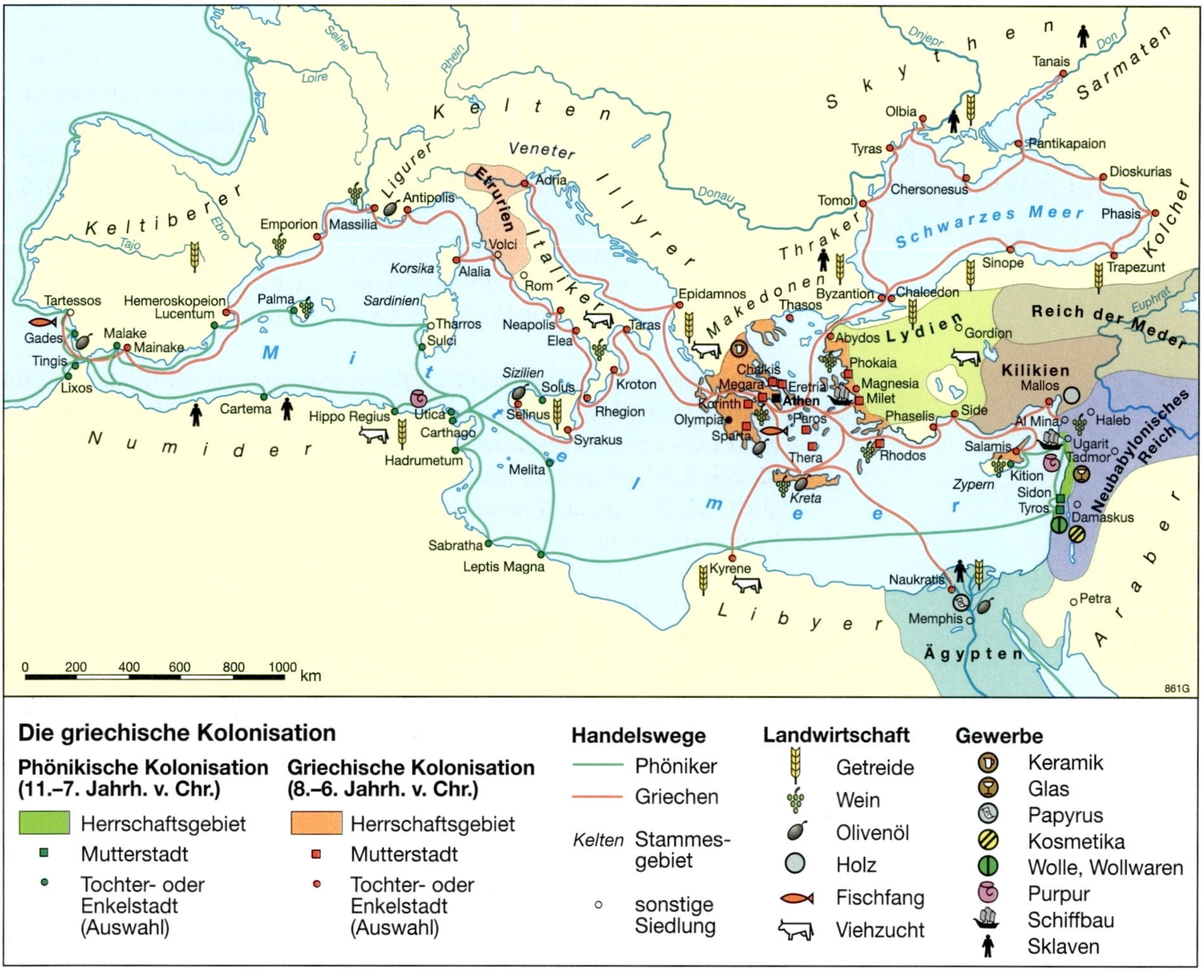

Die Polis: Entstehung und Funktion

In dieser Epoche wurde der Typus des Gemeindestaats (Polis) im Unterschied zum Stammesstaat die charakteristische politische Institution in der ganzen hellenischen Welt. Erst durch diese Auswanderungsschübe stiegen die Griechen zum führenden Volk der antiken Welt auf.

Im 8. und 7. Jahrhundert v. Chr. entstand aus noch nicht endgültig geklärten Ursachen eine Vielzahl von kleineren Staatsgebilden, wobei wohl auch die geografischen Gegebenheiten eine Rolle gespielt haben dürften. Es waren keine Staaten im Sinne eines Landes mit einer Hauptstadt und weiteren Städten und Dörfern, sondern im Wesentlichen Stadtstaaten oder Gemeindestaaten. Ein solcher Staat bestand aus einer Stadt mit ihrem Um- und Hinterland. Mit dem Begriff Polis meint man Stadtstaat und Bürgerschaft. Die einzelnen Poleis (Plural von Polis) waren außerordentlich verschieden nach Fläche, Bevölkerungszahl und politischen Institutionen. Neben diesen Stadtstaaten erhielten sich in West- und Mittelgriechenland aber auch einige Stammesstaaten, die sich um ein Kulturzentrum ohne städtischen Mittelpunkt verbanden. Die Polis war zugleich religiöse Kultgemeinde und politische Einheit. Das politische Ideal der Polis zielte auf Autarkie und Autonomie, das heißt in diesem Zusammenhang so viel wie politische und wirtschaftliche Unabhängigkeit.

In der griechischen Polis bildeten sich die Anfänge der europäischen Stadt. Sie war nicht Sitz eines absoluten Herrschers, eines Gottkönigs wie zum Beispiel der ägyptische Pharao, sondern hier kristallisierte sich zum ersten Mal in der Geschichte eine Organisationsform heraus, die man als „bürgerliche Gemeinde“ bezeichnen kann. So wie in den demokratischen Ländern der Gegenwart „Bürger“ als Inhaber der politischen Rechte gelten, so gab es auch in der Polis die Unterscheidung zwischen Inhabern des Bürgerrechts und Nichtbürgern (Zugereiste, Frauen, Minderjährige).

In der griechischen Polis entwickelte sich das Bewusstsein der Zugehörigkeit zu einer städtischen Gemeinschaft, wobei die Religion ein wesentliches Element der Stadtkultur ausmachte. Stadtgottheiten, Kulte und Zeremonien förderten den Zusammenhalt der Bevölkerung und bändigten die innerstädtischen Konflikte und Rivalitäten. Die Polis stellte also – im Unterschied zu den Städten der Gegenwart – eine politisch-juristisch-religiöse Einheit dar. Sie verkörperte für die folgenden Jahrhunderte das politische Griechenland.

Chronologie

2500–1400 v. Chr.	Minoische Kultur
1600–1100 v. Chr.	Mykenische Kultur
ca. 1200 v. Chr.	Die Dorer fallen in Griechenland ein und zerstören die mykenische Kultur.
ca. 1130 v. Chr.	Eisen wird zum gebräuchlichsten Material für Waffen und Handwerkszeug.
ca. 1100 v. Chr.	Die Griechen beginnen die ionische Küste Kleinasiens zu kolonisieren.
776 v. Chr.	Erste Olympische Spiele
750–550 v. Chr.	Griechische Kolonisation

M 7 **Die griechische Stadt**

Der italienische Stadthistoriker Leonardo Benevolo beschreibt im Folgenden die Gestalt der griechischen Stadtstaaten:

Das Territorium einer Stadt wurde von den Bergen eingegrenzt und fast immer verfügte die Stadt auch über einen eigenen Hafen. Der Hafen befand sich zumeist weit außerhalb der Stadt, weil die Städte zum Schutz vor den Angriffen der Piraten nur selten direkt an der Küste lagen. Die Verbindungen zu anderen Städten und Ländern wurden vor allem auf dem Seeweg aufrechterhalten.

Dieses Territorium konnte durch Eroberungen oder durch Bündnisse mit benachbarten Städten vergrößert werden. Sparta gelang es, fast die Hälfte der gesamten Peloponnes zu beherrschen, ein Gebiet von insgesamt etwa 8400 km^2; Athen besaß Attika und die Insel Salamis, d. h. insgesamt 2650 km^2. Zu Syrakus auf Sizilien gehörte ein Gebiet von 4700 km^2 bzw. 4300 km^2. Aber das waren Ausnahmen; das Gebiet der übrigen Städte war wesentlich kleiner, zum Teil sogar äußerst klein: Theben besaß ungefähr 1000 km^2 und Korinth 880 km^2. Auf den kleineren Inseln existierte jeweils nur eine einzige Stadt, so zum Beispiel auf der 85 km^2 großen Insel Aigina und auch auf Naxos und Samos mit jeweils ungefähr 450 km^2. Von den größeren Inseln gelang es nur Rhodos (1460 km^2) gegen Ende des 5. Jahrhunderts, die drei auf der Insel befindlichen Städte zu vereinigen; Lesbos (1740 km^2) war unter fünf Städten aufgeteilt und auf Kreta (8600 km^2) gab es mehr als 50 voneinander unabhängige Städte.

Die Bevölkerung dieser Städte blieb – mit Ausnahme der Sklaven und der Ausländer – immer relativ klein; und dies nicht allein wegen der Begrenztheit der zur Verfügung stehenden Ressourcen [Hilfsmittel, Einnahmequellen], sondern auch aufgrund einer politischen Entscheidung: Jedesmal, wenn die Zahl der Einwohner eine bestimmte Höhe überschritten hatte, wurde ein Expeditionskorps gebildet, das in einem fernen Land eine Kolonie gründen sollte. Athen hatte zur Zeit des Perikles ungefähr 40 000 Einwohner, und nur in drei weiteren Städten, nämlich in Syrakus, Agrigent und Argos, war die Einwohnerzahl größer als 20 000. [...] Sparta hatte zur Zeit der Persischen Kriege etwa 8000 Einwohner. [...]

Man sah in diesen selbst auferlegten Maßnahmen, durch die die Bevölkerungszahlen bewusst niedrig gehalten wurden, eine notwendige Voraussetzung für die Entwicklung des sozialen Lebens. Die Bevölkerung musste groß genug sein, um im Kriegsfall ein Heer aufstellen zu können, aber sie durfte nicht zu groß sein, weil sonst die Funktionsfähigkeit der Bürgerversammlungen eingeschränkt worden wäre. Die Einwohner sollten sich untereinander kennen, um besser entscheiden zu können, welche Persönlichkeiten am ehesten befähigt waren, die Geschicke des Gemeinwesens zu bestimmen. Sank die Bevölkerungszahl zu sehr ab, drohte ein Mangel an menschlicher Arbeitskraft, stieg sie aber zu sehr an, so drohte das Gemeinwesen zu zerfallen und zu einer trägen Masse zu werden – unfähig, sich selbst zu regieren. [...]

Ihre gemeinsame Kultur war ihnen bewusst, aber sie strebten keine politische Vereinigung an, weil ihre Kraft und ihre Überlegenheit auf dem Konzept der Polis beruhten, das die kollektive Freiheit innerhalb der einzelnen Gemeinwesen ermöglichte (die individuelle Freiheit war in diesem Rahmen nicht ausgeschlossen, wurde aber nicht als unbedingt erforderlich angesehen). Der Begriff Vaterland wurde wörtlich genommen: Es galt als das Land eines einzigen Vorfahren, des eigenen Vaters. Die Vaterlandsliebe konnte deshalb ein so intensives Gefühl werden, weil ihr Objekt konkret und überschaubar war. [...]

Der neuartige Charakter des sozialen Zusammenlebens in den griechischen Städten zeigt sich besonders an den folgenden vier Faktoren:

1. Die Stadt bildete eine Einheit, in der es weder Sperrbezirke noch selbstständige Stadtteile gab. Nach außen hin waren einige Städte durch Mauern von der Umgebung abgegrenzt, aber im Innern existierten keine Grenzen. [...]
2. Das Stadtgebiet war in drei Bereiche aufgeteilt: den privaten Bereich mit den Wohnhäusern, den heiligen Bereich mit den Tempeln für die Götter und den öffentlichen Bereich für die politischen Versammlungen, den Handel, Theateraufführungen, sportliche Wettkämpfe usw. [...]
3. Die Stadt stellte in ihrer Gesamtheit ein künstliches Gebilde dar, das in die sie umgebende Landschaft eingefügt wurde. [...]
4. Das Gefüge der Stadt entwickelte sich im Laufe der Zeit weiter, aber an einem bestimmten Punkt erreichte es eine gewisse Stabilität, die die Bevölkerung nicht einmal mehr durch partielle Veränderungen stören wollte. Das Anwachsen der Bevölkerung führte nicht zu einer kontinuierlichen Ausdehnung der Stadt, sondern es wurde, sobald die Einwohnerzahl eine bestimmte Höhe überschritten hatte, in der unmittelbaren Umgebung eine ähnliche oder sogar größere Stadt neu erbaut.

L. Benevolo, Die Geschichte der Stadt, Frankfurt/M. 1983, S. 93f.

M 8 **Staatslehre**

Der Philosoph und „Politikwissenschaftler" Aristoteles (384–322 v. Chr.) begründet seine Vorstellung von der idealen Polis-Gesellschaft:

In allen Staaten gibt es drei Klassen: sehr reiche, sehr arme und drittens solche, die in der Mitte zwischen beiden stehen. Wenn man nun das Gemäßigte und die Mitte als das Beste anerkannt hat, so ist klar, dass ein mäßiger Besitz von allen Glücksgütern das Allerbeste ist; denn da vermag man am leichtesten der Vernunft zu folgen. Dagegen fällt es dem übermäßig Schönen, dem allzu Starken, dem Manne von sehr edler Abkunft oder dem zu Reichen und andererseits dem übermäßig Armen, dem allzu Schwachen oder dem sehr Niedrigen schwer, der Vernunft zu folgen. Jene werden leicht übermütige Frevler im Großen, diese große Bösewichte im Kleinen; denn alle ungerechten Taten entstehen aus Übermut oder aus Bosheit. Auch mögen solche Menschen dem Staat am wenigsten mit Rat und Tat beizustehen, und so gereicht ihm beides zum Schaden. Außerdem haben die, welche ein Übermaß von Glücksgütern besitzen, seien es Stärke, Reichtum, Freunde oder anderes, weder den Willen noch das Verständnis für den Gehorsam; denn dieser Mangel haftet ihnen gleich von Haus aus und von Kindheit ab an; wegen des Luxus haben sie nicht einmal in der Schule sich ans Gehorchen gewöhnt. Die aber, die an diesen Gütern großen Mangel leiden, werden zu unterwürfig. So können die einen nicht herrschen und nur wie Sklaven sich fügen, und die andern vermögen keiner Art von Herrschaft zu gehorchen und selbst nur wie Despoten zu herrschen. So entsteht nur ein Staat von Herren und Knechten, aber nicht von freien Männern, ein Staat, wo die einen die andern beneiden und diese jene verachten. Das ist sehr weit entfernt von freundschaftlicher Gesinnung und von staatlicher Gemeinschaft, denn jede Gemeinschaft bedarf der Freundschaft; mit Feinden mag man ja nicht einmal die gleiche Straße begehen. Der Staat will ferner möglichst aus gleichen und einander ähnlichen Bürgern bestehen, und das findet sich am meisten beim Mittelstande. Deshalb muss derjenige Staat am besten regiert sein, dessen Zusammensetzung der Natur am besten entspricht. Auch geht es überall den Bürgern des Mittelstandes am besten. Weder begehren sie wie die Armen fremdes Gut noch begehren andere nach ihrem Gute, und so führen sie ein gefahrloses Leben, indem sie einander nicht nachstellen.

Offenbar ist also diese Staatsgemeinschaft die beste, die auf dem Mittelstande beruht; nur solche Staaten können gut regiert werden, wo dieser Stand zahlreich ist und weitaus stärker als die beiden andern oder doch wenigstens zahlreicher als jeder einzelne der beiden andern. Denn dann gibt er den Ausschlag und verhindert die Übermacht eines der beiden andern Stände. Wo aber die einen sehr viel besitzen und die andern nichts, entsteht entweder die extreme Demokratie oder die reine Oligarchie [Herrschaft einer kleinen Gruppe] oder, als Folge dieser entarteten Staatsformen, die Tyrannis; aus dem Mittelstand aber, und wo die Bürger einander näherstehen, erwächst sie viel seltener. Eine auf dem Mittelstand beruhende Staatsform allein bleibt frei von Aufständen; denn wo dieser Stand zahlreich ist, entstehen unter den Bürgern am wenigsten Zwistigkeiten und Unruhen. Aus dem gleichen Grunde werden auch große Staaten weniger von Aufruhr heimgesucht; denn der Mittelstand ist da zahlreich. Hingegen kann in kleinen Staaten die Bevölkerung leicht in zwei Klassen zerfallen, sodass kein Mittelstand bleibt, sondern beinahe alle entweder arm oder reich sind. […]

Zit. nach: G. Guggenbühl (Hg.), Quellen zur Geschichte des Altertums, Zürich 1964, S. 136 f.

Aufgaben

1. In welchen Besonderheiten des geografischen Raumes entwickelte sich die griechische Kultur?
   → Text
2. Fassen Sie zusammen, welche Funktionen die Olympischen Spiele und die Kultur im Allgemeinen für die Griechen besaßen.
   → Text, M5
3. Charakterisieren Sie die politische Funktion der griechischen Polis.
   → Text, M7
4. Vergleichen Sie Größe, Ausdehnung und Funktion der Polis mit modernen Staaten.
   → M7
5. Wie sah Aristoteles den idealen Aufbau der Polisgesellschaft?
   → M8
6. Untersuchen Sie die Vorstellungen des Aristoteles hinsichtlich ihrer modernen und ihrer – aus heutiger Sicht – unzeitgemäßen Inhalte.
   → M8

2.2 Sparta: Staat einer Herrenschicht

Spartas Staatsgebiet

Auf die Peloponnes wanderten um 1200 v. Chr. dorische Stämme ein und unterwarfen die dort ansässigen Achäer. Sparta entstand um 1000 v. Chr. aus einem offenen Militärlager und dem allmählichen Zusammenwachsen von mehreren Dörfern. Die Spartiaten unterjochten die in dieser Landschaft lebenden Heloten, die ihnen als rechtlose Knechte und Tagelöhner zu dienen hatten (Staatssklaven).

Den zahlenmäßigen Umfang der waffenfähigen Männer, den Spartiaten, muss man sich aus heutiger Perspektive als sehr begrenzt vorstellen. Ursprünglich betrug die spartanische Volksgemeinschaft nur wenige tausend Spartiaten. Genauere Angaben liegen von der Schlacht bei Plataä (479 v. Chr.) vor. Der griechische Geschichtsschreiber Herodot nennt in diesem Zusammenhang die Zahl von 5000. Ihre Zahl schmolz auf etwa 1000 bis 700 im 3. Jahrhundert v. Chr.

Neben der politisch vollberechtigten Minderheit der Spartiaten und den von ihnen versklavten Heloten lebten noch die so genannten Periöken („Umwohnende"). Diese Periöken waren zwar persönlich frei, aber Bürger minderer Rechte.

Sparta nahm im Vergleich zu anderen griechischen Stadtstaaten eine politische, militärische und soziale Sonderstellung ein. Die Spartiaten hatten einige ihrer ursprünglichen dorischen Stammessitten (unter anderem gemeinsame Mahlzeiten aller Bürger, Jugenderziehung durch den Stamm, anstatt in der Familie) beibehalten und sonderten sich von der unterworfenen Bevölkerung ab. Folglich waren die Spartiaten von einer Überzahl der von ihnen versklavten Heloten umgeben, die sie zwar ausbeuten konnten, aber gegen die sie sich auch schützen mussten. Da man die Heloten zur Kriegsführung benötigte, stellten sie selbst als Leichtbewaffnete eine ständige Bedrohung dar. Die Heloten standen unter ständiger Überwachung. Ihre Unterdrückung gipfelte darin, dass sie ungestraft von den Spartiaten getötet werden konnten. Die ununterbrochene Furcht vor Helotenaufständen einte die Spartiaten, schweißte sie zur Gemeinschaft zusammen und verursachte eine tief greifende Militarisierung. Alle Spartiaten zusammen bildeten ein Berufsheer.

Als im 8. Jahrhundert die Bevölkerungsvermehrung zu Hungersnöten führte, unternahm man einen Eroberungskrieg. Dieser endete in der Unterwerfung und Versklavung der Messenier, die im Südwesten der Peloponnes ansässig waren. 555 v. Chr. setzte sich Sparta an die Spitze eines Bündnisses, des so genannten Peloponnesischen Bundes. Sparta verzichtete auf Unterwerfung weiterer Nachbarstaaten, übernahm aber die Führung im Kriegsfall und bestimmte die von jedem Staat zu stellenden Streitkräfte. Es führte den Vorsitz im Bund, dem bis auf Argos und Achaia alle peloponnesischen Staaten angeschlossen waren. Sparta verfügte dank seiner Verbündeten über eine mächtige Flotte in den Häfen der Peloponnes und war somit für lange Zeit auch stärkste Militärmacht Griechenlands.

Handel und gewerbliche Produktion bildeten nicht die wirtschaftliche Grundlage Spartas. Auftretende Wirtschaftskrisen löste Sparta mit seiner expansiven Angliederungspolitik; Sparta blieb Agrarstaat.

Bürger anderer Staaten, die nicht aufgrund einer Sondererlaubnis in Sparta wohnen durften, wurden ausgewiesen. Die eigene Staatsgrenze zu verlassen, war spartanischen Bürgern verboten, es sei denn im Auftrag einer Behörde. Fremdenfeindlichkeit, engstirniges Gemeinschaftsdenken und eine selbstauferlegte Isolation charakterisieren das spartanische Gesellschaftsmodell.

Der Militärstaat Sparta leistete auf kulturellem und wissenschaftlichem Gebiet wenig. Das griechische Geistesleben ist von Sparta kaum beeinflusst worden.

Warum in Sparta die Künste abgelehnt wurden, liegt genauso im Dunkeln wie die Gründe für die Vernachlässigung von Handel und Gewerbe. In Sparta sehen wir – aus heutiger Perspektive – ein Gesellschaftsmodell, das nach mililtärischen Regeln funktionierte. Im Unterschied zu Athen entwickelte sich in Sparta keine Zivilgesellschaft. Die Spartiaten bevorzugten eine Lebensweise, die von der Sklaverei über die Heeresfolge der Perioken bis zur Kindererziehung vom Geist des Kriegs geprägt war. Bei der Rivalität zwischen Athen und Sparta ging es in erster Linie um die militärische Vormacht (Hegemonie), aber aus heutiger Sicht verdichten sich diese beiden Orte zu alternativen Modellen gesellschaftlichen Zusammenlebens

M 1

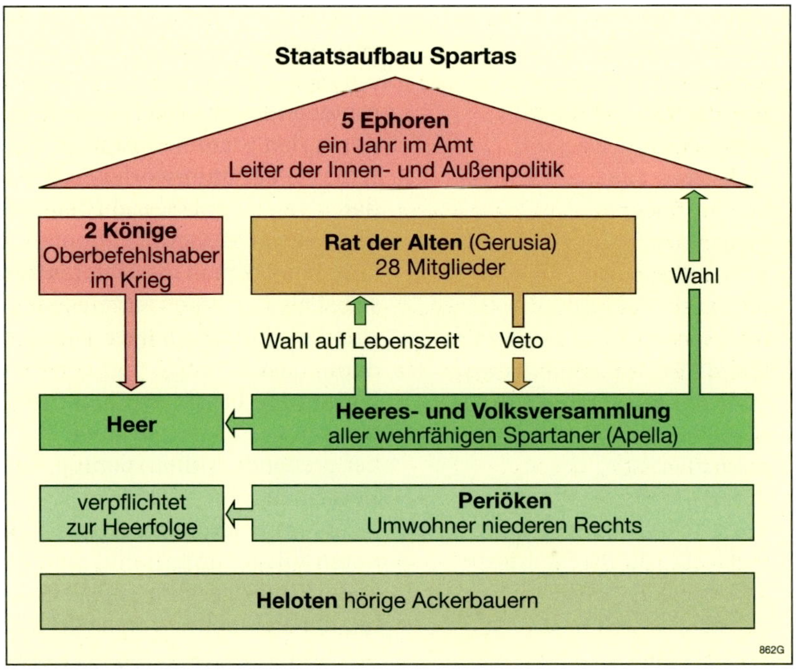

Chronologie

ca. 1000 v. Chr.	Zusammenwachsen mehrerer Dörfer zu Sparta
ca. 740–720 v. Chr.	1. Messenischer Krieg
um 640 v. Chr.	2. Messenischer Krieg
um 550 v. Chr.	Abkapselung Spartas
555 v. Chr.	Bündnis zwischen Sparta und Tegea: Keimzelle des Peloponnesischen Bundes

M 2 **Die Verfassung Lykurgs**

Der griechische Schriftsteller und Philosoph Plutarch (ca. 46–120 n. Chr.) über die Verfassung, die möglicherweise zwischen dem 9. und 7. Jahrhundert vor Christus von dem aus königlicher Familie stammenden Spartiaten namens Lykurgos geschaffen wurde:

Unter den verschiedenen Neuerungen, die Lykurgos einführte, war die erste und wichtigste die Einsetzung des Rates der Geronten [Volksältesten] […]. Denn der Staat, ungewiss schwankend und bald zu den Königen nach der Tyrannis hin, bald zur Menge nach der Massenherrschaft hin sich neigend, empfing in der Macht der Geronten einen festen Anker, kam so ins Gleichgewicht und gewann die sicherste Ruhe und Stetigkeit, indem immer die 28 Ältesten sich zu den Königen schlugen, um der Massenherrschaft entgegenzuwirken, und hinwiederum, damit keine Tyrannis entstünde, das Volk stärkten […].

War die Menge versammelt, so war es keinem der andern gestattet, eine Meinung auszusprechen, sondern nur über den von den Geronten und den Königen eingebrachten Antrag zu entscheiden, war das Volk befugt. Als später die Menge durch Streichen und Zusetzen die Anträge verdrehte und verfälschte, fügten die Könige Polydoros und Theopompos folgenden Satz in die Rhetra [Vertrag] ein: „Wenn aber das Volk eine falsche Entscheidung trifft, sollen die Ältesten und die Fürsten es abtreten lassen, das heißt, den Entscheid nicht annehmen, sondern das Volk abtreten lassen und auflösen, da es den Antrag entgegen dem Wohl des Staates verdrehe und verändere […]".

Nachdem Lykurgos so eine gemischte Verfassung geschaffen hatte, fanden die nach ihm Kommenden doch die Macht der Wenigen [Oligarchie] noch allzu schrankenlos und stark, strotzend und übermütig, und legten ihr darum, wie Platon sagt, gleichsam eine Kandare [Zügel] an mit der Amtsgewalt der Ephoren, und zwar wurden etwa 130 Jahre nach Lykurgos die ersten Ephoren […] bestellt […].

Die zweite und gewagteste politische Maßnahme des Lykurgos ist die Landverteilung. Denn da eine furchtbare Ungleichheit bestand, viele besitz- und erwerbslose Menschen dem Staat zur Last fielen und der Reichtum in ganz wenige Hände zusammengeflossen war, so ging er daran, Übermut, Neid, Verbrechen, Schwelgerei und die noch bedeutsameren und größeren Gebrechen eines Staates, Reichtum und Armut, auszutreiben. Er überredete die Bürger, den gesamten Grund und Boden zur Verfügung zu stellen und ganz neu aufzuteilen.

Er ging nun daran, auch den Hausrat aufzuteilen, um jegliche Ungleichheit vollends auszurotten. Als er aber sah, dass die Leute es übel aufnahmen, wenn man ihnen die Sachen geradezu wegnahm, beschritt er einen anderen Weg, um die Habsucht auch auf diesem Gebiet zu bekämpfen. Zuerst setzte er alles Gold- und Silbergeld außer Kurs und ordnete den Gebrauch nur eisernen Geldes an. Denn das Eisengeld ließ sich nicht zu den anderen Griechen bringen, sondern war dort wertlos und verachtet […]. So schwand der Luxus […] allmählich ganz von selbst dahin […]. Um aber der Üppigkeit noch mehr zu Leibe zu gehen und das Streben nach Reichtum auszurotten, traf er seine dritte und beste politische Maßnahme: die Einführung der Syssitien [gemeinsame Mahlzeiten], dass die Bürger also zusammenkommen und miteinander die gemeinsamen, vorgeschriebenen Speisen zu sich nehmen mussten, statt zu Hause zu speisen.

Die Zucht erstreckte sich bis auf die Erwachsenen. Keinem stand es frei, zu leben wie er wollte, sondern sie lebten in der Stadt wie in einem Feldlager nach strengen Vorschriften für all ihr Verhalten und ihre Beschäftigung in der Öffentlichkeit, und überhaupt glaubten sie nicht sich, sondern dem Vaterlande zu gehören. Dies war ja einer der großen und beneidenswerten Vorteile, die Lykurgos seinen Mitbürgern verschafft hatte: die reichliche Muße, da es ihnen nicht gestattet war, irgendein niederes Gewerbe zu betreiben, und sie sich überhaupt nicht mit Gelderwerb und mühseligen Geschäften zu befassen brauchten, weil Reichtum ganz verächtlich und wertlos geworden war. Die Heloten bearbeiteten für sie das Land und lieferten die vorgeschriebene Abgabe […].

Übrigens verschwanden zugleich mit dem Gelde auch die Prozesse, da es bei ihnen keine Habsucht und keine Armut mehr gab, sondern Gleichheit im Wohlstand […].

Zit. nach: W. Lautemann, M. Schlenke, (Hg.), Geschichte in Quellen, Altertum, München 1965, S. 141 ff.

Aufgaben

1. Erarbeiten Sie die Eigentümlichkeiten der spartanischen Gesellschaft und des auf ihr basierenden Staates.
   → Text und M1, M2

2.3 Athen: Ablösung des Adelsstaates

Wandel der militärischen Organisation

Jahrhundertelang beherrschte der Adel das politische Geschehen Athens. Die entscheidende Ablösung der aristokratischen Herrschaft war bedingt durch einen Wandel in der Militärorganisation. Seit dem 7. Jahrhundert traten an die Stelle der ritterlichen Einzelkämpfer schwerbewaffnete Infanteristen (Hopliten), die in einer geschlossenen Kampfreihe, der Phalanx, den Feinden entgegentraten. Da sich die Hopliten auf eigene Kosten ausrüsten mussten, setzte dies eine angemessene wirtschaftliche Existenz voraus. Die Hopliten rekrutierten sich überwiegend aus der Bauernschaft und den vermögenden Mittelschichten aus Gewerbe und Handel. Die Bürgerschaftszugehörigkeit bestimmte sich aus der Übernahme von Bürgerpflichten und vornehmlich aus der eigenen Anschaffung von Waffen und Ausrüstung. Durch die neue Militärorganisation wurden Herrschaftsrechte auf weitere Bevölkerungskreise übertragen. Dies veränderte die politische Struktur der Polis. Somit war nicht mehr ausschließlich die Herkunft, sondern das Einkommen eines Bürgers für die politische Stellung ausschlaggebend.

Schuldknechtschaft

Der Übergang von der Natural- zur Geldwirtschaft war eine Voraussetzung für das Kreditwesen. Großgrundbesitzer verliehen – gegen hohe Zinsen – Geld an Pächter, ärmere Bauern und Besitzlose. Dies führte zu drückenden sozialen Abhängigkeiten. Da die Zinspflichtigen mit ihrer persönlichen Freiheit hafteten, gerieten sie vielfach in Schuldknechtschaft, was bedeutete, dass sie als Sklaven verkauft werden konnten, obwohl sie staatsrechtlich freie Bürger gewesen waren. Diese Entwicklung führte in den vornehmlich agrarisch strukturierten Stadtstaaten zu tief greifenden sozialen Krisen.

Die in Not geratenen Tagelöhner und Kleinbauern sowie das gestärkte Selbstbewusstsein der reicheren Mittelschichten (Händler und Gewerbetreibende) drängten auf eine Änderung der herrschenden Zustände. Die inneren Organisationsformen des sozialen Gefüges waren fraglich geworden. In vielen Stadtstaaten kamen die Aristokraten den Forderungen der Bürger nach Aufhebung der Willkürjustiz sowie dem Wunsch nach Rechtsgleichheit und Unterstellung aller unter ein gemeinsames Gesetz nach. Mit besonderen Vollmachten ausgestattet, schufen Männer wie der sagenhafte Lykurg (Gesetzgeber in Sparta) oder Drakon (in Athen) eine größere Rechtssicherheit.

Drakon hat das bestehende Recht durch neue Bestimmungen erweitert (621 v. Chr.) und zur Durchsetzung dieser Rechtsordnung Strafen von besonderer Härte angedroht („drakonische Strenge"). Dies war der erste Schritt zu einer verfassungsgemäßigen Ordnung in Athen.

Verfassungsreform

In Athen hatten sich zu Beginn des 6. Jahrhunderts v. Chr. die sozialen Spannungen verschärft. Um einem Umsturz durch einen Tyrannen zuvorzukommen, beriefen die Adligen ihren Standesgenossen Solon zum Archonten (höchsten Beamten) mit außerordentlichen Vollmachten. Er sollte als Schiedsrichter und Versöhner einen Ausgleich zwischen den Ständen schaffen. Solon sollte die Krise entschärfen und die Gefahr eines Bürgerkrieges abwenden.

Solon (ca. 640–560 v. Chr.)
Kolorierter Holzstich nach antiker Porträtbüste

Solons Reformen bestanden aus einem umfangreichen Gesetzgebungswerk. Seine wichtigsten zivil- und wirtschaftsrechtlichen Maßnahmen waren:

- Entschuldung der Bauern,
- Verbot der Schuldknechtschaft, das heißt niemand durfte mehr seine Person zum Pfand für ein Darlehen geben,
- Freikauf von bereits in die Sklaverei verkauften attischen Bürgern,
- Festsetzung eines Höchstmaßes an Grundbesitz (dies sollte die Erhaltung kleinerer Bauernhöfe begünstigen; an eine generelle Neuverteilung des Bodens war dabei aber nicht gedacht),
- Maßnahmen zur Förderung von Handel und Gewerbe unter anderem durch eine Münzreform und Einführung spezialisierter Gewerbe durch Übersiedlung fremder Handwerker in die Stadt.

Solons Verfassungsreform baute auf der schon bestehenden Heeresordnung auf. Die von Solon geschaffene politische Ordnung koppelte die Finanzkraft eines Bürgers mit dessen militärischer Funktion und politischer Mitsprache. Eine solchermaßen abgestufte Gesellschaftsordnung bezeichnet man als Timokratie (time [gr.] = Vermögen). Mit ihr wird die Herrschaft der so genannten vornehm Geborenen (Aristokratie) durchbrochen.

Mit den Solonischen Reformen wurden die ersten Fundamente der griechischen Demokratie gelegt, indem sie die Bürger für den Staat verantwortlich machten. Darüber hinaus ist Solon als das Urbild des politischen Reformers in die Geschichte eingegangen, der mit Mäßigung

M 1

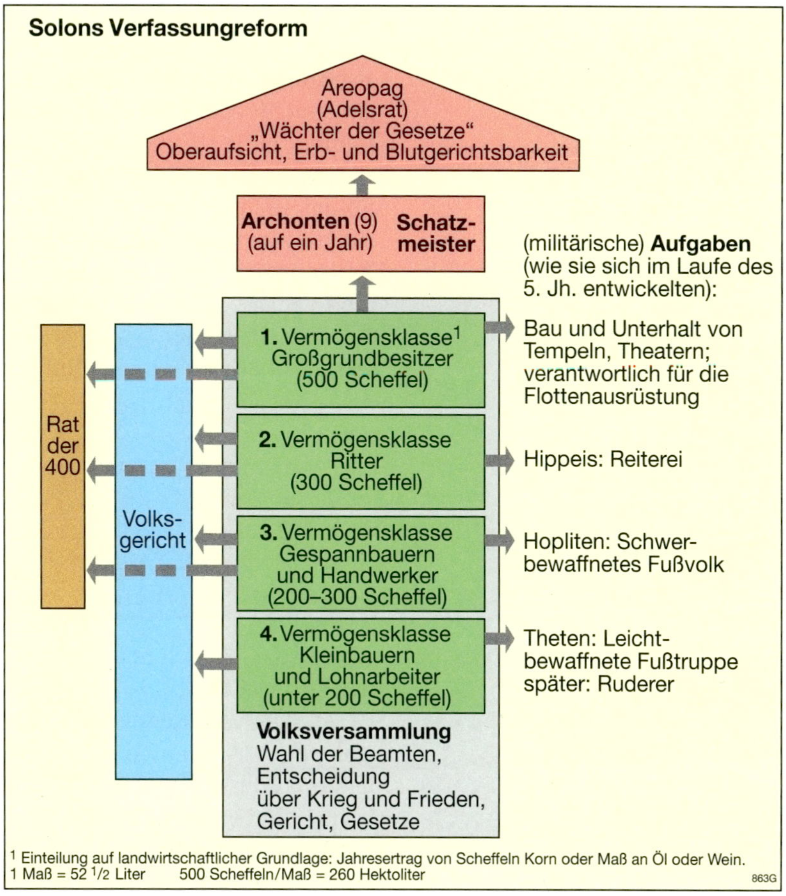

und Klugheit gesellschaftliche Spannungen abzubauen sucht. Als Mittler zwischen Volk und Adel, zwischen Armen und Reichen blieb Solon auf den gesellschaftlichen Ausgleich bedacht. Seine ihm angetragene Rolle nutzte er nicht für eigene politische Ambitionen. Vielmehr verließ er Athen, nachdem die Bürger die neue Verfassung durch ihren Eid anerkannt hatten.

Die Tyrannis des Peisistratos in Athen

Solons Bestreben, ein Gleichgewicht zwischen den Ständen wiederherzustellen und eine dauerhafte Ordnung zu begründen, befriedigte keine Partei. Aus den Auseinandersetzungen, die auch nach den Solonischen Reformen fortdauerten, ging der Adlige Peisistratos, gestützt auf die Kleinbauern und die niederen städtischen Bevölkerungsschichten, als Alleinherrscher hervor.

Äußerlich hielt Peisistratos an der bestehenden Ordnung fest. Das Solonische Gesetzgebungswerk ließ er weitgehend unangetastet. Er besetzte die wichtigsten Staatsposten mit seinen Gefolgsleuten. Den Adel schwächte er. Der Areopag und die hohen Beamten verloren an Einfluss.

Er unterstützte Religion und Kunst (Tempelbauten) und bot durch umfangreiche Programme für öffentliche Bauten den Lohnabhängigen Verdienstmöglichkeiten an. Durch umfangreiche Aktivitäten in der Außen- und Wirtschaftspolitik legte er den Grundstein für die spätere Stellung Athens als Handelsmacht.

Nach dem natürlichen Tod des Peisistratos ging die Gewaltherrschaft auf seine Söhne Hippias und Hipparch über. Die Tyrannis des Hippias wurde gewaltsam durch die Spartaner beendet, die eine ihnen genehmere Regierung in Athen wünschten (510 v. Chr.).

Die Macht der Adelsgeschlechter war auch nach dem Sturz der Peisistratiden nicht gebrochen. Die Kraft zur Vertreibung des Tyrannen ging nicht vom Volke aus, sondern von reichen Adelsfamilien mit fremder Hilfe (König von Sparta).

Das Aufkommen der Tyrannis in Athen zeigt, dass die Reformen Solons nicht ausreichten, um die politischen und sozialen Gruppierungen zu versöhnen. Dennoch kann gesagt werden, dass die von den Zeitgenossen überwiegend günstig beurteilte Tyrannis des Peisistratos die folgende Demokratisierung insofern mitvorbereitete, weil sie die Adelsmacht weiter schwächte und die übrigen Bevölkerungsgruppen gewissermaßen einander annäherte.

Chronologie

ca. 700 v. Chr.	Athen schließt sich mit den Städten Attikas zu einer politischen Einheit zusammen.
ca. 683 v. Chr.	Athen wird zu einer aristokratischen Republik, die von jährlich zu wählenden Archonten regiert wird.
621 v. Chr.	Drakon erlässt das erste geschriebene Gesetz in Athen.
594 v. Chr.	Solon leitet eine Verfassungsreform in Athen ein.
561–510 v. Chr.	Tyrannis in Athen
510 v. Chr.	Sturz des Tyrannen

M 2 Ein Markstein in der Militärgeschichte der alten Welt

Der Altphilologe und Historiker Carl W. Weber erläutert, welche politischen Konsequenzen die neue Militärtaktik der Phalanx hatte:

Der folgenreichste Wandel ereignete sich im militärischen Bereich. Noch Homer beschreibt im 8. Jahrhundert fast ausschließlich den ruhmreichen Streit der Einzelkämpfer, der vornehmen Helden und Recken. […] Ehre und Ruhm werden hier individuell erworben. Gegen Ende des 7. Jahrhunderts ändert sich das fundamental. Es sind die Spartaner, die in den entbehrungsreichen, jahrzehntelangen Kämpfen gegen ihre messenischen Gegner eine neue Schlachtordnung erfinden. Der Name der neuen Taktik ist vielsagend: Phalanx, zu deutsch „Walze“. Die Phalanx ist eine dicht geschlossene, mehrere Glieder tief gestaffelte lineare Kampfformation. Mann neben Mann, oft einige Dutzend nebeneinander in mehreren Gliedern im Abstand von anderthalb Metern hintereinander aufgestellt, rückt das Schrecken erregende Kampfesviereck gegen den Gegner vor. Die Bewegungen aller müssen exakt aufeinander abgestimmt sein, äußerste Disziplin wird vom Einzelnen verlangt, damit das Ganze nicht auseinanderreißt. Im Gleichschritt „wälzt“ sich die Front nach vorn und wirft sich gegen die Feinde. Fällt ein Krieger in der ersten Reihe, so muss sein Hintermann sogleich nachrücken, um die Lücke zu schließen, bevor die feindlichen Krieger eine Bresche in die Schlachtordnung treiben können. Die Durchschlagskraft der neuen Formation ist gewaltig. Dank ihrer Erfindung gelingt es den Spartanern, ihre Gegner niederzuzwingen und Messenien zu versklaven. Der Erfolg der Phalanxtaktik spricht sich in Windeseile herum […]. Alle griechischen – und dazu viele nichtgriechische – Städte und Völker übernehmen die neue Taktik. Das bleibt nicht ohne weit reichende Folgen. Denn schlagartig ist es nun mit dem Ruhm des adligen Einzelkämpfers vorbei. Die alten Tugenden der Adelsethik weichen neuen Werten: Einordnung des Individuums in die anonyme Masse, strikter Gehorsam, Selbstdisziplin und Verzicht auf spektakuläre Einzelaktionen sind nun gefragt. […]

Ein unerhörter Schlag für das Selbstbewusstsein der Adligen! Doch nicht genug damit. Die Phalanx ist um so wirkungsvoller, je mehr Kämpfer sie hat. Je länger die Front und je zahlreicher die Reihen, um so größere Stoßkraft entwickelt sie. Es galt also, mehr Kämpfer als zuvor aufzustellen. Wer aber kam dafür in Frage? Nicht etwa der einfache Mann aus dem Volke, sondern nur derjenige, der sich die kostspielige Ausrüstung eines Schwerbewaffneten selbst kaufen konnte. Dazu gehörten der große Schild, griechisch to hóplon – weshalb sich die Krieger der neuen Formation Hopliten nannten –, Helm, Panzer, Beinschienen, Schwert und Handspeer. „Bürgerliche“, die reich genug waren, diese Waffen zu erwerben, gehörten fortan auch zu den Verteidigern des Staatswesens. Das Verteidigungsmonopol des Adels gehörte der Vergangenheit an – und damit auch der politische Anspruch, der sich auf den militärischen stützte. Allmählich ging den Hopliten auf, dass sie für ihre neuen Pflichten auch neue Rechte beanspruchen konnten. Und das hieß: Mitsprache bei allen politischen Entscheidungen!

C. W. Weber, Athen, Düsseldorf 1979, S. 47 ff.

M 3 Die Schuldentilgung und Abschaffung der Abhängigkeit der Bauern

Von Solon sind Gedichte überliefert, in denen er seine Handlungen als oberster Schiedsrichter kommentierte (594 v. Chr.):

Und habe ich nicht alles, wofür ich das Volk zusammenschloss, erreicht und bis zum Ziel geführt? Das möge mir vor dem Richterstuhl der Zeit die große Mutter aller Götter im Olymp[1] bezeugen, die schwarze Erde, der ich einst Schuldsteine ausriss, hundertfältig eingepflockt, die vorher eine Sklavin war, jetzt aber frei. Und viele habe ich nach Athen in die gottgewollte Heimat zurückgeführt, die verkauft worden waren, der eine zu Recht, der andere ohne Recht, oder geflohen waren vor der Schuldenlast, deren Zunge schon unattisch ging, denn vielfach irrten sie umher. Die anderen, die Schmach und Knechtschaft hier erlitten und die Launen der Herren fürchteten, habe ich zu Freien gemacht. Das habe ich mit der Macht des Gesetzes getan, habe Gewalt und Recht vereint, und es wie versprochen zu Ende gebracht. Gesetze schrieb ich in gleicher Weise für den Geringen und den Vornehmen und fügte für jeden gerades Recht. Hätte statt meiner sonst wer diesen Lenkerstab ergriffen, schlechten Willens und auf Geld bedacht, er hätte nicht das Volk gebändigt. Denn hätte ich gewollt, worum sich meine Gegner einst bemüht hatten, […] dann wäre diese Stadt vieler Männer beraubt worden. Deshalb habe ich nach allen Seiten hin gekämpft, wie ein von Hunden eingekreister Wolf sich dreht.

1 gemeint ist die Erde, Gaia, die Vorfahrin der olympischen Götter

Zit. nach: M. Austin, P. Vidal-Naquet, Gesellschaft und Wirtschaft im alten Griechenland, München 1984, S. 192.

M 4 **Aristoteles: Die Gesetzgebung Solons**

Aristoteles (384–322 v. Chr.): „Der Staat der Athener" – eine Schrift, die erst 1890 auf einem ägyptischen Papyrus wiedergefunden wurde:

Als Solon die Macht in die Hände bekommen hatte, befreite er das Volk für alle Zukunft von der Sklaverei, indem er ein für allemal die leibliche Haftbarkeit der Schuldner für ihre Schulden aufhob. Er verfügte ferner einen Erlass sämtlicher Schuldforderungen, der staatlichen wie der privaten. [...]
Schon vorher war das gesamte Volk nach dem Vermögen in vier Steuerklassen eingeteilt worden, in die Pentakosiomedimnen [Großgrundbesitzer] die Hippeis [Ritter], die Zeugiten [Bauern] und die Theten [Lohnarbeiter]. Solon behielt diese Einteilung bei. Zutritt zu den Staatsämtern gewährte er aber nur den drei ersten Steuerklassen, den Pentakosiomedimnen, den Hippeis und den Zeugiten. Der vierten Steuerklasse, den Theten, verlieh Solon nur den Anteil an der Volksversammlung und am Volksgericht. In der ersten Klasse musste jeder steuern [Steuern bezahlen], der auf eigenem Grund und Boden, sei es an Früchten, sei es an Flüssigkeiten, einen jährlichen Ertrag von zusammen fünfhundert Scheffeln, in der zweiten, wer jährlich dreihundert Scheffel produzierte, nach einer andern Angabe, wer ein Pferd zu halten vermochte. Zur dritten Klasse gehörte ein jeder, der mindestens zweihundert Scheffel erntete. Alle übrigen bildeten die vierte Steuerklasse, die von den Staatsämtern ausgeschlossen war.
Die Besetzung der Ämter sollte durch das Los erfolgen, und zwar sollte jede von den vier Phylen [Geschlechterverbänden] auf dem Wege der Wahl eine größere Zahl geeigneter Leute zur Auslosung bestimmen. Für die neun Archonten bezeichnete jede Phyle zehn Männer, aus denen dann die Auslosung erfolgte. Solon setzte ferner einen Rat von vierhundert Mitgliedern ein, je hundert aus jeder Phyle. Dem Areopag [Adelsrat] wies er die Aufgabe zu, die verfassungsmäßige Handhabung der Gesetze zu kontrollieren, wie er ja schon früher die Aufsicht über das ganze staatliche Leben geführt hatte. Und so war er befugt, in den meisten und wichtigsten politischen Angelegenheiten das letzte Wort zu sprechen; insbesondere konnte er Fehlbare zur Verantwortung ziehen mit dem Recht, auch zu büßen und sonst zu bestrafen. Die eingehenden Geldbußen überwies er der Staatskasse, brauchte aber den Grund der Bestrafung nicht anzugeben. Außerdem besaß er die Gerichtsbarkeit über Verschwörungen zum Umsturze der demokratischen Staatsordnung.
Im Hinblick auf die politischen Parteikämpfe und auf die bei manchem Bürger vorhandene leichtsinnige Neigung zur Gleichgültigkeit erließ Solon ein eigenes Gesetz: Jeder, der beim Ausbruch von Unruhen nicht unter die Waffen träte und sich nicht einer Partei anschlösse, sollte die bürgerliche Ehre und alle politischen Rechte verlieren. [...]
Nachdem Solon die Verfassung geordnet hatte, überliefen ihn die Leute teils mit Beschwerden, teils mit Bitten um Auskunft über die Gesetze. Er wollte jedoch der Notwendigkeit entgehen, sie abzuändern oder sich bei seinen Mitbürgern unbeliebt zu machen. Daher unternahm er eine Reise nach Ägypten, zugleich zu Handelszwecken und um Land und Leute kennen zu lernen. Viele aus der Adelspartei verdachten ihm den Schuldenerlass; auch entsprach die Neuordnung der Verhältnisse den Erwartungen beider Parteien nicht. Das Volk hatte auf eine allgemeine Güterverteilung gerechnet, während die Adeligen vorausgesetzt hatten, er werde die alte Ordnung der Dinge belassen oder doch nur unwesentlich abändern.

G. Guggenbühl (Hg.), Quellen zur Geschichte des Altertums, Zürich 1964, S. 43 ff.

Aufgaben

1. Inwiefern bedeutete die Einführung der Phalanx-Taktik einen Wandel in der Militärgeschichte der Antike? Welche sozialen und politischen Folgen ergaben sich daraus?
   → Text, M2
2. Welche Maßnahmen enthielt das solonische Reformwerk? Wie rechtfertigte Solon die Schuldentilgung?
   → Text, M1, M3, M4
3. Interpretieren Sie die folgenden Gedanken Solons zur Verfassungsreform:
   „Rechte verlieh ich dem Volke, genau in dem richtigen Maße, nahm ihm an Ansehen nichts, reichte zu viel ihm nicht dar; auch den Großen des Landes, die Macht und Schätze besaßen, schrieb ich ein neues Gesetz: keinen Besitz ohne Recht!"

2.4 Aufstieg Athens zur griechischen Vormacht

Die Perserkriege

Die Kriege zwischen den Griechen des Mutterlandes und den Persern wurden durch einen Aufstand der in Kleinasien lebenden Griechen ausgelöst. Das Streben der Perserkönige nach Ausdehnung ihres Reiches nach Westen hatte dazu geführt, dass die ionischen Griechen, die bisher relativ frei lebten, von den durch die persischen Eroberer gestützten Stadttyrannen politisch und wirtschaftlich unterdrückt wurden. Nur Eretria (auf der Insel Euboia) und Athen, das seine Getreideversorgung aus dem Schwarzmeergebiet bedroht sah, kamen den bedrängten Griechen in Kleinasien zu Hilfe. Nach griechischen Anfangserfolgen brach der Aufstand zusammen. Der ionische Aufstand sollte eine Reihe kriegerischer Auseinandersetzungen zwischen Griechen und Persern auslösen, die erst mit den Feldzügen gegen die Perser unter Alexander dem Großen (334/330 v. Chr.) ihr Ende fanden.

Griechenlands Geschichte erinnert in manchen Aspekten an die Geschichte Europas, in der auch die einzelnen Staaten sich wechselseitig bekriegt und kooperiert haben. Die Griechen lebten politisch segmentiert in Kleinstaaten (Poleis) und blieben doch durch die gemeinsame Kultur, Religion und Sprache verbunden. Angesichts der Bedrängnis durch die Perser fanden sich aber die meisten griechischen Städte zur Abwehr bereit und legten ihre internen Konflikte bei.

Die Geschichte der Perserkriege ist die Geschichte eines völlig unerwarteten Sieges Davids über Goliath. Nach dem Sieg des athenischen Heeres über die Perser bei Marathon (490 v. Chr.) plante der persische Großkönig Xerxes, diese „Schmach" wettzumachen. Die antike Welt-

M 1

macht der Perser setzte sich zehn Jahre danach mit einer Riesenstreitmacht in Bewegung. Damit schien das Ende eines politisch unabhängigen Griechenlands besiegelt zu sein.

Flottenbau

Die systematische Vorbereitung des neuen Feldzugs war den Griechen natürlich nicht verborgen geblieben. In ihrer Not befragten die Athener das Orakel von Delphi, das - angeblich - empfahl, sich mit einer „Mauer aus Holz" zu verteidigen. In einer scheinbar ausweglosen Situation brachte es der attische Staatsmann Themistokles (ca. 524–459 v. Chr.) fertig, diesen Spruch „richtig" zu interpretieren und den Bau einer Flotte zu veranlassen, der 483 v. Chr. begann.

Themistokles (ca. 524–459 v. Chr.)
Porträtbüste aus Marmor, Kopie eines zeitgenössischen Originals

Themistokles machte das überwiegend agrarisch orientierte Athen gegen die Opposition der Großgrundbesitzer zur Seemacht. Das Flottenbauprogramm (200 Kriegsschiffe) und die Verstärkung der Befestigungsanlagen belasteten die Stadt finanziell. So musste zum Beispiel auf die übliche Verteilung der Erträge der Silberminen von Laurion an die Bürger verzichtet werden. Eine wesentliche Bedingung für die Vormachtstellung Athens gegenüber den anderen hellenischen Stadtstaaten war eng verknüpft mit dem Besitz dieser reichsten Silberminen Griechenlands im Süden Attikas. Das von nahezu 30 000 Sklaven im Bergbau gewonnene Silber ermöglichte auch die Prägung der im „internationalen" Handel angesehenen Münzen, die erheblich zur wirtschaftlichen Blüte beitrugen.

Der Flottenbau sorgte aber auch für Dauerarbeitsplätze durch Wartung und Ausbesserung der Schiffe. Darüber hinaus entfaltete sich der Hafen auch zu einem wichtigen Zentrum der Handelsschifffahrt. Die Entscheidung zum Bau einer mächtigen Kriegsflotte sollte sich im Nachhinein als richtig erweisen, denn angesichts der persischen Übermacht blieb nur die Räumung der Stadt und des umliegenden Landes sowie die Flucht auf das Wasser.

Der Rückzug der Flotte zur (Athen vorgelagerten) Insel Salamis, der Seesieg der griechischen Flotte in der dortigen Meerenge (480 v. Chr.), zerstörte zunächst die persische Seemacht, was dann ein Jahr später seine Entsprechung in der Landschlacht von Plataä (479 v. Chr.) finden sollte.

Weltgeschichtliche Einordnung

Viele Historiker haben den Abwehrkampf der Griechen gegen die Per-ser als Kampf zweier Weltanschauungen interpretiert: hier die griechische Polis-Freiheit, dort der vorderasiatische Despotismus, hier Demokratie, dort Tyrannei. Unabhängig von der Problematik solcher klischeehafter (moderner) Zuordnungen kann aber festgehalten werden, dass die antike und damit letzten Endes auch die europäische Geschichte anders verlaufen wäre, wären Griechen militärisch besiegt und ihre politische Kultur unterdrückt worden.

So gesehen war die Seeschlacht von Salamis eine jener „Sternstunden der Weltgeschichte", die die Weichen derselben gestellt haben. Denn vor allem die nachfolgende Epoche führte zur Entfaltung der griechischen Kultur, was sich für Europa insgesamt als grundlegend erweisen sollte.

Der Attisch-Delische Seebund

Die Griechen hatte den Kampf gegen die Perser mit einem gemeinsamen Heer unter Spartas Führung und einer Flotte, deren Hauptkontingent Athen stellte, geführt. Da Sparta sich nach den Siegen über die Perser auf

M 2 **Attische Silbermünze aus dem 5. Jahrhundert v. Chr.**
Die Eule, das Wappentier Athens, galt als Vogel der Klugheit. Auf diese Münze bezieht sich das weitverbreitete Sprichwort von den Eulen, die man nach Athen trägt, womit ein sinnloses Tun gemeint ist (weil es sie dort schon im Überfluss gibt).

die Peloponnes zurückzog, schied es als Schutzmacht griechischer Städte in Kleinasien aus. An seine Stelle trat nunmehr Athen, das zum Befreier Griechenlands geworden war. Die neue Führungsmacht leistete sich selbst in Zeiten drückender Finanznot eine riesige Flotte, zum Beispiel Mitte des 4. Jahrhunderts 349 Trieren (lat. Dreiruderer). Diese Seestreitmacht bildete das Instrument athenischer Großmachtpolitik.

Die Athener schlossen mit der überwiegenden Zahl der Insel- und Küstenstädte Einzelbündnisse ab und bauten so ihre Machtsphäre aus. Diese Entwicklung führte schließlich zu einem Gesamtbündnis, dem so genannten Attisch-Delischen Seebund (Delos, griechische Insel). Obwohl alle Mitglieder im Bundesrat gleiches Stimmrecht erhielten (mit Delos als Bundessitz), wurde schon bald Athen zur führenden Macht dieses mächtigen Flottenbündnisses. Im Laufe der Zeit wurde die Abstimmung im Bundesrat eingestellt, und die athenische Volksversammlung entschied über Gesetze, zog Gerichtsbefugnisse an sich und befand über die Abgaben, die früher von den Mitgliedsstaaten freiwillig geleistet wurden. Schließlich wurde die Bundeskasse von Delos gegen den Widerstand der anderen Bundesgenossen nach Athen gebracht (454 v. Chr.). Ein Großteil des Geldes floss zweckentfremdet in die athenische Staatskasse, unter anderem für die Beamtenbesoldung und den Ausbau der Akropolis.

Athen setzte den Kampf gegen die Perser fort und beendete schließlich die Kriege mit dem Frieden des Kallias (Name des Leiters der athenischen Friedensdelegation). In diesem Frieden wurde den griechischen Städten in Kleinasien eine gewisse Eigenständigkeit vom Perserkönig zugesichert und die Ägäis – Zeichen athenischer Dominanz – zum griechischen Meer erklärt. Aber als Reaktion auf das außenpolitische Vormachtstreben galt Athen vielen Zeitgenossen als neuer „Tyrann Griechenlands".

Seekriegsführung

Im 5. und 4. Jahrhundert besaß Athen die größte Flotte unter den griechischen Staaten. Die Flotte hatte zeitweise einen höheren militärischen Stellenwert als das Heer. Ursprünglich hatten die Kriegsschiffe ein oben offenes Deck, auf dem sich die Ruderer auf einer Ebene mit

M 3 **Moderner Nachbau einer klassischen Triere**
Der wichtigste Typ des antiken Kriegsschiffes war der „Dreidecker" (Triere). Er konnte unter Segel gehen, aber auch, besonders im Gefecht, von Ruderern bewegt werden. Im Kampf kam es darauf an, in geschlossenem Stoß – ähnlich wie in der Hoplitenphalanx – die gegnerischen Schiffe mit dem im Bug befindlichen Rammsporn zu versenken oder ihre Ruderreihen zu zerstören. Dazu waren höchste Präzision und Abstimmung vonnöten. Die Ruderer rekrutierten sich aus den ärmeren Schichten. [H.-J. Gehrke]

den kämpfenden Soldaten befanden. Die Schiffstypen wurden nach der Anzahl der Ruderer benannt. Die Entwicklung der Triere revolutionierte die Seekriegsführung. Die Kampfstärke des neuen 40 bis 50 m langen und 5 m breiten Kriegsschiffes lag nicht mehr in der Anzahl der auf dem Schiff befindlichen Hopliten und Bogenschützen, sondern in der Leistung des Ruderwerks (Schnelligkeit, Reaktionsfähigkeit beim Manövrieren). Denn nunmehr zielte die Seekriegsführung darauf, das feindliche Schiff zu rammen und somit zu versenken. Für die in drei Reihen übereinander versetzt arbeitenden Ruderer benötigte man eine zahlreichere Rudermannschaft als vorher. Ungefähr 200 Mann, davon 170 Ruderer, gehörten zur Schiffsmannschaft.

Zur Zeit der Perserkriege bestand die athenische Flotte fast ausschließlich aus Trieren. Als Personal für den Ruderdienst verpflichteten die Athener die Theten, die zur untersten Vermögensklasse gehörten. Ruderdienst galt als militärischer Dienst. Da politische Rechte in einem engen Verhältnis zu den militärischen Funktionen der Bürger standen, schöpften die Theten aus ihrem militärischen Beitrag politisches Selbstbewusstsein. Dieser Umstand führte in der weiteren Entwicklung dazu, dass die bei Solon noch politisch diskriminierten Theten allmählich in die Gemeinschaft der vollberechtigten Bürger aufgenommen wurden. Später griff man auch auf Metöken (= Zugewanderte) und Sklaven zurück.

Chronologie

499 v. Chr.	Die ionischen Griechen erheben sich gegen die Herrschaft der Perser.
494 v. Chr.	Der ionische Aufstand bricht zusammen.
493 v. Chr.	Themistokles, gewählter Archon von Athen, beginnt den Hafen von Piräus zu befestigen.
490 v. Chr.	Dareios von Persien greift das griechische Festland an. Beginn der Perserkriege. In der Schlacht von Marathon werden die Perser zurückgeschlagen.
483 v. Chr.	Ein reicher Silberfund im Berg Laurion erschließt Athen die Geldmittel zum Ausbau seiner Flotte.
481 v. Chr.	Die griechischen Staaten treten unter der Führung Spartas zusammen, um ein gemeinsames Vorgehen gegen die Perser zu planen.
480 v. Chr.	Die Griechen werden bei den Thermopylen überwältigt und gewinnen danach die Schlacht bei Salamis.
479 v. Chr.	Die letzten größeren Schlachten des Krieges bei Plataä und Mykale enden mit einer Niederlage für die Perser.
478–477 v. Chr.	Unter der Führung Athens formiert sich der Attisch-Delische Seebund.
468 v. Chr.	Der Delische Bund zerstört die persische Flotte.
449 v. Chr.	Abschluss des Kalliasfriedens beendet die Epoche der Perserkriege.

Aufgaben

1. Fassen Sie Ursache, Verlauf und Ergebnis der Perserkriege zusammen.
2. Inwiefern brachte der Ausbau der athenischen Kriegsflotte eine politische und soziale Umformung des Staatswesens in Athen mit sich?

2.5 Die attische Demokratie

Ein neues Modell der Politik

Wer entscheidet über das politische Leben? Je nachdem, wie diese Frage beantwortet wird, ergeben sich unterschiedliche politische Organisationsformen. Das Besondere an der Geschichte Athens ist dessen – relativ gut dokumentierte – Hervorbringung eines neuen Modells politischer Ordnung, das in der Selbstregulierung der Gemeinschaft seinen Kern besaß. Nach antiken Maßstäben war die Herrschaft im Stile eines traditionalen orientalischen Stadtkönigs der Normalfall. In der attischen Polis hingegen weitete sich die Mitsprache des Volkes immer mehr aus, bis sich die bürgerliche Solidargemeinschaft insgesamt als Gesetzgeber formierte. Feste Regeln, Gesetze, hielt man auf dauerhaf-

M 1

tem Material, zum Beispiel Stein, fest und statuierte ihre Verbindlichkeit für alle. Die Herrschaft des Gesetzes und die Herrschaft der gewählten Staatsmänner auf Zeit sind bis heute Teil des politischen Vermächtnisses der Griechen. Das Funktionieren eines solchen (alternativen) Politikmodells der Selbstverwaltung war an mehrere Voraussetzungen geknüpft:

- Die griechische Polis besaß eine überschaubare Größenordnung. Man schätzt die wehrfähige männliche Bevölkerung Athens auf zirka 30 000 zur Zeit der Perserkriege. Die Gesamtbevölkerung des athenischen Staates errechnet sich aus der Addition der Anzahl der Familienangehörigen (Frauen, Kinder, Alte), den fest ansässigen Fremden (Metöken) sowie den Sklaven. Schätzungen für das 5. Jahrhundert v. Chr. gehen von einer bürgerlichen Bevölkerung von 120 000 aus, von 30 000 Metöken und etwa 100 000 Sklaven. Die Gesamtzahl von einer Viertelmillion Bewohnern bezieht sich auf die Stadt Athen und das Umland Attika.
- Die männliche erwachsene Bevölkerung, die mit vollen politischen Rechten ausgestattet war, machte also nur einen kleinen Teil der Gesamtbevölkerung aus. Aber sie bildete den Kern der bürgerlichen Solidargemeinschaft. Ihre Identifikation mit der Polis schuf den inneren Zusammenhalt. Die Funktionsfähigkeit der Selbstverwaltung war zweifellos an eine maximale Größe und Überschaubarkeit gekoppelt.
- Dass das Volk überhaupt zum Souverän aufsteigen konnte, hing ganz wesentlich mit den militärischen Anstrengungen des Kleinstaates zusammen. Attische Demokratie und allgemeine Wehrpflicht müssen letztlich als zwei Seiten der gleichen Medaille betrachtet werden. Der Bürger, der seine Ausrüstung selbst stellte und als bewaffneter Infanterist (Hoplit) die Phalanx bildete, forderte zwangsläufig Mitsprache in den öffentlichen Angelegenheiten. Wehrfähigkeit und Vollbürgertum gehörten nach damaliger Anschauung aufs Engste zusammen.
- Wer mitregieren wollte, der musste dafür Zeit haben. Die direkte Demokratie setzt die Abkömmlichkeit der Teilnehmer voraus, was sicherlich für Wohlhabende im Kontext der Sklavenarbeit ein geringeres Problem darstellte. Um auch ärmeren Bürgern die Teilnahme an der Selbstverwaltung zu ermöglichen, wurden im Zuge der Demokratisierung Diäten gezahlt, also Aufwandsentschädigungen für die Teilnahme am Rat und an den Volksgerichten, später auch an den Volksversammlungen.

Kleisthenes: Neuordnung des athenischen Staates

Kleisthenes, ein reicher Adliger, setzte sich nach der Vertreibung der Tyrannen (Familie der Peisistratiden) im Kampf um die Macht in Athen gegen seine Widersacher erfolgreich durch. Er brachte die Mehrheit der einfachen Bevölkerung durch weitgehende Zugeständnisse, die auf eine radikale Verfassungsänderung abzielten, auf seine Seite. Der Kern der Reform (508/07 v. Chr.) bestand in einer Auflösung der herkömmlichen Phylenverbände. Phylen waren vom Adel beherrschte Sippenverbände. Die Phylenreform zielte darauf, traditionelle Sippenbindungen zu zerschlagen und die adligen Geschlechter von ihrer lokalen Anhängerschaft zu trennen.

Durch diese Umbildung wurde die Bevölkerung „gemischt", die Interessengegensätze weitgehend ausgeglichen und der kultisch-poli-

M 2 **Tyrannenmörder**
Harmodios und Aristogeiton im Augenblick der Tötung des Tyrannen Hipparchos (514 v. Chr.). Ein politisches Denkmal, das seinen Platz auf der Agora von Athen hatte und an den Durchbruch zur demokratischen Ordnung erinnern sollte. Die Statuen sind Teil einer Legendenbildung. Lediglich der Bruder des Tyrannen wurde Opfer eines Eifersuchtsdramas. Die Nacktheit des wohlgeformten männlichen Körpers ist ein Charakteristikum der griechischen Kunst. Vermutlich besteht ein Zusammenhang mit dem männlichen Sport, der ebenfalls nackt ausgeübt wurde, Replik einer Plastik aus dem Jahre 477/476 v. Chr.

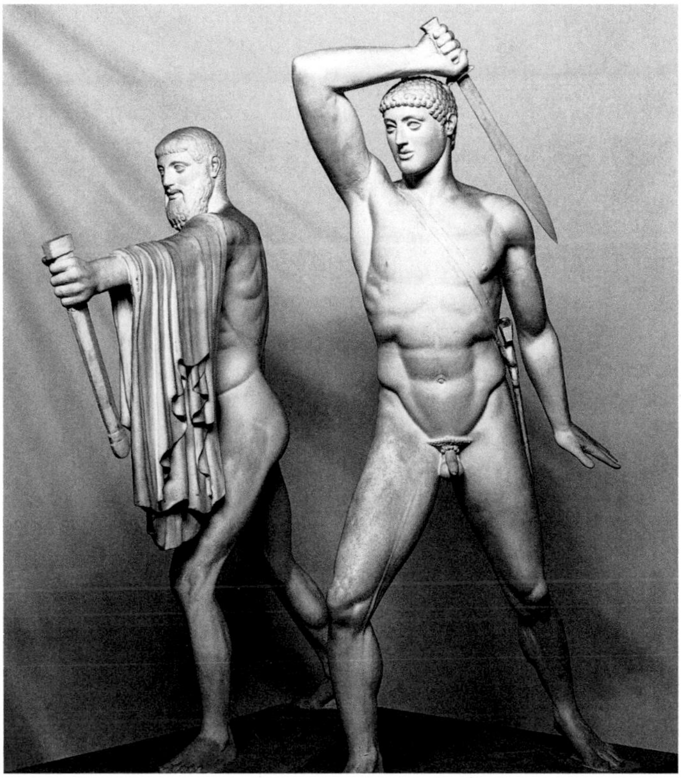

tische Einfluss der Aristokratie gebrochen. Die Exekutive blieb zunächst den vermögenden Schichten vorbehalten.

Isonomie

Nur die Volksversammlung erfuhr eine Aufwertung. In ihr wurde über alle wichtigen Angelegenheiten entschieden und das Gemeinwesen unter die Kontrolle durch die Allgemeinheit gebracht. In der Volksversammlung regierte das Volk sich selbst. Im Prinzip war die Kleisthenische Staatsordnung eine Oligarchie (= Herrschaft der Wenigen), die aber mit wesentlichen demokratischen Elementen erweitert war. Die Entwicklung der Demokratie in Athen wurde von staatstheoretischen Diskussionen über die Vorzüge und Nachteile monarchischer, oligarchischer und demokratischer Herrschaft begleitet. Insbesondere der Gedanke der Isonomie, der Gleichheit, spielte dabei eine entscheidende Rolle. Die grundsätzliche staatsbürgerliche Gleichheit konnte für Kleisthenes nur in die Tat umgesetzt werden, wenn sie sich in der Beteiligung breiter Schichten an der Politik, also durch Mitreden, Mitbestimmen und Kontrollieren, ausdrückte.

Unter Kleisthenes wurde die bis dahin übliche Wahl von Beamten teilweise durch das Losverfahren abgelöst. Man sah darin eine Verwirklichung der Isonomie. Zudem schloss es Wahlmanipulationen aus. Von dieser demokratischen Einrichtung des Auslosungsverfahrens waren nur das Strategenamt, einige Finanzbeamte und die Opferpriester ausgenommen. Dem Strategenamt kam eine besondere Bedeutung zu, weil mit diesem Amt auch eine politische Führungsrolle verknüpft war. Darum trachteten viele nach dem Amt des Strategen.

Seit Kleisthenes wurde jedes Jahr je ein Mann aus jeder der zehn Phylen als Stratege (Feldherr) bestimmt. Diese Männer hatten den Oberbefehl über das Heer und die Flotte. Täglich wechselten sie in der

Befehlsführung miteinander ab. Aus militärischen Gründen führte später ein Stratege den Oberbefehl über die anderen neun.

Kleisthenes versuchte das Prinzip der Identität von Regierten und Regierenden zu verwirklichen. Er wurde somit zum eigentlichen Begründer der athenischen Demokratie.

Ostrakismos

Eine dem heutigen Betrachter seltsam erscheinende Einrichtung war das von Kleisthenes angeregte Scherbengericht (Ostrakismos). Durch das Scherbengericht in Art einer Volksabstimmung sollten Männer, die in Verdacht standen, nach Alleinherrschaft zu streben, ohne Gerichtsverfahren und ohne Verlust an Ansehen, Bürgerrechten und Vermögen für zehn Jahre aus Athen und Attika verbannt werden. Jedes Jahr wurde in einer Volksversammlung geprüft, ob eine Abstimmung gegen einen der Tyrannis Verdächtigen durchzuführen sei. Falls dies notwendig erschien, wurde in einer zweiten Befragung der betreffende Name ermittelt.

M 3 Tonscherbe
Sie ist mit dem Namen Themistokles beschriftet. Der Ostrakismos, ursprünglich eine Schutzvorkehrung gegen die Tyrannis, wurde im 5. Jahrhundert zu einem Instrument der politischen Auseinandersetzungen im Rahmen der attischen Demokratie.

Die Abstimmung erfolgte auf der Agora (Marktplatz) nach Phylen. Als Stimmzettel dienten Tonscherben (Ostraka), in die der Name des Betroffenen eingeritzt wurde. Eine Mindestbeteiligung von 6000 abgegebenen Stimmen war die Voraussetzung dafür, dass jemand verbannt werden konnte. Ostrakisiert wurde derjenige, auf den die Mehrheit der abgegebenen Stimmen entfiel. Ursprünglich zur Stabilisierung der Demokratie gedacht, wurde der Ostrakismos zunehmend aus egoistischen Erwägungen zum Machtmittel zwischen mehreren rivalisierenden Politikern.

Als einer der ersten hatte der Feldherr und Staatsmann Themistokles zur Zeit der Perserkriege (500–479 v. Chr.) die Waffe des Ostrakismos gegen seinen konservativen Widersacher Aristeides, der seine Flottenpolitik bekämpfte, erprobt. Aristeides wurde auf Veranlassung von Themistokles verbannt (482 v. Chr.). Ironischerweise wurde Themistokles, der Held der Perserkriege, selbst durch das Scherbengericht politisch entmachtet (471 v. Chr.). Die Gegner warfen ihm übermäßigen Stolz und Selbstgefälligkeit vor. Die Institution des Ostrakismos wurde 417 v. Chr. abgeschafft.

Die Herausbildung der radikalen attischen Demokratie

Mit Perikles (ca. 495–429 v. Chr.) betrat ein Staatsmann die politische Bühne Athens, mit dessen Namen die Glanzzeit in der Geschichte der Stadt verbunden ist. Die Zeit seiner Staatsführung (461–429 v. Chr.) heißt auch das Perikleische Zeitalter. Athen wurde in dieser Epoche nicht nur zur unbestrittenen ersten Staatsmacht in Griechenland, sondern vor allem durch die Initiative von Perikles zum kulturellen Zentrum.

Perikles, zunächst als Führer der demokratischen Partei ohne eigentliche politische Funktion, verdankte seine beherrschende Stellung zum einen dem Strategenamt, in das er von 443 v. Chr. Jahr um Jahr gewählt wurde, zum anderen seiner Autorität beim Volke.

Den Abschluss der demokratischen Entwicklung in Athen bildeten die von Ephialtes und – nach dessen Ermordung – von Perikles veranlassten Verfassungsreformen (von 462–461 v. Chr.). Danach wurden dem Areopag, der letzten aristokratischen Institution, die Oberaufsicht über die Staatsverwaltung entzogen und dem Rat der 500 übertragen. Die Geschworenenrichter, jetzt von allen vier Volksklassen (auch den Theten) gewählt, bekamen größere Machtbefugnisse. Darüber hinaus führte Perikles ein System von Diäten (Tagegeldern) für die Ratsmitglieder, die Beamten und ebenso für Geschworenenrichter ein. Dadurch sollte niemand aus wirtschaftlichen Gründen von einer politischen Betätigung ausgeschlossen sein. Auch für Theaterbesuche gab es „Schaugeld“, das heißt der Staat erstattete den bedürftigen Bürgern die Eintrittspreise.

Die Einführung der Diäten, die Verteilung von Lebensmitteln und Geld führten aber zum Teil dazu, dass viele Athener sich auf den staatlichen Unterhalt verließen. Wenn auch die Diäten nur das Existenzminimum deckten, so war zum einen die Summe bei der großen Zahl der Empfänger doch beträchtlich, zum anderen erzeugten die „fürsorgestaatlichen“ Maßnahmen (Vergünstigungs- und Versorgungsleistungen) bei den Bürgern eine Bindung an das Gemeinwesen.

Nachdem das passive Wahlrecht für das Archontenamt auch auf die dritte Volksklasse (die Zeugiten) erweitert worden war, wandelte sich der athenische Staat zur radikalen oder vollendeten Demokratie.

Allerdings schloss die Demokratisierung die Nichtvollbürger aus. Nach dem Bürgerrechtsgesetz von 451 v. Chr. blieben generell die Frauen und die Metöken (Zugewanderte), Freigelassene und Sklaven ohne staatsbürgerliche Rechte. Mit dem einschränkenden Bürgerrechtsgesetz sollte unter anderem die Zahl der Kostgänger der athenischen Polis beschränkt werden.

Möglichkeiten und Grenzen der attischen Demokratie

Die attische Polis ist die Wiege der demokratischen Verfassung. Sie wurde in Athen durch die Reformen des Kleisthenes (508/507 v. Chr.) begründet und später nur unwesentlich geändert. Es gab dafür keine Vorbilder. Der Begriff Demokratie setzt sich aus den griechischen Wörtern Demos (Volk) und Kratos (Macht) zusammen. Unter Demokratie versteht man im Idealfall die Beteiligung des ganzen Volkes an der Herrschaft.

Als die entscheidenden Grundelemente der attischen Demokratie zu Zeiten des Perikles sind festzuhalten: die direkte Mitwirkungsmöglichkeit bei jeder politischen Entscheidung, der Zugang zu fast allen politischen Ämtern für jeden über 30 Jahre alten Bürger und die Zuteilung zu diesen Funktionen durch das Los. Alle männlichen Vollbürger, Arme und Reiche, waren gleich(berechtigt). Jeder Bürger hatte das Rede-, Antrags- und Abstimmungsrecht in der Volksversammlung (Ekklesia).

Die Volksversammlung war das Herz der Demokratie. Regierende und Regierte wechselten sich im politischen Entscheidungsprozess ab. Die Qualifikation der Beamten, das heißt ihre Würdigkeit, konnte in öffentlichen Verfahren überprüft werden. Am Ende ihrer Amtszeit waren die Beamten zur Rechenschaft verpflichtet.

6000 Vollbürger, die ausgelost wurden, bildeten das Volksgericht. Für die Beteiligung an dem in Einzelgerichte aufgegliederten Volksgericht wurden Diäten gewährt. Später gab es auch für die Ratsmitglieder Aufwandsentschädigungen.

Einerseits kann man die Verfahrensweisen als folgerichtige Umsetzung eines radikalen Demokratieverständnisses begreifen, andererseits dürfen aber auch nicht die ernst zu nehmenden Schwächen übersehen werden.

Nur Vollbürger waren Inhaber aller bürgerlichen Rechte. Frauen, Metöken (Zugewanderte) und Sklaven waren von jeder politischen Mitwirkung ausgeschlossen. Da die politisch berechtigten Bürger nur einen Bruchteil der attischen Bevölkerung ausmachten, war die antike Demokratie eine Herrschaft einer Minderheit über die Mehrheit. Die Mitglieder der vornehmen Geschlechter (Adel) hatten in der Volksversammlung zwar dieselben Rechte wie jeder andere Bürger, sie behielten aber wegen ihres Vermögens und ihrer politischen Erfahrung meist die Führung in der Volksversammlung. Der mangelhafte Bildungsstand der überwiegenden Zahl der Bürger ließ die Tüchtigen oft resignieren, wenn das Los Unfähige an die Macht brachte. Die Masse konnte leicht durch Demagogen verführt werden. Hinzu kam ein übertriebener Individualismus, der dazu führte, das gewährte Maß an Freiheit und Recht zu missbrauchen und die staatliche Fürsorge maßlos zu beanspruchen. Die attische Demokratie kannte keine Gewaltenteilung im modernen Sinne; es gab auch keine Berufsrichter. Da die Regierung jährlich wechselte, fehlte die Chance für eine kontinuierliche Politik.

Trotz der Einschränkungen bleibt aus heutiger Perspektive die Erkenntnis eines „griechischen Sonderwegs" – so formulierte es der Althistoriker Christian Meier. Abweichend von der sie umgebenden Welt bauten die Griechen eine politische Ordnung auf, die sich aus der Bürgerschaft heraus formte. Dass die prinzipiell gleich gestellten Bürger – ohne Rückgriff auf eine Monarchie – sich selbst verwalten, dies war alles andere als selbstverständlich. Die damalige Norm für Herrschaft verkörperte sich vielmehr in den persischen Königen und ägyptischen Pharaonen. Diese gottgegebenen beziehungsweise gottgleichen Herrscher verlangten nichts als kritiklose Unterwerfung. Erst vor diesem Hintergrund erhält das auf Selbstbestimmung zielende politische Denken der Griechen sein ureigenes Gewicht.

Nach dem Niedergang der attischen Polis lebte die Idee der Demokratie erst wieder in der Zeit der Aufklärung (18. Jahrhundert) auf. Damals wurde die Gleichheit der Menschen wieder zum Grundsatz erhoben (Jean-Jacques Rousseau, Gotthold Ephraim Lessing, Immanuel Kant). Im Zuge der Französischen Revolution nahm schließlich die Idee der Gleichheit politische und verfassungsrechtliche Gestalt an.

Chronologie

508/507 v. Chr.	Reformen des Kleisthenes
462–461 v. Chr.	Reformen des Perikles: Ausbildung der Demokratie in Athen
461–429 v. Chr.	Perikleisches Zeitalter in Athen
457 v. Chr.	Die Langen Mauern werden zum Schutze Athens gebaut.
454–453 v. Chr.	Der Schatz des Delischen Bundes wird von Delos nach Athen überführt, wodurch die Vorherrschaft Athens deutlich wird.
451 v. Chr.	Athen beschränkt die Vergabe des Bürgerrechts. Die Bezahlung der Geschworenen wird eingeführt.
ca. 448 v. Chr.	Athens Herrschaft erreicht ihre größte Ausdehnung.
447 v. Chr.	Mit der Niederlage der Athener bei Koroneia (gegen die Boioter) beginnt der Verfall des Reiches.
445 v. Chr.	Athen und Sparta unterzeichnen einen Friedensvertrag für die Dauer von 30 Jahren.

M 4

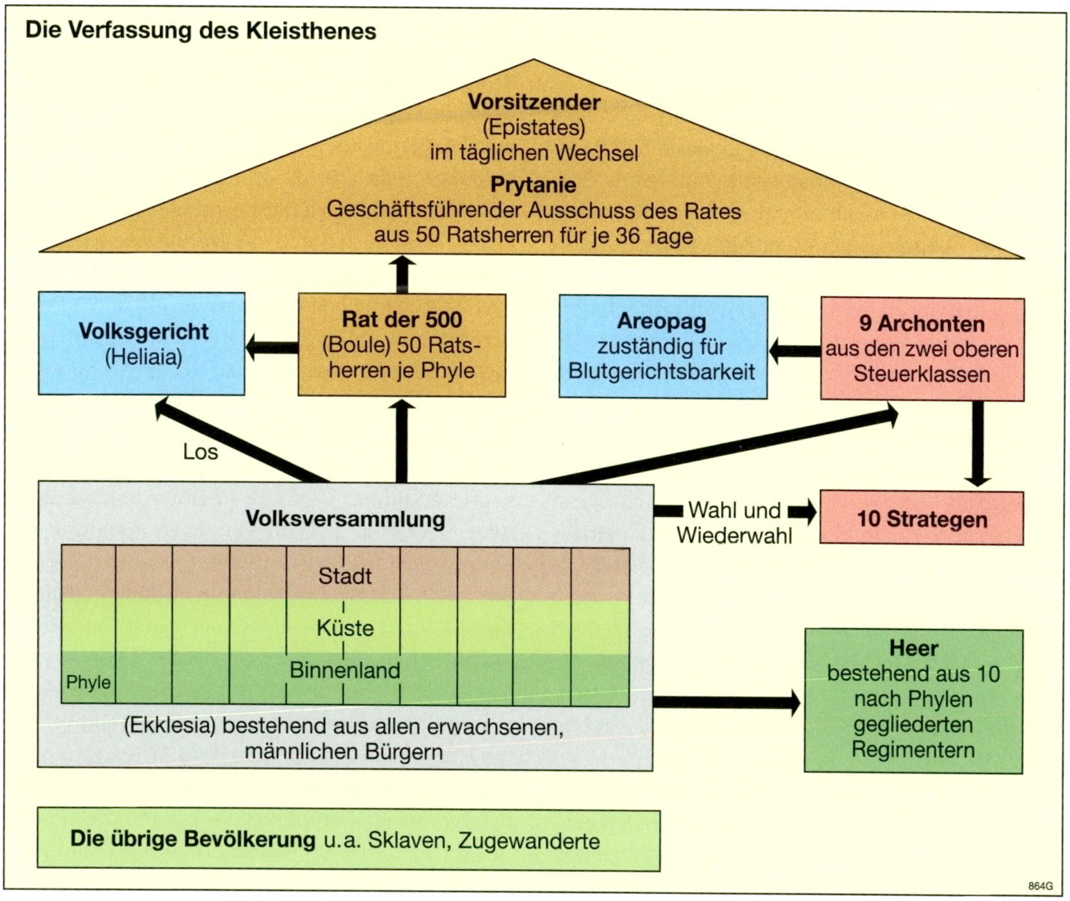

M 5 Die attische Volksversammlung

Den Verlauf von Volksversammlungen schildert der Altphilologe und Historiker Carl W. Weber:

Das Zentrum demokratischer Willensbildung war die Volksversammlung. Hier wurde über die Richtlinien der attischen Politik leidenschaftlich debattiert, hier lieferten sich die führenden Politiker packende Rededuelle und hier traf der souveräne Demos schließlich die Entscheidungen über das Wohl und Wehe des eigenen Staates.

Nicht Improvisation und hektische Geschäftigkeit bestimmten das Bild einer attischen Volksversammlung. Alles vollzog sich vielmehr nach festgelegten Grundsätzen. Zunächst trat die Boulé [Rat] in Aktion. Erinnern wir uns: Hierhin entsandten seit den Reformen des Kleisthenes alle zehn Phylen insgesamt 500 Bürger, die im Allgemeinen einen repräsentativen Querschnitt des ganzen Volkes darstellten. Jeweils 50 von ihnen hatten als Prytanie die Geschäftsführung für ein Zehntel des Jahres inne. Auf den Schreibtisch der Ratsmitglieder gelangten sämtliche Anträge, die in den nächsten Volksversammlungen zur Debatte gestellt werden sollten. Jeder Bürger hatte das Recht, solche Anträge zu stellen. Der Rat traf freilich die Entscheidung darüber, was tatsächlich auf die Tagesordnung kam. Offensichtlich unsinnige Anträge wanderten sofort in den Papierkorb. Es ist aber kein Fall bekannt, dass die Boulé eine politische Zensur ausgeübt hätte, die missliebige Begehren einzelner Bürger unterdrückte. Zu allen Tagesordnungspunkten bereitete der Rat eine Resolution vor, eine so genannte Proboúleuma. […] Fünf Tage vor jeder Volksversammlung veranlasste der Rat die öffentliche Bekanntgabe der Sitzung. Zeit, Ort und Tagesordnung wurden genau angegeben, sodass sich jeder Bürger über die Themen informieren und sich darüber klar werden konnte, ob für ihn der Besuch der Volksversammlung lohnend sein werde.

Am Ende des 5. Jahrhunderts kam das Volk viermal in jeder Prytanie, also im Jahr insgesamt an 40 Tagen, zusammen. Dazuzurechnen sind noch die außerordentlichen Volksversammlungen, die einberufen wurden, wenn plötzliche politische Entwicklungen oder dringende Terminsachen eine aktuelle Entscheidung erforderten. In solchen Situationen zeigte sich, dass die Beschlussfassung

blitzschnell vonstatten gehen konnte. Keine bürokratischen oder systembedingten Verzögerungen behinderten dann schnelle Entschlüsse.
Gewöhnlich aber ging alles seinen vorgeschriebenen Gang. Die erste ordentliche Ekklesia [Volksversammlung] jeder Prytanie hatte ein festes Programm. Zunächst stimmte man darüber ab, ob ein Beamter wegen irgendwelcher Verfehlungen unverzüglich aus dem Dienst zu entfernen sei. Dann folgte ein Referat des zuständigen Behördenleiters zum Stand der Getreideversorgung – ein untrügliches Indiz für die als sehr belastend empfundene Abhängigkeit von den Kornimporten! Der nächste Punkt war eine Art Bericht zur Lage der Nation. Besonders die Frage der Sicherheit des Staates interessierte die Besucher der Ekklesia. Danach bestand die Gelegenheit, Anklagen offiziell anzumelden, Vorwürfe wegen verfassungsfeindlicher Bestrebungen, Hochverrats und Spionagetätigkeit wurden erhoben, begründet und protokolliert. Schließlich teilte ein Beamter der versammelten Menge die Konfiskationen [Beschlagnahmungen] und Erbansprüche mit, die er in den vergangenen Wochen registriert hatte.
Die Versammlung begann am frühen Morgen. Wer sich einen guten Platz in der Nähe der Rednertribüne sichern wollte, musste zeitig aufstehen und den Weg zur Agorá oder zur Pnyx, einem Hügel gegenüber der Akropolis, wo die Volksversammlung gewöhnlich stattfand, antreten. Nur selten tagte man woanders; manchmal in Piräus, wenn es um Fragen der Flotte und des allgemeinen Seewesens ging. Von überall strömten die Athener zum Versammlungsplatz. Bestimmte Plätze gab es nicht; jeder stellte oder setzte sich dorthin, wo es ihm passte. Mitunter bildeten allerdings Grüppchen von Interessenvertretern eine Einheit, um so ihre Solidarität den anderen und sich selbst zu demonstrieren.

C. W. Weber, Athen, Düsseldorf 1979, S. 274 ff.

M 6 Was ist ein Bürger?

Aristoteles (384–322 v. Chr.) definiert den Staatsbürger in seiner „Politika" folgendermaßen:

Da nun aber der Staat (polis) zu den zusammengesetzten Dingen gehört, geradesogut wie jedes andere, das zwar ein Ganzes bildet, aber doch viele Teile in sich schließt, so ist klar, dass man erst nach dem Staatsbürger fragen muss, denn der Staat ist eben eine Vielheit von Staatsbürgern. Also das ist zunächst die Frage, wen man Staatsbürger zu nennen hat und wer ein Staatsbürger ist. Denn auch darüber ist man keineswegs einig, und keineswegs wird überall einer und derselbe als Staatsbürger anerkannt, vielmehr wer es in einer Demokratie ist, ist es damit noch vielfach nicht auch in einer Oligarchie. Diejenigen nun, welche auf irgendeine außerordentliche Weise zu dieser Bezeichnung gelangen, wie z.B. die mit dem Bürgerrecht Beschenkten, haben wir hierbei ganz aus dem Spiel zu lassen. Aber auch durch das Wohnen an einem Ort wird man noch nicht zum Bürger daselbst, denn auch Metoiken und Sklaven haben mit den Bürgern den Wohnort gemeinschaftlich, und auch noch nicht dadurch, dass man an der Gerichtsbarkeit eines Staates in der Weise Teil hat, dass man vor Gericht gezogen werden oder sich Recht verschaffen kann, denn das kommt auch denjenigen zu, die Kraft besonderer Verträge an einem Staat teilnehmen[1], sofern in solchen Verträgen auch dies mit eingeschlossen ist, – an vielen Orten ist freilich selbst den Metoiken vollständig nicht einmal dieses Recht eingeräumt – sondern sie müssen sich einen Vertreter bestellen, sodass sie also an dieser Art von Gemeinschaft nur unvollständig Anteil haben. Vielmehr steht es hiermit ähnlich, wie man auch schon die Bürgersöhne, die wegen ihres Alters noch nicht in die Bürgerliste eingetragen, und die Greise, die bereits von der Ausübung ihrer bürgerlichen Pflichten entbunden sind[2], auch noch in gewisser Weise Bürger nennen muss. [...]
Der Staatsbürger schlechthin lässt sich nun durch nichts anderes bestimmen, als dadurch, dass er am Richten und an der Regierung teilnimmt.

1 bezieht sich auf den rechtlichen Schutz von Fremden

2 die keinen Kriegsdienst mehr leisten mussten

Zit. nach: M. Austin, P. Vidal-Naquet, Gesellschaft und Wirtschaft im alten Griechenland, München 1984, S. 233 f.

M 7 Perikles als Führer der Politik

Aus einer Biografie des Schriftstellers Plutarch (ca. 46–120 n. Chr.):

Schließlich aber musste Perikles den Kampf mit Thukydides[1] im Scherbengericht wagen, verdrängte seinen Gegner und löste den politischen Klub seines Gegners auf [443 v. Chr.]. So waren die politischen Zwistigkeiten behoben, Friede und Eintracht in der Stadt eingekehrt. Nun war die Zeit gekommen, da Perikles Athen und alles, was zu ihm gehörte, in seine Hände nahm: Einkünfte, Flotte und Heer, Kriegsschiffe, Inseln und Meer, das weite Reich im Lande der Griechen und im Lande der Barbaren, die ganze Herrschaft, die unter dem Schutz unterworfener Völker, befreundeter Könige, verbündeter Fürsten stand. Aber nun war er nicht mehr derselbe Mann, zeigte sich nicht mehr so gefällig gegen das Volk, nicht mehr so geneigt, dem Verlangen des großen Haufens zu folgen und nachzugeben wie ein Schiff dem Winde, sondern die bisherige schlaffe und oft nachgiebige, um Volksgunst buhlende Regierung kam ihm vor wie eine zärtliche und weichliche Melodie; so stimmte er sie um in eine aristokratische und königliche Herrschaft. Und da er seine Macht zum Besten des Staates untadelig und redlich gebrauchte, so ließ sich das Volk von ihm eigentlich immer gern durch die überredende und belehrende Kraft seines Wortes führen. Es gab freilich auch Zeiten, in denen es ihm grollte; dann zog er die Zügel an und zwang es mit seiner Stärke zu seinem eigenen Guten, wie ein Arzt, der bei einer langwierigen schweren Krankheit bald mit harmlosen Leckerbissen, bald mit scharfen Mitteln und bitteren Arzneien zu heilen versucht. [...]

1 Innenpolitischer Gegner des Perikles, nicht zu verwechseln mit dem berühmten Geschichtsschreiber des Peloponnesischen Kriegs

Zit. nach: W. Lautemann, M. Schlenke (Hg.), Geschichte in Quellen, Altertum, München 1965, S. 189.

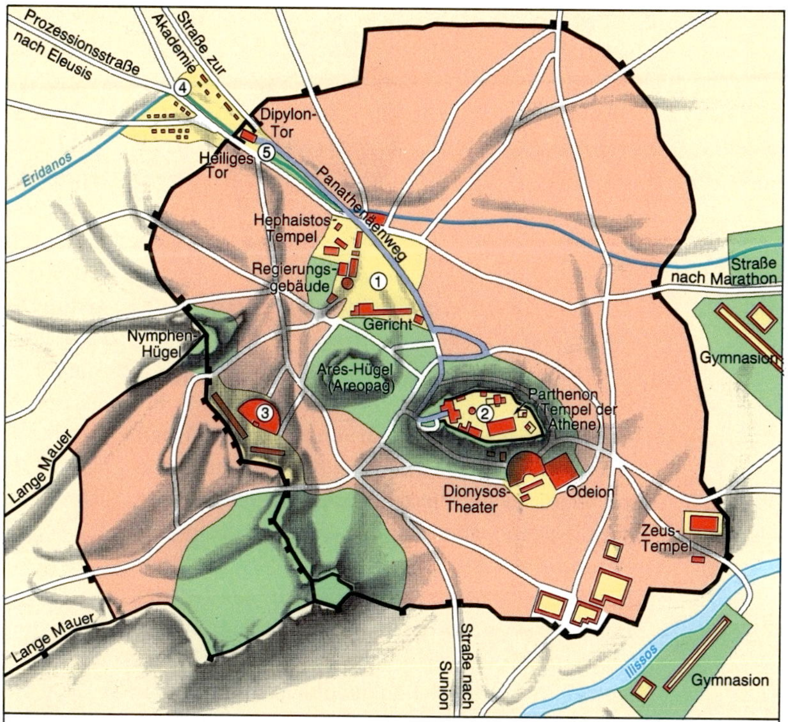

Athen in klassischer Zeit (5.-4. Jahrhundert v. Chr.)

Öffentliche Gebäude und Plätze
Wohngebiete
Grünanlagen, Freiflächen
Straßen
Mauern, Befestigungen

① Agora (Marktplatz)
② Akropolis (Tempelberg)
③ Pnyx (Versammlungsplatz)
④ Kerameikos (Friedhof)
⑤ Pompeion (Ausgangspunkt des Panathenäen-Umzugs)

0 500 m

M 8 Perikles: Rede auf die Gefallenen

Perikles (ca. 495–429 v. Chr.), oft als größter athenischer Staatsmann bezeichnet, hielt 431 v. Chr. eine Rede auf die ersten Gefallenen im Krieg zwischen Athen und Sparta. Der Text stammt vom griechischen Geschichtsschreiber Thukydides (ca. 455–396 v. Chr.):

Das größte Wachstum des Staates aber haben wir selbst, wir Zeitgenossen von heute, und besonders wir, die wir jetzt gerade noch im besten Mannesalter stehen, zustande gebracht und ihn befähigt, den Anforderungen des Krieges wie des Friedens völlig zu genügen. Wie das alles durch Kriegstaten erworben worden ist und wie wir selbst oder unsere Väter in tapferer Abwehr gegen Barbaren und Hellenen es geschirmt haben, darüber mag ich unter Männern, die es selbst wissen, nicht lange reden. Wie aber und durch welche Bestrebungen wir so weit gekommen sind und durch welche Staatseinrichtungen und Grundsätze wir diese Größe erreicht haben, darüber will ich zuerst reden und dann zum Lobe dieser Toten übergehen. [...]

Wir besitzen eine Verfassung, die keine Nachbildung auswärtiger Gesetze ist; viel häufiger dienen wir selbst manchen als Vorbild, als dass wir andere nachahmen. Mit Recht heißt sie Demokratie, weil sie nicht auf wenigen, sondern auf der großen Menge beruht. In eigenen Sachen hat nämlich jeder gleiches Recht mit dem andern, und was die öffentlichen Würden betrifft, so wird nicht bevorzugt, wer einer besonderen Klasse angehört, sondern jeder, je nachdem er in irgendeiner Beziehung Wertschätzung genießt oder tüchtig ist. Der ärmste Bürger wird, wenn er nur dem Staat nützen kann, durch seinen unansehnlichen Stand nicht gehindert, zu Ehren und Würden zu gelangen. In freisinnigem Geiste handeln wir in unseren Staatsangelegenheiten und im täglichen Verkehr, der so leicht gegenseitiges Misstrauen erzeugt. Wir verdenken es dem Nachbarn nicht, wenn er seiner Lust einmal die Zügel schießen lässt und zeigen keinen Ärger, der, wenn er auch keine Strafe nach sich zieht, doch dem Auge wehe tut. Im täglichen Umgang bewegen wir uns also frei von lästiger Strenge und überschreiten doch dem Staate gegenüber die Vorschriften nie. [...]

Porträt des Perikles (ca. 495 – 429 v. Chr.)
Der Helm weist auf das Amt des Strategen hin, er soll aber auch dazu gedient haben, eine Schädeldeformation zu verbergen (römische Kopie).

Auch zahlreiche Erholungen von Mühe und Arbeit haben wir dem Geiste bereitet durch Kampfspiele und feierliche Opferfeste, die sich durch das ganze Jahr hinziehen, ebenso durch geschmackvolle Einrichtung des häuslichen Lebens, dessen täglicher Genuss die Schwermut verscheucht. Wegen der Größe der Stadt erfolgt eine beständige Einfuhr von allerlei Gütern dieses Lebens aus allen Gegenden der Welt, und wir können die Vorteile anderer Völker ebensogut als unser Eigentum genießen wie unsere eigenen Landesfrüchte. Wir unterscheiden uns aber auch in der Handhabung des Kriegswesens von unseren Gegnern darin, dass wir unsere Stadt einem jeden offen stehen lassen, und nie verwehren wir einem Fremden durch Ausweisung, Dinge zu erfahren und zu sehen, die, da sie nicht geheimgehalten werden, ein Feind bemerken, aus denen er Nutzen ziehen könnte; wir vertrauen weniger auf gewisse Pläne und Kniffe als auf unsere eigene Tatenlust und Tapferkeit. [...]
Wir lieben das Schöne, aber ohne Prunksucht; wir trachten nach geistiger Bildung, lassen uns aber dabei nicht verweichlichen. Reichtum gebrauchen wir als Mittel zum Zweck, nicht um mit ihm zu prahlen. Armut einzugestehen, ist bei uns nicht schimpflich; wohl aber ist es bedenklich, wenn jemand sich nicht aus ihr herauszuarbeiten vermag. Die gleichen Männer widmen sich bei uns persönlichen und öffentlichen Angelegenheiten, und obwohl sie sich verschiedenartig beschäftigen, sind sie doch der staatlichen Angelegenheiten nicht unkundig; denn wer an eben dieser gar keinen Anteil nimmt, den halten wir hier in Athen allein nicht für einen so genannten ruhigen Bürger, sondern für einen unnützen Menschen. [...] Wenn ich alles zusammenfassen soll, so sage ich, dass Athener überhaupt die Hochschule von Hellas und jeder Einzelne aus unserer Mitte am meisten befähigt ist, seine Persönlichkeit nach den verschiedensten Richtungen hin in anmutiger Leichtigkeit zur voll genügenden Ausbildung zu bringen. [...]
Wir brauchen dabei zum Lobredner keinen Homer noch irgendeinen Dichter, der mit seinen Gesängen zwar für den Augenblick ergötzt, dessen Betrachtungen der Dinge die Wirklichkeit aber bald Lügen strafen wird; vielmehr hat zu allem Land und Meer unsere Kühnheit sich den Weg gebahnt, wobei sie sich unvergängliche Denkmale im Guten und im Bösen stiftete. Für eine solche Stadt sind somit die hier im tapferen Kampfe gefallen, entschlossen, sich ihrer nicht berauben zu lassen, und von den Überlebenden ist jeder mit Recht bereit, ihretwegen Mühen und Gefahren zu erdulden.

Zit. nach: G. Guggenbühl (Hg.), a. a. O., S. 94 ff.

M 9 Von der Andersartigkeit griechischer Demokratie

Der Althistoriker Fritz Gschnitzer beschäftigt sich mit den Unterschieden zwischen attischer und moderner Demokratie:

Die demokratischen Staaten Griechenlands waren Klein- und Zwergstaaten:

Was bedeutet diese – für uns fast unvorstellbare – Kleinheit der griechischen Staaten, die Fremdartigkeit griechischer Demokratie? Zunächst einmal, dass alle Verhältnisse klein, bescheiden und überschaubar waren; den griechischen Staaten fehlt z.B. die Bürokratie. Dann, dass alle Bürger gesellschaftlich, vielfach geradezu persönlich aufs Engste miteinander verbunden waren; mit einiger Übertreibung kann man sagen, dass in einem griechischen Staat jeder jeden kennt, wie bei uns im Dorf oder in der Kleinstadt. Daraus ergibt sich ein in unseren heutigen Demokratien undenkbares Maß an Solidarität aller Bürger (im günstigsten Fall), aber auch an ganz persönlicher Zerstrittenheit und Verfilzung (im weniger günstigen Fall); das Phänomen der fast ständigen staseis (inneren Unruhen) gerade in den kleineren griechischen Staaten ist nur von hier aus zu verstehen. Die Kleinheit der griechischen Staaten bedeutet schließlich auch, dass es Politik in unserem Sinn eigentlich nicht gibt. Für uns Heutige ist Politik etwas ziemlich Abstraktes und Lebensfernes, wofür wir uns zwar gelegentlich ereifern und begeistern können – meistens stehen wir eher gleichgültig oder wie neugierige, aber innerlich unbeteiligte Zuschauer beiseite –, das aber unser tägliches Leben direkt kaum berührt (der schwerwiegenden indirekten Wirkungen sind wir uns nur selten bewusst). Ganz anders sieht Politik aus, wo sie sich im Rahmen einer einzigen (im Durchschnitt kleinen) Stadt oder weniger Nachbarstadte abspielt: Politik und tägliches Leben sind hier nicht mehr leicht zu trennen; die Politik wird Teil des täglichen Lebens, sie greift tief ins Privatleben ein. [...] Die moderne Demokratie entfaltet sich vor allem im Frieden; Krieg wird auch heute, was die Befehls- und Führungsstrukturen betrifft, nicht viel anders geführt als in den Zeiten der absoluten Monarchie, und auch die zivile Regierungsgewalt wird im Krieg gestrafft und konzentriert, sie nimmt mehr oder weniger autoritäre Formen an. Und der einzelne Bürger hört, wenn er die Uniform anlegt, weitgehend auf, ein freier Bürger zu sein, er wird zum willenlosen Befehlsempfänger (nicht erst im Krieg!). Im Gegensatz dazu ist altgriechische Demokratie die Lebensordnung einer Kriegergesellschaft. Die grundsätzliche wie die praktische Bedeutung dieses kriegerischen Grundcharakters kann nicht leicht überschätzt werden. [...]

Der Willensbildungsprozess in der griechischen Demokratie:

Nun erst kommen wir auf Fragen der eigentlichen Verfassung zu sprechen. Auch hier gibt es einige ganz erhebliche Unterschiede zwischen der griechischen Demokratie und der unseren. Man pflegt die antike Demokratie als „unmittelbare" Demokratie der heutigen „repräsentativen" Demokratie gegenüberzustellen und meint damit, dass in jener die Bürgerschaft (als Volksversammlung) tatsächlich regiert, in dieser das Volk nur alle paar Jahre einmal das Parlament oder auch etwa den Präsidenten wählt und dadurch indirekt die großen Linien der Politik (nicht deren Einzelheiten) bestimmt. Ganz so groß ist der Unterschied in Wahrheit wohl nicht. Man kann nämlich die Dinge auch so sehen, dass der antiken Dreiheit Magistrate – Rat – Volksversammlung die moderne Dreiheit Regierung – Parlament – Wählervolk entspricht. Insoweit besteht also doch eine grundsätzliche Übereinstimmung; die Gewichte sind allerdings nicht gleich verteilt, und insbesondere hat das moderne Wählervolk eben doch viel weniger zu sagen als die antike Volksversammlung. Es kommt dazu, dass heute im Allgemeinen nur alle vier bis fünf Jahre gewählt wird, im Altertum wechseln die Magistrate alle Jahre, vielfach amtieren sie sogar nur 1/2 oder ein 1/4 Jahr. – Für uns sehr merkwürdig, wirklich fremdartig ist die große Bedeutung des Loses bei der Besetzung der Ämter und anderer öffentlicher Funktionen; dadurch wird zwar der Wählerwille ausgeschaltet, zugleich erhöhen sich die Chancen des kleinen Mannes, zu Amt und Würden zu kommen, beträchtlich, und es wird ferner zum Ausdruck gebracht, dass der Inhaber des Losamtes nur ein beliebiges, zufälliges, gewissermaßen unpersönliches Ausführungs- und Repräsentationsorgan der Bürgerschaft ist (bzw. des Rates, wenn um Funktionen im Rat unter dessen Mitgliedern gelost wird). Im Ganzen darf man wohl sagen, dass im antiken System der Schwerpunkt der Willensbildung weiter unten liegt als bei uns: Die Bürgerschaft ist viel stärker, der Rat etwa ebenso stark wie unser Parlament, aber viel schwächer gegenüber der Bürgerschaft und dafür viel stärker gegenüber den Amtsträgern (der Regierung); die antiken Magistrate sind viel schwächer als die moderne Regierung.

Der Freiheitsbegriff in der griechischen Demokratie:

Es gibt noch einen anderen grundsätzlichen Unterschied zwischen antiker und moderner Demokratie, von dem zum Mindesten in der Literatur viel Aufhebens gemacht wird: Die antike Freiheit sei etwas ganz anderes gewesen als das, was wir heute unter Freiheit verstehen. Man bezieht sich dabei auf einen Vortrag von Benjamin Constant [französischer Schriftsteller u. Politiker, 1767–1830] aus dem Jahre 1819. [...] („Das Ziel der Alten war die Aufteilung der Staatsgewalt unter alle Bürger eines Gemeinwesens: Das war es, was sie „Freiheit" nannten. Das Ziel der Neueren ist der ungestörte, sichere Genuss des Privatlebens; „Freiheit" nennen sie die institutionellen Garantien, die ihnen diesen Genuss gewährleisten. So traten der Begriff der politischen Freiheit und der der individuellen Freiheit einander gegenüber.")

An dieser Gegenüberstellung ist so viel richtig, dass wir Heutige, wenn wir von bürgerlicher Freiheit sprechen, in der Tat vor allem die Freiheit vom Staat, die freie Entfaltung des Privatlebens meinen; ohne diese können wir uns Freiheit gar nicht vorstellen; umgekehrt ist für die alten Griechen Freiheit zunächst einmal dort (und nur dort) gegeben, wo der Bürger in einem nach außen freien, also keinen Herrn unterworfenen Gemeinwesen an der Regierung (grundsätzlich) seinen Anteil hat wie jeder andere Bürger auch – gleichgültig, wie viel Freiheit der betreffende Staat seinen Bürgern in der Gestaltung ihres Privatlebens lässt. In diesem Sinn ist also der Spartiat (der Vollbürger Spartas) ebenso „frei" wie der Athener. Aber die Verfechter der griechischen Demokratie haben doch sehr bald erkannt, dass es eine zweite Art von Freiheit gibt, die nun eben als charakteristisch für die Demokratie gilt: die Freiheit, sein eigenes Leben nach Gutdünken zu gestalten. [...]

Wie das Prinzip der Freiheit, so ist auch das der Gleichheit der antiken und der modernen Demokratie gemeinsam. Es muss allerdings hinzugefügt werden, dass die antike Demokratie die Gleichheit der Bürger meint, die moderne Demokratie mehr und mehr auf die Gleichheit der Menschen abzielt.

F. Gschnitzer, Von der Fremdartigkeit griechischer Demokratie, Karlsruhe 1985.

M 10 Rekonstruktion einer athenischen „Losmaschine“ aus perikleischer Zeit

Das Losprinzip war einer der wichtigsten Grundsätze der attischen Demokratie. Der Gedanke der Gleichheit aller Bürger kommt darin sinnfällig zum Ausdruck. In den Gerichtsverfahren erfolgte die Auswahl der Richter und die tägliche Zuweisung an die einzelnen Gerichtshöfe nach einem höchst ausgeklügelten Losverfahren, das in Aristoteles' Schrift vom „Staat der Athener“ minutiös beschrieben ist. Die Personen aus der 6000 Mann umfassenden Geschworenenliste steckten ihre Kennmarken in die Schlitze von „Losmaschinen“. Mit dem Öffnen einer Röhre, in der weiße und schwarze Kugeln gemischt waren, wurde festgelegt, welche Reihe eingesetzt wurde (weiß bedeutete ja, schwarz bedeutete nein). Auf diese Weise sollte Bestechung verhindert und ein fairer Prozess ermöglicht werden. Angesichts der Bedeutung der Geschworenengerichte auch in politischen Fragen war dies ein wesentlicher Beitrag zur Gerechtigkeit im Sinne des demokratischen Selbstverständnisses.

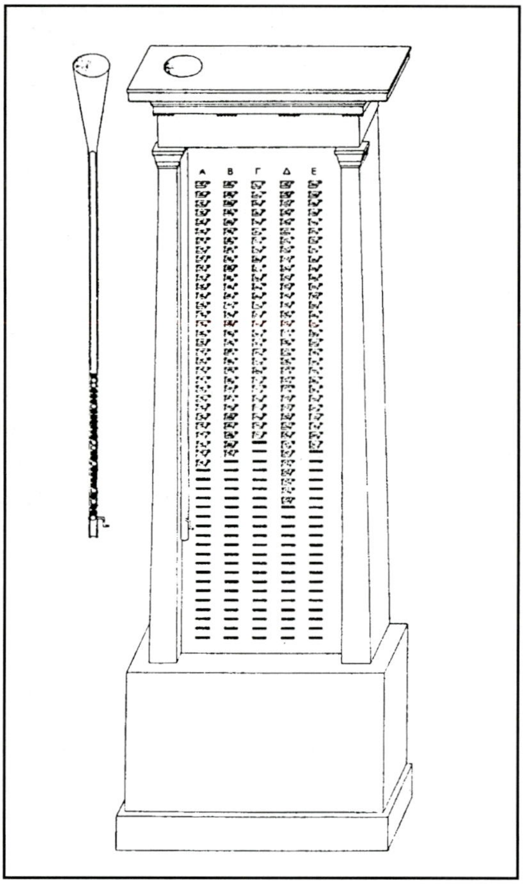

[oben die trompetenförmige Röhre für die schwarzen und weißen Kugeln].

H.-J. Gehrke, Kleine Geschichte der Antike, München 1999, S. 123.

Aufgaben

1. Beschreiben Sie die Organisation der Polis.
   → Text
2. Untersuchen Sie die Rolle, die die Reformen des Kleisthenes für die Entstehung der athenischen Demokratie spielten.
   → Text
3. Welche Veränderungen ergeben sich nach der Verfassung des Kleisthenes in den einzelnen politischen Institutionen gegenüber der Solonischen Verfassung?
   → M4
4. Beschreiben Sie den Ablauf einer Volksversammlung in Athen.
   → M5
5. Erklären Sie den Ostrakismos. Welche politischen Absichten lagen ihm zugrunde?
   → Text, M3
6. Wie definierte Aristoteles einen Staatsbürger?
   → M6
7. Stellen Sie die grundlegenden Werte dar, die Perikles mit der Demokratie verband.
   → Text, M7, M8
8. Zeigen Sie anhand der Verfassungen von Solon, Kleisthenes und Perikles, wie sich die attische Polis demokratisiert hat.
9. Worin unterscheidet sich nach dem Historiker Fritz Gschnitzer die antike griechische Demokratie von unserer modernen demokratischen Staats- und Gesellschaftsordnung?
   → M9

2.6 Aspekte der griechischen Gesellschaft

Grundbesitz

Die Bürger mit Grundbesitz bestimmten das politische Leben in der griechischen Demokratie. Vermögenslosen Freien, Fremden und insbesondere Sklaven wurde die Wirtschaft überlassen.

Die Stellung eines autarken (= unabhängigen) und freien Grundbesitzers galt als Ideal eines griechischen Bürgers, während fast alle anderen wirtschaftlichen Tätigkeiten, der Handel und vor allem die körperliche Arbeit, gering geachtet wurden.

Insgesamt nahm die Arbeit bei den Griechen nie einen herausragenden inneren Wert ein. In dieser Hinsicht war es verständlich, dass die griechischen Bürger einen Großteil der eigenen Arbeit auf Sklaven abzuwälzen versuchten.

Sklaverei

Die Vorstellung, dass die Ursache für den Abstieg der griechischen Gesellschaft die Auseinandersetzung zwischen den Vollbürgern und den Sklaven gewesen sei, trifft nicht zu. Einmal bildeten die Sklaven keine einheitliche soziale Klasse und zum anderen waren sie an den politischen und sozialen Konflikten der besitzenden und nichtbesitzenden Bürger untereinander nicht beteiligt. Der Historiker Michael Austin schrieb dazu: „In Wirklichkeit war es die Sklaverei, die die Existenz dieser Gesellschaft erst ermöglichte, indem sie die Freiheit des Bürgers garantierte."

Seit Homer hatte je nach Ort und Zeit die Sklaverei einen ganz unterschiedlichen Stellenwert. Sklaven waren zunächst in Haus und Hof angestellt, bisweilen auch in Vertrauensstellungen (zum Beispiel als Erzieher und Lehrer). Im 5. Jahrhundert v. Chr. wandelte sich die Haussklaverei infolge der aufkommenden Geldwirtschaft zum kaufmännischen Menschenhandel (Kaufsklaverei). Versklavt wurden vor allem Nichtgriechen und traditionellerweise Kriegsgefangene. Sklaven finden wir in fast allen Berufen: Sie waren in der Landwirtschaft, in handwerklichen Betrieben und Bergwerken ebenso tätig wie als Erzieher oder Ärzte. Zur Zeit der am weitesten entwickelten Demokratie in Athen, als die Vollbürger ein Höchstmaß an politischen Rechten und Freiheit genossen, stand die Sklaverei in ihrem höchsten Stadium.

Die griechische Wirtschaft beruhte aber niemals ausschließlich auf der Verwendung von Sklaven; zu allen Zeiten gab es neben den Sklaven auch freie Bauern, zinspflichtige Pächter, Handwerker und Tagelöhner. Die Sklaven führten mit Freien meist nebeneinander dieselben Arbeiten aus. Obwohl die Einrichtung der Sklaverei im Altertum als selbstverständlich hingenommen wurde, blieb sie nicht gänzlich unangefochten. Einige Philosophen erhoben im 5. Jahrhundert v. Chr., wenn auch ohne Widerhall zu finden, die Forderung der Naturrechtsidee, wonach Freie und Sklaven als Menschen gleich seien und demnach auch gleichgestellt werden müssten. Zur Abschaffung der Sklaverei hat jedoch in der Antike niemand ernsthaft Anstrengungen unternommen. Die anfängliche Rechtslage, nach der ein Sklavenhalter mit seinem Sklaven wie mit einem Sachbesitz umgehen konnte, verbesserte sich allmählich durch einzelne gewährte Schutzmaßnahmen, wie zum Beispiel das Verbot von Grausamkeit.

Soziale Stellung der Frau

Der griechischen Gesellschaft waren ausgesprochen patriarchalische Strukturen zu eigen. Die Öffentlichkeit – das war die Sphäre des Mannes. Die Frau hingegen musste ihren Lebensbereich im Wesentlichen auf das Haus beschränken und konnte den ihr vorbehaltenen Wohnbereich (Gynaikon) nur relativ selten verlassen. Tägliche Einkäufe wurden in der Regel durch Männer, zum Beispiel Sklaven, erledigt. Und wenn sie selbst das Haus verließ, dann nie ohne Begleitung, zum Beispiel einer Dienerin. Bei religiösen Festen und Prozessionen war ihr Auftreten in der Öffentlichkeit gewährleistet.

M 1 **Spartanische Frau** mit einem für griechische Verhältnisse ungewöhnlich kurzen Kleid

Die Tätigkeit der „bürgerlichen" Frau bezog sich in der Hauptsache auf den Haushalt, die Kindererziehung und die Aufsicht über die Haussklaven. Durch ihre Zurückgezogenheit im Haus und den Ausschluss von den Bildungseinrichtungen erfuhr die Frau einen entscheidenden Verlust an Lebenserfahrung. Ihre Rolle im gesellschaftlichen Leben war relativ bedeutungslos und stand in einem schroffen Gegensatz zu den Freiheiten, die die athenische Demokratie auf anderen Gebieten gewährte. Die Frau war weder geschäfts- noch gerichtsfähig. Gesetze und Bräuche im Hinblick auf Eheschließung und Scheidung richteten sich an den Interessen der Männerwelt aus. Die Frau stand ein Leben lang unter der Vormundschaft von Vater oder Bruder, später Ehemann oder erwachsenem Sohn. Sie hatte keinerlei politische Rechte, durfte weder in der Volksversammlung abstimmen noch ein politisches Amt bekleiden.

Es ist anzunehmen, dass es im Alltagsleben unterschiedliche Umgangsformen in den verschiedenen gesellschaftlichen Schichten gab. Viele Überlieferungen entstammen dem besitzbürgerlichen Milieu, in dem das Leben in traditionalistisch geprägten Bahnen verlief. In den Unterschichten waren Frauen viel eher gezwungen, den Lebensunterhalt der Familie auch in der Öffentlichkeit, zum Beispiel als Marktfrau, zu sichern. Es hat den Anschein, dass die Frauen in Sparta größere Freiheiten genossen als in Athen, wenngleich ihr rechtlicher Status ähnlich war. Neben ihrer traditionellen Rolle als Mutter fällt an der spartanischen Gesellschaft die Einbeziehung der Frauen in die sportlichen Wettkämpfe auf. Die Fixierung der kriegerischen Gesellschaft auf körperliche Ertüchtigung machte vor den Frauen nicht Halt. Allerdings hatten diese auch in Sparta keinen Anteil am politischen Entscheidungsprozess.

Männerwelt

Das Leben der athenischen Bevölkerung konzentrierte sich – zumindest soweit es sich um Männer handelte – in der Öffentlichkeit. Die Öffentlichkeit bildete die Sphäre des freien Mannes. Hier spielten die

M 2 **Abbildung eines Gelages (Symposion) unter Männern**
Attische Trinkschale, 5. Jahrhundert v. Chr.

Politik, der Sport und die Geschäfte eine zentrale Rolle – Bereiche, die als reine Männersache galten. Eine gut dokumentierte Einrichtung freier männlicher Geselligkeit war das Gelage, griechisch sympósion. Dabei handelte es sich um den gemeinsamen Genuss von Wein und Mahlzeiten. Ergänzt wurde das Essen und Trinken durch Musik, Gesang und Tanzvorführungen von weiblichen Bediensteten. Das Gelage bildete den Ort zwangloser Kommunikation, zum Beispiel über Politik oder Philosophie. Im griechischen Haus gab es für das Symposion den Andron, den speziellen „Raum für Männer“, der mit Klinen (Ruhebetten) und niedrigen Tischen ausgestattet war.

Erziehung und Bildung

Die Erziehung in Athen war völlig der Eigeninitiative der Eltern überlassen. Sie fand nur für Knaben bei Privatlehrern gegen Bezahlung statt. Dies hatte zur Folge, dass die Söhne wohlhabender Bürger ihre Weiterbildung bis zur Ephebie (Volljährigkeit; Aufnahme in die Bürgerschaft) fortsetzen konnten, während die ärmeren Kinder oft nur mit den Grundbegriffen des Lesens, Schreibens und der Musik vertraut gemacht wurden. Einen nicht zu unterschätzenden Beitrag für die Bildung der breiten Masse leistete im Athen des Perikles das Theater. Neben Musik und Tanz spielten die Leibesübungen eine herausragende Rolle. Das gymnastische Training fand in besonderen Einrichtungen der Palästra, einer meist von Säulenhallen und Badeanlagen umgebenen Sportstätte statt. Wesentliche Merkmale der griechischen Gymnastik (gymnos [gr.] = nackt) waren die völlige Nacktheit der Athleten, das Einreiben des Körpers vor dem Wettkampf mit Öl und die Begleitung der gymnastischen Übungen mit Oboenmusik.

Von einer Chancengleichheit im Bereich der Bildung kann nicht gesprochen werden, da der athenische Staat es nicht als seine Aufgabe ansah, die Kosten für eine allgemeine Grundausbildung der Jugend zu übernehmen. Eine Ausnahme bildete allein Sparta, das seine heranwachsende Jugend einer vom Staat verordneten Erziehung unterwarf. Auch wenn es eine staatliche Schulpflicht in Athen nicht gegeben hat, so ist es um so erstaunlicher, dass gegen Ende des 5. Jahrhunderts der Anteil der Analphabeten recht gering gewesen sein muss. Durch die Verbindung der körperlichen und geistigen Ausbildung sollte das Erziehungsideal, eine Harmonie von körperlicher und geistiger Vollkommenheit, erreicht werden.

M 3 Schulunterricht
Abbildung auf einer Schale, 5. Jahrhundert v. Chr.

M 4 **Die Sklaven**

Dass Sklaverei im antiken Griechenland ein höchst komplexes Phänomen war, das erläutern zwei Kenner der griechischen Sozialgeschichte:

Theoretisch besaßen Sklaven überhaupt keine Rechte: Sie waren Besitz ihres Herrn, der über sie frei verfügen konnte, wie es ihm gefiel. In der Praxis aber waren Sklaven in Athen in gewissem Ausmaß doch durch das Gesetz geschützt: Man konnte einen Sklaven nicht ungestraft misshandeln oder töten (der Mord an einem Sklaven wurde wie der an einem Metöken mit unbeabsichtigtem Totschlag gleichgesetzt). Der Sklave war jedoch keine juristische Person: Mit Ausnahme vielleicht einiger privilegierter Gruppen wie mancher Staatssklaven (der démosioi) und der chóris oikountes (der Sklaven, die „getrennt wohnten" und ihrem Herrn eine Rente zahlten, sonst aber mehr oder weniger unabhängig waren) konnten Sklaven im Allgemeinen nicht selbstständig vor Gericht gehen, sondern waren dann völlig von ihrem Herrn abhängig. (Das änderte sich ein wenig im 4. Jahrhundert im Zusammenhang mit der Entwicklung des Handelsrechts: Die Zeugenaussage eines Sklaven vor Gericht wurde im Allgemeinen nur anerkannt, wenn sie unter Folter gemacht wurde.)

Was die Aufgaben betrifft, die in Athen von Sklaven versehen wurden, so kann man ganz allgemein feststellen, dass es in der Regel keine eigentlichen Sklavenarbeiten gab, sondern dass die Sklaven in Athen mehr oder weniger dieselben Tätigkeiten ausübten wie Freie. Von einigen selbstverständlichen Ausnahmen muss man natürlich absehen: Sklaven hatten keine politischen Rechte, konnten sich also auch nicht politisch betätigen; obwohl sie gelegentlich zum Dienst in der Flotte herangezogen wurden, war das doch stets eine Notststandsmaßnahme; und athenische Sklaven nahmen normalerweise, anders als die Heloten in Sparta, nicht am Krieg teil. Mit diesen Ausnahmen fand man Sklaven in nahezu jedem Tätigkeitsbereich in Athen, und sie leisteten dieselbe Arbeit wie Freie: in der Landwirtschaft, dem Handel, der handwerklichen Produktion, im Hause usw. Es gab auch Staatssklaven, denen verschiedene öffentliche Aufgaben übertragen waren, z. B. Verwaltungsbeamte, Sekretäre, Gefängniswärter usw.; eine besondere Gruppe unter ihnen waren die dreihundert skythischen Bogenschützen, die als Polizei dienten. Nur die Arbeit in den Bergwerken wurde aufgrund der besonders harten Bedingungen eher als Arbeit für Sklaven angesehen, und obwohl es auch Freie gab, die dort arbeiteten, überwogen doch zweifelsohne die Sklaven als Arbeitskräfte. Aber im Allgemeinen gab es in der Praxis nur wenig Unterschied zwischen den verschiedenen Arten von Arbeitsleistung (zwischen Arbeit von Sklaven und der Arbeit Freier). Der wahre Unterschied lag in den Arbeitsbedingungen. Ein freier Mann arbeitete für sich selbst (oder wollte für sich selbst arbeiten), während der größte Teil der Sklaven für andere arbeitete (mit Ausnahme jener kleinen Zahl privilegierter Sklaven, die sich de facto einer gewissen Unabhängigkeit erfreuten). Die Organisation der Handwerksbetriebe entsprach dieser Denkweise: In der Regel beschäftigten alle größeren Werkstätten Sklaven als Arbeitskräfte und nicht Freie (die höchste Zahl, die überliefert ist, sind die rund 120 Sklaven, die im letzten Jahr des Peloponnesischen Krieges in der Waffenfabrik der Metöken Lysias und Polemarchos im Piräus beschäftigt waren).

Der freie Handwerker wollte für sich selbst arbeiten, um seine Unabhängigkeit zu wahren. Werkstätten, die nur freie Arbeitskräfte beschäftigten, waren immer kleine Familienbetriebe. Dasselbe Muster kann bei Bergwerksunternehmen beobachtet werden: Freie Schürfer arbeiteten für sich, während es sich bei Gruppen von Männern, die für einen anderen arbeiteten, ausschließlich um Sklaven handelte. [...]

Die Sklaven Athens stellten also keine soziale Klasse dar und wurden von den Bürgern ebensowenig als Rivalen auf dem Gebiet wirtschaftlicher Betätigung angesehen wie die Metöken. Es ist des öfteren behauptet worden, dass die Konkurrenz der Sklaven als Arbeitskräfte die Lage der Ärmsten unter den Bürgern verschlechtert habe und Spannungen zwischen diesen Bürgern und den Sklaven habe entstehen lassen. Wenn das so gewesen wäre, hätte diese Rivalität sicher in den Quellen ihren Niederschlag gefunden, aber es ist nichts davon zu finden. [...]

Es scheint also nicht so gewesen zu sein, dass arme Bürger in den Sklaven mögliche Rivalen sahen; im Gegenteil: Sie betrachteten sie als „Arbeitskollegen". Die Sklaven waren dazu da, die Arbeit Freier zu ergänzen und, wo möglich, zu ersetzen. Tempelbauinschriften zeigen sehr deutlich, dass zwischen den verschiedenen rechtlich definierten Kategorien keine wirtschaftliche Konkurrenz bestand: Man kann da Bürger, Metöken und Sklaven nebeneinander auf derselben Baustelle beschäftigt sehen, wo sie diesselbe Arbeit verrichten und denselben Lohn erhalten.

M. Austin, P. Vidal-Naquet, a. a. O., S. 82 f. und 87.

M 5 Aristoteles über die Sklaverei

Der bedeutende griechische Denker Aristoteles (384–322 v. Chr.) legt im Folgenden sein Menschenbild dar:

Das vollständige Haus setzt sich aus Sklaven und Freien zusammen. […]
Andere behaupten, das Herrenverhältnis sei gegen die Natur; nur durch Konvention sei der eine ein Sklave, der andere ein Freier, der Natur nach bestünde dagegen kein Unterschied. Darum sei es auch nicht gerecht, sondern gewaltsam.
Die Werkzeuge im geläufigen Sinne sind produzierende Werkzeuge, der Besitz dagegen dient dem Handeln. Denn durch das Weberschiffchen wird etwas hergestellt, was von seinem Gebrauch verschieden ist; das Kleid und das Bett sind aber ausschließlich zum Gebrauche da. […]
Der Mensch, der seiner Natur nach nicht sich selbst, sondern einem anderen gehört, ist von Natur ein Sklave; einem andern Menschen gehört, wer als Mensch ein Besitzstück ist, das heißt ein für sich bestehendes, dem Handeln dienendes Werkzeug. […] Von Natur ist also jener ein Sklave, der einem andern zu gehören vermag und ihm darum auch gehört, und der so weit an der Vernunft teilhat, dass er sie annimmt, aber nicht selbstständig besitzt. Die andern Lebewesen dienen so, dass sie nicht die Vernunft annehmen, sondern nur Empfindungen gehorchen. Doch ihre Verwendung ist nur wenig verschieden: denn beide helfen dazu, mit ihrer körperlichen Arbeit das Notwendige zu beschaffen, die Sklaven wie die zahmen Tiere.
Die Natur hat die Tendenz, auch die Körper der Freien und der Sklaven verschieden zu gestalten, die einen kräftig für die Beschaffung des Notwendigen, die anderen aufgerichtet und ungeeignet für derartige Verrichtungen, doch brauchbar für das politische Leben [das seinerseits aufgeteilt wird in die Bedürfnisse des Krieges und diejenigen des Friedens]. […]

Aristoteles, Politik, übers. u. hrsg. von O. Gigon, München 1986, S. 50 ff.

M 6 Spartanische Jugenderziehung

Der griechische Schriftsteller Plutarch (ca. 46–120 n. Chr.) verfasste 50 Biografien. Der folgende Text stammt aus der Lebensbeschreibung des sagenhaften Gesetzgebers von Sparta, Lykurgos:

Lykurgos vertraute die Knaben keinen erkauften oder um Lohn gedungenen Erziehern an; auch erlaubte er keinem Vater, seinen Sohn nach eigenem Belieben zu erziehen und zu unterrichten. Vielmehr nahm er selbst die Knaben, wenn sie das siebente Jahr erreicht hatten, unter seine Aufsicht, teilte sie in gewisse Klassen ein, gab ihnen einerlei Erziehung und Nahrung und gewöhnte sie, miteinander zu spielen wie auch zu lernen. Jede Klasse erhielt einen Aufseher aus ihrer Mitte, wozu Lykurgos den verständigsten und im Streite herzhaftesten Knaben erwählte. Ihn nahmen die andern zum Vorbild, gehorchten seinen Befehlen und unterwarfen sich seinen Strafen, sodass die ganze Erziehung eine Schule des Gehorsams wurde. […]
Die Erwachsenen schauten gewöhnlich ihren Spielen zu und erregten unter ihnen oft Händel und Zänkereien, um dabei den Charakter eines jeden kennen zu lernen […].
Vom zwölften Jahre an trugen sie kein Unterkleid mehr und bekamen für ein ganzes Jahr nur einen Mantel. Ihre Körper waren immer mit Schmutz bedeckt und sie durften sich weder salben noch baden, einige wenige Tage ausgenommen, an denen auch ihnen diese Körperpflege gestattet wurde. Sie schliefen nach gewissen Abteilungen beisammen auf einer Streu, die sie sich selbst zusammentrugen, indem sie die Spitzen des im Eurotas [Hauptfluss der Peloponnes] wachsenden Schilfes ohne Messer mit bloßen Händen abbrachen. In diesem Alter gaben die Alten nun weit mehr auf sie acht, besuchten immer die Gymnasien und wohnten den Kämpfen und den wechselseitigen Spöttereien bei. Sie taten das nicht als müßige Zuschauer, sondern jeder betrachtete sich als einen Vater, Lehrer und Aufseher aller Knaben, sodass es diesen zu keiner Zeit und an keinem Orte an jemandem fehlte, der sie zurechtweisen oder, wenn es nötig war, bestrafen konnte. […]
Ihr Mahl war immer sehr karg, damit sie gezwungen würden, selbst für das Bedürfnis ihres Magens zu sorgen und dadurch kühn und verschlagen zu werden. Beim Stehlen bewiesen die Knaben so viel Vorsicht und Selbstbeherrschung, dass wohl einer, der einen jungen Fuchs entwendet hatte und ihn unter dem Mantel verborgen hielt, sich von dem Tiere mit Klauen und Zähnen lieber den Bauch aufreißen, ja sogar sich töten ließ, als dass er den Sachverhalt preisgab. Derartiges kann man nach dem, was die spartanischen Jünglinge noch in unsern Tagen [um 100 n. Chr.] tun, nicht unglaublich finden, da ich manche von ihnen am Altar der Artemis [Göttin der Jagd] unter Geißelhieben habe den Geist aufgeben sehen.

Zit. nach: G. Guggenbühl (Hg.), Quellen zur Geschichte des Altertums, Zürich 1964, S. 40.

M 7 Erziehung in Athen

In seiner Geschichte des Privatlebens beschreibt der Historiker Horst Blanck die unterschiedliche Behandlung von Jungen und Mädchen:

Während der ersten sechs Lebensjahre waren die Kinder, Jungen wie Mädchen, der Sorge der Mutter und der weiblichen Dienerschaft anvertraut, während der Vater in dieser Zeit kaum praktischen Anteil an der Pflege und Erziehung nahm. [...]
Meist mit Erreichen des siebten Lebensjahres werden die Knaben, während die Mädchen weiterhin in der Gynaikonitis [Frauengemach] unter der Obhut der Mutter leben, einem Haussklaven als Paidagogen beigegeben, dessen Hauptaufgabe es ist, diese auf dem Wege zum Unterricht in der Schule, die jetzt beginnt, zu begleiten und vor Belästigungen, nicht zuletzt homosexuellen Annäherungen, zu beschützen. Auch sonst hatte der Paidagoge für anständiges Benehmen seines Schützlings, über den er durchaus das Züchtigungsrecht hatte, zu sorgen. So waren die Paidagogen auch mit dem für sie typischen Knotenstock ausgerüstet. Wenn auch keine gesetzliche Schulpflicht bestand, war ein athenischer Vater dennoch aus moralischem Zwang der Gesellschaft gehalten, den Sohn auf die Schule zu schicken. Die Elementarschulen waren keine staatlichen Einrichtungen, sondern wurden auf privater Basis betrieben, und die Lehrer erhielten von den Vätern der Schüler ihre Vergütung. In einfachen Räumen wurde der Unterricht erteilt; der Grammatistes lehrte zunächst Schreiben und Lesen, wobei als Lehrmittel Wachstafeln und Griffel dienten, dann die Klassiker, voran Homer, was weitgehend ein Auswendiglernen ihrer Texte bedeutete. Ein ebenso bedeutsames Lehrfach war Musik, das nicht nur zur Festigung des Charakters beitragen sollte, sondern auch zum besseren Verständnis der stets mit musikalischen Einlagen ausgestatteten antiken Schauspiele. Darüber hinaus erhielt der Knabe auch praktischen Unterricht im Gesang und Instrumentenspiel, um auch selbst bei feierlichen Anlässen unter Umständen mitwirken zu können. Neben der geistigen Ausbildung wurde großer Wert auf körperliche Ertüchtigungen gelegt, die unter der Aufsicht eines besonderen Lehrers, des Paidotriben [„Knabentrainer"], stattfand. Über die Gesamtdauer der Schulzeit sind wir nur ungenau informiert. Im Allgemeinen dürften Knaben in einem Alter zwischen fünfzehn und siebzehn Jahren die Schule verlassen haben. Freilich war dieser Zeitpunkt beim Fehlen einer gesetzlichen Regelung vom Gutdünken und auch den finanziellen Möglichkeiten des Vaters abhängig. Die Teilnahme an weiterführendem Unterricht nach Beendigung des Elementarunterrichtes bei naturwissenschaftlich ausgerichteten Philosophen, Sophisten oder Rhetoren [Lehrer der Redekunst] war natürlich auch nur wenigen vorbehalten, wie denn auch die Schülerschaft der von Platon gegründeten Akademie exklusiv war.
Als im 4. Jh. v. Chr. in Athen die Ephebeia eine feste staatliche Einrichtung wurde, wurde der junge Mann (Ephebos) mit neunzehn Jahren zu einer militärischen Ausbildung mit aktivem Dienst und Kasernierung für eine Dauer von zwei Jahren eingezogen. Mit der Ephebie begann die Großjährigkeit bei der Eintragung in die Liste des väterlichen Demos und der Ableistung eines Ephebeneides [hier: Bürgereid]. [...]
Die Erziehung der Mädchen fand, abgesehen von wohl seltenen Ausnahmen, dass diese eine Schule außerhalb des Hauses besuchten, innerhalb der Gynaikonitis unter der Leitung der Mutter statt. Es ist verständlich, dass das Bildungsniveau hier im Allgemeinen recht niedrig blieb, wenn auch die Kenntnis des Lesens und Schreibens bei Frauen üblich war. Mehr Wert wurde auf das Erlernen der von den Frauen erwarteten praktischen Fähigkeiten, besonders des Spinnens und Webens, gelegt.

H. Blanck, Einführung in das Privatleben der Griechen und Römer, Darmstadt 1996, S. 102 ff.

M 8 Die Stellung der spartanischen Frau

Der griechische Schriftsteller Plutarch (ca. 46–120 n. Chr.) schrieb in seiner Biographie des Lykurgos:

Mit der Erziehung, die er für die wichtigste Aufgabe des Gesetzgebers ansah, fing er ganz von vorn an und richtete sein Augenmerk auf Eheschließungen und Kinderzeugung. Denn es ist nicht so, wie Aristoteles sagt, dass er auch versucht habe, die Frauen zu bessern, es aber habe aufgeben müssen, weil er der Zügellosigkeit und Weiberherrschaft nicht habe Herr werden können wegen der vielen Feldzüge der Männer, während deren diese genötigt waren, den Frauen das Regiment zu überlassen, und sie daher über Gebühr ehrten und sie Herrinnen nannten. Vielmehr hat Lykurgos auch den Frauen jede mögliche Sorgfalt zugewendet. Er kräftigte die Körper der Jungfrauen durch Laufen, Ringen, Diskus- und Speerwerfen, damit die Zeugung der Kinder in kräftigen Körpern erfolge.[...] Weichlichkeit, Verzärtelung und alles weibische Wesen verbannte er und gewöhnte die Mädchen ebenso wie die Knaben, nackt ihre Aufzüge zu halten und bei gewissen Festen zu tanzen und zu singen. [...]

Zit. nach W. Lautemann, M. Schlenke (Hg.), a. a. O., S. 143.

M 9 **Das Wasserholen galt als Frauenarbeit**
Am öffentlichen Brunnen war die soziale Kontrolle gewährleistet, Vasenmalerei auf einer schwarzfigurigen Vase, Ende des 6. Jahrhunderts v. Chr.

M10 Die soziale Rolle der Frau in Athen

Xenophon (ca. 430–354 v. Chr.), Schriftsteller und Schüler des Sokrates, berichtet von einer Unterredung, die Sokrates mit einem Athener, Ischomachos, über Fragen der Hauswirtschaft geführt haben will:

„Aber auch das, mein lieber Ischomachos, […] möchte ich sehr gern von dir erfahren, ob du selbst deine Frau erzogen hast, sodass sie ist, wie sie sein muss, oder ob sie schon in allem unterrichtet war, als du sie von ihrem Vater und ihrer Mutter bekamst." „Wie hätte sie schon alles verstehen können?", meinte Ischomachos.
„Sie war doch noch nicht fünfzehn Jahre alt, als ich sie heiratete. Die Zeit vorher hatte man fürsorglich auf sie aufgepasst, dass sie möglichst wenig sah, hörte und fragte. Ich war schon damit zufrieden, dass sie bei ihrem Kommen bereits verstand, mit Wolle umzugehen und ein Gewand anzufertigen, und dass sie auch schon bei der Spinnarbeit der Dienerinnen zugesehen hatte. Außerdem war sie in der Magenfrage ganz vorzüglich erzogen, mein lieber Sokrates, was mir bei Mann und Frau die wichtigste Erziehungsfrage zu sein scheint. […]
Mir scheinen die Götter dieses Gespann, Mann und Weib genannt, sehr vorsichtig zusammengepasst zu haben, damit es sich durch die Gemeinschaft gegenseitig so viel Nutzen bringe wie möglich. Denn erstens ist dieser Bund geschlossen, um miteinander Kinder zu zeugen, damit die Arten der Lebewesen nicht aussterben. Zweitens schaffen sie sich mit den Kindern, die aus diesem Bunde hervorgehen, Stützen für das Alter. […] Da beide Arten von Arbeit nötig sind, die draußen und drinnen, schuf Gott die Natur des Weibes für die Arbeiten im Hause, die des Mannes aber für die Arbeiten außerhalb des Hauses. Denn der Mann ist mehr dazu geschaffen, Kälte und Wärme, Märsche und Feldzüge zu ertragen. Daher trug der Gott ihm die Arbeiten außerhalb des Hauses auf. Der Körper der Frau ist weniger widerstandsfähig, deshalb ist sie besser für die Arbeiten im Hause geeignet."

Zit. nach W. Lautemann, M. Schlenke (Hg.), a. a. O., S. 285.

Aufgaben

1. Beschreiben Sie die Rechte, die Sklaven zustanden. Erarbeiten Sie die Tätigkeitsbereiche der freien Arbeiter und der Sklaven.
   → Text, M4
2. Wie legitimierte Aristoteles die Sklaverei?
   → M5
3. Beschreiben Sie die gesellschaftliche Stellung der Frau. Worin bestand die gesellschaftliche Minderberechtigung der griechischen Frau?
   → Text, M8, M9, M10
4. Vergleichen Sie die Stellung der Frau in Athen mit der in Sparta.
   → Text, M8, M10
5. Untersuchen Sie die Bildungsziele, die die Athener verfolgten. Vergleichen Sie das Erziehungswesen Athens mit dem Spartas.
   → M6, M7
6. Beurteilen Sie die griechischen Erziehungsmethoden aus heutiger Sicht.

2.7 Athen: kultureller Mittelpunkt

Das Perikleische Zeitalter

„Klassik“

Der Begriff des Klassischen kann sich einmal auf den Wert beziehen, zum anderen kann er einen Stil bezeichnen. Werke der Philosophie, der Kunst, der Literatur oder der Architektur einer so genannten klassischen Epoche gelten nach Form und Gehalt als vorbildhaft, vollkommen und allgemeingültig. Humanismus und Renaissance im 15. und 16. Jahrhundert, die Übergangszeit vom Mittelalter zur Neuzeit, erhoben die Antike in den Rang des Klassischen. Während die griechische Demokratie erst im 19. Jahrhundert entdeckt wurde, war also die griechische Kultur schon lange zuvor als Ideal gewürdigt worden.

Architektur

Im Rahmen der Entwicklung Athens wurde das 5. Jahrhundert v. Chr., das Zeitalter des Perikles, als Höhepunkt griechischer Kultur verstanden. Nach dem Sieg über die Perser begannen die Athener einmal aus Dankbarkeit gegenüber den Göttern, zum anderen aber auch um die Zerstörung durch den Krieg zu beseitigen, eine rege Bautätigkeit zu entfalten. Nachdem die Stadt bereits durch die so genannten Langen Mauern (mit Piräus und Phaleron verbunden) zu einer uneinnehmbaren Festung ausgebaut worden war (462–445 v. Chr.), folgten nun unter Perikles die Monumentalbauten auf der Burg (Akropolis = Hochstadt). Unmittelbar nach Beendigung des Perserkrieges (448 v. Chr.) ließ Perikles die zerstörten Heiligtümer auf der Akropolis wieder aufbauen. Zwischen 447 und 432 v. Chr. entstanden der Parthenon, der gewaltige Tempel der jungfräulichen (= Parthenos) Stadtgöttin Athene und die Propyläen, die Durchgangshallen am Eingang zur Akropolis. Es folgten später das Erechtheion (nach dem sagenhaften König Erechtheus benannt), das bedeutendste Heiligtum, und schließlich der Tempel der Athene Nike als Zeichen des endgültigen Sieges über die Perser.

Bildhauerei

Der Bildhauer Pheidias, ein Freund des Perikles, war für die künstlerische Gesamtgestaltung der Akropolis verantwortlich. Architekten, Bildhauer und Handwerker haben auf der Akropolis unvergleichliche Bauten von Ästhetik und Harmonie vollbracht, die uns heute noch in ihren Ruinen mit Staunen erfüllen.

Im 5. Jahrhundert überwanden die Bildhauer die starre, frontale und symmetrische Haltung der Statuen der archaischen Zeit (8.–6. Jahrhundert v. Chr.) durch die mustergültige Verwendung des Gegenspiels von Bewegung und Ruhe, von Spannung und Entspannung. Diese Darstellungsart verleiht den Skulpturen Eleganz und Natürlichkeit. Kennzeichnend für die klassische Großplastik war das Schönheitsideal der Hellenen, der nackte männliche Körper, der auch im Alltag eine große Rolle spielte (zum Beispiel wurden Gymnastik und sportliche Wettkämpfe stets nackt durchgeführt). Die Frau wurde bekleidet dargestellt; erst im 4. Jahrhundert v. Chr. stellte zum Beispiel Praxiteles die Göttin Aphrodite unbekleidet dar.

Pheidias (lat. Phidias, ca. 495 – ca. 430 v. Chr.) war nach Ansicht seiner Zeitgenossen der größte Bildhauer der Zeit. Als seine bedeutends-

M 1 Akropolis von Athen

Wie die Akropolis zu Beginn des 4. Jahrhunderts v. Chr. ausgesehen haben könnte. Neben den großen Heiligtümern auf dem Gipfelplateau standen viele Schreine aus der Bronzezeit an den Seiten des Hügels.
① Propyläen; ② Bronzestandbild der Athene des Bildhauers Pheidias; ③ Parthenon: Tempel der Stadtgöttin Athene; ④ Erechtheion: Tempel des attischen Gottes Erechtheus; ⑤ Tempel der Athene Nike (der Siegreichen)

ten Skulpturen (aus Bronze, Marmor, Elfenbein) gelten das Standbild der Athene Promachos (Vorkämpferin) auf der Akropolis, die Athene Parthenos im Inneren des Parthenontempels und die Goldelfenbeinstatue des Zeus im Tempel zu Olympia, die später zu den Weltwundern zählte. Vor einigen Jahren wurde die Werkstätte des Pheidias in Olympia ausgegraben. Bedeutende Künstler neben Pheidias waren der Plastiker Polyklet und der Bronzegießer Myron.

Im 5. Jahrhundert entstanden große Wandgemälde, die der Nachwelt verloren gegangen sind. Die bemalte Keramik (rotfigurige Vasen) dieser Epoche vermittelt nur einen schwachen Abglanz der Malerei.

Theater

Die griechische Tragödie hat sich aus Volksbräuchen anlässlich des Dionysoskultes entwickelt (Dionysos = Gott der Fruchtbarkeit und des Weines). Alljährlich feierten die Athener zu Ehren des Dionysos ein freudiges Fest, die Dionysien. Nach einem Festzug wetteiferten ursprünglich nur an einem Tag, später an drei aufeinanderfolgenden Tagen Chöre, Tänzer und Dichter um ausgesetzte Preise.

Die Aufführungen fanden unter freiem Himmel in der runden Orchestra (dem Tanzplatz) statt, in deren Mitte der Dionysosaltar stand. Den Zuschauern wurden drei Tragödien und ein Satyrspiel eines jeweils anderen Dichters dargeboten, das den Stoff der vorangegangenen Tragödien heiter-ironisch umbildete (parodierte). Später wurden auch Komödien bei den Großen Dionysien aufgeführt.

Bronzemaske (um 450 v. Chr.)
Sie wurde von Schauspielern bei Aufführungen von Tragödien getragen. Alle Rollen wurden von Männern gespielt.

Die Festlichkeiten wurden vom Staat ausgerichtet, die Inszenierung der Spiele wurde von vermögenden Privatpersonen besorgt. Ihre Blütezeit erreichte die griechische Tragödie mit den Werken von Aischylos, Sophokles und Euripides. Die gemeinsam begangenen Festlichkeiten und Theateraufführungen stärkten das Zusammengehörigkeitsgefühl der städtischen Gemeinde.

Die Tragödie behandelte mythologische Vorgänge und gelegentlich historische Ereignisse. In ihr wird ein unüberbrückbarer Konflikt zwischen dem tragischen Helden und seinem unausweichlichen Schicksal gezeigt. Die Auseinandersetzung mit dem Schicksal diente dazu, dass die Menschen veranlasst werden sollten, sich den Göttern zu beugen und ihr Schicksal anzunehmen. Sinn der griechischen Tragödie war es, die Zuschauer zu erschüttern und sie durch die auf der Schaubühne dargestellten Leidenschaften, zum Beispiel Selbstherrlichkeit und Maßlosigkeit, zu läutern.

Von Aischylos (ca. 525–456 v. Chr.) sind uns 90 Titel von Tragödien beziehungsweise Satyrspielen bekannt. Erhalten geblieben sind sieben. Die bedeutendsten sind: Die Perser, Sieben gegen Theben, Der gefesselte Prometheus und die Orestie. Durch Sophokles (ca. 497–406 v. Chr.) erreichte die attische Tragödie ihre höchste Ausprägung. Von seinen 123 Dramen sind uns nur sieben vollständig erhalten: Aias, Antigone, Elektra, Oidipos tyrannos, Oidipos auf Kolonos, Trachinierinnen und Philoktet.

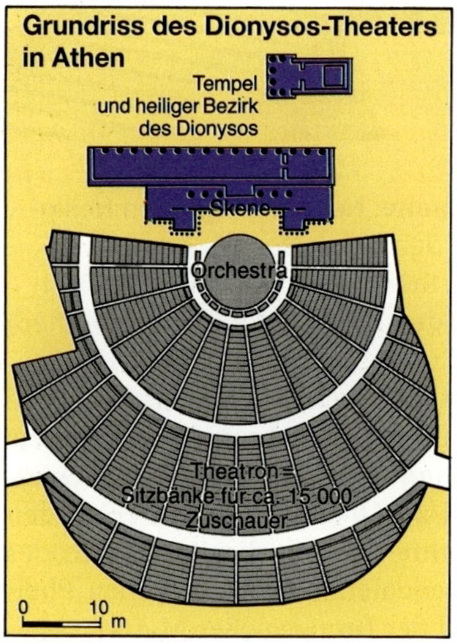

Grundriss des Dionysos-Theaters in Athen

Euripides (ca. 485–406 v. Chr.), der dritte der klassischen Tragiker in Athen, wich von seinen Vorgängern dadurch ab, dass er sich nicht streng an die Mythen hielt und Konflikte der Gegenwart wirklichkeitsnäher darstellte. Er schrieb 75 Dramen, von denen 19 erhalten sind. Seine wichtigsten sind: Alkestis, Medea, Hippolytos, Iphigeneia in Aulis und Iphigeneia in Tauris.

Die politischen und sozialen Bezüge, die in den Tragödien verdeckt enthalten sind, werden in den Komödien offen ausgesprochen. Aristophanes (ca. 455–388 v. Chr.), der geistreichste griechische Komödiendichter und Satiriker, verfasste 44 Stücke (elf davon sind erhalten), zumeist mit aktuellem Hintergrund, in denen er das Theater als politische Waffe benutzte, um alle gesellschaftlichen Bereiche zu kritisieren.

Die Entwicklung der Komödie war nur unter einer demokratischen Herrschaftsform möglich. Obwohl es für kurze Zeit eine Einschränkung der Offenheit der Sprache gegen persönliche Angriffe in der Komödie gab, bestand volle Freiheit der Kritik und der Beschimpfung. Die griechische Tragödie nahm hinsichtlich der politischen Kritik eine wichtige Funktion ein. Trotz mancher Abwandlungen hat die klassische Form des attischen Dramas den nachfolgenden Epochen der Weltliteratur als Vorbild gegolten.

Geschichtsschreibung

Das älteste vollständig erhaltene griechische Geschichtswerk stammt von Herodot aus Halikarnassos in Kleinasien (484–425 v. Chr.). Herodot stellte in seinem Werk die gesamte griechische Geschichte dar. Seine letzten drei Bücher sind der geschlossenen Darstellung der Perserkriege gewidmet. Neben der eigenen Erkundung und Deutung griff er auch auf die Aussagen älterer Autoren zurück. Herodot suchte die historische Wahrheit zu ermitteln, wodurch er im eigentlichen Sinne zum ersten Historiker geworden war. Der Römer Cicero bezeichnete ihn als den Vater der Geschichtsschreibung.

Thukydides (455–396 v. Chr.) schilderte in seinem acht Bücher umfassenden Werk die Geschichte des Peloponnesischen Krieges. Er selbst nahm am Kriege als athenischer Flottenkommandeur teil. Während in früheren Zeiten die Götter als Lenker der Geschichte angesehen wurden, beschränkte sich Thukydides in seiner Darstellung auf strenge Sachlichkeit, da für ihn die Wahrheit in den Tatsachen selbst begründet lag. Darüber hinaus suchte er aber auch das von ihm als wahr Erkannte zu deuten. Seine genaue Unterscheidung von Anlass und tatsächlichen Ursachen für ein Ereignis ist eine Grundkategorie der Geschichtswissenschaft geblieben.

Thukydides wird zum ersten Historiker Europas, der Geschichte kritisch wertet. Thukydides' Werk bricht im Jahre 422 v. Chr. ab. Hier knüpft Xenophon (430–355 v. Chr.), ein Schüler von Sokrates, an und stellt die griechische Geschichte über das Ende des Peloponnesischen Krieges bis zur Zeit der Hegemonie Spartas dar. Xenophon ist der einzige Geschichtsschreiber des 4. Jahrhunderts, dessen Werk erhalten geblieben ist.

Philosophie

Sokrates (ca. 470–399 v. Chr.)

Platon (427–347 v. Chr.)

Zu den ersten Philosophen gehörten Thales, Anaximandros und Anaximenes aus Milet (6. Jahrhundert v. Chr.). Ihre Spekulationen über die Urkraft, die das Universum bewegt, fußten auf Naturbeobachtungen und Deutung physikalischer Erscheinungen. Empedokles (483–444 v. Chr.) aus Sizilien versuchte den Streit dieser älteren Naturphilosophen, die jeweils einen Grundstoff für das Entstehen der Welt annahmen, dadurch zu lösen, dass er Feuer, Wasser, Luft und Erde als Elemente des Kosmos zugrunde legte. Mit Demokrit (460–370 v. Chr.) aus Abdera in Thrakien, einem der größten Universalgelehrten der Antike, erreichte die naturwissenschaftliche Philosophie ihre höchste Entwicklung und gewissermaßen auch ihren Abschluss. Nach der Lehre Demokrits besteht die Welt aus unendlich vielen, unendlich kleinen Substanzen, den Atomen, die sich in ständiger Bewegung befinden. Neben den Stoffatomen existieren noch die Seelenatome, die die Stoffe beleben. Demokrit forderte mit seiner Atomistik, in der Körper und Seele gleichwertig nebeneinander stehen, den Idealisten Platon zur Kritik heraus.

Neben der Naturphilosophie beschäftigte man sich auch mit der Ethik. Gesetze wurden nicht mehr allgemein als gottgegeben anerkannt, sie wurden diskutierbar. Der Mensch sollte aus der selbst gewonnenen Erkenntnis heraus tugendhaft handeln. Sokrates (ca. 470–399 v. Chr.) suchte nach dem Wahren, Schönen und Guten. Er entwickelte den Dialog, eine besondere Methode, mit der er seine Zuhörer befragte, um ihnen die Unzulänglichkeiten vieler ihrer Behauptungen bewusst zu machen. Solche Überlegungen führten zur Abkehr von mythologischen Vorstellungen über den Kosmos und zu Zweifeln am tradierten Glauben. Sehr oft wurden Lehrer und ihre Schüler ihres kritischen Hinterfragens wegen der Gotteslästerung bezichtigt. Auch Sokrates wurde wegen Gottesverachtung angeklagt und dazu verurteilt, den Schierlingsbecher (Gift) zu trinken.

Die Kenntnis über die Philosophie des Sokrates verdankt die Nachwelt den Aufzeichnungen von Platon. Platon (ca. 427–347 v. Chr.), der zum Schülerkreis des Sokrates gehörte, begründete eine eigene Philosophieschule. Er verfasste, häufig in sokratischer Dialogform, seine Vorstellungen über den Staat und dessen politischen und kulturellen Aufgaben (Politeia = der (Ideal-)Staat und Nomoi = die Gesetze).

Das Ziel der Sophisten (Weisheitslehrer) war es ursprünglich, durch ihren Unterricht der politischen und gesellschaftlichen Praxis der (vornehmlich reicheren) heranwachsenden Jugend gegen hohe Bezahlung zu dienen. Die Lehrgebiete umfassten Philosophie, Literatur, Kunst, Mathematik, Astronomie und Staatslehre. Darüber hinaus entwickelten die Sophisten auch eine eigene Lehre (Sophistik) und beeinflussten in hohem Maße das griechische Geistesleben. Namhafte Sophisten waren unter anderen Protagoras, Gorgias, Prodikos und Hippias. Die Sophistik verneinte eine allgemein gültige und objektive Wahrheit, wirkte aufklärerisch und richtete sich auch gegen die Religion. Platon wandte sich insbesondere gegen ein von vordergründiger Nützlichkeit geprägtes Denken, das in der Aussage von Protagoras, einem engen Vertrauten des Perikles, gipfelte, wonach der Mensch selbst das Maß aller Dinge sei. Diesem Lehrsatz stellte Platon seine Erkenntnis von den Ideen gegenüber, nach der das höchste Gut die Tugend (Weisheit, Gerechtigkeit, Besonnenheit, Tapferkeit) sei.

Aristoteles (384–322 v. Chr.), ein Schüler aus der Akademie des Platon, erweiterte die wissenschaftliche Forschung auf vielen Gebieten durch die mehr empirisch-naturwissenschaftliche Ausrichtung seiner Arbeit. Aristoteles gilt als der Begründer der wissenschaftlichen Logik (Begriffsbestimmung, Urteilsbildung, Schlussfolgerung). Sein Werk umfasste die Metaphysik, die Ethik und Abhandlungen über die Politik („Politika" und „Staat der Athener"). Aristoteles gilt als der größte politische Theoretiker der Antike. Er wirkte unter anderem auch als Erzieher des späteren Alexander des Großen von Makedonien. Obwohl die Athener die große Bedeutung seiner philosophischen Leistung schon zu seinen Lebzeiten erkannten, wurde Aristoteles der Gottlosigkeit angeklagt und zum Verlassen der Stadt gezwungen.

Das Werk des Aristoteles kann in seiner Bedeutung für das abendländische Denken kaum hoch genug eingestuft werden. Im Unterschied zu seinem Lehrer Platon, der die erfahrbare Wirklichkeit als Scheinwelt gering schätzte, wandte sich Aristoteles auf analytisch-systematische Weise der Realität zu. Er ist somit zu einem Mitbegründer des modernen wissenschaftlichen Denkens geworden. Außerdem verdankt ihm die Nachwelt historisch bedeutsame Sammlungen von Gesetzen und von über 150 griechischen Verfassungen. Nach ihrer Übersetzung ins Lateinische wurden die Schriften des Aristoteles im Mittelalter sehr intensiv studiert. Sie bildeten ein Fundament für die Scholastik, jene philosophische Hauptströmung des Mittelalters, die die Harmonisierung von Wissen und Glauben anstrebte.

Rhetorik

Unter dem Einfluss der Sophisten entwickelte sich die die gesamte griechische Geisteskultur prägende Kunst der Beredsamkeit. Die stilvolle Rede als Kunst ausgebildet und die Kunst lehrbar gemacht zu haben, war insbesondere für die demokratische Betätigung in Athen von besonderer Bedeutung. Nach ihrer Bestimmung unterschied man die Volks- und Staatsrede, die Gerichtsrede und die Fest- und Prunkrede. Die Rhetoren nahmen darüber hinaus auch Einfluss auf die Jugenderziehung. Die bekanntesten waren Gorgias (485–375 v. Chr.) und sein Schüler Isokrates (436–338 v. Chr.) als Festredner, der Gerichtsredner Lysias (445–380 v. Chr.) und der berühmte Staatsredner Demosthenes (384–322 v. Chr.).

M 2 Die Philosophenversammlung in der Akademie von Athen

zeigt das oben abgebildete Mosaik, das in einer Villa von Pompeji gefunden wurde. Der griechische Philosoph Platon, der aus adeligem Geschlechte stammte, hatte im Jahre 387 v. Chr. die Akademie gegründet. Ursprünglich handelte es sich um einen dem Heros Akademos geweihten Hain bei Athen, zu dem auch Anlagen für gymnastische Übungen gehörten. Nach der Gründung der Akademie konnten diese zum Promenieren benutzt werden, wobei sicher diskutiert und Fachfragen erörtert wurden. Außerdem befanden sich dort Diskussions- und Aufenthaltsräume sowie Wohnungen für den Schulvorsteher und sogar für einen Teil der Schüler. Die Mittel hatte Platon anfänglich seinem Privatvermögen entnommen, später jedoch mussten die Beiträge wahrscheinlich von den Schülern selbst getragen werden. Platon und Aristoteles waren die Hauptvertreter der griechischen Philosophie. Die von ihnen gegründeten Schulen bestanden bis zum Ende der Antike.

Die Schüler des Aristoteles nennt man bis heute Peripatetiker, abgeleitet von Peripatos, der Wandelhalle im Apollonheiligtum in Athen, dem Ort, wo die Schule des Aristoteles lag.

Nach: H. Pleticha (Hg.), Im Schatten des Olymp, Gütersloh 1988, S. 246.

Aufgaben

1. Stellen Sie die wichtigsten kulturellen Leistungen der Griechen in einer Übersicht zusammen.

2.8 Wendepunkte der griechischen Geschichte

Peloponnesischer Krieg und der Niedergang Athens

Der Krieg

Nachdem die unmittelbare Bedrohung Griechenlands durch die Perser gebannt war, traten immer mehr Gegensätze zwischen den einstigen Bundesgenossen auf. Die Rivalität um die Vorherrschaft in Griechenland zwischen den beiden Führungsmächten Athen und Sparta steigerte sich insbesondere infolge der expansiven Außenpolitik der Athener. Der unmittelbare Anlass zum griechischen Bruderkrieg lag in einem Streit zwischen Athen und Korinth (Bündnispartner Spartas), das durch die Ausweitung der athenischen Macht ins westliche Mittelmeer seine beherrschende Stellung im Seehandel (unter anderem Getreideimporte aus Italien) bedroht sah. Der Krieg verlief in mehreren Etappen über fast 30 Jahre. Er wurde mit einer bisher nicht gekannten Grausamkeit und Menschenverachtung geführt. Intrigen, Verrat und zynischer Machtmissbrauch während des Kriegsverlaufs deuten auf eine Verrohung der Politik. Als Sparta mit Persien ein Bündnis einging, das ihm einen Ausbau der Flotte gestattete (für die Preisgabe der kleinasiatischen Griechenstädte an die Perser), war der Krieg vorentschieden. Athen kapitulierte, seine Befestigungsanlagen wurden geschleift. Der Attische Seebund wurde aufgelöst, und Athen musste dem Peloponnesischen Bunde beitreten. Für kurze Zeit wurde Athen unter dem Schutz der spartanischen Besatzungsmacht von 30 Oligarchen diktatorisch beherrscht („Herrschaft der 30 Tyrannen").

Große Menschenverluste, Verwüstungen des fruchtbaren Ackerlandes, Rechtsunsicherheit, Willkürherrschaft und ein Verfall der Sitten waren die Folgen des Peloponnesischen Krieges.

Auch Sparta ging infolge schwerer sozialer Spannungen, die sich zum einen aus der durch den Krieg stark gesunkenen Zahl der Voll-

M 1

Der Peloponnesische Krieg 431 - 404 v. Chr.

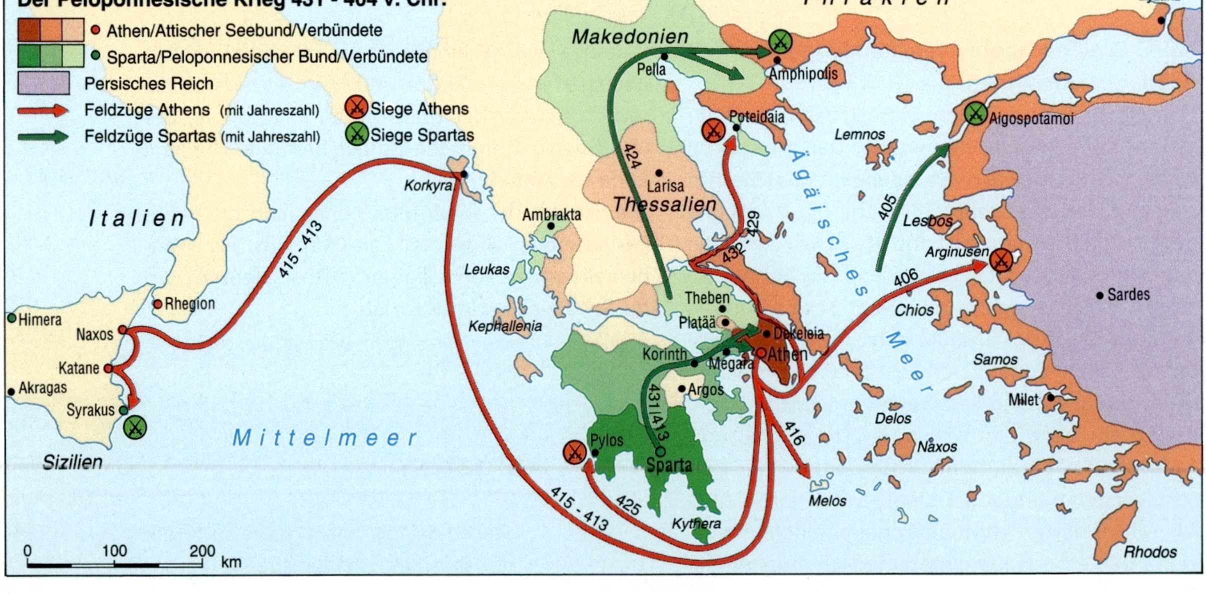

bürger gegenüber der Masse der politisch Entrechteten ergab, zum anderen aus einem rapiden Verfall der spartanischen Gesellschaft, geschwächt aus dem Krieg hervor. Die spartanische Gewaltherrschaft führte in der Folgezeit zu Missstimmungen unter den Griechen und schließlich zur allgemeinen Erhebung gegen die Vormachtstellung Spartas. Athen konnte sich allmählich aus der Herrschaft Spartas lösen und trieb wieder eine eigenständige Politik (Wiederaufbau der Langen Mauern; Errichtung des 2. Attischen Seebundes gegen Sparta 378/77 v. Chr.). Zur selben Zeit befreite sich auch Theben aus der spartanischen Vormundschaft und versuchte nun seinerseits, eine Hegemonie in Griechenland aufzurichten (371–362 v. Chr.). Theben gelang es vorübergehend auch unter seinem erfolgreichen Staatsmann Epaminondas, die Spartaner auf der Peloponnes auszuschalten und sogar seinen Einfluss bis nach Makedonien auszuweiten.

Der Niedergang Athens

Im 20. Jahrhundert wurde wiederholt auf die Ähnlichkeit des Peloponnesischen Kriegs mit dem Ersten Weltkrieg in Europa aufmerksam gemacht. Deutschlands „Griff nach der Weltmacht“ 1914, sein Versuch, zur europäischen Hegemonialmacht aufzusteigen, erinnerte an Athens Versuch, Herr über die griechische Welt zu werden. Athens Ausgreifen nach Sizilien, inspiriert von seinem skrupellosen Politiker Alkibiades (ca. 450–404 v. Chr.), mündete in der Überdehnung seiner Macht und endete in der militärischen Katastrophe. Nach der totalen Mobilisierung aller Reserven hinterließ der Krieg erschöpfte Ressourcen und – durchaus vergleichbar der europäischen Situation von 1918 – die Spuren der Selbstzerstörung bei Siegern und Besiegten. Wirtschaftlich geschwächt, von sozialen Spannungen und inneren Konflikten heimgesucht, versanken die griechischen Städte in Machtlosigkeit.

Einen Sieger hatte dieser griechische Bürgerkrieg – das waren zunächst die Perser, denen es gelang, die Herrschaft über die griechischen Städte in Kleinasien wieder aufzurichten. Am Ende wurden alle griechischen Staaten eine Beute der Makedonierkönige, die in das politische Machtvakuum eindrangen.

Das Makedonierreich unter Philipp II. und Alexander dem Großen

Die Selbstzerfleischung im Verlauf des Peloponnesischen Krieges zwischen Athen und Sparta, die kleinstaatliche Eigenbrötelei der griechischen Städte und Bürgerkriege (verschärfte Gegensätze von Arm und Reich) schwächten Griechenland.

Aus dem ständigen Ringen um die Hegemonie im griechischen Mutterland ging schließlich Philipp II. von Makedonien, ein Halbgrieche, als Sieger hervor. Über einen langwierigen Prozess von Annexionen (Eingliederungen) mit miliärischen und politischen Mitteln gewann Philipp II. nach der entscheidenden Schlacht bei Chaironeia (338 v. Chr.) die Vormacht über Griechenland. An die früheren griechischen Hegemonialvorstellungen und den Gedanken des Allgmeinen Friedens in Korinth anknüpfend, gründete Philipp II. den Korinthischen Bund als Schutzbündnis zwischen dem Makedonierreich und den meisten in diesem Bund zusammengeschlossenen Griechenstädten mit Ausnahme von Sparta. Obwohl der Makedonierkönig die politische Selbstständigkeit der von ihm Abhängigen weitgehend schonte, bedeutete das Bündnis doch einen inneren Freiheitsverlust für die einzelnen Mitgliedsstaaten und eine zwangsweise politische Einigung, wenn sie auch im Bundesrat stimmberechtigt waren. Das eigentliche politische Entscheidungszentrum lag nunmehr außerhalb der griechischen Poliswelt im Königshof zu Pella in Makedonien. Philipp II. wurde zum Feldherrn des Bundes, der ihn mit einem Feldzug gegen Persien beauftragte. Nachdem Philipp II. von einem makedonischen Adligen ermordet worden war, sicherte sich sein Sohn Alexander in zwei Jahren seine nicht unbestrittene Thronfolge, verteidigte die Nordgrenze und warf Aufstände in Griechenland nieder. Im Jahre 334 v. Chr. brach er zum Feldzug gegen das Perserreich auf, das er innerhalb von vier Jahren in seine Gewalt brachte. Er gewann Kleinasien in der Schlacht am Fluss Granikos und unterwarf das Land bis zum Euphrat (Issos, 333 v. Chr.), marschierte in Ägypten ein, wo man ihn als Befreier von der persischen Besatzungsmacht begrüßte, und ließ sich zum Pharao krönen. Mit seinem Sieg über den persischen Großkönig (Gaugamela, 331 v. Chr.) errang er schließlich die Herrschaft über das ganze Perserreich. Im Folgenden zielte Alexanders Politik darauf ab, die alteingesessene Bevölkerung mit der griechischen Zivilisation zu versöhnen. Diesem Zweck diente auch die so genannte Verschmelzungspolitik, wobei griechische Soldaten mit persischen Frauen verheiratet wurden.

Nach dem Niederbrennen von Persepolis, der Residenz der persischen Großkönige, war der panhellenische Rachefeldzug im Sinne des Korinthischen Bundes beendet. Die griechischen Truppen entließ er und setzte mit seinen Makedonen und angeworbenen Söldnern (überwiegend Perser) seine Eroberungszüge bis zum Indus fort. Alexander starb völlig unerwartet 323 v. Chr. in Babylon.

M 2 **Alexander der Große (356–323 v. Chr.)** als Bildnis auf einer zeitgenössischen Münze

M 3

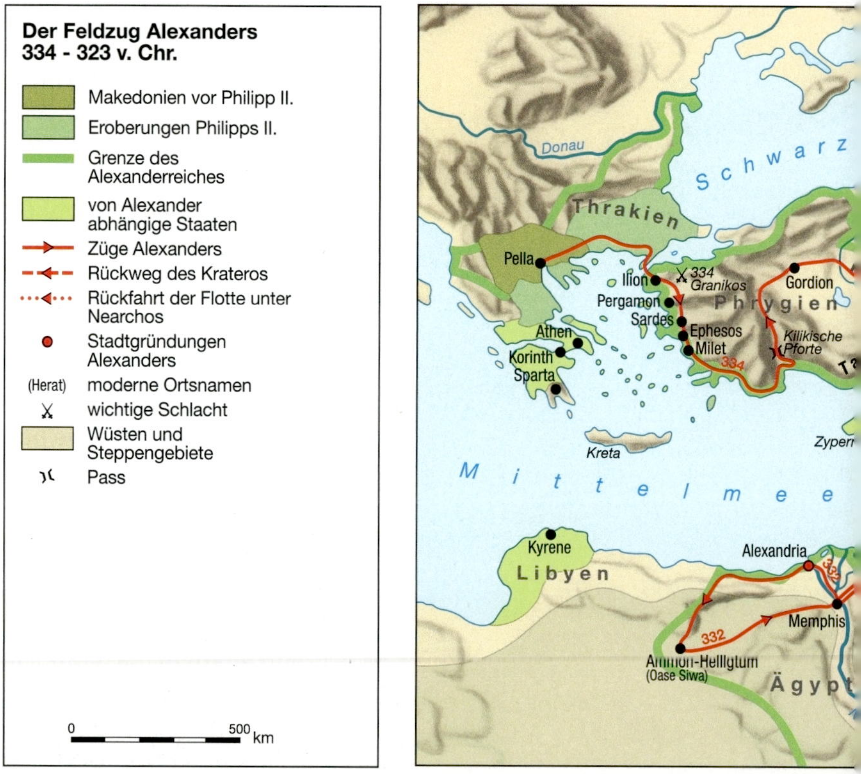

Hellenismus – die Idee der Einheit abendländischer Kultur

Der Begriff Hellenismus bezeichnet die Durchdringung des Orients mit griechischem Kulturgut beziehungsweise griechischer Zivilisation und die Einwirkungen der vielschichtigen orientalischen Kulturvorstellungen auf die Griechen für die drei Jahrhunderte von Alexander bis Augustus (338–30 v. Chr.).

Kennzeichnend für den hellenistischen Staat war die Größe und Uneinheitlichkeit von Landschaft und Bevölkerung. Als Grundlage für die staatliche Einheit diente das absolute Königtum, mit äußeren Zeichen einer orientalischen Prachtentfaltung. Der König genoss göttliche Verehrung. Alle Reichsbewohner (Makedonen, Griechen, Perser) waren rechtlich seine Untertanen. In der Reichsverwaltung griff Alexander der Große auf die jeweils vorgefundenen Organisationsformen zurück. In Ägypten beließ er den hoch entwickelten Beamtenapparat, in Persien behielt er die Einteilung in Satrapien, wobei er allerdings Makedonen und Perser als Beamte (Satrapen) mit höchster richterlicher und militärischer Gewalt einsetzte. Während die phönizischen Städte an der Ostküste des Mittelmeeres Alexander selbst unterstanden, erhielten die kleinasiatischen Griechenstädte ihre Autonomie zurück. Das griechische Mutterland beherrschte er als Feldherr des Korinthischen Bundes. Das Militärwesen und die Finanzverwaltung waren fest in seiner Hand. Alle diese Maßnahmen sollten der Herrschaftsstabilisierung dienen. Die zahlreichen Städtegründungen zu Lebzeiten Alexanders hatten vornehmlich militärische Funktion; eine Ausnahme bildet Alexandria in Ägypten (allein 16 hießen Alexandria). Später waren die vielen Städte die entscheidenden Vorposten der spätgriechischen Kultur.

Als Alexander der Große mit 33 Jahren starb, stand kein ebenbürtiger Nachfolger bereit. Alle Versuche, die Einheit des rasch eroberten Riesenreiches unter der Dynastie Alexanders zu erhalten, scheiterten. Über 30 Jahre währten die Machtkämpfe makedonischer Heerführer, die als rivalisierende selbstständige Nachfolger (Diadochen) in den einzelnen Reichsteilen auftraten. Aus diesen Diadochenkriegen gingen schließlich drei große Nachfolgestaaten hervor, die nach den Namen der Heerführer benannt worden sind: das Ptolemäerreich in Ägypten (323–30 v. Chr), das Seleukidenreich in Syrien und Mesopotamien (321–63 v. Chr.) und das Antigonidenreich in Makedonien (277–168 v. Chr.). Ihrer Staatsform nach waren diese Reiche Erbmonarchien mit orientalischer Tradition; das heißt, sie stützten sich auf Beamte und Soldaten und auf einen ausgeprägten Herrscherkult. Nach einer Blütezeit dieser hellenistischen Flächenstaaten, zu denen später unter anderem noch das Reich von Pergamon kam, setzte ein Niedergang ein, der schließlich mit der Eingliederung in das Römische Weltreich endete.

Chronologie

479–431 v. Chr.	„Pentekontaëtie", die Zeit von 50 Jahren zwischen den Perserkriegen und dem Peloponnesischen Krieg; zunehmender Dualismus zwischen Sparta und Athen
446/445 v. Chr.	30jähriger Friede zwischen Sparta und Athen geschlossen
431 v. Chr.	Beginn des Peloponnesische Krieges zwischen Sparta und Athen
429 v. Chr.	Perikles stirbt.
423 v. Chr.	Der Krieg wird durch einen einjährigen Waffenstillstand unterbrochen.
422 v. Chr.	Die Athener werden bei Amphipolis in Thrakien besiegt. Friedensverhandlungen werden aufgenommen.
421 v. Chr.	Athen und Sparta schließen einen einstweiligen Frieden – Nikiasfriede (für 50 Jahre).
419 v. Chr.	Athen setzt den Krieg fort.
418 v. Chr.	Athen wird in der Schlacht von Mantineia geschlagen.
415 v. Chr.	Die Athener Flotte unter Alkibiades segelt gegen Syrakus auf Sizilien. Alkibiades läuft zu Sparta über.
413 v. Chr.	Die Seeschlacht von Syrakus endet mit der Niederlage Athens.
405 v. Chr.	Die Athener Flotte wird bei Aigospotamoi in Thrakien vernichtet.
404 v. Chr.	Athen ergibt sich Sparta.
404–371 v. Chr.	Hegemonie Spartas in Griechenland
359 v. Chr.	Philipp II. besteigt den Thron von Makedonien und dehnt sein Reich aus.
338 v. Chr.	Philipp II. besiegt Athen und dessen Verbündete bei Chaironeia und übernimmt damit die Vorherrschaft in Griechenland.
336 v. Chr.	Philipp II. wird ermordet. Sein Sohn Alexander folgt ihm auf den Thron.
335 v. Chr.	Alexander zerstört Theben und dehnt die makedonische Herrschaft aus.
334 v. Chr.	Alexander startet seinen Feldzug gegen Persien und gewinnt die Schlacht am Granikos.
333 v. Chr.	Schlacht bei Issos
331 v. Chr.	Alexander siegt in der Schlacht bei Gaugamela.
330 v. Chr.	Alexander erobert Persepolis; nachdem die Macht der Perser zerschlagen ist, dringt er weiter nach Asien vor.
323 v. Chr.	Alexander stirbt in Babylon. Seine Nachfolger beginnen, das Reich aufzuteilen.

M 4 **Alexandermosaik**

Eine dramatische Szene aus der Schlacht bei Gaugamela zeigt das inzwischen berühmte Mosaik (das Original hat die Größe 272 x 513 Zentimeter), 2. bis 1.Jahrhundert v. Chr., aus Pompeji. Es handelt sich bei diesem Mosaik um eine Kopie nach einem griechischen Gemälde aus dem 3. vorchristlichen Jahrhundert. Es scheint ein reales Ereignis dargestellt zu sein, jenen Augenblick, in dem sich der Krieg zwischen beiden Völkern in einem alles entscheidenden Moment wandelte: Das Kriegsglück schlägt um. Ein unbehelmter griechischer Jüngling, Alexander, durchbohrt von links kommend mit seinem Speer einen persischen Reiter. Unverwandt scheint er dabei Dareios III., dem persischen König der Könige, ins Auge zu blicken. Dieser hingegen wendet sich mit hilfloser Gestik, die seine rechte Hand bezeugt, dem Sieger zu. In demselben Augenblick hebt der Wagenlenker seine Peitsche, um die Pferde zum Rückzug anzutreiben. Auf Symbolik ist weitgehend verzichtet worden, wenn man einmal von dem versengten Baum absieht. Bei dem Mosaik sind alle bildnerischen Möglichkeiten, die zur Zeit der Klassik entwickelt wurden, benutzt worden, um dreidimensionale Bewegung abzubilden. So werden beispielsweise die Pferde mit perspektivischer Verkürzung gezeichnet, was besonders deutlich bei dem Pferd in Rückansicht, das sich vor Dareios befindet, festzustellen ist. Festgehalten wird es von einem persischen Soldaten, der voller Angst zu Alexander blickt. Rechts davon ist ein Gefallener von hinten zu sehen, dessen Gesicht sich allerdings in seinem polierten Schild spiegelt.

Aus: H. Pleticha (Hg.), Im Schatten des Olymp, Gütersloh 1988, S. 282 f.

Aufgaben

1. Fassen Sie die Ergebnisse des Peloponnesischen Krieges zusammen.
   → Text, M1
2. Worauf ist der Erfolg der Makedonen über die griechischen Städte zurückzuführen?
   → Text
3. Erklären Sie den Begriff „Hellenismus".
   → Text

3. Rom – vom Stadtstaat zum Weltreich

Das Bild von Giovanni Paolo Pannini „Roma Antica“ von 1757 zeigt eine Galerie mit Bildern von antiken Bauwerken in Rom. In Rom, der „ewigen Stadt“, wie sie auch respektvoll genannt wird, hatten viele antike Gebäude überdauert, zum Teil im Zustand der Ruine, zum Teil versunken im Schutt nachfolgender Jahrhunderte. Das Forum Romanum, der Kuppelbau des Pantheon, der Triumphbogen des Septimius Severus, das Colosseum, das Mausoleum des Kaisers Hadrian, Thermen, Tempel und Basiliken – das Ensemble dieser Baudenkmäler beeindruckt auch noch den heutigen Betrachter und zeugt von der Größe der römischen Kultur. Für viele Romreisende seit dem 19. Jahrhundert wurden die Ruinen des alten Rom geradezu zum Sinnbild für die historische Vergänglichkeit.

Noch im Mittelalter war die Achtung vor antiken Bauwerken gering. Diese dienten oft nur als Steinbruch. Daran änderten auch Renaissance und Humanismus und die „Wiederentdeckung“ der antiken Kultur wenig, wenn auch langsam der Respekt vor der antiken Architektur wuchs. Erst seit dem 19. Jahrhundert kann man von systematischen Ausgrabungen und Restaurierungen sprechen. Die sichtbaren Hinterlassenschaften der Römer sind aber keineswegs auf die ehemalige Hauptstadt des Römischen Weltreiches beschränkt, vielmehr ist die Welt der Römer im gesamten Herrschaftsbereich außerordentlich präsent. Überall lassen sich zivilisatorische und technische Leistungen finden, die das politische Leben des Römischen Reiches überdauert haben: Amphitheater, Thermen, Tempel, Straßen, Brücken und so weiter.

Neben der Architektur und der Bautechnik haben vor allem die militärische Organisation, die lateinische Sprache und die römische Rechtsauffassung Spuren hinterlassen. Darüber hinaus ist die Christianisierung des Abendlandes unzertrennlich mit dem Römischen Reich verbunden, denn erst die durch Kaiser Konstantin verkündete Religionsfreiheit (313) verhalf der christlichen Religion zum Durchbruch. Unter Kaiser Theodosius wurde das Christentum zur Staatsreligion (381).

Römische Geschichte erzählt vom Aufstieg und (Ver-)Fall eines Weltreiches, des Imperium Romanum, das die gewaltige Zeitspanne von etwa einem Jahrtausend umfasste. Es ist auch die Geschichte von einem Stadtstaat, der – faktisch durch eine Kette von Kriegen – zum Weltreich heranwuchs.

Die Ausstrahlung des Römischen Reiches und der Glanz, der vom römischen Kaisertum ausging, setzten Maßstäbe für die nachfolgenden Dynastien. Die Anknüpfung an das Römische Reich wurde im Streben mittelalterlicher Könige nach der Kaiserwürde sichtbar, die über Jahrhunderte nur in Rom (beim dortigen Bischof) zu erlangen war. Beginnend mit Karl dem Großen (800) und fortgesetzt durch die Ottonen und die nachfolgenden Dynastien etablierte sich der Romzug mit dem Ziel, die Würde eines römischen Kaisers zu erringen. Das Heilige Römische Reich – seit dem 15. Jahrhundert auch mit dem Zusatz „deutscher Nation“ versehen – hatte bis 1806 offiziellen Bestand.

3.1 Die römische Republik

Die Anfänge des römischen Staates

Auch aus heutiger Perspektive kann es noch faszinierend sein zu verfolgen, wie aus einer kleinen Siedlung in Mittelitalien das Zentrum eines Weltreiches wurde, das Mittel- und Westeuropa sowie den gesamten Mittelmeerraum umfasste.

Kein Staat der Antike hatte eine solche Ausdehnung erreicht und so tief greifende politische, zivilisatorische und kulturelle Spuren hinterlassen.

Das Römische Reich besaß gewaltige Ausmaße und hatte im 2. Jahrhundert seine größte Ausdehnung. Es erstreckte sich vom Atlantik bis zum Euphrat und von Britannien bis Nordafrika. Die Entwicklung dieses mächtigen Staates hatte sich langsam und schrittweise vom kleinen Stadtstaat in Mittelitalien (um 500 v. Chr.) über die Beherrschung ganz Italiens (um 270 v. Chr.) bis zum Weltreich vollzogen.

M 1

Nach der römischen Überlieferung von Livius (Historiker, 59 v. Chr.–17 n. Chr.) soll die Stadt Rom 753 v. Chr. von Romulus gegründet worden sein. Erste latinische Bauern (Bewohner von Latium) dürften sich bereits im 9. Jahrhundert v. Chr. auf den Hügeln des Tibertales niedergelassen haben. Mit der Zeit entstand eine zusammenhängende Siedlung, aus der die Stadt Rom hervorging.

Die Römer unterwarfen die ungefähr im Gebiet der heutigen Toscana ansässigen Etrusker. Die Römer wurden somit zur herrschenden Schicht. Von den Eroberten übernahmen die Römer unter anderem religiöse Kulte, bau- und verwaltungstechnische Einrichtungen und zum Teil sogar die Sozialordnung. Im 7. und 6. Jahrhundert v. Chr. hatten die Etrusker noch Mittelitalien beherrscht. Durch ihre ständigen militärischen Auseinandersetzungen geschwächt, hatten sie allmählich ihre Vormachtstellung verloren. Gleichzeitig mit dem Niedergang der etruskischen Herrschaft verlief der Aufstieg Roms.

509 v. Chr. stürzte der römische Adel den Etruskerkönig Tarquinius Superbus, befreite Rom von der Fremdherrschaft, schaffte die Königswürde ab und errichtete ein Adelsregiment. An die Stelle der Monarchie trat die Republik. Der heutige Begriff der Republik leitet sich vom Lateinischen res publica (die öffentliche Angelegenheit) ab. Darunter verstand man eine Regierungsform, in der das Königtum durch die Herrschaft einflussreicher Familienhäupter (patres) ersetzt wurde. Die Republik sollte für ein halbes Jahrtausend die Staatsform Roms bleiben.

Rom gewinnt die Vorherrschaft in Italien

Auf der Grundlage einer sich fortentwickelnden inneren Einheit, trotz langwieriger Auseinandersetzungen zwischen Patriziat (Adel) und Plebs (Volk) in den so genannten Ständekämpfen, dehnte sich Rom in Italien aus. Rom gewann in wechselvollen Kämpfen die Herrschaft über die Latiner, die in einem Friedensschluss zu Bündnis und zu Anerkennung der römischen Hegemonie gezwungen wurden. Die Römer zerstörten die benachbarte Etruskerstadt Veji und beraubten die etruskische Bevölkerung ihrer Siedlungsgebiete (396 v. Chr.). Dieser Ausdehnungsprozess wurde durch den Einbruch der Gallier und die Zerstörung Roms (387 v. Chr.; nur das Kapitol blieb verschont) vorübergehend aufgehalten. Mit dem Sieg über die Samniten (295 v. Chr.) und der endgültigen Eroberung des Etruskerlandes (283 v. Chr.) hatte sich Rom die Herrschaft über Mittelitalien gesichert.

Nachdem die Römer die in Unteritalien ansässigen Griechen unterworfen hatten (272 v. Chr.), bildete die gesamte Apenninen-Halbinsel ein geschlossenes römisches Herrschaftsgebiet.

Die Geschichte der römischen Republik, die sich über den Zeitraum von 500 v. Chr. bis 30 v. Chr. erstreckte, wird gewöhnlich unter dem Gesichtspunkt der politischen und verfassungsrechtlichen Entwicklung in drei Phasen unterteilt:

- Die erste Phase der „frühen Republik" (500–287 v. Chr.) wurde insbesondere durch die Ständekämpfe geprägt. Dabei ging es um die Bestrebungen von wohlhabenden und ehrgeizigen Plebejern – gegen den Widerstand des traditionellen Adels – ihren sozialen Aufstieg zu erwirken.
- In der zweiten Phase, der „klassischen Republik" (287–133 v. Chr.), wurde Rom zur Großmacht.
- Die dritte Phase, die „späte Republik" (133–30 v. Chr.), stand ganz im Zeichen von tief greifenden Veränderungen in der Wirtschaft und in der Gesellschaft. Diese wurde zunehmend durch soziale Spannungen polarisiert. Der Zusammenhalt der römischen Gesellschaft ging verloren, weil des Eigentum, insbesondere an bebaubarem Land, extrem ungleich verteilt war. Die Zustände führten zu gewalttätigen Ausbrüchen und ließen den Ruf nach einem „starken Mann" laut werden.

M 2 **Das Wahrzeichen der Stadt Rom: Die kapitolinische Wölfin** verkörpert den Gründungsmythos der Stadt Rom. Der Sage nach waren die Zwillinge Romulus und Remus, Söhne des Kriegsgottes Mars und der Rea Silva, auf Befehl des Amulius ausgesetzt worden, womit dieser eine rechtmäßige Thronfolge zu verhindern trachtete. Doch eine Wölfin, das heilige Tier des Mars, säugte sie und ermöglichte das Überleben der kommenden Stadtgründer. Später erschlug Romulus seinen Bruder und regierte danach als erster König. Als offizielles Gründungsdatum wird von der römischen Geschichtsschreibung das Jahr 753 v. Chr. angegeben, was mit den archäologischen Funden in etwa im Einklang steht. Die Bronzestatue der Wölfin stammt aus dem 5. Jahrhundert v. Chr., die Zwillinge wurden im 15. Jahrhundert ergänzt, nachdem sie von einem Blitz im Jahre 65 n. Chr. zerstört worden waren.

Die soziale Struktur der römischen Gesellschaft

Senat

Ein aus einem vornehmen Geschlecht stammender Stadtkönig (rex) regierte den Stadtstaat Rom. Dieser besaß die Aufgabe, die Verbindung mit den Göttern zu sichern und die militärische Führung auszuüben. Seine Macht (imperium) wurde durch die Volksversammlung und durch den Senat (senex = der Greis; Rat der Alten) eingeschränkt. Der Senat setzte sich aus Vertretern angesehener Familien zusammen. Die römische Gesellschaft kannte eine offizielle soziale Schichtung nach Standeszugehörigkeit. An der Spitze der römischen Gesellschaft standen in der Frühzeit der Republik die Patrizier. Diese setzten sich aus den vornehmen Familienoberhäuptern (patres) zusammen und schlossen sich völlig von der übrigen Bevölkerung ab. Dieser alte Adel bildete einen durch Tradition und gemeinsames Interesse einheitlichen Stand. Die Plebejer, die übrige nicht-adlige Bevölkerung, unterschieden sich durch scharfe wirtschaftliche und soziale Gegensätze. So konnten wohlhabende und ärmere Plebejer kaum ein einheitliches politisches Bewusstsein entwickeln. Nach den Ständekämpfen unterschied man Senatoren, Ritter (Equites) und Plebs. Darüber hinaus war die Bürgerschaft Roms in Verwaltungsbezirke (Tribus) eingeteilt und gleichzeitig verschiedenen Vermögensklassen zugewiesen.

Die Zuordnung zu den Vermögensklassen spiegelte die Rangordnung im Militär (Reiter, Schwer- und Leichtbewaffnete, militärische Hilfsdienste) wider. Das Wehr-, Bürger- und Wahlrecht war somit eng an die Zuordnung zur Vermögensklasse geknüpft. Darüber hinaus bestanden Vereinigungen und zunftähnliche Zusammenschlüsse von

M 3

Handwerkern, denen weniger eine berufsständische als vielmehr eine religiös-kultische Bedeutung zukam.

Die soziale Grundstruktur wurde aber unabhängig von der ständischen Gliederung von einem Geflecht privater Absprachen und Bündnisse zwischen einzelnen Familien durchzogen, das sich im politischen Leben nachhaltig auswirkte, zum Beispiel bei Senatsentscheidungen und Volksabstimmungen oder bei Wahlen zu wichtigen Staatsämtern. Neben den Verbindungen von sozial und wirtschaftlich Gleichgestellten bestimmten Zusammenschlüsse zwischen ungleichen Personen das gesellschaftliche und politische Leben. Höhergestellte versuchten ihre Machtposition dadurch zu stärken, dass sie gesellschaftlich tiefergestellte oder Schutz suchende Personen (Klienten) um sich scharten. Die patrizischen (und ab dem 3. Jahrhundert auch die plebejischen) Senatoren bildeten die Gesellschaftsspitze, sie besetzten die hohen Staatsämter und die einflussreichen Priesterstellen. Ihre politische Macht wurzelte in der Familientradition, im Großgrundbesitz und in den zahlreichen Klienten.

Ritter

Unter den Senatoren standen die Ritter, die dank ihrer wirtschaftlichen Stärke indirekt das politische Leben maßgeblich beeinflussten. Unter Rittern verstand man in der römischen Geschichte die Gruppe der zu Reichtum gekommenen Kaufleute, Unternehmer und Bankiers. Dieser Gruppe, die ungefähr 20 000 Familien umfasste, gelang der gesellschaftliche Aufstieg nicht zuletzt deshalb, weil dem senatorischen Adel Geldgeschäfte verboten blieben. Im Verlauf der römischen Geschichte schoben sich die Ritter zwischen Senatoren und Volk und bildeten einen Verdienstadel.

Plebejer

Die unterste Stufe in der gesellschaftlichen Hierarchie nahmen die niedrig geborenen Plebejer ein, die Bürger ohne steuerpflichtigen Besitz. Die Plebejer stellten die Masse der römischen Bürger. Sie waren als Kleinbauern, Kaufleute und Handwerker tätig. Auch das Heer rekrutierte sich überwiegend aus dem Plebejerstand. Nachdem die Plebejer im Ständekampf schrittweise die gesellschaftspolitische Gleichstellung mit dem Patriziat erzwungen hatten, spalteten sie sich. Wenigen gelang der Aufstieg in politische Ämter. Während der späteren Republik sanken große Teile der Plebejer zu besitzlosen Proletariern ab.

Zur römischen Gesellschaft gehörten neben den Bürgern mit vollen beziehungsweise eingeschränkten Bürgerrechten noch die Gruppe der Freigelassenen, das heißt der ehemaligen Sklaven sowie die Masse der rechtlosen Sklaven als Arbeitskräfte.

Sklaverei

Die Sklaverei in Form des Besitzrechtes an der Person eines anderen reicht bis in die Frühzeit der Antike zurück. Die Versklavung von Menschen war fast immer das Ergebnis von Gewaltanwendung. Nach Kriegen wurden gefangene Soldaten oder auch die Bevölkerung ganzer Landstriche in die Sklaverei gezwungen. Auch Verschuldung, zum Beispiel gegenüber dem Grundherrn, konnte in die Sklaverei führen. Infolge der Eroberungen und der damit verbundenen Zunahme von Grundbesitz für die Aristokratie stieg der Bedarf an Sklaven als Arbeiter auf den großen Landgütern (Latifundien) rapide an. Jetzt bedienten sich die Römer nach griechischem Vorbild der Kaufsklaverei. Jagd auf Menschen und der organisierte Verkauf von Menschen als Ware auf Sklavenmärkten wurden üblich.

Inhumane Behandlungsweisen sind überall dort nachzuweisen, wo Sklaven in Massen auftraten, zum Beispiel auf großen landwirtschaftlichen Gütern oder im Bergbau. Andererseits wird aus zahlreichen Quellen deutlich, dass eine Art privater Fürsorge für Sklaven und Freigelassene oft auch üblich war. Das galt insbesondere für solche Sklaven, die in enger Gemeinschaft mit der Herrenfamilie lebten. Selbstverständlich war aber eine Teilnahme am politischen Leben ausgeschlossen. Obwohl sich die ethische Einstellung gegenüber der Sklaverei im 1. Jahrhundert n. Chr. wandelte und auch ein mäßigendes Einwirken des Christentums (grundsätzlich aber keine Ablehnung) festzustellen ist, blieb die Einrichtung der Sklaverei in der Antike trotz mancher Einwände unangefochten.

Sklavenaufstände

Unmut und Erbitterung der unterdrückten und entrechteten Sklaven entluden sich seit Beginn des 2. Jahrhunderts v. Chr. in gewalttätigen Aufständen. In den Jahren 135–132 v. Chr. fand in Sizilien ein regelrechter Krieg zwischen aufständischen Sklaven und regulären römischen Truppen statt. Die etwa 200 000 Sklaven blieben zunächst erfolgreich, eroberten einige Städte und gründeten einen eigenen Staat. Erst nach drei Jahren konnte Rom den Sklavenstaat in Sizilien unterwerfen. Zur gleichen Zeit erschütterten Sklavenerhebungen auch in vielen anderen Regionen das Römische Reich.

Während der Abwehrkämpfe gegen die einfallenden Kimbern und Teutonen (113–101 v. Chr.) waren es erneut sizilische Sklaven, die sich aus römischer Knechtschaft zu befreien suchten (105–101 v. Chr.). Erst nach vier Jahren entschieden die Römer den 2. Sizilischen Sklavenkrieg für sich.

Von 73 bis 71 v. Chr. stand der legendäre Sklave und Gladiator Spartacus an der Spitze eines nach Zehntausenden zählenden Sklavenheeres, hielt ganz Italien in Schach und bedrohte sogar die Hauptstadt Rom. Aber auch diese Revolte wurde niedergeschlagen. Nur unter großen Mühen konnte die römische Armee unter Pompeius und Crassus den für Rom gefährlichsten Sklavenkrieg beenden. Dieser Krieg wurde auf beiden Seiten mit größter Brutalität geführt. Allein 6 000 Sklaven ließen die siegreichen Römer an der Via Appia ans Kreuz schlagen.

Sklavenmarke mit Inschrift
„Halte mich, wenn ich fliehe, und bring mich meinem Herrn Viventius auf den Landsitz des Callistus zurück."

Ständekämpfe

Die militärischen Lasten der vielen Kriege, die der Staat seinen Bürgern auferlegte, drückten insbesondere die wirtschaftlich schwächeren Plebejer. Die um die Wende vom 6. zum 5. Jahrhundert neue und viele Soldaten erfordernde Phalanxtaktik, bei der in eng geschlossenen und mehreren Reihen gekämpft wurde, ließ sich nur mithilfe der plebejischen Volksmassen bewerkstelligen. Die Plebs wurde sich des Missverhältnisses zwischen ihrer militärischen Leistung und ihrem niederen politischen und sozialen Rang innerhalb der römischen Gesellschaft immer bewusster. Die Forderungen der Plebejer nach politischer, militärischer und privatrechtlicher Gleichstellung mit den Patriziern führte zu einem annähernd 200 Jahre währenden Ringen um die innere Ordnung. Vor allem die zu Wohlstand gekommenen Plebejer fühlten sich durch ihren Ausschluss von der Mitarbeit in der Volksversammlung diskriminiert. Sie wollten politischen Einfluss und die Vormacht der Patrizier brechen.

Nach harten Auseinandersetzungen erzwangen die Plebejer zunächst ein eigenes plebejisches Amt, das Volkstribunat. Die Volkstribunen standen der Versammlung aller Plebejer vor. Sie waren durch ein religiöses Tabu, das jeden Angriff auf ihre Person zum Frevel werden ließ, als unantastbare Volksbeamte gegen den Zugriff der patrizischen Behörden abgesichert.

Im weiteren Verlauf der Ständekämpfe erzwang die Plebs die Aufzeichnung des geltenden Rechts (Zwölftafelgesetz 451 v. Chr.). Den ehemals minderberechtigten Plebejern gelang der soziale Aufstieg. Dies äußerte sich in der Gleichstellung mit den Patriziern durch die Aufhebung des Eheverbots zwischen Patriziern und Plebejern. Plebejer konnten nunmehr in die höchsten Staatsämter einrücken, zum Beispiel hatten sie Zugang zum Konsulat.

Das nach Q. Hortensius, damals Diktator, benannte Hortensische Gesetz von 287 v. Chr. beendete die Ständekämpfe. In diesem wurde festgehalten, dass alle in der plebejischen Volksversammlung beschlossenen Entscheidungen (plebis scitum) Gesetzeskraft erhielten. Das Patriziat bildete nunmehr zusammen mit den angesehenen plebejischen Familien die neue sozial privilegierte Adelsschicht, die Nobilität.

Frauen

Die römische Gesellschaft kannte keine Gleichheit der Geschlechter. Die soziale Bedeutung einer Frau lag innerhalb ihres jeweiligen Familienverbandes als Gattin, Mutter oder Tochter. Einfluss konnte sie als Vertraute oder Ratgeberin ihres Mannes ausüben, aber juristisch blieb sie in der Regel der Macht (potestas) des Vaters, Ehemannes oder eines Vormunds unterworfen. Ein rechtswirksames Handeln ohne deren Ermächtigung wurde ihr normalerweise verwehrt.

Im Unterschied zum antiken Griechenland waren Frauen in der römischen Öffentlichkeit zwar auf vielfache Weise präsent, hatten aber keinen Anteil an der politischen Entscheidungsgewalt. Die Volksversammlung war eine rein „männliche Veranstaltung".

Verfassung und Herrschaftsausübung

Auch wenn der Regierungsprozess auf verschiedene Institutionen verteilt war, fiel dem Senat die entscheidende Macht zu. Die Mitglieder des Senats (300 beziehungsweise später 600) kamen ursprünglich aus dem Geburtsadel der Patrizier, später trat der Amtsadel der Plebejer hinzu. Ferner hatten ehemalige Inhaber hoher Wahlämter (Konsuln bis Quästoren) Zugang zum Senat. Während der republikanischen Zeit kontrollierte der Senat die Staatsfinanzen, bestimmte die Außenpolitik und konnte den Notstand ausrufen.

Obwohl der Senat nicht direkt in die Regierungsgeschäfte eingreifen konnte, beeinflusste er die Regierungsentscheidungen. In der Praxis wurden den Volksversammlungen gewöhnlich keine Beschlüsse vorgelegt, die der Senat nicht vorher gebilligt hatte. Letztlich konnte sich nur der von einem breiten Konsens der römischen Führungsschicht getragene politische Wille durchsetzen.

Die politische Basis der römischen Staatsverfassung bildete nominell das römische Gesamtvolk. Allerdings war den Römern die Vorstellung demokratischer Gleichheit sehr fremd. Der politische Rang eines Bürgers hing von dessen Fähigkeit ab, sich auf eigene Kosten als Reiter beziehungsweise Schwer- oder Leichtbewaffneter auszurüsten. Diese Einordnung in eine Vermögensklasse (census) bestimmte auch das Gewicht in den Volksversammlungen.

Die Bürger Roms konnten in drei unterschiedlichen Versammlungsformen zusammentreten, wobei den Zenturiatskomitien die größte Bedeutung zukam. Diese nach der Heeresordnung formierte Volksversammlung traf sowohl die Entscheidungen über Gesetze und Kriege als auch über die Besetzung der höchsten Ämter (Magistrate).

Das Abstimmungsverfahren war so gestaltet, dass gegen den Willen der oberen Censusklassen, also der Vermögenden und größeren Landbesitzer, keine Entscheidung getroffen werden konnte. Nicht durch die demokratische Abstimmung nach Köpfen wurde die politische Ordnung Roms charakterisiert, sondern durch ausgeklügelte timokratische Entscheidungsverfahren. Das timokratische Prinzip sicherte den politischen Vorrang der Begüterten.

Während die Besetzung der Magistrate (Amt beziehungsweise Amtsinhaber) jährlich wechselte, blieben die Senatsmitglieder lebenslang in ihrer Stellung. Dadurch wurde eine kontinuierliche, vom Senat bestimmte Politik gesichert. In der Kaiserzeit hatte der Senat meist nur repräsentative Funktion. Seine politische Bedeutung nahm deutlich ab.

Um die Wiederkehr monarchischer Willkürherrschaft zu verhindern, waren die oberen römischen Beamten an das Prinzip der Annuität gebunden, das heißt, die Amtszeit durfte (bis auf wenige Ausnahmen) nicht länger als ein Jahr dauern. Außerdem galt das Prinzip der Kollegialität, das heißt, die Ämter waren durch mindestens einen zweiten gleichrangigen Amtsinhaber zu besetzen. Darüber hinaus besaß jeder Amtsträger das Recht, durch Einspruch (Veto) die Maßnahmen des anderen Kollegen aufzuhalten. Die Amtsbefugnisse waren durch strikte Unterordnung unter das Gesetz geregelt. Nach Ablauf der einjährigen Amtszeit konnte der Beamte zur Rechenschaft gezogen werden. Die hohen Beamten hatten außerdem keinen Anspruch auf Besoldung, ihre Tätigkeit war ehrenamtlich. Jedem Bürger stand das Recht zur Berufung zu, das heißt, er konnte eine von einem Konsul oder Prätor gegen ihn verhängte Strafe vom Volk überprüfen lassen.

Ämterlaufbahn

Die Wahl der Magistrate war an eine Reihe von Vorschriften gebunden. In ihnen wurden genaue Altersgrenzen für die einzelnen Ämter festgelegt. Das Amt des Prätors hatte dem des Konsuls vorauszugehen, und zeitliche Abstände von zwei Jahren zwischen zwei aufeinanderfolgenden hohen Staatsämtern waren einzuhalten. Außerdem war es nicht zulässig, dasselbe Amt wiederholt zu bekleiden. Vor dem Eintritt in die Beamtenlaufbahn musste ein Wehrdienst (zehn Jahre) abgeleistet werden. Die Ämterlaufbahn war durch eine verbindliche Reihenfolge festgelegt. Obwohl es nach dem Gesetz keinerlei Beschränkung für die Auswahl der Kandidaten gab, blieben die höchsten Beamtenstellen Bewerbern adliger Abkunft vorbehalten. Nur selten glückte es einem so genannten homo novus, einem Aufsteiger, bis in die höchsten Magistratspositionen zu gelangen. In Ausnahmefällen (zum Beispiel Krisensituationen) wurden die hohen Magistratsbeamten durch einen Diktator ersetzt, der höchstens für sechs Monate, von einem Konsul ernannt, mit der Staatsführung beauftragt wurde (eine Art Notstandsregelung).

Ein weiteres außerordentliches Amt bestand in der Einrichtung des Zwischenkönigs, der vom Senat für fünf Tage bestellt, zum Beispiel bei Ausfall der beiden Konsuln vor Ablauf ihrer Amtszeit, für Neuwahlen und korrekte Amtsübergabe der höchsten Staatsämter zu sorgen hatte.

In der Verfassungswirklichkeit des republikanischen Regierungssystems lag die eigentliche politische Macht in den Händen einiger weniger herrschender Familien (30 Familien stellten im Wesentlichen die Konsuln). Innerhalb der Führungsschicht gab es ständig Kämpfe um den politischen Einfluss. Diese Familien bemühten sich unentwegt, Verbündete (Klienten) und Wähler für sich zu gewinnen. Durch Veranstaltungen von Spielen und Festen sowie auch oft durch Bestechung versuchten sie, Anhänger an sich zu binden. In der Praxis war die römische Republik eine Adelsrepublik.

Das römische Verfassungssystem war also nicht von politischen Parteien im modernen Sinn geprägt. Erfolgreiche Politik war nur auf der Grundlage gegenseitiger und vielseitiger Klientelverpflichtung möglich.

Im Unterschied zur modernen Demokratie kannte der römische Staat keine Gewaltenteilung zur Verhinderung des politischen Machtmissbrauchs, keine Wahlen durch das Volk und keine parlamentarische Opposition. Struktur und Regierungspraxis der römischen republikanischen Verfassung sind bis zu ihrer Auflösung unter dem Diktator Caesar (46 v. Chr.) im Grundsätzlichen nicht verändert worden.

Bürgerrecht

Als Hauptinstrument zur Herrschaftsausübung diente das Heer, bestehend aus den Kerntruppen des Bürgeraufgebots von Rom und den Soldaten der Bundesgenossen. Auch das Bürgerrecht setzten die Römer geschickt zur Herrschaftsausübung ein. Mit dem vollen Bürgerrecht waren zum einen politische Rechte verbunden, wie zum Beispiel das Wahlrecht in der Volksversammlung, die Bekleidung öffentlicher Ämter oder auch der Militärdienst. Zum anderen konnte der Vollbürger gegen Gerichtsurteile Berufung einlegen, rechtsgültige Geschäftsbeziehungen eingehen und über Grundeigentum verfügen. Außerdem war seit 167 v. Chr. mit dem römischen Bürgerrecht die Steuerfreiheit verbunden. Nur im Falle der Ächtung oder bei schweren Verbrechen konnte das Bürgerrecht entzogen werden.

Den besiegten Völkerschaften erkannte man zunächst ein eingeschränktes Bürgerrecht zu, das sie vom aktiven wie passiven Wahlbeziehungsweise Stimmrecht in der Volksversammlung ausschloss. Außerdem konnten sie verpflichtet werden, in den römischen Legionen zu dienen. Eine andere Praxis bestand darin, besiegten Gegnern die politische Selbstständigkeit zu belassen, sie aber zur Heeresfolge (unter eigenem Kommando) und zum Verzicht auf eine selbstständige Außenpolitik zu zwingen. Wenn möglich, vermieden die Römer bewaffnete Auseinandersetzungen. Sie versuchten vielmehr, ein Volk gegen das andere ausspielend, in ausgeklügelten Abmachungen die Völker an sich zu binden. Die Verträge waren somit einseitig und unauflöslich. Allmählich stiegen die Bundesgenossen Roms von rechtlos besiegten Feinden zu gleichberechtigten römischen Mitbürgern auf. Aus der Wehrgemeinschaft entwickelte sich eine politische Rechtsgemeinschaft. Die Verleihung des römischen Bürgerrechts an die einzelnen Völker erwies sich als wichtiges Integrationsinstrument.

Insgesamt handelte es sich hierbei um eine Form der Herrschaftsorganisation, die die zentrale Funktion Roms wahrte und gleichzeitig den Abhängigen eigene Ordnungs- und Verwaltungsbefugnisse beließ. Diese indirekte Art der Machtausübung über die Bundesgenossen ergab sich aus dem Fehlen einer ausgebildeten Bürokratie und aus den ungeheuren Kosten, die Rom eine direkte Verwaltung abverlangt hätte.

Das Heer

Das römische Heer war während der Zeit der Republik ein Milizheer; jeder männliche Bürger war vom 17. bis zum 46. Lebensjahr aufgrund der allgemeinen Wehrpflicht zugleich auch Soldat. Es gab kein stehendes Heer. Erst mit der Heeresreform des Marius (Konsul des Jahres 107 v. Chr.) wurde das Milizsystem durch Berufssoldaten mit einer durchschnittlich 20-jährigen Dienstzeit abgelöst. Die Zahl der unter Waffen stehenden Bürger wuchs mit der territorialen Expansion. Mit der Verleihung des Bürgerrechts an alle italischen Bundesgenossen (nach dem so genannten Bundesgenossenkrieg 91–88 v. Chr.) dürfte es eine Million wehrtauglicher Bürger gegeben haben. Um die Wirtschaft nicht zu gefährden, haben die Römer ihr Wehrpotenzial nur in Krisenzeiten ausgeschöpft.

M 4 Römische Legionäre vor dem Lager
Zwischen ihnen zwei Cohorten-Feldzeichen, Relief der Trajanssäule in Rom, 107–117 n. Chr.

Mit der Einführung einer Berufsarmee erfuhr die römische Expansionspolitik einen weiteren Impuls: Eroberungskriege boten Beschäftigung und versprachen Beute für die Berufssoldaten.

Jahrhundertelang waren die Römer Bürger und zugleich Soldaten. Dieser Zustand prägte ihre innere Einstellung. Die meisten Römer blieben auch in ihrem Zivilleben soldatischen Wertvorstellungen verhaftet. Dieses militarisierte Denken förderte nicht unwesentlich den römischen Expansionsdrang.

Chronologie

753 v. Chr.	Sagenhafte Gründung Roms
um 510 v. Chr.	Vertreibung des etruskischen Königs; Rom wird Republik.
451 v. Chr.	Zwölftafelgesetz: Kodifizierung des geltenden Rechts
445 v. Chr.	Lex Canuleia: Aufhebung des Eheverbots Patrizier–Plebejer
387 v. Chr.	Galliereinfall in Oberitalien
367 v. Chr.	Licinisch-sextinische Gesetze: Zwei Konsuln, je einer Patrizier und Plebejer. Schuldenermäßigung und Festsetzung einer Höchstgrenze für Grundbesitz aus Staatsland
295 v. Chr.	Sieg der Römer über die Samniten
287 v. Chr.	Lex Hortensia: Ende der Ständekämpfe
um 270 v. Chr.	Römische Vormacht bis zum Apennin sowie in Unteritalien

M 5 Die sozialen Schichten

Der Historiker Norbert Brockmeier untersucht die soziale Schichtung in Rom und die dazu gehörigen Rechte:

Der Senatorenstand hob sich aus der Schicht der Ritter, dem ordo equester, heraus. Neben die militärische Bedeutung des Wortes trat bald die umfassendere, welche alle jene bezeichnete, die den entsprechenden Vermögenssatz, im 1. Jh. v. Chr. 400000 Sesterzen, erfüllten. 225 v. Chr. gehörten dem Ritterstand, der zur wirtschaftlichen Führungsschicht Roms wurde, 22000 Mann an. Vielfach zu Gesellschaften zusammengeschlossen, übernahmen die equites mehr und mehr die verschiedenen Zweige der Staatspacht, der Pachtung von Steuern und Zöllen in Italien und den neu erworbenen Provinzen, die Ausführung der staatlichen Bauvorhaben, Material- und Proviantlieferungen in Kriegszeiten usw. Je mehr Rom zur Weltmacht wurde, desto wichtiger, reicher und einflussreicher wurden diese Leute. Der Ritterstand stellte auch die Unternehmer der größeren Handelshäuser und Manufakturen, wie die Bankiers. Cicero teilte den ordo equester in drei wirtschaftliche Gruppen ein: Großgrundbesitzer, Bankiers und Staatspächter. [...]

Nur Angehörige der beiden oberen Stände konnten sich um die Staatsämter bewerben und Offiziersstellen im Heer bekleiden.

Man musste also mindestens den Rittercensus erfüllen, um sich aktiv am Staatsleben beteiligen zu können. Die breite Masse des Volkes war streng von den oberen Ständen geschieden und gliederte sich selbst in verschiedenste Gruppen. Die bäuerliche Bevölkerung nahm dabei trotz ihrer wirtschaftlichen Probleme sozial den ersten Rang ein, denn Landbesitz galt als die angesehenste Besitzform. Außerdem bildeten die Bauern das Rückgrat des Heeres. [...]

Unterhalb der Schicht der städtischen und ländlichen Gewerbetreibenden standen die proletarii[1], die zwar frei waren, aber auf Grund ihrer Armut im timokratischen[2] römischen Staat zu dieser Zeit kaum Einfluss besaßen. Ihre Zahl nahm durch den Zustrom verarmender Bauern ständig zu. Sie verdingten sich als Tagelöhner und Gelegenheitsarbeiter. [...]

Eine wesentlich wichtigere Rolle als in Griechenland spielten in Rom die Freigelassenen. Die manumissio wurde meist zum Lohn für treue Dienste hauptsächlich den Sklaven gewährt, die in persönlichem Kontakt zu ihrem Herrn standen. Außer den in Bergwerken und Landwirtschaft beschäftigten Sklaven konnte z. B. ein Kriegsgefangener hoffen, wenn er gut arbeitete und sein peculium [Vermögen] vermehrte, nach einigen Jahren entweder freigelassen zu werden oder sich freikaufen zu können. Wichtig ist, dass der libertinus im Unterschied zum griechischen Recht Anteil am römischen Bürgerrecht oder dem der entsprechenden Stadt erlangte. Seine Nachkommen waren den frei geborenen Bürgern im Wesentlichen gleichberechtigt, wenn auch ihr Wahlrecht, die Militärpflicht und das bürgerliche Eherecht umstritten waren. [...]

Das Institut der Sklaverei erfuhr wesentliche Veränderungen, als seit dem 4. Jh. v. Chr. die „Kaufsklaverei" auch in Italien zunahm. [...]

Allein in Rom lebten ca. 250000 Sklaven, etwa 2/3 der Einwohner. [...]

Die Sklavenklasse war soziologisch nicht einheitlich, sondern in sich hierarchisch gegliedert. Ihre Spitze repräsentierten etwa die Leiter von Manufakturen oder Landwirtschaftsbetrieben, die teilweise selbst Sklaven besitzen konnten. Die Angehörigen der familia urbana [städtische Hausgenossenschaft] standen sich besser als die der familia rustica [ländliche Hausgenossenschaft]. Je näher und persönlicher der Kontakt zum Herrn, desto größer war das Ansehen eines Sklaven im Hause. In der Landwirtschaft gab es außer dem vilicus [Verwalter] noch die verschiedensten Aufseherposten, denen die Gutshandwerker und Spezialarbeiter folgten. Auf der untersten Stufe standen die einfachen Landarbeiter, die teilweise im Sklavengefängnis gehalten wurden. Aufstieg und Fall innerhalb dieser Kategorien waren je nach Leistung und Gunst durchaus möglich. Für Vergehen konnten die Sklaven ggf. noch tiefer fallen, indem sie in die Steinbrüche oder Bergwerke geschickt wurden oder ad bestias [zum Kampf mit wilden Tieren] verurteilt bzw. zu Gladiatoren ausgebildet wurden.

1 proletarius, von proles = Nachkommenschaft; freie, aber Bürger ohne Vermögen, von denen der Staat keine Steuern, sondern nur Nachkommen erwarten konnte.

2 Timokratie = Herrschaft der Vermögenden

N. Brockmeier, Sozialgeschichte der Antike, Stuttgart 1972, S. 81 ff.

M 6 Sklaven als Lasttiere

Der griechische Schriftsteller Plutarch (ca. 46–120) schrieb über den römischen Staatsmann Cato d. Ä. (234–149 v. Chr.):

Er kauft nie einen Sklaven, der über 1500 Drachmen (6 kg Silber) kostete. Denn er brauchte keine zarten und schön aussehenden, sondern arbeitsame, handfeste Leute als Pferdeknechte und Ochsentreiber. Auch diese glaubte er, wenn sie alt würden, verkaufen und nicht unnütz füttern zu müssen. Überhaupt hielt er keine überflüssige Sache für billig. […] Der Umstand, dass er seine Sklaven wie Lasttiere brauchte, sie bis zum Alter schuften ließ und dann verkaufte, scheint mir einen hartherzigen Mann zu verraten. Er glaubte offenbar, dass Menschen zu Menschen in keinem anderen Verhältnis als dem des Gewinns und Vorteils stehen. […] Er hielt eine große Menge Sklaven, die er aus den Kriegsgefangenen kaufte. Er bevorzugte solche, die noch klein waren und sich wie junge Hunde oder Fohlen nach seinen Wünschen bilden und erziehen ließen. […]

Jeder Sklave musste entweder zu Hause notwendige Arbeiten verrichten oder schlafen. Cato war denen, die einen guten Schlaf hatten, sehr gewogen. Denn er glaubte, dass sie friedfertiger als die Wachbleibenden und nach dem erquickenden Schlaf zu jeder Arbeit besser geeignet seien. In der Meinung, dass Sklaven aus Geilheit die größten Dummheiten anstellen, gestattete er ihnen gegen eine bestimmte Bezahlung den Umgang mit seinen Sklavinnen. […] Immer versuchte er, seine Sklaven in Streit und Uneinigkeit untereinander zu halten, weil ihre Eintracht ihm Furcht und Verdacht erregte. Die ihr Leben verwirkt hatten, ließ er erst hinrichten, wenn sie von sämtlichen Sklaven in einem Gericht schuldig gesprochen waren.

Zit. nach: B. v. Borries, Römische Republik: Weltstadt ohne Frieden und Freiheit?, Stuttgart 1980, S. 57.

M 7

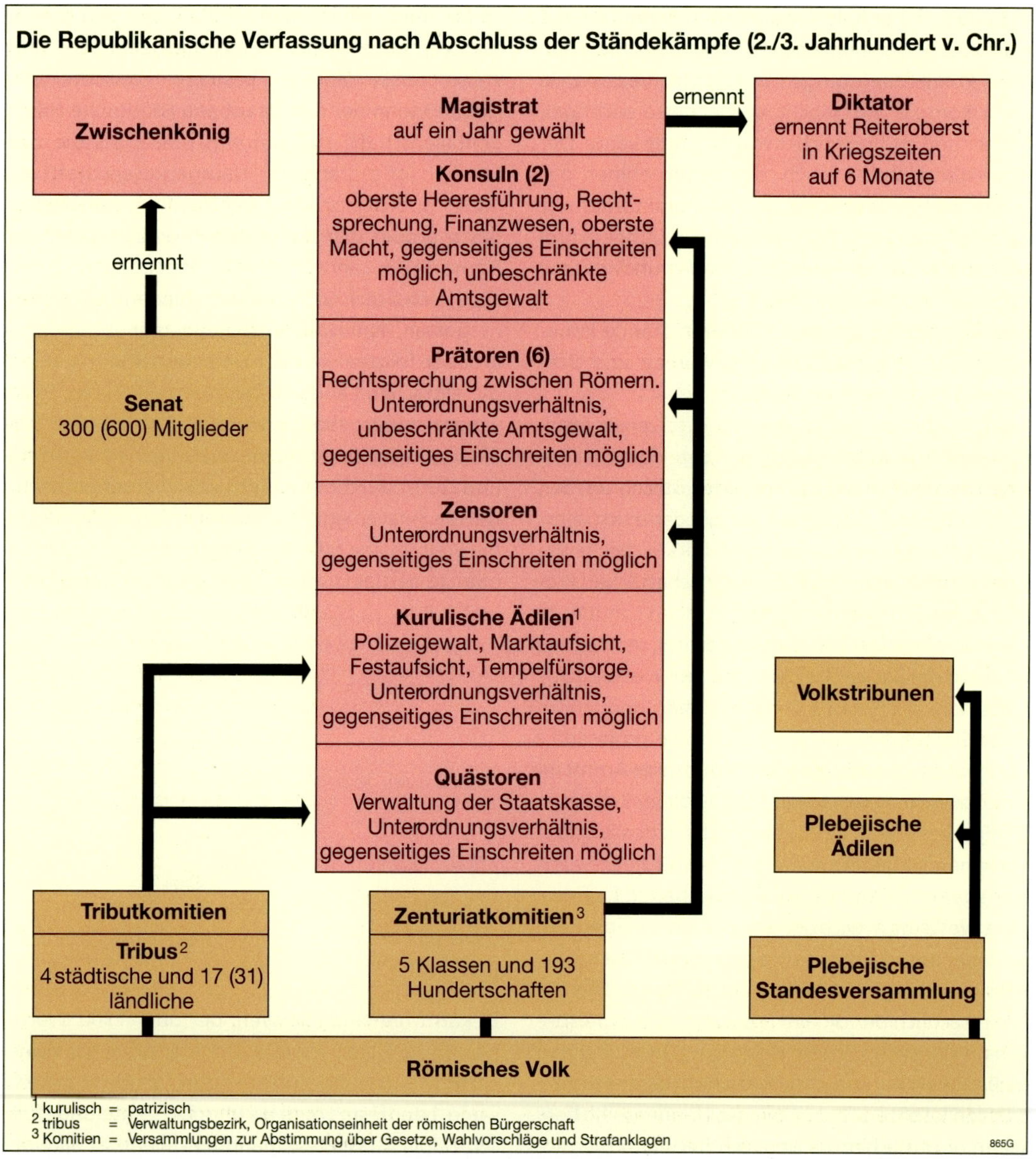

M 8 Die römische Verfassung im 2. Jahrhundert v. Chr.

Der griechische Historiker Polybios (ca. 200–120 v. Chr.) sah eine Ursache für den politischen Erfolg Roms in dessen „idealer" Verfassung:

[...] Die meisten, die uns eine Verfassungslehre haben geben wollen, unterscheiden drei Verfassungsformen, die sie Königtum, Aristokratie und Demokratie nennen. Man kann aber [...] mit Recht an sie die Frage richten, ob sie uns diese als die einzigen oder vielmehr als die besten vorstellen. In jenem wie in diesem Falle sind sie meines Erachtens gleichermaßen im Irrtum. Denn es ist klar, dass als die beste Verfassung die anzusehen ist, die alle drei genannten Einzelverfassungen in sich vereinigt. [...]

Es gab [...] drei Teile, die im Staat Gewalt hatten. So gerecht und angemessen aber war alles geordnet, waren die Rollen verteilt und wurden in diesem Zusammenspiel die staatlichen Aufgaben gelöst, dass auch von den Einheimischen niemand mit Bestimmtheit hätte sagen können, ob die ganze Verfassung aristokratisch, demokratisch oder monarchisch war. Und so musste es jedem Betrachter ergehen. Denn wenn man seinen Blick auf die Machtvollkommenheit der Konsuln richtete, erschien die Staatsform vollkommen monarchisch und königlich, wenn auf die des Senats, wiederum aristokratisch, und wenn man auf die Befugnisse des Volkes sah, schien sie unzweifelhaft demokratisch. Die Bereiche des Staatslebens nun, in denen jedes dieser drei Elemente den bestimmenden Einfluss hatte, damals und auch jetzt noch mit geringen Ausnahmen, sind diese:

[...] Solange die Konsuln in Rom anwesend sind, das heißt, ehe sie ins Feld ziehen, haben sie in der Stadt die Entscheidung über alle staatlichen Angelegenheiten. Denn alle anderen Beamten, mit Ausnahme der Volkstribunen, sind ihnen untergeordnet und zum Gehorsam verpflichtet. Sie führen die Gesandtschaften in den Senat ein; ferner berichten sie über alle wichtigen Sachen an den Senat und befragen ihn nach seiner Meinung; in ihrer Hand liegt die Ausführung der Beschlüsse. In allen politischen Fragen, in denen die Entscheidung beim Volke liegt, haben sie das Notwendige zu veranlassen, die Volksversammlung einzuberufen, Vorschläge zu machen und Anträge einzubringen und für die Ausführung der Beschlüsse der Mehrheit zu sorgen. In der Vorbereitung und Rüstung für den Krieg und in der gesamten Führung der Operationen besitzen sie eine fast unumschränkte Gewalt. [...]

Der Senat sodann hat erstens die Finanzhoheit. Er verfügt über alle Einnahmen und ebenso über die Ausgaben. Denn unter keinem einzigen Titel können die Quaestoren Zahlungen leisten, ohne dass ein Senatsbeschluss dafür vorliegt, mit Ausnahme der Zahlungen an die Konsuln. Ebenso hat der Senat die Entscheidung über die bei weitem größten und wichtigsten Aufwendungen, die die Censoren alle vier Jahre für die öffentlichen Arbeiten, Reparaturen und Neubauten, machen; er muss ihnen das Geld bewilligen. Alle Verbrechen in Italien ferner, die eine staatliche Untersuchung notwendig machen, zum Beispiel Verrat, Verschwörungen, Giftmord, Meuchelmord, unterliegen der Jurisdiktion des Senats. [...]

In allen diesen Dingen hat das Volk nicht das Geringste zu sagen. Infolgedessen erscheint die Verfassung, wenn man während der Abwesenheit der Konsuln nach Rom kommt, als rein aristokratisch [...]. Und doch bleibt [dem Volke] immer noch ein Anteil, und ein äußerst wichtiger. Denn allein das Volk entscheidet über Ehrung und Bestrafung, hat also das Band in der Hand, das allein obrigkeitlich gelenkte wie konstitutionelle Staaten und überhaupt das gesamte menschliche Leben zusammen und in Ordnung hält. [...] Das Volk verhängt oft eine Geldstrafe, wenn dies der Schwere des Vergehens entspricht, vor allem auch gegen Männer, die die höchsten Ämter bekleidet haben. Das Todesurteil aber kann es allein aussprechen. [...]

Im Vorstehenden habe ich dargelegt, wie die staatlichen Kompetenzen auf die drei Faktoren der Verfassung verteilt sind. Nun will ich zeigen, in welcher Weise sie wiederum, wenn sie wollen, einander entgegenwirken oder sich gegenseitig unterstützen können. Wenn der Konsul im Besitz der geschilderten Machtvollkommenheit an der Spitze des Heeres ins Feld zieht, scheint er unumschränkte Gewalt zur Durchführung seiner Pläne zu haben, in Wirklichkeit aber bleibt er auf Volk und Senat angewiesen und ist ohne diese nicht in der Lage, seine Unternehmungen zu einem guten Ende zu bringen. Denn selbstverständlich bedarf das Heer dauernder Versorgung, ohne den Willen des Senats aber kann ihm weder Brotgetreide noch Kleidung noch Sold geliefert werden, sodass die Operationspläne der Feldherren undurchführbar werden, wenn der Senat sie vereiteln oder sabotieren will. Und auch das hängt vom Senate ab, ob der Befehlshaber seine Pläne und Unternehmungen vollenden kann. Denn in der Macht des Senates liegt es, wenn das Amtsjahr abgelaufen ist, ihm einen Nachfolger zu schicken oder ihm das Kommando zu verlängern. [...] Die Triumphe [...], durch welche die Feldherrn den Bürgern den Ruhm ihrer Taten sinnfällig vor Augen stellen, können diese nicht in würdiger

Form begehen, ja manchmal überhaupt nicht durchführen, wenn der Senat sie nicht genehmigt und die Mittel dafür bewilligt. Vollends ist es für sie notwendig, die Gunst des Volkes zu gewinnen, auch wenn sie noch so weit von der Heimat entfernt sind. Denn das Volk hat, wie gesagt, alle Abkommen und Friedensverträge zu bestätigen oder abzulehnen. Vor allem aber muss der Konsul bei der Niederlegung seines Amtes vor dem Volk Rechenschaft über seine Handlungen ablegen. [...]
Der Senat wiederum, der doch so große Macht hat, ist erstens in allen politischen Angelegenheiten gezwungen, auf die Stimmung des Volkes zu achten und seine Wünsche zu berücksichtigen. Er kann die Untersuchung und Ahndung der schwersten Verbrechen gegen den Staat, auf die Todesstrafe steht, nicht durchführen, wenn das Volk nicht die Vorentscheidung des Senats bestätigt. [...]
Ebenso ist wiederum das Volk vom Senat abhängig und muss sich nach ihm richten, im staatlichen wie im privaten Leben. Für alle öffentlichen Arbeiten, die in ganz Italien von den Censoren vergeben werden zur Wiederherstellung oder Neuerrichtung von Bauten – es wäre nicht leicht, sie alle aufzuzählen –, für alle Pachtungen von Zöllen an Flüssen und Häfen, von Gärten, Bergwerken, Ländereien, kurz allem, was der römischen Herrschaft untersteht, für all dies kommen die Unternehmer aus der breiten Masse des Volkes auf, und sozusagen fast jeder Bürger ist an diesen Submissionen und Pachtungen beteiligt. [...] Die Entscheidung aber über all diese Dinge liegt beim Senat. Er kann Zahlungsaufschub bewilligen, bei einem Unglück Nachlass gewähren, oder wenn ein Hindernis die Ausführung der Arbeit gänzlich unmöglich macht, von den Verpflichtungen aus dem Werksvertrag ganz entbinden. So hat der Senat vielerlei Möglichkeiten und Gelegenheiten, den Unternehmern großen Schaden zuzufügen und bedeutende Vorteile zuzuwenden. [...] Was aber die Hauptsache ist: aus den Reihen der Senatoren werden die Richter gewählt für fast alle öffentlichen und privaten Prozesse, soweit es sich um schwer wiegendere Fälle handelt. Da also alle Bürger sich der richterlichen Entscheidung der Senatoren anvertrauen müssen und angesichts der Ungewissheit des Ausgangs in Furcht leben, hüten sie sich wohl, den Wünschen des Senats Widerstand zu leisten und entgegenzuwirken. Ebenso finden sie sich nicht leicht bereit, den Plänen der Konsuln Hindernisse in den Weg zu legen, weil jeder Einzelne und alle insgesamt im Felde ihrer Befehlsgewalt unterstehen.
Obwohl jeder der drei Teile solche Macht hat, einander zu schaden oder zu helfen, so wirken sie doch in allen kritischen Situationen so einträchtig zusammen, dass man unmöglich ein besseres Verfassungssystem finden kann.

Zit. nach: W. Lautemann, M. Schlenke (Hg.), Geschichte in Quellen, Altertum, München 1965, S. 417 ff.

Aufgaben

1. Wiederholen Sie die wichtigsten Etappen, die zur Ausweitung der römischen Herrschaft in Italien führten.
   → Text
2. Beschreiben Sie die gesellschaftliche Stellung und die ökonomische Lage der einzelnen sozialen Schichten in Rom.
   → Text, M3, M5
3. Welche Bedeutung kam dem römischen Klientelwesen zu? Vergleichen Sie dieses gesellschaftspolitische Beziehungssystem mit anderen Ihnen aus Geschichte oder Gegenwart bekannten Formen.
   → Text
4. Beschreiben Sie die Bedeutung der Sklaven für die römische Wirtschaft.
   Was für ein Menschenbild spricht aus der Behandlung der Sklaven durch Cato?
   → Text, M5, M6
5. Kennzeichnen Sie die soziale und politische Entwicklung des Patriziats und der Plebs von der frühen Republik bis zum Ende der Ständekämpfe.
   → Text
6. Stellen Sie Aufgaben und Stellung der einzelnen Institutionen der Römischen Republik (2./3. Jahrhundert v. Chr.) dar.
   → Text, M7, M8
7. Versuchen Sie römische Staatsinstitutionen mit solchen der Bundesrepublik Deutschland zu vergleichen und zu bewerten.
8. Worin sah Polybios die Besonderheit der römischen Verfassung und wodurch erhielt sie ihre Funktionsfähigkeit?
   → M8

3.2 Die römische Revolution

Motive und Ziele des römischen Expansion

Imperialismus

Das lateinische Wort imperium bezog sich ursprünglich auf die uneingeschränkte Amtsgewalt der höchsten römischen Amtsinhaber. Später bezeichnete man mit imperium das Gebiet, in dem der Beamte die Befehlsgewalt ausübte, und schließlich verband man damit das Römische Weltreich.

Die Anwendung des modernen Begriffs Imperialismus auf die römische Expansionspolitik wird von der Fachwissenschaft unterschiedlich bewertet. Weitgehende Übereinstimmung besteht darin, dass es in der römischen Geschichte Phasen des Imperialismus gegeben hat, wenn man unter Imperialismus allgemein die Politik einer dynamischen Expansion (Ausdehnung) und einer konsequenten Machterweiterung von Staaten versteht.

Nach Beendigung der Ständekämpfe (287 v. Chr.) und der politischen und militärischen Zusammenfassung der italienischen Festlandbewohner zu einer Wehrgemeinschaft, setzte Roms imperiale Expansionspolitik ein.

Der mächtige nordafrikanische Stadtstaat Karthago fühlte sich durch das aufstrebende Rom in seiner wirtschaftlichen Entfaltung gefährdet. Das karthagische Großreich, ein Zusammenschluss phönizischer (lat. punischer) Städte und Handelsniederlassungen, war die vorherrschende Handelsmacht im Mittelmeerraum. Mit dem römisch-karthagischen Konflikt, der um den beherrschenden Einfluss in Sizilien entbrannte, wurden drei wechselvolle Kriege ausgelöst, die schließlich mit der endgültigen Zerstörung der zweiten politischen Großmacht in der Mittelmeerregion endete.

Es folgte die römische Expansion nach Osten. Auf den Hilferuf griechischer Stadtstaaten eröffneten die Römer den Krieg gegen das Makedonierreich und zwangen es zur Aufgabe seiner griechischen Besitzungen. Versuche der Syrer, von Kleinasien nach Europa vorzustoßen, provozierten die Römer. Die Römer verdrängten die Syrer und nahmen ihnen Kleinasien ab. In der weiteren Entwicklung wurden das Makedonierreich und Karthago unter direkte römische Verwaltung genommen.

Dank seiner Siege über die Punier und die Griechen brachte der ehemalige Stadtstaat sämtliche an das Mittelmeer angrenzenden Staaten und somit den Großteil der so genannten zivilisierten Welt unter seine Herrschaft. Ohne Eroberung kam Pergamon ins römische Herrschaftsgebiet, da sein letzter König sein Reich testamentarisch den Römern überließ. Die Römer machten es zur Provinz Asia.

Nach der militärischen Besetzung erfolgte entweder die Eingliederung ins römische Reich als Provinz, oder das Gebiet wurde indirekt durch Legaten (Gesandte) verwaltet. In diesen Gebieten beließen die Römer den unterworfenen Völkern ihre Selbstständigkeit und griffen nur bei Unruhen ein.

In den Provinzen herrschten Statthalter, die über fast uneingeschränkte Macht verfügten. Sie konnten die Bevölkerung ausplündern, unterdrücken und versklaven. Auch der viel beschworene römische

M 1

Friedensgedanke (Pax Romana) beruhte letztlich auf der militärischen Überlegenheit Roms und diente der Sicherung der römischen Grenzen. Die in den westlichen und östlichen Mittelmeerraum vorangetriebene Expansion kann sowohl dem Machtstreben als auch dem römischen Sicherheits- und Prestigebedürfnis zugeschrieben werden. Auch das persönliche Herrschaftsinteresse ehrgeiziger Feldherrn und ihrer Militärklientel spielte eine Rolle bei der territorialen Erweiterung, denn der militärische Triumph war oft genug das Sprungbrett für eine politische Karriere.

Zur nachträglichen Rechtfertigung römischer Expansionspolitik durch antike Autoren wurden unter anderem die allen anderen Völkern angeblich überlegenen Tugenden des römischen Bauernvolkes, zum Beispiel Mäßigung, Zuverlässigkeit und Treue, angeführt. Demnach wurden Kriege als gerechtfertigt dargestellt, wenn sie der vermeintlichen Hilfeleistung für bedrohte Bundesgenossen oder zum Schutz der gefährdeten Grenzen dienten.

Folgen der Expansion

Der Übergang vom bäuerlichen Stadtstaat zum Weltreich wirkte sich in Rom einschneidend auf das Sozial- und Wirtschaftsgefüge aus. Die militärischen Erfolge brachten reiche Beute und Tribute aus den Provinzen. Die Römer verfügten über die Kornkammern der Mittelmeerwelt und erschlossen sich Sklavenmärkte.

Die Großgrundbesitzer und Kaufleute begrüßten die fortwährenden Kriege. Andererseits erlitten die freien Kleinbauern, wenn sie nach jahrelangem Kriegsdienst und der bäuerlichen Arbeit entwöhnt auf ihre verwahrlosten Höfe zurückkehrten, wirtschaftliche Einbußen durch die zunehmende Konkurrenz der Großbauern. Viele Kleinlandwirte gingen zugrunde, gaben gezwungenermaßen ihre Höfe auf, wurden zu Pächtern oder gerieten in Schuldknechtschaft. Viele zogen nach Rom und vermehrten dort die Masse der mittellosen Bürger (Proletarii). In der Stadt waren sie durch die ständige Ausdehnung der Sklavenarbeit zur Arbeitslosigkeit verurteilt.

Da die Senatoren keine Handels- und Geldgeschäfte betreiben durften, investierten sie das aus der Expansion gewonnene Vermögen in italische Landgüter, die sie durch Aneignung von Staatsland und durch Aufkauf kleiner Betriebe von verarmten Kleinbauern erweiterten und von Sklaven bewirtschaften ließen. Dieser Vorgang wurde noch durch den Übergang von Getreideanbau, der durch Importe aus den Provinzen unrentabel wurde, zur Plantagenwirtschaft (Öl, Wein, Weidewirtschaft) beschleunigt. Die Expansion bot vor allem der an gesellschaftlicher Bedeutung zunehmenden Schicht der reichen Geschäftsleute gute Erwerbsmöglichkeiten.

Durch die ständig wachsende Zahl der Besitzlosen nahm die Zahl der Wehrpflichtigen ab, weil nach römischem Recht die Wehrpflicht an Besitz gebunden war. Es bereitete immer größere Schwierigkeiten, die Bürgersoldaten zu rekrutieren.

Das Agrarproblem in Verbindung mit der Heeresverfassung löste somit die grundlegende Krise der späten Republik aus.

Die dreifache Krise der römischen Republik

Krise

Die Probleme, mit denen die Republik zu kämpfen hatte, mehrten sich: In verlustreichen Kriegen mussten Aufstände in den Provinzen niedergeschlagen werden. Nur mit Mühe konnten rebellierende Sklaven unterdrückt werden; die Unzufriedenheit unter den Bundesgenossen wuchs. Die Folgen der Expansionspolitik enthüllten die Schwächen der Militärorganisation und den allmählichen Niedergang der römischen Wehrkraft.

Im Jahre 133 v. Chr. kam es zur ersten offenen Auseinandersetzung innerhalb der römischen Bürgerschaft. Tiberius Gracchus, der aus der römischen Oberschicht stammte, wurde auf seinen Reisen als hoher Beamter durch Italien und die spanische Provinz mit der bedrückenden Lage der armen Landbevölkerung und den weiten verödeten Landstrichen konfrontiert. Es wurde ihm dabei bewusst, dass den Bauern im Zuge einer Siedlungspolitik mehr Land zur Verfügung gestellt werden müsste.

Zum Volkstribun gewählt, setzte Tiberius Gracchus gegen den Widerstand des Senats, allein auf das Votum der Volksversammlung gestützt, eine Neuverteilung des Staatslandes durch, das sich überwiegend in den Händen der Großgrundbesitzer befand. Gegen dieses Vorhaben legte der Amtskollege ein Veto ein. Tiberius Gracchus ließ diesen durch die Volksversammlung abwählen. Dies war staatsrechtlich möglich, aber seit Jahrhunderten außer Übung gekommen.

Als Tiberius Gracchus versuchte, sich für ein weiteres Jahr zum Volkstribun wählen zu lassen, wurden er und zahlreiche seiner Anhänger umgebracht.

Sein Bruder Gaius Gracchus, 123 v. Chr. zum Volkstribun gewählt, nahm die Reformpolitik wieder auf und schlug ein weiter gehendes

Wirtschafts- und Sozialprogramm vor. Neben der erneuten Forderung nach Neuverteilung des Staatslandes verlangte er ein Getreidegesetz, durch das die Plebs in der Stadt Rom mit verbilligtem Getreide versorgt werden sollte. Vor allem seine Forderungen, den Latinern das Vollbürgerrecht und allen italischen Bundesgenossen das eingeschränkte Bürgerrecht zu verleihen, brachten Senat und Bürgerschaft gegen ihn auf. Die niederen Volksschichten wollten ihre Privilegien keineswegs mit den Neubürgern teilen. Auch Gaius Gracchus und seine Anhänger wurden wegen ihrer Reformvorhaben umgebracht.

Obwohl einige Fortschritte erzielt wurden und die Verwirklichung einer abgemilderten Agrarreform noch zaghaft fortgesetzt wurde, war das Hauptziel der Gracchischen Reformpolitik gescheitert, nämlich die Sicherung der kleinbäuerlichen Existenzen durch Schutz ihrer kleinen Grundstücke gegen den Ankauf durch die Latifundienbesitzer. Dennoch deuteten die Gracchischen Vorschläge erste Ansätze einer sozialen Reform an. Dieser Versuch war insbesondere darum wichtig, weil zum ersten Mal die bestehenden Eigentumsrechte in Frage gestellt wurden. Mit dem Scheitern der Gracchischen Reformen wurde das Jahrhundert der römischen Bürgerkriege ausgelöst.

Optimaten und Populare

Das Volkstribunat wurde während der Zeit der Gracchen zum wichtigsten politischen Instrument der Opposition gegen den Senat.

Die Anhänger der Gracchen griffen auf die mögliche unmittelbare Inanspruchnahme des Volkes bei der Gesetzgebung zurück. Diese politische Praxis der Popularen war zwar legal, widersprach allerdings der Gepflogenheit, weit tragende Entscheidungen von der Zustimmung der Senatsmehrheit abhängig zu machen.

Die Vertreter einer solchen „popularen" Politik, deren Ziel es war, die Macht der an starren Traditionen festhaltenden Aristokratie zu überwinden, wurden als Populare bezeichnet; ihre Gegner nannten sich Optimaten (die Besten). Sie bestanden auf der althergebrachten Autorität des Senats. Beide politische Interessengruppen stützten sich bei Abstimmungen weitgehend auf die gleichen Bevölkerungsgruppen; ihre maßgeblichen Führer gehörten überwiegend der Oberschicht an. Es wäre verfehlt, die Popularen etwa als Volkspartei zu bezeichnen (im Gegensatz etwa zur aristokratischen Senatspartei), da das Volk keine einheitliche politische Gefolgschaft darstellte. Ehrgeizige Politiker setzten vielmehr die Interessen der unteren Bevölkerungsschichten für sich ein.

Militärische Krise

Langwierige Kriege führten zu militärpolitischen Konsequenzen und verschärften die Polarisierung zwischen Optimaten und Popularen, da die Missstände in der Landwirtschaft nicht behoben werden konnten. Außerdem gelang es auch nicht, die Zahl der römischen Bürgersoldaten aufrechtzuerhalten.

Marius (156–86 v. Chr.), ein homo novus, also ein Mann ohne adlige Vorfahren, Führer der Popularen und erfolgreicher Feldherr, reformierte das Heer durch Aufnahme besitzloser Proletarier als lang dienende Berufssoldaten. Er brach folglich mit der Tradition eines Bürgerheeres. Die ungelöste Agrarfrage stellte sich jetzt erneut, da das Hauptziel der Soldaten darin bestand, nach dem Militärdienst mit Ackerland belohnt zu werden (Anrecht auf Versorgung nach 16-jähriger Dienstzeit). Gegen den Widerstand des Senats setzte er die Ansiedlung seiner Veteranen (ausgediente Soldaten) als freie Bauern durch.

Mit den Reformmaßnahmen des Marius wurde eine Politik eingeleitet, die in die spätere Auflösung der Republik führen sollte: Erfolgreiche Militärs, gestützt auf von ihnen abhängige Soldaten, griffen zunehmend in die Politik ein. Die persönliche Bindung gegenüber dem Feldherrn wurde stärker als die gegenüber dem Staat. Das ist der Grund dafür, dass nunmehr innere Konflikte in Bürgerkriegen mit regulären Armeen ausgetragen wurden. Darüber hinaus durchbrach Marius erstmals als kontinuierlich wieder gewählter Konsul das Prinzip der Annuität, das heißt des jährlichen Wechsels im Amt. Zwischen 110 bis 104 v. Chr. war er insgesamt siebenmal Konsul.

Obwohl ein Popular, hatte Marius weniger die Verbesserung der sozialen Lage der Plebs insgesamt im Sinn als sein eigenes Machtstreben. Er trug nicht zur Lösung der bestehenden Probleme bei. Im Gegenteil, die Lage im Inneren verschärfte sich, als er mit Sulla, einem Optimaten und somit Vertreter der Senatspartei, in einen Konflikt geriet.

Politische Krise

Die römischen Bundesgenossen strebten nach dem Besitz der Vollbürgerschaft. Das geschah weniger aus Gründen der Teilnahme an der Volksversammlung in Rom als vielmehr wegen der Berechtigung, an der Verteilung von Staatsland teilzuhaben. Rom sperrte sich und beschwor den so genannten Bundesgenossenkrieg herauf. Das Ergebnis war eine schrittweise Verleihung des Bürgerrechts auch an die Bundesgenossen in Italien. Da die römische Oberschicht nicht bereit war, ihre führende Stellung mit den Neubürgern zu teilen, ging der Bundesgenossenkrieg in einen grausamen Bürgerkrieg über. In diesem Krieg standen sich zwei Bürgerkriegsparteien gegenüber.

Diktatur Sullas

Die eine Seite wurde von Sulla geführt, einem Patrizier und erfolgreichen Feldherrn, die Gegenseite von Marius. Sulla und die Senatspartei gingen aus dem Krieg als Sieger hervor. Sulla ließ sich zur Wiederherstellung der Senatsherrschaft das für Ausnahmefälle vorgesehene verfassungsgemäße Amt eines „Diktators zur Abfassung von Gesetzen und zur Neuordnung des Staates“ übertragen.

Lucius Cornelius Sulla (138–78 v. Chr.) entstammte einem alten Patriziergeschlecht.
Er war Konsul im Jahr 88 v. Chr.

Seine politischen Gegner vernichtete er durch so genannte Proskriptionen, das heißt Ächtungslisten, durch die die Geächteten ihr Vermögen verloren, für vogelfrei erklärt und ihre Nachkommen von allen öffentlichen Ämtern ausgeschlossen wurden.

Des Weiteren entmachtete er das Amt des Volkstribuns, als er die Tribunen an einem weiteren Aufstieg in der Ämterlaufbahn hinderte. Außerdem machte Sulla für Anträge in der Volksversammlung die vorherige Zustimmung durch die Senatoren zur Bedingung. Während der Diktatur Sullas (82–79 v. Chr.) wurden dem Senat seine einstige Machtstellung zurückgegeben und die bisher durchgesetzten sozialen Reformen zugunsten der ärmeren Schichten Zug um Zug rückgängig gemacht. Die Reformfeindlichkeit des Senats hat wesentlich zur Verschärfung der allgemeinen Krise beigetragen.

Diktatur Sullas

Nach Sullas Tod wurde der römische Staat von einer Reihe ehrgeiziger Männer, die über große Heere und starke Gefolgschaft bei den Volksmassen verfügten, zum Gegenstand der Ausbeutung. Aufgrund der innen- und außenpolitischen Bedrohungen übertrug der Senat Pompeius (106–48 v. Chr.), einem Günstling Sullas und erfolgreichen Militär, außerordentliche Befehlsgewalt. Pompeius bekämpfte die im

Mittelmeer operierenden Seeräuber, erfocht militärische Siege im Osten des Reiches und schlug Aufstände in der spanischen Provinz nieder. Zur gleichen Zeit wurde Crassus wegen seiner militärischen Siege und als wohlhabender Geschäftsmann bekannt.

Pompeius und Crassus strebten als siegreiche Feldherrn nach dem Konsulat. Obwohl sie Rivalen waren, sich auf eigene Truppen stützen konnten, verfolgten sie ein gemeinsames Ziel. Sie versuchten, die Gesetze Sullas rückgängig zu machen und das Volkstribunat wiederherzustellen.

Gnaeus Pompeius (106–48 v. Chr.) (links) und Marcus Licinius Crassus (115–53 v. Chr.) (rechts)
Pompeius wurde als Feldherr populär durch die Ausrottung der Seeräuber, die die Lebensmittelversorgung Roms gefährdeten. Die Frisur soll an sein großes Vorbild Alexander den Großen erinnern.
Crassus, Konsul der Jahre 70 und 55, galt als reichster Mann Roms und war in der Lage, seine Privatarmee zu finanzieren. Er bezahlte auch die Wahlkämpfe Caesars.

Alleinherrschaft Caesars

Im Jahre 60 v. Chr. trat der plebsfreundliche Politiker Gaius Julius Caesar (100–44 v. Chr.) in den Blickpunkt des politischen Geschehens. Er entstammte einer alten patrizischen Familie (Geschlecht der Julier) und war ein Neffe des Popularen Marius.

Zusammen mit Pompeius und Crassus bildete er das 1. Triumvirat. Die Einrichtung eines Triumvirats, einer Kommission von drei Männern zur Erledigung politischer Angelegenheiten, wurde in Rom oft praktiziert. Demgegenüber war das 1. Triumvirat von Caesar, Pompeius und Crassus eine private Verabredung von nicht gewählten und nicht gesetzlich bestätigten Männern. Nach Ablauf seines Amtsjahres als Konsul (59 v. Chr.) erhielt Caesar als Prokonsul die Provinzen Gallia Cisalpina und Illyrien (von 58 bis 51 v. Chr. eroberte er schließlich ganz Gallien). Nach dem Tode von Crassus trat die Rivalität zwischen Caesar und Pompeius offen zutage. Pompeius war inzwischen auf die Seite der Optimaten getreten und konnte in Rom seine einflussreiche Stellung durch starke Anlehnung an den Senat ausbauen. Caesar versuchte in Abwesenheit sich für das Konsulat zu bewerben, scheiterte aber am entschiedenen Widerstand seines ehemaligen Verbündeten Pompeius, der Optimaten und des Senats (50/49 v. Chr.). Als auf Betreiben des Pompeius der Senat von Caesar die Auflösung seiner Legionen und die Niederlegung seines militärischen Kommandos verlangte, entschied sich Caesar für den Militärputsch und überschritt die Grenze zwischen Gallien und Italien (am Flüsschen Rubikon) und löste damit erneut einen Bürgerkrieg aus.

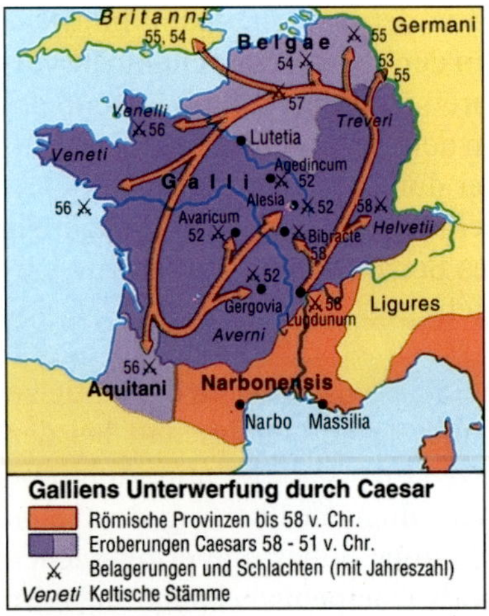

Galliens Unterwerfung durch Caesar
Römische Provinzen bis 58 v. Chr.
Eroberungen Caesars 58 - 51 v. Chr.
⚔ Belagerungen und Schlachten (mit Jahreszahl)
Veneti Keltische Stämme

Caesar besetzte Rom, besiegte Pompeius und schlug dessen Generäle im Osten des Reiches, in Afrika und in Spanien. Er regierte nun formal nach der republikanischen Verfassung, praktisch aber unbeschränkt. Er vereinigte die höchsten Staatsämter in seiner Person: Konsul, Diktator, Tribun, Zensor und ständiger Oberbefehlshaber (Imperator). Seine Stellung als Diktator (zunächst auf zehn Jahre, zuletzt auf Lebenszeit) lief auf eine verschleierte Form der Monarchie hinaus. Die faktische Alleinherrschaft Caesars wurde durch eine Vielzahl von Ehrungen gefördert. Triumphe und Feste zu seinen Gunsten erwiderte Caesar mit „Geschenken" an das Volk in Form von Spielen, Prachtbauten und Speisungen. Schon zu Lebzeiten entwickelte sich ein Kult um seine Person, der auf eine Divinisierung (Vergöttlichung) hinauslief.

Die Missachtung der republikanischen Verfassung provozierte die traditionsbewusste Opposition unter den Senatoren und führte schließlich in einer Senatssitzung zu seiner Ermordung (44 v. Chr.).

Die Folgen des gewaltsamen Caesarsturzes waren weitere Bürgerkriege. Zunächst schlossen sich der Adoptivsohn Caesars – C. Julius Caesar Octavianus – und seine ehemaligen Unterfeldherrn Marcus Antonius und Aemilius Lepidus zum 2. Triumvirat zusammen. Das Triumvirat führte in ganz Italien zur Schreckensherrschaft durch Proskriptionen. Sie teilten sich die Herrschaft über das Reich: Antonius befehligte den Osten, Octavian den Westen und Lepidus Afrika. Nach der Amtsenthebung von Lepidus (36 v. Chr. durch Octavian) führte die wachsende Rivalität zwischen Octavian und Antonius zum Krieg, aus dem Octavian als Sieger hervorging. Im Verlauf der Bürgerkriege ging die Römische Republik endgültig zugrunde. Octavian wurde zum Alleinherrscher.

Chronologie

264–241 v. Chr.	1. Punischer Krieg, Sizilien (241 v. Chr.), Sardinien (238 v. Chr.) und Korsika (237 v. Chr.) werden erste römische Provinzen.
218–201 v. Chr.	2. Punischer Krieg
215–168 v. Chr.	Kriege Roms gegen Makedonien
149–146 v. Chr.	3. Punischer Krieg, Errichtung der Provinz Africa (146 v. Chr.)
146 v. Chr.	Errichtung der Provinz Macedonia (und Zerstörung Korinths)
133 v. Chr.	Pergamon fällt durch Erbschaft an Rom. Westteil Kleinasiens wird Provinz Asia.
133–121 v. Chr.	Versuche einer Land- und Sozialreform durch Tiberius Gracchus und Gaius Gracchus
104 v. Chr.	Heeresreform des Marius
102 v. Chr.	Sieg der Römer über die Teutonen bei Aquae Sextiae (Ort in der Provence)
101 v. Chr.	Sieg der Römer über die Kimbern bei Vercellae (Ort in Piemont)
91–88 v. Chr.	Aufstand der italischen Bundesgenossen
88 v. Chr.	Ausbruch des Bürgerkrieges zwischen den Anhängern des Marius und Sulla (Populare gegen Optimaten)
82–79 v. Chr.	Diktatur Sullas
60 v. Chr.	1. Triumvirat: Caesar, Pompeius und Crassus
59 v. Chr.	Caesar Konsul
58–51 v. Chr.	Eroberung Galliens durch Caesar
49–45 v. Chr.	Bürgerkrieg
46 v. Chr.	Caesar Diktator auf 10 Jahre
44 v. Chr.	Caesar Diktator auf Lebenszeit Ermordung Caesars (15. März)
43 v. Chr.	2. Triumvirat: Octavian, Antonius und Lepidus
31 v. Chr.	Sieg Octavians über Antonius und Kleopatra (bei Actium/Griechenland)

M 2 Die Römer – „Verderber des Erdkreises"?

Der römische Geschichtsschreiber und Politiker Sallust (86–35 v. Chr.) hinterließ in seinen „Historien" folgendes Dokument. [Der von den Römern hart bedrängte König von Pontos, Mithridates VI. Eupator, wendet sich in diesem Brief an den Partherkönig Phraates III. mit dem Vorschlag, ein Bündnis gegen die Römer abzuschließen. Die Echtheit des Briefes ist unwahrscheinlich.]:

[...] Die Römer haben ein einziges und uraltes Motiv dafür, mit allen Nationen und Völkern und Königen Krieg anzufangen: unermessliche Begierde nach Herrschaft und Reichtum.
Und so begannen sie zuerst einen Krieg mit Philipp, dem Makedonenkönig [200 v. Chr.], während sie, solange sie von den Karthagern bedrängt wurden, Freundschaft zu ihm vorgetäuscht hatten. Als Antiochos III. ihm zu Hilfe kam [197 v. Chr.], lenkten sie ihn mit List ab, indem sie ihm Asien überließen; nachdem bald die Macht Philipps gebrochen war, raubten sie Antiochos [188 v. Chr.] alle Länder diesseits des Taurus und 10 000 Talente. Sodann haben sie Perseus, den Sohn des Philipp, der sich nach vielen und wechselnden Schlachten im Tempel der Samothrakischen Gottheiten den Römern auf Treu und Glauben ausgeliefert hatte [168 v. Chr.], gerissen und erfinderisch in Verrat, wie sie sind, durch Schlaflosigkeit umkommen lassen, da sie ihm ja das Leben vertraglich zugesichert hatten. [...]
Bedenke nun bitte, ob du dich, wenn ich unterdrückt bin, für stärker zum Widerstande hältst oder gar dann an ein Ende des Krieges glaubst. [...] Oder weißt du nicht, dass die Römer, nachdem der Ozean ihrer Ausdehnung nach Westen eine Grenze setzte, ihre Waffen nach hier gewendet haben; dass alles, was sie von Anfang an besitzen, nur durch Raub gewonnen ist: ihre Häuser, ihre Gattinnen, ihre Äcker, ihr Reich: zusammengelaufenes Volk in alter Zeit, das sie sind, ohne Heimat, ohne Ahnen, geschaffen zum Verderben des Erdkreises: Nichts Menschliches, nichts Göttliches hindert sie daran, Bundesgenossen und Freunde, ob nah oder fern, ob schwach oder mächtig, an sich zu ziehen und zu vernichten und alles, was ihnen noch nicht versklavt ist, vor allem die Königreiche, als ihre Feinde anzusehen. [...] Die Römer führen ihre Waffen gegen alle Völker, die schärfsten gegen die, deren Niederlage die meiste Waffenbeute einbringt: durch Wagen und Täuschen und dadurch, dass sie Krieg an Krieg reihen, sind sie groß geworden. Und so werden sie alles vernichten oder selbst zugrunde gehen. [...]

Zit. nach: Lautemann, M. Schlenke (Hg.), Geschichte in Quellen, Altertum, München 1978, S. 505 f.

M 3 Die Behandlung der Besiegten

Der Althistoriker Jochen Bleicken sieht im Umgang mit den Besiegten eine Ursache des römischen Erfolges:

Die Römer haben nur in der frühesten Phase ihrer Entwicklung den besiegten Gegner ausgelöscht, nämlich entweder dessen staatliche Existenz aufgehoben und die Bevölkerung in den eigenen Staatsverband aufgenommen oder ihn auch physisch vernichtet. Später zeichnete sich die römische Politik, gemessen an der Politik anderer antiker Staaten, eher durch Milde und Nachgiebigkeit aus. Die Römer beließen dem Besiegten oft selbst dann wenigstens seine innere Selbstständigkeit, wenn sie ihn in den eigenen Personenverband eingliederten. Die so genannten cives sine suffragio (Bürger ohne Stimmrecht) waren solche in den römischen Bürgerverband aufgenommenen Personen, die – lediglich unter Verlust ihrer außenpolitischen Handlungsfreiheit und ihrer Wehrhoheit – ihr eigenes Leben weiterleben konnten. Ähnlich verfuhr Rom gegenüber den italischen Bundesgenossen. Der römische Senat griff nur in den seltensten Fällen in die inneren Belange dieser Inkorporierten [in das römische Reich Eingegliederten] und Bundesgenossen ein; lediglich wenn römische Macht- und Wehrinteressen auf dem Spiele standen, bequemte er sich zu Stellungnahmen und Eingriffen, und dies auch oft lediglich auf Intervention der Inkorporierten und Bundesgenossen selbst. Das Klima der Toleranz schwächte auf die Dauer bei den Partnern Roms den Gedanken an die alte Unabhängigkeit und schuf zusammen damit, dass sich durch die gemeinsamen Feldzüge und die gemeinsame Ausbeutung der Unterworfenen eine Art von Interessenidentität zwischen Römern und Bundesgenossen bildete, ein starkes Gefühl der Solidarität mit den Römern und schließlich sogar eine Bewusstseinslage, die der römischen gleich oder ähnlich war und folglich zu dem Wunsch nach Aufnahme in den römischen Bürgerverband führte. [...] Die Art und Weise, in der die Römer ihre besiegten Gegner und ihre Bundesgenossen – sei es nun, sie waren ehemalige Gegner, sei es, sie hatten das Bundesverhältnis mit Rom mehr oder weniger frei gewählt – zu behandeln pflegten, kann noch in anderer Hinsicht als Ursache des römischen Erfolges herangezogen werden. Die Römer haben nämlich ihre Bundesgenossen bzw. die von ihnen Abhängigen durch sehr unterschiedliche Behandlung voneinander getrennt bzw. sie isoliert.

J. Bleicken, Die Verfassung der römischen Republik, Paderborn 1975, S. 252 ff.

M 4 Zunehmende Kluft zwischen Arm und Reich

Auf die wirtschaftlichen und sozialen Wandlungen im 2. Jahrhundert v. Chr. weist der griechisch-römische Historiker Appian (um 150 v. Chr.) hin:

Die Römer eroberten allmählich Italien; nach jedem Kriege nahmen sie einen Teil des gewonnen Landes für sich weg, erbauten darauf Städte oder führten [...] Ansiedler hin [...]. Diese Kolonien sollten die Stelle von Festungen zur Sicherung des Landes vertreten. Was sich die Römer in den eroberten Gebieten jedesmal zu urbarem Lande zugeeignet hatten, wurde sogleich an die Neuangesiedelten frei ausgeteilt oder verkauft oder verpachtet. Sie nahmen sich aber keine Zeit, das zu verlosen, was wegen des Krieges oft unangebaut lag, sondern erklärten es als Gemeindegut, sodass jedem gestattet war, es zu bebauen; nur musste er eine jährliche Abgabe vom Ertrage entrichten, und zwar den zehnten Teil von den Saatfrüchten und den fünften von den Baumfrüchten. Überdies lag auf der Viehfrucht [Weidenutzung] eine Abgabe von größeren und kleineren Tieren. Dies tat man alles zur Vermehrung des sehr ausdauernd scheinenden italischen Volksstammes, um aus dem eigenen Lande Bundesgenossen zu haben. Die Folge war gerade das Gegenteil. Denn die Reichen hatten sich der meisten dieser allgemeinen Ländereien bemächtigt. Sie vertrauten den Zeitumständen, dass das Land ihnen nicht mehr abgenommen werde, und kauften zum Teil die in ihrer Nähe gelegenen Stücke der Armen mit deren Willen, zum Teil nahmen sie ihnen diese mit Gewalt, sodass sie nunmehr weit ausgedehnte Ländereien statt einzelner Felder bebauten. Sie gebrauchten dabei Sklaven zum Landbau und zur Viehzucht, weil ihnen freie Leute von der Arbeit weg zum Kriegsdienst einberufen worden wären. Der Besitz von Sklaven brachte ihnen gleichzeitig auch noch großen Gewinn, weil sich diese wegen ihrer Befreiung vom Kriegsdienst ungefährdet vermehren konnten und eine Menge Kinder erzeugten. So zogen die Mächtigen durchweg allen Reichtum an sich, und das ganze Land wimmelte von Sklaven. Die Italiker dagegen schmolzen zusammen, und ihr männlicher Mut schwand, weil sie durch Armut, Abgaben und Kriegsdienst aufgerieben wurden. Traten aber auch Zeiten des Friedens ein, so sahen sie sich in Untätigkeit versetzt, weil die Reichen im Besitze des Bodens waren und statt freier Arbeiter Sklaven zum Ackerbau verwendeten.

Zit. nach: G. Guggenbühl (Hg.), Quellen zur Geschichte des Altertums, Zürich 1964, S. 199.

M 5 Caesar als Alleinherrscher

Der Althistoriker Christian Meier zeichnet ein Bild von der Machtposition Caesars, nachdem dieser 45 v. Chr. den Bürgerkrieg gegen Pompeius und dessen Anhänger gewonnen hatte:

Caesar war nach seinem Sieg so mächtig wie kein Römer vor ihm. Er konnte kommandieren, verfügen, verbieten, Institutionen einsetzen, abschaffen, verändern, Gesetze geben, umgehen, brechen, Magistrate wählen und suspendieren lassen [entlassen], wie er es wollte. Er hätte auch töten, verbannen und wie auch immer sonst bestrafen können, wenn er es gewollt hätte; wie er begnadigen und Rückkehr nach Rom bewilligen konnte. Für verschiedene dieser Handlungen war er sogar formell bevollmächtigt worden. Er hatte den Oberbefehl über die römischen Armeen, das Recht, über die Finanzen zu verfügen. Er durfte bindende Empfehlungen bei den Wahlen aussprechen, Patrizier ernennen (was sonst nur die Könige gedurft hatten, und nachdem das Patriziat 400 Jahre lang geschlossen gewesen war), ferner den Senat ergänzen. Er hatte das außerordentliche Amt der Sittenaufsicht, erst auf Jahre, dann auf Lebenszeit und war zum Diktator auf zehn Jahre und endlich auf immer ernannt worden. Die Magistrate mußten nach ihrer Wahl einen Eid schwören, gegen keine der caesarischen Verfügungen zu handeln.
Caesar hat dann auch ungeheuer viel ins Werk gesetzt. [...] Darunter sind so großartige Leistungen wie die Gründung zahlreicher Kolonien in weitesten Teilen des Herrschaftsbereichs, die Ansiedlung vieler Zehntausender von Bürgern, Veteranen und Angehörigen des Stadtproletariats, die Verbesserung der öffentlichen Sicherheit und die geschickte Ordnung vieler Gebiete der Administration durch neue Gesetze. Der Kalender wurde neu geordnet,

Gaius Julius Caesar (100–44 v. Chr.)
Konsul, erfolgreicher Feldherr und Prokonsul in Gallien, Diktator auf Lebenszeit, fiel am Ende der aristokratischen Opposition zum Opfer. Auf seine Initiative bildete sich im Jahre 60 v. Chr. das Triumvirat mit dem Ziel, „dass nichts in der römischen Politik geschehen sollte, was einem der drei missfalle."

eine Bibliothek wurde gestiftet, die die gesamte griechische und römische Literatur sammeln sollte, das Recht sollte kodifiziert, der Isthmos von Korinth durchstochen, die Pontinischen Sümpfe [bei Rom] trockengelegt, Straßen und Häfen ausgebaut werden. Auf dem Marsfeld sollte der größte Tempel der Welt, am tarpejischen Felsen das größte Theater der Welt gebaut werden. All dies war mindestens in der Planung schon ernsthaft betrieben worden.

Aber eben ob er eine Monarchie hat begründen wollen, wissen wir auch nicht. Wir wissen nur, daß er wie ein Monarch – und in vielen Hinsichten sehr absolut – gewaltet und monarchische Vollmachten besessen hat. Und wir wissen auch, dass man ihm unerhörte Ehren erwies, die teilweise an Königliches, teilweise aber auch an Göttliches anknüpften, ohne dass er freilich dadurch schon als König oder Gott ausgezeichnet gewesen wäre. Caesar hatte etwa das Recht bekommen, den (auf den königlichen zurückgehenden) Triumphalornat [Festgewand] auch außerhalb des Triumphzuges zu tragen. Er hatte die Titel Imperator [Oberfeldherr, Kaiser], Liberator [Befreier] und Pater Patriae [Vater des Vaterlandes] erhalten. Sein Geburtstag war zum öffentlichen Feiertag erklärt, sein Geburtsmonat Quinctilis (den 5. Monat vom März an betreffend) in Julius umbenannt worden. Seine Statue wurde neben die der sieben Könige und des Befreiers Brutus gestellt. Eine andere wurde im Götterumzug mitgeführt (womit er wohl unter Victorias [Siegesgöttin] Schutz gestellt wurde). Sein Triumphwagen samt einer weiteren Statue, zu deren Füßen eine Weltkugel lag, wurde auf dem Kapitol aufgestellt. Durch noch eine Statue wurde er zum „Tempelgenossen" des Romulus. Um von vielem anderen abzusehen: Noch zu seinen Lebzeiten wurde der Beschluss gefasst, Caesar nach seinem Tode zu vergotten und kultisch zu verehren.

Manches an diesen Ehrungen (die ihre Vorbilder in den verschiedensten Bereichen, zumeist dem hellenistischen, hatten) mutet schwindelhaft an. Aber es lag dennoch ein Stück Wahrheit darin. Man faßt in ihnen die äußere, nahezu konsequente Darstellung dessen, als was Caesar letztlich zu verstehen war. Der Übergang zwischen Mensch und Gott war in der Antike (nicht nur bei den Griechen) fließend. Der Mensch konnte nahe an die Götter heranreichen, wie er auch sehr weit von ihnen entfernt bleiben konnte. Beide lebten gleichsam im gleichen Raum. Der antike Mensch war nicht so grundsätzlich von den Göttern geschieden und so grundsätzlich allen anderen Menschen darin gleich wie der abendländische gegenüber dem christlichen Gott. Diese Unterschiede der Menschen in einem mit den Göttern gemeinsamen Raum bedingten die Sklaverei so gut wie die Annäherung an die Unsterblichkeit. So konnte es sehr naheliegen, eine außergewöhnliche Erscheinung wie diejenige Caesars nach den hellenistischen Mustern zu ehren. Es bestand jedenfalls ein Bedürfnis, sie irgendwie auch zur Repräsentation zu bringen, sie damit festzulegen und sinnlich verständlich zu machen.

Doch gerade diese unerhört hohen Ehrungen lassen daran zweifeln, daß Caesar eine Monarchie habe einrichten wollen. Denn sie konnten ja nur dem einzigartigen, die Grenzen der Sterblichkeit berührenden Menschen Caesar und (worauf sie oft direkt Bezug nahmen) seinen ungeheuren Taten seiner übermenschlichen Leistungs- und Siegesfähigkeit gelten. Es ist nicht zu sehen, wie dieser Caesar einen Nachfolger hätte finden können. So wie er geehrt wurde, gab es nur einen Caesar und so leicht keinen zweiten. Dieser überragende Mann, der auch den Bürgerkrieg eröffnet hatte, der clementia [Milde] hatte walten lassen, der Sieger war unwiederholbar.

Chr. Meier, Entstehung des Begriffs Demokratie, Frankfurt 1981, S. 131 ff.

Aufgaben

1. Untersuchen Sie die Motive, welche die Römer in ihrem Streben nach Weltmacht bestimmt haben könnten.
   → M2
2. Analysieren Sie die Folgen der Expansion für das römische Sozial- und Wirtschaftsgefüge.
   → Text, M4
3. Vergleichen Sie die Praktiken des römischen Imperialismus mit den Charaktervorstellungen, die die Römer von sich selbst hatten.
   → M3
4. Wodurch unterscheidet sich Ihrer Meinung nach der römische Expansionismus von anderen historischen Welteroberungskonzepten?
5. Welche Krisen erschütterten die römische Republik?
   → Text
6. Untersuchen Sie, wie der Historiker Christian Meier die monarchisch-göttliche Verehrung begründet, die Caesar zuteil wurde?
   → M5

3.3 Die römische Kaiserzeit

Prinzipat

Nach dem Tode Caesars entbrannte ein Bürgerkrieg um die Nachfolge in der politischen Führung. Aus diesen Machtkämpfen ging schließlich Caesars Adoptivsohn Octavian als Sieger hervor.

Nachdem Octavian seine Gegner ausgeschaltet hatte, gab er alle außerordentlichen Vollmachten an Senat und Volk zurück. Mit dieser wirkungsvoll inszenierten Geste beendete Octavian die Zeit der Bürgerkriege. Geschwächt von den Erschütterungen der späten Republik, versprach sich die Senatsaristokratie von Octavian eine Lösung der drängenden politischen Aufgaben und bat ihn, die staatliche Neuordnung zu übernehmen. Octavian wurde der Ehrentitel „Augustus“ (der Erhabene) verliehen. Octavian zog aus dem politischen Schicksal seines Großonkels Caesar seine Lehren und knüpfte an die republikanische Tradition des römischen Adelsstaats an. Er schuf ein Herrschaftssystem, das eine Verbindung aus monarchischen Elementen und republikanischen Formen darstellte. So wurde er auf verfassungsgemäße Weise mit dem Titel „Prinzeps“ Herrscher des römischen Reiches. Prinzeps heißt der Erste beziehungsweise Vornehmste im Senat.

Diese neue Herrschaftsform nennt man Prinzipat. Als Prinzeps verfügte Augustus praktisch über eine uneingeschränkte Machtbefugnis. Er konnte jederzeit Gesetze einbringen oder Maßnahmen zum Schutz des Volkes ergreifen. Er kontrollierte den Beamtenapparat, beherrschte zusammen mit den vom Senat bestellten Beamten die Senatsprovinzen, stand den kaiserlichen Provinzen durch seine Legaten (Gesandte) vor und verfügte über den alleinigen Oberbefehl über das Heer. Später wurde er noch zum Pontifex Maximus (Oberster Aufseher über Religion und Kultur) erhöht. Über seine verfassungsrechtlich

M 1 **Die zwei Meter hohe Statue des Augustus** wurde in der Villa seiner Frau Livia bei Prima Porta gefunden. Sie zeigt Augustus in der Pose des Siegers. Er trägt keine Schuhe, was nach der Wahrnehmungsweise der Zeitgenossen einer Überhöhung ins Göttliche Vorschub leistet. Entstanden nach einem diplomatischen Sieg über die Parther, einem iranischen Reitervolk, zeigt das Relief auf dem Brustpanzer, wie der Partherkönig Phraates die 53 v. Chr. erbeuteten Feldzeichen zurückgibt. Gerahmt durch den Sonnengott Sol, die Mondgöttin Luna und Caelus, der das Himmelszelt ausbreitet, erhält diese politische Handlung den Segen der göttlichen Mächte.

gesicherte Macht hinaus konnte sich der Prinzeps auf seine überragende persönliche Autorität und die Neigung des Volkes stützen.

In seinem Tatenbericht rühmte sich Augustus seiner Siege und Eroberungen. Aber er betonte auch, dass es ihm nicht um die Vernichtung der Feinde gegangen sei, sondern um die Herstellung des Friedens. Die „Pax Romana" sah aus der Perspektive der unterworfenen Völker mit Sicherheit anders aus als für den römischen Bürger. Aber in jedem Fall brachte das Prinzipat nach einem Jahrhundert der Kriege und Bürgerkriege die Sehnsucht nach Friede und Ordnung zum Ausdruck. Seinen sichtbaren Ausdruck fand der Kaiserfriede (Pax Augusta) in einem vom Senat gestifteten „Altar des Kaiserfriedens".

Augustus förderte die Wirtschaft durch Bauprogramme, verminderte das arbeitslose Stadtproletariat und siedelte Veteranen im ganzen Reich an. Seine an altrömischer Tugendstrenge ausgerichteten Vorstellungen versuchte er zum Beispiel durch Gesetze zur Bekämpfung der Ehelosigkeit und des Moralverfalls zu verwirklichen. Augustus regte die bedeutendsten Künstler, Dichter, Ingenieure und Gelehrten an, durch ihre Arbeiten dem Volk seine Vergangenheit bewusst zu machen und so den altrömischen Patriotismus in ihm zu wecken. Zu den namhaftesten zählte der Geschichtsschreiber Livius, der in Büchern insbesondere die sittlichen Tugenden des alten Römertums nachzeichnete.

Frühe Kaiserzeit

Die Nachfolger des Augustus schwankten in ihrer Machtausübung zwischen einem verfassungsrechtlichen Regieren unter äußerlicher Respektierung des Senats und einer korrupten Gewaltherrschaft.

Während der frühen Kaiserzeit wurde das Reich immer wieder beim gewaltsamen Sturz verbrecherischer Herrscher von Staatskrisen erschüttert (zum Beispiel Caligula, Nero, Domitian, Commodus). Da eine verfassungsrechtliche Nachfolgeregelung für die Kaiserepoche nicht bestand, fiel theoretisch mit dem Tod des Kaisers die Wahl des zukünftigen Prinzeps dem Senat zu.

Augustus, selbst von Caesar adoptiert, besaß wie die meisten seiner Amtsnachfolger keine Söhne, sodass die dank seiner Macht praktizierte Thronfolgeregelung durch Adoption für die nachfolgenden Kaisergenerationen üblich wurde. Während Augustus noch ein Familienmitglied zu seinem Nachfolger bestimmte, nahmen spätere Kaiser Adoptionen vor, ohne auf verwandtschaftliche Verhältnisse Rücksichten zu nehmen. Unter den so genannten Adoptivkaisern (Trajan, Hadrian, Antoninus und Marc Aurel) hatte das römische Reich die größte Ausdehnung und die längste Friedensperiode. Mit dem Prinzipat des Augustus begann die Glanzzeit des römischen Reiches, die fast bis ans Ende des 2. Jahrhunderts dem Imperium Romanum Wohlstand und Stabilität bescherte.

Chronologie

31 v. Chr.–14 n. Chr.	Octavianus Augustus
27 v. Chr.	Prinzipat: Neuordnung des römischen Staates
14–96 n. Chr.	Julisch-claudische und flavische Kaiser (Tiberius, Caligula, Claudius, Nero, Vespasian, Titus, Domitian)
95–180 n. Chr.	Adoptivkaiser (Trajan, Hadrian, Antonius Pius, Marc Aurel)

M 2 **Ara Pacis**

Die Ara Pacis in Rom, der Friedensaltar, wurde zwischen 13 und 9 v. Chr. auf Senatsbeschluss zur Ehre des Augustus errichtet. An den Außenseiten des den Altar umgebenden Bauwerks befindet sich ein umlaufendes Relief, das unter anderem die Weiheprozession der Mitglieder des kaiserlichen Hauses abbildet. Die Darstellung der Gottheit [links] – vermutlich handelt es sich um die Erdgöttin Tellus – suggeriert in einer volkstümlichen Bildsprache Harmonie, Frieden und Wohlstand. Dieser Altar war Teil einer Regierungspropaganda, die – nach Jahren des Bürgerkrieges – die gesellschaftliche Sehnsucht nach Frieden und Stabilität befriedigte.

M 3 **Tatenbericht des Kaisers Augustus**

Augustus (63 v. Chr.–14 n. Chr.) hatte verfügt, dass nach seinem Tode sein „Tatenbericht" an seinem Mausoleum auf Bronzetafeln veröffentlicht werden sollte. Alle Welt sollte von den Leistungen und Aufwendungen erfahren, die er für das römische Staatswesen erbracht hatte. Nach seinem Tode wurde der Text in Latein und Griechisch im ganzen römischen Reich an öffentlichen Gebäuden angeschlagen. Eine vollständige Abschrift ist aus Ankara erhalten (Monumentum Ancyranum):

Von den Taten des Gott gewordenen Augustus, durch die er den Erdkreis der Befehlsgewalt des römischen Volkes unterworfen hat, und von den

Aufwendungen, die er für den Staat und das römische Volk gemacht hat, wie sie auf zwei ehernen in Rom aufgestellten Pfeilern eingegraben sind, [ist hier] eine Abschrift angefügt:

Im Alter von 19 Jahren [44. v. Chr.] brachte ich aus eigenem Entschluss mit eigenen Mitteln ein Heer auf, mit dessen Hilfe ich den Staat, der durch die Gewaltherrschaft [dominatio] einer Partei unterdrückt war, in die Freiheit zurückgeführt habe. Aus diesem Grunde nahm mich der Senat unter dem Konsulat des C. Pansa und A. Hirtius [43 v. Chr.] durch ehrenvolle Beschlüsse in seine Reihen auf, indem er mir für die Abstimmung den Rang eines gewesenen Konsuls gab, und gab mir die militärische Befehlsgewalt [imperium]. Dass der Staat keinen Schaden nehme [mit dieser Formulierung wurde in Rom der Ausnahmezustand verhängt], dafür hieß er mich als Propraetor [ehemaliger Konsul] zusammen mit den Konsuln Sorge tragen. Das Volk aber wählte mich im gleichen Jahre, da beide Konsuln im Kriege gefallen waren, zum Konsul und zum Triumvirn [Angehöriger des Triumvirats, der Dreimänner-Kommission] zur Ordnung des Staates. [...]

Kriege habe ich zu Wasser und zu Lande, gegen Bürger und auswärtige Gegner, auf dem ganzen Erdkreise oftmals geführt, und als Sieger habe ich alle Bürger, die um Gnade baten, verschont. Auswärtige Völkerschaften, denen man mit Sicherheit verzeihen konnte, habe ich lieber erhalten als ausrotten wollen. An römischen Bürgern haben unter meinem Fahneneide ungefähr 500 000 gestanden. Von ihnen habe ich ein gut Teil, mehr als 300 000, am Ende ihrer Dienstzeit in Siedlungsstädten [colonia] angesiedelt oder in ihre Gemeinden [municipium] entlassen und ihnen allen Äcker angewiesen oder Geld als Belohnung für den Kriegsdienst gegeben. [...]

Die Diktatur, die mir abwesend und anwesend sowohl vom Volk als auch vom Senat [...] angetragen wurde, habe ich nicht angenommen.

In meinem sechsten und siebten Konsulat [28 und 27 v. Chr.] habe ich, nachdem ich die Bürgerkriege ausgelöscht hatte, obwohl ich nach dem übereinstimmenden Wunsche aller in den Besitz der höchsten Gewalt gelangt war, den Staat aus meiner Amtsgewalt [potestas] dem Ermessen des Senats und des römischen Volkes überantwortet. Und für dieses mein Verdienst bin ich durch Senatsbeschluss „Augustus" [der Erhabene] genannt worden und mit Lorbeer sind die Türpfosten meines Hauses von Staats wegen geschmückt worden. [...] Nach dieser Zeit habe ich an persönlichem Einfluss [auctoritas] alle übertroffen, an Amtsgewalt [potestas] aber habe ich um nichts mehr gehabt als die Übrigen, die in dem jeweiligen Amte mir Kollegen gewesen sind.

Als ich zum dreizehnten Male das Konsulat innehatte [2 v. Chr.] hat der Senat und der Ritterstand und das römische Volk insgesamt mich „Vater des Vaterlandes" [pater patriae] genannt.

Zit. nach: W. Lautemann, H. Schlenke (Hg.), a. a. O., S. 581 f., 584.

M 4 Glanzzeit des Römischen Reiches

Für den Kenner der römischen Geschichte Karl Christ stellt die Kaiserzeit der ersten beiden Jahrhunderte die Glanzzeit des Römischen Reiches dar:

Die Gesellschaftsstruktur innerhalb des Imperium Romanum wurde von Augustus und dessen Nachfolgern nicht prinzipiell verändert, die einzelnen Stände und Gruppen dagegen bewusst dem Reichsganzen dienstbar gemacht. Nach der konsequenten Ausschaltung der inneren Opposition, die sich überwiegend aus der alten Aristokratie rekrutiert hatte, wurden Senatoren und Ritter in großem Ausmaß zur Reichsverwaltung herangezogen. Neben sie traten, speziell seit Claudius, Freigelassene des kaiserlichen Hausgesindes, erst später auch Berufssoldaten, die sich in der ritterlichen Laufbahn qualifizieren konnten. In den Provinzen stützte sich das System auf das stark romanisierte Großbürgertum, das künftig in größerer Zahl in den römischen Senat aufgenommen wurde. Die wichtigsten politischen, wirtschaftlichen und kulturellen Einheiten des Reiches aber waren während des 1. und 2. Jahrhunderts n. Chr. die Städte mit ihrer Selbstverwaltung. Im Bereich der Wirtschaft ging die Bedeutung der Sklaverei zurück. Die Einstellung der Eroberungskriege und die Verkehrssicherheit innerhalb des Reiches ließen die Ergänzung des Sklavenmarktes schrumpfen. Die deshalb schon aus Profitinteressen nahegelegte humanere Behandlung, Asylschutz und Beschwerderecht der Sklaven wie der Einfluss religiöser und geistiger Bewegungen führten dazu, dass sich die Sklaven weithin mit ihrem Los abfanden. Gegen die Sklavenflucht, die insbesondere durch Arbeitskräftemangel in der Landwirtschaft zu erklären ist, wurde seit dem 2. Jahrhundert n. Chr. die staatliche Aktivität verstärkt. Größere soziale Erhebungen sind für die hohe Kaiserzeit nicht bezeugt. Erst dank der Stabilisierung des Systems konnte das Imperium Romanum die positiven Möglichkeiten der Idee einer Vereinigung der gesamten Kulturmenschheit in einem Staat erfüllen. Es gelang, die politische und wirtschaftliche Führungsschicht der unterworfenen Provinzen und selbst große Teile des Kleinbürgertums bewusst in diese Staatsordnung zu integrieren, sie zum militärischen Schutz und zur Verwaltung des Reiches heranzuziehen. [...]

M 5

Für Rom und ganz Italien löste dieser Prozess freilich auch einschneidende Rückwirkungen aus. Schon zu Ende des 1. Jahrhunderts n. Chr. war die alte politische Führungsschicht der römischen Nobilität praktisch verschwunden. Die cives Romani [römische Bürger] der Kaiserzeit aber sind generell eine rechtlich privilegierte und überwiegend sozial höher stehende Schicht des Gesamtreiches. An die Stelle der alten, vertikalen, ständischen Gliederung innerhalb der Stadt Rom trat nun eine breite, horizontale Schichtung, die auf das gesamte Reich ausgedehnt war. [...] Selbst die politische Vorrangstellung der Stadt Rom ging schließlich verloren. Die an den Reichsgrenzen linear aufgereihten Legionen und Hilfstruppen zogen notwendig die Befehlsstellen und Versorgungsbasen an sich heran. Am Ende der Entwicklung, die mit der Errichtung der festen, peripheren [an den Grenzen des Römischen Reiches liegenden] Legionslager und mit dem Bau des Limes einsetzt, stehen zu Beginn der Spätantike die vier Hauptstädte der Tetrarchie [Vierkaiserherrschaft], Trier, Mailand, Sirmium und Nikomedia [in Kleinasien], als sichtbarster Ausdruck für die Verlagerung der Gewichte.

In dieser Gesamtstruktur hielt sich das – nach modernen Schätzungen zur Zeit seiner größten Ausdehnung ca. 3,5 Millionen km² und rund 80 Millionen Einwohner (darunter 48 n. Chr. ca. 5,9 Millionen männliche römische Bürger) umfassende – Römische Reich bis in die Zeit Marc Aurels (161–180 n. Chr.).

K. Christ, Römische Geschichte, Darmstadt 1980, S. 144, ff.

Aufgaben

1. Untersuchen Sie das Bild- und Bauprogramm des Augustus. Welche Absichten verbergen sich dahinter?
   → Text, M1, M2
2. Wie beurteilen Sie den Tatenbericht und die in ihm zum Ausdruck kommende Bescheidenheit?
   → M3
3. Welche Darstellung gibt der Historiker Karl Christ von den Auswirkungen der Prinzipatszeit?
   → M4

3.4 Alltagsleben

Städte

Die römische Kultur beruhte wie die griechische auf einer städtischen Gesellschaft. Die Römer folgten bei der Anlage neuer Städte einem regelmäßigen Plan. Hervorstechendes Merkmal römischer Stadtgründungen war die von Ost nach West verlaufende Hauptstraße, die rechtwinklig von einer Nord-Süd-Achse geschnitten wurde. Die sich rechtwinklig schneidenden Straßen wurden von einer Stadtmauer umfasst. Den Mittelpunkt einer jeden römischen Stadt bildete das Forum. Hier spielte sich das politische, wirtschaftliche und religiöse Leben ab; hier wurde auch die Gerichtsbarkeit ausgeübt.

Oft schloss sich an das Forum die Basilika an, ein mehrschiffiger überdachter Hallenbau, in dem die öffentlichen Versammlungen stattfanden. Meist in einer Achse mit dem Forum errichtete man das Kapitol, den Haupttempel. Alle übrigen Bauten wie Theater oder Thermen wurden um das Forum errichtet. Ursprünglich war das einstöckige Einzelwohnhaus die Regel, später traten in den ärmeren Stadtvierteln mehrstöckige Mietshäuser hinzu.

Die Römer waren sich der sanitären Bedeutung einer ausreichenden kommunalen Wasserversorgung bewusst. Die meisten römischen Städte verfügten über eine funktionierende Wasserversorgung mit über- und unterirdischen Wasserleitungen. Heute noch kann man Technik und Konstruktion der brückenartigen Überlandleitungen, der so genannten Aquädukte, bewundern. Eine drucklose Gefälleleitung führte das Wasser zum höchsten Punkt der Stadt. Wo Tiefgelände zu überqueren war, geschah dies mit Wasserbrücken. Ansonsten lief das Wasser in unterirdischen Kanälen, wo es im Sommer frisch, im Winter frostgeschützt war.

Die Abführung des Abwassers und die Aufnahme des Quell- und Regenwassers erfolgte in allen größeren Städten in einer ausgebauten unterirdischen Kanalisation. Am bekanntesten dürfte die Cloaca Maxima

M 1 Der römische Aquädukt von Segovia in Spanien
Er leitete das Wasser einer 16 km entfernten Quelle in die Stadt und überbrückte ihr Zentrum mit 128 Bögen. Seine Höhe beträgt 30 m.

von Rom sein. Die Gewölbebogen dieser wohl ausgedehntesten Entwässerungsanlage haben einen Durchmesser von fünf Metern. Die gepflasterten Hauptstraßen waren nachts beleuchtet. Straßenreinigung, Müllabfuhr und Feuerwehr gehörten zu jeder größeren römischen Stadt.

Die Vorliebe der Römer für die Annehmlichkeiten des Lebens dokumentieren die heute noch in gutem Zustand erhaltenen gewaltigen Thermen. Diese beheizten Badeanstalten waren nicht nur technisch hoch entwickelt bezüglich ihrer Bodenheizung, ihrer Versorgung mit kaltem und warmem Wasser und ihrer architektonischen Eleganz. Sie waren zum Teil mit Marmor, Mosaiken, Standbildern und Säulenhallen ausgestattet. In den Großthermen konnten Tausende täglich baden. Die Bäder bildeten auch einen gesellschaftlichen Mittelpunkt. In ihnen konnten Leseräume, Bibliotheken und Sportanlagen benutzt werden. Als technisch vollendete Leistungen der Antike gelten die großen Thermen der römischen Kaiserzeit wie die Caracallathermen in Rom und die Kaiserthermen in Trier.

Straßen

Die berühmte Via Appia von Rom nach Capua kann noch heute wegen ihres glatten Steinbelags bewundert werden. Alte römische Heeres- und Handelsstraßen werden heute noch zum Beispiel in Süd- und Westdeutschland indirekt benutzt. Ein dem Reichsinteresse dienendes planmäßiges System von Fernstraßen, die zunächst für strategische Zwecke angelegt wurden, überzog das riesige römische Weltreich. Wissenschaftler schätzen die Länge des römischen Straßennetzes auf über 100 000 km.

M 2 Eine römische Landstraße bei Aleppo in Syrien
Das Bild der Landstraße zeigt noch heute, dass die Römer Meister des Straßenbaus waren.

M 3

Die Römer kombinierten bereits alle bekannten Elemente des Straßenbaus, wie zum Beispiel Fundament, Tragschicht, Verkittung und Pflasterung, zu einer technisch perfekten Methode.

Soldaten, Kaufleute und Ingenieure brachten über diese Straße die Vorstellungen römischen Ackerbaus, römischer Baukultur, römischer Sitten und die lateinische Sprache in die entlegensten Teile der alten Welt.

Baukultur

Die Errichtung römischer Steinbauten setzte die Erfindung des Mörtels voraus. Gewölbe, Aquädukte und Zisternen waren erst auf der Grundlage dieses aus Sand, Kalk und Ziegelmehl entwickelten Mörtels möglich. Typisch römisch sind auch die Ziegel als Baumaterial.

Neben Aquädukten, Thermen und Verkehrswegen schufen die Römer auch eindrucksvolle öffentliche Bauten: weitläufige Sportarenen, freistehende Triumphbögen als Symbole für Roms Macht und imposante Rundbauten mit einem halbkugelförmigen Gewölbe.

Spiele

Die Römer liebten leidenschaftlich Unterhaltungen aller Art. Öffentliche Spiele bildeten in ihren verschiedensten Erscheinungsformen einen wesentlichen Lebensinhalt. Dazu gehörten Zirkusspiele mit Wagenrennen und Tierhetzen. Der Zirkus bestand aus langen die Rennbahn flankierenden Sitzreihen. Ganz besonders beliebt waren die Gladiatorenspiele im Amphitheater. Alle größeren Städte besaßen Theater. Allein in Gallien wurden über 60 aus Stein erbaute Theater wiederentdeckt. Das römische Theater hatte die Form eines Hufeisens, an dessen offenen Enden sich die mehrgeschossige Bühne befand. Ursprünglich dienten die öffentlichen Veranstaltungen der Ehrung und Danksagung an die Götter.

M 4 **Das Colosseum in Rom,**
eigentlich Flavisches Amphitheater, erhielt seinen heute gebräuchlichen Namen durch eine Großstatue (Koloss) Kaiser Neros, die in der Nähe stand. Das Colosseum, das größte und berühmteste Amphitheater (vollendet 80 n. Chr.), war mit seinen vier Stockwerken 48,5 Meter hoch und bot etwa 50 000 Zuschauern Platz. Bei den Einweihungsfeierlichkeiten sollen während der 100-tägigen Spiele 9 000 Tiere den Tod gefunden haben. In nachantiker Zeit diente das Colosseum als Steinbruch.

Die Stellung der Frau in der römischen Gesellschaft

Die patriarchalische Machtstellung des Hausvaters stellt den charakteristischen Wesenszug der römischen Familie dar.

Dem Familienoberhaupt unterstand die Hausgemeinschaft: seine Kinder und deren Nachkommen, seine Ehefrau sowie die Ehefrauen seiner Söhne, die Freigelassenen einschließlich der Sklaven. Die Macht des Hausvaters blieb weitgehend unbegrenzt. Sie umfasste zum Beispiel das Züchtigungsrecht und das Recht zur Aussetzung neugeborener Kinder. Die Macht des Familienoberhauptes endete nicht etwa mit der Volljährigkeit der Söhne, sondern erst mit dem Tode des Hausvaters. In Bezug auf eine Tochter gab er mit ihrer Heirat seine Rechte an die Familie ihres Ehemannes ab.

Es gab zwei Grundformen der Ehe: Entweder ging die Frau vollständig in die Gewalt des Mannes über, wobei sie rechtlich die Stellung einer Tochter einnahm, oder die Frau blieb rechtlich aufgrund gegenseitiger Vereinbarung in der Gewalt ihres Vaters. In diesem Falle behielt sie ihren Geburtsnamen und konnte über ihr eigenes Vermögen verfügen.

Die römische Frau erhielt eine ihrer Herkunft entsprechende Ausbildung. Sie konnte in begrenztem Rahmen auch berufstätig sein (zum Beispiel als Näherin oder Hebamme). Von politischen Tätigkeiten blieb sie ausgeschlossen; sie konnte keine Staatsämter bekleiden. Ihre Aufgaben beschränkten sich gleichwohl nicht auf die Hausverwaltung und die Kindererziehung. Die Römerinnen lebten im Gegensatz zu den Athenerinnen nicht ganz so zurückgezogen. Sie nahmen mit ihren Ehemännern an Gastmählern auch außer Hause teil.

Sie besuchten Theateraufführungen und wohnten den Spielen in der Arena und im Zirkus bei. Die öffentlichen Thermen wurden in der Regel von den Geschlechtern getrennt benutzt. Seltener konnten die Thermen auch gemeinsam besucht werden. Künstlerische und intellektuelle Fähigkeiten einer Frau trugen durchaus zu ihrer Wertschätzung bei. Die Frauen der oberen Schicht waren aufgrund ihrer besseren Ausbildung im Verhältnis zu den Griechinnen politisch interessierter.

Erziehung und Bildung waren im Römischen Imperium nicht staatlich geregelt. In den vornehmen Familien wurden Söhne und Töchter meist von griechischen Hauslehrern (oft Sklaven) zweisprachig unterwiesen. Wer es sich leisten konnte, schickte seine Kinder auf private Schulen.

Das römische Schulwesen – weitgehend von den Griechen übernommen – gliederte sich in die Elementarschulen (7. bis 11./12. Lebensjahr), und in die höheren Schulen, die so genannten Grammatikschulen (12. bis 17. Lebensjahr). Begüterte junge Männer studierten an einer Rhetorikschule (Hochschule) in Italien oder an einer der berühmten Hochschulen in Griechenland oder Kleinasien. Junge Frauen vertieften ihre Bildung seltener bei Rhetorikprofessoren oder Philosophen, weil sie meist schon sehr früh verheiratet wurden.

Religiöse Kulte und frühes Christentum

Römische Religiosität

Die religiösen Vorstellungen der Römer lassen sich nicht auf der Grundlage einer Heiligen Schrift konkretisieren, wie das bei den Offenbarungsreligionen der Fall ist. Vielmehr ist davon auszugehen,

Eingeweidenschau
Relief vom Trajansforum in Rom, Anfang 2. Jahrhundert n. Chr.

dass sich die Ehrfurcht vor dem Göttlichen aus naturreligiösen Vorstellungen entwickelte. Die Römer schenkten von alters her übernatürlichen Kräften, die sich durch Zeichen zu erkennen gaben (zum Beispiel Gewitter, Winde), tiefe Beachtung. Die Allgegenwart einer Vielzahl von Göttern spielte für die Bewältigung des Alltags eine große Rolle. Keine wichtige Handlung – sei es des Einzelnen oder des Staates – erschien losgelöst vom göttlichen Wirken. So kann es nicht wundernehmen, dass die Römer bemüht waren, im Einklang mit dem Willen der Götter zu handeln. Daraus leitete sich das Bedürfnis ab, religiöse Vorschriften (zum Beispiel Rituale) genau einzuhalten.

Die Deutung göttlichen Willens und das daraus für den Menschen resultierende Verhalten waren typische Ausdrucksformen römischer Religiosität. Daraus erwuchs ein Kult, der durch ein strenges Zeremoniell bestimmt war. Für die Auslegung der komplizierten Zeichenlehre, zum Beispiel bei der Eingeweidenschau von Tieren oder dem Flugverhalten von Vögeln, benötigte man einen riesigen Apparat von bestimmten Priesterschaften (Auguren). Die sprichwörtliche Frömmigkeit der Römer zeigte sich in der strengen Einhaltung der religiösen Vorschriften und eines zeremoniellen Staatskultes. Götterverehrung und Opferkult waren Ausdrucksformen des römischen Staatslebens. Staat und Religion waren eng verflochten; römische Religiosität bedeutete immer politische Ergebenheit dem Staat gegenüber. Der Kaiser selbst war Pontifex Maximus (oberster Priester). Der Staat baute und unterhielt Tempel. Die Tempelpriester, die im öffentlichen Dienste standen, vollzogen den Kult im Staatsinteresse. Im Zuge der Expansion fanden später orientalische Göttervorstellungen Eingang in die römische Gesellschaft: Mithras-Kult (Persien), Kybele-Kult (Kleinasien) und der Isis-Osiris-Kult (Ägypten) stillten als Geheimkulte das individuelle Verlangen nach Erlösung. Fremde Gottheiten wurden von den Römern durch religiöse Umdeutungen in ihre Welt aufgenommen und mit lateinischen Namen benannt. Vor allem der Mithras-Kult fand im ganzen römischen Kaiserreich Anhänger.

Juden

Soweit sich die religiösen Kulte nicht gegen den staatlichen Kult stellten, konnten sie sich entfalten. Nur den Juden gegenüber waren die Römer großzügiger: Die Juden waren von der staatlichen Kultleistung ausgenommen, das heißt, sie waren nicht verpflichtet, römischen Gottheiten Opfer zu bringen. Durch Juden, die sich seit Beginn der Kaiserzeit in Rom niedergelassen hatten, drang die christliche Religion von Jerusalem ins Römische Reich. Die Christen wurden anfangs als Sekte des Judentums betrachtet. Sie selbst begriffen sich erst allmählich als eine von den Juden getrennte Glaubensgemeinschaft.

Christentum

Vor dem Hintergrund der zunehmenden Krisen des Römischen Reiches konnte sich die christliche Kirche mit ihrer Erlösungsbotschaft in den ersten Jahrhunderten im ganzen römischen Reich ausbreiten.

Wegen ihrer Absonderung von ihrer Umwelt nährten die Christen zunächst den Verdacht, Störenfriede und Feinde der staatlichen Ordnung zu sein. Eine gefühlsmäßige Ablehnung durch Nachbarn oder Arbeitskollegen drängte die Christen in eine Außenseiterrolle. Die Christen wurden als eine verbrecherische Vereinigung angesehen. Man warf ihnen zum Teil Gottlosigkeit und Unsittlichkeit vor.

Der allmähliche Niedergang des Reiches infolge der dauernden Grenzgefährdungen und der großen Wirtschaftskrisen wurde von vielen auf die Vernachlässigung der geheiligten römischen Tradition und der überkommenen Götter zurückgeführt. Allen Reichsbewohnern wurde befohlen, an allgemeinen Bittopfern teilzunehmen. Diese dienten der öffentlichen Respektierung des Kaisers.

Überzeugte Christen gerieten so in einen Loyalitätskonflikt und verweigerten das Kaiseropfer. Die Opferverweigerung führte zu Vermögens- und Gütereinziehung und Zwangsarbeit in Bergwerken.

Obwohl man die Christen schon frühzeitig als staatsgefährdende Verbrecher abstempelte, gab es bis in die Mitte des 3. Jahrhunderts keine systematische Verfolgung. Die späteren blutigen Verfolgungen durch aufgehetzte Volksmassen und durch Unterdrückungsmaßnahmen von Seiten der Staatsmacht sind sowohl unter politisch-religiösen als auch unter sozial-ökonomischen Gesichtspunkten zu betrachten. Im 1. Jahrhundert benutzten Nero (54–68) und Domitian (81–96) das Christentum, um von eigenen Schwächen und Verbrechen abzulenken. Die Unzufriedenheit der Volksmassen sollte sich an einer Minderheit abreagieren können. Spätere Kaiser – Decius (249–251), Valerian (253–260), Diokletian (284–305) – handelten mehr unter reichspolitischen Vorzeichen. Sie sahen durch die frühchristlichen Gemeinden die politische Einheit des Römischen Imperiums gefährdet.

Allgemein diente der Staats- und Herrscherkult als ideologische Klammer des vielschichtigen Reiches. Die Herrschenden fürchteten um die Integration des Römischen Reiches. Die wachsende Zahl von Christen sorgte folglich für innenpolitischen Sprengstoff. Trotz der Verfolgungen seitens der Staatsgewalt nahm die Zahl der Christen wieder zu. Daher änderten spätere Kaiser ihre Haltung gegenüber den Christen. Es setzte sich die Erkenntnis durch, dass man einen Großteil der römischen Bürger nicht aus religiösen Gründen unterdrücken konnte.

Um die Unterstützung der Christen in allen Provinzen zu gewinnen, erließ Konstantin ein Toleranzedikt (313 n. Chr.). Mit dieser kaiserlichen Anordnung waren fortan alle Religionen, darunter auch das Christentum, im Römischen Reich erlaubt.

Theodosius schließlich erklärte das Christentum zur Staatsreligion (381 n. Chr.), verbot alle Formen heidnischer Gottesdienste und untersagte sogar die Olympischen Spiele.

Chronologie

250 Beginn der allgemeinen Christenverfolgungen im ganzen Reich
303 Christenverfolgungsedikt für das Gesamtreich (Diokletian)
311 Zulassung des Christentums (Galerius)
313 Toleranzedikt von Mailand: Anerkennung des Christentums als erlaubte Religion (Konstantin)
381 Faktische Erhebung des Christentums zur Staatsreligion
392 Verbot aller Formen heidnischen Gottesdienstes

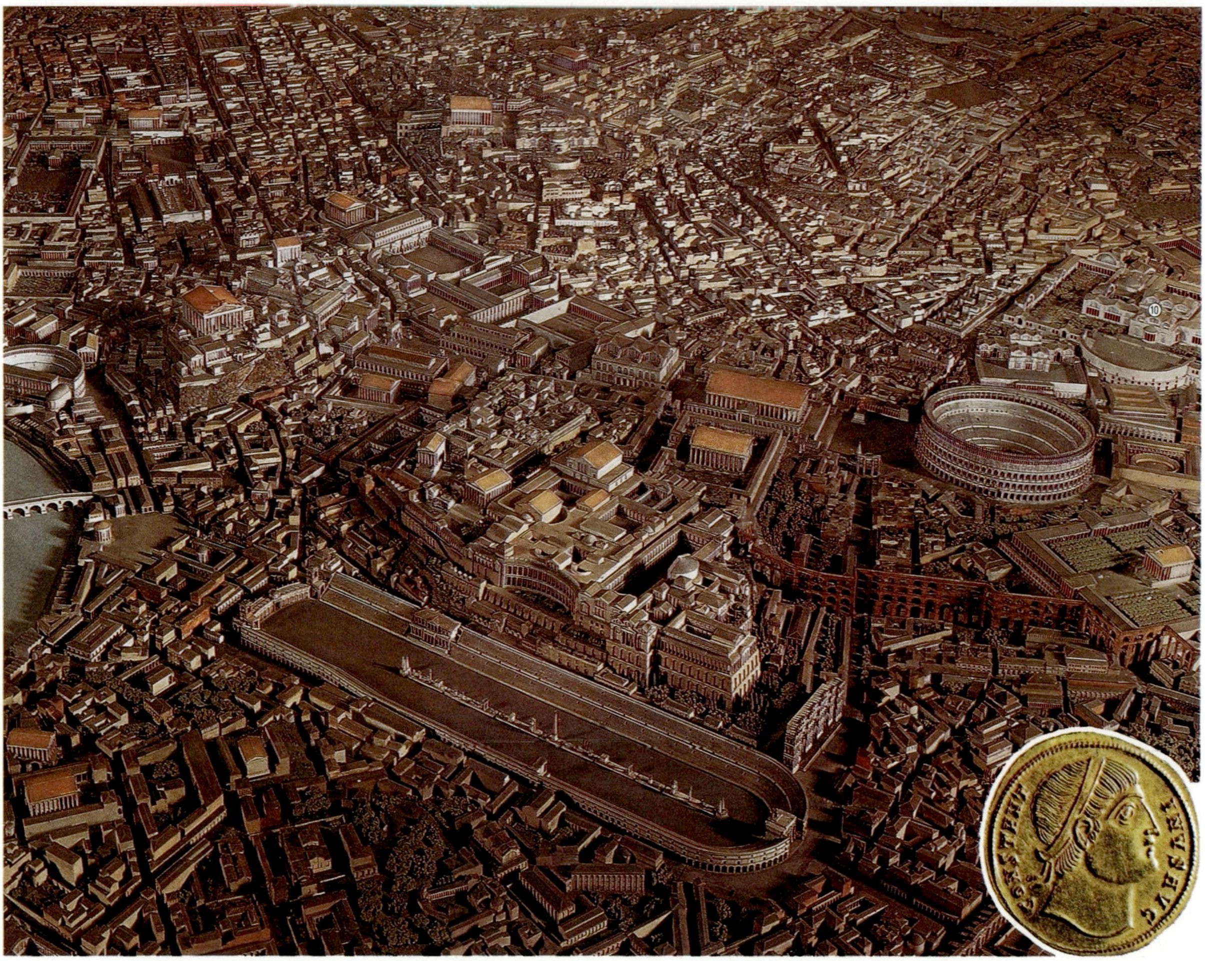

M 5 **Ein Modell der Stadt Rom im 4. Jahrhundert nach Chr.**

von Italo Gismondi (Museo della Civiltà Romana). Die Ansammlung imposanter Bauwerke und das hohe zivilisatorische Niveau dieser Stadt erklären sich in erster Linie dadurch, dass hier die Reichtümer aus den Provinzen und eroberten Ländern zusammenflossen. Die große Mehrheit der städtischen Bevölkerung wurde durch eine regelmäßige staatliche Getreidezuteilung (annona) unterstützt.

M 6 **Das neue Rom des Augustus (31 v. Chr.–14 n. Chr.)**

Den Ausbau der städtischen Infrastruktur schildert die Historikerin Marion Giebel:

„Die Hauptstadt, die nicht der Würde des Reiches entsprechend ausgebaut war und oft durch Hochwasser und Großfeuer Schaden nahm, verschönerte Augustus in solchem Maße, dass er sich zu Recht rühmen durfte, er hinterlasse eine Stadt aus Marmor an Stelle der aus Ziegeln, die er vorgefunden habe. Für die Sicherheit Roms aber sorgte er, soweit es nach menschlicher Voraussicht möglich war, sogar bis in die Zukunft hinein.“ (Sueton, ca. 70–140 n. Chr., röm. Gelehrter). Die städtebaulichen Vorhaben bildeten ein gewaltiges Investitionsprogramm für fast zwei Jahrzehnte. Für die Bauten wurden die Marmorbrüche von Carrara erschlossen. […] Weniger spektakulär, aber vielleicht noch wichtiger waren die groß angelegten Urbanisierungsmaßnahmen. Sie kamen den einfachen Bürgern zugute, die nachts nicht ruhig schlafen konnten, weil sie Feuer, Hochwasser oder den Einsturz ihrer bis in schwindelnde Höhen gebauten Quartiere fürchteten.
Ganz Rom wurde in einzelne Distrikte eingeteilt, denen Freigelassene als Bezirksvorsteher vorstanden. Die zahlenmäßig große, aber gering geschätzte Klasse der Freigelassenen erfuhr damit eine Aufwertung. […] Die Bezirksaufseher waren für die Aufrechterhaltung der öffentlichen Ordnung und Sicherheit verantwortlich.
Polizeistreifen patrouillierten des Nachts, um Überfälle zu verhindern und Brände im Aufflackern zu

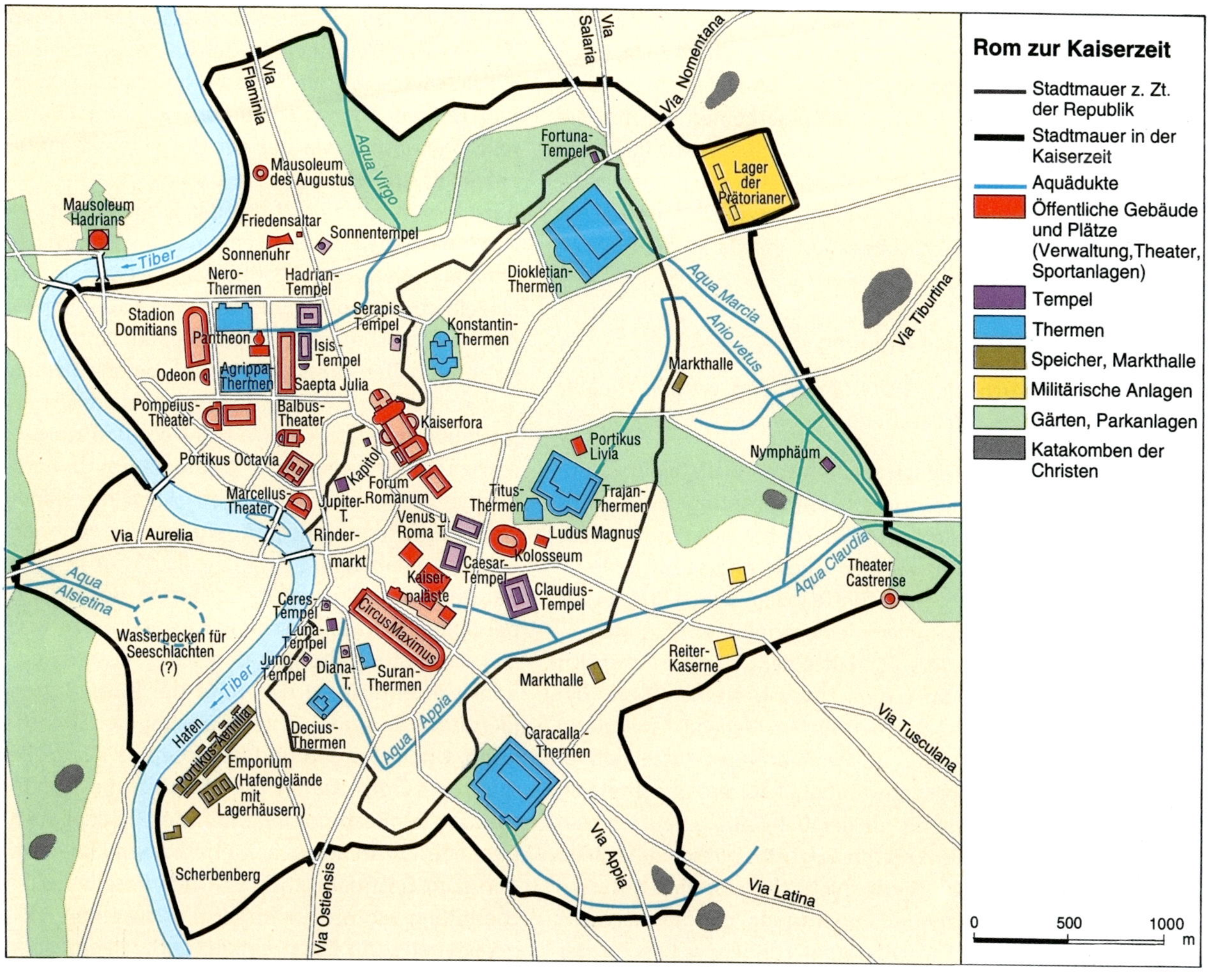

M 7

ersticken, bei Tag hatten sie unter andere Neubauten zu überwachen, damit die erlaubte Geschosshöhe der Mietshäuser von 20 Meter nicht überschritten und kein minderwertiges Baumaterial verwendet wurde. Wasserinspektoren sorgten für die Verbreiterung und die Reinhaltung des Tiberbettes. Das Abwassernetz der cloaca maxima wurde erneuert und ausgebaut. Die Verbesserung der Trinkwasserversorgung war das Werk des großen Baumeisters Agrippa. Er ließ eine Wasserleitung aus der Gegend von Tivoli bis nach Rom legen, die Aqua Vergine, die noch heute die berühmten Brunnen Roms speist, darunter die Fontana dei Trevi. Dank Agrippa gab es in Rom eine so großzügige Wasserversorgung auch für Privathaushalte, wie sie erst wieder in unserer Zeit erreicht wurde. Die Arbeiten wurden unter der Leitung des bedeutenden Architekten und Wasserbau-Ingenieurs Vitruv [Autor der berühmten „zehn Bücher über die Baukunst"] ausgeführt.

Für die Instandhaltung der weit verzweigten Systeme bedurfte es einer Wasseraufsichtsbehörde, und um Beschädigungen und Verunreinigungen zu verhindern, mussten Verordnungen und Gesetze erlassen werden, wie sie uns aus dem Werk des Frontinus [Schriftsteller und Direktor der Wasserversorgungsbetriebe] über die Wasserleitungen Roms überliefert sind.

An diesen vorbildlichen und zukunftsweisenden Urbanisierungsmaßnahmen ist eine Entwicklung abzulesen, die nicht nur für Rom typisch ist. Soziale Maßnahmen erfordern einen immer stärkeren Ausbau des staatlichen Verwaltungsapparates samt einer Flut von Gesetzen und einengenden Regelungen aller Art: je mehr Wohlfahrt, desto mehr Staat. Allzuviel Luxus und Bequemlichkeit aber führen zu Überdrusserscheinungen. Horaz [röm. Dichter und Lyriker, 65–8 v. Chr.] erklärte, ihm behage das fürstlich herausgeputzte Rom nicht. Er zog das Leben auf dem Lande vor. […] Die Römer aber, die in engen, stickigen Mietwohnungen hausten, sehnten sich nicht „zurück zur Natur". Sie waren dankbare Benutzer der Thermen, die Agrippa für sie erbaute. Mit ihnen begann die einzigartige römische Badekultur, die sich bald bis in die äußersten Provinzen des Reiches ausbreitete. Mit ihren Dampfbädern, Kalt- und Warmwasserbassins, Schwimmhallen und Massageräumen dienten die Thermen der Hygiene und Gesundheitspflege. Sie besaßen aber auch Gymnastikräume, Ballspielplätze, Vortragssäle, Bibliotheken und Ausstellungshallen, dazu Einkaufspromenaden und Oasen der Ruhe.

M. Giebel, Augustus, Hamburg 1985, S. 92 ff.

M 8 Soziale Ordnung

Der Archäologe Paul Zanker zeigt, wie das Theater die Sozialstruktur widerspiegelt:

Die neuen Theater spielten aber auch für die Konsolidierung der Gesellschaftsordnung eine nicht geringe Rolle, denn hier konnte sich das römische Volk in seiner sozialen Gliederung selbst erleben. Der Theaterbesuch führte jedem seinen Platz in der Gesellschaft immer wieder sinnfällig vor Augen.
Schon im 2. Jh. v. Chr. hatte der Senat zunächst sich selbst die untersten Zuschauerreihen bzw. die Orchestra, später den Rittern den nächsten Rang reserviert. Auch diskriminierende Plätze gab es bereits in der späten Republik. Cicero berichtet von einer Abteilung, in der die Bankrotteure sitzen mussten. Hier knüpfte Augustus mit seiner lex Iulia theatrialis an. Sie enthielt offenbar eine differenziertere Sitz- und Rangordnung, die gleicherweise Ehrungen und Diskriminierungen vorsah. In der Orchestra saßen die Senatoren, unter ihnen herausgehoben die Priester und Magistrate. Dann folgten die Ritter mit einem Zensus von mindestens 400 000 Sesterzen. Nach diesen im breiten Mittelfeld die freien römischen Bürger, nach tribus [Stadtteilen] geordnet wie bei der Getreideverteilung: panem et circensens [Brot und Spiele].
Ganz hinten hatten Nichtbürger, Frauen und Sklaven Platz zu nehmen, soweit ihnen der Besuch des Theaters überhaupt erlaubt war. Leider sind die Einzelheiten unvollständig und unklar überliefert. Aber wir wissen z. B., dass Soldaten vom Volk getrennt saßen, dass die Knaben eigene Reihen neben ihren Erziehern hatten und dass die Ehegesetze bessere Plätze für Verheiratete und Kinderreiche und zeitweise sogar Theaterverbot für hartnäckige Junggesellen vorsahen. Auch die Handwerkerkollegien scheinen eigene Abteilungen gehabt zu haben.
Bei der enormen gesellschaftlichen Bedeutung der Spiele betrafen solche Heraushebungen und Diskriminierungen, betraf solches Zusammen- oder Getrenntsitzen den Kern der bürgerlichen Identität. Die starke Differenzierung der Sitzordnung, Überwachung und gegenseitige Kontrolle durch die Betroffenen erleichterten die Durchführung der Bestimmungen. Da der Princeps auch bei anderen Anlässen, etwa bei seinen Einladungen zum Gastmahl, strikt auf den gesellschaftlichen Rang achtete, indem er u. a. nie einen Freigelassenen zum Essen einlud, andererseits aber jeder Rang seine eigenen Aufgaben und Würden zugeteilt bekam und die Chance des langsamen Aufstiegs durchaus bestand, wurde die strenge pyramidale Struktur der Gesellschaft von ihren Mitgliedern weitgehend akzeptiert. Das Erlebnis der Gemeinschaft bei Ritual und Fest förderte den Prozess der Verinnerlichung dieser Ordnung sicher erheblich.
Selbst die Architektur der Theater trug zur Verdeutlichung und Einprägung der sozialen Schichtung bei. Bei den vielen Neu- und Umbauten wurden die verschiedenen Ränge klarer voneinander abgeteilt als bisher, und zwar nicht nur optisch. Auch die kunstvollen Substruktionen, auf denen die halbkreisförmige cavea (Zuschauerraum) lag, traten jetzt in den Dienst der sozialen Ordnung.

P. Zanker, Augustus und die Macht der Bilder, München 1987, S. 154 f.

M 9 Römisches Theater von Arausio (Orange/Provence)

M10 **Römische Mosaike**

Die Amphitheater Roms waren der Schauplatz von unterschiedlichen Formen der Massenunterhaltung. In wechselnden Kombinationen wurden Tiere aufeinander gehetzt, z. B. Hunde gegen Bären. Dann ließ man wilde Tiere auf bewaffnete oder unbewaffnete Menschen los. Zu guter Letzt kämpften Menschen gegeneinander um Leben oder Tod. Die Gladiatoren unterschieden sich im Hinblick auf ihre Bewaffnung. Auf den überlieferten Bildern lassen sich Dreizack, Beinschiene, Schild, Ärmelschutz, Leibgürtel, Helm, Dolch und Schwert erkennen. Ihre Ausbildung erhielten die Kämpfer in Gladiatorenschulen, die mit Waffenschmieden, Trainern und Ärzten ausgestattet waren. Die Jagd- und Tierhetzen (venationes) nahmen im Laufe der Zeit einen immer größeren Umfang an. Von Caesar ist bekannt, dass er allein 1000 Löwen, Leoparden und andere Wildkatzen als Nachschub für die Spiele kommen ließ. Als Höhepunkt eines jeden Spektakels galten die Gladiatorenkämpfe. Die Gladiatoren rekrutierten sich aus Kriegsgefangenen, Sklaven und Kriminellen und konnten (im allergünstigsten Fall) eine große Popularität erringen – vergleichbar heutigen Spitzensportlern. Die extrem blutigen Schauspiele können als Anzeichen für eine zunehmende Abstumpfung bzw. Brutalisierung der Zuschauer interpretiert werden. Am Ende des 2. Jahrhunderts n. Chr. erhöhte sich die Zahl der Tage mit Theateraufführungen und Spielen auf 135 im Jahr. Diese wurden mit öffentlichen Geldern finanziert und dienten zweifellos der politischen Ruhigstellung der römischen Stadtbevölkerung. [F. B.]

M11 **Brot und Spiele**

Wagenrennen, Tierhetzen und Gladiatorenkämpfe bildeten die Säulen der volkstümlichen Freizeitkultur der Römer. Der Althistoriker Karl Christ schildert den Unterhaltungsbetrieb:

Panem – et circenses! Die Spiele der verschiedensten Art nahmen innerhalb der römischen Zivilisation einen immer bedeutsameren Platz ein; sie wurden schließlich mit ihr sinnfälligster Ausdruck. Überwog bei ihnen ursprünglich stets der religiöse Bezug, der auch später noch vor allem in den Eröffnungszeremonien mit ihrer feierlichen Götterprozession gewahrt wurde, so dominierte zur Zeit der späten Republik und während des Principats eindeutig der politische Zusammenhang. Dienten sie anfangs dazu, den Göttern für ihre Hilfe zu danken, so feierten sie später, insbesondere seit Sulla und Caesar, die großen militärischen Erfolge, Gedenktage und Leistungen der principes und ihres Hauses. Ihre riesigen Aufwendungen waren der Preis für die Ambitionen [hier: Machtstreben] und das Prestige der Politiker, Feldherrn und schließlich der principes, deren augenfälliger Tribut an das römische Volk.

Bestanden die Spiele zunächst lediglich aus Theateraufführungen und vor allem aus Wagenrennen, so traten bald Tierhetzen, die Fechterspiele der Gladiatoren, immer ausgesuchtere Wettkämpfe und prachtvolle Inszenierungen, auch zur See, hinzu. Die Häufung der Effekte, die Steigerung der Emotionen, der Einsatz aller technischen Möglichkeiten bestimmten die weitere Entwicklung. Dabei wurde jedoch die Substanz immer inhumaner. […]

Als Gladiatoren fochten nicht nur Sklaven und Kriegsgefangene, sondern häufig Verbrecher, die aufgrund der verschiedensten Vergehen in die Arena verurteilt waren, bekanntlich auch sehr viele Christen, andererseits jedoch selbst freie Bürger, gescheiterte Existenzen und schließlich einzelne Mitglieder der Führungsschicht, welche die exzessiven [übermäßigen] Erregungen einer solchen Form der Existenz der Monotonie ihres Daseins vorzogen. Die freiwilligen Gladiatoren legten einen Eid darauf ab, sich „mit Ruten hauen, mit Feuer brennen und mit Eisen töten zu lassen".

Das Gladiatorenwesen war umfassend organisiert. Spezielle Unternehmer unterhielten Gladiatorenfamilien, sorgten für Nachschub, ließen die Männer ausbilden, verpachteten und verkauften sie wieder. Sie übernahmen vor allem in den kleineren Städten des Imperiums im Auftrag der Magistrate die Ausrichtung der Spiele. Training und Ausbildung der Gladiatoren erfolgten in besonderen Schulen. […]

Die Gladiatorenkämpfe selbst, die sich oft tagelang hinzogen, wurden in der Regel durch Scheinfechter eröffnet und durch Vorkämpfer, die lediglich mit hölzernen Waffen aufeinander losgingen. Erst danach kämpften die Gladiatoren in den verschiedensten Zusammenstellungen. Sie kämpften unter oft frenetischer [rasender] Anfeuerung und inmitten einer wahren Massenhysterie. Sie kämpften so lange, bis einer der Partner getötet oder zumindest schwer verletzt war, sodass er aufgeben musste. Dann forderte die Menge durch Tücherschwenken oder erhobene Daumen die Begnadigung, oder, nicht selten, durch gesenkte Daumen den Tod. Die Entscheidung darüber fällte jedoch stets der Präsident des Spiels, der Magistrat, der es veranstaltete, oder der princeps. Er beschenkte auch die Sieger mit goldenen Schalen, Kronen und Goldstücken, außerdem erhielt der Sieger einen Palmzweig. Die Masse der Zuschauer wurde in einen wahren Blutrausch versetzt.

Auch die Massierung der Kämpfe stumpfte schließlich ab. So gingen schon Caesar und Augustus dazu über, „Naumachien" [Seeschlachten; Darstellung von Seeschlachten in Amphitheatern] zu veranstalten, die den Einsatz großer Gladiatorentruppen in Seeschlachten boten, welche in der Regel historisch drapiert [ausgeschmückt] waren, zum Beispiel den Kampf griechischer gegen persische Schiffe zeigten. Das non plus ultra [Unübertreffbare] in dieser Beziehung bescherte die Naumachie des Claudius im Jahre 52 n. Chr. auf dem Fucinersee, als zwei Flotten mit jeweils 19 000 Mann gegeneinander fochten. Auch Domitian präsentierte Spiele dieser Art.

K. Christ, Die Römer, München 1984, S. 119 ff.

M12 **Domus (unten)**

Die städtische Durchschnittsbevölkerung lebte in mehrstöckigen Mietshäusern, insulae genannt, den

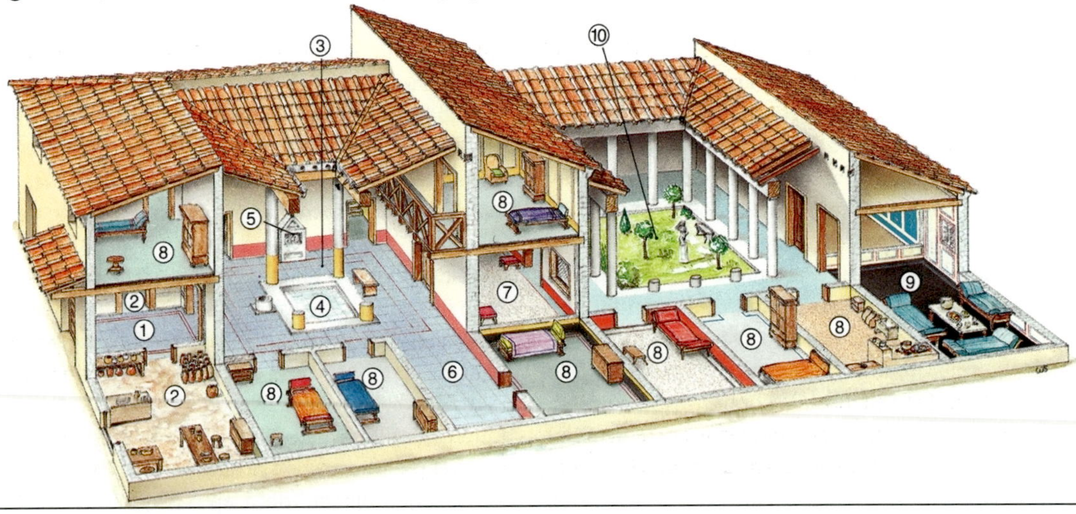

① Eingang; ② Läden; ③ Atrium; ④ Regenbecken; ⑤ Hausaltar; ⑥ Seitenflügel; ⑦ Empfangsraum; ⑧ Wohn-, Schlaf- und Wirtschaftsräume; ⑨ Speiseraum; ⑩ Garten mit Säulenhalle (Peristyl)

unsrigen durchaus nicht unähnlich. Im Rom des 4. Jahrhunderts n. Chr. zählte man ca. 46 000 davon. Der wohlhabende Bürger bewohnte ein Einzelhaus (domus). Es bestand aus zwei Teilen: vorne das Atrium, es diente auch dem Empfang von Klienten, und im hinteren Teil das Peristyl mit einem offenen Innenhof, der die angrenzenden Räume mit Licht versorgte. Man geht heute allgemein davon aus, dass die Sphäre der Privatheit mit der Distanz zum Eingang zunahm. Typisch für die Architektur waren auch die fensterlosen Mauern, die das Anwesen nach außen abschirmten. In vielen (nicht nur nordafrikanischen) Ländern findet diese Wohnkultur noch heute eine Entsprechung. [F. B.]

M13 Römischer Staat und Christentum

Die folgenden drei Dokumente markieren das Ende der Christenverfolgungen und die Erhebung des Christentums zur Staatsreligion:

a) Kaiser Galerius
Toleranzedikt (311)

Sie dürfen also wieder Christen sein und ihre Versammlungsstätten wieder herrichten, unter der Bedingung jedoch, dass sie in keiner Weise gegen die Ordnung handeln. In einem weiteren Schreiben werden wir den Provinzgouverneuren Anweisung geben, was sie zu beachten haben. Aufgrund dieses unseres Gnadenerlasses ist es deshalb ihre Pflicht, zu ihrem Gott für unser Heil, für das des Staates und für ihr eigenes zu beten, damit das Staatswesen in jeder Hinsicht unversehrt bleibt und sie selbst sicher in ihren Wohnsitzen leben können.

b) Kaiser Konstantin
Religionsfreiheit für die Christen (313)

[...] In heilsamer und vernünftiger Erwägung glaubten wir, den Entschluss fassen zu müssen, ganz und gar keinem die Erlaubnis zu versagen, sich der Religionsausübung der Christen oder der ihm sonst am ehesten zusagenden Religion zu ergeben, damit die höchste Gottheit, deren Verehrung wir aus freiem Herzen ergeben sind, uns in allem ihre gewohnte Gunst und Gnade erzeige. [...]

c) Kaiser Theodosis
Das Christentum wird Staatsreligion (381)

Alle Völker, über die wir ein mildes und maßvolles Regiment führen, sollen, so ist unser Wille, in der Religion verharren, die der göttliche Apostel Petrus den Römern übergeben hat, wie es die von ihm verkündete Religion bis heute erklärt, und zu der sich der Bischof Damasus [von Rom] und auch der Bischof Petrus von Alexandrien, ein Mann von apostolischer Seligkeit, offensichtlich bekennen [Es folgt das Bekenntnis für den Dreifaltigen Gott]. Nur diejenigen, die diesem Gesetz folgen, sollen, so gebieten wir, katholische Christen heißen; die Übrigen aber, die wir für toll und wahnsinnig halten, sollen den Schimpf ketzerischer Lehre tragen. Auch dürfen ihre Versammlungsstätten nicht als Kirchen bezeichnet werden. Endlich soll sie vorab die göttliche Vergeltung, dann aber auch unsere Strafgerechtigkeit treffen, die uns durch himmlisches Urteil übertragen worden ist.

Zit. nach: Funkkolleg Religion, Nr. 6, Tübingen 1984, S. 57 f.

Aufgaben

1. Welche Bedeutung kam der römischen Stadt zu? Worin sind die zivilisatorischen Leistungen der Städtebauer zu sehen?
   → Text, M2, M4–M7, M9
2. Identifizieren Sie mithilfe der Karte die wichtigsten Gebäude Roms.
   → M5, M7
3. Welche Stellung nahm die Frau in der römischen Gesellschaft ein?
   → Text
4. Welchen Stellenwert hatten die öffentlichen Spiele im Leben der Römer? Welche politischen bzw. gesellschaftlichen Funktionen besaßen die Massenveranstaltungen?
   → M8, M11
5. Vergleichen Sie die ursprüngliche Religionsauffassung der Römer mit dem Christentum. Warum wurden die Christen verfolgt?
   → Text
6. Aus welchen Gründen wurde das Christentum zur Staatsreligion?
   → Text, M13
7. Erörtern Sie die Frage, wie sich das hohe zivilisatorische Niveau der römischen Gesellschaft mit ihrem Hang zur Grausamkeit, zum Beispiel in den Massenveranstaltungen, verträgt.
   → Text, M10, M11

3.5 Leistungen des Römischen Reiches

Romanisierung der Provinzen

In den Provinzen setzte sich die von den Römern mitgebrachte Kultur rasch durch. Dieser Prozess der Verbreitung römischen Kulturgutes, auch Romanisierung genannt, erfasste zuerst Spanien, Gallien und Nordafrika. Städtische Kultur, Landwirtschaft, Weinbau, gewerbliche Produktion sowie Straßenbau und Wasserleitungssysteme wurden nach römischem Muster gefördert. Eine besondere Rolle spielten als Träger der Romanisierung die Militärlager und die sich an sie anlehnenden Kaufmanns- und Handwerkersiedlungen, aus denen später Städte erwuchsen. Die römischen Legionäre blieben oft als römische Bürger nach ihrer Entlassung in den Provinzen und trugen erheblich zur Ausbreitung der Civitas Romana, des römischen Bürgerrechts, bei. Da römische Herrschaft notwendigerweise auf das Bindeglied der städtischen Ansiedlung zwischen der Metropole Rom und dem einzelnen Bürger angewiesen war, wurden zu allererst Städte gegründet. In den Städten herrschte Selbstverwaltung. Die Amtssprache war im Westteil des Reiches lateinisch, im Osten überwiegend griechisch.

Die einheimische Bevölkerung wurde in die Romanisierung einbezogen, wobei oft römische und bodenständige Elemente miteinander verschmolzen. In den wirtschaftlich weiterentwickelten und bevölkerungsreichen Ostteilen des Reiches, die auf eine alte griechische Kulturtradition zurückblicken konnten, entwickelte sich eine lateinisch-griechische Doppelkultur: Während Militär, Verwaltung und Rechtswesen lateinisch geprägt waren, überwog in Wissenschaft und Bildung die griechische Kultur. Romanisierung meint neben der Annahme römischer Lebensformen (Sprachgewohnheiten, Arbeitstechniken und religiöser Anschauungen) die allmähliche Übertragung des römischen Bürgerrechts auf alle Reichsbewohner.

Römisches Recht

Für die Römer nahmen seit den Anfängen ihres politischen Gemeinwesens das öffentliche und das private Recht eine zentrale Stellung ein. Staatliche Ordnung bedeutete zunächst Rechtsordnung.

Das römische Recht, wie es sich vom Zwölftafelgesetz (451 v. Chr.) bis zur Gesetzessammlung des Corpus Juris Civilis unter Kaiser Justinian (534 n. Chr.) entwickelte, ist eines der bedeutendsten Vermächtnisse der Römer an ihre Nachwelt. Die Römer orientierten sich in ihrem Rechtsdenken an der Tradition der Vorfahren und versuchten neu zu schöpfendes Recht so weit wie möglich aus Bewährtem abzuleiten. Die Jurisprudenz (Rechtswissenschaft) wurde von den Römern zu einer eigenständigen Wissenschaft ausgebaut. Römische Rechtsgelehrte behandelten an konkreten Einzelfällen Rechtsentscheide, indem sie die jeweils besondere Situation durch Vergleich und Kontrastierung darstellten. Darüber hinaus haben die Römer auch grundlegende Rechtsnormen entwickelt, die noch heute in vielen Ländern Gültigkeit besitzen, wie zum Beispiel in Zweifelsfällen sich für den Angeklagten zu entscheiden, niemanden ohne Anhörung zu verurteilen, niemanden für diesselbe Tat zweimal zu bestrafen oder bei einem Rechtsstreit immer beide Parteien anzuhören. Der Einfluss des Römischen Rechts schlägt sich in der Bundesrepublik Deutschland bis heute in Rechtssätzen des Bürgerlichen Gesetzbuches nieder.

Unter dem Orbis Romanus, dem römischen Erdkreis, verstand man nicht nur die politische Einheit des Römischen Reiches oder den riesigen gemeinsamen Markt und Handelsumschlagplatz um das Mittelmeer, sondern auch die von Rom geprägte Kulturwelt.

Militäranlagen

Nach der militärischen Besetzung des Gebietes nördlich der Alpen bis an Rhein und Donau durch römische Truppen seit Mitte des 1. Jahrhunderts v. Chr. wurden die ansässigen Kelten und Germanen schrittweise in den folgenden Jahrhunderten in das römische Militär- und Wirtschaftssystem eingegliedert. Die römischen Legionäre errichteten an strategisch wichtigen Punkten Militärlager, bauten Straßen und übten die Polizeigewalt in den besetzten Gebieten aus. Von den Militärlagern und den sie umgebenden zivilen Siedlungen und der Niederlassung von Veteranen (ausgedienten Soldaten) aus dem gesamten römischen Weltreich gingen die entscheidenden kulturellen und zivilisatorischen Einflüsse auf die einheimische Bevölkerung aus, die eine provinzial-römische Kultur zur Folge hatten.

Zur Sicherung der Nordflanke des römischen Imperiums gegen die Germanen errichteten die Römer Festungen an Rhein und Donau. Der Keil zwischen dem Oberrhein und der oberen Donau wurde durch den Limes, einen Grenzwall mit Palisadenmauer, Graben und Türmen, gegen das unbesetzte Germanien gesichert.

Handel und Verkehr

Die Gestaltung des Verkehrs- und Städtewesens während der Römerzeit prägt bis heute Städte wie Köln, Bonn, Mainz und Straßburg am Rhein beziehungsweise Regensburg und Wien an der Donau oder

M 1

Augsburg und Kempten im Inneren der Provinz Rätien. Die römischen Niederlassungen befanden sich in alten Siedlungsgebieten am Mittelrhein und an der Mosel (Köln, Trier, Mainz) sowie am Oberrhein (Straßburg, Basel).

Von Römern geplante Städte (wie zum Beispiel Köln und Trier) sowie die aus Kaufmanns- und Handwerkersiedlungen in der Nähe von Legionslagern aufgestiegenen Städte (wie zum Beispiel Mainz und Neuss) trugen zur Verbreitung römischer Lebensformen aus dem Mittelmeergebiet bei. Römische Plangrundrisse sowie monumentale Ruinen wie Amphitheater, Thermen oder Verwaltungspaläste künden noch heute von der einstigen Pracht römischer Stadtkultur.

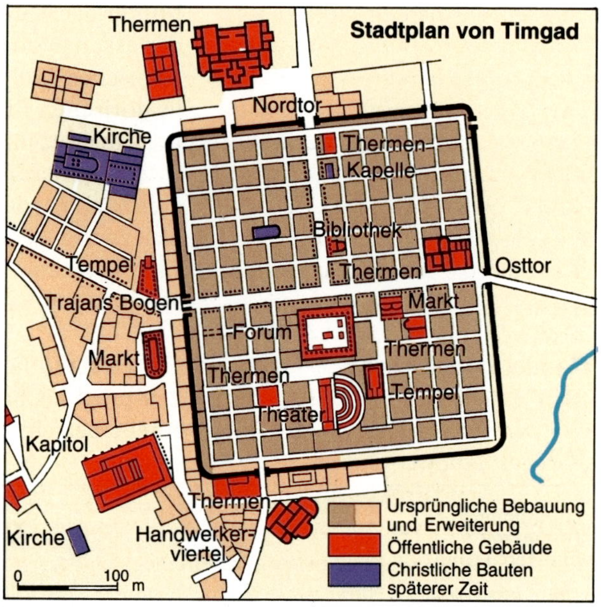

M 2 Luftaufnahme und Stadtplan von Timgad in Nordafrika
Die Stadt wurde um 100 n. Chr. als römische Kolonie gegründet und im 7. Jahrhundert von den Arabern zerstört. Der schachbrettartige Grundriss zeigt die Anlage nach Plan. Ausgrabungen um 1900 legten mehrere Tempel, Forum, Markt, Thermen und Theater frei. Die Gründung erfolgte vermutlich als Schutz gegen Stämme der Numidier.

Die Römer bauten die zumeist schon vorhandenen Wege zu guten Straßen aus, die nicht nur den militärischen Transporten dienten, sondern auch dem zivilen Handel. Ausgrabungen dokumentieren einen umfangreichen Güteraustausch zwischen den Mittelmeerregionen und den Gebieten nördlich der Alpen. So fanden zum Beispiel Öl, Datteln, Feigen, Gewürze und Wein den Weg ins Rheinland. Die Germanen jenseits der Grenzen bezogen Schmuck, Glasprodukte und Keramik von den zivilisatorisch überlegenen Römern und lieferten ihrerseits landwirtschaftliche Produkte, Vieh, Felle und Honig.

Das Gebiet des heutigen deutschen Südwestens gehörte den beiden römischen Provinzen Rätien und Obergermanien an. Der obergermanische Stadthalter (procurator) residierte in Mainz (Mogontiacum), der Prokurator von Rätien in Augsburg (Augusta Vindelicum). Archäologische Forschungen weisen insbesondere für diesen südwestdeutschen Raum Gutshöfe (villae rusticae) mit ausgedehnten Wohn- und Wirtschaftsgebäuden nach. Diese großen Landgüter bildeten die Zentren der Agrarproduktion. Sie brachten einen landwirtschaftlichen Fortschritt in diese Region.

Auf diesen Latifundien, die mit Sklaven und später auch mit unfreien Bauern bewirtschaftet wurden, entwickelte sich im Folgenden die Agrar- und Sozialstruktur des Mittelalters.

M 3 **Die Leistungen des Römischen Reiches**

Eine kritische Bestandsaufnahme liefert der Historiker Balsdon in seiner „Geschichte eines Weltreiches":

Europa westlich und südlich von Rhein und Donau, Kleinasien, Syrien, Ägypten, Nordafrika sowie Britannien auf der anderen Seite des Meeres und vorübergehend auch Dakien [das Gebiet nördlich der unteren Donau] bildeten eine in sich geschlossene Welt, mit hervorragenden und vor allem sicheren Straßen und guten Seeverbindungen, die durch Piraten kaum gestört wurden. Der Handel drang in entfernte Gegenden vor und breitete sich rasch aus, desgleichen Religionen und Ideen. Der Genius der Welt war ein einziger. Große Werke der Architektur und Ingenieurskunst beschränkten sich nicht auf die Hauptstadt, sondern waren über die ganze römische Welt verstreut: das Aquädukt von Segovia in Spanien und der Pont du Gard in Südfrankreich, die Theater von Aspendus in der Türkei und von Sabratha in Tripolitanien [röm. Provinz in Nordafrika; Libyen], die Amphitheater von Nimes in Südfrankreich und von El Djem in Tunesien, die östlich beeinflusste Architektur von Palmyra und Baalbek, die Brücke Julius Lacers von Alcantara in Spanien aus dem beginnenden 2. Jahrhundert n. Chr., „die alle Jahrhunderte des Bestehens der Welt überdauern sollte" und bis jetzt auch überdauert hat [...]. Wer wollte all die Bauwerke aufzählen?

Es war ein Reich mit wenig Sprachschwierigkeiten, in dem die Kenntnis von zwei Sprachen ausreichte; im Westen genügte das Lateinische. [...]

Für das ganze Reich galt ein Recht. Es war human, erfinderisch, wurde unablässig überdacht, korrigiert und den wechselnden Umständen angepasst; denn für die Römer war das Recht stets die Grundlage zivilisierten Lebens. [...]

Zivilisiertes Leben hieß städtisches Leben, und kaum ein Gefühl war weiter oder stärker im ganzen Reich verbreitet als der Kommunalstolz. Städte, die durch ihre wirtschaftlichen Möglichkeiten zu Wohlstand gekommen waren, wuchsen und gediehen derart, dass sie beinahe mit der Pracht Roms konkurrieren konnten.

Im 4. Jahrhundert zählte Ammianus Marcellinus die großen Städte entsprechend ihrer Prachtentfaltung der Reihe nach auf. Rom kam selbstverständlich an erster Stelle, ihm folgte Konstantinopel, das frühere Byzantium, das Konstantin neu erbaut hatte, nachdem es von Septimius Severus geplündert und zerstört worden war, die zweite Hauptstadt des Reichs. Danach kamen Karthago, Antiocheia, Alexandreia, Trier, Mailand, Capua, Aquileia, Arles, Sevilla, Cordova, Tarragona, Braga (Bracara in Portugal), Athen, Catania, Syrakus, Toulouse, Narbonne, Bordeaux. [...]

Nur etwas stimmte an der so erfolgreichen römischen Zivilisation nicht: Sie brachte wenig hervor. Es gab drei Ausnahmen: die Religion, wahrscheinlich der dynamischste Teil der Reichszivilisation; die Porträtplastik, die im 2. und 3. Jh. n. Chr. ihre höchste Blüte erreichte, und die Architektur, in der die Entdeckung des Gewölbes dem langweiligen, jahrhundertealten Vorherrschen des herkömmlichen Gebäudestils vom Typ des griechischen Tempels ein Ende bereitete. [...]

Sonst stagnierte das Leben sowohl geistig als auch materiell; nichts aufregend Neues geschah. Erregend war es gewesen, als das Reich sich ausdehnte, als bei seiner Expansion neue Welten erobert wurden. Die Expansion hatte jedoch im 2. Jh. n. Chr. aufgehört.

J.P. Balsdon, Das römische Weltreich, München 1970, S. 190 ff.

M 4 **Porta Nigra**

Die berühmte Porta Nigra, das Nordtor der alten Befestigungsanlagen Triers, entstand etwa im 4. Jahrhundert n. Chr.

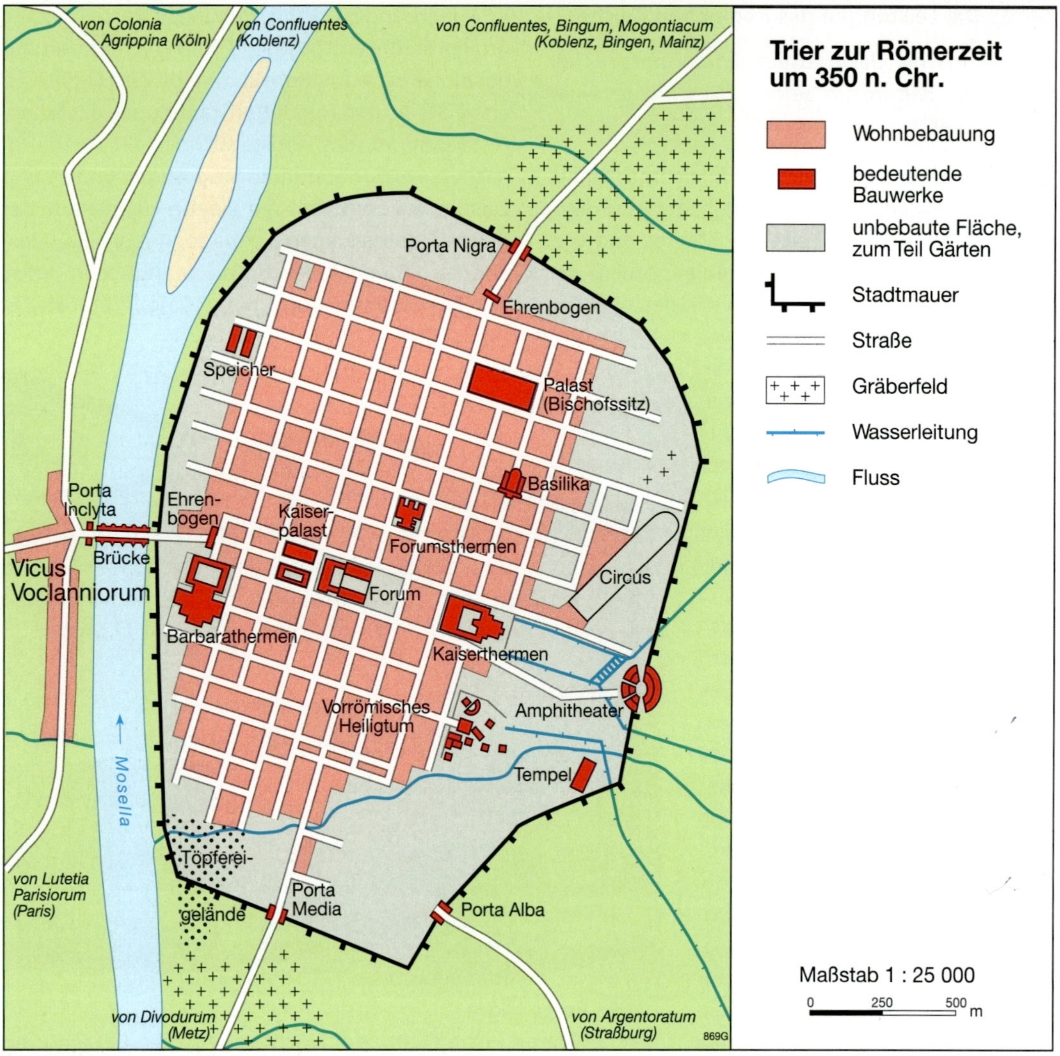

M 5 **Plan von Trier**

Seit dem Beginn des 2. Jahrhunderts erfolgte in Trier (Augusta Treverorum) die städtische Ausgestaltung:

Jetzt wurden die großen Barbara-Thermen errichtet; Forum, Amphitheater, die zahlreichen Tempel im Trierer Altbachtal und im Lenus-Mars-Bezirk sowie die Moselbrücke wurden bis zur Mitte des 2. Jahrhunderts in Stein neu aufgeführt. Gegen Ende desselben Jahrhunderts wurde dem Koloniestatus und vielleicht auch einer militärischen Bedrohung mit dem Bau einer gewaltigen, 6418 m langen und ein Siedlungsareal von 285 ha umfassenden Mauer mit der berühmten Porta Nigra Rechnung getragen. Das Gelände innerhalb der Mauern wies auch agrarisch nutzbare Flächen auf; die Bevölkerungszahl Triers um die Mitte des 3. Jahrhunderts wird auf ca. 50 000 geschätzt. Große Villen des 2. bis 4. Jahrhunderts mit fließendem Wasser, heizbaren Räumen, Wandmalereien und Mosaikfußböden zeugen vom Reichtum der Führungsschicht.

F. Kolb, Die Stadt im Altertum, München 1984, S. 230 f.

Aufgaben

1. Was versteht man unter Romanisierung?
   → Text, M3
2. Zeichnen Sie das Weiterwirken römischen Einflusses in der europäischen Kultur nach.
   → Text, M2–M5

3.6 Der Untergang des Weströmischen Reiches

Armee

Vom 2. zum 3. Jahrhundert wandelten sich allmählich die günstigen Rahmenbedingungen des Römischen Reiches. Jetzt wurde die Abhängigkeit der jeweiligen Kaiser von der Armee, dem wichtigsten Machtfaktor des Römischen Reiches, immer deutlicher. Die hohen Militärs stiegen zu den eigentlichen Herrschern im Reich auf. Gestützt auf ihre Legionen ließen sie sich zu Kaisern ausrufen.

Ihren Höhepunkt erreichte die Gewaltherrschaft während der Zeit der so genannten Soldatenkaiser. Der Senat sank in dieser Zeit zur politischen Bedeutungslosigkeit ab. Der staatliche Beamtenapparat übernahm weitgehend Verwaltungsaufgaben, die sich auf den Unterhalt der Armee und die Steuereintreibung beschränkten.

Wirtschaftskrisen erschütterten das Reich. Die Währung verfiel, und vereinzelt trat wieder der Naturaltausch auf. Die Behörden zogen die wichtigsten Steuern in Naturalien ein. Die landwirtschaftliche und gewerbliche Produktion entwickelte sich nicht weiter.

Zwangsstaat

Diokletian und Konstantin (der Große) versuchten in einer tief greifenden Reichsreform mithilfe einer unverhüllten Militärdiktatur die außenpolitische Bedrohung und die sozialen Krisen im Inneren aufzufangen. Sie verwandelten das Prinzipat in eine absolute Monarchie (Dominat). Dieser Zwangsstaat führte bei zunehmender Vergottung des Kaisers zur Straffung der staatlichen Gewalt. In der weiteren Entwicklung wurde aber die oberste militärische Befehlsgewalt dezentralisiert. Diese Maßnahme diente einer verbesserten Verteidigung der Grenzen. Im Zuge dieser Regelung wurde das Reich in zwei Herrschaftsbereiche aufgeteilt, die jeweils von einem Kaiser und einem Mitkaiser regiert wurden (Tetrarchie = Viererherrschaft).

Zu dem nahezu alles reglementierenden Zwangsstaat gehörten dauernde Kontrollen der Produktion und der Preisgestaltung (zum Beispiel durch Festsetzung von Höchstpreisen). Das völlig neu gestaltete und einheitliche Steuersystem belastete insbesondere die ärmere Bevölkerung. Die staatlichen Eingriffe reichten bis in die Privatsphäre; viele Berufe wurden durch Zwangsbindung an den Berufsstand erblich (zum Beispiel Soldat, Bauer, Fernhändler). Schollenpflichtigkeit bestand für die Kleinbauern. Der Wirtschaftsdirigismus der Dominatszeit (dominus = der Herr) brachte insgesamt einen Rückgang von Produktion und Handel mit sich bei gleichzeitiger Zunahme unproduktiver Tätigkeiten infolge des aufgeblähten Beamtenapparates und des stark ausgebauten Heeres (etwa 500 000 Soldaten).

Konstantinopel

Konstantin der Große, seit 324 Alleinherrscher eines wieder geeinten Reiches, machte die alte griechische Kolonie Byzanz, die er in Konstantinopel (heute Istanbul) umbenannte, zu seiner Hauptstadt. Mit der Verlegung der kaiserlichen Residenz in das Neue Rom („Zweites Rom") begann sich das bisher ganz auf Rom ausgerichtete Imperium zu wandeln. Konstantinopel wurde christliche Reichshauptstadt und verstand sich als Gegenspielerin zum heidnischen Rom. Die geografische und strategische Lage Konstantinopels ermöglichte es dem Kaiser, die europäischen wie die asiatischen Reichsgrenzen von hier aus leichter zu überwachen.

Nach dem Tode Kaiser Theodosius des Großen (379–395) wurde das Reich unter seinen Söhnen in eine Ost- und eine Westhälfte geteilt. Die Aufteilung sollte ganz im Sinne der Tetrarchie (Viererherrschaft) der besseren Verwaltung der Reichsteile dienen und nicht der Spaltung des Imperiums. Da aber das gesamte Reich später nie mehr einem einzigen Herrscher unterstand, bedeutete die Aufteilung praktisch das Ende der Reichseinheit.

Mit der Absetzung des letzten weströmischen Kaisers Romulus Augustulus (476) durch den Germanen Odoaker ging nur das Westreich unter. Das Oströmische Reich blieb politisch bis zur Eroberung Konstantinopels durch die Osmanen bestehen (1453).

Warum ging Rom unter?

Schon unter Zeitgenossen gab es keine einheitliche Meinung über Gründe und Ursachen für die im 3. Jahrhundert einsetzende Krisensituation. So erklärte man die Schwierigkeiten der Zeit als Strafe für den Abfall von den Göttern und für den Sittenverfall. Die Geschichtswissenschaft hat besonders seit dem 19. Jahrhundert immer wieder unterschiedliche Theorien zum Untergang Roms vorgelegt. Heute geht man davon aus, dass eine Kombination von inneren und äußeren Ursachen ausschlaggebend war.

Armee

Ursprünglich rekrutierten sich die römischen Truppen aus der städtischen Bevölkerung. In der Spätzeit des römischen Reiches wurden die Grundbesitzer verpflichtet, Bauern als Soldaten zu stellen. Angehörige unterer sozialer Schichten aus den Grenzprovinzen und angeworbene „Barbaren“ traten hinzu. Ganze germanische Stämme unter Führung ihrer Stammesfürsten wurden als Söldner in die Armee eingegliedert. Aufgrund dieser Zusammensetzung trat eine Verselbstständigung der Armee ein. Ausbildungsstand und Disziplin der Soldaten nahmen immer mehr ab. Diese Armee schreckte auch vor Übergriffen auf die Zivilbevölkerung nicht zurück. Große Teile der Reichsbevölkerung empfanden die Armee als Besatzungsmacht. Hinzu kam die Macht der Heerführer, die ihre Stellung zur persönlichen Machtentfaltung ausnutzten und sich nicht dem Staat verpflichtet fühlten. Die militärischen Führer zettelten Aufstände und Staatsstreiche an, um sich selbst an die Stelle des jeweiligen Kaisers zu setzen (Soldatenkaiser). Die Rivalität einzelner Heerführer untergrub die innere Sicherheit des Imperiums. In zunehmendem Maße entschied die Armee darüber, wer auf dem Kaiserthron Platz nahm.

Steuerpolitik

Die Ausgaben für die Armee stiegen immer weiter, und die Steuern mussten darum stetig erhöht werden. Weil der überwiegende Teil der Steuereinnahmen aus der Grundsteuer kam, brachte das insbesondere die Landbevölkerung auf. Darüber hinaus war die Steuer nicht gestaffelt und traf so besonders die Armen. Der Druck auf die Bevölkerung verstärkte sich noch dadurch, dass zusätzliche Dienste für den Staat zu erbringen waren, wie zum Beispiel beim Bau von Straßen oder öffentlichen Gebäuden. Die Steuereintreiber gingen unbarmherzig, zum Teil mit Folterungen, gegen säumige Bürger vor.

Bürokratie

Der Staat benötigte zur Durchführung seiner Maßnahmen einen umfangreichen Verwaltungsapparat. Folglich vergrößerte sich die Beamtenschaft erheblich. Weite Teile der Bevölkerung hassten die Bürokratie wegen ihrer Bestechlichkeit. Ein weiterer Grund für den Niedergang des Römischen Imperiums lag in der erstarrten Wirtschaftsform. Die römische Gesellschaft beruhte von Anfang an auf Sklavenarbeit. Solange die territoriale Expansion ständig neue Sklaven der Gesellschaft zuführte, verharrte Rom in seiner unproduktiven Wirtschaftsweise. Als aber der bislang stets verfügbare Sklavennachschub versiegte, Pest die Bevölkerung drastisch dezimierte, die Landbevölkerung merklich abnahm, untergrub der so entstandene Arbeitskräftemangel die wirtschaftliche Basis des Reiches.

Soziale Krise

Die rücksichtslose Ausbeutung der mittellosen Landbevölkerung vertiefte die soziale Kluft zwischen den Herrschenden und den unterprivilegierten Kleinbauern und Landarbeitern. Zwangsverpflichtete desertierten in Scharen und schlossen sich mit landlosen freien Bauern und eingesickerten Germanen zu Räuberbanden zusammen. Das Bandentum und Räuberunwesen nahm erschreckende Ausmaße an.

Viele freie Kleinbauern begaben sich freiwillig in die Abhängigkeit von hohen Militär- und Zivilbeamten oder verdingten sich bei Großgrundbesitzern, da nur diese ihnen Schutz vor den staatlichen Behörden gewähren konnten. Der Einfluss der Großgrundbesitzer nahm ständig zu. Regelrechte Grundherrschaften mit Gerichts- und Verwaltungshoheit – wie sie für das Mittelalter typisch werden sollten – bildeten sich heraus. Hierin zeigte sich die Handlungsunfähigkeit des spätrömischen Reiches. Diese grundherrschaftlichen kleinen Schutz- und Beziehungskreise unterliefen gleichsam den spätantiken Staat. So verlor der spätantike Zentralstaat die Herrschaft über das Territorium und die darauf lebenden Menschen.

Außenpolitische Ursachen

Germanische Völker zogen von Skandinavien an die Ostseeküste. Gleichzeitig drangen Westgermanen in das von Kelten bewohnte Gebiet östlich des Rheins vor. Als Ursachen für die Wanderungen werden Klimaänderungen und Landnot angenommen. Unter dem Druck zentralasiatischer Nomadenvölker (Hunnen, Awaren), die nach Westen vordrangen (4. Jahrhundert), gerieten die ostgermanischen Stämme in größerer Masse in Bewegung. Diese Völkerwanderung trug wesentlich zum Untergang des Weströmischen Reiches bei.

Solange die römische Armee unter fester Führung stand, konnten die aus dem Norden und Osten einfallenden so genannten Barbaren (Alemannen, Langobarden, Vandalen) zurückgeschlagen werden. Mit der beginnenden Reichskrise aber wurden die Grenzen überrannt (ab 250 n. Chr.). Nach endlosen Machtkämpfen musste die Rhein-Donau-Grenze zurückgenommen werden. Nunmehr lebten Ostgoten (südlich der Donau) und Alemannen (zwischen Donau und Rhein) auf ehemals römischem Gebiet. Die afrikanischen Grenzen blieben dem ständigen Druck der Wüstenstämme der Mauren und Numidier ausgesetzt. Im Osten sah sich Rom durch das mächtige Sassanidenreich der Perser bedroht. Immer öfter durchbrachen so genannte Barbaren von allen Seiten die Grenzen und zogen ins römische Territorium ein. Dieser historische Prozess gipfelte in den Plünderungen Roms durch die Westgoten (410) und die Vandalen (455).

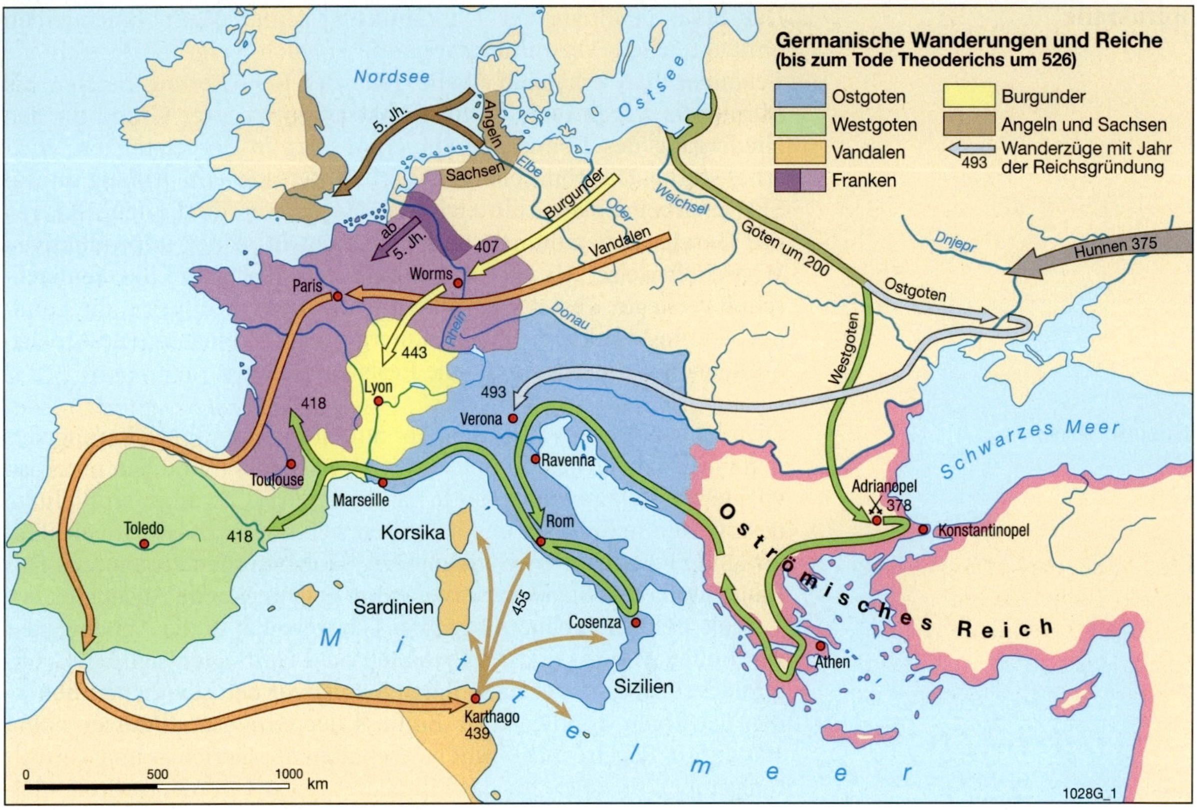

Chronologie

235–284	Soldatenkaiser (22 allgemein anerkannte Herrscher neben einer Reihe von „Gegenkaisern“)
284–305	Diokletian
284–324	Tetrarchie (Vierkaiserherrschaft): 2 Oberkaiser (Augusti) und 2 Unterkaiser (Caesares) regieren den West- beziehungsweise den Ostteil des Reiches.
306–324	Konstantin Mitkaiser
324–337	Konstantin Alleinherrscher
330	Konstantinopel (Byzanz) Hauptstadt des Römischen Weltreiches
395	Teilung des Reiches nach dem Tode des Theodosius in ein selbstständiges Ost- und Westreich; Ende der Reichseinheit
476	Absetzung des letzten weströmischen Kaisers (Romulus Augustulus) durch den Germanen Odoaker
1453	Ende des Oströmischen Reiches

Aufgaben

1. Fassen Sie die Charakteristika des spätrömischen Staates zusammen. Was versteht man unter dem Dominat?
→ Text

2. Welche außen- und innenpolitischen Ursachen lassen sich für den Untergang des Weströmischen Reiches anführen?
→ Text

Warum gehen große Reiche unter?

Große Reiche sind untergegangen. Sie existieren nicht mehr. Und das gilt nicht nur für das römische Imperium. Auch die Reiche der Inkas und Azteken erwiesen sich als zerbrechlich. Sie waren letztlich dem Ansturm einer kleinen Streitmacht von entschlossenen Konquistadoren nicht gewachsen. Das indische Mogulreich zerbrach im Konflikt mit dem britischen Imperialismus. Aber auch Großbritannien vermochte seine Hegemonie nicht aufrechtzuerhalten und musste in der zweiten Hälfte des 20. Jahrhunderts als Weltmacht abtreten. Das Osmanische Reich überlebte den Ersten Weltkrieg genauso wenig wie das Reich der Habsburger. Und am Ende des 20. Jahrhunderts löste sich die Weltmacht Sowjetunion auf (1991).

M 1 Abbau eines Lenin-Denkmals in Berlin (Friedrichshain)
Mit dem Zusammenbruch der Sowjetunion wurden im gesamten Machtbereich Lenin-Denkmäler demontiert. Das Bild zeigt die Überreste eines 1991 abgetragenen Lenin-Denkmals in Ost-Berlin.

Dies sind nur einige wenige Beispiele aus einer langen Kette vom „Aufstieg und Fall der großen Mächte“ – so der Titel einer zeitgenössischen Studie des britischen Historikers Paul Kennedy über den ökonomischen Wandel und den militärischen Konflikt von 1500 bis 2000. Darin prägte er unter anderem den Begriff der „imperialen Überdehnung“. Er meint damit den Prozess, dass ein immer größerer Anteil der wirtschaftlichen Ressourcen für militärische Zwecke aufgebraucht wird und damit für die Schaffung von Wohlstand nicht mehr zur Verfügung steht. Durch kostspielige Kriege wird die Expansion zu teuer. Die Folge davon ist eine langfristige Schwächung, ein Zurückbleiben des Wirtschaftswachstums und bei technologischen Erneuerungen.

Das Thema vom Zusammenbruch großer Reiche hat die Historiker auch früher schon interessiert. So hat zum Beispiel der englische Privatgelehrte Edward Gibbon im 18. Jahrhundert eine sechsbändige Studie über „The Decline and Fall of the Roman Empire“ vorgelegt. Sein Landsmann, der Historiker Arnold Toynbee, hinterließ ein zwölfbändiges Werk „A Study of History“ (1934–61), in dem er den Aufstieg und Untergang von Zivilisationen rekonstruierte. Er knüpfte dabei an Oswald Spenglers „Untergang des Abendlandes“ (1918/22) an. Spengler verglich alle Zivilisationen mit lebenden Organismen, die einem bestimmten Zyklus von Entstehung, Blüte und Verfall unterliegen. Toynbee seinerseits prägte den Begriff der Herausforderungen (challenge) und diagnostizierte, dass Reiche untergegangen seien, weil sie auf zeitspezifische Herausforderungen keine passende Antwort fanden.

So wurde zum Beispiel der Niedergang der Sowjetunion von manchen politischen Analytikern schon seit dem Ende der siebziger Jahre vorausgesagt. Diese Prognosen basierten auf der Erkenntnis, dass es dem Land nicht gelang, bei der Entwicklung und Nutzung moderner Informationstechnologien mit dem Westen Schritt zu halten. Die schwerfällige Bürokratie, die Schwäche der Landwirtschaft und sehr hohe Ausgaben für das Militär verhinderten eine Dynamisierung der gesellschaftlichen Entwicklung. Der Anspruch des Marxismus-Leninismus, dem kapitalistischen System des Westens überlegen zu sein, verlor an Glaubwürdigkeit. Die Differenz zwischen dem ideologischen Anspruch und der materiellen Wirklichkeit des Sowjetbürgers ließ sich immer weniger verhüllen. Die ideologische Desillusionierung und die ständig abnehmende Produktivität der Wirtschaft führten unter anderem im Verein mit dem aufkeimenden Widerstand der Nationalitäten in den Randzonen des Reiches zum Zusammenbruch der Sowjetunion.

Auf die Frage, warum politische Gebilde in die Krise geraten, zerbrechen oder sich auflösen, gibt es keine einfache Antwort. Solche Vorgänge sind keinesfalls monokausal zu erklären. In der Regel wird man zwischen inneren und äußeren Faktoren unterscheiden müssen. Erst der innere Verfall erhöht die Verwundbarkeit von außen und schwächt die Widerstandskraft eines Staates und seiner Gesellschaft.

Der britische Althistoriker Michael Grant machte in seinem Buch über den „Untergang des Römischen Reiches“ (1976) sechs Problemkreise aus, die zum Scheitern beitrugen:

1. Die Finanzierung der römischen Armee erwies sich als immer schwieriger. Zudem fehlte es an soldatischem Nachwuchs, sodass die Kaiser fortschreitend auf germanische und hunnische Söldner zurückgriffen.
2. Um die wachsenden Heereskosten zu decken, wurde die Steuerschraube ständig angezogen. Die bäuerliche Landbevölkerung, die über die Grundsteuer den größten Teil der Steuer aufbrachte, verarmte. Eine Inflation trug das Ihrige dazu bei. Der Gegensatz zwischen Arm und Reich verschärfte sich.
3. Der Beamtenapparat wuchs und wucherte. Die bürokratische Kontrolle der Gesellschaft, der Bürokratismus und die drastischen Steuern vergrößerten – modern gesprochen – die Staatsverdrossenheit.
4. Die ursprüngliche staatliche Einheit zerbrach in einen wohlhabenderen oströmischen und einen ärmeren weströmischen Reichsteil.
5. Die gesellschaftlichen Auflösungserscheinungen nahmen zu und machten sich durch soziale Spannungen, Bandenbildungen und zunehmende Kriminalität bemerkbar. Die Straßen im Römischen Reich wurden immer unsicherer.
6. Der Versuch Kaiser Konstantins (306–337) scheiterte, mithilfe des Christentums die Spaltungstendenzen in der Gesellschaft zu beheben. Da die Christen nur eine Minderheit im Reich bildeten, die zudem noch „staatsfern“ eingestellt war und den Militärdienst ablehnte, wurde durch diesen Schritt letztlich die gesellschaftliche Desintegration beschleunigt.

M 2 **Die Desintegration der Sowjetunion**

Der Osteuropa-Experte Gerhard Simon analysierte in mehreren Arbeiten die Gründe für den Untergang des Kommunismus:

Der Untergang der UdSSR war nicht die Folge verlorener Kriege und überhaupt nicht die Konsequenz äußerer Einwirkungen. Damit unterscheidet sich dieser Vorgang fundamental vom Zusammenbruch mancher Weltreiche in älterer Zeit wie des Römischen Kaiserreiches [...] oder von Byzanz, das von den Türken erobert wurde. Aber auch das Ende der Donaumonarchie, des Russländischen Reiches oder des Osmanischen Reiches sind ohne verlorene Kriege [...] nicht erklärbar. Die wesentlichen Ursachen für das Ende der Sowjetunion sind also in der inneren Entwicklung des Landes zu suchen. Dabei ist es nicht zu umfangreichen inneren Unruhen oder Bürgerkrieg gekommen; Gewaltanwendung und Blutvergießen haben überhaupt eine untergeordnete Rolle gespielt. Dies ist um so bemerkenswerter vor dem Hintergrund der sowjetischen Geschichte, die über lange Strecken durch Gewaltanwendung und Massenterror im Inneren bestimmt gewesen ist. Die Ursachen für den Untergang liegen einerseits in Konstruktionsfehlern des Sowjetsystems und andererseits in Degenerationsvorgängen, die seit Jahrzehnten die Stabilität untergruben. Beides war von innen und von außen nicht leicht sichtbar; dies erklärt, warum alle Welt unvorbereitet war auf den Abgang dieser Weltmacht. Soweit äußere Faktoren eine Rolle gespielt haben, war dies die politische, ökonomische und militärische Präsenz des Westens, der keine Bereitschaft zeigte, den seit mehr als einhundert Jahren von den revolutionären Sozialisten verkündeten Untergangsprophetien nachzukommen. Die Delegitimierung [Verlust an Legitimation] hatte einen weiteren, wichtigen Aspekt: die nachlassende Leistungsfähigkeit der zentralen Planwirtschaft. Bis in die Mitte der 1970er Jahre hatte es ein Wachstum des Bruttosozialprodukts gegeben; der Lebensstandard verbesserte sich. Seither trat die Wirtschaft – nach nichtoffiziellen Berechnungen russischer Ökonomen – auf der Stelle und verzeichnete ab der Mitte der 1980er Jahre einen Rückgang der Produktion. [...] Eine zusätzliche Belastung ging von der expandierenden Rüstungswirtschaft in der Breschnew-Zeit [1964–1982] aus. Zwar hatten Schwer- und Rüstungsindustrie in der Sowjetunion stets Priorität gehabt; privater Verbrauch und Konsumgüterindustrie hatten demgegenüber immer zurückstehen müssen, aber unter dem Schirm der Entspannung wurde der militärisch-industrielle Komplex weiter ausgebaut. Denn er allein war Voraussetzung und Garant der Weltmachtstellung. Nach inoffiziellen Berechnungen russischer Ökonomen beliefen sich die Rüstungsausgaben in den 1980er Jahren auf 20 bis 25 Prozent des Bruttosozialprodukts; sie betrugen damit etwa das Vierfache der Belastung in den USA. [...]

Der Zusammenbruch einer politischen Ordnung führt nicht notwendig zum Untergang des Staates und zum Ende eines Imperiums. Im Fall der Sowjetunion geschah dies aus zwei Gründen: Die kommunistische Partei hatte das Imperium zusammengefügt und ein spezifisches Instrumentarium der Herrschaft entwickelt. Als die Partei die Macht verlor, gab es keine anderen Klammern, die das Imperium hätten zusammenhalten können. Zum anderen war im Schoß der alten Ordnung eine Alternative entstanden, die einzig gangbare, wie sich Ende der 1980er Jahre zeigte: die Nationen. Ein unverbrauchter Nationalismus besiegte die verbrauchte kommunistische Ideologie und deren diskreditierte Institutionen. [...]

Das sowjetische politische System war nur sehr begrenzt evolutions- und konfliktfähig. Zwar wurden der Massenterror der Stalinzeit abgeschafft und die Macht der politischen Polizei eingeschränkt, aber zu einer Liberalisierung und Pluralisierung war das Sowjetsystem nicht fähig. Zur Konfliktregulierung hatte es eigentlich nur zwei Instrumente entwickelt: die Vernichtung des Gegners und die Leugnung der Konflikte. In der Stalin-Zeit war das erste, danach das zweite Instrument bevorzugt eingesetzt worden. Opposition galt als Verrat. Die Fähigkeit des politischen Systems, Impulse aufzunehmen, Konflikte zu bearbeiten und Neuerungen zu integrieren, war also beschränkt.

G. Simon, Die Desintegration der Sowjetunion, in: A. Demandt, (Hg.), Das Ende der Weltreiche, München 1997, S. 175 ff.

Aufgaben

1. Welche Faktoren spielten bei der Auflösung der Sowjetunion eine Rolle? Besitzen Sie darüber hinausgehende Kenntnisse über das Scheitern der kommunistischen Weltmacht?
2. Fassen Sie diejenigen Ursachen zusammen, die allgemein zum Niedergang eines Reiches (oder auch eines Staates) beitragen können.

4. Das Mittelalter

Der Mensch des Mittelalters verstand sich als Christ. Und als solcher war sein Leben auf den entscheidenden Augenblick ausgerichtet: den Jüngsten Tag. Dieses Motiv wurde in unzähligen Werken der mittelalterlichen Kunst aufgegriffen. Das Bild stammt von einer Gedenktafel aus dem Jahre 1470, und bildet den Stifter (als Skelett) angesichts des Jüngsten Gerichts ab. Solche Bilder hatten in früheren Jahrhunderten die Funktion, die Nachgeborenen zu warnen und zur Fürbitte zu Gunsten des Toten zu veranlassen.

Das Bild ist typisch für die mittelalterliche Ikonografie mit ihrer dualistischen Ausrichtung. Das irdische Dasein wird als Übergangsstadium gedeutet, es folgt die Auferstehung der Toten, die ewiges Leben oder auch Verdammnis erwartet. Engel und Dämonen (außerhalb des Bildausschnittes) weisen die Wege, wobei oft auch die Päpste der Hölle nicht entgehen, was wohl nach heutigen Maßstäben eine Form der politischen Kritik bedeutet.

Im Leben selbst erscheint der Mensch als Spielball im Kampf der (guten und bösen) Mächte, wobei – trotz der Existenz des Satans – kein Zweifel daran gelassen wird, dass die Schöpfung als solche göttlichen Ursprungs ist. Jesus, Gottes Sohn, steht im Mittelpunkt.

Im Unterschied zu unserer Gegenwart, in der – im Zeichen von Pluralismus und Individualismus – viele verschiedene Lebensentwürfe und Ideen nebeneinander existieren und miteinander konkurrieren, muss man in Bezug auf das Mittelalter von einem ziemlich einheitlichen christlichen Menschenbild ausgehen.

Diese Epoche war durchdrungen von Religiosität und kirchlich vermittelter Heilserwartung. Es gab keinen Bereich des gesellschaftlichen Lebens, der nicht von christlichen Vorstellungen durchdrungen war.

Das Mittelalter war und ist immer einer starken Wertung ausgesetzt gewesen. „Mittelalterlich" ist heute gleichbedeutend mit „rückständig". Das lässt sich durch die Begriffsgeschichte erklären. Der Ursprung des Begriffs „Mittelalter" liegt in der Renaissance (um 1500), als man die Zeit zwischen der Antike und der damaligen Gegenwart als „kulturlos" und „barbarisch" abwerten wollte. Später hat der Begriff seine weitere Prägung erhalten im bürgerlich-aufklärerischen Kampf gegen die Herrschaft von Adel und Kirche. Die Aufklärer bewerteten dabei das 18. Jahrhundert als das „Zeitalter des Lichts", um es umso deutlicher vom „finsteren Mittelalter" abzugrenzen.

Die Romantiker des 18. und 19. Jahrhunderts neigten hingegen dazu, das Mittelalter aufzuwerten. Sie idealisierten es vielfach als Höhepunkt der deutschen Kultur und des Deutschen Reiches. Eine ähnliche Verklärung des Mittelalters ließ sich später im Rahmen der nationalsozialistischen Ideologie feststellen.

Die Datierung des Mittelalters ist umstritten. Im Allgemeinen bezeichnet man mit dem Begriff das Jahrtausend von etwa 500 bis 1500 n. Chr., wobei ein dreigliedriges Periodisierungsschema zugrunde gelegt wird: Altertum – Mittelalter – Neuzeit.

Gibt es eine Aktualität des Mittelalters?

Das Mittelalter ist für viele Menschen offenkundig ein interessantes Thema. Davon zeugen erfolgreiche Ausstellungen, Filme und Bücher. Umberto Ecos Roman „Der Name der Rose“ (1980) erzielte wider Erwarten eine Millionenauflage, und die Verfilmung erreichte ein noch ungleich größeres Publikum. Was sind die Ursachen für eine solch massenhafte Hinwendung zu einer weit zurückliegenden Zeit? Die amerikanische Historikerin Barbara Tuchman nannte ihren Besteller über das 14. Jahrhundert tiefsinnig „Der ferne Spiegel“.

Was spricht heute dafür, dass man sich mit einer so weit zurückliegenden Zeit noch beschäftigt?

Es ist gewiss umstritten, ob beziehungsweise inwieweit uns die Beschäftigung mit der mittelalterlichen Geschichte eine Orientierung vermitteln kann. Die Erkenntnis hingegen, dass wir heutigen Menschen in geschichtlichen Zusammenhängen stehen, die sich über Jahrhunderte hinweg rekonstruieren lassen, ist in jedem Fall von Belang. Jede Geschichte ist zugleich auch Vor-Geschichte. „Wir sind, was wir geworden sind.“ Diese simple Tatsache gilt für das unglückselige 20. Jahrhundert wie auch für das Mittelalter. Burgen, Dorf- und Stadtbilder, Kirchen und Klöster, Kunstwerke und Bücher, Denk- und Glaubensformen dokumentieren auf vielfältigste Art die Gegenwart des Vergangenen.

Bei der Beschäftigung mit mittelalterlicher Geschichte kann es einerseits interessant sein, Ähnlichkeiten beziehungsweise Parallelen zur Gegenwart herauszufinden, zum Beispiel im Hinblick auf politische Machtkämpfe, Umweltprobleme oder Verfolgung von Minderheiten. Die Ähnlichkeit der Probleme damals lässt eventuell Rückschlüsse auf die epochenübergreifende Funktionsweise von menschlichem Zusammenleben zu. Andererseits versteht sich die neuzeitlich-westliche Welt als bewusste Abkehr vom „finsteren Mittelalter“. Die Redewendung vom „Rückfall ins Mittelalter“ beinhaltet einen sehr ernsten Vorwurf. In diesem Zusammenhang assoziiert man mit dem Mittelalter Primitivität, Anarchie, Inquisition und Hexenverfolgungen.

Die Beschäftigung mit dem Mittelalter vermittelt uns heute eine eigene Lebensform. Der Reiz einer Annäherung an eine andersartige Welt kann auch darin liegen, auf diese Weise unsere modernen Lebensumstände besser zu verstehen: die (relative) Sicherheit und den (relativen) Überfluss. Generationenlang ist gebetet worden: „Vor Pest, Hunger und Krieg bewahre uns, o Herr!“ Diese Heimsuchungen sind in Dürers Bild von den „apokalyptischen Reitern“ verewigt worden. Der Tod stand den mittelalterlichen Menschen sehr viel näher als uns heute. Die Gefährdung des Lebens durch Dürren, verhagelte Ernten, (damals) unheilbare Krankheiten und Seuchen war sehr konkret. Andererseits zeigt uns das „Nachdenken über das Mittelalter“ einen Menschentyp, der sein Bedürfnis nach einer stabilen und sinngebenden Weltanschauung zu befriedigen wusste. Das Christentum gab ihm jenen Halt im Leben, mit dem er die permanente Existenzbedrohung seelisch bewältigen konnte. Der Blick für die Besonderheit der modernen Zivilisation kann auch dadurch geschärft werden, dass man das Fremde, Trennende und Andersartige als solches erkennt.

M 1 Luftbild der ehemaligen Reichsstadt Nördlingen, die ihr mittelalterliches Aussehen bewahren konnte.

M 2 Nachwirkungen

Der Historiker Thomas Nipperdey erläutert im Folgenden, wie das Mittelalter die moderne Welt geprägt hat:

Die mittelalterliche Christlichkeit nun hat die Moderne ganz entscheidend geprägt, hier liegen religions-soziologische Grundlagen unserer politischen, gesellschaftlichen wie geistigen Welt, die weithin unserem Bewusstsein entschwunden sind.
Zum einen: Weltliche Herrschaft und geistliche Gewalt stehen einander selbstständig gegenüber, sie fallen nicht zusammen oder sind einander über- oder untergeordnet wie in anderen Systemen, im Bereich der Orthodoxie, des Islam, der asiatischen Religionen. Die Kirche ist seit Cluny freie Kirche, sie verteidigt ihre Freiheit, die libertas ecclesiae.
Zum zweiten: Das Christentum hat den unendlichen Wert der Person des Einzelnen, der zu seinem Heil oder Unheil bestimmt ist, scharf eingeprägt und in – und trotz! – aller rituellen und institutionellen, von Herrschaft und Rechtssätzen erfüllten Kirchlichkeiten doch niemals auf Dauer untergehen lassen. Das Christentum bleibt eine Gewissensreligion. [...]
Mit der mittelalterlichen Christlichkeit hängt zusammen, dass Bildung und Wissenschaft, institutionalisiert in der Universität, zu einer fundamentalen Struktur Europas geworden sind. [...]
Das Mittelalter begründete die Rolle von Schule und Buch, Lesen und Schreiben, die für die moderne Welt so konstitutiv ist. Und dazu gehört – wiederum unerhört wichtig – die Entwicklung einer eigenen Klasse der Gebildeten, aus dem Klerus zunächst und der Universität, die dann bei den Juristen zuerst über den Klerikerstand hinausreicht, dann die Beamten und die freien Berufe hervorbringt, von der Herkunft her die wichtigste Gruppe sozialer Mobilität (von unten nach oben), und zugleich ein Potenzial der Veränderungen. [...]
Die lange Partikularisierung [Zersplitterung] Deutschlands (im Unterschied zu Frankreich) und das Fehlen eines Adelsparlaments (im Unterschied zu England) wiederum hat bei uns die Einwurzelung der Demokratie im 19. Jahrhundert erschwert, die unglückliche Gleichzeitigkeit der zur Lösung anstehenden Fragen – der nationalen, der konstitutionellen, der sozialen – bewirkt und damit die Demokratie geschwächt.
Sodann: Von der ständischen Repräsentation der feudalen Systeme führt eine Linie in den modernen konstitutionell parlamentarischen Staat, das englische Parlament oder der württembergische Landtag sind bekannte Beispiele. [...]

T. Nipperdey, Die Aktualität des Mittelalters, in: GWU, Nr. 7 (1981), S. 424 ff.

Aufgaben

1. Erklären Sie die Formulierung, das Mittelalter sei ein „ferner Spiegel".
2. Welche Verknüpfungen zwischen dem Mittelalter und der Moderne sieht der Historiker Thomas Nipperdey?

4.1 Raum, Zeit und Lebensgefühl

Mensch und Raum

Es gilt heute als eine ziemlich gesicherte Erkenntnis, dass vom 8. bis zum 12. Jahrhundert in Mitteleuropa ein mildes Klima herrschte, das den Ackerbau begünstigte. Die damit einhergehende Zunahme der agrarischen Produktivität stellte die Basis für ein stärkeres Bevölkerungswachstum dar. Da es für die damalige Zeit keine Statistiken gibt, lässt sich die Bevölkerungszahl nur grob schätzen.

Mit dem Bevölkerungswachstum änderte sich auch der Raum. Die Landschaft erhielt ein anderes Aussehen. Eine rege Rodungs- und Siedlungstätigkeit drängte die Wälder zurück. Mit diesem Landesausbau war das Anlegen von Wegen sowie die Zunahme des Verkehrs verbunden. Dennoch blieb das Reisen noch auf lange Zeit beschwerlich und risikoreich.

Mentalität und Lebensgefühl

Vermutlich kann man das Mittelalter nicht begreifen, wenn man seine religiösen Grundlagen nicht berücksichtigt. Alle Ideen und Handlungen waren auf die eine oder andere Weise mit der christlichen Religion verknüpft. Kunst und Architektur zeugen noch heute davon.

Wir müssen uns den mittelalterlichen Menschen als jemanden vorstellen, dessen Existenz durch das Gefühl der Unsicherheit geprägt wurde. Die Willkür der Natur, das Fehlen einer staatlichen Ordnungsmacht, die dauerhaften Schutz vermitteln konnte, ließen eine Grundstimmung kollektiver Angst entstehen.

In einer Gesellschaft, die von der Überzeugung der Existenz Gottes sowie der Unsterblichkeit der Seele geleitet wurde, stellte folglich die Kirche die wichtigste Institution dar. Nur sie konnte mit ihrer Autorität dem Menschen jene Geborgenheit und jene Sicherheit geben, deren er so dringend bedurfte.

Das mittelalterliche Weltbild war stark dualistisch geprägt: Gott und Teufel, Himmel und Erde, Seele und Körper standen sich gegenüber. Die Macht des Bösen war für den mittelalterlichen Menschen eine Realität. Der Teufel stand dem Seelenheil im Weg. Das irdische Leben wurde folglich als derjenige Ort gedeutet, an dem der Kampf um die Seelen stattfand. Auf der einen Seite stand der Satan; auf der anderen die Kirche, die den Gnadenschatz verwaltete, der sich vom Opfertod Christi herleitet. Außerhalb der Kirche gab es kein Seelenheil. Die Kirche rückte somit in das Zentrum des Lebens.

Gerade Notzeiten wie Kriege und Naturkatastrophen steigerten die Abhängigkeit der Menschen des Mittelalters von der „Mutter Kirche". Sie bildete den Rahmen für die verschiedenen Formen religiöser Hingabe, wie zum Beispiel Gelöbnisse, Opfer, Fastenübungen, Ablässe und Totenmessen. Die Kirche war die Heilsanstalt, denn nur über ihre Vermittlung war die für den mittelalterlichen Menschen so wichtige Nähe zu Gott zu erreichen.

Priester, Reliquien, aber auch die Fürbitte von Heiligen vermittelten den Weg zur Erlösung am Tage des Jüngsten Gerichts. Das irdische Leben hatte unter diesen Voraussetzungen keinen Eigenwert. Es wurde nur als Durchgangsstation begriffen. So wie das irdische Leben in seiner Bedeutung als zweitrangig erschien, so erfuhr das Körperlich-

Materielle eine Abwertung, weil es das Schlechte, Unreine und Lasterhafte repräsentierte. Die konsequenteste Ausformung erhielt diese Weltsicht im Ideal des mönchischen Lebens mit der Enthaltsamkeit (Askese) und der Absage an die äußere, materiell geprägte Welt.

Zeit- und Geschichtsbewusstsein

Weil das Christentum das gesamte mittelalterliche Leben durchdrang, beeinflusste es auch nachhaltig das Zeitbewusstsein. Die Zeit erschien dem mittelalterlichen Menschen als von Gott geschaffen: Sündenfall, die Kreuzigung Christi sowie das Jüngste Gericht stellten die Marksteine der christlich-mittelalterlichen Geschichtsauffassung dar. Dem lag die Vorstellung zugrunde, dass die Weltgeschichte nach einem festen Plan verlaufe, an dessen Ende der Weltuntergang und das Jüngste Gericht ständen. Viele mittelalterliche Generationen wähnten sich diesem Ende nahe. Das Gefühl, in einer Endzeit zu leben, war weit verbreitet. Insbesondere soll um das Jahr 1000 eine Untergangsstimmung um sich gegriffen haben.

Das Bewusstsein von der Endlichkeit der irdischen Welt und die Erwartung des Jüngsten Gerichts veranlassten die Menschen immer wieder darüber zu spekulieren, wann der Zeitpunkt des großen Zusammenbruchs kommen werde. Die Angst vor dem Reich des Antichrists, das – in der Version der alttestamentarischen Apokalypse – der endgültigen Erlösung vorausgehen werde, beschäftigte und belastete die Gläubigen. Das hinderte die Menschen aber andererseits nicht, sich dem Problem der alltäglichen Zeitmessung auf pragmatische Weise zu nähern. Da es zum damaligen Zeitpunkt noch keine standardisierte Zeitmessung gegeben hatte, konnte es „Zeit“ als gemeinsame menschliche Erfahrung nur regional geben. Bis zum 14. Jahrhundert waren Uhren sehr selten. Die Tage wurden noch nicht in gleiche Stunden aufgeteilt. Vielmehr begriff man die Stunden ursprünglich als ungleich in ihrer Länge. Tag und Nacht wurden in jeweils zwölf Stunden unterteilt, sodass im Sommer die Tagesstunden länger, im Winter kürzer waren. Der Rhythmus der Natur, die Jahreszeiten und der Wechsel von Helligkeit und Dunkelheit bestimmten in einem agrarisch geprägten Leben das Zeitbewusstsein. Erst die Verbreitung mechanischer Uhren führte langsam zur Messung von immer gleich langen Stunden.

M 1 **„Von der Verlierung der Zeit“**, Holzschnitt des Petrarca-Meisters, Augsburg 1520. Im illustrierten Text nichts über Uhren, nur über die Kürze der Lebenszeit. Die Sanduhr auf dem Tisch läuft ab. Die Zeiger beider Räderuhren, der Turmuhr rechts und der Wanduhr hinten, zeigen unterschiedliche Zeiten an. Dass die Zeit zu Ende geht, verrät auch das angezeigte Tierkreiszeichen der Fische, das letzte im Jahr.

Bevölkerungsentwicklung in ausgewählten Gebieten (in Mio)

Gebiet	in den Jahren				
	300	600	1000	1340	1440
Iberische Halbinsel	4	3.6	7	9	7
Frankreich	5	3	6	19	12
Italien	4	2.4	5	9.3	7.5
Britische Inseln	0.3	0.8	1.7	5	3
Deutsches Reich und Skandinavien	3.5	2.1	4	11.6	7.5
Insgesamt	16.8	11.9	23.7	53.9	37.0

Nach: J. C. Russell, Die Bevölkerung Europas 500 – 1500, in: C. M. Cipolla / K. Borchardt (Hg), Europäische Wirtschaftsentwicklung Bd. 1, Mittelalter, Stuttgart, New York 1983, S. 21

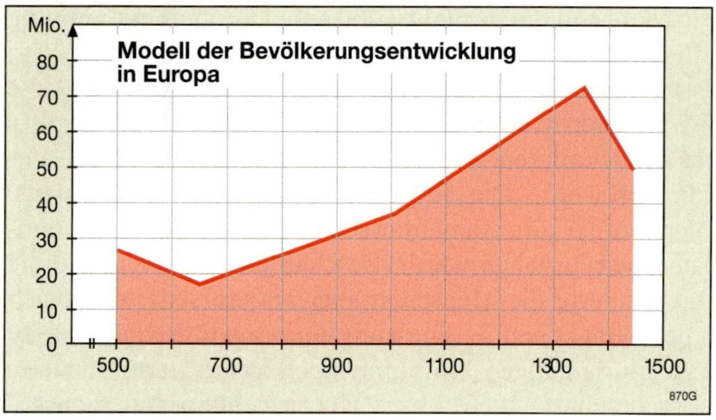

M 2 **Bevölkerungsentwicklung in Europa (Schätzungen)**

M 3 Mittelalterliche Lebenswelt

Der französische Historiker Georges Duby versucht seine Leser mit dem Wahrnehmungshorizont damaliger Menschen vertraut zu machen:

Die Zahl der damals lebenden Menschen ist verschwindend gering; zehn-, zwanzigmal niedriger als heute vielleicht – eine Bevölkerungsdichte, wie man sie gegenwärtig etwa in Mittelafrika verzeichnet. Die Wildnis herrscht hartnäckig vor. Sie verdichtet sich mit zunehmender Entfernung von den Mittelmeerküsten, nach Überquerung der Alpen, des Rheines, der Nordsee. Sie erstickt schließlich alles. Ab und zu finden sich Lichtungen, Bauernhütten und von Gärten umgebene Dörfer, die den Großteil der Nahrung liefern, Felder, deren Ertrag jedoch trotz langer Brache sehr dürftig ist und gleich wieder ein endloses Gebiet, das der Jagd, dem Beeren- und Kräutersammeln oder als freies Weideland dient.

Hier und da liegt eine Stadt. Meist handelt es sich um die Reste einer Römersiedlung, mit notdürftig ausgebesserten antiken Bauten, die zu Kirchen, zu Festungen geworden sind. Ihre Bewohner sind Priester, Krieger und deren Bedienstete, die für Waffen, Münzen, Schmuck und guten Wein zu sorgen haben, für all diese unerlässlichen Symbole und Werkzeuge der Macht. Allenthalben herrscht reges Treiben: Pilger und Hausierer, Abenteurer, Wanderarbeiter, Landstreicher – die Beweglichkeit eines so mittellosen Volkes ist erstaunlich.

Es hat Hunger. Jedes ausgesäte Getreidekorn ergibt nicht mehr als drei, vier Körner, in einem wirklich guten Jahr. Dazu die quälende Angst: den Winter zu überstehen, bis zum Frühjahr durchzuhalten, bis zu dem Augenblick, in dem man die Sümpfe durchstreifen und sich seine Nahrung aus der freien Natur beschaffen kann, Fallen stellen, Netze auswerfen, Beeren, Kräuter und Wurzeln sammeln, seinen Hunger betäuben. Diese Welt scheint menschenleer; in Wirklichkeit ist sie überbevölkert. Seit drei Jahrhunderten, seit die schweren Pestepidemien abgeflaut sind, die im frühen Mittelalter die westliche Welt heimgesucht hatten, ist die Bevölkerungszahl ständig gestiegen. Sie hat in dem Maße zugenommen, in dem die Sklaverei, die wahre Sklaverei der Antike, verschwand. Unfreie Menschen gibt es noch immer – Männer und Frauen, deren Körper anderen gehört, die man verkauft, verschenkt und die bedingungslos gehorchen müssen; aber man pfercht sie nicht mehr ein wie Sträflinge. Ihre Herren lassen zu, dass sie sich ein Stückchen Land anlegen – damit sie sich fortpflanzen. Sie leben in Familien zusammen. Um ihre Kinder zu ernähren, müssen sie das bisherige Land urbar machen, erweitern und inmitten der Einöde neues schaffen. Die Eroberung hat begonnen. Noch ist sie zaghaft: Die Geräte sind unzulänglich, und es bleibt eine Art Respekt vor der unberührten Natur, der an einem zu heftigen Vorgehen hindert. Die unerschöpfliche Energie der fließenden Gewässer, die unendliche Fruchtbarkeit der guten tiefen Erde – frei seit Jahrhunderten, seit dem Ende der landwirtschaftlichen Kolonisierung durch die Römer –, alles ist bereitet. Die Welt lädt ein zum Zugreifen.

G. Duby, Europa im Mittelalter, Stuttgart 1986, S. 9 ff.

M 4 Straßen, Entfernungen und Nachrichtenübermittlungen

Der französische Historiker Marc Bloch (1886–1944) veranschaulicht in seinem Standardwerk die Relativität von Geschwindigkeiten:

Innerhalb der zerstreuten Menschengruppen litten die Verbindungen unter großen Schwierigkeiten. Der Niedergang des Karolingerreiches (im 9. Jh.) hatte gerade die letzte Macht zerstört, die einsichtig genug war, um sich um öffentliche Arbeiten zu kümmern, die mächtig genug war, um zumindest

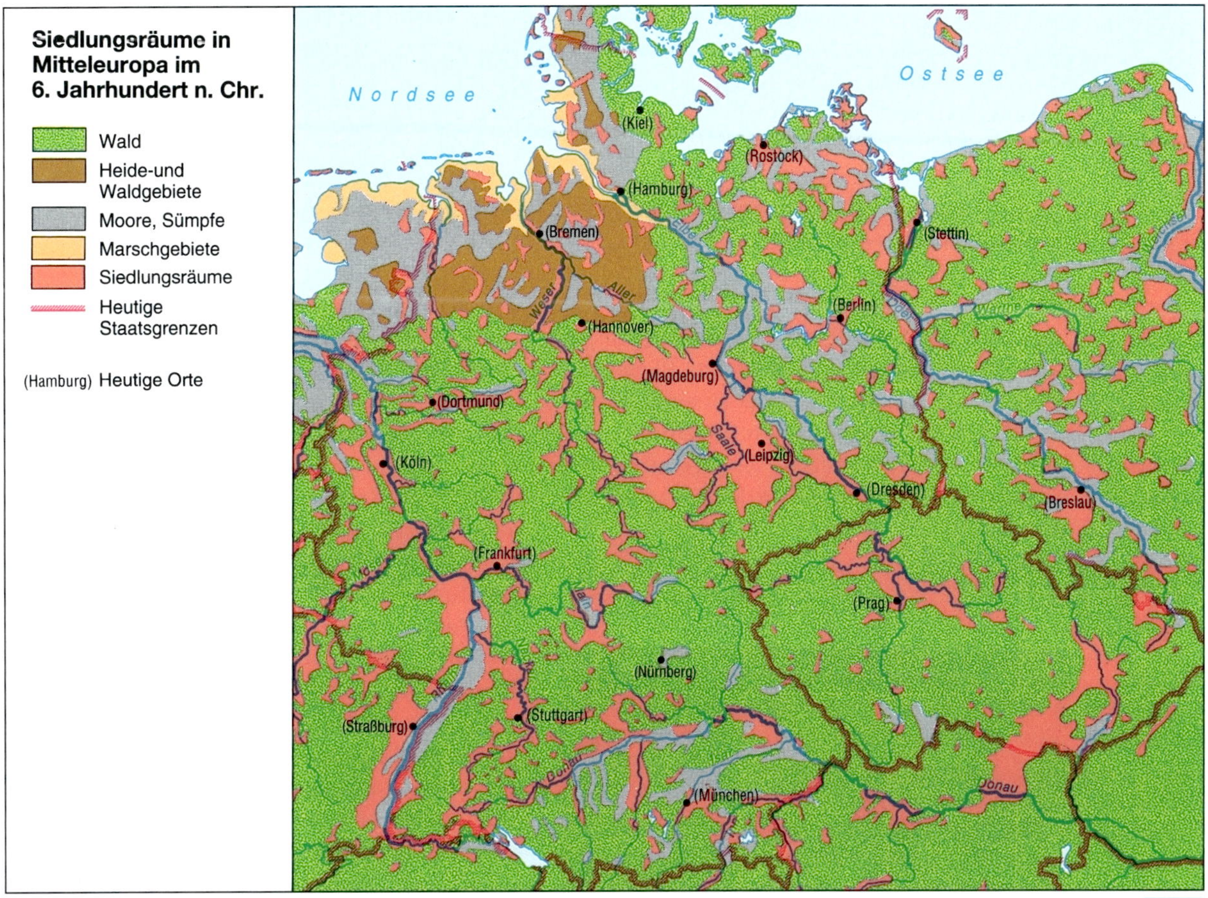

M 5

einige von ihnen ausführen zu lassen. Selbst die alten Römerstraßen, die weniger solide gebaut waren als man sich mitunter vorgestellt hat, gingen wegen mangelnder Unterhaltung zugrunde. Vor allem litten die Brücken, die man nicht mehr reparierte, unter dem geringen Verkehr. Hinzu kommt die Unsicherheit, die durch die Entvölkerung gewachsen war und zu der sie ihrerseits zum Teil beigetragen hatte. Welche Überraschung herrschte 841 am Hof Karls des Kahlen, als dieser Fürst in Troyes die Boten erblickte, die ihm den königlichen Schmuck aus Aquitanien brachten. Einer so kleinen Schar von Männern, beladen mit so kostbarer Last, war es gelungen, so weite, in allen Teilen von Räuberei geplagte Gebiete unbehelligt zu durchqueren! Weitaus weniger überrascht zeigt sich die angelsächsische Chronik, als sie berichtet, wie 1061 einer der großen Herren Englands, Earl Tostig, vor den Toren Roms von einer Handvoll Banditen gefangen genommen und wegen Lösegeld festgehalten worden ist.

Verglichen mit dem, was wir in der Gegenwart erleben, erscheint uns die Geschwindigkeit, mit der Menschen in jener Zeit den Ort wechselten, unbedeutend. Doch war sie nicht spürbar schwächer, als sie bis zum Ende des Mittelalters, ja bis zur Schwelle des 18. Jahrhunderts blieb. Im Unterschied zu dem, was wir heute kennen, war aber die Reisegeschwindigkeit auf dem Meer bei weitem größer als auf dem Land. 100 bis 150 Kilometer bildeten für ein Schiff an einem Tag keine herausragende Höchstleistung, wenn nur, was sich von selbst versteht, die Winde nicht zu ungünstig wehten. Auf Landstraßen betrug anscheinend die durchschnittliche Tagesstrecke im Mittel 30 bis 40 Kilometer, wohlgemerkt, für einen Reisenden ohne Eile, wie eine Händlerkarawane, einen großen Herrn, der von Burg zu Burg oder von Kloster zu Kloster zog und mit seinem Gepäck ausgerüstet war. Ein Eilbote, eine Handvoll entschlossener Leute konnte bei Aufbietung ihrer Kräfte das Doppelte oder mehr erreichen. Ein von Gregor VII. am 8. Dezember 1075 in Rom geschriebener Brief erreichte Goslar am Fuß des Harzes am darauffolgenden 1. Januar.

Sein Überbringer hatte nach Art des Vogelfluges ungefähr 47 Kilometer am Tag zurückgelegt, in Wahrheit natürlich viel mehr. Um ohne große Beschwerden und Verzögerung zu reisen, musste man beritten sein oder über einen Wagen verfügen: Ein Pferd oder ein Maultier geht nicht nur viel schneller als ein Mensch, sie passen sich auch den Schlaglöchern besser an. Deshalb erklärt sich die jahreszeitlich bedingte Unterbrechung vieler Verbindungen weniger aufgrund des schlechten Wetters als aus Futtermangel. Die karolingischen missi (Königsboten) waren bestrebt, ihre Rundreise nicht eher, als das Gras wuchs, zu beginnen. Doch glückte es, wie heutzutage in Afrika, einem geübten Läufer erstaunlich weite Entfernungen in wenigen Tagen zurückzulegen, und bestimmte Hindernisse überwand er zweifellos schneller als ein Reiter. Als Karl der Kahle seinen zweiten Italienzug unternahm, war er darauf bedacht, seine Verbindungen mit Gallien quer über die Alpen durch Schnellläufer zu sichern.

M. Bloch, Die Feudalgesellschaft, Frankfurt/M.–Berlin 1982, S. 84 f.

M 6 **Das Wägen der Seelen**

Das Wägen der Seelen – gute Taten gegen schlechte, Schutzengel gegen den Teufel – wird sehr häufig in der bildenden Kunst dargestellt. Der Erzengel Michael fungiert als Führer beim Jüngsten Gericht. Er passt auf, dass der Teufel nicht in betrügerischer Absicht die Waage hinunterzieht. Eine gerettete Seele fand anschließend den Weg ins Paradies, Szene auf dem Altar einer Kirche in Katalonien aus dem 13. Jahrhundert.

M 7 **Welt- und Menschenbild**

Die folgende Erzählung „Vom Lebenslauf des Menschen" stammt aus den Gesta Romanorum (Taten der Römer), einer Sammlung von lateinischen Kurzgeschichten aus der Zeit um 1300:

Man liest von einem König, der wollte vor allem die Natur des Menschen kennen lernen. In seinem Reich war ein sehr scharfsinniger Philosoph, nach dessen Rat handelten viele. Als der König von ihm hörte, sandte er ihm einen Boten, er solle unverzüglich zu ihm kommen. Der Philosoph vernahm den Willen des Königs und kam. Der König sprach zu ihm: „Meister, ich will von dir Weisheitslehre hören. Sag mir zuerst: Wie geht es dem Menschen?" Jener sprach: „Der Mensch ist elend die ganze Zeit seines Lebens. Betrachte deinen Anfang, deine Mitte und dein Ende, und du wirst finden, dass du voller Elend bist. Darum sagt Hiob (14, 1): Der Mensch ist vom Weibe geboren usw. Wenn du den Anfang betrachtest, wirst du finden, dass du armselig und hilflos warst. Wenn du die Mitte betrachtest, wirst du finden, dass die Welt dich ängstigt und vielleicht deine Seele verdammt. Wenn du das Ende betrachtest, wirst du finden, dass dich die Erde aufnehmen wird. Und darum, mein Herr König, richte dein Sinnen nicht auf Hochmut!" Der König sagte: „Meister, nun stelle ich dir vier Fragen; wenn du sie gut löst, will ich dich zu Würde und Reichtum erheben. Die erste Frage lautet: Was ist der Mensch? Die zweite: Wem gleicht er? Die dritte: Wo befindet er sich? Die vierte: Mit welchen Gefährten lebt er?"

Der Philosoph sprach: „Herr, ich will auf die erste Frage antworten. Wenn du fragst, was der Mensch ist, sage ich: Er ist ein Knecht des Todes, ein Gast im Raum, ein Wanderer unterwegs. Ein Knecht heißt er, weil er dem Zugriff des Todes nicht entrinnen kann; weil ihm der Tod alle Arbeiten und Tage wegnimmt; weil er nach Verdienst Lohn oder Marter erhalten wird. Ferner ist der Mensch ein Gast im Raum, weil er dem Vergessen überliefert wird. Ferner ist er ein Wanderer unterwegs; ob er schläft oder wacht, isst oder trinkt oder etwas anderes tut, immer eilt er dem Tode zu. Deshalb müssen wir uns für die Reise mit Lebensmitteln versorgen, nämlich mit guten Eigenschaften. – Die zweite Frage lautet: Wem gleicht der Mensch? Er gleicht dem Eis, weil er sich bei Wärme rasch auflöst. So löst sich der Mensch, der aus Erde und Elementen zusammengefügt ist, in der Hitze der Krankheit rasch auf und verdirbt. Ferner gleicht er einem jungen Apfel. Der junge Apfel, der am Baum hängt, soll das gehörige

Wachstum erreichen; indessen wird er von einem geringen Wurm im Innern zernagt, fällt plötzlich herunter und ist wertlos. Ebenso wächst der Mensch in seiner Kindheit heran, und plötzlich entsteht drinnen Krankheit, die Seele entweicht und der Leib verdirbt. Warum also ist der Mensch hochmütig? – Die dritte Frage heißt: Wo befindet sich der Mensch? Ich sage: Im vielfachen Krieg, nämlich gegen Welt, Teufel und Fleisch. – Die vierte: Mit welchen Gefährten lebt der Mensch? Ich antworte: Mit sieben, die ihn ständig bedrängen. Das sind Hunger, Durst, Hitze, Kälte, Müdigkeit, Krankheit und Tod."

Zit. nach: A. Borst, Lebensformen des Mittelalters, Frankfurt/M. – Berlin 1979, S. 29 f.

M 8 **Das Jüngste Gericht**

Das Jüngste Gericht vom Fürstenportal des Bamberger Doms aus dem 13. Jahrhundert zeigt auf der rechten Seite die Verdammten: Papst, König und Bischof als Vertreter der Stände, Typen, die zum Teil auch auf der Seite der Seligen Platz nehmen. Zwischen dem zur Hölle verdammten Papst und dem König lugt jedoch eine Person hervor, deren Platz unmöglich unter den Geretteten zu finden wäre: ein Wucherer, mit einem von runden Geldstücken prallen Geldsack bewehrt, den er auf der Kette des Teufels absetzt [13. Jahrhundert].

Aus: H. Fuhrmann, Überall ist Mittelalter, München 1996, S. 137.

Im Weltbild der Menschen im Mittelalter nahm das Jüngste Gericht einen zentralen Platz ein. Christus als Weltenrichter trennt die Erlösten von den Verdammten.

Die Vorstellung vom Weltgericht am Ende der Zeiten gehörte zum Inbegriff christlichen Menschseins. Ihre bildliche Darstellung fehlte in kaum einer Kirche.

M 9 **Heilsgeschichte und Alltagszeit**

Der russische Historiker Aaron J. Gurjewitsch stellt zwei zeitliche Orientierungen des mittelalterlichen Menschen gegenüber:

[Die historische Zeit teilt sich] streng in zwei Hauptepochen: vor Christi Geburt und nach Christi Geburt. Die Geschichte bewegt sich vom Akt der göttlichen Schöpfung bis zum Jüngsten Gericht. Im Mittelpunkt der Geschichte befindet sich die entscheidende sakramentale Tatsache, die ihren Lauf bestimmt und ihr einen neuen Sinn verleiht so wie ihre gesamte folgende Entwicklung im Voraus entscheidet – die Ankunft und der Tod Christi. Die alttestamentarische Geschichte erweist sich als eine Epoche der Vorbereitung auf die Ankunft Christi, die folgende Geschichte – als das Resultat seiner Menschwerdung und Leiden. Dieses Ereignis ist einmalig und einzigartig in seiner Bedeutung.

[...] Die christliche Zeitorientierung unterscheidet sich sowohl von der antiken Orientierung auf die

Vergangenheit allein als auch von der prophetischen Orientierung auf den Messias der Zukunft, die für die jüdisch-alttestamentarische Zeitkonzeption charakteristisch ist. [...]
Die Tage wurden nicht in gleiche Stunden eingeteilt, sondern in Tages- und Nachtstunden; erstere wurden von Sonnenaufgang bis Sonnenuntergang, letztere von Sonnenuntergang bis Sonnenaufgang gerechnet. Daher waren im Sommer die Tagesstunden länger als die Nachtstunden, im Winter dagegen umgekehrt. Bis zum 13. und 14. Jahrhundert waren Uhren eine Seltenheit, ein Luxusgegenstand. Sogar bei Gelehrten waren sie nicht immer vorhanden. Der Engländer Walcherius, welcher die Bewegung der Himmelskörper studierte, beklagte sich darüber, dass die Genauigkeit seiner Beobachtungen der Mondfinsternis im Jahre 1091 dadurch beeinträchtigt wurde, dass ihm eine Uhr fehlte. Die im mittelalterlichen Europa üblichen Uhren waren die Sonnenuhr, die Sanduhr oder die Klepsydra, die Wasseruhr. Doch die Sonnenuhr war nur bei klarem Wetter zu verwenden, die Klepsydren blieben eine Seltenheit und waren eher ein Spielzeug oder Luxusgegenstand als ein Instrument zur Zeitmessung. War die Zeit nicht nach dem Stand der Sonne festzustellen, bestimmte man sie nach der Brenndauer eines Spans, einer Kerze oder des Öls in einem Heiligenlämpchen. Wie langsam sich der Fortschritt in der Zeitbestimmung vollzog, ist daraus ersichtlich, dass die Verwendung von Kerzen zu diesem Zweck, die für das Ende des 9. Jahrhunderts unter dem englischen König Alfred belegt ist (bei Reisen durch das Land nahm er Kerzen gleicher Länge mit und befahl, eine nach der anderen anzuzünden), in Frankreich noch im 13. Jahrhundert unter Ludwig IX. wie auch im 14. Jahrhundert unter Karl V. üblich war. Die Mönche orientierten sich nach der Anzahl der Seiten, die sie in heiligen Büchern gelesen hatten, oder nach der Zahl der Psalmen, die sie zwischen zwei Himmelsbeobachtungen zu sprechen vermochten. Für jede Tages- und Nachtstunde gab es gesonderte Gebete und Beschwörungen. Für die breite Masse der Bevölkerung war der Hauptanhaltspunkt für die Tageseinteilung das Läuten der Kirchenglocken, die regelmäßig ertönten, um zur Frühmesse und zu anderen Gottesdiensten zu rufen. Der Tag wurde in eine Reihe von Abschnitten geteilt: in kanonische Stunden – gewöhnlich waren es sieben –, die durch die Kirchenglocken eingeläutet wurden. So kontrollierte die Geistlichkeit den Zeitablauf. Eine im Geiste des Mittelalters fantastische, aber in ihrer Art bezeichnende Etymologie [Herkunft] des Wortes campana [Glocke] gab John of Garland Anfang des 13. Jahrhunderts: „Glocken (campanae) werden sie nach den Bauern, d. h. nach den Landbewohnern [campus = Land] genannt, die die Stunden nur am Glockengeläut erkennen können." Die mittelalterlichen Menschen erfuhren die Zeit nicht vorwiegend visuell, sondern durch den Klang.

A. J. Gurjewitsch, Das Weltbild des mittelalterlichen Menschen, München 1982, 114 f. und 109 f.

Aufgaben

1. Beschreiben Sie das Verhältnis von Mensch und Natur im Mittelalter.
   → Text, M3, M4
2. Erläutern Sie die Probleme, die bei der Überwindung von Entfernungen auftraten.
   → M3, M5
3. Aus welcher Zeit-Perspektive betrachtete der mittelalterliche Mensch das zeitliche Geschehen?
   → Text, M1, M9
4. Benennen Sie die Methoden der Zeitmessung.
   → M1, M9
5. Warum musste die Einstellung „Zeit ist Geld" dem mittelalterlichen Menschen fremd sein?
6. Kennzeichnen Sie das Weltbild des mittelalterlichen Menschen.
   → Text, M6–M8
7. In welcher Weise findet das Weltbild seinen Ausdruck in den Abbildungen?
   → M6, M8
8. Wie erklärt sich die Seelennot des mittelalterlichen Menschen?
   → M6–M8
9. Der Pfarrer Helmold schrieb im 12. Jahrhundert: „Wer weiß nicht, dass die Kriege, die Stürme, die Pest, all das Leid, was fürwahr über das Menschengeschlecht herniedergeht, durch die Tätigkeit von Dämonen geschieht?" – Welcher Unterschied zur wissenschaftlichen Weltsicht des modernen Menschen kommt zum Ausdruck?
10. Beurteilen Sie die mittelalterliche Religiosität im Vergleich zu den religiösen Einstellungen in der Gegenwart.

4.2 Frühes Mittelalter

Vom Untergang Roms bis zum Zerfall des Karolingerreiches: ein Überblick

Merowinger

Im Zuge der Völkerwanderung drangen germanische Völker in das bereits innerlich geschwächte Römische Reich ein und brachten es zu Fall. Im 5. Jahrhundert entstand eine Koexistenz zwischen den Römern und den germanischen Invasoren, wobei letztere von den zivilisatorischen Erungenschaften der Römer profitierten.

Auf dem Gebiet des heutigen Frankreich – genauer zwischen Loire und Seine – bildete sich gegen Ende des 5. Jahrhunderts das fränkische Reich der Merowinger, das man als Bindeglied zwischen der römischen Antike und dem Mittelalter ansehen kann.

Von mehreren fränkischen Kleinkönigen gelang es Chlodwig, einem skrupellosen Machtmenschen, sich durchzusetzen und zum Begründer einer fränkischen Monarchie zu werden. Im Laufe des 6. Jahrhunderts expandierte die merowingische Monarchie in weite Gebiete Westeuropas (Burgund, Provence, Oberrhein).

Weltgeschichtlich wichtig war Chlodwigs Übertritt zum Christentum, den er nach einem Sieg über die Alemannen vollzog. Dieser Schritt erwies sich als grundlegend für die Schaffung eines römisch-christlichen Europas. Denn nunmehr blieb die führende Macht der Kirche trotz des Zusammenbruchs des Römischen Reiches erhalten. Große Schenkungen der fränkischen Könige ließen im 7. Jahrhundert ihre Macht noch anwachsen. Von den mehr als 400 Klöstern, die es gegen Ende des 7. Jahrhunderts im fränkischen Reich gab, gingen starke Impulse zur Missionierung Europas aus.

Karolinger

Das 8. Jahrhundert brachte mit dem Niedergang der Merowinger-Dynastie den Aufstieg der Hausmeier; das waren zunächst königliche Stellvertreter in den Teilreichen. Einer von ihnen – Karl – setzte sich durch. Er übernahm die Regentschaft über das Merowingerreich (714), dehnte es nach Osten aus und verteidigte es gegenüber den vordringenden Arabern. In der Schlacht von Tours und Poitiers (732) gelang ihm und den fränkischen Panzerreitern ein Sieg über die Araber, die – von der iberischen Halbinsel kommend – nach Norden vorgestoßen waren. Diesem erfolgreichen Abwehrkampf verdankt Karl den Beinamen Martell („der Hammer"). Die Schlacht von Tours und Poitiers ist insofern von weltgeschichtlicher Bedeutung, als sie den Endpunkt der arabischen Expansion nach Westeuropa markiert.

Karls Sohn Pippin wurde zum Stammvater der neuen Monarchie der Karolinger. Er ließ sich zum König der Franken wählen und verbannte den letzten merowingischen König ins Kloster. Dieser „Staatsstreich" erhielt eine besondere Bedeutung durch die Zustimmung des Papstes (Zacharias), der Pippin salbte und ihm den Titel „Patricius romanorum" (Schutzherr der Römer) verlieh, den vorher der Stellvertreter des Kaisers (von Byzanz) innegehabt hatte. Mit der Verchristlichung des Königtums wurde der Grundstein für eine lange Tradition gelegt. Das Bündnis zwischen dem Papst und der fränkischen Monarchie entsprang dem politischen Kalkül und wurde zu beiderseitigem Vorteil geschlossen. Denn die neu begründete fränkische Monarchie bedurfte der Legitimation beziehungsweise der höheren Weihe. Dem Papst hingegen war zum einen daran gelegen, die Oberherrschaft des byzantinischen Kaisers abzuschütteln; zum anderen brauchte der Papst eine Schutzmacht, die ihn gegen die in Oberitalien ansässigen Langobarden verteidigte. Pippin erfüllte die ihm zugedachte Rolle und sicherte dem Papst außerdem die byzantinischen Gebiete Mittelitaliens zu, die zum Ausgangspunkt der Gründung des Kirchenstaats wurden (Pippinsche Schenkung).

Karl der Große

Karl, der Sohn Pippins, muss als die überragende Figur des frühen Mittelalters angesehen werden. 43 Jahre regierte er als Alleinherrscher das fränkische Reich. Er setzte die Politik seiner Vorgänger fort, indem er die Bindung an das Papsttum beibehielt und durch den Sieg über die Langobarden die Lombardei, das heißt Oberitalien, in das Frankenreich integrierte. Die Araber im Südwesten konnten ebenso abgewehrt werden wie die Anstürme des nomadischen Reitervolks der Awaren im Osten. Auf rechtsrheinischem Gebiet wurde die Unterwerfung germanischer Stämme und deren gewaltsame Christianisierung vorangetrieben.

Im Vergleich zum Merowingerreich verlagerte sich unter Karl dem Großen das Reich nach Osten, wobei die Grenze bis an die Elbe vorgeschoben werden konnte (Sachsenkriege).

Aufgrund eines erneuten Hilfegesuchs des Papstes (Leo III.) zog Karl der Große im Jahr 800 nach Rom, wo er vom Papst zum Kaiser gekrönt wurde. In diesem Akt kam die Idee von der „Erneuerung des Römischen Reiches“ zum Ausdruck. Die Übernahme des Kaisertitels erfolgte streng genommen widerrechtlich und fand erst zwölf Jahre später eine eingeschränkte Anerkennung durch den Kaiser von Byzanz.

Zu Beginn des 9. Jahrhunderts befand sich Karl auf dem Höhepunkt seiner Herrschaft. Nach seinem Tod (814) wurde er in Aachen beigesetzt. Nachfolgende Generationen haben seine Herrschaft idealisiert. Der spätere Kaiser Otto III. (980–1002) ließ das Grab Karls des Großen öffnen, dessen Gebeine später als kostbare Reliquien verehrt wurden.

Den Nachfolgern Karls gelang es nicht, das Reich zusammenzuhalten. Dafür waren verschiedene Faktoren ausschlaggebend:

- Die karolingischen Erbschaftsgesetze kannten nicht die Erbfolge des ältesten Sohnes (Primogenitur), sondern bedachten alle Söhne gleichmäßig. Die Folge davon waren mehrere Reichsteilungen, wobei der Vertrag von Verdun (843) im Nachhinein die Umrisse der späteren Nationen Frankreich, Deutschland und Italien erkennen lässt.

M 1 Reichsteilungen

Nach dem Tod Lothars I. einigten sich die ost- und westfränkischen Herrscher auf eine Zweiteilung des Reiches nördlich der Alpen.

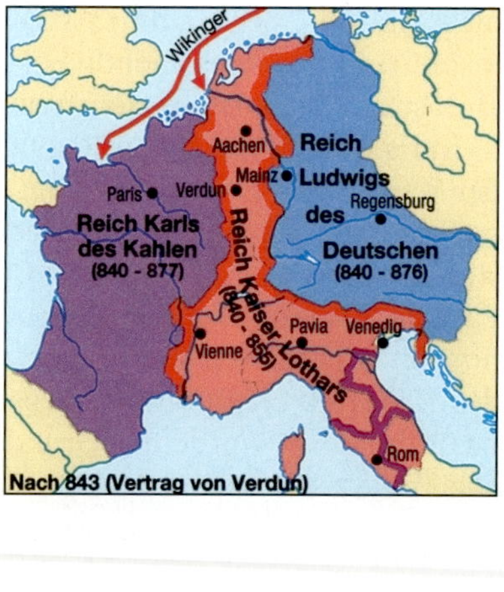

Nach 843 (Vertrag von Verdun)

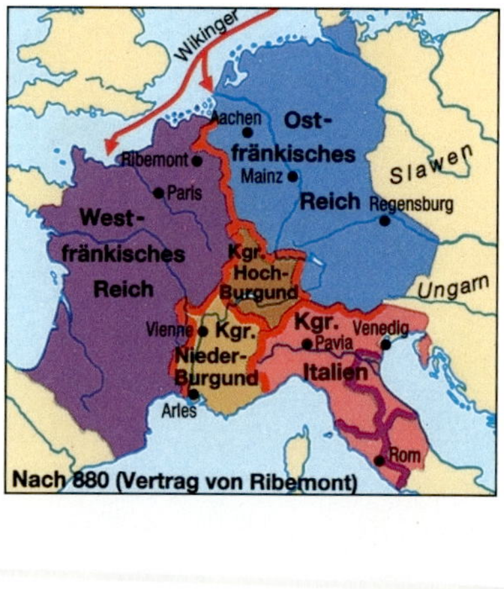

Nach 880 (Vertrag von Ribemont)

- Es fehlte eine überragende Herrscherpersönlichkeit, die in der Lage gewesen wäre, der Verselbstständigung der Reichsteile Einhalt zu gebieten.
- Es fehlte zudem die technische und wirtschaftliche Infrastruktur, um den Zusammenhalt eines so großen Territoriums zu bewerkstelligen.
- Vielmehr bildete sich östlich des Rheins ein Zusammengehörigkeitsgefühl auf der Basis von verschiedenen Stammesherzogtümern (Bayern, Schwaben, Sachsen, Franken).
- Der karolingische Adel sowie die großen Grafenfamilien strebten nach mehr Unabhängigkeit von der Zentralgewalt und verstärkten somit die partikularistischen, das heißt zur territorialen Aufsplitterung hinzielenden Tendenzen.
- Im 9. Jahrhundert erwies sich angesichts der Normanneneinfälle die Schwäche des spätkarolingischen Reiches. Das schwerfällige fränkische Heer war den Wikingern, die mithilfe von schnellen Schiffen unversehens an Küsten und Flussläufen auftauchten, nicht gewachsen. Für über ein Jahrhundert wurden die Wikinger zum Inbegriff von Raub, Plünderung und Grausamkeit.

Mit dem Aussterben der ostfränkischen Karolinger wurde zu Beginn des 10. Jahrhunderts ein neues Königtum begründet, das auf der Grundlage der Stammesherzogtümer aufbaute. Mit der Wahl des Franken Konrad I. (911–918) zum König sowie der Nachfolge durch den Herzog Heinrich von Sachsen (König seit 919) kam die Verselbstständigung des ostfränkischen Teils des karolingischen Reiches zum Abschluss.

Das Reich Karls des Großen: politische, militärische und religiöse Grundlagen

Nach frühmittelalterlich-christlicher Auffassung war der Herrscher der irdische Stellvertreter Gottes und als solcher Träger des Königsheils. Seine Salbung, das heißt Heiligung, erhob ihn in eine priesterliche Stellung. So wie Siege als ein Zeichen göttlicher Gnade, so wurden andererseits Seuchen, Naturkatastrophen und Hunger als ein Verlust des Heils gedeutet.

Reisekönigtum

Mittelalterliche Könige kannten noch keine feste Residenz. Politische Herrschaft wurde zum einen auf Reisen ausgeübt, wobei die Pfalzen als vorübergehende Aufenthalts- und Regierungsorte dienten. Hier erließ Karl der Große die Kapitularien (königliche Anweisungen und Gesetze), die ihren Namen der Einteilung in Kapitel verdanken.

Verwaltung

Karl der Große versuchte mithilfe von Grafen (Stellvertretern des Königs) ein funktionsfähiges Verwaltungsnetz aufzubauen. Offensichtlich gelang ihm das nur teilweise, denn die Einrichtung von Missi dominici (Königsboten) als Kontrollinstrument lässt darauf schließen, dass der Gehorsam der Grafen immer aufs Neue angemahnt werden musste. Die Grafen, die sich aus den Großen des Reiches rekrutierten, stellten für die Herrscherautorität eine ständige Herausforderung dar. Das Bündnis zwischen Herrscher und Adel war dauernd gefährdet. Dieses Spannungsverhältnis erklärt sich aus dem Streben der Mächtigen nach Unabhängigkeit von der Zentralgewalt. Der König seinerseits bedurfte allerdings der Großen des Reiches, um das Land zu regieren. Denn einen Staat im Sinne eines festen organisatorischen Verwaltungsgerüstes gab es noch nicht.

M 2

Kaiserkrönung

Der Aufstieg Karls des Großen zur herausragenden Herrschergestalt des frühen Mittelalters gipfelte in der Kaiserkrönung im Jahre 800, die ihrem Ablauf nach ein Werk des Papstes war. Die Form, in der diese Würde verliehen wurde, warf eine Frage auf, die den weiteren Verlauf mittelalterlicher Geschichte nachhaltig beeinflussen sollte. Wem gebührt der Vorrang: dem Kaiser oder dem Papst?

Kriege

Der Aufbau und die Expansion des fränkischen Reiches konnten nur mithilfe eines erfolgreichen Heeres vollzogen werden. Karl der Große war in erster Linie ein Mann des Krieges. Während seiner Herrschaft gab es – zumindest in den Sommermonaten – fortwährend Krieg. Jahrzehntelang befahl Karl der Große den Kriegsauszug, oft führte er auch persönlich das Heer. Die Feldzüge richteten sich gegen die Nachbarn der Franken in allen Himmelsrichtungen: Aquitanier, Awaren, Baiern, Langobarden, Sachsen. Die überlieferten Quellen („Reichsannalen“) geben als Kriegsursachen Grenzstreitigkeiten oder Beutezüge der Nachbarn an. Oft wird aber auch der Krieg mit der „unchristlichen“ Einstellung eines Volkes legitimiert.

Bis ins Hochmittelalter zählten die Heere selten mehr als zehn- bis zwanzigtausend Krieger. Der Heerbann umfasste das militärische Aufgebot aller waffenfähigen Freien, wobei das Wort „Bann“ den Strafanspruch des Königs unterstreicht, falls der Aufgeforderte nicht Folge leistete. Diese Pflicht zum Kriegsdienst war offenbar eine Quelle großer Unzufriedenheit.

Kirchen und Klöster

Karl der Große verstand sich als ein christlicher Herrscher. Seine Herrschaft war sowohl eine über die Kirche als auch mit der Kirche. Weltliche Herrschaft und Kirche bildeten dabei im Wesentlichen eine Einheit (Staatskirche). Karl verfügte nicht nur über die Domänen (königlichen Güter), sondern als oberster Kirchenherr bediente er sich auch der Erträge aus den Kirchengütern. Er setzte Bischöfe und Äbte in ihre Ämter ein und ließ sich im Gegenzug den Treueid schwören. Die Verwaltung des Reiches wurde weitgehend von Geistlichen ausgeübt, da zunächst nur sie in der Lage waren, die Amtsgeschäfte in der lateinischen Sprache zu führen. Die Kleriker bewahrten und praktizierten die Schriftlichkeit in einer Gesellschaft, in der die Alphabetisierung noch nicht weit fortgeschritten war.

Die Klöster, die mit umfangreichen Ländereien ausgestattet wurden, entwickelten sich zu kulturellen Mittelpunkten, wo Kunsthandwerk und Schriftgelehrsamkeit gepflegt wurden. Den klösterlichen Kopierstuben verdankt die Nachtwelt die Überlieferung vieler antiker Schriften. Eine neue Schriftart, die karolingische Minuskel (Kleinbuchstabe), sorgte für Vereinheitlichung und somit bessere Lesbarkeit von Texten. Die Klöster waren auch Ausgangspunkt der Missionare, die die Christianisierung der unterworfenen germanischen und slawischen Völker vorantrieben.

Sachsenkriege

Vor diesem Hintergrund sind auch die Sachsenkriege zu sehen. In der Unterwerfung der heidnischen Sachsen vermischten sich die Antriebe traditioneller Machterweiterung mit denen des Religionskrieges. Zwischen 772 und 780 besiegte das fränkische Heer in mehreren Feldzügen die Sachsen. Extrem grausame Kämpfe gingen dabei mit Massentaufen einher. Am Ende stand die Integration Sachsens in den karolingischen Reichsverband.

Gewiss verstand sich der tiefreligiöse Karl als Verteidiger und Mehrer des katholischen Glaubens. Die politische Dimension der Christianisierung ist aber auch darin zu sehen, dass die Religion zur Kontrolle der unterworfenen Völkerschaften diente und auch ein bindendes Element im karolingischen Vielvölker-Reich darstellte.

Chronologie

476 Absetzung des letzten weströmischen Kaisers durch Odoaker, einen Heerführer germanischer Hilfstruppen der Römer

486 Sieg der Franken (unter Chlodwig) über die Römer bei Soissons; der letzte römische Statthalter in Gallien wird abgesetzt.

498 Übertritt des fränkischen Königs Chlodwig zum Christentum

732 Karl Martell, fränkischer Hausmeier, bringt bei Poitiers den arabischen Vorstoß zum Halt.

751 Pippin der Jüngere (Sohn Karl Martells) lässt sich zum König der Franken wählen. Absetzung der Merowinger

745 Pippinsche Schenkung

742–814 Karl der Große

800 Kaiserkrönung Karls des Großen in Rom

843 Vertrag von Verdun: Die Aufteilung des karolingischen Reiches wird Ausgangspunkt einer Verselbstständigung der Reichsteile.

911 Tod Ludwigs des Kindes; damit endet die Karolingerherrschaft im ostfränkischen Teil des Reiches.

M 3 **Krönung Karls des Großen (800)**

Alle Gewalt geht von Petrus, dem ersten Papst, aus. Er übergibt Papst Leo III. das Pallium, Zeichen des geistlichen Amts, und Karl die Fahne der Stadt Rom, die die politisch-militärische Macht symbolisiert, Farblithographie des 16. Jh. nach dem um 800 ausgeführten Mosaik im Lateranpalast in Rom.

M 4 **Die Kaiserkrönung Karls aus zwei Perspektiven:**

a) Im römischen Krönungsbericht steht:

Am Tage der Geburt unseres Herrn Jesu Christi [hier: 25. Dezember] waren alle in der schon genannten Basilika des heiligen Apostels Petrus wiederum versammelt. Und da krönte ihn [Karl] der ehrwürdige und segenspendende Vorsteher eigenhändig mit der kostbarsten Krone. Darauf riefen alle gläubigen und getreuen Römer, die den Schutz und die Liebe sahen, die er [Karl] der römischen Kirche und ihrem Vertreter gewährte, einmütig mit lauter Stimme auf Gottes Geheiß und des heiligen Petrus, des Himmelreiches Schlüsselträger, Eingebung aus: „Karl, dem Erhabenen, von Gott gekrönten großen und den Frieden schützenden Kaiser der Römer, sei langes Leben und Sieg beschieden."
Vor der heiligen Confessio des seligen Petrus ist das, unter Anrufung vieler Heiliger, dreimal ausgerufen worden, und von allen ist er als Kaiser der Römer eingesetzt worden. Auf der Stelle salbte der heiligste Vorsteher und Oberpriester mit heiligem Öl Karl, seinen hervorragendsten Sohn, an demselben Tag der Geburt unseres Herrn Jesu Christi zum König.

b) Die Krönung aus der Sicht Einhards: Einhard (ca. 770 – 840), Vertrauter und Biograf Karls, schrieb:

So hoch er [Karl] sie [die Stadt Rom] aber auch ehrte, so kam er während der siebenundvierzig Jahre seiner Regierung doch nur viermal dorthin, um sein Gelübde zu erfüllen und zu beten. Seine letzte Reise hatte nicht darin allein ihren Grund, sondern sie wurde auch dadurch veranlasst, dass Papst Leo durch die vielen Misshandlungen, die er von Seiten der Römer erlitten hatte, indem sie ihm nämlich die Augen ausrissen und die Zunge abschnitten, sich genötigt sah, den König um Schutz anzuflehen. Er kam also nach Rom und brauchte daselbst den ganzen Winter, um die Kirche aus der überaus großen Zerrüttung, in die sie verfallen war, zu reißen. Damals war es, dass er die Ernennung zum Kaiser und Augustus empfing; das war ihm zuerst so zuwider, dass er versicherte, er würde an jenem Tage, obgleich es ein hohes Fest war, die Kirche nicht betreten haben, wenn er des Papstes Absicht hätte vorherwissen können.

Zit. nach: W. Lautemann, M. Schlenke, (Hg.), Geschichte in Quellen, Mittelalter, München 1978, S. 70 f.

M 5 **Die Pfalzordnung unter Karl dem Großen**

Bericht von Hinkmar (ca. 806–882) Erzbischof von Reims:

Nach damaligem Brauche fand zweimal im Jahre, nicht öfter, ein Reichstag statt. Auf dem einen regelte man die Angelegenheiten des ganzen Reiches für das laufende Jahr. Von den hier getroffenen Bestimmungen wich man nur dann ab, wenn es die Gesamtlage des Reiches zur gebieterischen Notwendigkeit machte. Zu diesem Reichstage erschienen alle Großen der Kirche und des Laienadels; die Angesehensten unter ihnen, um an den Beratungen tätig teilzunehmen, die Männer geringeren Ranges, um die Beschlüsse entgegenzunehmen, und zuweilen, um selbst mitzuberaten, wobei sie sich nicht einfach der Gewalt zu beugen hatten, sondern nach ihrer persönlichen Einsicht und Über-

zeugung ihre Zustimmung gaben; außerdem überbrachten bei dieser Gelegenheit alle dem Könige ihre Abgaben. Zum zweiten Reichstag erschienen nur die Männer von hervorragendem Rang. Man beriet hier die Angelegenheiten des nächsten Jahres, soweit dies notwendig und möglich war oder wenn am Ende des laufendes Jahres noch unbedingt etwas für dies Jahr zu erledigen war. [...]
Die ersten Beamten wie die angesehensten Großen des Reiches erhielten für die allgemeinen wie engeren Reichstage – damit es nicht schien, sie würden zwecklos berufen – kraft königlicher Autorität die wichtigsten Gesetzes- oder Verwaltungsvorschläge in Kapitel abgeteilt, die entweder der König durch Gottes Eingebung selbst abgeteilt hatte, oder die ihm von den verschiedenen Seiten nach Schluss eines Reichstages unterbreitet worden waren. Nach Empfang erwogen sie diese Kapitel je nach ihrer Wichtigkeit einen oder mehrere Tage lang und legten inzwischen durch Boten, die aus den königlichen Unterbeamten hierfür bestimmt waren, über verschiedene Punkte dem König Fragen vor und erhielten von ihm darauf Antwort. Während der ganzen Zeit verkehrten sie mit keinem Menschen, der nicht zu ihrem Kollegium gehörte, bis sie ihre Erwägungen dem Ohr des glorreichen Fürsten vortrugen, seinen geheiligten Augen unterbreitet und alle dem beigepflichtet hatten, was er nach der ihm von Gott verliehenen Weisheit entschieden hatte. So wurde über ein, zwei oder so viele Kapitel es waren, verhandelt, bis mit Gottes Gnade alles erledigt war, was die Umstände erforderten.

Zit. nach: W. Lautemann, M. Schlenke (Hg.), Geschichte in Quellen, Mittelalter, München 1978, S. 81f.

M 6

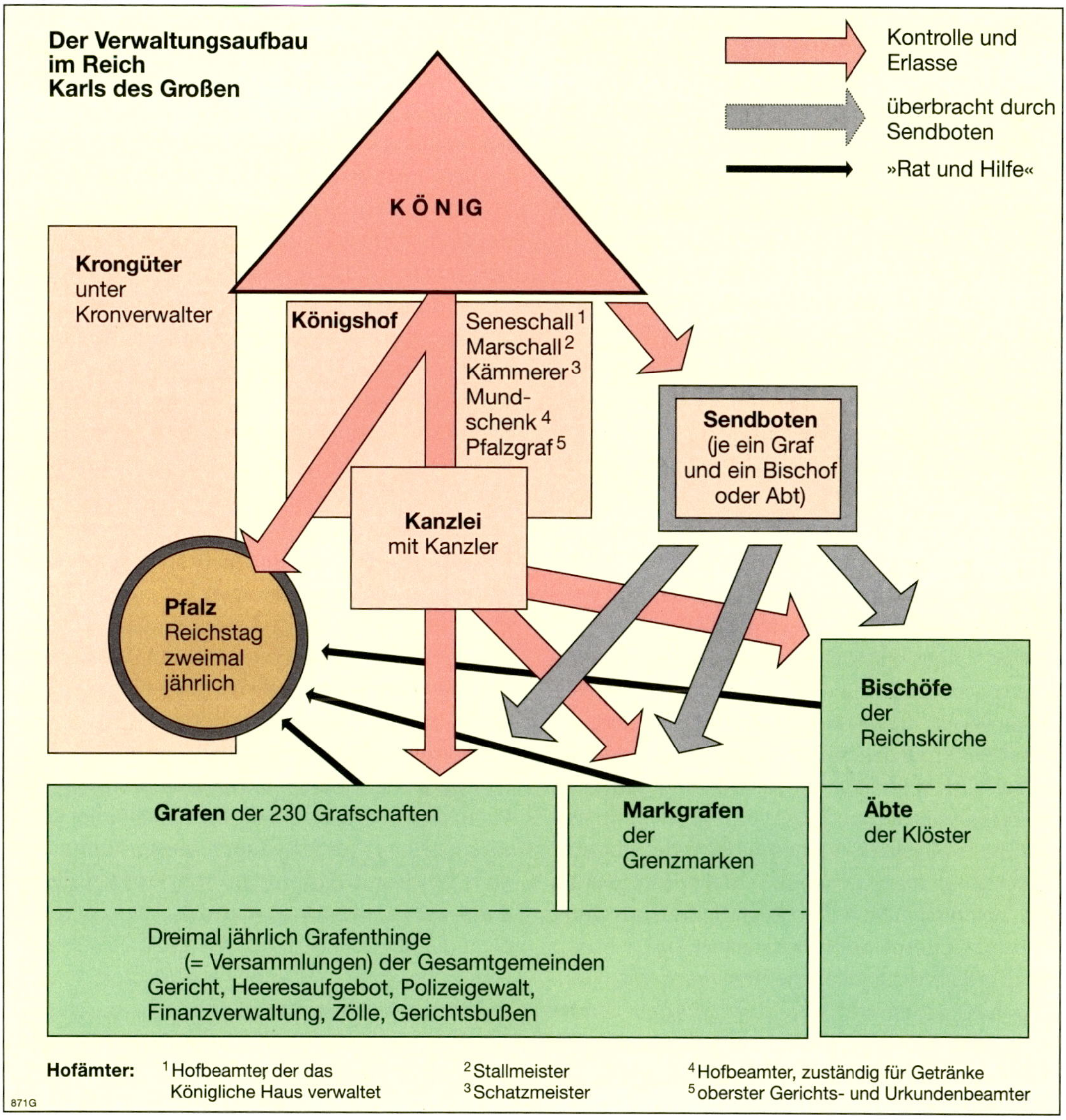

M 7 Die Pfalzkapelle in Aachen

Karl der Große machte Aachen zu seinem Hauptort. In der Pfalzkapelle steht der Thron Karls: vier Marmorplatten auf einem Kalksteinblock. Sechs Stufen führen zu ihm hinauf. Die Platznahme auf dem Thron war fester Bestandteil des Krönungsrituals. Als erstes deutsches Bauwerk nahm die UNESCO 1980 den Aachener Dom in die Liste des Weltkulturerbes auf.

M 8 Aus dem Kapitular von Paderborn

Dieses Kapitular enthält gesetzliche Bestimmungen für die unterworfenen Sachsen (785):

[…] 3. Wenn einer gewaltsam in eine Kirche eindringt und in ihr etwas raubt oder stiehlt oder die Kirche in Brand steckt, so sterbe er des Todes.

4. Wenn einer das heilige vierzigtägige Fasten aus Missachtung des Christentums nicht hält und Fleisch isst, so sterbe er des Todes. Jedoch soll der Priester darüber urteilen, ob ihn nicht etwa die Not dazu gebracht habe, Fleisch zu essen. […]

7. Wenn einer den Leib eines verstorbenen Menschen nach heidnischen Brauch durch das Feuer verzehren lässt und seine Gebeine zu Asche brennt, soll er mit dem Tode bestraft werden.

8. Wer hinfort im Volk der Sachsen ungetauft sich verstecken will und zur Taufe zu kommen unterlässt und Heide bleiben will, der soll des Todes sterben.

9. Wer einen Menschen dem Teufel opfert und ihn nach heidnischer Sitte den bösen Geistern als Opfer darbringt, der soll des Todes sterben. […]

15. Zu jeder Kirche sollen die zu ihr gehörigen Gaubewohner einen Hof und zwei Morgen Landes geben, und auf je 120 Menschen, Adlige, Freie und Liten [Hörige, Halbfreie] sollen sie der Kirche einen Knecht und eine Magd zuteilen.

16. Und so ward mit Christi Segen beschlossen, dass von allem, was an den königlichen Schatz entrichtet wird, als Buße für Friedensbruch oder Banngeld [Bußgeld] der zehnte Teil den Kirchen und Priestern gegeben werde.

17. Ebenso bestimmen wir nach Gottes Gebot, dass alle den Zehnten ihres Vermögens und ihrer Arbeit den Kirchen und Priestern geben; die Adligen, die Freien und die Liten sollen nach Maßgabe dessen, was Gott jedem Christenmenschen gegeben hat, ihren Teil Gott darbringen. […]

Zit. nach: G. Guggenbühl und O. Weiss (Hg.), Quellen zur allgemeinen Geschichte des Mittelalters, Zürich 1946, S. 50 ff.

M 9 Der Heerbann wird aufgeboten

Brief Karls des Großen an Abt Fulrad von Altaich (nach 804):

Wir teilen dir mit, dass wir in diesem Jahre den großen Reichstag nach Ostsachsen zusammengerufen haben, und zwar nach Staßfurt an der Bode. Deshalb befehlen wir dir, am 17. Juni mit allen deinen wohlbewaffneten und ausgerüsteten Leuten an dem genannten Platze dich einzustellen, also sieben Tage vor der Messe des heiligen Johannes des Täufers. Du wirst also wohl vorbereitet mit deinen Leuten an dem genannten Platze erscheinen, um von hier aus, wohin dich auch unser Befehl schicken mag, eine militärische Expedition durchzuführen; das heißt mit Waffen und Gerät und aller anderen kriegerischen Ausrüstung, mit Proviant und Bekleidung. Jeder Berittene soll Schild, Lanze, Schwert und Hirschfänger haben, dazu Bogen, Köcher und Pfeile, und eure Packwagen sollen Vorräte aller Art mitführen, Spitzhacken und Äxte, Bohrer, Beile, Spaten, eiserne Grabscheite und alle anderen Werkzeuge, die man bei einem Feldzug braucht. Die Lebensmittel müssen vom Reichstage an gerechnet drei Monate reichen, Waffen und Bekleidung ein halbes Jahr. Wir befehlen dir, streng darauf zu achten, dass du in Ruhe und Frieden den genannten Ort erreichst, durch welche Teile unseres Reiches dein Marsch dich auch führen mag, dass außer Grünfutter, Holz und Wasser keinerlei Vorräte angerührt werden; durch wessen Besitz aber eure Leute mit Packwagen und Pferden gerade marschieren, der soll immer dabei sein, auf dass nicht die Abwesenheit des Herrn seinen Besitz den Leuten preisgibt, um Unheil anzurichten, und das soll bis zur Ankunft am Ziel gelten.

Die Geschenke, die du uns auf unserem Reichstag abzuliefern hast, übersende uns Mitte Mai dahin, wo wir uns dann aufhalten werden; wenn du deinen Marsch so einrichten kannst, dass du sie uns bei deinem Aufbruch in eigener Person überreichen kannst, dann wird uns das um so angenehmer sein. Lasse dir dabei keinerlei Nachlässigkeit zu Schulden kommen, wenn dir an unserer Gnade gelegen ist.

Zit. nach: W. Lautemann, M. Schlenke (Hg.), a. a. O., S. 76 f.

M10 Auswirkungen der Wehrpflicht

Der belgische Historiker Jan Dhondt analysiert die Militärverfassung des Karolingerreiches:

Dem Wehrdienst war grundsätzlich jeder Freie unterworfen. [...]

Für den Großgrundbesitzer war die Last erträglich, denn er ließ sich auf seinen Domänen [Gütern] durch Verwalter vertreten, die über die große Schar der Sklaven geboten. Ganz anders aber waren die Folgen des Heeresdienstes für den Kolonen [halbfreien Pächter] und den kleinen Eigentümer. Ein solcher über wenige Mittel verfügender Mann, der Jahr für Jahr gezwungen wurde, seine Felder, auf denen er unentbehrlich war, in der zwischen Aussaat und Ernte liegenden Zeit zu verlassen, musste früher oder später wirtschaftlich zugrunde gehen. Da auf diese Weise der Heeresdienst zu einer fast unerträglichen Bürde geworden war, begriff die Zentralgewalt, dass man ihn mildern musste. Die Kapitularien aus den letzten Lebensjahren Karls des Großen zeigen deutlich, dass nicht mehr die Gesamtheit der Freien zum Wehrdienst verpflichtet wurde, sondern nur diejenigen unter ihnen, die ein Minimum an Wohlstand besaßen. Als dieses Minimum wurden bald vier, bald fünf oder sechs Bauernhöfe angesehen. Die Freien mit einem noch geringeren Besitz taten sich zusammen und rüsteten dann einen aus der betreffenden Gruppe für den Krieg aus. [...]

Alles spricht jedoch dafür, dass diese Abmilderung der Wehrpflicht unzureichend war. Dem Text der Kapitularien können wir erstaunliche Methoden entnehmen, mit denen man dem Militärdienst zu entgehen versuchte. Die verständlichste war noch die, dass jemand in einen Mönchsorden eintrat, um dem gefürchteten Dienst fern bleiben zu können. Was aber jede Vorstellungskraft übersteigt, ist die Tatsache, dass manche Männer auf den Status der Freiheit verzichteten, um nicht Soldat werden zu müssen.

Diese Fälle beweisen überzeugend, dass die Militärverfassung des Karolingerreiches auf die Dauer untragbar war und dass insbesondere die Masse der unbegüterten Freien durch dieses System geschädigt wurde.

J. Dhondt, Das frühe Mittelalter, Fischer Weltgeschichte, Bd. 10, Frankfurt/M., 1968, S. 47 f.

M 11 Reiterstatuette von Karl dem Großen
Wir wissen nicht, wie Karl der Große in Wirklichkeit ausgehen hat. Bis ins 13. Jahrhundert wurden die Menschen nicht individuell, sondern typisierend dargestellt, Statuette aus Bronze, um 870.

Aufgaben

1. Stellen Sie die Methoden und Instrumente dar, mit denen Karl der Große das Reich regierte.
   → Text, M4–M9
2. In welchem Verhältnis standen weltliche Herrschaft und Kirche zueinander?
   → Text, M3, M4, M6–M8
3. Beschreiben Sie die militärische Organisation des karolingischen Reiches sowie die Probleme, die mit ihr verbunden waren.
   → Text, M9, M10

4.3 Grundherrschaft und Feudalismus

Grundherrschaft

Der Begriff der Grundherrschaft, der nicht mittelalterlichen Ursprungs ist, sondern erst aus dem 18. Jahrhundert stammt, bezieht sich auf die wirtschaftliche Grundlage der mittelalterlichen Herrschaftsordnung. Damit ist eine Herrschaft gemeint, die auf der Verfügungsgewalt über Grund und Boden mit den darauf lebenden Menschen beruhte. In einer fast ausschließlich agrarisch geprägten Gesellschaft war die Verfügung über den Boden zwangsläufig die entscheidende Machtquelle.

Hörigkeit

Die Wurzeln dieser Herrschaftsform liegen zum einen im römischen Großgrundbesitz, der mithilfe von Sklaven und Kolonen (halbfreie Pächter) bewirtschaftet wurde. Die andere Wurzel ist in einem personalen Abhängigkeits- und Schutzverhältnis zu erkennen, das germanischen Ursprungs ist, woraus sich die so genannte Leibherrschaft entwickelte. Während sich noch für das frühe Mittelalter die römische Tradition der Sklaverei nachweisen lässt, vollzog sich im Laufe des Mittelalters eine rechtliche Angleichung der Bauern in der Weise, dass zwar ehemalige Sklaven ihre rechtliche Stellung verbessern konnten, aber andererseits freie Bauern in den Stand der Abhängigkeit herabgedrückt wurden. Man geht heute davon aus, dass seit dem 11. Jahrhundert der Mehrzahl der Bauern der Rechtsstatus der Hörigkeit anhaftete, das heißt sie waren halbfreie Grundholden, die an den Boden gebunden waren und unter dem Schutz eines Herrn standen; folglich hatten sie weder politische noch militärische Macht. Zu Beginn des Hochmittelalters gab es nur noch Reste eines freien Bauerntums. Wegen fehlender Statistiken ist es umstritten, bis zu welchem Anteil an der Gesellschaft die Schicht der freien Bauern geschrumpft war.

Verschiedene Gründe haben die Menschen veranlasst, sich in die Schutzgewalt eines Mächtigen zu begeben. Persönliche Not, zum Beispiel nach Ernteausfällen, Verschuldung und Armut haben die Schutzsuche ebenso gefördert wie die Bedrückung von oben oder die Nichterfüllung militärischer Pflichten.

Das besondere Merkmal der Grundherrschaft bestand darin, dass mit der Verfügung über den Boden weitere Formen der Herrschaft verknüpft waren; neben die persönliche Abhängigkeit zum Leibherrn traten zum Beispiel noch die Kirchen- und Gerichtsherrschaft, wobei die auf dem Bauern lastenden Herrschaftsrechte zersplittet oder auch in einer Hand sein konnten. Da jede Herrschaft ihre Anerkennung forderte, kann davon ausgegangen werden, dass angesichts der Häufung die Gesamtbelastung der Bauern ziemlich hoch war. Verlässliche Angaben beziehungsweise allgemeingültige Bestimmungen über die Abgabenhöhe gibt es nicht. Der jeweilige Rechtsstatus des Bauern hatte beträchtlichen Einfluss auf die Höhe der Belastungen. So konnte zum Beispiel die Fron (Dienst- und Arbeitsverpflichtung) zwischen wenigen Tagen im Jahr und drei Tagen pro Woche schwanken.

Im Verband der Grundherrschaft gab es zwei Gruppen von Unfreien: Erstens die schollengebundenen Hufenbauern (Hufe = Sammelbezeichnung für die Hofgröße eines Vollbauern), die selbstständig ein Stück geliehenes Land bewirtschafteten und dafür eine bestimmte festgelegte Fron erbringen mussten. Zweitens die so genannten servi in domo (Knechte am Hof), die Gesindedienst leisten mussten und einen minderen Status als die Hufenbauern innehatten.

„familia“

Beide Gruppen bildeten zusammen die „familia“ des Grundherrn. Dabei handelte es sich um eine für das Mittelalter typische soziale Erscheinung. Das Individuum und dessen Wert zu entdecken, blieb nämlich späteren Generationen vorbehalten. Der Mensch des Mittelalters zählte hingegen nur als Angehöriger einer sozialen Gruppe. Er wurde in bestimmte Bindungen hineingeboren, beziehungsweise er begab sich in sie. Als „familia“ in diesem Sinne verstand man nicht nur den Hörigenverband im Rahmen der Grundherrschaft, sondern auch Verwandtschaftsverbände oder Klostergemeinschaften. Das gleiche soziale Strukturprinzip lässt sich auch später beim Zusammenschluss von Kaufleuten und Handwerkern zu Gilden beziehungsweise Zünften erkennen.

Die Grundherrschaft stellte das wirtschaftliche Fundament dar, auf dem die mittelalterlichen Führungsschichten der Krieger und Betenden lebten. Mit der Grundherrschaft entwickelte sich eine Agrarstruktur, die bis in die Neuzeit hineinwirkte. In den Gebieten östlich der Elbe konservierte sich die bäuerliche Abhängigkeit in Form der Gutsuntertänigkeit beziehungsweise Schollenbindung der Bauern faktisch bis weit ins 19. Jahrhundert. Erst nach der Bauernbefreiung (Frankreich 1789; Preußen nach 1811) wurde der „Grundherr“ endgültig zum modernen Grundeigentümer.

Feudalismus

Im heutigen Sprachgebrauch taucht das Wort „feudal“ oft im Sinne von „vornehm, adlig“, aber auch mit der Bedeutung von „unzeitgemäß, überkommen“ auf. In der Gegenwart bezeichnet man mit „feudal“ eine Gesellschaft, in der eine kleine Schicht von (adligen) Großgrundbesitzern politisch und gesellschaftlich tonangebend ist.

Der Begriff „Feudalismus“ selbst stammte aus dem Umfeld der Französischen Revolution und bezog sich dort auf die vorrevolutionäre Gesellschaft des ancien régime (alte, absolutistische Herrschaft), die es in den Augen der Revolutionäre zu überwinden galt. So ist auch der Beschluss der französischen Nationalversammlung vom 11. August 1789 zu verstehen, der die Abschaffung des Feudalismus beinhaltete.

Grundlegend für den mittelalterlichen Feudalismus war ein persönlicher Vertrag, den zwei Freie eingingen, die nicht auf gleicher Stufe standen. Dabei unterwarf sich der Lehnsmann und verpflichtete sich zu Rat und Hilfe, worunter in erster Linie militärischer Beistand zu verstehen war. Der Lehnsherr seinerseits verpflichtete sich zu Schutz und Unterhalt. In der Regel überließ dieser dem Lehnsmann leihweise (daher Leihe beziehungsweise Lehen) Land. Ein solches Lehen (lat. feudum) konnte aber auch aus Zoll- oder Münzrechten, Gerichtsbarkeiten, später sogar aus Soldzahlungen bestehen.

Ein Lehen bedeutete also die zeitweilige Übertragung von Rechten und unterschied sich vom Eigentum formal dadurch, dass es auch wieder eingezogen werden konnte. Das Lehnswesen entstand vor allem als ein militärisches Organisationsprinzip, das der Bereitstellung einer Zahl von gepanzerten Reitern diente. Mithilfe eines Lehens wurde der Lehnsmann in die Lage versetzt, die extrem kostspieligen Rüstungen zu finanzieren und Bewaffnete bereitzustellen.

Im Mittelalter war es durchweg üblich, der „Vasall“ (wörtlich: Knecht) oder „Mann“ eines anderen zu sein. Das Lehnsverhältnis durchzog die Gesellschaft auf allen oberen Rangstufen. Es entstand folglich eine Lehnshierarchie, die die Lehnsfähigen umfasste und die Führungsschicht des Mittelalters darstellte.

M 1

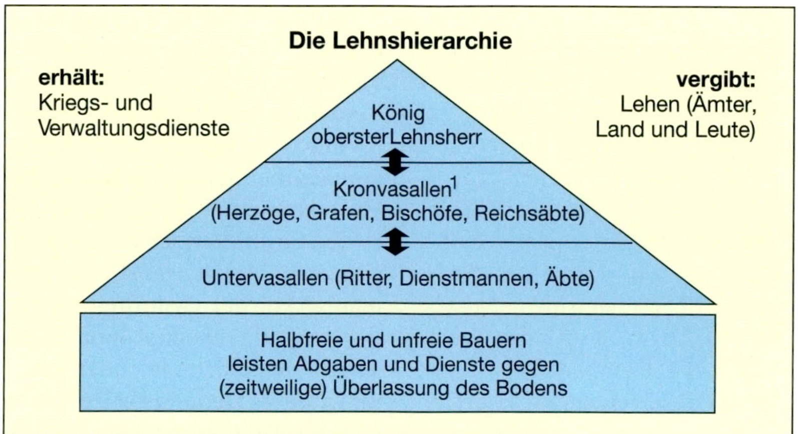

[1] Kronvasallen (wörtl. Knechte der Krone) sind Lehnsmänner des Königs. Wenn sie ihre Lehen (teilweise) weitergeben, erscheinen sie den Empfängern gegenüber als Lehnsherrn.

Während die Grundherrschaft auf der Basis eines personenrechtlichen Herrschaftsverhältnisses beruhte, handelte es sich beim Lehnsverhältnis um einen gegenseitigen Vertrag. Der Grundherr (König, Kirche oder Adelige) besaß hoheitliche Rechte über die Menschen, die auf seinem Land wohnten und arbeiteten. Die Herrschaft über Land und Leute schloss auch Polizei- und Gerichtsgewalt ein. Ein Lehnsverhältnis konnte hingegen nur zwischen zwei Freien eingegangen werden und endete, da es personenbezogen war, mit dem Tod oder (zum Beispiel bei Vertragsverletzung) mit der Aufkündigung des Vertrags.

In einer Gesellschaft, die, gemessen am Maßstab moderner Wirtschaftsformen, noch unterentwickelt war, stellte das Lehnswesen ein System dar, eine großräumige Herrschaft einzurichten. Denn angesichts der nur mangelhaft ausgebildeten Geldwirtschaft war es noch unmöglich, ein stehendes Heer sowie einen fest bestallten Beamtenapparat zu besolden.

Der Versuch der Könige als oberste Lehnsherrn, einen Lehnstaat zu errichten, traf aber auch auf vielfache Hindernisse. Die Vasallen ihrerseits versuchten alles, um die Erblichkeit von Lehen durchzusetzen, was ihnen im Wesentlichen auch im 12. Jahrhundert gelang. Die zentrifugalen Kräfte, die auf eine Schwächung der Königsgewalt hinausliefen, ergaben sich letztlich aus dem Autonomiestreben der Vasallen. Machtzersplitterung war eine Konsequenz dieser Entwicklung, wenn ihr nicht durch ein kraftvolles Königtum Einhalt geboten werden konnte. In England und Frankreich gelang es den Königen, eine starke Zentralgewalt durchzusetzen. In Deutschland hingegen war die weitere Entwicklung bis ins 19. Jahrhundert von Machtzersplitterung und territorialer Vielfalt bestimmt.

M 2 „Wer sich in die Knechtschaft ergibt"

Aus einem westfränkischen Urkundenformular (um 700):

An meinen Herrn soundso [ich] der soundso. Da, veranlasst, durch das Drängen meines Prozessgegners, meine Unfähigkeit [zu bezahlen] immer größer wurde, und ich in große Schwierigkeiten geriet [...] habt Ihr in Eurer Barmherzigkeit mich [...] mit Eurem Gelde losgekauft. [...]
Ich besitze nun kein Vermögen [mehr], womit ich Eure Wohltaten vergelten könnte; deshalb habe ich beschlossen, dafür den Stand meiner Freiheit Euch unterwürfig zu machen, derart, dass ich von diesem Tage an aus Eurem Dienst mich durchaus nicht begeben werde, sondern gelobe, auf Euren und Eurer Beamten Befehl alles zu tun, was Eure übrigen Knechte tun. Wenn ich dies nicht tun werde oder mich in irgendeiner Absicht Eurem Dienste entziehen will, oder unter die Herrschaft eines anderen [zu kommen] trachten will, oder eines anderen [Herrn] Geschäften mich unterziehen will, sollt Ihr das Recht haben, mich nach Eurem Ermessen mit beliebiger Strafe zu belegen oder zu verkaufen oder mit mir zu tun, was Ihr sonst beschließen wollt. Nach vollzogener Verknechtung am Tage [...].

Zit. nach: G. Franz (Hg.), Quellen zur Geschichte des deutschen Bauernstandes im Mittelalter, Ausgewählte Quellen zur deutschen Geschichte des Mittelalters, Bd. XXXI, Darmstadt 1967, S. 17.

M 3 Bericht Karls des Großen

Auf dem Hoftag des Jahres 811 n. Chr. über die Gründe, derentwegen die Bauern sich der Heeresfolge zu entziehen pflegen:

[...]
2. Die Armen [Bauern] klagen, sie würden aus ihrem Eigentum vertrieben; und diese Klage erheben sie gleichermaßen gegen die Bischöfe, Äbte und deren Vögte wie gegen die Grafen und deren Centenare.[1]
3. Sie sagen auch: Wenn jemand sein Eigen dem Amtmann oder Centenar nicht geben will, suchen sie Gelegenheiten, diesen Armen zu verurteilen und ihn immer wieder gegen den Feind ziehen zu lassen, bis er, verarmt, sein Eigentum wohl oder übel übergibt oder verkauft; andere aber, die es schon übergeben haben, bleiben ohne Belästigung durch irgend jemand zu Hause.

1 Centenar = wörtl. Vorsteher einer Hundertschaft; hier: Beamter des Grafen

Zit. nach: G. Franz (Hg.), Quellen zur Geschichte des deutschen Bauernstandes im Mittelalter, Darmstadt 1967, S. 7.

M 4 Eintritt in die Grundherrschaft

Die Chronik des aargauischen Klosters Muri schildert, wie freie Bauern ihre Selbstständigkeit aufgegeben haben (1040):

Im Wohlen[1] lebte einst ein sehr mächtiger Laie [hier: weltlicher Herr] namens Guntran, dort und andernsorts mit vielen Besitzungen begabt und gierig auf seiner Nachbarn Eigen [Eigentum]. Einige Freie nun, die in diesem Dorfe wohnten, übergaben ihm in der Meinung, er sei gütig und milde, ihr Land gegen den üblichen Zins [hier: Abgabe] mit der Bedingung, dass sie unter seinem Schutz und Schirm sicher sein könnten. Jener verlegte sich übermütig und voller Arglist sogleich darauf, diese Leute zu unterdrücken, begann zunächst, sie mit bittweisen Forderungen anzugehen, machte dann von seiner uneingeschränkten Machtfülle Gebrauch und befahl ihnen, fast als wären sie seine Grundhörigen, ihm Dienst zu leisten, und zwar in seiner Landwirtschaft, beim Schneiden und Einbringen des Heus, und bedrückte sie bei jeder Gelegenheit, wo es ihm passte. [...]
Jene, unfähig sich zu widersetzen, taten unter Zwang, was er befahl. Unterdessen kam der König zur Burg Solothurn; da zogen die Bauern dorthin und begannen wegen ihrer ungerechten Bedrückung Klage zu erheben. Doch unter einer so großen Zahl von Fürsten und wegen der unbeholfenen Rede ihrer Wortführer gelangte ihre Klage nicht vor den König. Waren sie in übler Lage gekommen, so zogen sie in noch schlimmerer wieder nach Hause. So verfuhr dieser Edle mit ihnen bis zu seinem Tode und hinterließ seiner Tochter Euphemia, diese wiederum ihrem Sohne Rudolf, das auf so ungerechte Weise erworbene Erbe.

1 Wohlen in Aargau (in der heutigen Schweiz)

G. Franz, Quellen zur Geschichte des deutschen Bauernstandes im Mittelalter, Darmstadt 1967, S. 135 f.

M 5 Der Fronhofsverband

Ausstattung und Verwaltung eines Fronhofs beschreibt der Historiker Hans-Werner Goetz:

Wurde ursprünglich der größte Teil des Besitzes von den Leibeigenen in Eigenwirtschaft bearbeitet, so ließen Streubesitz und Traditionen freier Bauern, die ihren Hof behielten, bald die „klassische", nämlich zweigeteilte Form der Grundherrschaft entstehen, die in zwei verschiedene Wirtschaftsbereiche zerfiel: das Salland oder Herrenland, das sich um den Herrenhof gruppierte, wurde im Eigenbetrieb mithilfe der Unfreien am Hof und der zu Frondiensten

M 6

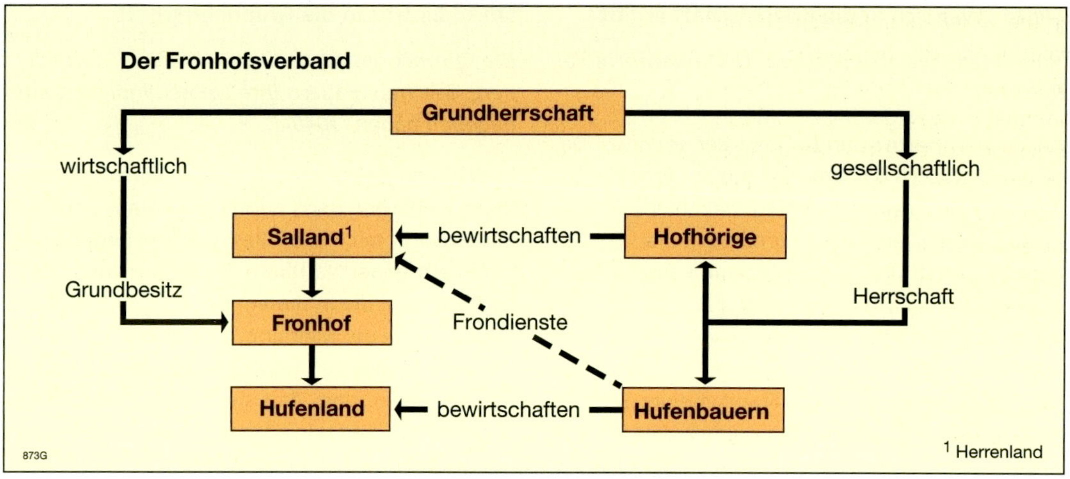

verpflichteten Hufenbauern bewirtschaftet; das Leihe- oder Hufenland (so genannt, weil es in Hufen eingeteilt war), war an abhängige Bauern ausgegeben und wurde gegen festgesetzte Leistungen von diesen bearbeitet. Im Allgemeinen überwog das Hufenland, wobei der Sallandanteil an der Gesamtfläche stark variierte. Es gab aber auch Grundherrschaften ohne Sallandbetrieb oder ohne Leiheland. Ein Teil des Gutes, oft ganze Hofverbände, war darüber hinaus als Lehen an Adlige und Ministerialen ausgegeben.

Den Mittelpunkt eines solchen Verbandes bildete die curtis, der Herren-, Sal- oder Fronhof. Über seine Gestalt informiert am besten das Inventar des Königshofes in Annappes (bei Lille), das vielleicht anlässlich eines Besuches Karls des Großen im Jahre 800 angefertigt wurde. Im Zentrum stand ein Königshaus aus Stein – in dieser Zeit noch eine Ausnahme – mit dem „Königssaal" und drei Zimmern, 11 Kammern, einem Keller und zwei Vorhallen. Innerhalb der umzäunten curtis befanden sich 17 weitere, einräumige Holzhäuser, ein Stall, eine Küche, ein Backhaus, zwei Scheuern und drei Geflügelställe. Den Eingang bildete ein Steintor mit Söller [Balkon], von dem aus die Anweisungen gegeben wurden. Im Königshaus eines anderen Hofes befand sich eine Holzkapelle. Auch die Ausstattung an Tuchen (in der Regel je ein Betttuch, Tischtuch und Handtuch), Geräten (2 Bronzeschüsseln, 2 Trinkbecher, 2 Bronze- und ein Eisenkessel, 1 Pfanne, 1 Kesselhaken, 1 Feuerbock, 1 Kienkorb) und Werkzeug (Beile, Barte [breite Axt], Bohrer, Messer, Axt, Hobel, Sensen, Sicheln und genügend Holzwerkzeug) wurde genau aufgelistet. Die Höfe waren somit auf den Empfang des Königs und anfallende Arbeiten eingerichtet. Zum Inventar gehörte auch Vieh. [...] Fronhof, Salland und Hufen bildeten eine Wirtschaftseinheit, die sich auf einen Ort konzentrieren, aber auch über das Umland erstrecken konnte. [..]

In kleineren Grundherrschaften war der Salhof zugleich Wohnsitz des Herrn; größere Grundherrschaften verfügten dagegen über eine ganze Reihe solcher Fronhofsverbände, die jeweils von Amtsträgern, dem maior (Meier) oder villicus, verwaltet wurden.

H.-W. Goetz, Leben im Mittelalter, München 1986, S. 118 ff.

M 7 Abgaben und Belastungen

In seinem Buch „Bauern im Mittelalter" beschreibt Werner Rösener die bäuerlichen Abgaben im Rahmen der Grundherrschaft:

Noch weit vielfältiger als die Fronen war die Reihe der Abgaben, die die Bauern aus ihrer Betätigung in Ackerbau, Viehzucht und Hauswirtschaft zu entrichten hatten. [...] Als Rechtsgrundlagen für die bäuerlichen Abgaben innerhalb des älteren Grundherrschaftssystems sind vor allem drei anzuführen, soweit sie überhaupt genauer auseinander zu halten sind: Erstens die eigentlich grundherrlichen Zins- und Pachtabgaben; ihre Leistung lag darin begründet, dass der Grundherr seinen Bauern Land und Hofstellen zur Nutzung überließ. Zweitens Personalabgaben, welche einen leib- und schutzherrlichen Ursprung hatten. Solche Leib- und Kopfzinsen wurden manchmal neben den dinglich begründeten Leistungen bezahlt, doch im Allgemeinen nur von solchen Leibeigenen, welche kein Bauerngut innehatten. Drittens empfingen die Grundherren auch manche Abgaben öffentlichen Ursprungs, wie Heersteuern oder kirchliche Zehnten. Zu diesen drei Hauptarten treten noch andere Abgabeformen hinzu, wie Abgaben als Entgeld für besonders gewährte Nutzungen und Rechte, z. B. Leistungen für die Benutzung herrschaftlicher Waldungen oder bäuerliche Ehrengaben für den Grundherrn bei bestimmten Festgelegenheiten. Im Laufe des Hochmittelalters vermehrten sich vor allem die bäuerlichen Zahlungen für grundherrliche Bannrechte [Gewerberechte] und die Abgaben an die Gerichts- und Territorialherren; insbesondere wiesen die Vogteilasten[1], Beden [Zahlungen an den Landesherrn] und Steuern eine steigende Tendenz auf. Aufgrund der schwierigen Berechnung der Frondienste und des fehlenden Wertmaßstabes für zahlreiche Naturalabgaben lassen sich über die Gesamtlastquote der Bauern im Fronhofsystem im Allgemeinen keine exakten Angaben machen. Die Höhe der bäuerlichen Belastung schwankte zudem von Region zu Region und von Grundherrschaft zu Grundherrschaft. Bei freier Pacht war die Forderung der Hälfte, eines Drittels oder eines Viertels des Bodenertrages üblich. Bei den verliehenen Gütern waren die Grundzinsen dagegen in der Regel fixiert, ohne einen bestimmten Teil des bäuerlichen Einkommens auszumachen.

Neben den regelmäßigen Abgaben wurden auch zahlreiche Leistungen bei besonderen Anlässen eingefordert. Am drückendsten war für viele Bauern zweifellos der so genannte Todfall, der Anspruch des Herrn auf den Nachlass des Leibeigenen. Rechtlich hatte der Herr zwar mancherorts die Möglichkeit, das gesamte bewegliche Vermögen eines verstorbenen Unfreien einzuziehen, doch empfahl sich dies zumeist nicht, weil sonst die Fortführung des Bauernbetriebes durch den Erben überaus erschwert worden wäre. Am häufigsten stoßen wir daher auf den Anspruch des Herrn auf einen Teil des Nachlasses oder nur ein Stück Vieh (Besthaupt) oder das beste Gewand beim Tode der Frau (Bestkleid). Eine andere außerordentliche Leistung des Hörigen war fällig, wenn die Heiratserlaubnis des Herrn bei unfreier Rechtsstellung eingeholt werden musste. Bei dieser Gelegenheit waren dem Leibherrn Geschenke zu übergeben, die dann später als Heiratsgebühren von bestimmter Höhe festgesetzt wurden.

1 Vogt = Verwalter, Inhaber der niederen Gerichtsbarkeit

W. Rösener, Bauern im Mittelalter, München 1985, S. 221 f.

M 8 Bäuerliche Abgaben im Sachsenspiegel

Das erste Bild soll an den Lämmerzehnt erinnern, der zu Walpurgis (1. Mai) fällig wird. Mit dem grünen Baum ist hier wohl ein Maibaum gemeint, der nach weit verbreiteter Sitte zu Walpurgis an Haus und Hof aufgepflanzt wurde.

Zu St. Urban (25. Mai) hat der Nutzungsberechtigte die Früchte von Obst- und Weingarten „verdient", weil zu diesem Zeitpunkt die Frühjahrspflege beendet ist. Das Ende dieser Arbeit zeigt rechts der leere rote Arbeitskittel an.

Es folgt der Termin für den Fleischzehnt, der am Johannistag (24. Juni) fällig ist und im Bild durch ein Rind, ein Kalb, eine Ziege und einen Hahn dargestellt wird. Das Gebilde rechts ist vermutlich eine Johanniskrone.

Am St. Margarethentag (13. Juli) ist der Kornzehnt fällig. Wie in ihrer Legende fesselt die Heilige hier den Teufel. Hinter ihr liegt das Korn, „das vorher in Garben gesetzt ist", wofür der Zehnt deshalb auch schon vorher als verdient gilt.

Kräuter- und Wurzelbündel auf dem nächsten Bild symbolisieren die Wurzmesse (15. August), den Fälligkeitstermin für den Gänsezehnt.

Aus: W. Koschorreck, Der Sachsenspiegel in Bildern, Frankfurt/M. 1976, S. 118 f.

M 9 Mannschaftsleistung

a) Aus einem Formelbuch (Tours, um 750):

An den großmütigen Herrn [...], ich [...] Da es allen wohl bekannt ist, dass es mir an Nahrung und an Kleidung fehlt, habe ich mich bittend an Euer Erbarmen gewandt und habe frei beschlossen, mich in Eure Munt [Schutz] zu begeben oder zu kommendieren[1]. Und das habe ich getan; es soll so sein, dass Ihr mir mit Speise und Kleidung helft und mich unterhaltet, und zwar in dem Maße, wie ich Euch dienen und mir damit Eure Hilfe verdienen kann. Bis zu meinem Tode muss ich Euch dienen und gehorchen, so wie ich es als freier Mann vermag, und Zeit meines Lebens werde ich mich Eurer Gewalt oder Munt nicht entziehen können, sondern ich werde, solange ich lebe, unter Eurer Gewalt und Eurem Schutz bleiben. Und so kamen wir überein, dass der von uns beiden, der sich diesen Abmachungen entziehen wollte, seinem Vertragspartner soundsoviel Solidi zahlen muss und dass die Vereinbarung selber in Kraft bleibt.
Daher schien es angebracht, dass die Parteien zwei Urkunden gleichen Inhalts verfassten und bestätigten. Und so taten sie.

1 von lateinisch se commendare = sich unter die Gewalt eines anderen begeben

Zit. nach: F. L. Ganshof, Was ist das Lehnswesen?, Darmstadt 1961, S. 5 f.

b) Bericht Galberts von Brügge, wie der Graf von Flandern seine Vasallen empfing:

Zuerst leisteten sie ihm auf folgende Weise Mannschaft: Der Graf fragte den zukünftigen Vasallen, ob er ohne Vorbehalt sein Mann werden wolle, und dieser antwortete: „Ich will es." Alsdann umschloss der Graf die zusammengelegte Hände des anderen mit seinen Händen, und sie besiegelten den Bund durch einen Kuss. Zweitens gab derjenige, der Mannschaft geleistet hatte, dem „Vorsprecher" des Grafens mit folgenden Worten sein Treueversprechen: „Ich verspreche bei meiner Treue, von nun an dem Grafen Wilhelm treu zu sein, und ihm gegen alle anderen meine Mannschaft unwandelbar zu erhalten, aufrichtig und ohne Trug." Drittens bekräftigte er sein Versprechen durch einen Eid, den er auf die Reliquien der Heiligen leistete.

Zit. nach: F. L. Ganshof, a. a. O., S. 73 f.

M10 Darstellungen aus dem „Sachsenspiegel" der Heidelberger Bilderhandschrift

Zwei Fürsten bieten einem Vasallen die Belehnung an. Der Vasall nimmt sie von demjenigen entgegen, der selber ein Fahnlehen hat. Da sein Lehnsherr sitzt, leistet er nach strenger Observanz [hier: Recht] kniend „Mannschaft" und legt dazu seine gefalteten Hände zwischen die des Herrn, Anfang des 13. Jahrhunderts.

Aus: W. Koschorreck, a.a.O., S. 40/41.

Aufgaben

1. Beschreiben Sie den Aufbau einer Grundherrschaft.
   → Text, M5–M8
2. Kennzeichnen Sie den Unterschied zwischen dem grundherrlichen Abhängigkeitsverhältnis und einem modernen Pachtvertrag.
3. Welche Bedrängnisse führten die ehemals freien Bauern in die Abhängigkeit?
   → Text, M2–M4
4. Erläutern Sie die einzelnen Elemente des Lehnsverhältnisses.
   → Text, M8–M10
5. Worin besteht der Unterschied zwischen der Grundherrschaft und dem Lehnsverhältnis?
   → Text
6. Inwiefern unterscheidet sich der auf dem Lehnsverhältnis aufbauende mittelalterliche Staat („Feudalstaat") vom neuzeitlichen Staat?

4.4 Die Gesellschaft des Hochmittelalters

Agrartechnik

Zwischen dem 7. und 10. Jahrhundert wurden mehrere agrartechnische Neuerungen eingeführt, die in ihrem Zusammenspiel den Begriff einer landwirtschaftlichen Revolution rechtfertigen. Trotz unsicherer Quellenlage geht man davon aus, dass sich die agrarische Produktivität in dieser Zeit verdoppelte, was wiederum die Voraussetzung darstellte für eine gesamtwirtschaftliche Aufschwungsphase, die bis ins 14. Jahrhundert andauerte.

In der Zeit des 11. bis 13. Jahrhunderts wurde – gefördert von einem stetigen Bevölkerungswachstum – die Erschließung Europas vorangetrieben.

Eine intensive Rodungstätigkeit, die Kultivierung von Sumpfflächen, die Ostkolonisation, die Ausweitung der Anbauflächen für Getreide markieren eine beschleunigte Wirtschaftsentwicklung, die die Grundlage für das Wachstum der Städte bildete.

Obgleich in dieser Zeit die agrarische Produktion ausgeweitet wurde, so blieb doch der Hunger – wegen der unzureichenden Vorratsbildung – eine ständige Bedrohung für den mittelalterlichen Menschen. Denn wegen der ungenügenden Vorratsbildung hatten Naturkatastrophen, wie zum Beispiel Dürren oder Überschwemmungen, eine verheerende Auswirkung, zumal wenn in zwei aufeinander folgenden Jahren die Ernte gering ausfiel.

Bauern

Die Masse der mittelalterlichen Bevölkerung, das heißt etwa 90 Prozent, war in der Landwirtschaft tätig. Grundherrschaft und Unfreiheit blieben zwar der Rahmen des mittelalterlichen Bauerntums, aber zwischen dem 11. und 13. Jahrhundert gelang es den Bauern doch, ihre gesellschaftliche Position zu verbessern. Mehrere Faktoren spielten dabei eine Rolle:

- Die Auflösung des Fronhofverbandes und die Entstehung von Dörfern.
- Damit hingen sowohl die Einschränkung von Frondiensten als auch verbesserte Besitzrechte zusammen.
- Im Zuge der sich durchsetzenden Geldwirtschaft konnten die Frondienste durch Geldzahlungen abgelöst werden.
- Die Schollenpflichtigkeit lockerte sich.
- Die fortschreitende Verschriftlichung der Gesellschaft fand ihren Niederschlag in so genannten Weistümern, die die Verpflichtungen der Bauern festhielten; dadurch wurde aber auch die Willkür der Grundherrn eingeschränkt.
- Größere Freiräume eröffneten sich für die Bauern im Zusammenhang mit der Binnen- und Ostkolonisation. Die „Rodungsfreiheit" stellte dabei für den Bauern einen besonders günstigen Rechtsstatus dar.
- Nicht zuletzt die wachsenden Städte mit ihrem ständigen Bedarf an Zuwanderern boten dem Bauern eine mögliche Zuflucht, falls die Bedrückung zu groß geworden war.

Gleichzeitig mit dieser Besserstellung der Bauern (im Vergleich zum frühen Mittelalter) sowie ihrer rechtlichen Angleichung verschärfte sich die Spaltung der Gesellschaft in die Krieg führende Schicht der Ritter und in die der Bauern; letzteren entzog man nach Möglichkeit die

Waffen, womit man ihnen die Instrumente politischer Machtausübung nahm. Zwischen 1250 und 1400 verfestigte sich die Aufteilung der Gesellschaft so sehr, dass man von Ständen spricht, die sich voneinander abschließen. Obgleich die produktive Arbeit der Bauern die Voraussetzung für das höfische Leben der Ritter beziehungsweise das klösterliche der Mönche gewesen war, wuchsen sie zu einem Rechtsstand minderen Rechts zusammen. Ihr Wohnort, das Dorf, „steht außerhalb der Weltgeschichte".

Mönche

In einer von tiefer Religiosität geprägten Lebenswelt spiegelte sich in der mönchischen Lebensweise das Bestreben wider, Gott nahe zu sein. Der Rückzug aus der Welt in die Gemeinschaft der Mönche war Ausdruck von tiefer Frömmigkeit. Die Ordensregel verlangte von der mönchischen Existenz Armut, Keuschheit und Gehorsam. Eigentumslosigkeit, geschlechtliche Enthaltsamkeit und bedingungslose Unterordnung unter die Oberen bedeuteten in vollkommener Weise die Unterwerfung unter Gott. Das Dasein als solches verstand der Mönch als Gottesdienst, zu dem er sich durch ein Gelübde lebenslänglich verpflichtete. Das Kloster war der Ort, wo sich die Gemeinschaft der Mönche verwirklichte. Das mönchische Leben war eine genau geregelte Lebensweise, die nach den Grundsätzen der Strenge und Askese (Entsagung, Buße) gestaltet war.

Mönchsorden

Aufgrund der unterschiedlichen Regeln lassen sich eine Vielzahl von Mönchsorden unterscheiden. Benedikt von Nursia (ca. 480–547) gilt allgemein als der Vater des europäischen Klosterlebens. Im Wesentlichen beinhaltet seine Regel eine Dreiteilung des Tagesablaufs in Gottesdienst, Arbeit und Studium der Bibel beziehungsweise anderer religiöser Schriften. „Müßiggang ist der Feind der Seele", schrieb Benedikt. Die benediktinische Regel blieb zunächst einziges Vorbild für die abendländischen Klostergemeinschaften.

Im 10. und 11. Jahrhundert war das burgundische Kloster Cluny Ausgangspunkt einer kirchlichen Reformbewegung, die ganz Europa erfasste. Diese zielte unter anderem darauf, die Kirche aus der Vor-

M 1 Guthlac, späterer englischer Heiliger, erhält in Repton Abbey von der Hand seines Bischofs die Tonsur

Hinter dem Bischof der Schreiber mit einem Buch, rechts eine Äbtissin mit zwei Nonnen. Kahlscheren des Kopfes (lat. tondere = scheren) war in Rom das Zeichen des Sklaven. Aus dem antiken Brauch wurde in der westlichen Kirche des 7. Jahrhunderts eine eigene, die Aufnahme des Söhnleins ins Kloster markierende Zeremonie, Zeichnung aus der „Guthlac Roll" vom Ende des 12. Jahrhunderts.

Aus: O. Borst, Alltagsleben im Mittelalter, Frankfurt/M. 1983, S. 163.

mundschaft von weltlichen Herrschern zu befreien. Die Cluniazenser – ein vom Adel geprägter Orden – verkörperten die reiche und herrschende Kirche. Im Mittelpunkt der mönchischen Tätigkeit standen Gottesdienst, Gebet und Gesang.

Gegen diesen Ordenstyp regte sich Widerstand, der seinen Anfang ebenfalls in Burgund, und zwar im Kloster Cîteaux, nahm (um 1100). Der Zisterzienserorden, wie er sich nach dem Urspungskloster nannte, stellte die Rückkehr zum einfachen Leben in den Mittelpunkt der mönchischen Regel. Betont wurde die körperliche Arbeit der Mönche. Folglich wurde auf die Zwangsarbeit (Fron) von unfreien Bauern verzichtet. Die Zisterzienser gründeten ihre Klöster mit Vorliebe in einsamer Wildnis. Nach Rodungs- beziehungsweise Entwässerungstätigkeiten entstanden schon sehr bald landwirtschaftliche Musterbetriebe. Die Kombination von mönchischer Askese (einfacher Lebensweise) und hoher Produktivität machte den Orden – gewissermaßen gegen seinen Willen – wohlhabend. Schon bald überstieg die Produktion das für die Selbstversorgung Notwendige. Der Erfolg der Zisterzienser zeigte sich auch darin, dass es in der zweiten Hälfte des 13. Jahrhunderts etwa 670 Klöster dieses Ordens in Europa gab.

Anfang des 13. Jahrhunderts erhielten zwei ganz neue Orden die päpstliche Bestätigung: Franziskaner und Dominikaner. Die Mitglieder dieser so genannten Bettelorden lebten nicht in weltabgeschiedenen Klöstern, sondern in Städten. Die Mönche sahen in der Predigt ihre Hauptaufgabe. Ihnen kam eine zentrale Funktion bei der Bekämpfung der so genannten Ketzerbewegung zu.

Klöster

Die Bedeutung der Klöster für die wirtschaftliche und kulturelle Erschließung Europas im Mittelalter ist kaum zu überschätzen. Im frühen Mittelalter bildeten die Klöster den Ausgangspunkt für die Christianisierung, die eine gemeinsame europäische Kulturgrundlage schuf. Die Klöster machten einen wesentlichen Teil der Grundherrschaft aus, das heißt, die Arbeit von bäuerlichen Untertanen bildete in der Regel ihr soziales Fundament.

In einer Zeit, in der die Gesellschaft noch einen weitgehend analphabetischen Charakter trug, stellten die Klöster geistige Zentren dar. In ihnen gab es Schreibstätten und Bibliotheken; hier wurden Urkunden

M 2 Das Zisterzienserkloster Maulbronn im Kraichgau – gegründet im 12. Jahrhundert – wurde von der UNESCO als Weltkulturerbe anerkannt.

und Chroniken verfasst. Mönche waren in den Kanzleien der Herrschenden tätig. In Klöstern pflegte man die Kunst, zum Beispiel die Buchmalerei; Heilkunde und Armenpflege spielten ebenfalls eine bedeutende Rolle.

Ritter

Die Ursprünge des Rittertums lagen im Kriegswesen. Zwei Erfindungen (Steigbügel und genageltes Hufeisen) leisteten einer militärisch-technischen Entwicklung Vorschub, die dem gepanzerten Reiter eine Überlegenheit über den bäuerlichen Fußkämpfer gab.

Die Bedeutung des Wortes „riter" (Reiter) änderte sich in dem Maße, als eine kleine Elite von Berufskriegern, die mit Pferd und Rüstung (zum Beispiel Helm, Kettenhemd) ausgestattet war, sich vom Rest der Gesellschaft abgrenzte. Waffendienst galt als besonders ehrenvoll und wertete den Mann auf. Aus dem „Reiter" wurde der „Ritter", dem eine spezielle Würde zu eigen war. Dieser Prozess war um 1200 abgeschlossen, als der Abstand zu den nicht „Ritterbürtigen" sich im Grundsatz ausdrückte, dass nur derjenige zum Ritter geschlagen werden konnte, der seinerseits ein Nachfahre von Rittern war. Diese Verfestigung zu einem Geburtsstand, den es in dieser Form im frühen Mittelalter nicht gegeben hatte, zeigte sich in der Durchsetzung der Primogenitur (Erbrecht des ältesten Sohnes) sowie der Bildung von familiären Traditionen, die im Namen und Wappen Ausdruck fanden.

Dieser sich allmählich (im 11. Jahrhundert) abschließende Geburtsstand der Ritter bildete sich in Deutschland aus der Verschmelzung von zwei unterschiedlichen Gruppen. Grundlegend war dabei, dass es der Gruppe der Ministerialen (Dienstmannen) gelang, in die Schicht der Adligen aufzusteigen. Ministeriale waren ursprünglich Hörige, also Unfreie, die aber aufgrund von wichtigen Verwaltungs- und Kriegsdiensten mit einem Dienstlehen ausgestattet worden waren. Ihr Versuch, die leibherrlichen Bindungen abzustreifen, die unfreie Herkunft vergessen zu machen und sich im Hinblick auf Lebensgewohnheiten den Adligen anzupassen, war erfolgreich. Ministeriale vermochten sich an unterster Stufe in die Lehnshierarchie einzuordnen. Sie bildeten den Kern der Ritterschaft beziehungsweise des niederen Adels.

Adel und Ritterschaft waren also zunächst nicht identisch. Die Ursprünge des Adels liegen im Dunkeln und sind quellenmäßig nicht eindeutig belegt. Zwar gab es auch im frühen Mittelalter schon bevorrechtigte Familien, aber im 11. und 12. Jahrhundert bildete sich ein neuer Adel, der seinen Vorrang durch das Geblütsrecht legitimierte.

Die Ritterschaft entwickelte eine eigene Kultur, die ihre klassische Zeit im 12. und 13. Jahrhundert hatte. Der Gebrauch des Wortes „ritterlich" verweist noch heute auf die ritterlichen Ideale wie Treue, Mut und Ehre.

Die wichtigste Station auf dem Weg zum Ritter war die Schwertleite, die Umgürtung mit dem Schwert, die den Abschluss in der Ausbildung des ritterlichen Knaben bildete. Nach dem Erlernen des Kriegshandwerks mit der Beherrschung von Schwert und Lanze folgte eine Zeit der Bewährung, die mit dem zeremoniellen Ritterschlag und mit der Aufnahme in den freien Ritterstand endete. Diese ursprünglich rein weltliche Handlung bekam im Laufe des Mittelalters einen mehr religiösen Charakter, was die Verchristlichung des Rittertums widerspiegelt.

M 3 Aufbruch in den Kampf
Ritter ziehen in geordneter Reihe zum Kampfplatz, Manuskript aus dem 12. Jahrhundert.

Bedeutungsvoll im Zuge der ritterlichen Lebensform war die Herausbildung einer eigenen „höfischen Kultur“, die zum Beispiel in der Musik und Literatur genauso ihren Ausdruck gefunden hat wie in der Architektur.

Die ritterliche Dichtung, wie sie der Nachwelt zum Beispiel durch Gottfried von Straßburgs „Tristan und Isolde“, Wolfram von Eschenbachs „Parzival“ oder das „Rolandslied“ überliefert wurde, ist die erste Laienkultur des Mittelalters, das heißt ohne klösterlichen Ursprung und für ein ritterliches Publikum bestimmt. Diese Literatur vermittelt uns das Idealbild einer männlich geprägten Gesellschaft, die ihre Erfüllung in erster Linie im Kampf und im Abenteuer suchte. Dieser Lebensinhalt fand seine Ergänzung im Frauendienst, das heißt der Hingabe und Liebe zu einer höher gestellten Dame. Der Minnesang verdankt diesen Regungen seinen Ursprung.

Feste stellten Höhepunkte des ritterlichen Lebens dar. Zu besonderen Anlässen, zum Beispiel der Schwertleite oder der Heimkehr nach siegreicher Schlacht, fanden sie statt, wobei Turniere eine besondere Anziehungskraft ausübten.

Mit dem Rittertum aufs Engste verknüpft sind die Burgen, die noch heute eindrucksvoll die Wehrbereitschaft architektonisch dokumentieren. Zunächst besaßen nur der König und seine Stellvertreter, die Grafen, das Recht zur Errichtung einer Burg. Doch mit der Schwächung der königlichen Zentralgewalt ließ sich dieses Privileg nicht mehr aufrechterhalten. Im 12. und 13. Jahrhundert setzte sich der Stein als Baumaterial von Burgen durch, was die gehobene Stellung ihrer Bewohner besonders unterstrich. Die Tatsache, dass über 19 000 historische Burgdenkmäler in Europa erhalten sind, lässt Umfang und Bedeutung des Rittertums als einer gesamteuropäischen Erscheinung erkennen.

Ständelehre

„Stand“ als ein Begriff der Soziologie (Wissenschaft von der Gesellschaft) meint eine nach rechtlichen Gesichtspunkten vorgenommene Gliederung der Gesellschaft. Die Geburt erscheint dabei als entscheidend für die Verteilung von Lebenschancen. Die Ungleichheit, zum Beispiel vor Gericht, bei der Kleidung oder beim Waffentragen, ist Aus-

M 4 Die drei Stände
Der Albtraum des englischen Königs Heinrich I.: Er sieht sich durch Bauern, Ritter, Bischöfe und Äbte bedroht, Chronik des John of Worchester, Ende des 12. Jahrhunderts. [Bildausschnitt]

druck der Hierarchie. Der Möglichkeit, der Zugehörigkeit eines Standes zu entkommen, sind enge Grenzen gesetzt.

Die mittelalterliche Ständelehre vermittelte das Bild einer gottgewollten Daseinsweise, in der das Prinzip der Rangstufung fest verankert war. Ein Ausbrechen aus dieser hierarchischen Ordnung aus Klerus, Adel und Bauern bedeutete folglich eine Verletzung der von Gott gesetzten Ordnung. Während die Dreiständelehre den Vorrang des Priesters – wegen seiner Nähe zu Gott – festschrieb, wurde dem Bauern der unterste Rang zugewiesen. Dabei stand die Vorstellung Pate, dass die Arbeit ein Fluch sei, der mit der Vertreibung aus dem Paradies zusammenhinge. Für das gesamte Mittelalter galt, dass das Prestige von Arbeit in dem Maße abnahm, als der Anteil körperlicher Tätigkeit wuchs.

Die Ständelehre suggerierte eine Einheitlichkeit der einzelnen Stände, die es zu keinem Zeitpunkt gegeben hatte. Trotz rechtlicher Angleichung der ehemals freien, un- oder halbfreien Bauern differenzierte sich der Bauernstand zum Beispiel entsprechend der Hofgröße. Der Klerus seinerseits unterschied sich in eine niedere und eine hohe Geistlichkeit, wobei letztere sich zumeist aus adligen Familien rekrutierte. Der Adel selbst umfasste sowohl den König als auch den Ritter des niederen Adels, dem es unter Umständen ökonomisch schlechter ging als einem wohlhabenden Bauern.

Schließlich schob sich der zu Reichtum gekommene Stadtbürger wie ein Fremdkörper in diese ständische Gesellschaft. Wie schon hinsichtlich der Geistlichkeit so traten nunmehr berufsständische Aspekte gesellschaftlicher Gliederung neben jene der Geburt.

Die Stände, so wie sie sich zwischen dem 11. und 13. Jahrhundert herauskristallisierten, waren zu keinem Zeitpunkt gänzlich voneinander abgeschottet.

Rechtsverständnis

Die mittelalterliche Gesellschaft war davon überzeugt, dass das Recht nicht vom Menschen geschaffen, sondern von Gott gegeben wurde. Recht wurde – so gesehen – auch nicht vom Menschen (fort)entwickelt, sondern es hatte eine konservative Funktion. Dieses Rechtsempfinden beeinflusste auch nachhaltig die Rechtsfindung. Da nach der Vorstellung des mittelalterlichen Menschen die Gerechtigkeit von Gott kam, griff man auf juristische Methoden zurück, die uns heute aufs Höchste befremden. In den Prozessen kam es selten zu Beweiserhebungen, Feststellung von Tatbständen beziehungsweise zur Heranziehung von Zeugenaussagen. Vielmehr griff man auf solche irrationale Prozeduren wie so genannte Gottesurteile, zum Beispiel Zweikämpfe, Feuer-Kesselproben und anderes mehr, zurück. Eine weitere Methode der Rechtsfindung bestand im Reinigungseid mit so genannten Eideshelfern. Auch hier muss man zwischen Rechts- und Wahrheitsfindung unterscheiden, denn bei den Eideshelfern handelte es sich nicht um Zeugen, sondern nur um Vertrauensleute, die die Ehrenhaftigkeit des Angeklagten beschworen. Auch in diesem Zusammenhang wird deutlich, dass der mittelalterliche Mensch nicht als Einzelner, sondern nur als Gemeinschaftswesen existieren konnte.

Friedenswahrung

Vor allem in der Zeit, als sich die karolingische Herrschaft im Niedergang befand (10. Jahrhundert), machten sich Recht-und Gesetzlosigkeit breit. Gerade wegen des Fehlens einer staatlichen Ordnung mit ihrem „Monopol legitimer Gewaltsamkeit“ (Max Weber) zerrissen blu-

M 5 **Plünderung einer Stadt**
Aus den Chroniken des Jean Froissart, die den Verlauf des Hundertjährigen Kriegs im Frankreich des 14. Jahrhundert zum Inhalt haben, um 1460.

Gottesfrieden

tige Fehden ständig den gesellschaftlichen Frieden. Raub, Plüderung und Brandschatzung müssen an der Tagesordnung gewesen sein.

In dieser Situation entstand die Gottesfriedensbewegung. Angesichts einer versagenden Staatsgewalt war die Kirche die einzige funktionierende Organisation, die über die moralische Autorität verfügte, um verbindliche Normen der Friedenswahrung durchzusetzen. Die Kirche wurde zum Fürsprecher der Waffenlosen.

Mit Südfrankreich als Ausgangspunkt breitete sich die Friedensbewegung im 11. Jahrhundert bis ins Rheinland aus. Unter Androhung der Exkommunikation versuchten die Bischöfe, das Fehderecht zu beschränken und den Adel zu disziplinieren. Dabei ging es darum, die Treuga Dei (gottgewollte Waffenruhe) an bestimmten Tagen (zum Beispiel Freitag bis Sonntag) beziehungsweise zu bestimmten Jahreszeiten (zum Beispiel über Ostern und Pfingsten) durchzusetzen. Kirchen sollten geschont werden und bestimmte Personengruppen einem besonderen Schutz unterliegen (zum Beispiel Bauern bei der Feldarbeit, Frauen, Priester und Pilger). Die Einhaltung dieser Bestimmungen musste seitens des Adels durch Eid bekräftigt werden. Die Friedensbewegung bedeutete einen wichtigen Schritt in Richtung auf die Zivilisierung des kriegerischen Adels, nachdem dieser noch im frühen Mittelalter den Krieg als Normalität betrachtet hatte.

Aus dem Gottesfrieden erwuchs der Landfrieden, als im 12. Jahrhundert die Sorge um den Frieden zu einer Angelegenheit des Königs wurde. Dieser machte sich die Friedensbewegung zu eigen und stellte somit die Friedensbewahrung auf eine staatliche Grundlage. Für das hohe Gut der Sicherheit zu sorgen, war nunmehr Aufgabe des Königs;

modern gesprochen: ein Staatszweck. Die Anerkennung, die ein Herrscher vom Volk empfing, hing nicht zuletzt davon ab, ob und inwiefern es ihm gelang, den inneren Frieden der Gesellschaft zu bewahren.

Niedergang der ritterlichen Macht

Kriegstechnisch war das Mittelalter über weite Strecken geprägt von der Überlegenheit der gepanzerten Reiter. Die schon damals immensen Kosten der Rüstung beschränkten naturgemäß den Zugang zu dieser kriegerischen Elite, deren Ausnahmestellung sich in der politischen Vorherrschaft widerspiegelte.

Im Laufe des Mittelalters wurden allerdings die Grundlagen der ritterlichen Macht durch die technische Entwicklung untergraben. Die Einführung der Armbrust markierte im 12. Jahrhundert einen Einschnitt mit weit reichender Bedeutung. Denn die Armbrust war die erste wirksame Distanzwaffe, die wegen ihrer Durchschlagskraft den Vorrang des gepanzerten Reiters gefährden konnte. Die Rüstung als Defensivwaffe sowie das Schwert als nur im Nahkampf zu gebrauchende Waffe wurden durch die Fernwaffe tendenziell entwertet. Die Kirche verurteilte wiederholt Distanzwaffen. Das 2. Laterankonzil (1139) verbot die Armbrust, weil sie unmoralisch sei und eine Entpersönlichung des Kriegs bedeute.

M 6 **Das Ende des Ritters**
Feuerwaffen erwiesen sich als stärker: Doppelgeschütz, aus: Flavius Vegetius Renatus, Vier Bücher der Ritterschaft, Augsburg 1529.

Das Aufkommen der Feuerwaffen markierte den nächsten entscheidenden Schritt hinsichtlich der Technisierung des Krieges. Die ersten Kanonen tauchten bereits in der ersten Hälfte des 14. Jahrhunderts auf. Zwar war deren Reichweite vorerst noch begrenzt (nicht über 200 Meter), doch ständige Verbesserungen (Eisenguss, Transportierbarkeit) sorgten dafür, dass die individuelle Tüchtigkeit des Ritters eine militärische Abwertung erfuhr. Die Fernwaffen hatten die Hierarchie auf dem Schlachtfeld aufgehoben und die Grundlagen ritterlicher Macht geschwächt. In den Schlachten von Morgarten (1315) und Sempach (1386) erlitten habsburgische Ritterheere schwere Niederlagen durch Schweizer Bauern. Damit war etwas geschehen, das damalige Zeitgenossen wohl kaum für möglich gehalten hatten. Die eidgenössischen Fußsoldaten hatten den Ruf von der Überlegenheit gepanzerter Reiter nachhaltig zerstört.

Eine neue Schlachttaktik, nämlich die Formierung der Fußsoldaten zu festgefügten Haufen, der massierte Einsatz von Piken und Hellebarden, bei gleichzeitiger Beweglichkeit, offenbarte die Unterlegenheit der ritterlichen Kampfesweise. Der Ritter war von seinem Pferd gänzlich abhängig, ohne dieses erwies sich die Rüstung als Nachteil: Sie machte ihn schwerfällig und behinderte ihn in seiner Beweglichkeit.

Damals begründeten die Schweizer Eidgenossen ihren Ruf, den sie bis in die frühe Neuzeit behielten, nämlich die besten Infanteriesoldaten in Europa zu stellen. Sie wurden in den folgenden Jahrhunderten immer wieder angemietet. Mit der Entwicklung zur Staatlichkeit und zunehmender Geldwirtschaft ging auch die Kommerzialisierung des Krieges einher. Angeheuerte Kriegsknechte, zum Beispiel die italienischen Condottieri, stehende Heere sowie größere Reichweite und Durchschlagskraft der Artillerie führten zu neuen Formen der Kriegsführung, sodass nunmehr das ritterliche Vasallenheer (Lehnsheer) sowohl technisch als auch organisatorisch überholt war.

Die Distanzwaffen führten zu einer nachhaltigen Veränderung der Machtverhältnisse. Die Werte der ritterlichen Welt – Mut und Geschicklichkeit – verloren zusehends an Bedeutung.

M 7 Agrartechnik

Der britische Sozialhistoriker Lynn White jr. stellt im Folgenden die Techniken der mittelalterlichen Landwirtschaft dar:

In der Zeit Karls des Großen finden wir einige Bauern, die ihr Land nicht in zwei Felder, sondern in drei teilen: ein brachliegendes, ein Herbstfeld, auf dem vornehmlich Weizen, Roggen und Gerste angebaut wurden, und ein Frühjahrsfeld, hauptsächlich für Hafer und Hülsenfrüchte. Da dieses neue Dreifeldersystem den Boden stärker beanspruchte als der ältere Zweifelderwechsel, ließ es sich nur auf Land von großer natürlicher Fruchtbarkeit anwenden, trotz der Tatsache, dass der Anbau von Hülsenfrüchten im Frühjahr den Boden mit Stickstoff anreicherte und dadurch seine Ertragsfähigkeit erhöhte.

Die Vorteile des Dreifeldersystems gegenüber dem Zweifeldersystems waren erheblich. Zwei Saaten zu verschiedenen Jahreszeiten gewährten größere Sicherheit gegen Ernteausfälle und daraus resultierende Hungersnöte. Bei drei Feldern konnte die Arbeit verteilt werden. Der Übergang von einer Zweifelder- zu einer Dreifelderwirtschaft ermöglichte es einer Bauerngemeinschaft, den Ertrag je Bauer um etwa fünfzig Prozent zu steigern, vorausgesetzt, dass genügend Neuland gerodet werden konnte. Daraus ergab sich eine große neue Welle von Landgewinnung. [...]

Das Pferd war seit seiner Domestikation [Zähmung] von Anbeginn ein Gehilfe für den Krieg. Das erste Geschirr, das Joch, war für Ochsen entwickelt worden, für deren Anatomie es passt. Aber für Pferde ist das Joch denkbar ungeeignet: es schnürt den Hals ein und hemmt die Atmung sowie die Blutzirkulation im Kopf, sodass ein Paar angejochter Pferde kaum mehr als 500 Pfund Gesamtgewicht ziehen kann: eine leichte Karre oder einen Wagen mit zwei Menschen, aber mehr nicht, wenn es über längere Strecken gehen sollte.

Wirksame Methoden zum Anschirren von Pferden wurden entweder in China oder in Zentralasien entwickelt und verbreiteten sich von da westwärts. Die früheste Form, ein an seitlichen Deichseln befestigter Brustgurt, taucht in Europa zum ersten Mal auf einem dem achten Jahrhundert zugeschriebenen irischen Flachrelief auf. Die gebräuchlichere Form des modernen Pferdegeschirrs, ein starres Kumt, das durch Deichseln oder Zugleinen mit der Last verbunden ist, tritt erstmalig auf einer karolingischen Miniatur um 800 in Erscheinung. Mit dem neuen Geschirr, das nicht wesentlich teurer war als der alte Typ, konnten Pferde eine vier- bis fünfmal größere Last ziehen als mit dem herkömmlichen Joch. Nun standen für schwere Feldarbeit und Transporte zum ersten Mal Pferde zur Verfügung. Da sich Pferde überdies viel schneller fortbewegen als Ochsen und an einem Tag etwa doppelt soviel Arbeit leisten, ließ sich durch die Verwendung von Pferden statt Ochsen eine erhebliche Einsparung an menschlicher Arbeitskraft erzielen. [...] Ein anderes Hindernis für die wirtschaftliche Verwendung des Pferdes ist die Empfindlichkeit seiner Hufe. [...] In Eurasien tauchte das Hufeisen fast gleichzeitig um das Jahr 900 in Zentralsibirien, Byzanz und Deutschland auf. [...]

Der schwere Pflug, [...], die neue Verbindung von Ackerbau und Viehwirtschaft, der Dreifelderwechsel, moderne Pferdegeschirre, genagelte Hufeisen [...] hatten zu einem Gesamtsystem landwirtschaftlicher Nutzung zusammengewirkt, sodass sich um das Jahr 1100 in Nordeuropa vom Atlantik bis zum Dnjepr eine Zone bäuerlichen Wohlstands erstreckte.

L. White jr., Die Ausbreitung der Technik 500–1500 in: C. M. Cipolla, K. Borchardt (Hg.), a. a. O., S. 95 ff.

M 8 Bäuerliche Arbeitsgeräte

Die Beispiele aus neuerer Zeit im Museum Allerheiligen in Schaffhausen müssen an die Stelle mittelalterlicher Geräte treten, die sich nicht erhalten haben. Doch hat man in manchen Gebieten Europas noch im 19. Jahrhundert mit Haken geackert, die jenen Geräten, die im hohen Mittelalter auf breiter Front durch den Schollen brechenden Pflug abgelöst wurden, in der Konstruktion glichen. Ein Beispiel dafür ist der Hakenpflug unten. Das entscheidende Konstruktionsmerkmal des Pfluges neueren Typs im Vordergrund ist die Kombination von Pflugmesser (Sech), Schar und Streichbrett. Das Pflugmesser schneidet den Boden senkrecht, die Schar waagerecht, und das Streichbrett drückt die gewonnene Scholle nach oben. [H. Boockmann]

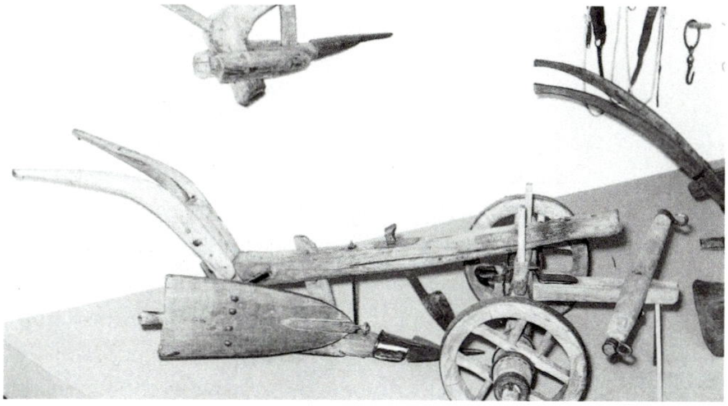

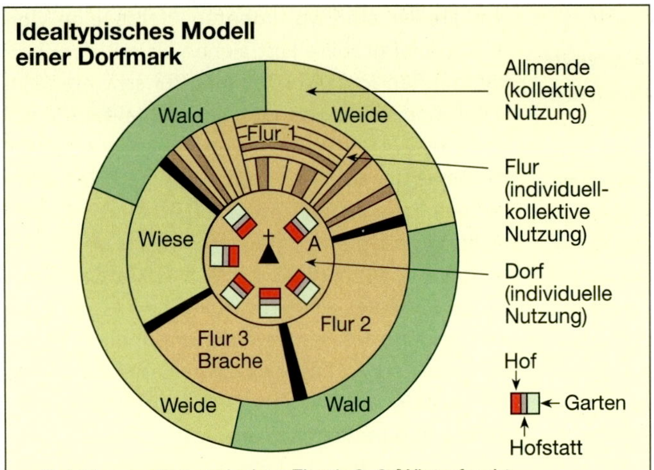

Rotationssystem zwischen Flur 1, 2, 3 (Winterfrucht, Sommerfrucht, Brache). Die Darstellung in Flur 1 zeigt die Lage der zum Hof A gehörigen Felder in Flur 1. Entsprechendes gilt für die Flure 2 und 3.

M 9 Idealtypisches Modell einer Dorfmark

Der bäuerliche Alltag wurde von zwei Problemen beherrscht: der Erhaltung der Fruchtbarkeit des Bodens und der gemeinsamen Organisation der Arbeit. Die Ablösung der Zweifelder- durch die Dreifelderwirtschaft (jeweils ein Drittel Winter-, Sommergetreide und Brache) hatte den Ertrag um bis zu 50 % vermehrt. Wegen der Aufteilung der Flur konnten aber die Feldarbeiten (Pflügen, Säen, Ernten) nur kollektiv durchgeführt werden. Die dörfliche Gemeinde beschloss daher Beginn und Ende der jeweiligen Arbeiten. Konflikte entstanden immer dann, wenn Einzelne sich nicht daran hielten und z. B. die Ernte des Nachbarn schädigten.

M 10 Ertrag und Belastung bäuerlicher Arbeit

Versuche, den Lebensstandard der Bauern zu ermessen, erweisen sich als schwierig, weil es – abhängig von Ort und Zeit – große Unterschiede gab. Eine Einschätzung nimmt der Alltagshistoriker Hans-Werner Goetz vor:

Die Frage, welcher Ertrag nach all diesen Leistungen dem Bauern verblieb, ist nicht nur wegen solcher Unterschiede nicht leicht zu beantworten. Der tatsächliche Ertrag war von vielen Faktoren abhängig, vom Boden, dessen Produktivität meist recht gering war, vom Klima, von der Verkehrslage und natürlich von der bäuerlichen Arbeit selbst. Geradezu erschreckend ist die Bilanz in Annappes [Königshof bei Lille] (um 800):
Die königlichen Kommissare fanden dort heraus, dass von 1320 Scheffeln Spelt [Weizenform] 720 (54 %) wieder für die Aussaat verwendet werden mussten; von den 100 Scheffeln Weizen waren es 60 (60 %), von den 1800 Scheffeln Gerste 1100 (62 %); beim Roggen wurde gar alles wieder eingesät. Der Boden hatte demnach beim Spelt nur das 1,8fache der Saat, beim Weizen das 1,7fache, bei der Gerste das 1,6fache hervorgebracht. Nun handelt es sich hier um ein zufällig erhaltenes Jahr einer bestimmten Gegend, sodass man mit einer schlechten Ernte rechnen muss. Da man in Annappes andererseits noch Reste vom Vorjahr vorfand, hatte es damals wohl eine bessere Ernte gegeben. Das beweist aber immerhin, wie schwankend die Erträge waren und wie drückend die fixierten Leistungen gerade in schlechten Jahren wirken mussten. Möglicherweise war der Ertrag auf der Hufe etwas höher als auf dem Salland, weil der Bauer sich auf dem Eigenland mehr Mühe gab. (Vielleicht ist das aber auch zu modern gedacht.) Insgesamt geht man im frühen Mittelalter von einem durchschnittlichen Ertrag des Dreifachen der Saat aus, sodass nach Abzug der Saat der doppelte Ertrag übrig blieb. Das ist etwa ein Zehntel des heutigen Ertrags: Die Fläche, die heute 10 Menschen ernährt, reichte damals also gerade für eine Person. Es bedurfte demnach einer großen Zahl von Bauern, um eine vergleichsweise kleine Herrenschicht zu ernähren.
Von diesen Erträgen waren nun die Abgaben an den Herrn zu zahlen, die schätzungsweise ein Drittel, vielleicht sogar die Hälfte des Gesamtertrags ausmachten. Wie viel dann für die bäuerliche Familie übrigblieb, hing von der Größe der Hufe und der Zahl der Haushaltsangehörigen ab. Hier gab es beträchtliche Unterschiede, die sich im Laufe der Generationen immer weiter steigerten. Es gab Bauern, die ausgesprochen gut lebten. Nach vorsichtigen Schätzungen bedurfte es freilich einer Hufe von 9–16 ha zur Produktion eines ausreichenden Ertrags. Da die Hufen in vielen Gegenden jedoch oft erheblich kleiner waren, darf man, ohne genauere Zahlen zu kennen, wohl ohne Übertreibung feststellen, dass die Mehrzahl der bäuerlichen Familien am Rande des Existenzminimums lebte und neben der Landwirtschaft auf andere Erwerbszweige angewiesen war, um den Nahrungshaushalt zu decken. Dennoch ernährte der Bauernstand insgesamt sich selbst und (durch seine Überschüsse) die anderen Menschen.

H. W. Goetz, Leben im Mittelalter, München 1986, S. 162 f.

M11 Kleidung und Aussehen der Bauern

Kleidung und Haartracht der Bauern im Mittelalter unterlagen nicht modischen Trends, sondern waren durch Rechtsordnung und Sanktionen der adligen Herrenschicht erzwungen. Instrumente hierfür waren Landfriedensgebote und ständische Kleiderordnungen. Auszug aus der Kleiderordnung des bayerischen Landfriedens von 1244:

Die Bauern wie ihre Söhne sollten das Haar bis zu den Ohren abschneiden. Sie dürfen Panzer, Eisenhut, Koller [Halsbekleidung], Joppen von feinem Gewebe, ein lateinisches Messer, irgendeinen Kettenpanzer und kriegerischen Schmuck – ein Schwert nur die Hauswirte, aber keine anderen – nur zum Kirchgang tragen. An Werktagen dürfen sie lediglich ein kurzes Messer und einen Pflugstab tragen. Alles aber, was die gemeinsame Not des Landes erfordert, um die Gerichtsfolge zu leisten oder die Heimat gegen einen feindlichen Einfall zu verteidigen, können sie, wenn sie wollen, in ihren Häusern aufbewahren. Ebenso sollen sie keine vornehmere Kleidung als graue und billige und nur rindsledernes Schuhwerk tragen, mit Ausnahme derer, die ein angestammtes Amt irgendeines Herrn innehaben. Wenn die übrigen mit diesen verbotenen Stücken angetroffen werden, sollen diese ihnen weggenommen werden, und eine jede Person soll, für 1 Talent auslösbar, dem Richter überantwortet werden.

Zit. nach: A. Eggebrecht u. a., Geschichte der Arbeit, Köln 1980, S. 170 f.

M12 Bauern: Die Arbeiten der zwölf Monate, Manuskript von 1460.

M13 **Ritterliche Ethik**

Johann von Salisbury (um 1115–1180), Bischof, versuchte dem Rittertum eine religiöse Weihe zu geben (a). Der Historiker Marc Bloch (b) und der Soziologe Norbert Elias (c) ergänzen und korrigieren das Bild:

a) Zu welchem Zweck ist das Rittertum geschaffen? Die Kirche zu schützen, den Unglauben zu bekämpfen, dem Priestertum Ehrfurcht zu erweisen, den Armen zu helfen, den Frieden zu wahren, das eigene Blut zu opfern und, wenn nötig, das Leben hinzugeben für die Brüder.

Zit. nach: R. W. Southern, Geistes- und Sozialgeschichte des Mittelalters, Stuttgart 1960, S. 101.

M14 **Kampf und Sieg im ritterlichen Turnier**
Buchmalerei aus der Manessischen Liederhandschrift, Anfang 14. Jahrhundert

b) Wie stark auch immer die Rechte waren, die durch Geburt erlangt worden sind, so waren sie jedoch nicht derart, dass man sie nicht verlieren konnte, wenn man ganz bestimmten Beschäftigungen nachging, die als unvereinbar mit der herausgehobenen Würde angesehen wurden. Sicherlich war der Begriff des Adelsverlustes noch nicht in allen Einzelheiten entwickelt. Das Verbot, Handel zu treiben, scheint dem Adel zunächst vor allem von einigen städtischen Rechtssätzen aufgezwungen worden zu sein, die damit viel eher im Auge hatten, das Quasimonopol des handeltreibenden Bürgertums zu schützen als dem gegnerischen Kastenstolz zu dienen. Aber einstimmig galten die Feldarbeiten als unvereinbar mit der Ehre des Waffentragens. Selbst mit seinem eigenen Einverständnis, so entschied das Pariser Parlament, dürfe ein Ritter nicht, wenn er ein abhängiges Bauerngut habe, die ländlichen Hand- und Spanndienste ausführen. „Pflügen, hacken, Holz oder Mist auf dem Rücken eines Esels transportieren", das sind Handlungen, die nach einer provenzalischen Verordnung sofort die Aberkennung der ritterlichen Vorrechte zur Folge haben. In der Provence war es auch, wo man eine adlige Dame folgendermaßen charakterisierte: „Sie steht weder am Herd, noch geht sie ins Waschhaus oder zur Mühle." Der Adel definierte sich nicht mehr länger nach seiner Funktion, bewaffneter Gefolgsmann zu sein, er verstand sich auch nicht mehr als eine Klasse von Geweihten, er blieb jedoch immer eine Klasse mit einem bestimmten Lebensstil und sollte das auch weiterhin bleiben.

M. Bloch, Die Feudalgesellschaft, Frankfurt/M., Wien, Berlin 1982, S. 396.

c) Das Leben in der mittelalterlichen Gesellschaft drängte in die entgegengesetzte Richtung. Raub, Kampf, Jagd auf Menschen und Tiere, das alles gehörte hier unmittelbar zu den Lebensnotwendigkeiten, die dem Aufbau der Gesellschaft entsprechend offen zutage lagen. Und es gehörte demgemäß auch für die Mächtigen und Starken zu den Freuden des Lebens. [...] Krieg, das ist nach der Erklärung eines der „Chansons de geste" [Lieder von Heldentaten]: als Stärkerer über den Feind kommen, seine Weinstöcke abhauen, seine Bäume ausreißen, sein Land verwüsten, seine Burgen im Sturm nehmen, seine Brunnen verschütten, seine Leute fangen und töten. Es ist eine besondere Lust, Gefangene zu verstümmeln: [...] Man verstümmelte gewöhnlich nur die Ärmeren und Niedrigerstehenden, für die kein beträchtliches Lösegeld zu erwarten war, und verschonte die Ritter, für die man ein Lösegeld zu erhalten hoffte. Aber auch die Chroniken, die unmittelbaren Dokumente des gesellschaftlichen Lebens selbst, sind voll von ähnlichen Zügen. [...]
Das Gros der weltlichen Oberschicht des Mittelalters führte das Leben von Bandenführern. [...] Der Krieger liebte den Kampf nicht nur, er lebte darin. Er verbrachte seine Jugend damit, sich auf Kämpfe vorzubereiten. Wenn er mündig war, schlug man ihn zum Ritter, und er führte so lange Krieg, als es seine Kräfte nur irgend erlaubten, bis ins Greisenalter hinein. Sein Leben hatte keine andere Funktion. Sein Wohnhaus war eine Wache, eine Festung, Angriffs- und Verteidigungswaffe zugleich. Wenn er zufälligerweise, wenn er ausnahmsweise im Frieden lebte, brauchte er wenigstens noch die Illusion des Krieges. Er schlug sich in Turnieren, und diese Turniere unterschieden sich oft von wirklichen Kämpfen nur wenig. [...]
Die chronische Form, die der Krieg anzunehmen pflegte, [...] nährte ein Gefühl allgemeiner Unsicherheit.

N. Elias, Über den Prozess der Zivilisation, Bd. 1, Frankfurt/M. 1977, S. 20.

M15 **Vom Elend des Ritterlebens**

Der Pfeiltod bei Crécy 1346. Am 25. August hatte das französische Heer unter König Philipp VI. (1328–1350) das Fest ihres mächtigen Schlachtenhelfers, des heiligen Königs Ludwig IX. (1270), gefeiert, am 26. griff man unter dem Lilienbanner und der Standarte des Heiligen Dionysius siegessicher das von König Eduard III. (1327–1377) geführte schwächere englische Heer an. Das Bild zeigt den Beginn der Schlacht. Die im französischen Sold stehenden genuesischen Armbrustschützen (links vorn) gehen gegen die englischen Langbogenschützen (archers) vor, werden aber – vielfach getroffen – jämmerlich zurückgeschlagen, bevor sie ihre Armbrüste wirksam einsetzen können. Graf Karl II. von Alençon, der Bruder des französischen Königs, wenig später selbst ein Opfer englischer Pfeile, treibt mit blankem Schwert die zurückweichenden Genuesen, bei denen er Verrat vermutete, nach vorn (Bildmitte links). Die französische Ritterschaft versuchte jetzt, das Debakel zu wenden, und griff überstürzt an. 15 Wellen hatten die englischen Schützen auszuhalten. In der Schlussphase hatten viele „archers" ihre rund zwei Dutzend Pfeile verschossen; sie liefen zu ihren Opfern, rissen diesen die Pfeile aus dem Körper, um in notdürftig aufgestellter Formation mit den zurückgeholten Pfeilen neue Angriffe abzuwehren. Die Franzosen – so begründen die Grandes Chroniques de France, deren Illustration hier mit einem Bild wiedergegeben ist, u. a. die Niederlage – hätten zu jener Zeit wider die Weltordnung übermütige und prunkhaft weibische Kleidung getragen, deren Auswüchse Gott habe strafen wollen. Crécy war ein Sieg der trainierten englischen Langbogenmiliz nicht nur über die französischen Ritter. Ihr leichter und die Pfeile äußerstenfalls sogar bis ca. 350 m schleudernder Bogen war bei einer Schussfolge von etwa sechs Pfeilen pro Minute der schweren genuesischen Armbrust überlegen (man schätzt das Gerät eines genuesischen Schützen auf ca. 40 kg), mit der in der Minute höchstens zwei Bolzen rund 100 bis 130 m weit geschossen werden konnten. Der Plan, mit Armbrust-Söldnern die englischen Langbogenschützen auszuschalten, schlug in Crécy fehl.

Aus: H. Fuhrmann, Einladung ins Mittelalter, München 1987, o. S.

M16 Mittelalterliche Gesellschaft

Das folgende Modell kombiniert die soziale Schichtung mit der Rechtsposition:

a) Das waren also die mittelalterlichen Stände: geschlossene, nach rechtlichen Gesichtspunkten gebildete Gruppierungen, in die man nicht hinein- und aus denen man nicht herauskam ohne einen

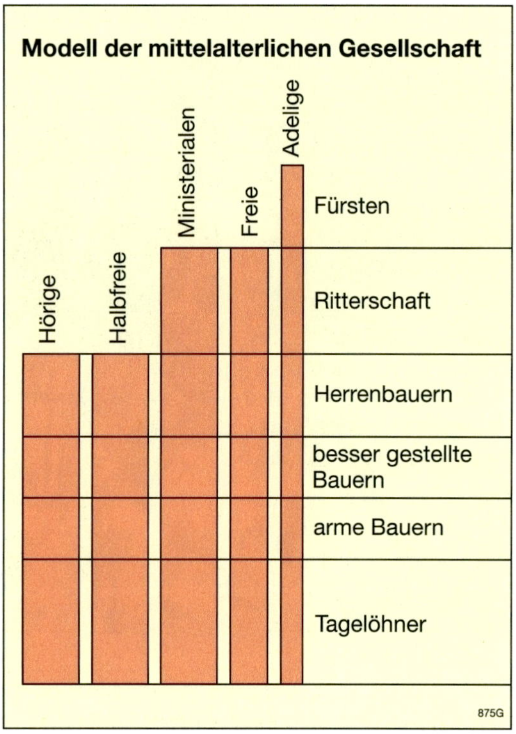

Brief, eine Urkunde oder ein anderes rechtswirksames Dokument. Wir können uns das schematisch durch einige senkrechte Säulen verdeutlichen, die von links nach rechts pauschal folgende Gruppen umfassen: Hörige, Halbfreie[1], Ministerialen, Freie, Adlige. Quer durch diese Stände gingen die sozialen Klassen von Arm bis Reich, die wir uns schematisch als horizontal übereinander liegende Schichten vorstellen wollen. Die unterste Klasse der Landbevölkerung wurde von den armen Tagelöhnern auf fremdem Land gebildet; dann kamen die armen Bauern, hörig oder nicht, mit einem Stückchen Land zur eigenen Nutzung, Land, das gewöhnlich nicht ihnen selbst, sondern ihrem Herrn gehörte; danach die etwas besser gestellten Bauern; darauf die Herrenbauern; und obenan stand die Ritterschaft mit Lehnsgütern und manchmal eigenen Gütern.

1 In der Regel werden die Begriffe „hörig" und „halbfrei" als gleichbedeutend angesehen. Grundsätzlich kann man die Bauern nach dem Grad ihrer Abhängigkeit (Eigentumsfähigkeit, Dienstleistungen, Schollenbindung usw.) abstufen.

b) Und wie das einer sozialen Klasse eigen ist, war sie gänzlich offen und sozial bestimmt. Darin unterschied sie sich also prinzipiell von den Ständen, deren Merkmal es war, dass sie geschlossen und nach rechtlichen Gesichtspunkten gebildet waren. Wenn wir nun diese beiden Erscheinungen schematisch übereinander legen, bekommen wir ein Geflecht von senkrechten Ständen, gekreuzt von horizontal gelagerten Klassen, erstere fest umrissen, letztere mit fließenden Übergängen. Die mittelalterlichen Menschen in diesem Geflecht befanden sich immer auf einer horizontalen und auf einer vertikalen Linie, also sowohl in einer Klasse als auch in einem Stand. In dieser Hinsicht gab es sehr viele Variationsmöglichkeiten.
Nachdem der Adel zu Beginn des 13. Jahrhunderts der Ritterschaft beigetreten war, bestand die Klasse aus Angehörigen dreier verschiedener Stände, die auch in ihr blieben: Ministerialen, nichtadlige Freie und Adlige. Die weniger vornehmen Stände wie Hörige und Halbhörige hatten keinen Zugang zur Ritterschaft, denn dazu musste man mindestens Dienstmann sein. Wenn aber ein höriger Bauer reich genug wurde, um sich zum „freien Dienstmann" freikaufen zu können, was tatsächlich seit dem 14. Jahrhundert oft geschah, dann stand ihm der soziale Aufstieg aus der Bauernklasse in die Ritterschaft durchaus offen.

a)–b) aus: J. M. van Winter, Rittertum, Ideal und Wirklichkeit, München 1969, S. 83ff.

M17 Ständelehren

a) Dreifache Einheit

Bischof Adalbero von Laon beschreibt einen harmonischen gesellschaftlichen Organismus (um 1020):

Die Gesellschaft der Gläubigen bildet nur einen Leib; der Staat aber umfasst drei. Denn das andere Gesetz, das Gesetz der Menschen, unterscheidet noch zwei weitere Klassen: Adlige und Hörige unterstehen nicht demselben Gesetz. […] Die einen sind die Krieger, die Beschützer der Kirchen; sie sind die Verteidiger des Volkes, der Großen wie der Kleinen, kurzum aller, so wie sie gleichzeitig für ihre eigene Sicherheit sorgen. Die andere Klasse ist die der Hörigen. Diese armen Tröpfe besitzen nur, was sie sich um den Preis der Mühsal erwerben. Wer könnte, das Rechenbrett in der Hand, all ihre Plagen, ihre langen Märsche, ihre harten Arbeiten zusammenzählen? Geld, Kleidung, Nahrung, all das beschaffen die Hörigen für alle Welt; kein freier Mann könnte ohne die Hörigen sein Leben fristen. Gibt es eine Arbeit zu verrichten? Will man Aufwand treiben? Wir sehen Könige und Prälaten [geistliche Würdenträger] sich zu Hörigen ihrer Hörigen machen; der Herr wird vom Hörigen ernährt, er, der vorgibt, ihn zu ernähren. Und der Tränen und Seufzer des Hörigen ist kein Ende abzusehen. Das Haus Gottes, das man für eins hält, ist also in drei geteilt: Die einen beten, die anderen kämpfen, die dritten schließlich arbeiten. Diese drei Teile, die miteinander leben, dürfen nicht auseinandergerissen werden; die Dienste des einen sind die Voraussetzung für die Werke der anderen beiden. Jeder verpflichtet sich für sein Teil, das Los der Gesamtheit zu erleichtern. So ist diese dreifache Einheit darum doch nicht weniger einheitlich, und so hat das Gesetz obsiegen und die Welt sich des Friedens erfreuen können.

Zit. nach: J. Le Goff, Kultur des europäischen Mittelalters, München 1970, S. 425 f.

b) Allegorie

Von Eadmer von Canterbury, einem Mönch des 11. Jahrhunderts, stammt die folgende Fabel:

Beispiel von den Schafen, den Ochsen und den Hunden. Die Schafe sind da, um Milch und Wolle zu geben; die Ochsen, um die Erde zu pflügen; die Hunde, um die Schafe und die Ochsen gegen die Wölfe zu verteidigen. Erfüllt jede dieser Tiergattungen ihre Aufgabe, so beschützt Gott sie [...]. Ebenso erhält er die Stände, denen er die verschiedenen Ämter dieser Welt übertragen hat. Die einen – die Geistlichen und die Mönche – hat er bestellt, auf dass sie für die anderen beten, sie voller Sanftmut, wie die Schafe, mit der Milch der Verkündigung tränken und ihnen durch die Wolle des guten Beispiels eine glühende Liebe zu Gott einflößen. Die Bauern hat er bestellt, auf dass sie – wie die Ochsen durch ihre Arbeit – für den Lebensunterhalt ihrer selbst und der anderen Sorge tragen. Andere schließlich – die Krieger – hat er bestellt, auf dass sie im Maß des Notwendigen Macht zur Schau tragen und diejenigen, die beten, sowie diejenigen, welche die Erde bearbeiten, vor Feinden wie vor Wölfen schützen.

Zit. nach: J. Le Goff, a. a. O., S. 426.

c) Ständebild

Die gesellschaftlichen Stände in mittelalterlicher Sicht. Der auf dem Regenbogen sitzende Christus segnet die drei gottgegebenen Stände „Lehrstand, Wehrstand, Nährstand", das heißt Geistliche, Ritter, Bauern. Die ursprüngliche Zweiteilung in Kirche und Welt, in Geistlichkeit und Laienschaft, ist nach dem 9. Jahrhundert von einer Dreiteilung verdrängt worden: die Laienwelt wurde gestuft in die höhere Ritterwelt und in die niedere Sklaven-und Bauernwelt. Oberhalb des Bildes ist angegeben, dass der Heiland zu Papst, Kaiser und Bauern als den Repräsentanten der Stände spricht. Das Deutungsschema, das sich an trinitarische Gedanken anlehnt, hielt sich bis zum Ausgang des Mittelalters trotz handgreiflicher Unzulänglichkeiten, denn wo zum Beispiel war der Kaufmann und der Bürger? Die Anweisungen Christi, zugleich Beischriften im Bild, fügen sich zu einem reimenden Hexameter: „Tu supplex ora, tu protege, tuque labora" (Du verrichte Gebete, du schütze und du bestelle den Acker). – Aus dem einflussreichen astrologischen Werk „Pronosticatio in latino" des Johannes Lichtenberger von 1488, das bis 1499 in 14 verschiedenen Ausgaben erschienen ist, hier ein Holzschnitt der Ausgabe des Jacob Meydenbach (Mainz 1492) der – in Übereinstimmung zur Überschrift – an der Spitze der Geistlichkeit den Papst, an der Spitze der Laienschar den Kaiser und einen König zeigt.

H. Fuhrmann, Einladung ins Mittelalter, München 1987, zu S. 255.

d) Ungleichheit

Bischof Burchard von Worms über Herren und Knechte (um 1010):

Wegen der Sünde des ersten Menschen ist dem Menschengeschlecht durch göttliche Fügung die Strafe der Knechtschaft auferlegt worden, sodass [Gott] denen, für die, wie er sieht, die Freiheit nicht passt, in großer Barmherzigkeit die Knechtschaft auferlegt. Und obgleich die Erbsünde durch die Gnade in der Taufe allen Gläubigen genommen ist, hat der gerechte Gott das Leben der Menschen so unterschieden, indem er die einen zu Knechten, die anderen zu Herren einsetzte, damit die Möglichkeit zu freveln für die Knechte durch die Macht der Herren eingeschränkt würde.

Quellen zur Geschichte des deutschen Bauernstandes im Mittelalter, Ausgewählte Quellen zur deutschen Geschichte des Mittelalters, Bd. XXXI, 2. Auflage, Darmstadt 1974, S. 122.

M18 **Mainzer Landfrieden**

Kaiser Heinrich IV. lässt einen Frieden für das ganze Reich beschwören (1103):

Im Jahre der Fleischwerdung des Herrn 1103 setzte Kaiser Heinrich zu Mainz einen Frieden ein und bekräftigte ihn eigenhändig, und die Erzbischöfe und Bischöfe bekräftigten ihn eigenhändig. Der Sohn des Königs schwor und die Großen des ganzes Reiches, Herzöge, Markgrafen, Grafen und viele andere. Herzog Welf, Herzog Bertold und Herzog Friedrich beschworen diesen Frieden bis Pfingsten und danach auf vier Jahre. Sie schworen, sage ich, Friede den Kirchen, Geistlichen, Mönchen und Laien: Kaufleuten, Frauen (dass sie nicht mit Gewalt entführt werden sollten) und Juden.
Dies ist der Eid: Keiner soll in jemandes Haus feindlich eindringen noch es durch Brand verwüsten. Keiner soll jemanden um Geldes willen fangen noch verwunden noch schlagen oder töten. Und wenn einer das tut, der soll die Augen oder die Hand verlieren. Wenn einer ihn schützt, soll er dieselbe Strafe erleiden. Wenn er in eine Burg flieht, soll sie drei Tage belagert und von den Eidgenossen zerstört werden. Wenn jemand diesem Urteil entflieht und er hat ein Lehen, so soll sein Herr es ihm nehmen, und sein Eigen sollen seine Verwandten bekommen. Wenn einer einen Diebstahl begangen hat im Wert von fünf Schilling oder mehr, der soll die Augen oder die Hand verlieren. Wenn er einen Diebstahl begangen hat im Wert von weniger als fünf Schilling, soll er die Haare verlieren und mit Ruten fortgetrieben werden und das Gestohlene zurückgeben, und wenn er einen solchen Diebstahl dreimal begangen hat oder Raub zum dritten Male, soll er die Augen oder die Hand verlieren. Wenn Dich auf der Straße Dein Feind berennt und Du kannst ihm schaden, so schade ihm; wenn er aber in jemandes Haus oder Hof flieht, so soll er unverletzt bleiben.
Dieser Eid dient den Freunden des Königs als Schild, den Feinden aber nützt er keineswegs.

Zit. nach: K. Kroeschell, Deutsche Rechtsgeschichte 1, Opladen 1980, S. 193.

Aufgaben

1. Beschreiben Sie die Methoden, mit denen die Erhöhung der agrarischen Produktivität gelang.
   → Text, M7, M8
2. Erläutern Sie den Zusammenhang zwischen der wachsenden Agrarproduktivität und der neuzeitlichen Entwicklung in Europa.
   → M8
3. Stellen Sie die Alltagsprobleme der bäuerlichen Bevölkerung dar.
   → Text, M9–M12
4. Analysieren Sie die Unterschiede zu den selbstständig wirtschaftenden Bauern der Gegenwart.
   → Text, M9–M11
5. Untersuchen Sie die Abbildungen in Bezug auf die bäuerlichen Tätigkeiten.
   → M12
6. Erläutern Sie die Rolle, die die Mönche im Mittelalter spielten. Welche Funktionen besaßen die Klöster?
   → Text
7. Beschreiben Sie den Lebensstil und das Ideal des Ritters.
   → Text, M13, M14
8. Rekonstruieren Sie den Aufstieg des Kriegers zum adligen Ritter.
   → Text, M16
9. Stellen Sie einen Zusammenhang her zwischen der Macht des Ritters und dem Stand der Militärtechnik.
   → Text, M3, M6, M15
10. Erklären Sie die Gliederung der Stände und erläutern Sie, wie diese gerechtfertigt wurde.
    → Text, M4, M16, M17
11. Erarbeiten Sie die Unterschiede zum Gesellschaftsaufbau einer modernen Dienstleistungsgesellschaft.
    → Text, M16, M17
12. Inwiefern unterscheidet sich das Rechtsverständnis des Mittelalters vom heutigen Europa?
    → Text
13. Stellen Sie die Formen der Gewaltanwendung fest, die im Zusammenhang mit der Plünderung abgebildet sind.
    → M5
14. Erläutern Sie die Bedeutung, die die Durchsetzung von Landfriedensordnungen für die Entwicklung des Staates hatte.
    → Text, M5, M18

4.5 Könige, Kaiser und das Reich

Das deutsche „römische“ Königtum

Beim Königtum handelt es sich allem Anschein nach um eine uralte gesellschaftliche Einrichtung. Menschen scheinen zu allen Zeiten eine Neigung verspürt zu haben, die Führung in die Hände einer Person zu legen, bei der man magische Kräfte vermutete. Die Ausstrahlung (Charisma) beziehungsweise Berufung einer solchen Führungspersönlichkeit hing von ihrem Heil bringenden Wirken ab. Wenn der König als Heerführer siegte oder als oberster Gerichtsherr den inneren Frieden wahrte, so festigte das seine Stellung. Andererseits mussten militärische Niederlagen oder Missernten seine Legitimität (Rechtmäßigkeit) untergraben.

Kennzeichnend für das europäische Königtum war, dass im Zuge der Christianisierung die vorchristliche Vorstellung vom Königsheil durch die Lehre vom Gottesgnadentum abgelöst wurde. Die priesterliche Weihe (Salbung) gab dem König ein Charisma, das auf der Nähe zu Gott beruhte. Dem mittelalterlichen Königtum haftete ein ausgeprägtes personales Element an; das heißt Amt und Person (bezie-

M 1

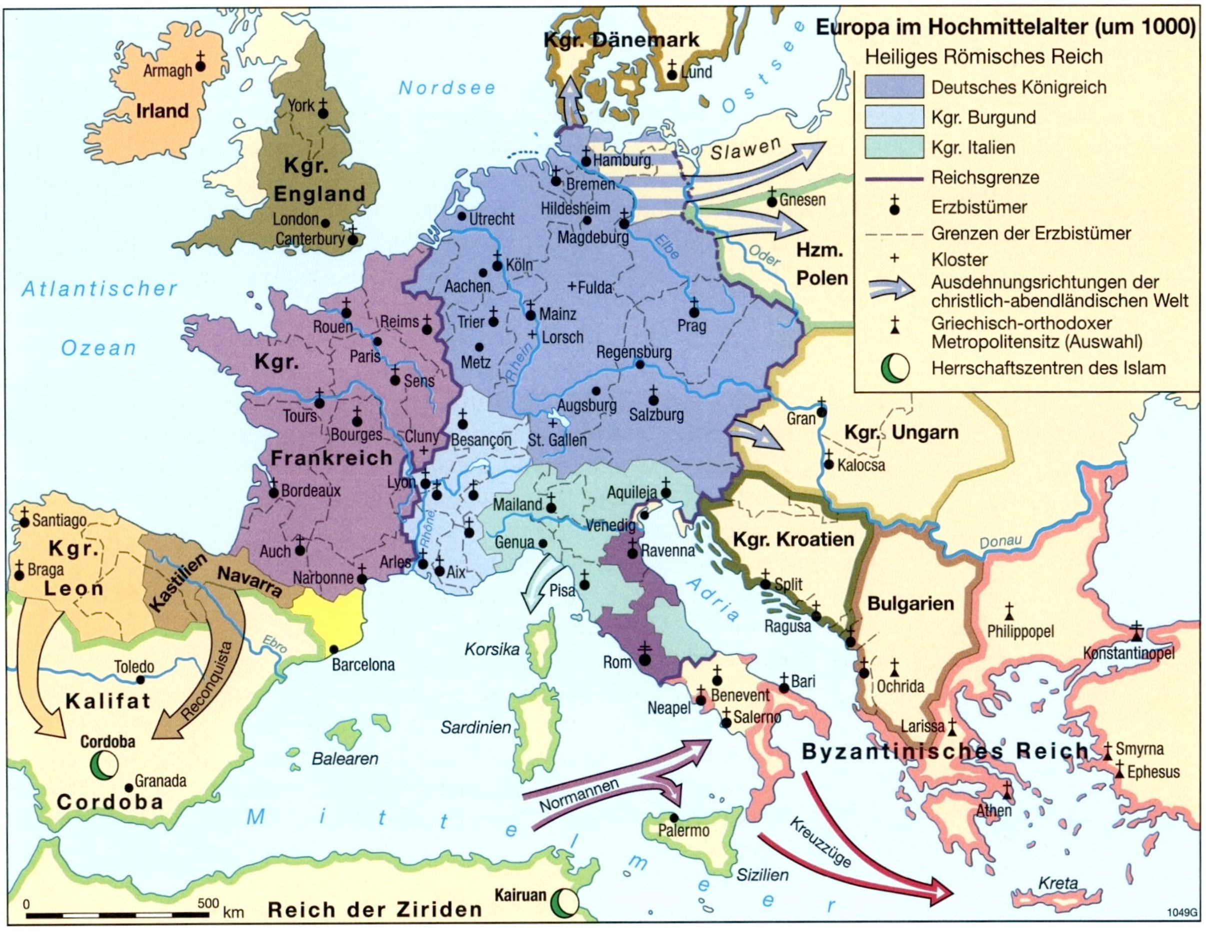

hungsweise Familie) stellten tendenziell eine Einheit dar. Ein König, der sich Autorität verschaffen wollte, musste sich zeigen. Das war auch einer der Gründe dafür, dass das mittelalterliche Königtum die Form eines Reisekönigtums angenommen hatte.

In der Zeit des zusammenbrechenden karolingischen Reiches hatten sich so genannte Stammesherzogtümer herausgebildet, das heißt relativ geschlossene ethnische (volksmäßige) und geografische Einheiten. Sie bildeten die Basis für das neu entstehende ostfränkisch-deutsche Königtum. Nicht zuletzt angesichts der Bedrohung von außen (Wikinger, Ungarn) suchten die Stammesführer den Zusammenschluss. Naturgemäß waren die Oberhäupter (Herzöge) der Franken, Sachsen, Schwaben und Bayern Konkurrenten in ihrem Streben nach der Königswürde.

Zunächst fiel die Wahl auf Herzog Heinrich von Sachsen (919–939). Historisch bedeutender war aber die Wahl seines Sohnes Otto, der 936 in Aachen zum König gekrönt wurde. Der Ort dokumentierte den Anspruch auf die Nachfolge Karls des Großen. Der Vater Heinrich hatte noch zu seinen Lebzeiten den Sohn Otto designiert, das heißt die Erbfolge festgelegt. Die Wahl durch den fränkischen und sächsischen Adel kam einer Bestätigung gleich. Bei der Erhebung zum König lassen sich also sowohl das Prinzip der Wahl- als auch der Erbmonarchie erkennen. Die Entstehungsgeschichte des deutschen Königtums trug den Keim eines Konfliktes in sich, der die politischen Verhältnisse in Deutschland nachhaltig prägte. Typisch war fortan ein Spannungsverhältnis zwischen dem König, der die Zentralgewalt repräsentierte, und den Stämmen, die ihrerseits ein hohes Maß an Unabhängigkeit behalten wollten. Ziel der Könige war es, die Stammesherzogtümer abhängig zu machen, sie in so genannte Amtsherzogtümer zu verwandeln, das heißt sie in den Dienst der Königsgewalt zu stellen. Die unterschiedliche Interessenlage zwischen König und Herzögen kam auch darin zum Ausdruck, dass das regierende königliche Geschlecht daran interessiert war, das Prinzip der Erbmonarchie durchzusetzen, während die Stammesführer am Grundsatz der Wahlmonarchie festhielten, um ihren Einfluss auf die Besetzung der zentralen Machtposition nicht zu verlieren.

Dynastien

In Teilen der Geschichtsschreibung hat es sich eingebürgert, die Chronologie der mittelalterlichen Geschichte nach der jeweils regierenden Dynastie als Gliederungsprinzip zu erstellen. Dabei handelt es sich um die Herrscherfamilie, der es gelang, die Krone innerhalb des eigenen Hauses zu vererben. Mit gewissen Unterbrechungen lassen sich im Wesentlichen fünf Dynastien unterscheiden, die die deutsche Königskrone erwarben:

- sächsische Ottonen (919–1024),
- Salier (1024–1125),
- Staufer (1138–1254),
- Luxemburger (1346–1411),
- Habsburger (1438–1806).

Auf Druck Napoleons legte der habsburgische Kaiser Franz 1806 die Reichskrone nieder. Damit endete formell das Heilige Römische Reich Deutscher Nation. Als entscheidend für die deutsche Geschichte im Mittelalter erwies sich, dass es auch den so genannten starken Herrscherpersönlichkeiten nie gelang, die Autonomiebestrebungen der Großen des Reiches wirkungsvoll einzudämmen. Die Entstehung des Lehnsstaates, der unter Friedrich I. Barbarossa (1152–1190) seine

Vollendung fand, änderte zwar die Form der Beziehungen. Die Herzöge wurden zu Kronvasallen, die ihre Gebiete als Lehen erhielten, aber deren Widerstand gegen die Zentralisierung der Macht blieb eine Konstante mittelalterlicher Politik. Die häufige Abwesenheit der Herrscher, vor allem während ihrer Italienreisen, aber auch die Durchsetzung der Erblichkeit der Lehen mündeten in der Herausbildung eines selbstständigen Reichsfürstenstands. Im Unterschied zu England und Frankreich scheiterten alle Versuche einer Vereinheitlichung der Reichsgewalt. Die zentrifugalen Kräfte erwiesen sich in Deutschland als stärker.

Die Fürsten waren verhältnismäßig autonome Glieder des Deutschen Reiches und prägten dessen partikularistischen Charakter bis in die Neuzeit. Auch wenn seit dem Ausgang des Mittelalters die Krone beim Hause Habsburg verblieb, so bestand in Deutschland doch der Grundsatz der Wahlmonarchie weiter.

Nachdem Otto I. zum König gewählt worden war, strebte er – auch diesbezüglich in der Tradition Karls des Großen – die Kaiserwürde an. Mit der Kaiserkrönung (962) wurde der Grundstein für den nachfolgenden Anspruch deutscher Könige auf das Kaisertum gelegt.

Kaisertum

Das Römische Reich, das seit dem 11. Jahrhundert Deutschland, Italien und Burgund umfasste und das an der Spitze den vom Papst gekrönten Kaiser vorsah, spiegelte die Idee von der christlichen Universalherrschaft wider. Aus der Distanz betrachtet zeigt sich aber, dass die Kaiserwürde mehr ein Mythos als eine tatsächliche Machtposition war. Eine ideelle Rangerhöhung blieb zwar mit dem Titel verbunden,

M 2 **Reichsinsignien,** auch Reichskleinodien genannt, die Herrschaftszeichen der Könige und Kaiser: Krone, Reichsapfel und Reichszepter – außerdem zählen noch Reichsschwert, Heilige Lanze und Krönungsmantel dazu. Die Krone ist vermutlich aus dem 10. Jahrhundert. Achteckig ist sie Sinnbild der Vollkommenheit und des Himmlischen Jerusalems. Die Heilige Lanze scheint noch älteren Datums zu sein (8. Jh.). Die übrigen Reichsinsignien stammen aus der Zeit des 12.–14. Jahrhunderts, Schatzkammer des Kunsthistorischen Museums Wien.

aber die Auszeichnung „Schutzherr der Kirche“ brachte vor allem Verpflichtungen mit sich. Und überdies stieß der Anspruch auf eine abendländische Vormachtstellung auf den entschiedenen Widerstand der Könige von Frankreich und England.

Deutsche Könige traten immer wieder den Zug nach Rom an, um dort aus den Händen des Papstes die Kaiserwürde entgegenzunehmen. Diese stark auf Italien ausgerichtete deutsche Königspolitik hat sich im Nachhinein als äußerst problematisch erwiesen. In Italien gab es für deutsche Könige viel zu gewinnen, nicht nur die Kaiserkrone. Norditalien war die entwickeltste Region des mittelalterlichen Europas mit einer entfalteten Stadtkultur, einer verbreiteten Geldwirtschaft sowie einem ausgebauten Verwaltungswesen. Aber die Italienpolitik war auch mit erheblichen Risiken verknüpft. Die oft jahrelange Abwesenheit deutscher Könige von den Territorien nördlich der Alpen bestärkte die Fürsten in ihren Autonomiebestrebungen. Die politische Zerrissenheit Italiens machte die dortige Lage zum Teil unüberschaubar. Das beschwerliche Reisen erforderte Kraft, Zeit und Ausdauer. Seuchen, wie zum Beispiel die Malaria, rissen oft riesige Lücken in die königlichen Heere.

Friedrich I. Barbarossa

Der Staufer Friedrich I. wurde nach der Designation (Ernennung) durch seinen Onkel Konrad III. zum König gewählt (1152). In den Augen der Fürsten galt er als ein Kandidat, der ein Gegengewicht zum mächtigen Sachsenherzog Heinrich (dem Löwen) – aus dem Geschlecht der Welfen – bilden sollte. Der Gegensatz zwischen den beiden Häusern der Staufer und Welfen konnte zunächst beigelegt werden. Heinrich wurde 1156 auch noch mit dem Herzogtum Bayern belehnt.

Die mit 38 Jahren ungewöhnlich lange Herrschaftszeit Friedrichs – in dieser Zeit standen ihm immerhin acht Päpste und vier Gegenpäpste gegenüber – gilt vielen als glanzvoller Höhepunkt des Kaisertums und der höfisch-ritterlichen Kultur. Zeitgenössischen Berichten zufolge musste Friedrich eine kraftvolle Persönlichkeit mit großer Ausstrahlung gewesen sein, dessen Herrschaftsverständnis sich am Ideal Karls des Großen – den er auch heilig sprechen ließ – orientierte.

Friedrich strebte die Wiedererrichtung eines universalen Kaisertums an, so wie es vor dem Investiturstreit bestanden hatte. Als Gegner eines unabhängigen Papsttums beanspruchte Friedrich, seine Autorität unmittelbar von Gott erhalten zu haben. Der Begriff des „sacrum imperium“ (Heiliges Reich) wurde in seiner Regierungszeit geprägt.

Allerdings klafften – wie so oft im Mittelalter – Idee und Wirklichkeit weit auseinander. Denn die Herrschaft Friedrichs stieß auf mannigfaltigen Widerstand. Die deutschen Fürsten, die Päpste, die Könige Englands und Frankreichs, die oberitalienischen Städte, aber auch das deutsche Lehnsrecht setzten der kaiserlichen Machtentfaltung klare Grenzen.

In den jahrzehntelangen Kämpfen mit verschiedenen Päpsten gelang es Friedrich letztlich nicht, sich durchzusetzen. Dank unterschiedlicher Koalitionen mit Königen und lombardischen Städten vermochte das Papsttum seine Selbstständigkeit zu bewahren.

Friedrich war noch ein Reisekönig, der über keine feste Residenz verfügte. Aufnahme fand er in seinen Königspfalzen und bei den zur „Königsgastung“ verpflichteten geistlichen Fürsten. Dem König fehlte

M 3 Friedrich I. Barbarossa, Heinrich VI. und Herzog Friedrich von Schwaben im Jahre 1185
Die Figur in der Mitte, Friedrich I., König des Heiligen Römischen Reiches von 1152 bis 1190, hält in den Händen Reichszepter und Reichsapfel. Das Kreuz auf dem Reichsapfel symbolisiert die Herrschaft des Christentums über die ganze Welt. Diese Insignien wurden von den deutschen Kaisern seit 962 bis zur Auflösung des Reichs 1806 benutzt. Friedrichs Sohn Heinrich, der ihm 1190 auf dem Thron nachfolgte, trägt eine ungeschmückte Krone, steht aber zur Rechten des Kaisers. Ein weiterer Sohn, Herzog Friedrich von Schwaben, der keinen Platz in der Thronfolge einnahm, trägt lediglich eine verzierte Kappe, Weingartener Welfenchronik, um 1188.

Aus: R. Bendix, Könige oder Volk, 1. Teil, Frankfurt/M. 1980, S. 19.

nicht nur ein eigener Verwaltungsapparat, in der politischen Wirklichkeit musste Friedrich auf den politischen Willen der deutschen Fürsten Rücksicht nehmen. Auf deren Unterstützung war er bei jedem Italienzug angewiesen. Und die Fürsten ließen sich jedes Entgegenkommen bezüglich des Heeresaufgebots entsprechend vergüten. Alle Versuche Friedrichs, die Herrschaft im Reich auf der Grundlage des Lehnsrechts zu straffen, scheiterten.

Als der machtvolle Heinrich der Löwe sich weigerte, dem in Oberitalien in Bedrängnis geratenen Kaiser zu helfen, folgten Ächtung und Prozess, der mit dem Entzug der Reichslehen endete. Der Widerstand des stärksten Rivalen war damit gebrochen. Dieser Sieg über den welfischen Konkurrenten erwies sich aber als Pyrrhus-Sieg, denn der Preis für dessen Sturz bestand in der Stärkung der anderen deutschen Fürsten. Entsprechend dem deutschen Lehnsgesetz, das kein Heimfallrecht erledigter Lehen an die Krone vorsah, mussten die Herzogtümer wieder verliehen werden. Bayern gelangte in die Hände der Wittelsbacher; der Erzbischof von Köln bekam Westfalen.

Friedrich erkannte sehr wohl das Problem, dass ihm die Herrschaft in Deutschland entglitt. Es hat auch nicht an Versuchen gemangelt, eine Reichspolitik zu betreiben, das heißt, das Reichsgut zum Ausgangspunkt eines Königsstaats zu machen (Pfalz, Elsass, Nürnberg, Thüringen). Ministeriale, eine frühe Form des Beamten, wurden dabei als Träger der Verwaltung eingesetzt. Aber letztlich scheiterten diese Bemühungen, und am Ende von Friedrichs Herrschaftszeit hatte sich ein ziemlich selbstständiger Reichsfürstenstand gefestigt. Die Weichen waren in Richtung auf den Territorialstaat gestellt.

Um die Person „Kaiser Rotbarts“ bildete sich im Laufe der Jahrhunderte eine populäre Legende, die vor allem im 19. Jahrhundert geschichtsmächtig wurde. Ihr zufolge war Kaiser Friedrich nie gestorben und ruhte nun im Innern des Kyffhäusers (thüringischer Bergrücken), um auf die Überwindung der deutschen Kleinstaaterei beziehungsweise die Wiederherstellung der deutschen Einheit zu warten. In diese Figur projizierten deutsche Patrioten ihre nationalen Sehnsüchte und Träume. Barbarossa personifizierte wie kein zweiter die Idee des Reiches.

Chronologie: Friedrich I. Barbarossa

1152	Wahl zum König
1154	1. Italienzug
1155	Kaiserkrönung
1157	Reichstag von Besançon: Konflikt mit Papst Hadrian IV., Friedrich verkündete die Vorherrschaft des Reiches.
1158	2. Italienzug: Reichstag auf den Roncalischen Feldern unweit von Piacenza; Wiederherstellung der Reichsrechte in Italien; es folgten jahrelange Kriege mit den lombardischen Städten sowie noch vier weitere Italienzüge (zwischen 1164 und 1184).
1176	Niederlage des kaiserlichen Heeres bei Legnano gegen ein Bündnis der oberitalienischen Städte; Heinrich der Löwe hatte sich geweigert, dem Kaiser zu Hilfe zu kommen.
1177	Im Frieden von Venedig wurde ein Waffenstillstand zwischen Friedrich auf der einen und den oberitalienischen Städten und dem Papst auf der anderen Seite vereinbart.
1179/80	Ein lehnsrechtliches Verfahren gegen Heinrich den Löwen endete mit der Aberkennung der Reichslehen.
1190	Der Kaiser hatte die Führung des 3. Kreuzzuges übernommen. Auf dem Weg nach Palästina ertrank Friedrich im Fluss Saleph in Kleinasien.

Kaiser und Reich

Im 13. Jahrhundert zeichnete sich immer deutlicher ab, dass sich mit dem Zerfall der Lehnspyramide die mittleren Gewalten durchsetzten. Persönliche Lehnsbeziehungen lockerten sich, und Reichsgut ging oft als Lehen verloren. Wesentliche Reichsrechte wurden von Kaiser Friedrich II. (1212–1250) an die Fürsten abgetreten, so geschehen unter anderem im „Statutum in favorem principum“ (Verordnung zugunsten der Fürsten) von 1232. Es gingen Münz- und Zollrechte, Befestigungsrecht und Gerichtswesen in die Hände der Reichsfürsten über, die damals zum ersten Mal als „Landesherrn“ bezeichnet wurden. Künftige Könige waren fortan nur noch so stark wie das Hausgut, über das sie selbst verfügten.

Der Prozess des Substanzverlusts des Reiches zugunsten der Territorialfürsten fand seinen juristischen Abschluss in der Goldenen Bulle (1356), so benannt nach der goldenen Kapsel des kaiserlichen Siegels. Die großen Fürsten grenzten sich ab; aus ihrem Vorstimmrecht bei der Wahl des Königs wurde ein alleiniges Stimmrecht. Das Kurfürstenkollegium wurde neben dem Kaiser zu einem Träger der Reichspolitik, das heißt zu einer Mitregierung. Es wählte den deutschen König und beanspruchte auch ein Absetzungsrecht, wovon es zwei Mal Gebrauch machte. Das Wahlprinzip hatte sich in Deutschland gegenüber dem Geblütsrecht der Könige eindeutig durchgesetzt. Wegen des Fehlens einer echten Zentralgewalt reduzierte sich das „Kaisertum" auf einen Ehrentitel, eine Art Beigabe zur Königswürde.

Aus dem Zerfall der Reichsgewalt gingen die Reichsfürsten gestärkt hervor. Auf ihren Territorien entstand der moderne Staat mit dem jeweiligen Landesherrn an der Spitze. Was auf Reichsebene nicht gelang, nämlich die Einsetzung eines funktionierenden Behördenapparats, der Aufbau einer Finanzverwaltung, Sicherung kontinuierlicher Einnahmen, Durchsetzung der Primogenitur (Erbfolge des Erstgeborenen), das gelang in den Territorien. Brandenburg, Bayern, Württemberg und die Kurpfalz konnten zu leistungsfähigen Mittelstaaten entwickelt werden.

Nach der Auflösung der einheitlichen Reichsgewalt bestand das Reich aus Kaiser und Reichsständen, denn die Fürsten galten als Teilhaber am Reich mit eigener Souveränität. Später kamen noch die reichsunmittelbaren Städte hinzu. Folglich versammelten sich im Reichstag, der aus den einstigen Hoftagen hervorgegangen war, seit dem 15. Jahrhundert drei Kurien (Vertretungen): Kurfürsten, Fürsten und Städte. Der König war nur noch Repräsentant des Reiches und in seinen Entscheidungen an die Zustimmung des Reichstages gebunden. Auf dieser Grundlage konnte kein deutscher Nationalstaat entstehen. Die zentrifugalen politischen Kräfte erwiesen sich als stärker.

Formen staatlicher Entwicklung: England, Frankreich, Schweiz

Abweichend von der Entwicklung in Deutschland vermochten die Herrschenden in England und Frankreich eine verwaltungsmäßige Einheit ihrer Länder herbeizuführen.

England

Als der durch die Niederlage bei Bouvines (1214) geschwächte englische König Johann Ohneland die Kriegskosten auf den Adel abzuwälzen trachtete, kam es zu einer Erhebung der Barone, in deren Verlauf der König Zugeständnisse machen musste, die in der „Magna Charta Libertatum" ihren Niederschlag fanden (1215). Dieser Freiheitsbrief verbot alle willkürlichen Verhaftungen und band Verurteilungen an Recht und Gesetz. Auch wenn diese Schutzbestimmungen zunächst praktisch nur für Privilegierte galten, so leitete dieses Dokument doch die Entwicklung zum Rechtsstaat ein, indem die Staatsgewalt beschränkt wurde.

Noch in einer anderen Hinsicht musste der König eine Beschränkung seiner Gewalt hinnehmen. Er musste in Kauf nehmen, dass ihn ein Ausschuss von Baronen kontrollierte, der politische Mitsprache beanspruchte. In der englischen Verfassungsgeschichte sieht man hierin die Geburtsstunde des englischen Parlamentarismus. Zu der Versammlung der Barone traten später die Vertreter der Städte hinzu. Schon frühzeitig konnte das Steuerbewilligungsrecht des Parlaments durchgesetzt werden, sodass diesem ein immer größeres Gewicht im Staatsleben zukam. Krone und Parlament bauten das Gerichts- und Finanzwesen weiter aus, mit der Folge, dass England der am straffsten organisierte Staat des mittelalterlichen Europas wurde.

Frankreich

Während also in England die Stärkung der Zentralgewalt auf der Grundlage von Krone und Parlament erfolgte, erwies sich in Frankreich die Königsmacht selbst als das treibende Element der Zentralisierung. Hier bahnte sich – durch dynastische Kontinuität begünstigt – die Entwicklung zur absoluten Monarchie an.

Ausgangspunkt der Entstehung des französischen Nationalstaates waren die Krondomänen im Gebiet von Paris und Orléans. Von dieser Basis aus gelang es dem Königshaus der Kapetinger schrittweise, sein Territorium auszudehnen. Die Könige konnten ihre Position als oberste Lehnsherrn festigen, frei gewordene Lehen einziehen (was in Deutschland nicht möglich war), die Gerichtshoheit durchsetzen und verschiedene Finanzquellen ausschöpfen. Frankreich wuchs nicht zuletzt im Zuge der englisch-französischen Feindschaft im Hundertjährigen Krieg (1337–1453) zusammen. Am Ende des 15. Jahrhunderts war ein Nationalstaat entstanden, in dem sich wegen des Übergewichts der königlichen Zentralgewalt kein unabhängiger Reichsfürstenstand hatte bilden können.

Die staatlichen Entwicklungen in Frankreich und Deutschland wiesen somit eine klar erkennbare Gegensätzlichkeit auf. Das Reich existierte bis zum Beginn des 19. Jahrhunderts als bunter Flickenteppich von annähernd 300 selbstständigen Territorien. Dazu kamen noch etwa 1500 reichsunmittelbare Gebiete. Während also das Reich durch die Zersplitterung in große, kleine und kleinste, souveräne und halbsouveräne, katholische, lutheranische und calvinistische Territorien geprägt wurde, hatte sich im Westen Europas relativ früh ein tendenziell einheitlicher Staat herausgebildet.

Im staatlich-politischen Bereich gelang Frankreich somit frühzeitig der Übergang von der mittelalterlichen zur modernen Welt. Der Aufbau einer zentralistisch regierten Monarchie zog sich über mehrere Jahrhunderte hin. Selbst im Absolutismus der Frühen Neuzeit gab es noch eine Kluft zwischen dem zentralistischen Anspruch der Krone und ihrer begrenzten Durchsetzungsmöglichkeiten. Die Stände behielten tatsächlich einen Teil ihrer administrativen Macht. Die königliche Verwaltung war zumeist gezwungen, mit ihnen zu kooperieren. Letztlich wurde der staatliche Zentralismus erst im Vollzug der Französischen Revolution konsequent durchgesetzt.

Schweiz

Der Ursprung der Schweizer Staatsentwicklung lag im Bund der drei Urkantone Schwyz, Uri und Unterwalden (1291). In den relativ schwer zugänglichen Gebirgsregionen formierte sich ein bäuerlicher Widerstand gegen die Territorialpolitik der habsburgischen Feudalherrn. Später wuchs diese Eidgenossenschaft durch den Beitritt von Städten zu einer Macht heran, der es im 14. Jahrhundert in mehreren Schlachten gelang, die habsburgischen Ritterheere zu schlagen. 1499 schied die Schweiz aus dem Reich aus. Im Westfälischen Frieden erlangte sie die völkerrechtlich gültige Ablösung vom Reich (1648). Die Entstehungsgeschichte der Schweiz als Eidgenossenschaft prägt bis in die Gegenwart ihr föderatives Staatsverständnis.

M 4 Königskrönung Ottos des Großen (936)

Aus der Sachsengeschichte des Widukind von Corvey, Mönch im Kloster Corvey und erster Geschichtsschreiber der neuen sächsichen Dynastie (10. Jahrhundert):

Nachdem der Vater des Vaterlandes, Heinrich, der Könige größter und bester, gestorben war, erwählte sich das Volk der Franken und Sachsen seinen schon längst vom Vater zum Nachfolger bezeichneten Sohn Otto zu seinem Fürsten, und als Ort für die allgemeine Wahl bestimmte man die Pfalz von Aachen. Dort versammelten sich die Herzöge und die ersten der Grafen mit der übrigen Schar der vornehmsten Vasallen in dem Säulengang, der mit der Basilika Karls des Großen verbunden ist, setzten den neuen Herrscher auf einen hier errichteten Thron und machten ihn nach ihrer Weise zum König, indem sie ihm die Hände reichten, ihm Treue gelobten und Hilfe gegen alle Feinde versprachen. Während das von den Herzögen und den übrigen Großen vorgenommen wurde, erwartete der oberste Bischof mit der ganzen Priesterschaft und allem Volk unten in der Kirche den Einzug des neuen Königs. Als dieser eintrat, ging ihm der Bischof entgegen, ergriff mit seiner Linken die Rechte des Königs, und während er selbst in seiner Rechten den Krummstab trug, schritt er, angetan mit der Alba [priesterliches Untergewand], mit der Stola und dem Messgewand geschmückt, vor bis in die Mitte des Heiligtums. Hier blieb er stehen, wandte sich zum Volke, welches die in zweifachem Umgang die Kirche umkreisenden Säulengänge ringsherum erfüllte und von hier aus den König sehen konnte, und rief: „Seht, hier führe ich euch den von Gott erwählten und vom Herrn des Reichs, von Heinrich, bezeichneten, jetzt aber von allen Fürsten zum König erhobenen Otto zu; gefällt euch diese Wahl, so bezeugt das, indem ihr die Hände zum Himmel erhebt." Darauf hob alles Volk die Rechte in die Höhe und wünschte mit lauter Stimme Heil dem neuen Herrscher. Dann schritt der Bischof mit dem nach fränkischer Weise mit dem engen Wams bekleideten König hinter den Altar, auf dem die königlichen Insignien lagen, das Schwert mit dem Wehrgehänge, der Mantel mit den Sprangen, der Stab mit dem Zepter und das Diadem[1]. [...] Dieser Bischof trat nun zum Altar, nahm das Schwert mit dem Schwertgurt und sprach, zum König gewandt: „Empfange dies Schwert, vertreibe damit alle Feinde Christi, Barbaren und schlechte Christen, da dir durch göttliche Autorität alle Macht im ganzen Frankenreiche gegeben ist zu dauerndem Frieden aller Christen." Dann nahm er den Mantel und die Spangen und bekleidete ihn damit, indem er sagte: „Dieses Gewand, dessen Zipfel bis auf den Boden reichen, möge dich ermahnen, dass du im Eifer des Glaubens glühen und im Schutz des Friedens verharren sollst bis an dein Ende." Darauf ergriff er den Stab und das Zepter und sprach: „Durch diese Zeichen gemahnt, halte deine Untertanen in väterlicher Zucht, reiche vor allem den Dienern Gottes, den Witwen und Waisen die Hand des Erbarmens, und niemals möge deinem Haupt das Öl der Barmherzigkeit mangeln, auf dass du jetzt und in Zukunft mit ewigem Lohn gekrönt werdest." Darauf wurde er von den beiden Bischöfen Hildebert [Erzbischof von Mainz] und Wichfrid [Erzbischof von Köln] mit geweihtem Öl gesalbt und mit dem goldenen Reif gekrönt, und als die ganze Weihe der Ordnung nach vollzogen war, führte man ihn auf den Thron, zu dem man auf Stufen emporstieg, und der zwischen zwei marmornen Säulen von wunderbarer Schönheit erbaut war, von wo er alle sehen, und wo er selbst von allen gesehen werden konnte. Nachdem man hierauf den Lobgesang angestimmt und das Messopfer feierlich begangen hatte, stieg der König herab und ging zur Pfalz; er trat zu der marmornen, mit königlichem Prunk gedeckten Tafel und ließ sich mit den Bischöfen und allem Volk nieder, die Herzöge aber warteten auf. Der Lothringer Herzog Giselbert, zu dessen Amtsbereich jener Ort gehörte, ordnete die ganze Feier[2]; Eberhard[3] besorgte den Tisch, der Franke Hermann[4] stand den Schenken vor, Arnulf[5] sorgte für die ganze Ritterschaft und für die Wahl und Absteckung des Lagers. Siegfried aber, der tüchtigste von den Sachsen und der nächste nach dem König, Schwager[6] weiland König Heinrichs und auch dem neuen Herrscher durch dieser Verschwägerung nahe verbunden, verwaltete zu jener Zeit gerade Sachsen, damit nicht inzwischen ein feindlicher Einfall unternommen werde, und hatte auch den jüngeren Heinrich [Ottos Bruder] als Zögling bei sich. Der König aber ehrte danach jeden von den Fürsten gemäß seiner Freigebigkeit mit einem angemessenen Geschenk und entließ die Menge mit aller Fröhlichkeit.

1 Stirnband, altorientalisches Herrschaftssymbol

2 Als Kämmerer [Schatzmeister]

3 Herzog von Franken, Truchseß [Küchenmeister]

4 Herzog von Schwaben, Schenk [Mundschenk]

5 Herzog von Bayern, Marschall [Stallmeister]

6 Genauer: Vetter der ersten Gemahlin Heinrichs I.

Widukind von Corvey, Sachsengeschichte, zit. nach G. Guggenbühl, O. Weiss (Hg.), a. a. O., S. 82 ff.

M 5 Herrscherbild
Otto III. (983–1002) mit den Reichsinsignien, thront zwischen Reichskirche und Reichsadel, aus dem Reichenauer Evangeliar, das im Auftrag des Kaisers entstand, Ende des 10. Jahrhunderts.

M 6 Reisekönigtum

Im Unterschied zu antiken Kaisern verfügten die Könige des Mittelalters (noch) nicht über feste Residenzen. Der Mediävist [Mittelalterforscher] Theodor Mayer erklärt diesen Sachverhalt:

Der deutsche König hatte keine feste Residenz, er zog vielmehr mit seinem Hofe umher von Stadt zu Stadt, von Pfalz zu Pfalz. Man hat den Grund dafür in der Naturalwirtschaft gesucht und nahm an, dass der König für sich und seinen Hof seinen Unterhalt nur dadurch fand, dass er die Überschüsse der Domänenerträgnisse an Ort und Stelle verzehrte. […] Der Annahme, dass der König die Überschüsse selbst verzehren müsste, lag der Gedanke zugrunde, dass die Königsreisen mit den Königsgütern und der darauf beruhenden Versorgung mit Lebensmitteln im ursächlichen Zusammenhang gestanden hätten. Wir wollen diese Möglichkeit keineswegs schlechthin in Abrede stellen und daher auch nicht die tatsächliche Bedeutung des königlichen Grundbesitzers für den Unterhalt des königlichen Hofes verkleinern oder unterschätzen, immer wieder wird seine Leistungsfähigkeit danach bemessen, für wie viele Tage der Unterhalt des Hofes sichergestellt sei. Wir fragen aber, wo die primäre Ursache zu suchen sei, nach welchen Grundsätzen eigentlich die Reisewege zusammengestellt worden sind. Es wird sich weiter die Frage ergeben, ob es, wenn schon keine festen Residenzen, keine Hauptstädte vorhanden waren, nicht doch vielleicht Kernlandschaften gegeben hat, in die der König häufig kam, sei es nun, weil dort Königsgut zur Verfügung stand, oder auch, ja vielleicht in noch stärkerem Maße, weil er dort Regierungshandlungen vornehmen musste. Der Königsumritt, der die neuen Könige im 11. und 12. Jahrhundert immer wieder durch die gleichen Gegenden führte, ist ebenso wie die Aufenthalte des Königs an bestimmten Orten zur Feier der hohen Festtage, mag hierfür auch die Familientradition etwa unter den Ottonen von einer gewissen Bedeutung gewesen sein, ein treffliches Beweisstück dafür, dass bestimmte staatsrechtliche und politische Notwendigkeiten vorlagen. Der König musste die Herrschaft persönlich übernehmen, wie er sie auch persönlich ausüben musste; für den Personenverbandsstaat[1]

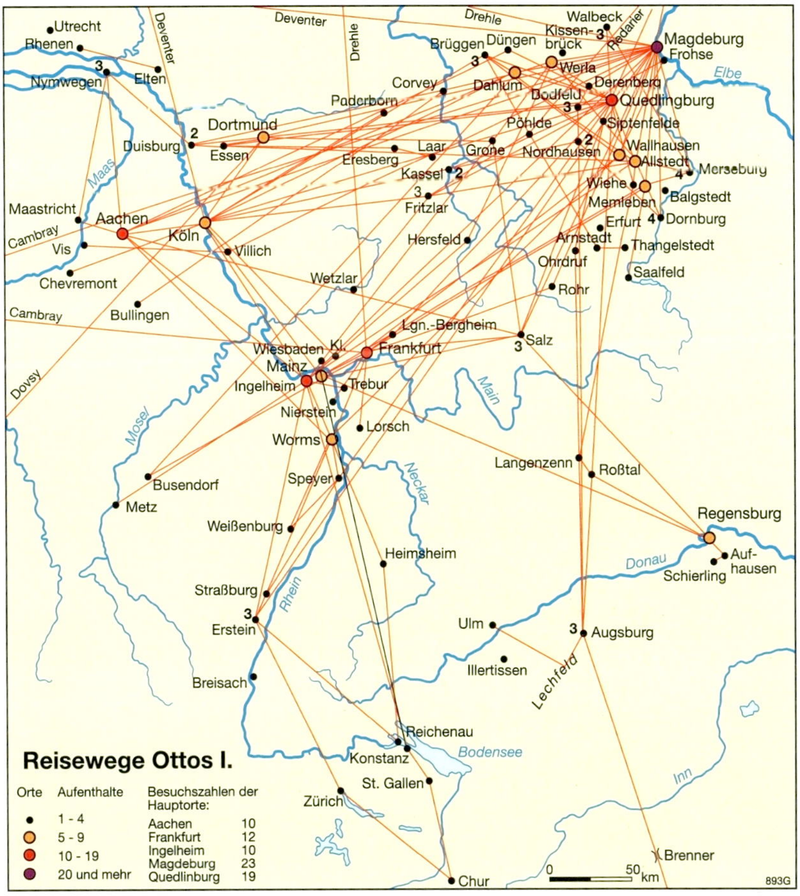

M 7 **Reisewege Ottos I.** Mithilfe von Urkunden lassen sich die Reisewege der Herrscher teilweise rekonstruieren.

war die Allgegenwart des Königs, der also die Regierung überall selbst ausübte und überall selbst eingriff, das Ideal. Selbstverständlich brauchte der König in den von ihm besuchten Gegenden Grundbesitz, der Grundbesitz war also eine Voraussetzung für die Ausübung der Regierung; das heißt aber nicht, dass der König nur wegen des Grundbesitzes und der Aufzehrung der Erträgnisse dorthin gekommen wäre. Der Grund dafür lag in der Notwendigkeit der Ausübung der Regierungsgeschäfte und in dem Umstand, dass der Grundbesitz eine Voraussetzung dafür war, sodass der König eine Gegend, in der er keinen Grundbesitz hatte, nicht leicht und gewiss nicht für längere Zeit aufsuchen konnte. [...] Der König brauchte aber nicht nur den Unterhalt, er musste auch die Straßen beherrschen. Dazu und auch zur Niederhaltung lokaler Faktoren, die diesem königlichen Herrschaftssystem gefährlich oder schädlich waren, waren Etappenstationen und Straßensicherungen als Stützpunkte nötig.

1 kennzeichnend war die persönliche Beziehung – im Unterschied zum modernen Beamtenstaat

Th. Mayer, Das deutsche Königtum und sein Wirkungsbereich, in: ders., Mittelalterliche Studien, Lindau und Konstanz 1959, S. 31 f.

M 8 **Gelnhäuser Urkunde**

Absetzung Heinrichs des Löwen und Entzug der Reichslehen durch Kaiser Friedrich I. (1180):

Im Namen der heiligen und ungeteilten Dreifaltigkeit. Friedrich, durch das Walten von Gottes Gnaden Römischer Kaiser, allzeit Mehrer des Reiches. [...]

Daher möge die Gesamtheit aller gegenwärtigen und zukünftigen Getreuen des Reiches wissen: Heinrich [der Löwe], ehemals Herzog von Bayern und Westfalen, wurde [...] aufgrund einer dringenden Klage der Fürsten und sehr vieler Edlen

- dass er, mit gerichtlicher Vorladung gerufen, es abgelehnt habe, sich Unserer Hoheit zu stellen, und wegen dieser Widerspenstigkeit dann von Seiten der Fürsten und schwäbischen[1] Standesgenossen einem Spruch auf Unsere Acht verfallen sei
- ferner weil er nicht abgelassen hat, gegen die Kirchen Gottes und gegen die Rechte und Freiheiten von Fürsten und Edlen anzugehen
- wegen des Unrechts an ihnen
- sowie wegen der mannigfach gezeigten Missachtung gegenüber Uns selbst – und besonders

wegen solcher erwiesenen Verletzung der kaiserlichen Hoheit –

nach Lehnsrecht mit gesetzlich vorgeschriebenem dreifachem Ladungsbefehl vor Unser Hofgericht geladen, und

- deswegen, weil er ferngeblieben sei und keinen Bevollmächtigten an seiner statt geschickt habe –

für widerspenstig erachtet; und daher wurden ihm das Herzogtum Bayern und Westfalen samt Engern [an der Oberweser] sowie sämtliche Lehen, die er vom Reiche innehatte, durch einhelligen Urteilsspruch der Fürsten auf dem zu Würzburg feierlich abgehaltenen Hoftag aberkannt und Unserem Recht und Besitz zugesprochen.

1 Die Welfen galten als Schwaben.

Zit. nach: L. Weinrich (Hg.), Quellen zur deutschen Verfassungs-, Wirtschafts- und Sozialgeschichte bis 1250. Darmstadt 1977, S. 299.

M 9 **Kaiser Friedrich I.**

Friedrich I. Barbarossa [1152–1190] schenkte seinem Taufpaten Otto von Cappenberg [gestorben 1171] die Schale, die bei seiner eigenen Taufe verwendet wurde, und die hier abgebildete Bronzebüste, von der Otto in seinem Testament bezeugte, sie sei „nach dem Ebenbild des Kaisers geformt“. Die Porträtdarstellung, in der man den Versuch sieht, „das allgemein Typische durch charakteristische Eigenheiten des Antlitzes Friedrich Barbarossas zu einem Porträt des Herrschers zu machen“, zeigt den Kaiser mit der Stirnbinde der römischen Imperatoren – sie kommt hier erstmals im Mittelalter vor –; die Büste wird getragen von einem doppelten Mauerkranz, Symbol der Stadt Rom. Das Bild des Kaisers bringt sein imperiales Bewusstsein auf gänzlich neue Art zum Ausdruck, als „ein erster Versuch eines kaiserlichen Denkmals en miniature im Mittelalter“.

(Die um 1160 angefertigte Kopfplastik steht heute noch am Ort des Empfängers: in der katholischen Pfarrkirche von Cappenberg bei Lünen/Westfalen.)

Aus: H. Fuhrmann, Überall ist Mittelalter, München 1996, S. 83.

M10 **Der Sturz Heinrich des Löwen**

Der Historiker Hagen Schulze stellt anhand eines Lehnskonfliktes die „Verfassung“ des Reiches dar:

Mit dem Lehnseid schwor der Lehnsherr seinem Lehnsmann Schutz zu, während der Lehnsmann, der Vasall, Gefolgschaft versprach. Im Laufe der Zeit wurde es üblich, dass der Lehnsherr mit diesem Eid dem Vasallen Herrschaftsrechte übertrug, also Land oder auch Ämter. Der Vasall konnte seinerseits Lehnsherr sein, von den ihm übertragenen Herrschaftsbefugnissen Unterlehen ausgeben: ein feingegliedertes, kompliziertes System von rechtlichen, rein persönlichen Bindungen. Auf dem Lehnswesen beruhte im größten Teil Europas alle Herrschaft: Nicht Staaten auf territorialer Basis kannte das mittelalterliche Europa, sondern Personenverbände auf der Grundlage des persönlichen Lehnseids. Staaten, wie wir sie kennen, sind auf Dauer angelegt, überpersönlich und an Institutionen gebunden; der mittelalterliche Personenverband dagegen war zeitlich begrenzt, fand sein Ende beim Tod von Lehnsherr oder Vasall und musste deshalb immer wieder neu begründet werden.

Wie eine solche Lehnsbeziehung aussehen konnte, zeigte sich beispielsweise am Fall Heinrichs des Löwen (1129–1195). Der welfische Herzog, obwohl Lehnsmann des Königs und Kaisers Friedrich I., genannt Barbarossa (1152–1190), übte in seinen großen Herrschaftsgebieten Sachsen und Bayern fast königsgleiche Macht aus und verweigerte dem Kaiser 1176 sogar die Heerfolge gegen die langobardischen Städte. In einem feierlichen lehensrechtlichen Prozess wurden Heinrich dem Löwen daraufhin 1180 auf dem Hoftag von Würzburg von den Reichsfürsten unter Vorsitz des Kaisers die sächsischen und bayerischen Lehen aberkannt, während sein Familienerbe um Braunschweig und Lüneburg herum nicht angetastet wurde – deshalb bestanden die Herzogtümer Braunschweig und Hannover unter welfischer Herrschaft fort, bis Preußen sie 1866 annektierte.

Bezeichnenderweise jedoch vermied es Barbarossa, die Reichslehen, die Heinrich bisher innegehabt hatte, dem Reichsgut zuzuschlagen und damit die staufische Hausmacht entscheidend zu stärken. Die

Könige von England und Frankreich haben in vergleichsweisen Fällen erledigtes Lehnsgut in aller Regel eingezogen: Der Beginn moderner Staatlichkeit in Westeuropa hing mit der Erweiterung und Konsolidierung königlichen Besitzes unmittelbar zusammen. Barbarossa hat dies nicht getan, sondern hat mit den frei gewordenen Lehen andere Reichsfürsten belehnt, weil er sogar jetzt, auf dem Höhepunkt seiner Macht, ohne die Unterstützung der Reichsfürsten seine Herrschaft nicht hätte ausüben können. Möglicherweise hat Barbarossa, wie manche Historiker gemeint haben, mit diesem Verzicht auf territoriale Hausmacht eine entscheidende historische Weiche gestellt, mit der die deutsche Geschichte sich in einem wesentlichen Aspekt von der westeuropäischen Entwicklung abgekoppelt hat – vermutlich hatte er allerdings keine Wahl. Der Kaiser war zu schwach, als dass er gegen die Mächtigen im Reich hätte regieren können.
Der Versuch der Staufer, die kaiserliche Machtstellung gegenüber den Fürsten und dem Adel des Reichs zu konsolidieren, scheiterte also.

H. Schulze, Kleine deutsche Geschichte, München 1996, S. 23 f.

M11 Die Goldene Bulle Kaiser Karls IV.

Reichsgesetz über die Königswahl (1356):

II. Von der Wahl eines römischen Königs:
1. Nachdem aber die genannten Kurfürsten oder ihre Gesandten in die Stadt Frankfurt eingezogen sind, sollen sie sogleich bei Anbruch des folgenden Tages in der Kirche des heiligen Apostels Bartholomäus daselbst in vollzähliger Anwesenheit die Messe „de Sancto Spiritu" singen lassen, damit der Heilige Geist ihre Herzen erleuchte und ihren Verstand mit dem Licht seiner Kraft erfülle, auf dass es ihnen gelinge, mit seinem Beistand einen gerechten, redlichen und tüchtigen Mann zum römischen König und künftigen Kaiser zu wählen zum Heil der Christenheit. […] Und der Erzbischof von Mainz wird ihnen die Eidformel vorsprechen […] „und dass ich meine Stimme und meinen Wahlentscheid abgeben werde ohne alle Verabredung, Belohnung, Entgelt oder Versprechen oder wie immer dergleichen genannt werden mag – so wahr mir Gott helfe und alle Heiligen". […]
IV. Von den Kürfürsten im Allgemeinen:
2. Sooft und wann aber künftig das heilige Reich ledig ist, alsdann soll der Erzbischof von Mainz die Befugnis haben, die er bekanntlich von alters her gehabt hat, die übrigen ehgenannten Kurfürsten, seine Genossen bei besagter Wahl, durch Briefe zu berufen, und wenn sie alle oder diejenigen, die teilnehmen können oder wollen, sich am Wahltag versammelt haben, soll besagter Erzbischof von Mainz und kein anderer diese seine Mitkurfürsten einzeln um ihre Stimme befragen in folgender Reihenfolge: zuerst soll er den Erzbischof von Trier fragen, dem wir die erste Stimme zuerkennen, die ihm, wie wir erfahren haben, auch bisher zustand, zweitens den Erzbischof von Köln, dem die Würde und Pflicht zukommt, dem römischen König zuerst die Königskrone aufzusetzen, drittens den König von Böhmen, der unter den weltlichen Kurfürsten vermöge der Hoheit königlicher Würde mit Recht und nach Gebühr den Vorrang behauptet, viertens den Pfalzgrafen bei Rhein, fünftens den Herzog von Sachsen, sechstens den Markgrafen von Brandenburg; all diese soll besagter Erzbischof von Mainz in obiger Reihenfolge um ihre Stimme befragen. Wenn das geschehen ist, sollen ihn seine Mitkurfürsten ihrerseits befragen, damit auch er seinen Willen ausspreche und ihnen seine Stimme kundgebe. […]
XII. Von Zusammenkünften der Kurfürsten:
Inmitten der mannigfachen Sorgen für den Staat, hat unsere Majestät nach gründlicher Erwägung als notwendig erkannt, dass die Kurfürsten des heiligen Reiches zur Beratung über das Wohl des Reiches und der Welt öfter als bisher zusammenkommen; denn als Grundfesten und unverrückbare Säulen des Reiches, die voneinander durch weite Länderstrecken getrennt sind, können sie so über Übelstände, […] Bericht erstatten und sich besprechen und vermögen mit klugen und vorsorglichen Ratschlägen durch geeignete Maßnahmen wirksam Abhilfe zu schaffen. Daher haben wir […] nach gepflogener Beratung mit denselben Kurfürsten und mit ihrer Zustimmung für das gemeinte Beste und Wohl mit den besagten geistlichen und weltlichen Kurfürsten zu verordnen geruht, dass dieselben Kurfürsten in Zukunft einmal in jedem Jahr, nach Verfluss von vier Wochen, von Ostern , dem Fest der Auferstehung des Herrn, an gerechnet, in einer von den Städten des heiligen Reichs persönlich zusammenkommen sollen. […]

Zweiter Teil veröffentlicht in Metz, am 25. Dezember 1356:

XXV. Wenn es zweckmäßig ist, die übrigen Fürstentümer in ihrer Vollständigkeit zu erhalten, damit die Gerechtigkeit gestärkt werde und die getreuen Untertanen Frieden und Ruhe genießen, so müssen um so viel mehr die großmächtigen Fürstentümer, Herrschaften, Ehren und Rechte der Kurfürsten unverletzt erhalten werden (denn wo größere Gefahr droht, muss ein wirksames Heilmittel angewendet werden), damit nicht durch den Einsturz der Säulen die Grundlage des ganzen Gebäudes zertrümmert werde. Wir verordnen daher und bestätigen durch diesen für alle Zeiten gültigen kaiserlichen Erlass, dass von jetzt an künftig auf ewige Zeiten die berühmten und großmächtigen Fürstentümer, nämlich das Königreich Böhmen, die Pfalzgrafschaft bei Rhein, das Herzogtum Sachsen und die Markgrafschaft Brandenburg, die Länder, Gebiete, Lehen- und Vasallitätsverhältnisse und alles andere, was zu ihnen gehört, nicht getrennt, geteilt oder unter irgendeiner Bedingung zersplittert werden dürfen, sondern es soll, damit sie vielmehr immerdar in ihrer gänzlichen Vollständigkeit verbleiben, der erstgeborene Sohn in ihnen nachfolgen, und ihm allein soll Recht und Herrschaft zustehen, außer wenn er etwa geisteskrank, schwachsinnig oder sonst mit einem ruchbaren und merklichen Gebrechen behaftet wäre, um deswillen er nicht über Menschen herrschen dürfte oder könnte.

Zit. nach: W. Lautemann, M. Schlenke (Hg.), Geschichte in Quellen, Mittelalter, München 1978, S. 774 ff.

M12 Karl IV. und die sieben Kurfürsten
Die Schedelsche Weltchronik von 1493 veranschaulicht die durch die Goldene Bulle von 1356 getroffene Regelung. Wir sehen Karl IV., römisch-deutscher König von 1346 bis 1378 (Kaiser seit 1355), der Krone, Reichsapfel und Szepter trägt, mit den Erzbischöfen von Mainz, Köln und Trier zur Rechten und dem König von Böhmen, dem Pfalzgrafen bei Rhein, dem Herzog von Sachsen-Wittenberg und dem Markgrafen von Brandenburg zur Linken. Die Goldene Bulle regelte zwar die kaiserliche Thronfolge, bezeichnete aber auch den Niedergang der herrschaftlichen Autorität des Kaisers.

Aufgaben

1. Formulieren Sie den Konflikt, in dem sich das deutsche Königtum durchgängig befand.
   → Text
2. Analysieren Sie den Ablauf der Krönung Ottos I. in Bezug auf die Reihenfolge, die beteiligten Personen, die verwendeten Symbole und die Aufgaben des Königs.
   → M2, M4
3. Welches Selbstverständnis kommt in den Königsdarstellungen zum Ausdruck?
   → M3, M5, M9, M12
4. Stellen Sie die Ursachen für das so genannte Reisekönigtum dar. Worüber gibt die Reisekarte Ottos I. Aufschluss?
   → M6, M7
5. Arbeiten Sie die Problematik heraus, die mit dem Streben der deutschen Könige nach der Kaiserkrone verbunden war.
   → Text
6. Nennen Sie die Gründe, die zur Entmachtung Heinrichs des Löwen führten.
   → Text, M8, M10
7. Stellen Sie das Verhältnis von Kaiser und Reich dar. Wodurch wurde das Entstehen eines zentral regierten Staates verhindert?
   → Text, M10, M11, M12
8. Inwiefern spiegeln die Verfassungsgrundsätze der „Goldenen Bulle“ eine Machtverlagerung zugunsten der Kurfürsten wider?
   → Text, M11

4.6 Der Investiturstreit

Kirchenreform

Das 10. Jahrhundert stand im Zeichen einer innerkirchlichen Reformbewegung, die ihren Ausgang von den Klöstern Gorze bei Metz (gegründet 748) und Cluny in Burgund (910) genommen hatte. Es handelte sich dabei zunächst um den Ausdruck einer neuen Frömmigkeit, die sich gegen die reiche und in die weltliche Herrschaft verstrickte Kirche wandte. Den Reformern ging es sowohl um die Beseitigung der Simonie (Kauf geistlicher Ämter) als auch um die Durchsetzung des Zölibates (priesterliche Ehelosigkeit). Aber die cluniazensische Reformbewegung wurde noch in einer weiteren Hinsicht Ausgangspunkt einer neuen Kirchenpolitik, wie der Kampf gegen das so genannte Eigenkirchenwesen zeigte. Die Kirchen des frühen Mittelalters wurden nämlich als Eigentum (und Einkommensquelle) derjenigen Adligen angesehen, auf deren Grund sie standen beziehungsweise die sie gestiftet hatten. Mit der Parole „Freiheit der Kirche" strebte ein Teil der Geistlichkeit danach, herrschaftliche Bindungen abzustreifen und zu einer von weltlich-politischen Einflüssen unabhängigen Organisation zu werden. Die cluniazensischen Ideen, die im 11. und 12. Jahrhundert durch über 1400 Klöster in Europa Verbreitung fanden, mündeten im so genannten Investiturstreit, das heißt im Konflikt darüber, wer berechtigt ist, Bischöfe und Äbte in ihre Ämter einzusetzen.

Papst Gregor VII., ein glühender Verfechter der reformkirchlichen Ideen, repräsentierte wie kein zweiter den Widerstand gegen die Laieninvestitur, das heißt gegen die Besetzung kirchlicher Ämter durch Laien im Allgemeinen beziehungsweise von Bistümern durch den König im Besonderen.

Der Streit um die Investitur entwickelte sich zum wichtigsten politischen Konflikt des Hochmittelalters. Es handelte sich um einen Grundsatzstreit über das Verhältnis von geistlicher und weltlicher Macht. In letzter Konsequenz ging es um die Frage, wem in Europa der Vorrang gehört: der kirchlichen Macht (personifiziert von Papst Gregor VII.) oder der weltlichen Macht (personifiziert von dessen Gegenspieler König Heinrich IV.)?

Reichskirchensystem

Das im 11. Jahrhundert gültige ottonisch-salische Reichskirchensystem sah das unbestrittene Recht des Königs vor, die Bischöfe auszuwählen sowie entscheidenden Einfluss auf die Papstwahl zu nehmen. Modern gesprochen handelte es sich um eine Staatskirche. Die Kirche diente den karolingischen und ottonischen Herrschern als Gegengewicht gegen die Stammesherzöge beziehungsweise weltlichen Fürsten, deren Unabhängigkeitsstreben es aus königlicher Sicht zu bändigen galt. Otto I. übertrug bevorzugt Reichsgut leihweise an Bischöfe und Äbte und machte die Kirche so zu einem wichtigen Verwaltungsinstrument. Angesichts einer fehlenden öffentlichen Gewalt lag es aus der Perspektive des Herrschers nahe, sich der Organisation der Kirche mit ihrer entwickelten Schriftkultur zu bedienen. Ein weiterer Aspekt betraf die Reichslehen selbst. Um den Zugriff auf diese nicht zu verlieren, empfahl es sich, Lehen an Kirchenleute zu vergeben. Da diese keine erbberechtigten Nachfolger hatten, musste der König keine Umwandlung in einen erblichen Familienbesitz befürchten.

M 1 **Krönung Heinrichs II.**
Die Krönung Heinrichs II. (973–1024) ist Zeugnis kaiserlicher Selbstdarstellung. Die unmittelbare Krönung durch Gott (Christus) verlieh dem Kaiser (König) eine eigene Würde und legitimierte sein Handeln als im Einverständnis mit Gott stehend. Engel reichen die Herrschaftsinsignien Schwert und Lanze, Schutzheilige stützen die Arme, Miniatur für Kaiser Heinrich II., von ihm dem Bamberger Dom gestiftet, um 1004.

Entsprechend ihrer Stellung im Reich nahmen die geistlichen Fürsten (mit den Erzbischöfen von Mainz, Trier und Köln an der Spitze) seit dem 11. Jahrhundert an der Königswahl teil.

Die Forderung der Kirche nach kanonischer Wahl der Bischöfe, das heißt einer Wahl nur durch Geistliche, bedeutete für den König den Verlust der Kirchenherrschaft. Da die Bischöfe den wichtigsten Pfeiler der Reichsverwaltung bildeten, wurde mit der Verselbstständigung der Kirche dem Königtum ein Teil seiner Machtgrundlage entzogen. Der Widerstand der weltlichen Macht gegen die „Freiheit der Kirche" wird so verständlich. Während der Regierungszeit Heinrichs IV. spitzte sich der Konflikt zwischen der weltlichen und der kirchlichen Gewalt zu. Papst Gregor VII. verbot die Laieninvestitur. Demzufolge durfte die Einsetzung zum Beispiel von Bischöfen und Reichsäbten nicht mehr durch Nichtkleriker erfolgen. Gleichzeitig beanspruchte Gregor VII. die päpstliche Obergewalt über alle weltlichen Herrscher. Diese sollten zu Lehnsmännern des Papstes herabgestuft werden.

Gregor ließ König Heinrich mit dem Kirchenbann belegen. Damit wurden alle Christen von ihrem Eid gegenüber Heinrich IV. entbunden. Diesen Konflikt zwischen König und Papst nutzten die deutschen Fürsten aus, die auf ihre Unabhängigkeit bedacht waren. Sie beschlossen ihrerseits, einen neuen König zu wählen, falls Heinrich IV. nicht die Aufhebung der Kirchenstrafe erreichte. Um dem geplanten Gerichtstag der Fürsten zuvorzukommen, zog Heinrich nach Italien. Im Januar 1077 erschien er im Büßergewand vor der Burg Canossa am Nordhang des Apennin, wo sich Papst Gregor aufhielt. Nach mehrmaliger Abweisung musste ihn Gregor vom Bann lossprechen, wenn er nicht gegen seine Priesterpflicht verstoßen wollte. Der „Gang nach Canossa“ ist bis heute eine bildhafte Formulierung für die Unterwerfung des Staats unter die Kirche geblieben.

Mit dem Zusammentreffen in Canossa war der Konflikt zwischen dem Papst und dem römisch-deutschen König keineswegs beendet. Der Investiturstreit beschäftigte auch noch die Amtsnachfolger. Erst das Wormser Konkordat setzte 1122 einen vorläufigen Schlusspunkt unter den Investiturstreit.

Der Vertrag brachte keine dauerhafte Lösung, vielmehr glich er einem Waffenstillstand. Die Wahl der Bischöfe sollte kanonisch erfolgen, aber in Anwesenheit des Königs. Dieser sollte die Ausstattung mit den weltlichen Gütern (Regalien) vornehmen. Da letzeres in Deutschland vor der Weihe stattfand, hatte der König praktisch ein Mitspracherecht.

Einschränkung der päpstlichen Macht

Im Gegensatz zum byzantinisch-osteuropäischen Herrschaftsmodell gelang in Westeuropa niemandem die Vereinigung der beiden Gewalten, des weltlichen und des geistlichen Schwerts, in einer Hand. Aus diesem wichtigsten Konflikt der Epoche gingen letztlich sowohl die kirchliche als auch die weltliche Spitze geschwächt hervor. Im Reich waren es die Fürsten, die von diesem Konflikt profitierten, genauso wie auf europäischer Ebene die Könige Englands und Frankreichs.

Die römisch-deutschen Könige versuchten verstärkt, ihre eigene Autorität direkt von Gott abzuleiten und den päpstlichen Vermittlungsanspruch zu ignorieren. Dieser Prozess mündete in der nüchternen Feststellung der deutschen Kurfürsten (1338), dass die Zustimmung des Papstes für einen deutschen König nicht erforderlich sei. Friedrich III. wurde als letzter Kaiser in Rom gekrönt (1452). Die endgültig letzte Kaiserkrönung durch einen Papst fand 1530 statt (Karl V.).

M 2 Papst Bonifaz VIII. (1294–1303) mit der Tiara
Die Tiara mit Stirndiadem und zwei Kronreifen sollte den päpstlichen Vorrang vor jeder weltlichen Macht symbolisieren.

Der Investiturstreit stellte nur eine Episode des mittelalterlichen Grundkonflikts zwischen „Staat“ und „Kirche“ dar. Die Rivalität dieser beiden Gewalten, die in der Theorie die Einheit der abendländlischen Christenheit repräsentieren sollten, blieb auch in den folgenden Jahrhunderten erhalten.

Es hat nicht an spektakulären Versuchen der Päpste gemangelt, das weltliche und geistliche Schwert in ihre Hände zu bekommen. So forderte zum Beispiel Innozenz III. (1202) ein Prüfungsrecht bei der Wahl des römisch-deutschen Königs. Und Bonifaz VIII. formulierte mit der Bulle „Unam Sanctam“ (1302) ein überragendes Dokument päpstlichen Machtanspruchs. Der Ausgang des Konflikts zwischen diesem Papst und dem französischen König Philipp IV. machte aber auch deutlich, dass das Zeitalter päpstlicher Vorherrschaft vorbei war. Der französische König ließ den Papst kurzerhand gefangen nehmen. In der Folge geriet das Papsttum seinerseits in Abhängigkeit vom französischen Königtum. 1305 siedelte Clemens V. nach Avignon um. Damit begann jene bis 1377 andauernde „babylonische Gefangenschaft der Kirche“.

Im Anschluss daran teilte das Große Schisma (Spaltung) das Abendland. Von 1378 bis 1417 residierten gleichzeitig Päpste in Rom und Avignon, die eine ungefähr gleich starke Anängerschaft in Europa fanden. Teilweise gab es sogar drei konkurrierende Päpste. Das Schisma markierte definitiv das Ende der mittelalterlichen Herrschaft der Päpste. Diese Situation musste für die Gläubigen äußerst beklemmend sein. Denn die Autorität des Papstes beruhte nicht zuletzt auf seiner Einzigartigkeit als „Himmelspförtner" beziehungsweise Inhaber der Schlüsselgewalt.

In dieser Zeit der Orientierungslosigkeit äußerte sich der Wunsch nach Glaubenseinheit in der Konzilsbewegung, also einer kirchlichen Strömung, die in der allgemeinen Versammlung der kirchlichen Würdenträger den Weg sah, dem sinkenden Ansehen der Kirche entgegenzuwirken. Das hieß, die Kirchenspaltung zu überwinden und eine Reform „an Haupt und Gliedern" durchzuführen. Diesen Zielen diente vor allem das Konzil von Konstanz (1414–17). Auf ihm konnte das Schisma durch die Wahl von Papst Martin V. beendet werden, der nunmehr Rom wieder zur alleinigen Residenz der Päpste machte. Damit waren jedoch keineswegs alle Konflikte beigelegt, denn in den folgenden Jahrzehnten ging es vor allem um die Frage, ob dem Konzil oder dem Papst die höchste innerkirchliche Autorität zukomme.

Chronologie eines Konflikts: Der Investiturstreit

1075 Papst Gregor VII. verbietet die Laieninvestitur und reagiert mit dem Dictatus Papae.

1076 Die deutschen Bischöfe kündigen dem Papst den Gehorsam auf. Das deutsche Episkopat (Gesamtheit der Bischöfe) stellt sich hinter Heinrich IV. und setzt den Papst ab. Papst Gregor VII. lässt Heinrich IV. von einer in Rom tagenden Synode (Kirchenversammlung) mit dem Bann belegen. Alle Christen werden von ihrem Eid gegenüber Heinrich IV. entbunden. Diese Situation wird von deutschen Fürsten ausgenutzt, die auf ihre Unabhängigkeit bedacht sind. Sie beschließen ihrerseits, einen neuen König zu wählen, falls Heinrich IV. nicht die Aufhebung der Kirchenstrafe erreicht.

1077 Im Januar erscheint Heinrich IV. im Büßergewand vor der Burg Canossa am Nordhang des Apennin, wo sich Papst Gregor aufhält. Nach mehrmaliger Abweisung muss ihn Gregor vom Bann lossprechen, wenn er nicht gegen seine Priesterpflicht verstoßen will. Der „Gang nach Canossa" ist heute eine bildhafte Formulierung für die Unterwerfung des Staats unter die Kirche.

1077 Trotz der geleisteten Buße wählen deutsche Fürsten Rudolf von Rheinfelden (Herzog von Schwaben) zum Gegenkönig.

1080 Heinrich IV. behält militärisch die Oberhand. Rudolf verliert in einer Schlacht die rechte Schwurhand, was allgemein als ein Gottesurteil angesehen wird. Mit Billigung Heinrichs wählt eine Synode deutsch-italienischer Bischöfe Clemens III. zum Gegenpapst. Gregor wird nach Einnahme Roms durch königliche Truppen entmachtet.

1084 Kaiserkrönung Heinrichs IV. durch Clemens III.

1085 Gregor stirbt nach seiner Flucht in normannischem Asyl.

1122 Wormser Konkordat: Einigung

M 3 **Die Konstantinsche Schenkung**

Bei der Konstantinschen Schenkung handelt es sich um eine der bedeutendsten Urkundenfälschungen des Mittelalters. Seit Mitte des 8. Jahrhunderts stützte sich der Herrschaftsanspruch des Papstes auf eine Urkunde Kaiser Konstantins des Großen, in der dieser dem Papst die Herrschaft über Rom und das Weströmische Reich gab. Das Dokument ist definitiv seit dem 15. Jahrhundert als Fälschung erkannt worden. Die Bilder stellen politische Propaganda dar:

Die Silvesterkapelle bei der römischen Basilika SS. Quattro Coronati ist in der Mitte des 13. Jahrhunderts mit einem Freskenzyklus ausgemalt worden, der die Silvesterlegende und die Konstantinische Schenkung in Bilder umsetzt. Beim oberen Bild überreicht der sich zum Knien anschickende barhäuptige Konstantin dem mit Mitra und Heiligenschein geschmückten und ihn segnenden Papst Silvester das „Phrygium", die „kaiserliche Paradehaube", das heißt er übergibt ihm, wie die Fälschung sagt: „in Nachfolge kaiserlicher Herrschaft" das entsprechende Herrschaftszeichen. Eine Krone aufzusetzen, hat Silvester wegen der Tonsur abgelehnt, „die er zum Ruhme des seligen Petrus trägt"; ein weltlicher Gefolgsmann Konstantins hält deshalb in Ausdeutung der Situation die zurückgewiesene Krone über dem Tor, das eventuell zu dem vom Kaiser ebenfalls geschenkten Lateranpalast gehört. Durch das Tor wird bereits das Pferd des Papstes geführt, nach dessen Zügel Konstantin mit seiner Linken greift. Beim unteren Bild leistet Konstantin, angetan mit Krone und Kaisermantel, „aus Ehrerbietung gegenüber dem seligen Petrus, indem er die Zügel von Papst Silvesters Pferd ergreift, den Marschalldienst", was als lehnsrechtliche Huldigung aufgefasst werden konnte. [...] Papst Silvester [...] segnet Konstantin und trägt auf dem Kopf bereits das „Phrygium".

Aus: H. Fuhrmann, Einladung ins Mittelalter, München 1987, o. S.

M 4 **Dictatus Papae**

Erlass des Papstes Gregor VII. (1075):

[...]

2. Nur der römische Papst trägt zu Recht den Titel des universalen Papstes.
3. Er ganz allein kann Bischöfe absetzen und auch wieder einsetzen.
4. Sein Legat [Gesandter], auch wenn er einen geringeren Grad bekleidet, führt auf jedem Konzil den Vorsitz vor den Bischöfen; er kann diese absetzen. [...]
8. Nur er verfügt über die kaiserlichen Insignien.
9. Alle Fürsten haben die Füße einzig und allein des Papstes zu küssen. [...]
12. Der Papst kann Kaiser absetzen. [...]
17. Gegen seine Autorität kann kein Kapitel und kein Buch als kanonisch gelten.
18. Sein Entscheid kann von niemandem aufgehoben werden, er selbst aber kann Urteile aller anderen Instanzen aufheben.
19. Über ihn besitzt niemand richterliche Gewalt. [...]
22. Die römische Kirche hat nie geirrt und wird nach dem Zeugnis der heiligen Schrift auch in Ewigkeit nicht irren. [...]
27. Er kann Untertanen vom Treueid gegen unbillige [Herrscher] entbinden.

Zit. nach: W. Lautemann, M. Schlenke (Hg.), a. a. O., S. 291 f.

M 5 **Gregor VII. exkommuniziert Heinrich IV. (Februar 1076)**

Hierauf fest vertrauend untersage ich zur Ehre und zur Verteidigung deiner Kirche im Namen des allmächtigen Gottes, des Vaters, des Sohnes und des heiligen Geistes durch deine Gewalt und Autorität dem König Heinrich, dem Sohne des Kaisers Heinrich, der sich gegen deine Kirche in unerhörtem Stolze erhoben hat, die Herrschaft über das ganze Reich der Deutschen und über Italien, und ich löse alle Christen von den Banden des Eides, den sie ihm geschworen haben oder noch schwören werden, und ich verbiete, dass ihm irgendjemand wie seinem König dient.

Zit. nach: W. Lautemann, M. Schlenke (Hg.), a. a. O., S. 300.

M 6 **Heinrich IV. lädt zum Fürstentag ein (April 1076)**

Aber nicht länger wollen wir dich über den Namen des Mannes im Zweifel lassen, den wir meinen: Höre, es ist Hildebrand, nur dem Gewande nach Mönch, nur dem Titel nach Papst, der nicht als sorgender Hirte, sondern als gewalttätiger Eindringling auf dem apostolischen Stuhl sitzt, und der, vom Sitze des Friedens aus, das Band des einigen katholischen Friedens zerrissen hat, wie du es dir wohl gleich denken kannst. Von all seinen Untaten wollen wir nur wenige erwähnen: Er hat sich gleichzeitig die weltliche und die geistliche Herrschaft angemaßt, obgleich Gott doch von so etwas nichts weiß. Also verachtet er Gottes gütige Ordnung, welche wollte, dass nicht auf einer, sondern auf zwei Stützen beides, Königtum und Priestertum, hauptsächlich beruhen sollte [...]. Selbst mich, den Gott zum Königtum berief, [...] gedachte er [Gregor VII.] der Herrschaft mit der Drohung zu berauben, er, der mir nicht das eine, ebenso wenig aber das andere gegeben hat, wollte mir Reich und Leben nehmen, weil er sah, dass ich Herrscher sein wollte nicht von seinen, sondern von Gottes Gnaden.

Zit. nach: W. Lautemann, M. Schlenke (Hg.), a. a. O., S. 302 f.

M 7 **Der Gang nach Canossa (1077)**
Heinrich IV. kniet vor der Markgräfin Mathilde von Tuszien mit Bitte um Vermittlung im Konflikt mit dem Papst. Links von ihr Abt Hugo von Cluny aus dem Gefolge Gregors VII., aus einer Handschrift der Vita Mathildis von Donizo, entstanden um 1115.

M 8 **Das Wormser Konkordat (1122)**

Einigung zwischen Kaiser Heinrich V. und Papst Kalixt II. über die Investiturfrage:

a) Kaiserliche Urkunde

Im Namen der heiligen und ungeteilten Dreifaltigkeit. Ich, Heinrich, von Gottes Gnaden erhabener Römischer Kaiser, – aus Liebe zu Gott, zur heiligen Römischen Kirche und zum Herrn Papst Kalixt sowie zum Heil meiner Seele – überlasse Gott, Gottes heiligen Aposteln Petrus und Paulus und der heiligen katholischen Kirche jegliche Investitur mit Ring und Stab, und ich erlaube, dass in allen Kirchen, die es in meinem König- und Kaiserreich gibt, kanonische Wahlen und freie Weihen stattfinden. Die Besitzungen und Regalien des heiligen Petrus, die seit Beginn dieses Streits bis zum heutigen Tag – zur Zeit meines Vaters oder auch zu meiner Zeit – weggenommen wurden, werde ich, soweit ich sie besitze, der heiligen Römischen Kirche zurückerstatten, soweit ich sie aber nicht besitze, werde ich getreulich helfen, dass sie zurückerstattet werden. [...]

b) Päpstliche Urkunde

Ich, Bischof Kalixt, Knecht der Knechte Gottes, verleihe Dir, meinem geliebten Sohn Heinrich, von Gottes Gnaden Römischer Kaiser, Mehrer des Reiches, dass die Wahlen der Bischöfe und Äbte des Deutschen Königreiches, soweit sie dem Reich zugehören, in Deiner Gegenwart stattfinden, aber ohne Simonie [Kauf geistlicher Ämter] und irgendwelche Gewalt: Wenn daher zwischen den Parteien Streit entsteht, so mögest Du nach Rat und Urteil des Metropoliten [Erzbischofs] und der Mitbischöfe dieser Kirchenprovinz dann der verständigeren Partei Zustimmung und Hilfe zukommen lassen. Der Erwählte aber soll von Dir durch das Zepter die Regalien erhalten, und er soll das leisten, was er Dir aufgrund dessen rechtens schuldet.
Und was er daraus Dir rechtlich schuldet, soll er leisten.

Zit. nach: E. Pitz, Europa im Früh- und Hochmittelalter, Stuttgart 1982 (Anhang).

M 9 Königtum Friedrich I.

Rundschreiben des Kaisers (1157):

Als wir nämlich vor kurzem zu Besançon einen Hoftag abhielten und pflichtgemäß unsere Regierungsgeschäfte zur Ehre des Reiches und zum Wohle der Kirchen sorgfältig erledigten, erschienen päpstliche Gesandte. [...]
Da legten sie uns, als wären sie vom Teufel der Bosheit aufgebläht, so ganz von oben herab, voll Stolz und Anmaßung, das Herz verfluchter Bosheit übervoll, ihre Botschaft in einem päpstlichen Handschreiben vor. Dies besagte, wir müssten uns immer vor Augen halten, wie der Papst uns die Auszeichnung der Kaiserkrone verliehen habe, und dass es ihn nicht reuen würde, wenn unsere Herrlichkeit noch größere Lehen von ihm empfangen hätte. [...]
Da uns das Königtum und das Kaisertum einzig von Gott durch die Wahl der Fürsten zuteil wurde, von Gott, der bei dem Leiden seines Sohnes Christi die Welt der Regierung durch die beiden notwendigen Schwerter unterwarf, und da der Apostel Paulus der Welt die Lehre gab: „Fürchtet Gott, ehret den König!", so ist jeder, der da sagt, wir hätten die Kaiserkrone vom Herrn Papste als Lehen empfangen, ein Widersacher der göttlichen Ordnung und der Lehre Petri; solch einer ist ein erwiesener Lügner.

Zit. nach: W. Lautemann, M. Schlenke (Hg.), a. a. O., S. 401.

M10 Zwei-Schwerter-Lehre

Christus übergibt dem Papst das geistliche und dem Kaiser das weltliche Schwert. Der Kaiser hält dem Papst den Steigbügel – eine traditionelle Unterwerfungsgeste. Bilder zum Sachsenspiegel des Eike von Repgow, des wichtigsten Rechtsbuches des Mittelalters, um 1230, Miniatur aus der Wolfenbütteler Handschrift, um 1375.

M11 Papst Hadrian IV. über Friedrich I.

Der Papst ermuntert die lombardischen Städte in ihrem Kampf gegen den Kaiser (1159):

Er [der Kaiser] stellt seine Macht der Unseren gleich, als wäre diese auf einen Winkel wie Deutschland beschränkt; auf Deutschland, welches, bis die Päpste es erhoben, für das geringste aller Reiche galt. Zogen die deutschen Könige, bevor Zacharias einst Karl [den Großen] weihte (die Angabe ist historisch falsch), nicht auf dem Ochsenwagen [...] einher? Besaßen die Elenden etwas anderes als ihnen ihr Hausmeier aus Gnaden bewilligte? Haben sie nicht noch ihren Sitz zu Aachen in einem gallischen Walde, Wir aber in Rom? So wie Rom über Aachen erhaben ist, so sind Wir über jenen König erhaben, der mit Weltherrschaft prahlt, während er kaum einen seiner ungehorsamen Fürsten in Ordnung halten oder auch nur den rohen und unverständigen Stamm der Friesen bezwingen kann! Das Kaisertum besitzt er durch Uns, und Wir haben das Recht, zurückzunehmen, was Wir nur unter Voraussetzung der Dankbarkeit verliehen haben. Demgemäß belehrt euren König und führt ihn, der sich durch euch von Uns entfernte, auf den rechten Weg und zur Aussöhnung mit Uns zurück: denn auch euch wird es ins Verderben stürzen, wenn Spaltung ist zwischen Reich und Kirche!

Zit. nach: E. Orthbandt, Die Zeit der Staufer, Stuttgart 1965, S. 150 f.

M12 Bulle „Unam Sanctam"

In einer feierlichen Urkunde bekräftigte Papst Bonifaz VIII. seinen Herrschaftsanspruch (1302):

Eine Heilige Katholische Apostolische Kirche müssen wir im Gehorsam des Glaubens annehmen und festhalten. Und wir glauben diese fest und bekennen sie schlicht, und außer ihr gibt es kein Heil und keine Vergebung der Sünden. In ihr ist Ein Herr, Ein Glaube, Eine Taufe. Zurzeit der Sintflut gab es Eine Arche Noahs, und diese deutete im Voraus hin auf die Eine Kirche. Alles, was nicht in ihr war, wurde vernichtet. [...] Beide Schwerter hat die Kirche in ihrer Gewalt, das geistliche und das weltliche. Dieses aber ist für die Kirche zu führen, jenes von ihr. Jenes gehört dem Priester; dieses ist zu führen von der Hand der Könige und Ritter, aber nur wenn und solange der Priester es will. Ein Schwert aber muss dem andern untergeordnet sein; die weltliche Macht muss sich der geistlichen fügen. Denn der Apostel [Paulus] sagt. „Es ist keine Obrigkeit außer von Gott; wo aber Obrigkeit besteht, ist sie von Gott verordnet." Sie wäre aber nicht geordnet, wenn nicht ein Schwert unter dem andern stände und gleichsam als das niedere von der Hand eines andern nach oben gezogen würde. Dass aber die geistliche Macht an Würde und Adel jede weltliche überragt, müssen wir umso freier bekennen, als überhaupt das Geistliche mehr wert ist denn das Weltliche. Das ersehen wir auch deutlich aus dem Regiment in der Welt. Denn in Wahrheit: Die geistliche Macht hat die weltliche einzusetzen und ist Richterin über sie, wenn sie nicht gut ist. [...] Wenn also die weltliche Macht in die Irre geht, so wird sie von der geistlichen gerichtet werden; irrt die geistliche auf einer niederen Stufe, so wird sie gerichtet werden von der, die über ihr steht; irrt aber die höchste, so wird sie allein von Gott gerichtet werden können. [...]

Zit. nach: G. Guggenbühl, O. Weiss (Hg.), Quellen zur Allgemeinen Geschichte des Mittelalters, Zürich 1946, S. 197 f.

M13 Idealbild der mittelalterlichen Weltordnung
Der Dualismus von Papst und Kaiser entsprach der Zwei-Schwerter-Lehre und der Idee des Reiches. Beide Gewalten waren aufeinander bezogen und standen doch in einem Spannungsverhältnis zueinander.
Der Holzschnitt aus der Schedelschen Weltchronik (1493) zeigt Papst Pius II. (1458–1464) und Kaiser Friedrich III. (1440–1493).

Aufgaben

1. Fassen Sie die Argumente und Methoden zusammen, mit denen der Konflikt zwischen weltlicher und kirchlicher Macht ausgetragen wurde.
   → Text, M1, M3–M8, M10–M12
2. Nennen und analysieren Sie die Begründungen für den Herrschaftsanspruch der Kirche.
   → Text, M3, M4, M11, M12
3. Geben Sie den Inhalt des Wormser Konkordats wieder und erläutern Sie seinen Charakter.
   → M8, M10
4. Beschreiben Sie das Idealbild des Verhältnisses von Kirche und Staat.
   → M13

4.7 Die Kreuzzüge

Die Menschen im mittelalterlichen Europa waren von tiefer Religiosität durchdrungen. Der christliche Glaube beherrschte ihr Leben, und Jerusalem besaß in ihrer Fantasie die Aura gesteigerter Himmelsnähe. Vielleicht ist es so zu erklären, dass die Initiative zur Eroberung dieser für die Christen heiligen Stätte eine so große Resonanz fand.

Vorgeschichte

Den Kreuzzügen des 11.–13. Jahrhunderts, die zunächst auf die Inbesitznahme der heiligen Stätten in Palästina ausgerichtet waren, lag eine das Europa des Hochmittelalters zusammenschließende Idee zugrunde, die in einer Weise zündete, dass die größten Heere der mittelalterlichen Geschichte mobilisiert werden konnten. Diese Dimensionen müssen umso mehr beeindrucken, wenn man die unentwickelte Infrastruktur, zum Beispiel im Hinblick auf die Transportmöglichkeiten, ins Auge fasst. Obgleich mittelalterliche Zahlenangaben in den Quellen in aller Regel überhöht und unrealistisch sind, so kann man doch davon ausgehen, dass Hunderttausende bewegt worden sind.

Wie oft in der Geschichte so gilt es auch hier, zwischen Anlass und Ursache zu unterscheiden. Der Anlass und damit der Beginn der Kreuzzugsbewegung lag in einer Ansprache von Papst Urban II., die dieser 1095 in Clermont gehalten hatte und in der er zum Heiligen Krieg gegen die Heiden aufrief. Der erste Kreuzzug war ganz sein Werk. Diese Rede liegt im Original nicht vor; jedoch gibt es mehrere Berichte, die sich teilweise unterscheiden. Gewiss ist hingegen die Reaktion: Von Massenbegeisterung war die Rede; „Gott will es" war das Echo, und so lautete auch später der Schlachtruf der Kreuzfahrer. Der Boden war offensichtlich für den päpstlichen Appell vorbereitet gewesen: Die Anreize für den mittelalterlichen Zeitgenossen müssen nicht gering gewesen sein. Jerusalem, die Stadt, die es zu erobern galt, war ein Ort mit mehr symbolischem als realem Wert. Mit dieser Stadt verband sich eine Heilserwartung, sozusagen der Zugang zum Paradies. Allein schon mit dem Namen waren Sehnsüchte verknüpft, die dadurch noch intensiviert wurden, dass der Papst einen Ablass für alle Kreuzzugsteilnehmer versprach. Der Kampf gegen die Heiden galt als verdienstvoll, als ein Werk, das mit Gott versöhnte.

M 1 **Urban II.: Aufruf zum Kreuzzug (1095)**
Auf einer Kirchenversammlung im französischen Clermont verkündet Papst Urban II. am 27. November 1095 seinen Entschluss zum ersten Kreuzzug, Holzschnitt von 1482.

Die bewaffnete Pilgerfahrt musste nicht nur aus ideell-geistlichen Motiven heraus als wünschenswert erscheinen. Denn am Ende des 11. Jahrhunderts befand sich Europa in einer Entwicklungsphase, wo sich die relative Überbevölkerung bemerkbar machte. Zur Knappheit des erschlossenen Landes gesellten sich schlechte Ernten, sodass viele – vor allem nicht-erbberechtigte Söhne von Feudalherrn – den Verlockungen von reicher Beute und schnellem Reichtum erlegen sein mochten. Plünderungen waren regelmäßig Bestandteil des Kampfes gegen Andersgläubige. Der Papst wollte dem zunehmenden Fehdewesen der Ritter Einhalt gebieten und diese aggressiven Energien auf ein äußeres Ziel lenken.

Letztlich muss der päpstliche Aufruf zum Kreuzzug im Zusammenhang mit dem Investiturstreit gesehen werden: Es ging im Kern um die Führung des christlichen Abendlandes.

Eroberung Palästinas

Im Zusammenhang mit den Kreuzzügen fand eine Entwicklung statt, die man als „Christianisierung der Ritter“ bezeichnen kann. Das Rittertum wurde, indem es formal in den Dienst für den Herrn überführt wurde, der Kirche und dem Papst dienstbar gemacht. Tatsächlich vollzog sich die Eroberung Palästinas unter Umständen, die auf ein Übergewicht materieller Motive schließen lassen. Während Tausende von Entwurzelten und wirtschaftlich Bedrängten, die parallel zum Ritterheer aufgebrochen waren, nie den Nahen Osten erreichten, gelang den Ritterheeren letztlich die Eroberung Jerusalems (1099).

In der Folge bildeten sich vier Kreuzfahrerstaaten: das Königreich Jerusalem, die Grafschaft Tripolis, das Fürstentum Antiochia und die Grafschaft Edessa.

Die Kreuzfahrer konnten sich aber nur knapp 200 Jahre im Vorderen Orient halten. Mit dem Fall von Akkon (1291) mussten die letzten christlichen Kreuzfahrer das Feld dem Islam räumen. Dennoch sind von den Kreuzzügen gegen den Islam Impulse ausgegangen, die noch lange nachgewirkt haben:

- „Der Kaufmann folgt dem Schwert“, hieß es. Der Fernhandel erfuhr eine Belebung, die vor allem Italien zugute kam. Den italienischen Handels- und Seestädten gelang es, den Zwischenhandel zu monopolisieren.
- Der Bau von Flotten war durch die Kreuzzüge angeregt worden.
- Europa kam nicht nur in Berührung mit der griechisch-arabischen Wissenschaft, sondern auch mit neuen Produkten (Papier, Seide), Früchten (zum Beispiel Zitronen), Gewürzen, Farbstoffen.
- Verschiedene Ritterorden (Johanniter, Templer, Deutscher Orden) waren gegründet worden, damit sie für Schutz und Pflege der Pilger sorgten. Der Deutsche Orden spielte im 14. Jahrhundert eine

M 2

führende Rolle bei der Ostkolonisation beziehungsweise bei der Unterwerfung der Pruzzen (Preußen).

- Die Kreuzzüge fanden in Europa selbst ihre Fortsetzung im Kampf der Kirche gegen solche religiösen Lehrmeinungen, die von der offiziellen abwichen. Die Kreuzzugsidee wurde zu einem Instrument zur Durchsetzung des kirchlichen Machtanspruchs.

Chronologie: Die Kreuzzüge

1. Kreuzzug (1096–1099)	unter Robert von der Normandie, Gottfried von Bouillon und anderen: Eroberung Jerusalems, 1099 Gründung des Königreichs Jerusalem unter Gottfried von Bouillon (bestand bis 1187) mit den Lehnsstaaten Antiochia, Edessa, Tripolis; Schwächung durch ständige Kämpfe.
1096 und 1099	kam es zu furchtbaren Judenverfolgungen in Nordfrankreich, im Reich und in Jerusalem.
2. Kreuzzug (1147–1149)	unter Konrad III. und Ludwig VII. von Frankreich nach Einfluss Bernhards von Clairvaux, nachdem der Emir von Mossul Edessa erobert hatte. Jerusalem wurde erreicht, aber die Erfolge blieben aus, da die Teilnehmer gegeneinander Bündnisse schlossen:1187 nahm Sultan Saladin Jerusalem ein, die Christen unterlagen in der Schlacht von Hattin.
3. Kreuzzug (1189–1192)	unter Friedrich I. Barbarossa, der 1190 im Saleph ertrank, mit seinem Sohn, Herzog Friedrich von Schwaben, Richard (Löwenherz) von England und Philipp II. August von Frankreich; Gewinn des Küstenstrichs zwischen Jaffa und Tyrus und der Erlaubnis zu Pilgerbesuchen nach Jerusalem.
Kreuzzug (1197)	unter Heinrich VI.; Ziel: Gewinnung des Heiligen Landes und Eroberung des Byzantinischen Reiches. Durch den plötzlichen Tod Heinrichs wurde nur ein Küstenstrich bei Antiochia erobert.
4. Kreuzzug (1202–1204)	Ziel: Ägypten, doch unter Einfluss Venedigs wurde Konstantinopel 1204 geplündert. Die reiche Beute und die nachhaltige Schwächung Byzanz' trugen wesentlich zu dem jetzt erst richtig erfolgenden Aufstieg Venedigs bei. Außerdem muss man die Eroberung Konstantinopels 1204 mit dem Untergang der Stadt 1453 in Zusammenhang bringen; denn die Eroberung durch die Türken war nicht zuletzt eine Folge der Schwächung Konstantinopels durch die Christen aus dem Westen.
Kinderkreuzzug (1212)	Tausende von Kindern wurden von Marseille aus von Betrügern nach Alexandria verschifft und als Sklaven verkauft.
5. Kreuzzug (1228–1229)	unter dem gebannten Kaiser Friedrich II.: Gewinnung Jerusalems, Bethlehems und Nazareths durch Vertrag mit Sultan Elkamil von Ägypten.
6. Kreuzzug (1248–1254)	Ludwig IX. von Frankreich (der Heilige) wollte Ägypten angreifen, wurde geschlagen, gegen hohes Lösegeld freigelassen; Befestigung Akkons.
7. Kreuzzug (1270)	Ludwig IX. kam mit einem großen Teil des Heeres in Tunis um. 1291 wurde Akkon als letztes christliches Bollwerk von den Mameluken (Herrschern Ägyptens) erobert, Tyrus, Beirut und Sidon wurden geräumt.

E. Büssem, M. Neher (Hg.), Arbeitsbuch Geschichte, Mittelalter Repetitorium, München 1983, S. 126 f.

Kreuzzug gegen die Albigenser

Albi, eine Stadt nordöstlich von Toulouse, war das Zentrum der „Katharer" (Reinen), wie sie sich nannten. Aus „Katharer" wurde das deutsche Wort „Ketzer" abgeleitet. Bei den Katharern beziehungsweise Albigensern handelte es sich um eine Glaubensgemeinschaft, die in Opposition zur katholischen Kirche stand und die eine große Verbreitung im Südwesten Frankreichs gefunden hatte. Im Unterschied zur traditionellen katholischen Lehrmeinung bezweifelten die Katharer die Vermittlerrolle der Kirche im Hinblick auf die Erlösung. Sie verzichteten folglich auf Priester, stellten die kirchliche Hierarchie infrage und weigerten sich auch, den Kirchenzehnten zu zahlen. Sie hingen einem Dualismus von Gut und Böse an und meinten, das Weltliche sei aus den Kräften des Bösen entstanden.

Eine starke Inspiration ging vom frühchristlichen Armutsideal aus. Die Katharer prangerten die „satte Fleischkirche" an und stellten ihr die eigene Enthaltsamkeit entgegen.

Solche und ähnliche Auffassungen wurden seitens der katholischen Kirche als „häretisch" (ketzerisch) gebrandmarkt. Mit „Häresie" bezeichnete man solche religiösen Auffassungen, die der offiziellen Lehrmeinung zuwiderliefen. Die Kirche reagierte in mehrfacher Hinsicht auf diese Herausforderung:

- Der Papst rief zum Kreuzzug auf (1209), der insgesamt 20 Jahre andauerte. Innozenz III. befreite die Untertanen von Graf Raimund VI. von Toulouse, dem vermeintlichen Beschützer der Katharer, von ihrer so genannten Untertanenpflicht. Das Land wurde für frei erklärt, was zwangsläufig viele beutegierige nordfranzösische Adlige anlockte. Letztlich war der französische König Ludwig VIII. der Gewinner, weil ihm durch den Kreuzzug die Ausdehnung königlicher Gebiete bis ans Mittelmeer gelang (Vertrag von Meaux 1229).
- Das 4. Laterankonzil (1215) beschloss ein verschärftes Vorgehen gegen die Häresie. Dies war eine der Geburtsstunden der Inquisition, des „Gerichts zur Verfolgung der Ketzer und Reinhaltung des Glaubens". 1233 erfolgte ihre Einführung in Frankreich; 1252 wurde in einem päpstlichen Dekret die Folter gutgeheißen.
- Dem Spannungsverhältnis zwischen christlichem Ideal und der Wirklichkeit verdankten die Bettelorden ihre Entstehung.

Die Franziskaner, so benannt nach ihrem Gründer Franz von Assisi (1181–1226), bekannten sich zur Armut und Besitzlosigkeit. Die Ursprünge dieses Ordens gehen auf die Bekehrung eines wohlhabenden Kaufmannssohnes zurück. Dieser trennte sich von seiner Familie, um ein „Leben nach dem Evangelium" zu führen. Die franziskanische Lebensform schloss Laien und Kleriker gleichermaßen ein, was eine Herausforderung für das traditionelle Kirchendenken bedeutete. Die Bruderschaft der Franziskaner lehnte persönlichen Besitz ab. Das Leben in diesem Orden wurde durch Bußübungen und die Betreuung von Armen und Kranken geprägt.

Der zweite bekannte Bettelorden, die Dominikaner, kann in seiner Entstehung direkt auf die Bekämpfung der Katharer zurückgeführt werden. Die Dominikaner verstanden sich in erster Linie als Prediger für den rechten Glauben. Das Streben nach Bildung und Wissen stand daher zunächst im Mittelpunkt. In die Hände dieses 1217 bestätigten Ordens legte der Papst die Durchführung der Inquisition, weshalb die Dominikaner vielfach den Spitznamen „Domini Canes" (Spürhunde des Herrn) erhielten.

M 3 Christus an der Spitze der Kreuzfahrer

Selbstverständnis der Kreuzritter: Sie fühlen sich als Streiter für die Sache Gottes. Christus trägt die Heilige Schrift in der Hand. Vom Himmel segnet der Herrgott die Ausreitenden, Abbildung aus dem 14. Jahrhundert.

M 4 Aufruf zum Kreuzzug

Brief Bernhards von Clairvaux an die Deutschen (um 1146):

Seht denn, Ihr Brüder, die willkommene Zeit, die heilerfüllten Tage sind da. Erschüttert wurden die Lande und erbebten, weil Gott im Himmel sein Land zu verlieren begann. Sein Land sage ich; dort sah man ihn das Wort seines Vaters lehren, dort wandelte er über dreißig Jahre als Mensch unter Menschen. Sein Land, das er mit Wundern erleuchtet, das er mit dem eignen Blute geweiht hat, darin die ersten Blüten der Auferstehung erschienen. Jetzt schaffen es unsere Sünden, dass dort die Feinde des Kreuzes ihr verruchtes Haupt erhoben haben; mit der Schärfe ihres Schwertes verheeren sie das Land der Verheißung. Schon ist es nicht fern – wenn kein Verteidiger sich findet – und sie brechen ein in die Stadt des lebendigen Gottes selbst, sie zerstören die Stätten unserer Erlösung und besudeln die heiligen Orte, wo das fleckenlose Lamm sein purpurnes Blut ließ. […] Weil Euer Land an tapferen Männern fruchtbar ist und kräftig durch die Fülle seiner Jugend – wie denn durch alle Welt Euer Preis geht und der Ruhm Eures Heldentums die ganze Erde erfüllt hat – so gürtet auch ihr Euch mannhaft und ergreift die glücklichen Waffen im Eifer für Christi Namen. Enden möge jene Ritterart, nein, Ritterunart von ehedem, nach der Ihr einander zu werfen, einander zu verderben pflegt und einer den andern umbringt. […]

Du tapferer Ritter, Du Mann des Krieges, jetzt hast Du eine Fehde ohne Gefahr, wo der Sieg Ruhm bringt und der Tod Gewinn. Bist Du ein kluger Kaufmann, ein Mann des Erwerbs in dieser Welt – einen großen Markt sage ich Dir an; sieh zu, dass er Dir nicht entgeht. Nimm das Kreuzeszeichen, und für alles, was Du reuigen Herzens beichtest, wirst Du auf einmal Ablass erlangen. Die Ware ist billig, wenn man sie kauft; und wenn man fromm für sie bezahlt, ist sie ohne Zweifel das Reich Gottes wert. Gut haben also die gehandelt, die das himmlische Zeichen schon genommen haben; gut handeln auch die Übrigen und nicht vergebens, wenn sie eilen, selbst das zu ergreifen, was ihnen zum Heile gereiche.

Zit. nach: G. Guggenbühl, O. Weiss (Hg.), a. a. O., S. 126 f.

M 5 Bernhard von Clairvaux predigt Gehorsam

Bernhard von Clairvaux (1090–1153) entstammte dem burgundischen Hochadel. Mit dreißig Edelleuten trat er in das Kloster Citeaux ein und brachte es zu hoher Blüte. Er selbst gründete Clairvaux, das zur bedeutendsten Abtei des Zisterzienserordens wurde. Durch seine Beredsamkeit, durch die Hochherzigkeit seiner Gesinnung und das Feuer seiner Begeisterung gewann er einen gewaltigen Einfluss auf seine Zeitgenossen aller Stände. Ein unermüdlicher Apostel des Friedens, wurde er in seinen Predigten und Briefen auch zum Hauptförderer des Zweiten Kreuzzuges, Buchmalerei aus der Benediktinerabtei Liesborn, um 1180.

Zit. nach: G. Guggenbühl, O. Weiss (Hg.), a. a. O., S. 126 f.

M 6 Kreuzritterburg
„Krak", Burg der Hospitalritter aus dem 12. Jahrhundert, gelegen im heutigen Syrien, gilt der „Krak des Chevaliers" als besterhaltene Burg der Kreuzritterzeit.

M 7 Die Katharer

Der französische Historiker Jacques Le Goff schreibt über die mittelalterliche Sekte:

In der Mitte des 12. Jahrhunderts scheint sich der Katharismus in Nord- und Mittelitalien, in der Provence, im Languedoc, im Rheinland und in Flandern ausgebreitet zu haben. Toulouse gilt als Hauptzentrum, Mailand und Köln sind die bedeutendsten Mittelpunkte außerhalb Südfrankreichs. 1145 predigt der heilige Bernhard ohne Erfolg in Toulouse und Albi gegen die Häresie. [...]
So hat sich eine mit der katholischen rivalisierende Kirche und Geistlichkeit gebildet. Sie leugnet den Wert der Sakramente und ersetzt die Taufe durch Handauflegung. Von tiefer Feindschaft gegen das Fleisch erfüllt, verdammt sie Ehe und Begattung und verurteilt den Genuss von Fleisch, Fischen, Eiern und Käse. Ihre Lehre gründet sich auf den Dualismus, der das Fleisch gegen den Geist stellt. Der Geist allein wurde von Gott geschaffen, das Fleisch stammt vom Teufel, der entweder ein rebellischer Engel ist (gemäßigter Dualismus), oder ein Gott des Bösen, der über die gleiche Macht verfügt wie Gott selbst (radikaler Dualismus).
Der Mensch und die Welt sind eine Schöpfung des Teufels. Als Buch der Taten teuflischer Kreaturen muss das Alte Testament ganz abgelehnt werden. Das Neue Testament ist in seinen Prinzipien annehmbar, obschon Jesus weder Mensch noch Gott, sondern reiner Geist war. Kirche, Papsttum und Kirchenväter sind abermalige Inkarnationen [Verkörperungen] des Bösen. [...]
Diese Verdammung der menschlichen Gesellschaft äußert sich in einer vollständigen Ablehnung der gegenwärtigen Gesellschaft, der Feudalgesellschaft, deren Ende so schnell wie möglich durch den Verzicht auf Kinderzeugung und Arbeit herbeigeführt werden soll.
Obschon diese Lehre vor allem in städtischen Kreisen und bei bestimmten Handwerkern und Arbeitern (namentlich im Textilgewerbe) Anklang findet, erfasst sie alle sozialen Schichten und wird in Südfrankreich von einem großen Teil des Adels unterstützt.

J. Le Goff, Das Hochmittelalter, Frankfurt/M. 1965, S. 183 ff.

M 8 Aufruf zur Ausrottung

Aus den Dekreten des 4. Laterankonzils (1215):

Wir exkommunizieren und schließen feierlich aus der Kirche jede Häresie aus, die sich gegen diesen heiligen, rechten und katholischen Glauben, wie wir ihn weiter oben definiert haben, erhebt, wobei wir alle Häretiker verdammen, mit welchen Namen sie auch bezeichnet werden, da sie zwar unterschiedliche Gesichter, aber untereinander verbundene Schwänze haben. [...]
1. Die Verurteilten aber sollen den jeweiligen weltlichen Machthabern oder ihren Amtleuten übergeben werden, damit sie mit der angemessenen Strafe bestraft werden, nachdem die Kleriker vorher von ihren Weihen degradiert worden sind, und zwar so, dass die Güter der so Verdammten, falls es Laien sind, beschlagnahmt werden, wenn aber Kleriker, sollen sie den Kirchen zufallen, von denen sie Einkünfte empfangen haben. [...]
Wenn aber ein weltlicher Herr, ersucht und ermahnt von der Kirche, sich weigert, sein Land von häretischer Abscheulichkeit zu reinigen, soll er vom Erzbischof und den übrigen Bischöfen der Kirchenprovinz durch die Fessel der Exkommunikation gebunden werden, und, falls er innerhalb eines Jahres Genugtuung zu leisten versäumt, soll das

dem Papst angezeigt werden, damit dieser darauf die Vasallen als von der Treueverpflichtung dem Fürsten gegenüber gelöst verkünde und das Land den Rechtgläubigen zur Eroberung freigebe. […]
Die Rechtgläubigen aber, die sich unter Annahme des Kreuzeszeichens zur Ausrottung der Häretiker gerüstet haben, sollen sich jener Ablässe erfreuen und durch jenes heilige Privileg geschützt sein, welche den Kreuzfahrern ins Heilige Land gegeben werden.

Zit. nach: J. Leuschner, H. Boockmann, Europa im Hoch- und Spätmittelalter, Stuttgart 1982, S. 168 f.

M 9 Inquisitionstribunal
Die päpstliche Inquisition [ab 1231], geistliches Gericht zur „Reinerhaltung“ der Glaubenslehre, diente speziell der Verfolgung Andersgläubiger [Häresie]. Das Tribunal wird vom heiligen Dominikus geleitet. Den „Ketzern“ wurden Mützen aufgesetzt. Der Dominikanerorden spielte eine zentrale Rolle im Kampf der Kirche gegen Abweichungen von der Rechtgläubigkeit. Der Orden war dem Papst direkt unterstellt, Gemälde von Pedro Berruguete, um 1500.

Aufgaben

1. Erklären Sie die Massenwirksamkeit des Briefes von Bernhard von Clairvaux.
   → Text, M3, M4
2. Analysieren Sie die Abbildungen in Bezug auf das Selbstverständnis, das zum Ausdruck kommt.
   → M3
3. Rekapitulieren Sie die Abfolge der Kreuzzüge sowie deren Auswirkungen (auch auf Europa).
   → Text, M2
4. Charakterisieren Sie die Lehre der Katharer.
   → Text, M7
5. Erläutern Sie die Reaktion der katholischen Kirche auf die Herausforderung durch die neue Lehre.
   → Text, M8, M9

4.8 Die Pest und die Verfolgung der Juden

Der Schwarze Tod

Der „Schwarze Tod“, wie die Pest genannt wurde, stellte eine Katastrophe dar, die menschheitsgeschichtlich alles in den Schatten stellte, was zum Beispiel durch politische Entscheidungen herbeigeführt worden war. Die Konfrontation der Menschen mit den Krankheitserregern, die ihren Weg aus Asien über die Krim in die italienischen Seestädte gefunden hatten, bewirkte bevölkerungsmäßig und geistig einen Einschnitt, der tiefer kaum zu denken ist. Sowohl die Infektionsgefahr als auch die Sterblichkeit waren in Bezug auf die Pest größer als bei anderen Seuchen (zum Beispiel Lepra oder Syphilis). Die Sterblichkeitsquote der Erkrankten lag bei 60 bis 70 Prozent, bei der Lungenpest praktisch sogar bei 100 Prozent. Man geht heute von der begründeten Annahme aus, dass Europa aufgrund der Pestepidemie einen Bevölkerungsverlust von 25 bis 30 Prozent erlitt. Nach dem ersten Auftreten 1348 kehrte die Pest in fast regelmäßigen Abständen zurück; so wurde zum Beispiel die Stadt Frankfurt (am Main) zwischen 1349 und 1450 insgesamt 16-mal heimgesucht.

Reaktionen

Nicht zuletzt weil die mittelalterlichen Menschen den Mechanismus der Ansteckung (Biss des Rattenflohs) nicht durchschauten, entsprach es ihrer Mentalität, ein höheres Walten anzunehmen. Die Reaktionen einer schockierten Bevölkerung wiesen ganz unterschiedliche Dimensionen auf:

- Die Angst brach sich in einer übersteigerten Religiosität Bahn. Es formierten sich Frömmigkeitsbewegungen, Prozessionen von so genannten Geißlern, Gruppen von bußfertigen Menschen, die die Pest als gottgewollte Strafe für die eigene Sündhaftigkeit interpretierten. Viele Menschen verzweifelten am „Gott der Liebe“ und wandten sich von der Kirche ab.
- Die Erfahrung der eigenen Hilflosigkeit brachte ihnen die Allmacht des Todes massiv zu Bewusstsein. Es entstand auch eine neue Kunstform, die den Tod als letztlich entscheidende Macht personifizierte. „Die Kunst des Sterbens“ (ars moriendi) wurde zu einer beliebten literarischen Gattung, die der Erbauung und Tröstung diente.
- Neben der intensivierten Religiosität gab es noch eine völlig gegenläufige Reaktion. Das geänderte Lebensgefühl vieler mittelalterlicher Menschen drückte sich in einer heftigen Lebensbejahung und in Genusssucht aus.
- Die angstgepeinigten Menschen suchten Schuldige für diese ihnen unbegreifliche Katastrophe. Sie fanden diese in den Fremden allgemein und in den Juden im Besonderen. Den Juden wurde vorgeworfen, die Brunnen vergiftet zu haben. Sie wurden zu Sündenböcken abgestempelt. Insbesondere das Auftauchen von Geißlerprozessionen war oft verknüpft mit Judenpogromen, das heißt Verfolgungen, die die schlimmsten der ganzen mittelalterlichen Geschichte gewesen sind.

Der Pestausbruch 1665 in London gilt als der letzte in Nordwesteuropa. Aber erst im 18. Jahrhundert verschwand die Pest aus noch nicht ganz geklärten Ursachen von diesem Kontinent. Ein verbesserter

M 1 Pestärzte
trugen zu ihrem Schutz eine (wenig wirksame) Schnabelmaske, in der sich Kräuter befanden. Man ging allgemein davon aus, dass sich die Seuche durch „Miasmen“ (verunreinigte Ausdünstungen) verbreitet. Kranke wurden nur mit dem Stab berührt, Kupferstich von 1656, spätere Kolorierung.

hygienischer Standard, eine Lebensweise, die den Menschen mehr und mehr von den Ratten und Flöhen trennte, ein veränderter Wohnungsbau (mehr Steinhäuser) dürften dabei ebenso eine Rolle gespielt haben wie Quarantänemaßnahmen, die Bildung von Gesundheitsbehörden und eine gewisse Immunisierung der Menschen.

Die Juden

Die Juden lebten ursprünglich in Palästina. Ein jüdischer Aufstand gegen die römische Besatzungsmacht endete mit der Zerstörung des Tempels in Jerusalem (70 n. Chr.). Weitere Niederlagen der Juden führten zur Auflösung des jüdischen Staats. In der Folgezeit wurden viele Juden verschleppt oder wanderten aus und siedelten zunächst im Bereich des Mittelmeers. Im Rheinland ist ihre Anwesenheit seit 312 verbürgt.

Die Juden bildeten in ihrer jeweiligen sozialen Umwelt eine Minderheit, die mehr oder weniger den Feindseligkeiten ihrer Umgebung ausgesetzt war. Sie lebten im Allgemeinen in einem Zustand abgestufter Rechtlosigkeit. In Deutschland unterstanden sie einem Sonderrecht. Sie waren „Kammerknechte des Königs“, galten damit als formal unfrei, aber beschützt. Dieser Schutz musste durch eine Judensteuer teuer erkauft werden.

Bestimmte Verbote, zum Beispiel Boden zu erwerben oder einen Handwerksberuf auszuüben, aber auch das kirchliche Zinsverbot führten dazu, dass der Anteil der Juden im Handel und Geldgeschäft überdurchschnittlich groß war. Die Juden konnten darum leicht als „Ausbeuter“ abgestempelt werden.

Judenpogrome

Da die Juden als am Tode Christi für schuldig erachtet wurden, nahmen sie in einer christlich geprägten Umwelt die Rolle von Außenseitern ein. Als „Christusmörder“ definiert, galten sie als „verdammt“ und „unselig“. Gerade weil sie an ihrem Glauben festhielten, bildeten sie eine Zielscheibe für „Verteufelung“ und ausgelebte Aggressionen.

M 2 Zwangstracht für Juden
Initiale (Buchstabe D) einer Buchmalerei aus dem 13. Jahrhundert, Zwettl, Niederösterreich.

Vor allem in Zeiten massenhaft aufgeputschter Gefühle ist dann ein sprunghaftes Ansteigen der religiösen Intoleranz festzustellen. So schlug im Zusammenhang mit dem Ersten Kreuzzug am Ende des 11. Jahrhunderts die Duldung in schwere Verfolgungen (Pogrome) um. Man beschuldigte die Juden, Hostien geschändet zu haben, also das in der Abendmahlsfeier verwendete ungesäuerte Brot verschmutzt oder entwendet zu haben. Außerdem waren Bezichtigungen des Ritualmords an kleinen christlichen Kindern gang und gäbe. Am Ausbruch der Pest (1348/49) gab man den Juden die Schuld und bezichtigte sie vielerorts der Brunnenvergiftung. Die Verfolgungen, die die jüdische Bevölkerung damals erlitt, gelten als die schlimmsten vor der Massenvernichtung im Dritten Reich.

Die Kirche trug zur Ausgrenzung der „Christusmörder“ bei, indem das vierte Laterankonzil (1215) die Kennzeichnungspflicht anordnete. Juden mussten fortan ein gelbes Abzeichen am Gewand haben beziehungsweise den spitzen Judenhut tragen. Die Zeitgenossen erkannten in diesem Hut unschwer ein Teufelshorn; und diese Anspielung war gewiss beabsichtigt.

Die jüdische Minderheit lebte in heiklen Umständen, denn das Damoklesschwert von Verfolgung und Ausweisung hing ständig über ihr. So mussten jüdische Gemeinden oft nicht nur einzelne Städte, sondern wiederholt ganze Länder verlassen, zum Beispiel England (1290), Frankreich (1394) und Spanien (1492).

M 3

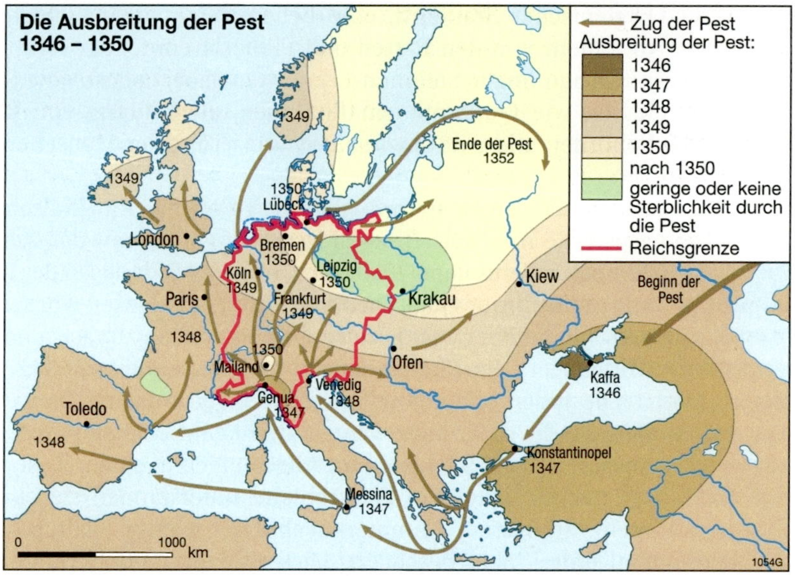

M 4 Der Schwarze Tod in Florenz

Auszug aus der Novellensammlung „Il Decamerone" von Giovanni Boccaccio[1] (1348):

Es war das Jahr 1348 als die scheußlichste Pest die blühendste Stadt Italiens, Florenz, heimsuchte. Auf ihrem Wege hatte sie schon eine ungeheure Menge Menschen hingerafft. Unaufhörlich drang sie vom Osten nach dem Westen vor, ohne dass ihr irgend etwas Einhalt gebieten konnte; sie spottete jeder Vorsicht; die Verordnungen der Ärzte machte sie zunichte, und kein noch so insbrünstiges Gebet schrie sie nieder. Plötzlich bedeckte sich bei Mann und Weib der Körper mit widerlichen Beulen; diese wurden zu schwarzen Flecken, das Fieber schlich heran, und nach drei Tagen löschte der Tod das Leben. Kein Mittel half, niemand wusste sich vor dem Gifthauch zu retten. Er sprang beim Sprechen von Mensch zu Mensch, bei der leisesten Berührung der Kleider; ja auch andere Geschöpfe wurden nicht verschont. Eine Angst stand unter den Überlebenden auf, und in ihr war jeder rücksichtslos nur auf sich selber bedacht. Manche vereinigten sich wohl, schlossen sich von der Welt ab und wollten durch ein mäßiges Leben dem Unglück begegnen. Bei andern befreiten sich alle Begierden aus ihren Banden, und das herrenlos gewordene Gut gab ihnen genügend Mittel, ihrer Lüsternheit zu frönen. In dieser allgemeinen Not sank das Ansehen der menschlichen und göttlichen Gesetze völlig; jeder konnte handeln, wie er wollte. Alle Familienbande lösten sich bei der gegenseitigen Furcht voreinander; selbst Eltern mieden ihre Kinder, die Brüder ihre Schwestern. Und die Kranken fanden sehr selten christliche Liebe, die sich ihrer annahm: Sie waren fast ganz den Habsüchtigen preisgegeben, die nur eine ungemessene Belohnung zur Pflege reizen konnte. Der Mangel an Männern und Weibern solch grober Sinnesart hatte auch noch die unerhörte Folge, dass sich selbst die vornehmsten und edelsten Damen nicht mehr darum kümmerten, ob sie einem Weibe oder einem Manne, einem alten oder jungen gegenüber ihren Körper, wie es die Notwendigkeit der Krankheit öfters erforderte, entblößen mussten, wodurch bei den wieder gesund Gewordenen die Schamhaftigkeit, wenn nicht ganz erloschen, so doch sehr vermindert war. Und wer starb, den umtrauerten und umweinten nicht die Anverwandten und Freunde; er verendete wie ein Tier in der Einsamkeit, wenn nicht gar schamloses Gelächter um seine Bahre tobte; gedungene Menschen trugen ihn zu Grabe, oft ohne Geistlichen, ohne Gebet, ohne Tränen. Wie Tierkadaver scharrte man die Leichen in die Erde, oft massenweise in ein Grab. Und nicht nur die Stadt gab ihre Opfer, das ganze umliegende Land verödete, da die Menschen hinstarben. Wohl hunderttausende wurden gezählt, die in Palästen und Hütten dem Elend verfielen, und die Leichen bedeckten Wege und Felder.

1 Giovanni Boccaccio (1313–1375) wurde als Sohn eines florentinischen Kaufmanns und einer Französin in Paris geboren. Wie Petrarca seine gebildeten Zeitgenossen auf das Studium des lateinischen Altertums hinwies, so warb Boccaccio für das griechische. Durch ihn gelangte das erste vollständige Manuskript der Dichtungen Homers nach Florenz; er war seit langem der erste Abendländer, der es in der Ursprache zu lesen verstand. Seine Novellensammlung „Il Decamerone" darf als das Muster italienischen Prosastils gelten.

G. Boccaccio, Das Dekameron, Erster Tag, zit. nach: G. Guggenbühl, O. Weiss (Hg.), a. a. O., S. 218 f.

M 5 Judenverfolgungen

Der Historiker E. Eickhoff stellt die Judenpogrome im Zusammenhang mit den Kreuzzügen dar:

Im Jahre 1096 waren die Juden in Speyer und Mainz dezimiert, in Worms und Köln fast vernichtet worden. Kreuzfahrer aus Frankreich und Niederlothringen verbreiteten damals die Losung, den Tod des Heilands an den Juden zu rächen. Ein fanatisierter Mörderhaufen unter Führung eines Grafen Emicho zog von Stadt zu Stadt und riss die Bevölkerung zu Pogromen hin. Bischöfe und Grafen, die sich den Mördern entgegenstellten, wurden verjagt oder eingeschüchtert, viele ihrer bewaffneten Dienstleute, die die Juden schützen wollten, erschlagen. Zahlreiche Juden, vor die Wahl zwischen Tod oder Taufe gestellt, haben sich damals gegenseitig den Tod gegeben oder ließen sich mit ihren Kindern in der Synagoge verbrennen.

1146 war man durch diese Erfahrung gewarnt. Man wusste, dass der besondere Schutz des Kaisers, den die Juden genossen, keine Sicherheit bot. Als ein Mönch Radulf aus Clairvaux in Deutschland von Ort zu Ort zog und das Volk zum Judenmord aufrief, nahmen König Konrad und die Bischöfe die bedrohten Gemeinden in ihren Burgen auf: so die von Köln und Bonn in der Wolkenburg im Siebengebirge und die Juden von Bacharach in der Feste Stahleck. Aber Juden, die außerhalb fester Mauern von diesen Kreuzfahrerhaufen ergriffen wurden und sich nicht taufen ließen, waren verloren. Bernhard von Clairvaux eilte auf Bitten des Erzbischofs nach Mainz, trat dem aufgewiegelten Volk entgegen und zwang den Mönch Radulf, dem kein Fürst und kein Bischof bislang widerstanden hatte, kraft seiner Autorität ins Kloster zurück.

Obwohl Kaiser und Fürsten eine Wiederholung der Massenmorde von 1096 verhindern konnten, sind viele Juden, unter ihnen die angesehensten Rabbis aus Trier, Mainz und Königswinter, erschlagen worden. Efraim Bar Jakob aus Bonn, der 1147 selbst auf der Wolkenburg Zuflucht fand, hat die furchtbare Chronik dieser Verfolgungen aufgezeichnet. Vor dem dritten Kreuzzug konnte Friedrich Barbarossa, der das Reichsregiment fest in der Hand hielt, die Juden wirksam in Schutz nehmen. Jeden Übergriff gegen sie bedrohte er mit dem Tod. Aber nach Friedrich I. und Heinrich VI. kam es wieder zu neuen lokalen Wellen von Hass und Gewalt. Andererseits mussten die Juden den ihnen vom Kaiser gewährten und durch die Kreuzzüge lebensnotwendig gewordenen Schutz auch teuer bezahlen. Bis zum Ende der Stauferzeit wurde es üblich, dass die Judengemeinden für die Schutzherrschaft an den Kaiser, den Stadt- oder Landesherrn drückende Steuern zahlten. Das ertragreiche „Judenregal" [Regal = Recht, hier zur Besteuerung] wurde Objekt der Machtpolitik, wurde verliehen und verpfändet. – Schon seit dem ersten Kreuzzug war es mit dem jahrhundertelang ungestörten Zusammenleben von Christen und Juden im westlichen und südlichen Deutschland, mit dem stillen Wachstum der jüdischen Stadtgemeinden vorbei. Die hohe Kultur des rheinischen Judentums war in der Blüte geknickt. Der immer stärkere wirtschaftliche Druck beschleunigte in der späten Stauferzeit den Niedergang dieser Gemeinden, die dann durch Abwanderung, vor allem nach Osteuropa, erloschen.

E. Eickhoff, Die Bedeutung der Kreuzzüge für den deutschen Raum, in: Württembergisches Landesmuseum Stuttgart, Die Zeit der Staufer, Bd. III, Stuttgart 1977, S. 241.

M 6 Kirche (links) und Synagoge (rechts)

Die Synagoge im konkreten Sinne ist der Versammlungsraum einer jüdischen Gemeinde. Im übertragenen Sinne steht sie für den Unglauben. Die Kirche als Gemeinschaft der Rechtgläubigen wird oft durch eine Frau mit der Sonne dargestellt. Kirche und Synagoge sind Bestandteil der christlichen Symbolsprache. Die Gegenüberstellung diente zur Abgrenzung des „richtigen" vom „falschen" Glauben. Der Synagoge sind die Augen verbunden. Der Teufel schießt ihr die Augen aus. Fortan ist sie – und gemeint sind die Juden – gegenüber der christlichen Offenbarung „mit Blindheit geschlagen", Zeichnungen nach einem Fenster der Kathedrale von Chartres, frühes 13. Jahrhundert.

M 7 Judenverfolgung in Straßburg

Aus der Chronik des Jakob Twinger, Bürgermeister von Straßburg (1382):

Im Jahr 1349 war das größte Sterben, das je gewesen, es ging von einem Ende der Welt bis zum anderen,

M 8 **Judenverbrennung in einer Grube** Merkwürdig wirken einige Gesichter von Menschen, die die Schmerzen ihrer Tötung zu missachten scheinen, aus der Schedelschen Weltchronik von 1493.

diesseits und jenseits des Meeres; in der Heidenschaft war das Sterben größer als in der Christenheit. […] Wegen dieser Pest wurden die Juden in der Welt verleumdet und bezichtigt, sie hätten es verursacht, indem sie Gift in das Wasser und die Brunnen getan, darum wurden die Juden von dem Meer bis nach Deutschland verbrannt, nur in Avignon beschützte sie der Papst. Zu Bern und Zofingen folterte man etliche Juden, die sagten aus, sie hätten viele Brunnen vergiftet. Da brannte man sie in vielen Städten und schrieb diese Geschichte nach Straßburg, Freiburg und Basel, damit sie dort auch ihre Juden verbrannten. Da meinten die Mächtigsten in diesen drei Städten, die die Gewalt in Händen hatten, man solle den Juden nichts tun. In Basel zog das Volk auf das Richthaus und zwang die Ratsherren zu schwören, sie wollten die Juden verbrennen und zweihundert Jahre lang keinen mehr in die Stadt lassen.

Auf einer Tagung zu Benfeld kam der Bischof von Straßburg, alle Landherren vom Elsass und die Boten der drei genannten Städte zusammen. Die von Straßburg wurden befragt, was sie mit ihren Juden zu tun gedächten, sie antworteten, sie wüssten keine Bosheit von ihren Juden. Da sagte man zu den Straßburgern, warum sie dann ihre Brunnen verschlossen hätten und die Eimer herabgenommen. Es entstand ein großer Lärm und Geschrei über die Straßburger. So kamen der Bischof, die Herren und die Reichsstädte überein, man solle die Juden beseitigen, sie wurden nun in vielen Städten verbrannt, etliche auch ausgetrieben, die wurden dann von den Bauern gefangen, erstochen oder ertränkt.

Als nun in Straßburg alles Volk über die Juden ergrimmt war, versperrte man die Judengasse und setzte bewaffnete Leute davor, damit man ihrer desto sicherer wäre, was man auch mit ihnen machen wolle.

[Weiterer Widerstand der städtischen Obrigkeit führte zu einem bewaffneten Aufstand der Zünfte, zu einer Änderung der Stadtverfassung und zur Absetzung des alten Rates. Der neue Rat gab die Juden preis.]

An diesem Freitag [13. Februar] fing man auch die Juden in Straßburg, und am Samstag verbrannte man sie auf einem hölzernen Gerüst in ihrem Kirchhofe. […] Wer sich taufen lassen wollte, durfte am Leben bleiben, es wurden auch viele kleine Kinder aus dem Feuer gegen ihrer Eltern Willen genommen, um sie zu taufen. Was man den Juden schuldig war, galt als bezahlt, alle Pfänder und Schuldbriefe wurden zurückgegeben. Das Bargeld der Juden nahm der Rat und verteilte es unter das Handwerk. Das Geld war auch die Ursache, warum die Juden getötet wurden, wären sie arm und die Landesherren ihnen nichts schuldig gewesen, so hätte man sie nicht verbrannt. Als nun das Geld verteilt war, gaben etliche es an Unser Frauen Werk oder als Almosen nach dem Rat ihrer Beichtväter.

[Im Jahre 1369 stellte der Rat schon wieder Schutzbriefe für sechs Judenfamilien aus, und nun siedelten sich in den folgenden Jahren wieder eine ganze Reihe Juden in der Stadt an.]

Zit. nach: H. Krieger (Hg.), Das Mittelalter, Frankfurt/M. 1969, S. 309 f.

M 9 Antisemitismus

In einem Wörterbuch der Soziologie ist unter dem Stichwort „Antisemitismus" Folgendes nachzulesen:

Die Haltung des Menschen gegenüber dem Fremden, dem Außenstehenden, der nicht zur Gruppe gehört, ist durch Misstrauen charakterisiert. Xenophobie (Frucht vor dem Fremden) schlägt leicht in Hass um. Gruppenfeindschaft, basierend auf Xenophobie, findet sich in vielen Spannungsgraden von der Vereinsrivalität bis zur Kriegspsychose [Wahn]. In der Feindschaft zwischen zwei Völkern, deren Staaten aneinander grenzen, gibt es wiederum verschiedene Schattierungen. In der Regel ist die Spannung an der Grenze am stärksten – Randspannung –, während sie nach den Zentren zu abnimmt. Leben die beiden Völker als Majorität und Minorität [Minderheit] innerhalb desselben Staates, so entwickelt sich eine besondere Form der Gruppenfeindschaft, die zum Minoritätenproblem führt. Leben beide Gruppen in gemischter Siedlung, so wird der Kontakt zwischen ihnen oft von der Randspannung beherrscht. Ein extremer Fall dieser Sonderform liegt in der Feindschaft vor, die eine Majorität gegen eine schwache und unterlegene Minoritätsgruppe richtet. Deren Wehrlosigkeit verleiht der Feindschaft oft eine Einseitigkeit, bei welcher die Majorität nahezu ausschließlich aggressiv, die Minoritätengruppe kaum verteidigend auftritt. Damit ist die Situation der Verfolgung gegeben. Da die Minoritätsgruppe ein leicht erreichbares Objekt für jeden Zugriff und jedes Hassäußerungsbedürfnis ist, können Schmerz und Furcht, kurz alle Erregungen, die sich bei der Majorität als Resultat von Schicksalsschlägen aller Art ergeben, in Feindschaftstaten gegen die Minoritätsgruppe umgesetzt werden. Diese wird dann zum Sündenbock, dem man Schuld oder Mitschuld an jedem Unglück zuschreibt. Dass unbegründete Kollektivbeschuldigungen geglaubt werden, ist durch eine eigenartige Verhaltensweise der Menschen bedingt. Die Vorstellungen, die Weißer und Indianer, Deutscher und Franzose, Deutscher und Pole voneinander haben, sind durch stereotype [unveränderliche] Bilder bestimmt, die auf den Generalnenner gebracht werden können, dass die andere Gruppe minderwertig ist, und sich oft in Scheltnamen ausdrücken: roter Teufel, Boche (franz. Schimpfwort für Deutsche), Polacke. Die Vorstellungsbilder – und mit ihnen die Emotionen und Ideen, die ihnen anhaften – werden durch den Sprachgebrauch von einer Generation auf die andere übertragen. Sie gehen dem Nachdenken voraus, sind daher die Kategorien, mit denen der Mensch die soziale Umwelt erfasst, und entziehen sich weitgehend einer Beeinflussung durch Kritik, Erziehung und Erfahrung. Man macht „nur" schlechte Erfahrungen mit Mitgliedern einer bestimmten Gruppe, weil hundert gute Erfahrungen als Zufälle angesehen werden oder als Schein oder als „Ausnahmen, die die Regel bestätigen", und weil deshalb schließlich nur die eine schlechte Erfahrung typisch ist (dem stereotypen Bild entspricht) und zählt. [...]

Die Juden sind die älteste uns bekannte und am weitesten verbreitete Minderheit. Nicht die angeblich schlechten Eigenschaften der Juden sind „ewig". „Ewig" ist die Minoritätssituation, die sich aus der Existenzform der Diaspora [Zerstreuung] ergibt. [...]

Die Anklage gegen die „Christusmörder", die angeblich den von ihnen selbst erwarteten Messias ermordet hätten, wurde bald Inhalt der christlichen Glaubenslehre und schon deshalb kaum in Frage gestellt, weil die Angeklagten gerade in kritischen Zeiten in der Verfolgungssituation zum Schweigen verurteilt waren. Auch andere Bezichtigungen konnten später unwidersprochen erhoben werden. Minoritätsgruppen nehmen oft wirtschaftliche Sonderstellungen ein, weil ihnen die Aufgabe zufällt, im Wirtschaftsleben entstandene Lücken auszufüllen, zumal wenn ihnen andere Tätigkeitszweige versagt sind. Jede Sonderstellung reizt zum Angriff. Beschuldigungen gehen nun von gegebenen Tatsachen aus, die feindlich interpretiert werden. Als Christen infolge des kanonischen Zinsverbots im Allgemeinen das Leih- und Pfandgeschäft nicht betreiben durften, wurden Juden die Geldverleiher. Auch gingen aus ihren Reihen viele selbstständige Kaufleute hervor. Die feindliche Interpretation stempelt den Geldverleiher als Wucherer ab, den Händler als Parasiten.

W. Bernsdorf (Hg.), Wörterbuch der Soziologie, Bd. 1, Frankfurt/M. 1972, S. 36 f.

M10 Totentanz

Der Kunsthistoriker Bruno Reudenbach schreibt über Tod und Vergänglichkeit in Bildern:

Die Totentänze machen sich das Kritikrepertoire asketischer Predigt zu eigen, das sich traditionell gegen die unwürdigen Verwalter der Amtskirche richtete, mit Todes- und Vergänglichkeitsdrohungen operierte und Bußaufforderungen formulierte. Der hier und in früh- und hochmittelalterlicher „contemptus mundi"-(die Verachtung der Welt) und „Memento mori"-Literatur (Sei des Todes eingedenk!) angelegte Motivschatz ist in den Totentänzen verdichtet und auf exemplarische Situationen zugespitzt, vor allem aber durch Bilder anschaulich gemacht.

Soweit sich die Frühgeschichte der Totentänze rekonstruieren lässt, muss man sich die ersten Totentänze wohl durchweg als Wandgemälde vorstellen, an Friedhofs- und Kapellenmauern gemalt. Sie waren auf Massenrezeption angelegte visuelle Volkspredigten. [...]

Totentänze sind also unterschätzt, wenn man in ihnen nur eine Thematisierung von Massensterben und Tod sieht, nur eine Spiegelung der Wirklichkeit, deren grausame Konsequenz Bild und Text ohnehin nicht erreichen können. Bei allgegenwärtigem Tod wäre ein einfaches In-Erinnerung-Rufen von Sterblichkeit in Bildern und Texten nur eine schwächliche Tautologie [hier: Verdoppelung der Wirklichkeit]. Vielmehr lassen sich der Ort dieser Werke im Krisenszenario der Zeit und näherhin ihr Verhältnis zu der zeitgenössischen Vorstellungswelt von Tod und Jenseits genauer bestimmen. Nimmt man die Leseranrede ernst [...], dann gibt sich der Totentanz als Anweisung, als Belehrung, eben als Predigt zu erkennen, dann wird der rechte Umgang mit den Krisen der Zeit zum Thema.

Aus: R. van Dülmen (Hg.), Erfindung des Menschen, Wien 1998, S. 74 f.

Aufgaben

1. Verfolgen Sie die Ausbreitung der Pest in Europa. Welche Schlussfolgerungen lassen sich in Bezug auf den Verkehr ziehen?
   → M3
2. Welche Auswirkungen hatte das Auftreten der Pest auf das gesellschaftliche Zusammenleben?
   → Text, M4
3. Interpretieren Sie die Bilder auf dem Hintergrund der Pest-Erfahrung, die die Menschen gemacht hatten.
   → Text, M10, M11
4. Die Kreuzzüge sowie das Auftreten der Pest waren Anlässe für weit verbreitete Judenverfolgungen. Erläutern Sie den Zusammenhang.
   → Text, M5–M9
5. Untersuchen Sie die gesellschaftliche Funktion, die der Zwang für die Juden, eine bestimmte Tracht zu tragen, hatte.
   → Text, M2
6. In welcher Weise lässt sich das Entstehen des Antisemitismus wissenschaftlich erklären?
   → M9

M11 Niklaus Manuel, Der Berner Totentanz (um 1515), Kopie von Albrecht Kauw (1649)

4.9 Universität und Schule

Das Mittelalter kannte noch keine „objektive“ Wissenschaft. Forschen und Denken waren vielmehr eingebunden in das christliche Weltbild der Epoche. Die Wissenschaft wurde nicht um ihrer selbst willen betrieben, sondern es wurde als ihre Aufgabe angesehen, die christliche Offenbarung zu stützen. Im Rahmen einer vorausgesetzten göttlichen Ordnung kam ihr eine theologische Funktion zu. Folglich galt auch die Theologie als die Krone der Wissenschaft.

Ein Großteil der intellektuellen Dispute drehte sich im Mittelalter um das Verhältnis von Glauben und Wissen. Das war das Feld der Scholastik. So bezeichnet man die wichtigste philosophisch-theologische Denkströmung des Mittelalters. Thomas von Aquin (1227–1274), ein Dominikanermönch und ihr führender Vertreter, strebte danach, eine Systematik zu finden, die Wissen (Vernunft) und Glauben zu einer widerspruchslosen Einheit verbindet.

Eine in unserem heutigen Sinne wertfreie Wissenschaft konnte es in einem gesellschaftlichen Umfeld, in dem alle Bereiche vom christlichen Glauben und kirchlichen Vorgaben durchdrungen waren, nicht geben. Glauben und Wissen blieben stets aufeinander bezogen, standen aber oft auch in einem Spannungsverhältnis zueinander. „Glauben, um zu verstehen“ oder „glauben, weil man verstanden hat“ – so lautete mancher Disput.

M 1 Im Hörsaal der Universität
Kolleg über Ethik, zweite Hälfte des 14. Jahrhunderts

Im europäischen Kulturraum lag die kulturelle Vorherrschaft bis zum 11. Jahrhundert in den Händen von Abteien und Kathedralen, wo der Unterricht organisiert wurde. Noch im 12. Jahrhundert verpflichtete ein Erlass des Papstes jedes Kapitel einer Kathedrale, eine Schule einzurichten. Zumindest im frühen Mittelalter war ein Literat – also jemand, der lesen und schreiben konnte – ein Kleriker. Lange Zeit bezeichnete man mit diesem Wort Geistliche und Universitätsangehörige gleichermaßen. Die einheitliche schwarze Kleidung der Studenten ähnelte daher nicht grundlos derjenigen der Geistlichkeit.

Universitäten verstanden sich als genossenschaftlicher Zusammenschluss von Lehrenden und Studierenden. Sie bildeten eine Korporation mit weitgehender Autonomie. Diese reichte von der eigenen Disziplinarordnung (Gerichtsbarkeit) bis zur Befreiung von Zöllen und Abgaben. Der Universität standen – wie auch der Geistlichkeit – Pfründe zu, die nicht nur der Versorgung von Professoren dienten, sondern auch von mittellosen Studenten.

Studenten organisierten sich nach „nationes“, worunter man im Mittelalter eine landsmannschaftliche Zugehörigkeit verstand. Die Universitätsveranstaltungen fanden in der Regel als Vorlesung statt, wobei jeder Student einen festen, ihm zugewiesenen Platz einzunehmen hatte. Darüber hinaus gab es „disputationes“, also Diskussionsveranstaltungen zwischen dem Professor und einem „Konkurrenten“. Gemäß der Scholastik war dabei die methodische Vorgehensweise in hohem Maße standardisiert: lectio (Lektüre), quaestio (Fragestellung), disputatio (Diskussion) und determinatio (Lösung).

Die mittelalterliche Wissenschaft drehte sich also um das Buchwissen (und nicht um das Experimentalwissen). Die Erfahrungswissenschaft steckte noch in den Kinderschuhen. Man berief sich auf Autoritäten, wie zum Beispiel Aristoteles, zumeist aber galt die Bibel als wichtigste Grundlage der Beweisführung.

Der Scholastik war ein universaler Anspruch eigen; sie überwölbte alle anderen wissenschaftlichen Disziplinen. Die Sieben Freien Künste (artes liberales) bildeten die Grundlage des Studiums: Grammatik, Rhetorik, Dialektik, Arithmetik, Geometrie, Astronomie und Musik. Als Hochburgen der mittelalterlichen Wissenschaft galten die Universitäten von Paris (Theologie), Bologna (Recht) und Salerno (Medizin). Im deutschen Kulturraum wurde höhere Bildung bis ins 14. Jahrhundert hinein vor allem an Dom- und Klosterschulen vermittelt. Dann wurden hier die ersten Universitäten eröffnet: Prag (1348), Wien (1365) und Heidelberg (1386).

Latein war nicht nur die Sprache aller Universitäten, sondern zunächst auch der Schulen, die unter der Obhut der Geistlichkeit standen. Bis ins Hochmittelalter besaß diese ein Bildungsmonopol. Erst der Aufstieg der Bürger führte – neben dem Rittertum – zu einer langsamen Verweltlichung der Kultur. Der Klerus wurde in seiner Rolle als alleiniger Verwalter der Schriftkultur abgelöst. Die Städte richteten eigene Lateinschulen ein. Im Spätmittelalter traten dann auch so genannte Deutsche Schulen hinzu, in denen in der Umgangssprache gelehrt wurde und die zur Erreichung eines niederen Bildungsgrades dienten. Die städtischen Schulen sorgten für eine fortschreitende Ausbreitung der gebildeten Schicht. Dennoch blieb der Analphabetismus noch lange die Norm. Man hat geschätzt, dass zu Beginn des 15. Jahrhunderts nur ein Prozent der Bevölkerung in Deutschland zum Lesepublikum gehörte.

M 2 Universitätsgründungen
Universitäten verbreiteten sich nach undatierbaren, spontanen Zusammenschlüssen von Lehrern und Schülern in Bologna, Salerno, Paris und Oxford im 12. Jahrhundert in Gründungswellen. Die Datierungen zeigen Impulse um 1200, danach in der zweiten Hälfte des 13. Jahrhunderts und um die Jahrhundertwende in West- und Südeuropa; in Mitteleuropa erstmals in der zweiten Hälfte des 14. Jahrhunderts; eine letzte Welle bilden die deutschen „Fürstenuniversitäten" am Vorabend der Reformation.

Aus: F. Seibt, Glanz und Elend des Mittelalters, Berlin 1987, S. 208.

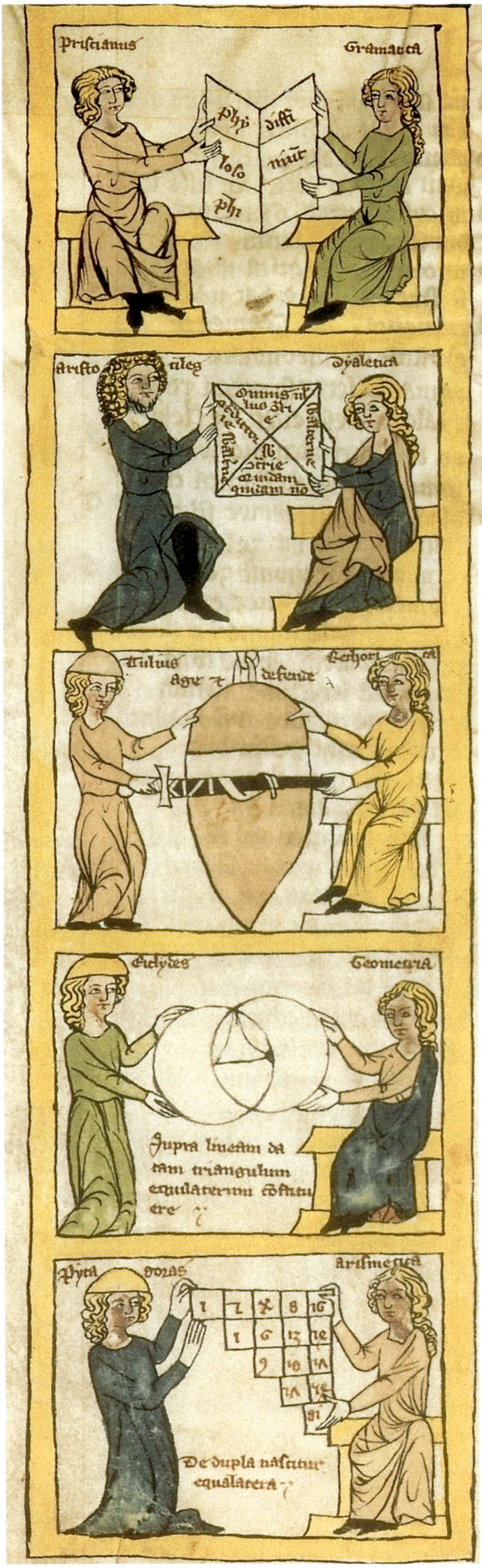

M 3 Allegorie der Sieben Freien Künste

Grammatik, Dialektik, Rhetorik, Geometrie, Arithmetik, Musik, Astronomie, Miniatur, 1340.

M 4 Schule

Der Historiker Gerhard Jaritz beschreibt in seiner Alltagsgeschichte das spätmittelalterliche Schulwesen:

Der Alltag des spätmittelalterlichen Schul- und Unterrichtswesens kann mithilfe verschiedenster erhaltener Überlieferungen rekonstruiert werden: Schulordnungen, Lehrbücher, Autobiografien etc. Die Wissensvermittlung in den vom Vorbild klösterlich-kirchlicher Schulen ausgegangenen städtischen „Lateinschulen“, deren Gründungen ab dem 12. Jahrhundert oft einen Konflikt mit der kirchlichen Autorität ausgelöst hatten, konzentriert sich neben dem Elementarunterricht (Lesen, Schreiben, Singen) besonders auf die Fächer des Triviums [wörtl. Dreiweg, Lehrgang der drei niederen Wissenschaften]: Grammatik, Rhetorik, Dialektik. Der Schwerpunkt hierbei liegt eindeutig auf der Grammatik, welche hauptsächlich Kenntnisse des Lateins in Wort und Schrift sowie Stilkunde vermitteln soll. Die Erlernung des Brief- und Urkundenstils gilt als Teil der Rhetorik. Darüber hinaus bildet der Gesang – vorrangig der Chorgesang – einen weiteren Schwerpunkt des Schulunterrichts. Erhaltene spätmittelalterliche Anweisungen an Schulmeister belegen einerseits den Unterrichtsstoff, der von Schülern und Lehrern bewältigt werden sollte, geben andererseits aber auch Auskunft über diverse Unterrichtsmethoden und die rechtliche

Gewalt, die der Schulmeister gegenüber den Schülern ausüben konnte. Eine erhaltene Ordnung für Wiener Neustadt aus dem Stadtrecht des 14. Jahrhunderts vermittelt Rechte und Pflichten des Schulmeisters. Sie entsprechen grundsätzlich den erhaltenen Mitteilungen aus einer Reihe deutscher Städte. Von der Bürgerschaft gewählt, empfängt der Schulmeister seinen Unterhalt vom Pfarrer der Stadt. Er übt mit Ausnahme von Fällen des Totschlags und der Notzucht die Gerichtsbarkeit über seine Schüler aus. Er unterweist die Schüler im Chorgesang, unterstützt mit ihnen den Priesterchor, lehrt und leitet den Kirchengesang. Am Abend soll Gesang geübt und Lateinunterricht abgehalten werden. Die Anwesenheitspflicht von Schülern und Lehrer gilt nicht nur für Gottesdienste, sondern auch für Leichenbegängnisse. Die Ordnung der Domschule von Königsberg aus dem Jahr 1381 fasst noch prägnanter zusammen. Es soll ein Schulmeister eingesetzt werden, „der den […] stadtkindern lesen mag allerley freye künste und halten seinen chor und gesange". Ausgesprochen detaillierte „Stundenpläne" mit Tages- und Stoffeinteilung vermitteln die Ordnungen von Ulm aus der Zeit um 1500 und Nürnberg von etwa 1505; den Schulbeginn setzt die Ulmer Ordnung mit sechs Uhr morgens an. In Gerolzhofen in Unterfranken wird fünf Uhr morgens bis fünf Uhr abends als Dauer des Schultags vermerkt: „Der schulmeister soll allewege zw 5 horen fruwe in der schule seyn, so es die zeyt erfordert vnd sich geburt, auch vm 5 horen nach der vesper die knaben wider zu haws lassen." […] Einander analoge Passagen in Stadtrechten von Wien (1296) und Krems (1305) widmen sich der dem Schulmeister zustehenden Rechtsprechung über seine Schüler. Neben dem Waffentragen von Schülern und von ihnen ausgeübtem Glücksspiel in Gasthäusern werden Ungehorsam und Diebstahl genannt und deren Bestrafung festgelegt. […]
Ein Diebstahl von Schülern soll mit „großen bösen Schlägen" geahndet werden. Unfolgsamkeit gegenüber dem Schulmeister soll das Verlassen der Stadt bzw. den Schulaustritt zur Folge haben.

Aus: H. Kühnel (Hg.), Alltag im Spätmittelalter, Graz 1984, S. 170 ff.

M 5 Schulgerät

Die abgebildeten Gegenstände wurden zusammen mit einigen weiteren Relikten des städtischen Schulbetriebes in einer Kloake der Lübecker Jakobi-Schule gefunden. Die auf den Tafeln geschriebenen Texte – fast ohne Ausnahme lateinische Briefe – erlauben eine Datierung des Fundes auf die Zeit unmittelbar vor 1370. Doch wurden Wachstafeln auch im Schulbetrieb des 15. Jahrhunderts verwendet, wie man einer Reformordnung für die Nürnberger Lateinschulen aus der Zeit um 1500 entnehmen kann. Hier wird gefordert, dass jeder Schüler vor- und nachmittags einen Übungstext „in wachs oder auf papir" zur Korrektur vorlegen müsse.

H. Boockmann, Die Stadt im späten Mittelalter, München 1986, S. 335.

Aufgaben

1. Charakterisieren Sie den Universitätsbetrieb im Mittelalter.
   → Text, M1
2. Welches Wissenschaftsverständnis lag dem Mittelalter zugrunde?
   → Text, M3
3. Stellen Sie den mittelalterlichen Schulalltag dar. Welche Unterschiede zu Ihren eigenen Schulerfahrungen können Sie feststellen?
   → M4, M5

4.10 Frauen im Mittelalter

Ein Chronist des 13. Jahrhunderts unterschied fünf für einen Mann entehrende Arten der Herrschaft: die Herrschaft von Frauen, Unfreien, Narren, Knaben und Feinden. Trotz der deutlichen Abwertung gibt es keine allgemein gültige Antwort auf die Frage nach der Stellung der Frau in der mittelalterlichen Gesellschaft. Es sind Unterschiede je nach Ort, Zeit sowie Stand festzustellen.

Im Schema der drei Ordnungen der mittelalterlichen Gesellschaft – Betende, Beschützer und Arbeiter – hatten Frauen keinen eigenen Platz. Sie wurden in erster Linie als Teil ihrer Familie definiert, was (aus heutiger Sicht) im Widerspruch stand zu ihren individuellen Rechtsansprüchen. Die Quellen, die heute zur Verfügung stehen, beziehen sich ganz überwiegend auf die höheren Schichten. Aus ihnen geht hervor, dass die Frauen in Adelskreisen oft instrumentellen Charakter besaßen und Objekte für dynastische Bündnisse darstellten. Fehden, die an der Tagesordnung waren, wurden in der feudalen Welt oft durch den Austausch von Frauen beendet. Die Herstellung verwandtschaftlicher Beziehungen stiftete Versöhnung und Ausgleich. Mitunter dienten Frauen auch als „Schachfiguren" auf dem strategischen Brett von zukünftigen Erbansprüchen. Allerdings wurde dieser Brauch durch den Einfluss der Kirche eingeschränkt. Seit dem Ende des 11. Jahrhunderts stellte sie den sakramentalen Charakter der Ehe immer mehr in den Vordergrund und verlangte immer deutlicher die Zustimmung beider Ehepartner, was implizit auch die Position der Frau stärkte. Sie durfte fortan – zumindest von der Idee her – nicht mehr zur Ehe gezwungen werden.

Achtung und Anerkennung fand die Frau in ihrer Rolle als Mutter. Sie sollte das Fortleben der Familie sichern. Ihre sexuelle Treue stand dabei immer wieder im Mittelpunkt. Daher lag der „natürliche" Arbeitsplatz der Frauen im Haus. Außerhäusliche Aktivitäten (Feldarbeit, Waschen, Backen, Kirchgänge) unterlagen einer strengen gesellschaftlichen Beobachtung und Kontrolle. Für Ehebruch sah das mittelalterliche Strafrecht schreckliche Strafen vor.

In einer Gesellschaft mit hoher Kindersterblichkeit kam der Gebärfähigkeit der Frau größte Bedeutung zu. Das durchschnittliche Heiratsalter der Mädchen lag viel niedriger als heute (bei etwa 18 Jahren). Die Frau sollte also noch besonders jung sein. Hingegen konnte der Mann „das volle Mannesalter" erreicht haben.

Dass die Frauen im Mittelalter – abweichend von der Gegenwart – nur ein kürzeres Leben als der Mann erwarten durften, lag an der hohen Sterblichkeit im Zusammenhang mit der Niederkunft. Der körperliche Verschleiß war beträchtlich. Zudem endete etwa jede siebte Geburt auf Grund von Infektionen (Kindbettfieber) tödlich.

Die Widersprüchlichkeit des mittelalterlichen Frauenbildes hatte zumindest teilweise einen christlichen Ursprung. Die Aufspaltung des Frauenbildes in eine sündige und verabscheuungswürdige Eva und eine anbetungswürdige Maria setzte sich in der Gesellschaft fort. Die Frau unterstand der männlichen Munt, das heißt Schutzgewalt, war somit rechtlich weitgehend handlungsunfähig. Andererseits fand sie

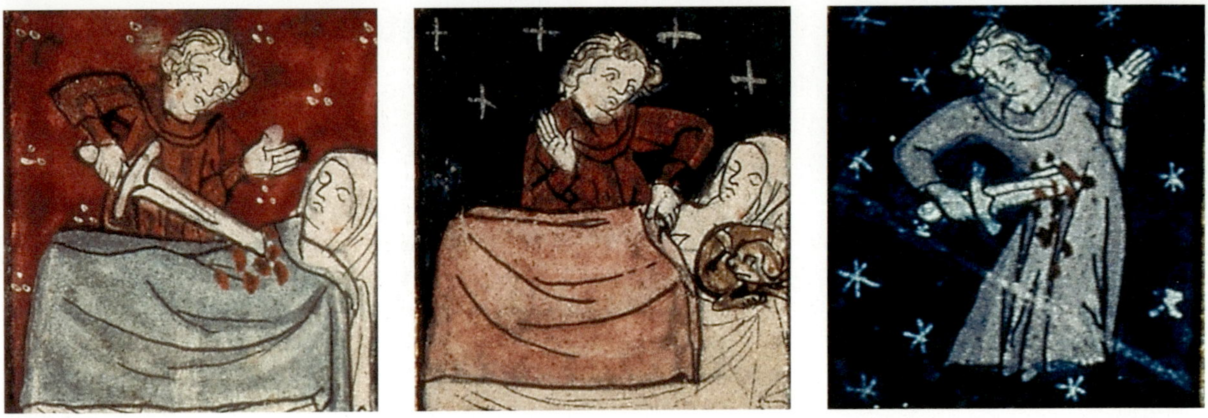

M 1 Ehedrama

Eine französische Kurzgeschichte aus dem 13. Jahrhundert: Ein eifersüchtiger Ehemann entdeckt etwas unter der Bettdecke neben seiner schlafenden Frau. Überzeugt, sie beim Ehebruch ertappt zu haben, ersticht er sie. Zu spät bemerkt er seinen Irrtum: Sie hatte nur ein Hündchen mit ins Bett genommen. Verzweifelt durchbohrt nun der Mann mit seinem Schwert sich selbst.

Aus: Ph. Ariès, G. Duby (Hg.), Geschichte des privaten Lebens, Bd. 2, Frankfurt/M. 1990, S. 152.

besonderen Schutz durch Gesetze (höhere Strafgelder bei Vergehen gegen Frauen). Im Rahmen der ritterlich-höfischen Kultur kam ihr eine besondere Verehrung zu, zum Beispiel im Minnesang.

Eine Gleichstellung von Männern und Frauen gab es nirgends. Die Ungleichheit wurde mit der Schutzbedürftigkeit auf Grund ihrer körperlichen Schwäche begründet. In einer tendenziell kriegerischen Kultur galt die Frau als nicht waffenfähig, und auch aus dieser Perspektive gebührte ihr ein minderer Rang.

Die Teilnahme am öffentlichen Leben war im Wesentlichen auf Frauen in hochadligen Kreisen beschränkt. Als Königin oder Regentin konnte die Frau eine politische Funktion innehaben. Aber es gelang ihr nicht, die eigene Lehnsfähigkeit durchzusetzen, das heißt das Recht, Lehen zu empfangen.

Eine Sonderrolle in der Geschichte der Frauenbewegung stellt das Beginentum dar. Es handelte sich dabei um den Zusammenschluss von unverheirateten oder verwitweten Frauen, denen oft der Eintritt in ein Kloster verwehrt war. Ausgangspunkt dieser christlichen Laienbewegung waren die Niederlande, Flandern und das Rheinland. In der Tradition der Bettelorden stehend, widmeten sich die Beginen einem Leben in Armut, wobei Frömmigkeitsübungen und karitative Tätigkeiten im Mittelpunkt standen. Sie bildeten eine ordensähnliche Bewegung, mit der man neue Formen des Zusammenlebens in städtischen Siedlungen („Beginenhöfe") wählte. Im Unterschied zu den herkömmlichen Nonnen in den Köstern konnten Beginen ihre Frauengemeinschaften jederzeit verlassen. Die offizielle kirchliche Obrigkeit beobachtete die Beginen oft mit Misstrauen. Gerade weil diese Bewegung eine unabhängige Organisationsform besaß und sich somit dem Klerus entzog, verdächtigte man die Beginen im Laufe des Mittelalters wiederholt der Häresie.

Die bürgerlichen Frauen vermochten es in einigen Städten, Berufe selbstständig auszuüben. Vereinzelt sind Frauenzünfte quellenmäßig belegt. Trotz dieser wirtschaftlichen Erfolge waren ihnen generell öffentliche Ämter verwehrt. Sie besaßen kein Wahlrecht und konnten somit an der politischen Willensbildung nicht teilnehmen. Der Besuch höherer Bildungseinrichtungen blieb ihnen versagt. Der mindere Status der Frauen machte sich in der Kirche dergestalt bemerkbar, dass sie keinen Altardienst verrichten durften. Im Vergleich zur Bürgersfrau war die Bauersfrau sozial schlechter gestellt. Sie hatte besonders unter den harten Existenzbedingungen zu leiden.

M 2 **Eva und Maria**

Der Historiker Klaus Schreiner schrieb über das „verlorene Paradies":

Es entsprach alt-kirchlicher Tradition, Eva mit Maria zu vergleichen. Bischof Irenäus von Lyon († um 202) zog folgende Parallele: „Wie durch den Ungehorsam einer Jungfrau der Mensch zu Fall gebracht wurde, so empfing der Mensch durch eine Jungfrau, welche auf Gottes Wort hörte, das Leben [...]. Die Übertretung, welche vermittels des Baumes geschehen war, wurde auch getilgt durch den Baum des Gehorsams, an welchem in Unterwürfigkeit gegen Gott der Menschensohn gekreuzigt wurde". Beide Gedanken finden in der Miniatur des Regensburger Buchmalers Furtmeyr bildhaften Ausdruck. Als „Mutter der Lebendigen" pflückt Maria vom Baum des Lebens „Brot der Engel", das sie in Gestalt von Hostien knienden Gläubigen darreicht. Eva sättigt ihre Anhänger mit Früchten vom Baum der Erkenntnis. Die lebenszerstörende Wirkung der von Eva verteilten Früchte wird zum einen symbolisiert durch die Schlange, aus deren Mund Eva die Früchte nimmt, zum anderen durch den Tod, der Evas Verehrern und Verehrerinnen zugeordnet ist. Mit Eva nahm die Sünde ihren Anfang, mit Maria begann das Heil.

Berthold Furtmeyr, Eva und Maria, Miniatur von 1481.

Aus: R. van Dülmen (Hg.), Erfindung des Menschen, Wien 1998, S. 45.

M 3 Das Frauenbild des Mittelalters

Wie uneinheitlich das Bild von der Frau war, das vermittelt der folgende Text von Hans-Werner Goetz:

Über die Frau im Mittelalter ist in letzter Zeit so viel geschrieben worden, dass es trotz aller Wissenslücken unmöglich ist, ihre Stellung in der mittelalterlichen Gesellschaft kurz zusammenzufassen. Um ihre Funktion in der Familie richtig einschätzen zu können, sind zumindest aber einige allgemeine Bemerkungen vorauszuschicken. Dass die Frau im Mittelalter gegenüber dem Mann erheblich benachteiligt war, ist eine feststehende Tatsache: Frauen waren aus der Amtskirche und von der aktiven Beteiligung am Gottesdienst – nicht freilich vom religiösen Leben – und weithin auch von politischen Ämtern ausgeschlossen. Bei der Beurteilung solcher Verhältnisse ist allerdings zweierlei zu bedenken: Einmal wurde die Minderschätzung auch von den Frauen selbst noch nicht als diskriminierend, sondern als natürlich empfunden; es gab noch kein Emanzipationsbewusstsein. Die Frau galt als von Natur aus anders; Isidor von Sevilla verband in seiner etymologischen Enzyklopädie vir (Mann) mit virtus (d. h. Tüchtigkeit, aber auch Tugend!), mulier (Frau) aber mit molitia (d. h. Schwäche, aber auch Zärtlichkeit). Die Nonne Liutbirg, die im 9. Jh. lebte, hätte, so versichert ihr Biograf, der ihre mannhafte Stärke bewunderte, docibilis, Lehrmeisterin, sein können, wenn die Schwäche des Geschlechts dem nicht entgegengestanden hätte. In Ständespiegeln, die im Allgemeinen zwischen gesellschaftlichen Funktionen (als König, Bischof, Richter, Bauer usw.) unterschieden, erschienen Frauen manchmal als eigene Gruppe mit spezifischen Merkmalen und Gewohnheiten; dieser „Stand" der Frauen begegnet [uns] in der Hierarchie nicht zufällig ziemlich am Schluss. [...]
Die germanische Auffassung von der Schutzbedürftigkeit der Frau traf sich mit der christlichen, vor allem der paulinischen Lehre. Der Apostel Paulus hatte geboten, dass die Frau dem Mann untertan, aber auch von diesem zu lieben sei. Theologisch begründet wurde die – in der christlichen Anschauung keineswegs von Anfang an vorhandene – rechtliche Minderstellung der Frau seit den Kirchenvätern gern damit, dass Eva aus einer Rippe Adams erschaffen und als erste vom Teufel verführt worden sei; mittelalterliche Künstler stellen die Frau (Eva) deshalb immer wieder als Werkzeug des Teufels dar, und zwar vor allem in der Zeit der Kirchenreform des 11./12. Jh., die sich gegen die weit verbreitete Priesterehe wandte; hinzu kommt nämlich, dass gerade unsere Gewährsmänner, Kleriker und Mönche, in der Frau aus begreiflichen Gründen das größte Hindernis auf ihrem Weg zum Heil und das Werkzeug der Versuchung schlechthin erblickten. [...]
Tatsächlich war das christliche Bild der Frau keineswegs nur von diesen negativen Implikationen bestimmt, stand doch der sündigen Eva die reine Gottesgebärerin Maria gegenüber, deren Kult besonders im Spätmittelalter enorme Ausmaße annahm. Auf künstlerischen Darstellungen wird die Frau deshalb nicht nur verführt, sie zertritt andererseits auch den Kopf der Schlange. Auch die Kirche (Ecclesia) wird stets als Frau, als gekrönte Königin, abgebildet. Die christliche Anschauung, die ihrerseits nur Ausdruck des Zeitgeistes ist, ist daher ebenso für eine Minderstellung wie für eine Hochschätzung der Frau verantwortlich zu machen.

H.-W. Goetz, Leben im Mittelalter, München 1986, S. 49 ff.

M 4 Rechtsstellung der Bäuerin

Der Historiker Werner Rösener fasst einige Quellen zur Rechtsstellung der Bäuerin zusammen:

Die mindere Rechtsstellung der Bäuerin gegenüber ihrem Mann kam vor allem in der „Munt" zum Ausdruck, die den Charakter eines Schutz- und Gewaltverhältnisses trug: Die Frau stand zeit ihres Lebens unter der Vormundschaft ihres Ehemannes und war seiner „Herrschaft" unterworfen. So heißt es in einem Weistum [Aufzeichnung von Rechtsgewohnheiten] von 1424 lapidar: "ain frow mus tun, was ain mann will". Der Ehemann galt als Herr im Haus und verwaltete den gesamten Besitz mitsamt dem Vermögen, das die Frau in die Ehe gebracht hatte. Wenngleich er beim Verkauf dieser Güter ihre Zustimmung einholen musste, hinderten ihn solche Einschränkungen nicht daran, seine hausherrliche Gewalt voll auszuüben. Furcht vor ihren Ehemännern gehörte offenbar zum Alltagsleben vieler Frauen, wie sich aus den Aussagen von Bäuerinnen im Pyrenäendorf Montaillou ergibt. Kraft seiner Munt und der darin verankerten Gehorsamspflicht der Ehefrau besaß der Mann auch ein Züchtigungsrecht gegenüber seiner Frau. Wenn sich die Ehefrau gegen Außenstehende verfehlte und es zu Beleidigungen kam, hatte der Mann das Recht, seine Frau zu strafen. Dieses Züchtigungsrecht wurde stellenweise zur Pflicht erklärt: Falls ein Mann seine Frau nämlich nicht strafte, musste er eine Buße zahlen. In den meisten Gegenden des hochmittelalterlichen Frankreichs stand es dem Manne ebenfalls gewohnheitsrechtlich zu, seine Frau zu züch-

M 5 **Frühbürgerliches Familienleben,**
Petrarca-Meister, Augsburg 1520

tigen. Ein Rechtssatz des 13. Jahrhunderts aus dem Beauvaisis lautet: „Es ist gut für den Mann, seine Frau zu schlagen ohne Tod und ohne Verletzung, wenn sie ihren Gatten leugnet". In Bergerac war es gestattet, eine Frau bis zum Blutvergießen zu schlagen, vorausgesetzt, es geschähe in guter Absicht, um sie zu bessern. Auf der anderen Seite verhielt sich die Dorfbevölkerung denjenigen Männern gegenüber hart, die ihre Autorität nicht durchsetzten. In Senlis bestand im 14. Jahrhundert die Sitte, dass die Ehemänner, die sich von ihren Frauen schlagen ließen, dazu gezwungen wurden, auf einem Esel durchs Dorf zu reiten.

W. Rösener, Bauern im Mittelalter, München 1985, S. 191 f.

M 6 Anweisung an eine gute Ehefrau (1393)

Um 1393 ermahnte ein reicher Pariser Bürger seine weit jüngere Ehefrau in einem Hausbuch. Der Verfasser war über sechzig Jahre alt und hatte kürzlich eine 15-jährige Frau geheiratet, eine Vollwaise von adliger Herkunft ohne Familienanhang, verarmt und von weither. Er hatte sie anscheinend auf Handelsreisen kennen gelernt und nicht durch Familienabreden:

Schönes Schwesterchen, wenn Ihr nach mir einen anderen Mann habt, dann müsst Ihr sehr auf seine Behaglichkeit achten. Denn wenn eine Frau ihren ersten Ehemann verloren hat, ist es gewöhnlich für sie schwer, einen zweiten nach ihrem Stande zu finden, und dann bleibt sie für lange Zeit allein und ungetröstet, und noch mehr, wenn sie den zweiten verliert. Deshalb pflegt Euren Ehemann sorgsam, und bitte haltet ihn in sauberer Wäsche, denn das ist Eure Aufgabe. Und weil die Sorge für die Geschäfte draußen Männersache ist, muss der Ehemann darauf achtgeben, er muss gehen und kommen und hierhin und dorthin reisen, bei Regen, Wind, Schnee und Hagel, einmal durchnässt, dann wieder ausgedörrt, einmal in Schweiß gebadet, dann wieder frierend, schlecht verpflegt, schlecht untergebracht, schlecht gewärmt und schlecht gebettet. Und alles macht ihm nichts aus, denn ihn tröstet die Hoffnung auf die Fürsorge seiner Frau, wenn er zurückkommt, und auf die Gemütlichkeit, die Freuden und Vergnügen, die sie ihm bereitet oder in ihrer Anwesenheit bereiten lässt: die Schuhe beim warmen Feuer ausziehen, die Füße waschen lassen, frische Schuhe und Strümpfe anziehen, gutes Essen und Trinken vorgesetzt bekommen, schön bedient und versorgt werden, fein gebettet sein in weißen Betttüchern und weißen Schlafmützen, anständig zugedeckt sein mit guten Pelzen, verwöhnt durch andere Freuden und Unterhaltungen, Vertraulichkeiten, Liebesdienste und Heimlichkeiten, über die ich nicht rede. Und am nächsten Morgen neue Hemden und Kleider.

Aus: A. Borst, Lebensformen im Mittelalter, Frankfurt/M., Berlin 1979, S. 66.

Aufgaben

1. Beschreiben und erläutern Sie das ambivalente Frauenbild des Mittelalters.
   → Text, M2, M3
2. Stellen Sie die rechtliche Position der Frauen dar sowie ihre Rollen in den verschiedenen Milieus.
   → Text, M4–M6

4.11 Bürgertum und Stadtentwicklung

Handel und Kaufleute

Der Handel, der im frühen Mittelalter vom Umfang her gering gewesen war, erlebte seit dem 11. Jahrhundert einen Aufschwung und eine räumliche Ausweitung. Die Reisetätigkeit insgesamt nahm zu, und die Gesellschaft wurde mobiler. Neben den Kaufleuten bevölkerten nunmehr auch Pilger, Studenten, Söldner, Sänger und Handwerksgesellen die Wege. Das Wachstum der Städte regte zudem den Warenverkehr an. Insbesondere der Luxuskonsum der Oberschichten sorgte für einen Aufschwung des Fernhandels. Der Handel mit teuren, aber leichten Waren, wie zum Beispiel Gewürzen, erwies sich als besonders gewinnträchtig. Die Kaufleute des Mittelalters hatten aber bei ihrer Tätigkeit mit außerordentlichen Schwierigkeiten zu kämpfen. Nicht nur, dass der Zustand der Straßen schlecht war und dass Straßen- beziehungsweise Seeräuber eine ständige Bedrohung darstellten. Auch die Uneinheitlichkeit von Maßen und Gewichten, das Münzchaos und ebenso die territoriale Zersplitterung mit einer Vielzahl von Zollstationen erschwerten den Warenaustausch. So ist zum Beispiel überliefert, dass am Rhein etwa alle zehn Kilometer eine Zollstation vorhanden war. Die allgemeine Unsicherheit und das große Risiko, das mit dem Handel verknüpft war, förderten den Zusammenschluss der Kaufleute. Diese bildeten Gilden beziehungsweise Hansen und reisten im bewaffneten Konvoi. Könige und Fürsten gewährten ihnen Schutz und Privilegien, denn sie hatten erkannt, dass der Handel auch für sie ein einträgliches Geschäft war, und zwar durch Anerkennungszins, Steuern, Straßenzölle und Marktabgaben.

Der wachsende Warenaustausch erwies sich als ein entscheidender Impuls für die Entstehung beziehungsweise das Wachstum der Städte. Der befestigte Handelsplatz stellte ein Wesenselement der mittelalterlichen Stadt dar.

Über Venedig wurde schon im 11. Jahrhundert berichtet: „Jenes Volk pflügt nicht, sät nicht und erntet nicht". Und ist dennoch wohlhabend, muss man wohl hinzufügen. In Bezug auf Handels- und Geldgeschäfte war Italien dem übrigen Europa voraus. Lombardei und Toskana waren die Wiege der modernen europäischen Kaufmannskultur. Hier entstanden auch die ersten modernen Bankhäuser (um 1400). Das übrige Europa konnte diesen Vorsprung nur langsam aufholen. Vor allem Flandern, mit Brügge an der Spitze, entwickelte sich zu einem Zentrum des Handels und der Produktion (Tuchherstellung).

Ende des 13. Jahrhunderts gelang es, den direkten Seeweg zwischen dem Mittelmeer und Brügge herzustellen. Fortschritte im Schiffbau sowie die Öffnung der Meerenge von Gibraltar hatten dies ermöglicht. Dadurch verloren die berühmten Champagne-Messen (südöstlich von Paris), die den Berührungspunkt zwischen italienischen und flämischen Händlern gebildet hatten, zusehends an Bedeutung.

Im Verlaufe des Mittelalters pflegte der Kaufmann immer weniger selbst zu reisen. Der „Staubfuß", wie der Kaufmann genannt wurde, wurde sesshaft. Im späten Mittelalter organisierte sich der Handel oft in Form von großen Handelsgesellschaften, die ihre Faktoreien (Niederlassungen) in den einzelnen Handelsorten besaßen. Die Kaufleute repräsentierten in einer agrarisch-sesshaften Gesellschaft einen neuen Menschentyp, von dem wichtige Impulse im Hinblick auf die Modernisierung der Gesellschaft ausgingen. Sie entwickelten und förderten zivilisatorische Techniken wie Buchführung, Rechenfähigkeit (Einführung der Ziffer Null im 13. Jahrhundert), genauere Zeitmessung, Lese- und Schreibkenntnisse. Diese waren notwendig, weil sich die Schriftlichkeit von Verträgen langsam durchsetzte.

„Der Kaufmann kann kaum ohne Sünde sein.“ (Cäsarius von Heisterbach, etwa 1180–1240, Zisterziensermönch, Schriftsteller und Geschichtsschreiber). Dieses geflügelte Wort des Mittelalters verdeutlicht die Ansicht der Kirche, die den finanziellen Gewinn aus Waren- und Finanzgeschäften zumindest mit Misstrauen betrachtete. Offensichtlich müssen auch viele Kaufleute in ihrer Tätigkeit selbst eine Gefahr für ihr Seelenheil erkannt haben. Viele Testamente reich gewordener Kaufleute, die zugunsten mildtätiger Zwecke und kirchlicher Stiftungen ausgestellt waren, spiegeln Schuldgefühle wider.

Städte: Entstehung und Wachstum

Nach dem Untergang des Römischen Reiches war die städtische Tradition der Antike nahezu zum Erliegen gekommen. Aber seit dem 10. Jahrhundert zeichnete sich eine Wiedergeburt der Stadtkultur ab. Eine verbesserte landwirtschaftliche Produktivität, Bevölkerungswachstum und zunehmende Handelsaktivitäten sorgten für einen Aufschwung, der im 13. Jahrhundert seinen Höhepunkt erreichte.

Zunächst muss man sich die Städte im Mittelalter als Fremdkörper in einer Agrargesellschaft vorstellen. Dennoch gab es bereits im hochmittelalterlichen Europa Zentren von Handel und Gewerbe, wo der urbane Anteil an der Gesamtbevölkerung bis zu einem Drittel ausmachte (zum Beispiel in Flandern, Ober- und Mittelitalien). In Deutschland vollzog sich diese Entwicklung erheblich später. Im 12.–15. Jahrhundert überstieg hier der Anteil der Stadtbevölkerung

M 1 Nürnberg
Nürnberg – eine der größten und bedeutendsten Städte im Reich, Aufbewahrungsort der Reichsinsignien und Tagungsort vieler Reichstage, kolorierter Holzschnitt aus der Weltchronik des Hartmann Schedel von 1493

M 2 Der Roland in Bremen (1404)
In vielen Städten Norddeutschlands stehen Rolandssäulen, die die städtische Freiheit symbolisieren. Auf dem Schild steht: „Freiheit mache ich euch bekannt, wie sie Karl und viele Fürsten in Wahrheit dieser Stadt gegeben haben. Dafür dankt Gott, so ist mein Rat."

kaum die Zehn-Prozent-Marke. Von den etwa 3 000 Städten des späten Mittelalters hatten 2 800 unter 1000 Einwohner. Nur maximal 25 Städte besaßen im Spätmittelalter mehr als 10 000 Einwohner, darunter Köln, Lübeck, Straßburg und Ulm.

Die mittelalterliche Stadt entwickelte sich aus einem im Einzelfall unterschiedlichen Geflecht von Faktoren. Die wichtigsten stadtbildenden Elemente waren:

- Wiederbelebung der alten Römerstädte, zumal dann, wenn in ihnen ein Bischof residierte,
- Klöster, vor allem als Mittelpunkt einer Grundherrschaft,
- Burgen, Herrensitze und Pfalzen,
- Wike (Handels- und Stapelplätze) beziehungsweise Kaufmannssiedlungen; Märkte genossen einen besonderen Schutz,
- die günstige geografische Lage (zum Beispiel Brücke oder Furt),
- Landflucht der Bauern, die der rechtlichen und ökonomischen Abhängigkeit entkommen wollten,
- die sich langsam durchsetzende Geldwirtschaft; sie zwang die Bauern auf den städtischen Markt, wenn sie ihre Abgaben in Geldform entrichten mussten,
- Konzentration der gewerblichen Produktion innerhalb der Stadtmauern.

Ursprünglich hatte jede Stadt einen Stadtherrn (Bischof, König oder andere adlige Machthaber), auf dessen Boden die Stadt lag. Die Feudalherren erkannten zusehends den finanziellen, politischen und militärischen Nutzen von Städten, was systematischen Stadtgründungen Vorschub leistete. Die Stadtherren profitierten dabei nicht nur von Markt, Zoll, Wegen und Münzen, sie bauten mithilfe der Städte ihr Territorium aus und sicherten es militärisch ab. Die hoheitlichen Interessen der Stadtherren stießen allerdings oft mit den Bestrebungen der Stadtbewohner zusammen, die ihrerseits Schwurgemeinschaften bildeten, um Selbstverwaltung zu gewinnen.

Die Stadt – dieser Begriff setzte sich erst im Laufe des 12. Jahrhunderts gegen „Burg" (daher: Bürger) durch – hob sich durch rechtliche Selbstständigkeit vom Umland ab. Prinzipielle rechtliche Gleichheit, Arbeitsfreiheit als auch das Verbot von Fehden waren die Kennzeichen eines neuen „bürgerlichen Rechts". Die Anziehungskraft, die von der Stadt ausging, begünstigte die Landflucht von bäuerlichen Hörigen, denn die Städte förderten – zumindest in ihrer Wachstumsphase – den Zuzug von Fremden, nicht zuletzt, um die hohe Sterblichkeit zu kompensieren. Unter diesen Umständen war auch der berühmte Rechtsgrundsatz entstanden: „Stadtluft macht frei nach Jahr und Tag." Es gab aber auch davon abweichende Regelungen. Der Streit der Städte mit den umliegenden Grundherrschaften um die Freiheit zugewanderter Unfreier war damit vorgezeichnet.

Mit dem Wachstum von Handel und Gewerbe ging zwangsläufig auch eine gesteigerte politische Macht einher. Einzelnen Städten gelang es, zu freien Reichsstädten aufzusteigen. Formal nur dem König unterworfen, tatsächlich aber in ihrer Politik unabhängig, konnten sie selbst in Einzelfällen Territorien bilden. Nürnberg ist dafür ein Beispiel. Am Ende der Stauferzeit vermochten es die Städte, durch die Gründung von Bünden politische Geltung zu gewinnen. Der Rheinische Bund von 1254, das bekannteste Beispiel, zielte auf die Durchsetzung eines Landfriedens, denn Raubrittertum und ein ausuferndes Fehdewesen konnten den Handelsverkehr empfindlich beeinträchtigen. Trotz dieser Ansätze schafften es die Städte nicht – wenn man von der eigenständigen Entwicklung der Hanse absieht – eine entscheidende Rolle im Reich zu spielen. Die Erklärung dafür liegt im Aufstieg der Territorialherrn, die das schwache deutsche Königtum ausnutzten, um ihrerseits festgefügte und vereinheitlichte Herrschaften zu bilden. Die mächtigen Fürsten, zum Beispiel von Bayern, Württemberg und Österreich, traten im Zuge des Ausbaus ihrer eigenen Landesherrschaft immer als Gegenspieler der Städte auf. Über die Hälfte der ehemals freien Reichsstädte verlor ihre Unabhängigkeit und wurde in die Territorien integriert. Die verbliebenen Reichsstädte ließ man 1495 als eigenen Stand zum Reichstag zu. Dort nahmen sie allerdings nur die letzte Bank ein.

Obgleich sich die Städte – bezogen auf die weitere Entwicklung des Reiches – als relativ bedeutungslos erwiesen, verdient die mittelalterliche Stadt eine Würdigung. Aus der Rückschau wird erkennbar, dass sie die Keimzelle einer neuen Gesellschaft gewesen war. „Die Wurzeln aller späteren Entwicklung, einschließlich der Industriellen Revolution und ihrer Ergebnisse, lassen sich auf die Entwicklung der Stadt im Mittelalter zurückführen“, so formulierte es der Sozialhistoriker Cipolla.

Der Bürger schob sich zwischen den führenden Adel und die abhängigen Bauern und wurde zum Wegbereiter des modernen Staates. In den mittelalterlichen Städten lagen die Anfänge der modernen Verwaltung (vom Steuersystem bis zur Armenfürsorge). Die besondere zivilisatorische Leistung offenbarte sich auch in der Durchsetzung von Rechtsgleichheit und einer neuen Wertordnung. Diese unterschied sich letztlich durch die Betonung der Arbeitsproduktivität anstelle der ritterlichen Kriegsmentalität. Nicht zuletzt dank der systematischen Förderung des Schulwesens verlagerten sich im Laufe des Mittelalters die kulturellen Zentren von den Klöstern in die Städte.

Soziale Schichtung in der Stadt

Wenn man von „den Bürgern“ oder „der Gemeinde“ einer mittelalterlichen Stadt liest, so wird unwillkürlich der Eindruck erweckt, als sei die Stadtbevölkerung relativ einheitlich strukturiert gewesen. Tatsächlich aber wies die Gesamtheit der städtischen Bevölkerung eine deutlich ausgeprägte Hierarchie auf, wobei sowohl rechtliche als auch berufliche und Vermögensgesichtspunkte darüber entschieden, welche Position der Einzelne einnahm.

An der Spitze standen die Patrizier beziehungsweise „Besseren“ oder „Ehrenwerteren“, wie sie auch genannt wurden. Dabei konnte es sich um Ministeriale, Fernhandelskaufleute oder freie Grundbesitzer handeln. Sie allein galten zunächst als „ratsfähig“, das heißt zur politischen Führung der Stadt berufen. Sozialstatus und Amtsfähigkeit waren also aufs Engste verknüpft. Im Allgemeinen galt die Regel, dass wirtschaftlicher Reichtum auch einen sozialen und politischen Vorrang bedingte. Die selbstständigen Handwerker, die in Zünften zusammengeschlossen waren, bildeten den Kern der Mittelschicht. Sie verfügten zumindest über ein gewisses Vermögen sowie volles Bürgerrecht.

Die Unterschichten setzten sich aus Gruppen zusammen, die entweder nur ein geringes Einkommen hatten oder die nur wenig soziales

Ansehen genossen. Zu den letzteren zählten bestimmte unehrliche Berufe: zum Beispiel Henker, Totengräber, Abdecker, Bader. Außerdem rechnete man Tagelöhner, Dienstboten, Mägde, Bettler, Kranke, Behinderte und Dirnen zur Unterschicht. „Normale" Armut und fehlende „Ehre" begründeten also eine gesellschaftliche Verachtung.

Ferner gab es noch so genannte nebenständische Gruppen, das heißt Nichtbürger, die einem Sondergericht unterstanden. Hierzu wurden Geistliche und Juden gezählt, die teilweise einen beträchtlichen Anteil an der Bevölkerung ausmachten. So zählte man zum Beispiel um 1450 in Nürnberg bei einer Wohnbevölkerung von 20 000 Menschen 446 Geistliche und 150 Juden.

Neben den finanziellen waren rechtliche Aspekte entscheidend für den sozialen Status. So unterschied man zwischen Vollbürgern mit entsprechenden Rechten (zum Beispiel politische Beteiligung) und Pflichten (Steuern, Wach- und Wehrdienst) und minderberechtigten Einwohnern. Angehörige der Unterschicht besaßen im Allgemeinen nicht das Bürgerrecht. Armut galt – gemäß dem mittelalterlichen Denken – als Folge von Sünde beziehungsweise als Strafe für persönliche Verfehlung. Folglich konnte der Arme im günstigsten Falle auf Mitleid hoffen. Oft genug wurde er mit Verachtung gestraft. Die Mildtätigkeit galt aber als Gott wohlgefällig, denn der Arme wurde als natürlicher Teil der göttlichen Ordnung angesehen. Über das Ausmaß der Armut in der mittelalterlichen Stadt gibt es wissenschaftliche Kontroversen. Das hängt mit der Quellenlage zusammen, die keine repräsentativen Aussagen zulässt. Unvollständige Angaben über Löhne, Kaufkraft, Mietkosten verhindern eine genaue Erfassung des Lebensstandards der Unterschichten. Die Steuerlisten, eine der wichtigsten Quellen zur Bestimmung der Sozialstruktur, erfassen die wirklich Armen nicht, da diese keine Steuern zahlten.

Zünfte

Der mittelalterliche Mensch lebte in einem Personenverband. Das galt für die hörigen Bauern, die zur „familia" eines Grundherrn gehörten, genauso wie für Kaufleute, die sich zu „Gilden" zusammenschlossen. Soziale Unsicherheit oder auch bestimmte Rechtspraktiken, die den Beistand von so genannten Eideshelfern erforderten, begünstigten diese Gruppenbildungen.

Die Handwerker der mittelalterlichen Stadt waren in der Regel in Zünften (Ämtern oder Zechen) organisiert. Diese umfassten aufgrund des Zunftzwangs alle selbstständigen Handwerker eines Berufszweigs. In Deutschland ist die erste Erwähnung einer Zunft für das Jahr 1099 (Weber in Mainz) nachgewiesen.

Die Zünfte hatten hinsichtlich ihrer Entstehung zwei verschiedene Wurzeln. Zum einen eine genossenschaftliche, das heißt, man schloss sich freiwillig zusammen, um lästige Konkurrenz auszuschalten und um sich gegenseitig in Notfällen zu unterstützen. Zum anderen entstanden Zünfte auf Anweisung beziehungsweise unter Aufsicht der Stadtobrigkeit. Der Stadtregierung war im Sinne des Konsumentenschutzes nämlich an einer Kontrolle von Menge, Preis und Qualität der Waren gelegen. Zwar verwalteten sich die Zünfte zumeist selbst, aber in vielen Städten gelang es ihnen nie, die obrigkeitliche Kontrolle abzu-

M 3 Versammlungssaal im Hause der Augsburger Weber
Die Augsburger Weber haben sich in ihrem 1389 erworbenen Zunfthaus 1457 die große Stube ausmalen lassen. Die Decke zeigt Darstellungen aus dem Alten Testament, dem Alexander-Roman und deutschsprachige Verse, darunter auch jenen, der im Bauernkrieg 1525 Bedeutung gewann:
„Da Adam hackt und Eva spann / wo war denn da der Edelmann?"

schütteln. Zunftmitglieder bildeten in der Regel die Mittelschicht der mittelalterlichen Stadt. Aus dieser Position heraus drängten sie auf Teilnahme an der städtischen Selbstverwaltung, wobei es zwangsläufig zu Konflikten mit den traditionellen Führungsschichten der Ministerialen und Fernkaufleute kommen musste.

Gesellen und Lehrlinge lebten zumeist in der Familie des Meisters. Eine Trennung von Wohnort und Arbeitsplatz gab es noch nicht. Die Arbeitszeiten waren relativ lang, insbesondere im Sommer. Allerdings galten in den einzelnen Zünften abweichende Regelungen. Bezeichnend ist, dass es wiederholt zu Konflikten darüber kam, ob zum Beispiel Arbeit bei künstlichem Licht (Kerze) gestattet sein sollte. Insgesamt muss man bei einer Bewertung der Arbeitszeit berücksichtigen, dass mehr als ein Viertel des Jahres kirchliche Feiertage waren, an denen nicht gearbeitet werden durfte. Konflikte um die Arbeitszeit hat es immer gegeben, aber im 14. und besonders im 15. Jahrhundert spitzten sich die Gegensätze zwischen Meistern und Gesellen zu.

Die Zünfte waren, zur Sicherung des so genannten Nahrungsprinzips, mehr und mehr dazu übergegangen, die Anzahl der Meister zu beschränken. Zumeist wurde die Meisterstelle auf den Sohn vererbt. Dadurch mussten sehr viele Gesellen ihre Hoffnungen begraben, jemals selbstständig zu werden, es sei denn, es gelang ihnen, die Witwe oder auch Tochter eines Meisters zu heiraten. Die Gesellen organisierten sich in Gesellenbruderschaften, die neben arbeitsrechtlichen (Lohn, Arbeitszeit) auch religiöse Anliegen vertraten. Als Folge des blockierten gesellschaftlichen Aufstiegs wurde der wandernde Geselle seit dem Ende des 14. Jahrhunderts eine weit verbreitete Erscheinung.

Herrschaftskonflikte in der Stadt

In Bezug auf den Kampf um die Herrschaft in der mittelalterlichen Stadt lassen sich zwei verschiedenartige Konflikttypen voneinander abgrenzen:
- erstens der Konflikt zwischen der Stadtgemeinde und dem jeweiligen Stadtherrn,
- zweitens der Konflikt zwischen innerstädtischen Schichten beziehungsweise Gruppen.

In der Anfangsphase der Stadtentwicklung waren die Städte noch nicht selbstständig, vielmehr wurden sie von den Stadtherrn, auf deren Territorium sie lagen, regiert. Dem erstarkten und selbstbewusst gewordenen Bürgertum war natürlich daran gelegen, diese Herrschaft abzuschütteln. Es strebte nach Autonomie, die sich vor allem in der Wehr- und Steuerhoheit ausdrückte. Zur Erreichung dieses Ziels wurden wiederholt Eidgenossenschaften (Schwurgemeinschaften) gebildet. Der Kampf der so organisierten Bürgerschaft wurde im Verlauf des Investiturstreits oft vom König unterstützt. So gelang es beispielsweise vielen rheinischen Städten, sich ihrer bischöflichen Stadtherrn zu entledigen (zum Beispiel Mainz, Worms, Speyer).

Die städtische Selbstverwaltung begünstigte zunächst Ministeriale, freie Grundbesitzer und vor allem Fern- beziehungsweise Großkaufleute. Diese Gruppen bildeten das städtische Patriziat. Nur diese Patrizier galten als „ratsfähig“ und beanspruchten ein Vorrecht auf politische Machtausübung. Sie allein besetzten die Ämter der städtischen Exekutive.

Gegen die Oligarchie (Herrschaft von Wenigen) regte sich der Widerstand der städtischen Mittelschichten; die in den Zünften organisierten Handwerker drängten auf Teilhabe an der Stadtregierung. Dieser Konflikt zwischen der patrizischen Elite und den zünftigen Mittelschichten endete in jeder Stadt anders. Teilweise konnten die vornehmen „Geschlechter“ ihre Macht erfolgreich behaupten, so zum Beispiel in Nürnberg und Lübeck. Teilweise gelang den Zünften der Durchbruch zur Alleinregierung. Meistens kam es hingegen zu einem Kompromiss, durch den die städtische Herrschaft auf eine breitere politische Basis gestellt wurde.

Chronologie: Das Beispiel Köln

1074 Ein Aufstand der Kaufleute gegen den erzbischöflichen Stadtherrn wird niedergeschlagen.

1106 Heinrich IV. erteilt den Bürgern den Auftrag, einige Stadtteile mit einer Mauer zu umgeben. Damit erringen die Kölner Bürger die Wehrhoheit. In der Folge nimmt die Macht des Erzbischofs ab; die Stadt wird vom kaufmännischen Patriziat regiert.

1216 Zum ersten Mal wird der „Rat“ erwähnt, der allein den vornehmen „Geschlechtern“ vorbehalten ist. Diese umfassen ca. 40 Familien, die in der so genannten Richerzeche (Zusammenschluss der Reichen) verbunden sind.

1288 Die Bürger besiegen die erzbischöflichen Truppen in der Schlacht bei Worringen; damit wird der Machtanspruch der Bürger endgültig durchgesetzt.

1369/70 Mit der „Weberschlacht“ beginnen die „Zunftkämpfe“ gegen die Patrizier.

1396 Die Patrizier werden entmachtet. Die „Richerzeche“, die 200 Jahre in Köln die Macht ausgeübt hat, wird aufgelöst. Nunmehr werden die Zünfte am Stadtrat beteiligt; aktives Wahlrecht besitzen alle in den Gaffeln (Zünften) zusammengeschlossenen männlichen Bewohner.

M 4

Die Handelswege im 13. Jahrhundert

Sevilla wichtiger Handelsplatz
freier Markt
wichtiger Hafen
Kohle
Eisen
Kupfer
Blei, Zink
Metallurgie
Wolle
Tuche
Getreide
Wein
Hauptstraße
Schifffahrtslinie

M 5 **Europäische Wirtschaft im 13. Jahrhundert**

a) Der belgische Historiker F. Vercauteren gibt einen Abriss vom europäischen Handel:

Die Gründe für den handelsmäßigen Aufschwung vom Beginn des 11. Jahrhunderts an wurden schon geschildert. Mit dem darauf folgenden Jahrhundert setzte sich der internationale Handel stark durch, und zwar in zwei Hauptzügen: über Italien zum Mittelmeer und über die Niederlande zur Nord- und Ostsee. Im nördlichen Wirtschaftsraum dominierte seit Mitte des 13. Jahrhunderts die deutsche Hanse, deren Handelswege von Nowgorod über Riga nach Wisby, Stockholm, Bergen bis nach London und Brügge führten. Ihre Schiffe luden in erster Linie Naturprodukte, Getreide aus dem Ostland, Holz, Honig, Pelze, Trockenfisch und Salzheringe, die dann in London und Brügge gegen englische Wolle, französische Weine, flämische und Brabanter Tuche oder gegen Gewürze und Seide aus dem Süden umgetauscht wurden. Schon die Art der Frachten brachte es mit sich, dass das hanseatische Handelsvolumen großen Umfang annahm, doch erreichte der Wert nicht den des italienischen Handels. Die von der Hanse eingesetzten Kapitalien waren eher gering, denn der hanseatische Handel war in erster Linie ein Massengeschäft. Man traf zwar in den Hansestädten Kaufleute, die Geschäfte von internationalem Umfang abschlossen, aber kaum, wie in Italien, große Finanzleute. Infolgedessen entwickelte sich der Finanzkapitalismus bei den Hanseaten wenig, auch ihre kaufmännische Technik war weniger fein ausgearbeitet als in Südeuropa.

Eine der dauerhaftesten Folgen der Kreuzzüge war, dass die Seestädte Italiens, besonders Genua, Pisa und Venedig, und in geringerem Maße jene der Provence und Kataloniens die wirtschaftliche Herrschaft im Mittelalter errangen. Die dort gehandelten Produkte waren in erster Linie ausländischer Herkunft, so Gewürze, Reis, Parfüms, Farbstoffe, Alaun, Baumwolle und Seide. Infolge des geringen Platzbedarfs dieser Produkte stellten solche Schiffsladungen einen erheblichen Wert dar. Im Gegensatz zum nordeuropäischen Handel befasste sich der Mittelmeerhandel mit Luxuswaren, die große Gewinne brachten und keine kostspieligen Lager erforderten, besonders wichtig zu einer Zeit, in der die technische Ausstattung der Häfen noch höchst mangelhaft war.

Bis zum Ende des 13. Jahrhunderts spielte sich der Handel zwischen Italien und den nördlich der Alpen gelegenen Ländern auf dem Landwege ab, von diesem Zeitpunkt an verließen genuesische Galeeren das Mittelmeer und fuhren direkt nach England und Flandern.

Bis dahin reisten die Kaufleute auch viel. Sie trafen sich auf Messen, die ein- oder zweimal im Jahr in bestimmten Städten veranstaltet wurden. Solche internationalen Messen gab es viele, doch waren nur wenige so bedeutend wie die, welche im 12. und 13. Jahrhundert italienische , französische, flämische, deutsche und englische Kaufleute in einigen Städten der Champagne vereinigten. Nach dem 13. Jahrhundert verloren diese Messen an Bedeutung, da die Kaufleute sesshaft wurden und in den Städten ihre Kontore hatten. Am Ende des Mittelalters hatten die internationalen Messen von Frankfurt, Lyon und Genf schon einen völlig anderen Charakter. Der bedeutende Aufschwung des lokalen wie internationalen Handels wurde in gewisser Hinsicht durch das Fehlen von Zahlungsmitteln gebremst.

F. Vercauteren, Bildatlas der Kultur und Geschichte Europas, München 1964, S. 110.

M 6 Kaufleute

Die Risiken und Chancen der Kaufleute erläutert der französische Historiker Georges Duby:

Die mercatores (Kaufleute) waren wie die Handwerker aus der Hausdienerschaft der Großen hervorgegangen. Ursprünglich lag ihre Funktion darin, den Hof mit fremden Waren zu versorgen, von denen manche, beispielsweise die Gewürze, die ebenfalls zur Zierde der vornehmen Häuser gehörten, aus weiter Ferne kamen. Sie mussten sich auf Reisen begeben, die gewünschten Produkte ausfindig machen und als Gegenleistung Geld oder Überschüsse aus der grundherrlichen Domanialproduktion (hier: landwirtschaftliche Produkte) anbieten. Genau wie das handwerkliche Gewerbe verlor auch die kommerzielle Funktion mit der Zeit ihren an das Herrenhaus gebundenen Charakter. Das geschah in dem Maße, in dem die Erweiterung der Konsumentenkreise den Kaufleuten Gelegenheit gab, die aus fernen Ländern mitgebrachten Produkte anderen Personen zum Kauf anzubieten als ihrem eigenen Herrn. Dennoch blieb der Handel ein abenteuerliches, gefährliches und gewinnträchtiges Unternehmen, wie es einst der Krieg gewesen war. Im 12. Jahrhundert bedeutete das Handeln noch eine saisongebundene Expedition, die zu mehreren durchgeführt wurde. Alle Händler, die in ein und derselben Stadt ansässig waren, pflegten sich damals zu einer Bande zusammenzuschließen, die sich als Gruppe genau so fest verbunden fühlte wie früher die Krieger, die zur Plünderung benachbarter Stämme auszogen, oder zur damaligen Zeit noch die um den Kastellan (Burgvogt) versammelten Trupps berittener Vasallen. Für die Dauer der Expedition bildeten sie eine Bruderschaft, eine fraternicia. Die Statuten von Valenciennes, deren wichtigste Passagen aus dem 11. Jahrhundert stammen, sprechen von der permanenten Gefahr auf dem Meer, auf den Gewässern und auf dem Land. Sie erwähnen Waffen, sie verbieten, sich nach Verlassen der Stadt von der Karawane zu entfernen, verpflichten zur gegenseitigen Hilfe während der Reise und verlangen, dass im Todesfalle der Leichnam des Mitbruders zurückgebracht werden muss, sofern das Unglück sich vor Ablauf von drei Tagesmärschen ereignet. Die Handelsaktivitäten erlaubten einem jeden, in kürzester Zeit viel Geld anzuhäufen, aber sie verlangten Kraft und Mut. Diejenigen, die sich den Risiken aussetzten, die Entschlossensten und Reichsten, überflügelten alle anderen Einwohner des burgus (Stadt).

G. Duby, Krieger und Bauern, Frankfurt/M. 1981, S. 246 f., 1986, S. 98.

M 7 Gefahren der Wasser- und Landwege

Der Nürnberger Kaufmann Stephan Praun hat im Jahre 1511 ein Votivbild (aufgrund eines Gelübdes) zum Dank für die Errettung vor Sturm und vor Beraubung auf dem Land gestiftet. Im Zentrum des Bildes ist das Schiff dargestellt, mit dem Praun auf dem Gardasee in Seenot geriet. Rechts unten die venezianischen Söldner, welche den aus Seenot Geretteten zu berauben drohen. Links der Kaufmann, der die Muttergottes um Hilfe anruft. Das Bild über den Wolken zeigt, dass Praun nicht eine abstrakte Muttergottes anrief, sondern eine bestimmte Darstellung vor Augen hatte, nämlich die aus dem Hochaltar der Kapelle des Mendelschen Zwölfbrüderhauses. Praun stiftete das Votivbild dann auch dieser Kapelle (in Nürnberg).

Aus: H. Boockmann, Die Stadt im späten Mittelalter, München 1986, S. 98.

Das Reisen im Mittelalter war mit Gefahren verknüpft, die sowohl von der Natur als auch von anderen Menschen drohten. In einer heute kaum nachvollziehbaren Weise war der Reisende der Natur ausgeliefert: Regen, Nebel, Schnee, Hochwasser, unpassierbare Wege, fehlende Brücken erschwerten das Vorankommen. Gefahren für Leib und Leben gingen aber oft auch von Wegelagerern und Räubern aus. Mitunter wurden Reisende auch Opfer des weit verbreiteten Fehdeunwesens. Deshalb war es üblich, in Gruppen zu reisen, um die eigene Wehrfähigkeit zu erhöhen. [F. B.]

M 8 Reisewagen, Buchmalerei, 1411

	(km/h)	Tagesleistung
Fußreisende	3–6	20–40 km
Läufer maximal 10 Tage zu 40 km	10–12	50–65 km
Pferd im Galopp	20–25	
Reitender Bote, ohne Rücksicht auf das Pferd		130–135 km
„Durchschnitts"-Reisende, wenig eilig, mit Gefolge und Gepäck (z. B. Kaufleute)		30–45 km
Flussschiff, talwärts, auf Rhein oder Rhône		100–150 km
Hochseegängiges Segelschiff bei günstigem Wind evtl. mehr		120–200 km
Besonders schnelle Galeere		200 km

Aus: N. Ohler, Pilgerleben im Mittelalter, Freiburg/Brsg. 1994, S. 115.

M 9 Reisegeschwindigkeiten im Mittelalter

M10 Das Bild einer mittelalterlichen Stadt

Rothenburg ob der Tauber [aus südlicher Richtung]. Der älteste Teil von Rothenburg ist die 1142 in staufische Hand gelangte Burg, die im Jahre 1356 durch ein Erdbeben zerstört wurde. Erhalten blieb nur die links [vorne] sichtbare Kapelle. Die in der zweiten Hälfte des 12. Jahrhunderts gegründete Stadt wurde an zwei Seiten durch das steil abfallende Gelände und im Übrigen durch eine Mauer begrenzt, vor deren Linie die heutigen Straßen Alter Stadtgraben und Judengasse entlangführen. Diese ältere Befestigungslinie begann im Süden mit dem Spital des Johanniter-Ordens, dessen Kirche in der Bildmitte sichtbar ist. Daran schlossen sich die beiden erwähnten Straßen an, die an ihrer gerundeten Führung gut zu erkennen sind [...] und an zwei Toren dieser älteren Befestigung vorbeiführen. Im Norden führte die ältere Befestigungslinie südlich an dem großen Schrannenplatz entlang, der heute von der jüngeren Stadtmauer noch umschlossen ist. Ganz im Westen wird die Stelle der alten Befestigung von dem schräg hinter der Stadtpfarrkirche sichtbaren Dominikanerinnenkloster bezeichnet, das innerhalb der Stadtmauer, aber an deren Rande lag, ganz ähnlich wie das Franziskanerkloster weiter südlich. Im 14. Jahrhundert wurden die Vorstädte ummauert. Es entstand nun eine Erweiterung in Gestalt eines sich nach Osten und teilweise nach Süden ausdehnenden halben Ringes, der sich als jünger auch darin erweist, dass sich in ihm keine Kirchen befinden. Ab 1400 wurde dann das neue Spital im Süden in den Mauerring einbezogen, sodass noch einmal ein Stück Stadtbefestigung – wiederum mit einem Stadttorturm – ins Stadtinnere geriet. Ab 1430 folgte dann die Befestigung des Rothenburger Umlandes durch eine Landwehr.

Aus: H. Boockmann, Die Stadt im späten Mittelalter, München 1986, S. 30.

M11 Freiburger Gründungsurkunde

Der Stadtherr verlieh der künftigen Stadt jene Freiheiten und Rechte, die als so genannte Handfeste den Kern des Stadtrechts ausmachten (1120):

Kundgetan sei allen den zukünftig und den gegenwärtig Lebenden, dass ich, Konrad, an dem Ort, der mein Eigengut ist, nämlich Freiburg, einen Markt gegründet habe im Jahre des Herrn 1120. Nachdem also von überall her angesehene [oder: freie] Kaufleute zusammengerufen worden sind, habe ich auf der Grundlage einer Schwurvereinigung verfügt, diesen Markt einzurichten und auszubauen.

Darauf habe ich einem jeden Kaufmann in dem gegründeten Markt ein Grundstück zugeteilt, damit Häuser – als Eigentum – errichtet werden; und ich habe festgesetzt, dass von jedem Grundstück ein Solidus[1] geltender Währung mir und meinen Nachkommen jährlich als Zins gezahlt werden soll, am Fest des hl. Martin.

Nun also sei allen kundgetan, dass ich auf Bitten jener und ihren Wünschen gemäß die nun folgenden Privilegien eingeräumt habe. Und mir erscheint der Rat vernünftig, sie in Form eines Chirographs[2] schriftlich niederzulegen, damit sie lange Zeit im Gedächtnis gehalten werden, auf dass meine Kaufleute und ihre Nachkommen dieses Privileg von mir und meinen Nachkommen in alle Ewigkeit besitzen mögen.

1. Allen, die meinen Markt besuchen, verspreche ich Frieden und sicheres Geleit innerhalb meines Besitzes und Herrschaftsbereichs. Wenn einer von ihnen in diesem Gebiet beraubt werden sollte, so will ich – sofern er den Räuber nennt – die Rückerstattung des geraubten Gutes veranlassen oder selbst dafür zahlen.

2. Wenn einer meiner Bürger stirbt, so soll seine Frau mit ihren Kindern alles besitzen und ohne jegliche Einschränkung behalten, was auch immer ihr Mann hinterlassen hat.

3. Ich setze fest – soweit ich es vermag –, dass alle, die Besitz am Markt haben, teilhaben sollen an den Vergünstigungen meiner Leute und auch der aus der Umgebung, nämlich dass sie ohne Strafe Weideland, Gewässer, Gehölze und Wälder nutzen dürfen.

4. Allen Kaufleuten erlasse ich den Zoll. [...]

5. Niemals werde ich meinen Bürgern einen Vogt [Richter], niemals ihnen einen Priester ohne Wahl vorsetzen, sondern wen auch immer sie zu diesem Amt gewählt haben, den sollen sie mit meiner Bestätigung haben. [...]

6. Wenn sich unter meinen Bürgern Uneinigkeit oder eine Streitfrage erheben sollten, so ist nicht nach meinem Ermessen oder dem ihres Vorstandes zu entscheiden, sondern ich beschließe, dass nach dem gebräuchlichen und anerkannten Recht aller Kaufleute, insbesondere aber dem der Kölner, geurteilt werden soll.

7. Wenn jemand vom Mangel am Allernötigsten bedrückt wird, so mag er seinen Besitz verkaufen, wem er will. Der Käufer aber zahle für die Hofstätte den festgesetzten Zins.

Damit meine Bürger den oben aufgeführten Versprechungen nicht weniger Vertrauen entgegenbringen, habe ich durch einen Schwur mit meinen 12 angesehensten Ministerialen[3] auf die Reliquien der Heiligen Sicherheit geleistet, dass ich und meine Nachkommen das Aufgeführte immer erfüllen werden.

Und darauf hin, dass ich diesen Eid nicht aus irgendeiner Notwendigkeit breche, habe ich die Bekräftigung durch meine rechte Hand dem freien Mann und den Geschworenen des Marktes unverbrüchlich gegeben. Amen.

1 ursprünglich oströmische Goldmünze; im Mittelalter auch Rechnungseinheit für Silber (Schilling)

2 handgeschriebene (Teil-)urkunde, in der ein Wort zwischen die Urkunden geschrieben und das Pergament durch dieses Wort zerschnitten wurde.

3 Dienstleute; modern gesprochen Beamte

Zit. nach: H. Schadek, K. Schmid (Hg.), Die Zähringer, Anstoß und Wirkung, Sigmaringen 1986, S. 447 f.

M12

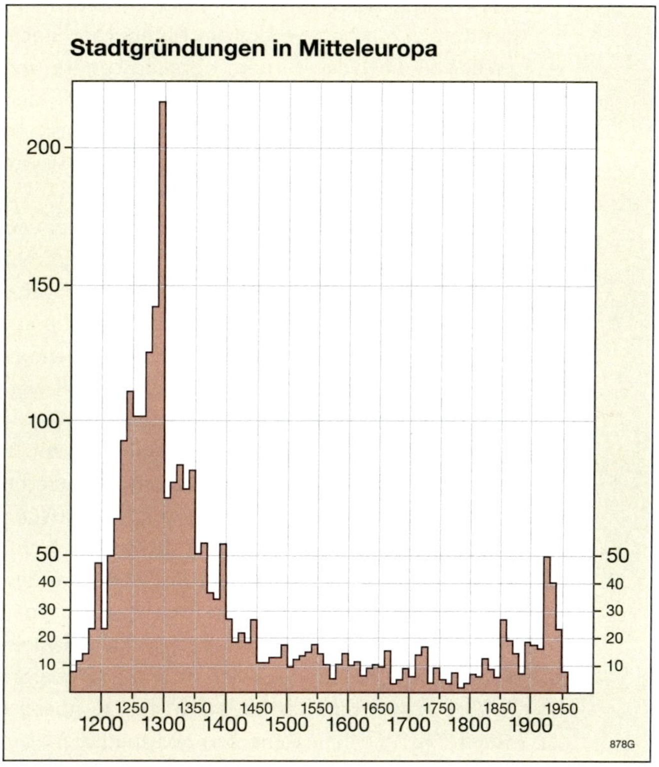

M13 Soziale Schichtung

Der Historiker Erich Maschke hat die soziale Schichtung vieler Städte miteinander verglichen:

Anders als in der Adelsgesellschaft, galt in der erwerbsorientierten bürgerlichen Gesellschaft des Mittelalters der „Reichtum", d. h. die Vermögensgröße als dominanter Wertmaßstab. Dazu kam die Ehre, die als „Ehrbarkeit" auch den Zünften zugeschrieben war, den darunter liegenden Schichten aber nur zum Teil bis hin zur ausdrücklichen Aberkennung bei den „unehrlichen" Berufen, dem Henker, dem Schinder, den Dirnen, besonders in Nord-

deutschland auch den Leinewebern. Auch unehelich Geborene galten als unehrlich. [...]
In Wismar, München und anderen Städten war die Entfaltung eines gewissen Prunks bei einer Hochzeit nur erlaubt, wenn die Mitgift eine festgelegte Mindesthöhe erreichte. Diese Schichtgrenze wirkte sich in der Verfassung aus, wenn in Bremen ein Mindestvermögen nachgewiesen werden musste, um Ratsherr werden zu können.

Ehrbarkeit

Neben dem Vermögen bildete aber auch die „Ehrbarkeit" ein Kriterium für die Schichtzugehörigkeit, das sich in den Statussymbolen ausdrückte. Um den Unterschied zwischen „ehrlichen" und „unehrlichen wandelbaren Frauen" in der Öffentlichkeit sichtbar zu machen, verbot das Hamburger Stadtrecht von 1497 den Dirnen, Korallenschnüre und anderen Schmuck zu tragen, „den fromme Frauen gewöhnt sind zu tragen". Die Grenze zwischen „ehrbar" bzw. „ehrlich" und ihrem Gegensatz wirkte sich, wie die Vermögenshöhe, in der Verfassung aus, wenn in Augsburg 1368 die Zünfte, die „also groz und erbar" waren, zwei Ratssitze erhielten, die übrigen nur einen, und wenn andererseits in Köln im 15. Jahrhundert den als unehrlich geltenden Bartscherern und Leinewebern das passive Wahlrecht genommen war, sodass sie nicht in den Rat gewählt werden konnten, obgleich sie eine Zunft bildeten.
Vermögenshöhe und Ehrbarkeit als soziale Wertmaßstäbe bestimmten in diesen Fällen das Verfassungsrecht. Die Statussymbole der Kleidung und der Zulassung zum Tanz hoben nach oben und unten die Schichtgrenzen hervor, die sich freilich zum Teil mit Standesgrenzen deckten. Den Patriziern standen wertvolle Kleidung und Schmuck zu, die den Handwerksmeistern und erst recht den Gesellen vorenthalten waren. Während einerseits das Tanzstatut des Nürnberger Rates 1521 die Teilnahme von Nichtpatriziern am Tanz der Patrizier verbot, durfte sich andererseits in Augsburg schon im späten 13. Jahrhundert kein Handwerksgeselle an einem Reigen beteiligen, in dem eine Bürgerin tanzte, aber auch kein fahrender Schüler, außer er war eines Bürgers Sohn. Hier ist ein geburtsständisches Prinzip, ausgeprägt beim Patriziat, schwächer beim Bürgerrecht, unverkennbar als bestimmend für die Schichtgrenze.

Soziale Stufenfolge

Die Verteilung der Statussymbole macht drei Schichten sichtbar:
Eine Elitegruppe, die durch das Patriziat repräsentiert ist, eine Mittelschicht und eine Unterschicht. Sie sind durch die „Lagemerkmale" näher gekennzeichnet. Im Durchschnitt weist das Patriziat die größten Vermögen auf, die Mittelschicht hat durchschnittlich mittlere bis kleine Vermögen, während die Unterschicht im Ganzen vermögenslos ist, sodass ein großer Teil derselben als „arm" bezeichnet werden muss. Patriziat und Mittelschicht haben das Bürgerrecht, sodass es in dieser rechtlichen Beziehung keinen Unterschied gibt, doch die Angehörigen der Unterschicht besitzen es mit wenigen Ausnahmen nicht, sodass sie als unterbürgerliche Schicht zu bezeichnen sind. Weitere „Lagemerkmale" sind Berufsausbildung und berufliche Selbstständigkeit. Sie gelten für patrizische und nicht patrizische (zünftige) Kaufleute, die Mitglieder der Handwerkerzünfte und der nichthandwerklichen Zünfte, Ärzte, Notare und Stadtschreiber, die letzteren freilich nicht oder nur zum Teil in selbstständiger Stellung. Die Handwerksgesellen befinden sich zwar auch in der Berufsausbildung, doch sind sie, wie auch andere Lohnarbeiter, unselbstständig, sodass hier der Unterschied zwischen Ober- und Mittelschicht einerseits, Unterschicht andererseits sehr betont hervortritt.
Zur Oberschicht gehören Kaufleute und Rentenbezieher, zur Unterschicht Gesellen und andere Lohnempfänger, Arme und Bettler, Unehrliche und zahlreiche unverheiratete Frauen. In der breiten Mittelschicht bilden die Zunftgenossen die weitaus größere Gruppe. Trotz weitgehender Homogenität in der Abgrenzung nach oben und unten und in den Lagemerkmalen war die soziale Stufenfolge der Zünfte innerhalb der Mittelschicht nach den Wertmaßstäben, die im Ganzen als allgemein gültig anerkannt wurden, sehr differenziert. An der Spitze standen in allen Städten die kommerziellen Zünfte, wenn auch mit Schwankungen in der Einordnung der Kleinhändler. Die Kaufleute wiesen die größten Durchschnittsvermögen auf. Nach der Ratssitzordnung, in Zeugenlisten und anderen Aufzählungen sowie in den Prozessionen nahmen sie die angesehensten Plätze ein. Wo die Zünfte im Rat mit einer verschieden großen Zahl von Ratsherren vertreten waren, verfügten die Kaufmannszünfte über die relativ größte Zahl von Ratsitzen.

E. Maschke, Die Schichtung der mittelalterlichen Stadtbevölkerung Deutschlands als Problem der Forschung, in: dgl., Städte und Menschen, Wiesbaden 1980, S. 163ff.

M14 Bettelnde Pilger

Die fremden, vor allem aus den Niederlanden stammenden Kaufleute in Frankfurt am Main begründeten 1479/1481 am Karmeliter-Kloster eine

Altarbild von 1490

Annen-Bruderschaft, in deren reich ausgestattete Kapelle sie einen Altar stifteten. Ein niederländischer Meister hat die Flügel dieses Altars gemalt, darunter die abgebildete Darstellung, auf der Joachim und Anna, gekleidet als ein reiches Bürgerpaar, vor ihrem Hause vorbeiziehenden Armen Almosen gewähren. Joachim beschenkt einen Bettler und zwei Wallfahrer mit Geld. Der Bettler ist durch verkrüppelte Füße charakterisiert, und auch die Pilgerin scheint kranke Füße zu haben. Vielleicht erhofft sie eine Heilung von ihrer Pilgerfahrt. Auf ihrem Hut trägt sie zwei Muscheln und das Zeichen des ostflandrischen Wallfahrtsortes Gerardsbergen. Der Mann hinter ihr hat seinen Hut ebenfalls mit Muscheln und einem Wallfahrtszeichen versehen. Außerdem hat er seinen Löffel hinter dem Hutband festgesteckt. Hinter dieser Gruppe ein einzelner (Waisen-?) Knabe. Sein Korb ist vielleicht zur Aufnahme von Broten bestimmt, wie sie hinter Joachim in einem großen Korbe bereitstehen. Dahinter, von Anna mit Geld beschenkt, eine Pilgerfamilie. Der ältere Junge trägt Pilgerzeichen am Hut, die Mutter hat auf ihrem Mantel gekreuzte Pilgerstäbe aufgenäht, der Vater gekreuzte Schlüssel, also das Zeichen des Wallfahrtsortes Rom, das jedoch auch als unspezifisches Pilgerzeichen getragen werden konnte. Die offensichtliche Armut dieser Pilger könnte so zu verstehen sein, dass der Maler eine Gruppe von berufsmäßigen Pilgern, welche die Wallfahrten anderer ausführten, darstellen wollte.

Aus: H. Boockmann, Die Stadt im späten Mittelalter, München 1986, S. 258 f.

M15 Die Armen

Die statistische Erfassung der städtischen Armut erweist sich als schwierig. Dazu der französische Armutsforscher Michel Mollat:

Der Anteil der Armen mag von Region zu Region, von Stadt zu Stadt schwanken; die Anzahl der Armen stieg aber fast überall ständig an. 1424 konnten in Basel nur 25 % der Bürger die Steuer von 12 Gulden nicht aufbringen, 1439 waren es 29 %, 1453 32 % und 1484 26 %, im Schnitt also etwa ein Drittel der Bevölkerung, ein auch andernorts häufig belegter Anteil. In Köln betrug er 1476 zwar nur 10 %, in Straßburg aber 1473 29 %. In einem Augsburger Verzeichnis von 4700 Steuerpflichtigen (1475) fand E. Maschke 3378 nihil habentes [wörtl. Habenichtse; Vermögenslose], darunter 2700 Handwerker vorwiegend aus dem Tuchgewerbe. Folgt man den Aussagen der Testamente, so machten im 15. Jahrhundert die Armen in Augsburg 80 %, in Lübeck 1350 64 % der Bevölkerung aus. Im 14. und 15. Jahrhundert nahm in ganz Deutschland die Anzahl der Armen ständig zu.

M. Mollat, Die Armen im Mittelalter, München 1984, S. 213.

M16 Aufstand in Köln gegen den Erzbischof Anno II. (1074)

Der Bericht des Benediktinermönchs Lampert von Hersfeld (ca. 1025 – ca. 1085) gilt als gelungenes Beispiel für eine politische Geschichtsschreibung. Der Autor war im Investiturstreit königsfeindlich eingestellt:

[...] Der Erzbischof feierte das Osterfest in Köln, und bei ihm war der Bischof von Münster, den er als seinen vertrauten Freund zu den Freuden des hohen Festes eingeladen hatte. Als nun die Osterfeiertage beinahe vorüber waren und dieser sich anschickte abzureisen, erhielten die Hausbediensteten des Erzbischofs den Befehl, ein geeignetes Schiff für seine Reise zu besorgen. Nach eingehender Musterung und Besichtigung aller Schiffe beschlagnahmten sie eines, das einem sehr reichen Kaufmann gehörte und das ihnen für diesen Zweck geeignet erschien, ließen die Waren, die es geladen hatte, herausschaffen und befahlen, es unverzüglich für die Dienste des Erzbischofs instandzusetzen. Als die Knechte, die das Schiff zu bewachen hatten, das verweigerten, drohten sie mit Gewalt, wenn sie ihre Befehle nicht sofort ausführten. Darauf rannten die Knechte schleunigst zu dem Schiffseigner, meldeten den Vorfall und fragten, was sie tun sollten.

Dieser hatte einen erwachsenen Sohn, der sich ebenso durch Kühnheit wie durch Körperkräfte auszeichnete und bei den Großen der Stadt wegen verwandtschaftlicher Beziehungen und wegen seiner Verdienste außerordentlich beliebt war. Dieser lief mit seinen Knechten und mit jungen Leuten aus der Stadt, so viele er in aller Hast zu seinem Beistand zusammenraffen konnte, in fliegender Eile zu dem Schiff und verjagte die Diener des Erzbischofs, die hartnäckig auf der Beschlagnahme des Schiffs bestanden, mit Gewalt.

Als darauf der Stadtvogt zum Eingreifen heranrückte und ein neues Handgemenge hervorrief, wehrte er auch diesen mit der gleichen Unerschrockenheit ab und jagte ihn davon. Schon wollten beide Parteien ihre Freunde bewaffnet zu Hilfe rufen, und es sah so aus, als sollte es zu einer schlimmen Katastrophe und einem gefährlichen Kampf kommen. Als man den Erzbischof benachrichtigte, dass in der Stadt ein schwerer Aufruhr tobe, schickte er sofort seine Leute aus, um den Volksaufstand zu beschwichtigen, und er drohte voll Zorn, bei der nächsten Gerichtssitzung die aufrührerischen Burschen mit der verdienten Strafe zu züchtigen. [...]

[Der Konflikt spitzte sich zu. Trotz Belagerung der Kirche, in die sich der Erzbischof zurückgezogen hatte, gelang diesem die Flucht.]

Nachdem [die Bürger] also eingedrungen waren und die ganzen inneren Räume der Kirche aufs Genaueste durchsucht und durchwühlt hatten, mussten sie doch endlich zu der Überzeugung kommen, dass man sie überlistet hatte; da gaben sie ihr eifriges Suchen auf, richteten nunmehr ihr Augenmerk auf die Verteidigung der Stadt und verteilten die bewaffneten Scharen rings auf die Schanzen.

[...] Außerdem befahlen sie einigen rüstigen jungen Männern, sich in allergrößter Eile zum König zu begeben, ihm zu melden, was geschehen war, und ihm nahezulegen, so schnell wie möglich zu kommen, um die durch die Vertreibung des Erzbischofs herrenlos gewordene Stadt zu besetzen [...]. Als man überall im Lande hörte und allgemein bekannte wurde, dass die Kölner ihren Erzbischof mit Schimpf und Schande aus der Stadt gejagt hätten, entsetzte sich alles Volk über diese unerhörte Tat, dies abscheuliche Verbrechen, dies Schauspiel irdischer Hinfälligkeit, dass ein Mann von solchen Tugenden in Christo unter den Augen Gottes so Schmachvolles hatte erleiden können. [...] So rufen sie im Umkreis von vier bis fünf Meilen überall zu den Waffen; viele tausende von Menschen strömen schneller, als ein Wort verhallt, herbei, und kein Waffenfähiger versagt sich einem so gottgefälligen Dienst [...]

So rückte der Erzbischof am vierten Tage nach seiner Flucht, von einem stattlichen Haufen umgeben, vor die Stadt. Als die Kölner das sahen und erkannten, dass sie dem Angriff einer so großen, kampflustigen Menge weder an der Mauer noch in einer Schlacht standhalten konnten, da erst begann ihre Wut zu verrauchen [...], und, völlig eingeschüchtert, schickten sie ihm Boten entgegen und baten um Frieden, indem sie sich schuldig bekannten und bereit erklärten, jede Strafe auf sich zu nehmen, sofern ihr Leben geschont werde. [...]

Alsbald zogen sie alle barfuß mit wollenen Gewändern auf dem bloßen Leibe heran, nachdem sie mit Mühe und Not von den Leuten, die den Erzbischof umgaben, die Zusicherung erhalten hatten, dass sie das ohne Gefahr tun könnten. [...]

Der Erzbischof befahl nun den Städtern, sich am nächsten Tage bei St. Peter einzufinden, um für das ungeheuerliche Verbrechen nach den kanonischen [kirchenrechtlichen] Vorschriften Buße auf sich zu nehmen. [...]

In dieser Nacht flohen mehr als sechshundert der vornehmsten Handelsherren aus der Stadt und begaben sich zum König, ihn um sein Einschreiten gegen das Wüten des Erzbischofs zu bitten. Der Erzbischof wartete nach seinem Einzug in die Stadt drei volle Tage auf das Erscheinen der Übrigen vor ihm, wie er angeordnet hatte, damit sie Vorschläge zu irgendeiner Genugtuung machten, aber sie kamen nicht. Diese Missachtung ertrugen die Mannen des Erzbischofs nicht: Sie greifen zu den Waffen, wie die meisten versichern, ohne Wissen und Befragen des Erzbischofs, dringen in die Häuser, plündern die Habe, strecken die ihnen Entgegentretenden teils nieder, nehmen sie teils gefangen und werfen sie in Ketten, üben, mit einem Wort – wir müssen, allerdings nur notgedrungen, die Wahrheit bekennen – das Werk gerechter Rache viel ungezügelter aus, als mit dem Ruf eines so hohen Kirchenfürsten vereinbar war. [...]

Der oben erwähnte Kaufmannssohn, der das Volk zuerst zum Aufstand entflammt hatte, und einige andere wurden geblendet, mehrere wurden gestäupt [ausgepeitscht] und geschoren, alle wurden mit schweren Vermögensbußen belegt und mussten einen Eid leisten, dass sie in Zukunft die Stadt, so gut sie mit Rat und Tat vermöchten, für den Erzbischof gegen jedermanns Gewalttätigkeit verteidigen und die aus der Stadt geflohenen

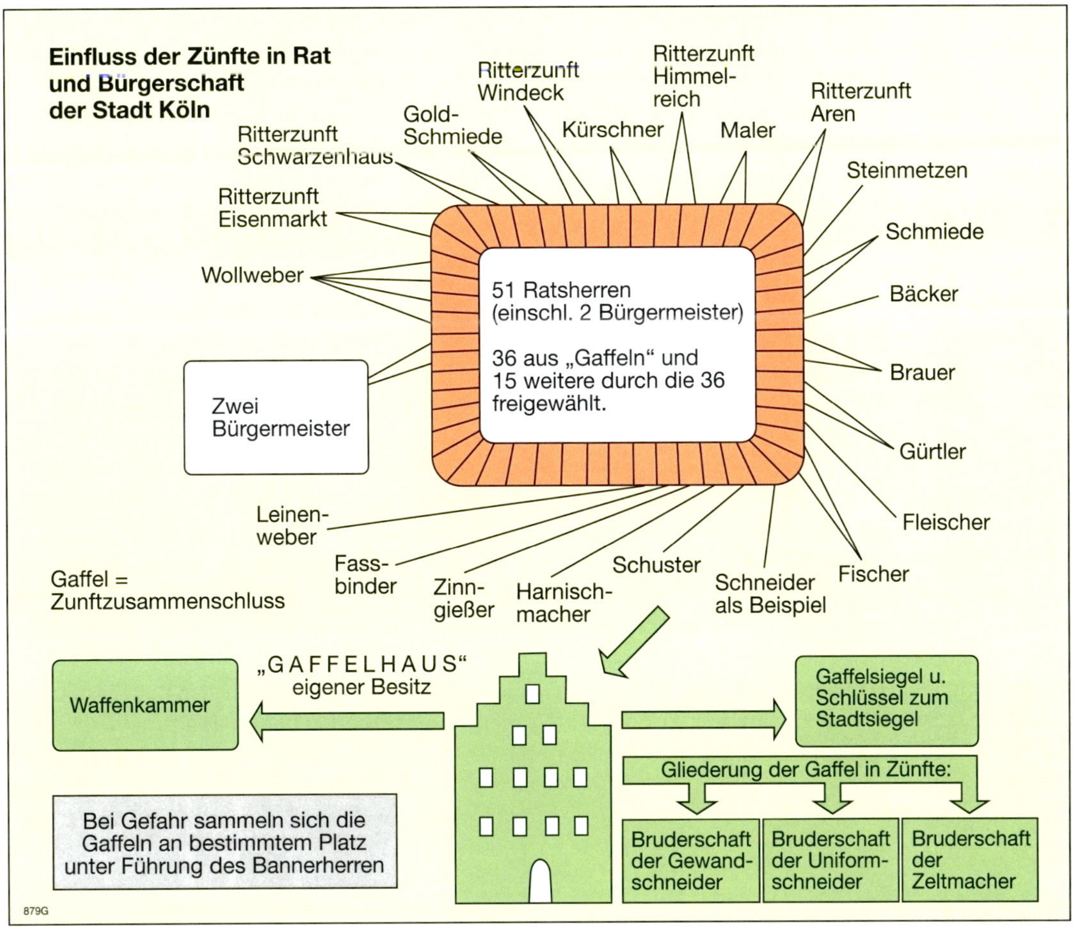

M 17

Bürger stets als ihre schlimmsten Feinde betrachten würden, bis diese dem Erzbischof gebührende Genugtuung geleistet hätten. So wurde die Stadt […] plötzlich fast verödet; wo bisher die Straßen die dichten Scharen von Fußgängern kaum fassen konnten, zeigt sich jetzt nur selten ein Mensch, und schauriges Schweigen herrscht an den Stätten der Lust und der Genüsse. […]

Lampert v. Hersfeld, Annalen, übers. v. A. Schmidt, erläutert v. W. D. Fritz, 4. Aufl., Darmstadt 2000, S. 237–249.

M18 Die Weberschlacht in Köln (1369/70)

Von einem unbekannten Verfasser stammt dieser zeitgenössische Bericht über den Konflikt zwischen den Zünften und dem Stadtadel:

Hierauf hielten die Weber eine Einigung ab und berieten, wie man den guten Leuten [herrschenden Geschlechtern] ihre Macht nehmen könne. Danach strebten sie zugleich mit allen Ämtern [Zünften] in die Stadt. […] Es musste nach dem Willen der Weber gehen. Der neue Rat wurde in folgender Weise gebildet: Fünfzehn Männer wurden aus den Geschlechtern gewählt, wie das von alters her Sitte war; daneben wurde noch ein weiterer Rat erkoren, der zählte fünfzig Mitglieder. In diesem Rate waren viele Ämter vertreten, Pelzer, Schmiede, Gürtelmacher, Sarwörter [Harnischschmiede], Maler. […] So trieben es die Weber und hatten es dabei so eingerichtet, dass sie die Mehrheit im Rate hatten und alles nach ihrem Willen gehen musste. Ihre Gewalt war so groß, dass es die Besten sehr verdross. […] Musste man eine Abgabe in der Stadt festsetzen, so sollte das Tuch allemal von der Akzise [Warensteuer] befreit sein. Auch hatten sie die Schlüssel der Stadt, ihr Siegel und ihren Schatz. Erkoren wurde der Rat, da man schrieb nach Gottes Geburt 1370, vierzehn Tage nach St. Johannis [2. Juli 1370], und er währte ein Jahr und fünf Monate. […]

[Nachdem die Weber einen der ihrigen vor einer Exekution retten wollten, kommt es zum Konflikt.] Hört, was die Weber taten! Sie entrissen den Verurteilten mit Gewalt den Henkern und führten ihn in die Stadt zurück. Als dies Johann von Trojen und Tilmann von Covelshofen sahen, eilten sie nach dem Gebürhaus [Zunfthaus] von St. Brigitten und erzählten hier der Bruderschaft [hier: der Reichen = Richerzeche], was geschehen war. Als man diese Kunde vernahm, war jeder darauf bedacht, sich zu wappnen. Sie liefen nach Hause und legten Waffen an, Arme und Reiche. Auch die Herren vom Rate säumten nicht lange und kamen nach St. Brigitten. Die ersten, die sich zu ihnen gesellten, waren die Löher [Lohgerber], dann eilte die Gesellschaft vom Eisenmarkte herbei; die Kaufleute vom Altenmarkt kamen gleichzeitig. Die Gesellen vom Himmelreiche ließen sich nicht lange mahnen; sie stellten sich eiligst unter das städtische Banner. Auch die Fischmenger [Fischverkäufer] kamen hinzu. Die Bruderschaft von St. Brigitten wollte es nicht dulden, dass man den Frieden bräche; sie erklärte, sie wolle eine Änderung der Herrschaft bewirken. So zogen sie denn mit aufgestecktem Banner aus dem Gebürhaus zu St. Brigitten. Ihnen folgte mancher Mann. Sie rückten gegen die Arsburg vor. Hier hörten sie, dass sich ein Teil der Weber in Waffen bei den Frauenbrüdern [Mönchsorden der Karmeliter] versammelt habe. Da zogen sie denn den Bach aufwärts über den Waidmarkt nach der Arsburg. Als dies die Weber sahen, flohen sie in Peter Nikols Haus, ließen aber ihr Banner draußen, bei welchem zwei Männer vor dem Tore zurückblieben. Der eine ward erschlagen, der andre blieb für tot liegen, das Banner wurde zerhauen und in Stücke zerrissen. Die Schmiede wollten den Webern zu Hilfe kommen; als sie aber die Weber geschlagen sahen, flohen sie auseinander. [...] Darauf ließ der Rat auf dem Heumarkt ein Gerüst errichten und ließ den Webern die Häupter abschlagen bei dem Pranger, so viele man von ihnen ergreifen konnte. [...]

Gewalt und Übermut nehmen selten ein gutes Ende. So geschah auch den Webern. Ihr Hochmut gewann solches Ende, dass mancher Mann seine Freude daran hatte; denn Sie trieben in diesem Jahr viel Mutwillen, mehr als ich sagen kann. Bedenkt dies wohl, ihr alten Geschlechter von Köln, und danket dem allmächtigen Gotte, welcher die stürzte, die euch unterdrücken wollten. Hütet euch vor denen, die euch in ihrem Übermute nach Leben und Gut gestanden haben, und lebt vor allem in Eintracht! Denn, seid ihr einfältig, so kann euch niemand widerstehen, so muss man euch in Ruhe lassen und werden euch Frieden und Gnade zuteil.

Aus: G. Guggenbühl, O. Weiss (Hg.), a. a. O., S. 232 ff.

Aufgaben

1. Stellen Sie die wichtigsten Produkte und Wege des europäischen Handels fest.
   → M4, M5
2. Charakterisieren Sie die Lebensform des mittelalterlichen Kaufmanns.
   → Text, M4–M9
3. Listen Sie die Faktoren auf, die bei der Gründung und beim Wachstum der mittelalterlichen Städte eine Rolle spielten.
   → Text, M10–M12
4. Freiburg im Breisgau gilt als ältestes Beispiel für eine Gründungsstadt auf deutschem Boden. Welche Zusicherungen gab der spätere Herzog Konrad in der Urkunde?
   → M11
5. Studieren Sie die Topografie bzw. das Aussehen einer mittelalterlichen Stadt. Welche Unterschiede zu modernen Städten fallen Ihnen auf?
   → M1, M10
6. Erstellen bzw. zeichnen Sie ein Modell der sozialen Schichtung in einer mittelalterlichen Stadt. Berücksichtigen Sie dabei finanzielle, berufliche, rechtliche und politische Aspekte.
   → Text, M13–M15
7. Welche gesellschaftlichen Auffassungen prägten den Umgang mit der öffentlichen Armut?
   → M14, M15
8. Stellen Sie sowohl die Aufgaben als auch die Funktionen der Zünfte dar.
   → Text, M17
9. Erläutern Sie den Konflikt zwischen dem Erzbischof und den Kaufleuten in Köln. Von welchem Standpunkt aus betrachtete der Verfasser den Aufstand?
   → Text, M16
10. Inwiefern unterscheidet sich der Konflikt von 1370 in Köln vom Aufstand gegen den Erzbischof? Aus welcher Perspektive schilderte der Autor das Geschehen?
    → M18
11. Auch wenn das Unternehmen der Zünfte zunächst gescheitert war, so gelang ihnen doch die Teilhabe an der städtischen Regierung. Studieren Sie die Stadtverfassung von Köln unter diesem Gesichtspunkt.
    → M17

4.12 Die Hanse

In der Anfangsphase des mittelalterlichen Handels, als die Kaufleute noch selbst ihre Waren begleiteten, bedurfte der Einzelne des Schutzes. Darum bildeten sich Hansen (Fahrtgenossenschaften), die die Risiken von Raub und Beschlagnahmungen begrenzen sollten. Im 12. Jahrhundert schlossen sich die deutschen Gotlandfahrer zu einem Personenverband zusammen. Sie wurden zu einer Keimzelle der Deutschen Hanse. Später vereinigten sich westfälische, lübische und gotländische Kaufmannshansen. Außer um den Schutz ging es dabei um Handelsprivilegien beziehungsweise um die Gleichstellung mit den einheimischen Kaufleuten. In Nowgorod, Brügge (später Antwerpen), Bergen und London errichteten die Kaufleute Kontore (selbstverwaltete Handelsniederlassungen). Damit war der geografische Rahmen abgesteckt, in dem die Deutsche Hanse den Handel beherrschte.

Nachdem die Fernkaufleute wohlhabend und sesshaft geworden waren, gelang es ihnen, in den Städten die Führungspositionen einzunehmen. Die Interessen der Kaufleute und der Städte verschmolzen, sodass nunmehr die Städte die politische Vertretung der Kaufleute übernahmen. Aus der Kaufmannshanse war eine Städtehanse geworden. Für diese Umwandlung gibt es kein festes Datum; der Prozess als solcher fand im 14. Jahrhundert seinen Abschluss. Die Städtehanse bildete ein relativ lockeres Gefüge: Es gab keine Statuten, keine eigene Flotte, keine gemeinsame Finanzordnung. Und dennoch gelang es diesem Bund, über Jahrhunderte eine hervorragende politische Rolle zu spielen. Drei Faktoren waren dabei mitentscheidend:

- Fortschritte beim Schiffbau sicherten für geraume Zeit einen technischen Vorsprung; die hansische Kogge beherrschte die Ostsee.
- Die Stadt Lübeck wurde zum Ausgangspunkt des Ostseehandels; sie lag genau an der Nahtstelle der für die Hanse entscheidenden Ost-West-Achse zwischen Brügge im Westen und Nowgorod im Osten.
- Das Wachstum des Ostseehandels wurde nicht zuletzt gespeist durch die Ostkolonisation beziehungsweise die Landerschließung durch den Deutschen Ritterorden.

M 1 Lübeck – Haupt der Hanse
Lübeck, gelegen am Schnittpunkt wichtiger Handelsrouten, seit 1226 Reichsstadt, hatte die Führungsrolle der Hanse inne. Das Stadtbild vom ausgehenden 15. Jahrhundert zeugt von Wohlstand, Wehrhaftigkeit und Gläubigkeit, Holzschnitt aus der Schedelschen Weltchronik, 1493.

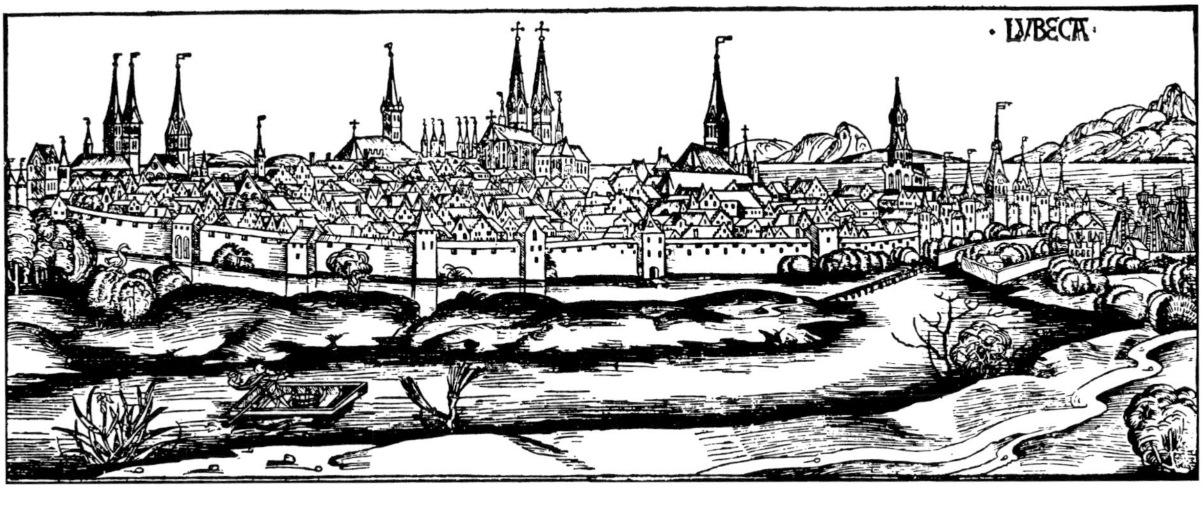

M 2

Die Niederlage des Deutschen Ritterordens bei Tannenberg (1410) gegen den polnischen König war einer jener Faktoren, die den Anfang vom Ende der Hanse bedeuteten. Die Herausbildung von Nationalstaaten brachte zwangsläufig den Verlust von Handelsprivilegien mit sich. Die wirtschaftliche Konkurrenz erstarkte, insbesondere die der Engländer und Niederländer. Die Kontore mussten geschlossen werden. In Deutschland selbst gerieten viele Hansestädte unter den Druck der Territorialherrn, denen es darum ging, ihre Landeshoheit auszubauen.

Chronologie: Die Hanse

1157	Der englische König Heinrich II. privilegiert Kölner Kaufleute in London.
1159	Gründung Lübecks durch Heinrich den Löwen
1161	Die Genossenschaft der deutschen Gotlandfahrer wird gegründet.
1281	Die deutschen Kaufleute in London schließen sich in einem gemeinsamen Kontor, dem Stalhof, zusammen.
1284/85	Die Hanse führt eine erfolgreiche Blockade gegen Norwegen durch: erweiterte Privilegien, Verdrängung der englischen Konkurrenz.
1356	Der erste allgemeine Hansetag markiert die Entstehung der Städtehanse.
1370	Der Friede zu Stralsund beendet den siegreichen Krieg der Hanse gegen Dänemark: Höhepunkt der Hansemacht.
1494	Der russische Zar Iwan III. läßt das Kontor in Nowgorod schließen.
1598	Schließung des Stalhofs in London
1669	Letzter Hansetag

M 3 Die Stadt als Rechtsorgan: Stadtsiegel von Lübeck (1253/56)

Ausgehend von den coniurationes [Schwurgemeinschaften] entwickelte sich die Bürgerschaft zu einem eigenen Rechtskörper neben dem Stadtherrn, dessen Herrschaft sie Stück für Stück selbst übernahm und dadurch, zumindest teilweise, eine Autonomie erlangte. [...] Äußeres Zeichen dieses Rechtsstatus war ein eigenes Siegel der Bürgerschaft, das in Köln, dem ältesten deutschen Beispiel, zuerst 1149 bezeugt ist. Die Siegel spiegeln programmatisch einen Teil des Selbstverständnisses der Bürgerschaft wider, ohne anfangs schon einen Gegensatz zum Stadtherrn auszudrücken. Das Aachener Siegel von 1134 zeigte noch den Kaiser im Bild; das zweite Siegel der bischöflichen Stadt Speyer von 1212/31 deutete die Stadtmauer an und bildete den Dom mit der Patronin, der hl. Maria, ab. Das zweite Lübecker Siegel von 1253/56 war bereits ganz der bürgerlichen Sphäre entnommen, es zeigte ein Handelsschiff mit Steuermann und Schiffseigner. (Das Kreuz auf dem Mast betonte auch hier das religiöse Element, die erhobene rechte Hand ist auf den Schwurverband bezogen worden).

H.-W. Goetz, Leben im Mittelalter, München 1986, S. 218.

M 4 Der rechtliche Status der Hanse

Antwort der Hanse auf eine Denkschrift des englischen Kronrates, die die Verhaftung von Hansekaufleuten und die Beschlagnahme ihrer Güter rechtfertigen sollte (1469):

[...] Die Hansa Theutonica [Deutsche Hanse] ist [...] ein festes Bündnis (confederacio) von vielen Städten, Orten und Gemeinschaften zu dem Zwecke, dass die Handelsunternehmungen zu Wasser und zu Land den erwünschten und günstigen Erfolg haben und dass ein wirksamer Schutz gegen Seeräuber und Wegelagerer geleistet werde, damit nicht durch deren Nachstellungen die Kaufleute ihrer Güter und ihrer Werte beraubt würden.[...]
Die Hansa Theutonica wird nicht von den Kaufleuten geleitet, sondern jede Stadt und jeder Ort haben ihre eigenen Herren und ihre eigene Obrigkeit, durch die sie regiert werden. Denn die Hansa Theutonica ist, wie schon gezeigt worden ist, nichts anderes als eine Art Bündnis von Städten, das die Städte nicht aus der Rechtshoheit der Herren, die schon früher die Regierung ausübten, herauslöst: Sie sind vielmehr diesen Herren in allen Dingen untertänig wie vorher und werden von ihnen regiert.
Auch hat die Hansa Theutonica kein gemeinsames Siegel und keinen gemeinsamen Rat. Ein Siegel widerspricht nämlich der Sachlage. Sondern wenn wegen notwendiger Geschäfte Briefe im Namen der ganzen Hansa Theutonica geschrieben werden, so besiegelt man diese mit dem Siegel der Stadt, in der sie geschrieben wurden. [...]
Weder die Hansa Theutonica noch irgendeine der Städte hat die Macht, Zusammenkünfte zu berufen und Versammlungen anzuordnen; die Städte der Hanse versammeln sich vielmehr, sooft Fragen zu erörtern sind, durch gegenseitigen Beschluss an einem Ort [...]. Auch kommt bis jetzt keiner Stadt der Hanse die Vorrangstellung zu. [...]

Zit. nach: Ph. Dollinger, Die Hanse, Stuttgart 1976, S. 533 f.

M 5 Privileg König Heinrichs II. von England

Der englische König gewährt Kölner Kaufleuten seinen Schutz (1157):

Heinrich, von Gottes Gnaden König von England, Herzog der Normandie und Aquitaniens, Graf von Anjou, grüßt die Richter, Vizegrafen und alle seine Diener in England. Ich befehle euch, dass ihr die Männer und Bürger von Köln mit allem ihrem Gut, ihren Handelswaren und Besitztümern wie meine eigenen Leute und Freunde behütet, unterstützt und schützt. Lasst weder zu, noch tragt selber dazu bei, dass ihrem Londoner Haus, ihrer Gildehalle, ihren Gütern, Handelswaren oder ihrer sonstigen Habe ein Unrecht oder ein Schaden zugefügt wird, weil sie meine Getreuen sind und sie und all ihr Gut unter meinem Schutz und Schirm stehen. Deshalb sollen sie vollkommenen Frieden genießen, nach ihrem eigenen Recht leben, und ihr sollt ihnen keine neuen Abgaben oder Vorschriften auferlegen, für die bisher kein Zwang oder Gewohnheit bestanden. Falls jemand dagegen in irgendeiner Weise verstößt, so sollt ihr ihnen unverzüglich volle Gerechtigkeit zukommen lassen. Zeugen: Richard de Lucy, Truchsess, Wilhelm, Sohn des Aldelmus. Gegeben zu Northampton.

Zit. nach: R. Sprandel (Hg.), Quellen zur Hanse-Geschichte, Darmstadt 1982, S. 171.

M 6 Entwicklung der Hanse

Der Historiker Joachim Leuschner gibt einen kurzen Abriss der Hanse-Geschichte:

Auch innerhalb der Gesamtorganisation seit dem 15. Jahrhundert behielten die großen Städte und meist „Vororte" eine Sonderstellung, so Köln, die Stadt der über 120 Goldschmiede und Goldschläger, die vor allem Blattgold produzierten, so Braunschweig, die Stadt der Messingproduktion, so vor allem Lübeck, wo nach Gewohnheit die jährlichen Hansetage, meist zu Pfingsten, stattfanden: „Lübeck hält das Wort". Dort waren die größeren Städte durch zwei, die kleineren durch einen Ratsherrn vertreten; jedenfalls waren nur Ratsherren zugelassen. Die Abschiede der Beratungen in Protokollform, die „Rezesse" der Hanse, konnten freilich nicht einmal alle Mitglieder binden. Es gab keine gemeinsame Finanzordnung, keine gemeinsame Flotte, keine Beamten, nicht einmal einen Krieg aller Hansestädte. Wohl aber verband die Städte, in denen deutsches Recht galt, – auch national im modernen Sinne ist die Hanse ja nicht gewesen, sondern umfasste auch Stockholm und Krakau, um nach den englischen und russischen noch zwei weitere Beispiele zu nennen, – ein gemeinsames Friedensbedürfnis aus wirtschaftlichem Interesse. Zwar erst im 16. Jahrhundert formuliert, aber charakteristisch für die Hansegeschichte im Ganzen ist der klassische Satz: „Lasset uns tagfahrten (verhandeln). Leicht ist das Fähnlein an die Stange gebunden [hier: Krieg erklären], aber es kostet viel, es in Ehren wieder abzunehmen." Kriege und Kämpfe sind der Hanse freilich nicht erspart geblieben, vor allem nicht in der Zeit, in der Waldemar IV. Atterdag (1340 bis 1375) das dänische Königtum festigen wollte. Zwei große Kriege führte der König insbesondere gegen die Seehansen seit 1361; der Friede von Stralsund am 24. Mai 1370, der alle Hanseprivilegien erneuerte und vor allem die freie Durchfahrt durch den Sund sicherte, war der Höhepunkt der hansischen Politik. Die wohl am längsten andauernde Leistung der Hanse ist es gewesen, dass sie in früher Zeit bereits dazu beitrug, das Randgebiet des geografischen Europas, Russland vor allem, auch für das rechtliche, geistige und politische Europa zu gewinnen.

Im 15. Jahrhundert ging ihre Bedeutung so langsam zurück, wie sie entstanden war. Der Zusammenbruch des Ordensstaates, weitere Kämpfe mit skandinavischen Königen, […] der Ausbau der norddeutschen Landesherrschaften, die immer häufiger, besonders bemerkenswert in der Mark Brandenburg und in welfischen Landen, ihren Städten verboten, in der Hanse zu bleiben; auch die wirtschaftliche Konkurrenz des zum Teil landesherrschaftlich oder gar, wie in England, staatlich geförderten Seehandels der niederländischen und englischen Kaufleute hatten schwere Folgen für die Hanse, die seit 1446 in England ihre Privilegien verlor. Gleichzeitig verlagerten sich nicht nur die Laichplätze der Heringe, sondern auch der Heringsfang von Schonen nach Nordwesten, weit in die Nordsee hinein, was wiederum der von Burgund geförderten niederländischen Seefahrt und Fischerei zugute kam, immer weniger der Hanse. Sie hat dennoch das späte Mittelalter überdauert, freilich immer mehr auf die reinen Seestädte beschränkt.

M 7 Handelsstatistik

Der Umschlag im Lübecker Hafen in den Jahren 1368/69 vermittelt einen Eindruck von der Handelsverflechtung:

Über See ein- und ausgeführte Waren. Werte in Tausend Mark lübisch:

Ware	Hauptherkunft	Einfuhr	Ausfuhr	Summe
Tuche	Flandern	120,8	39,7	160,5
Fisch	Schonen	64,7	6,1	70,8
Salz	Lüneburg	–	61,6	61,6
Butter	Schweden	19,2	6,8	26
Felle, Pelze	Russland, Schweden	13,3	3,7	17
Getreide	Preußen	13	0,8	13,8
Wachs	Russland, Preußen	7,2	5,8	13
Bier	Wendische Städte	4,1	1,9	6
Kupfer	Schweden, Ungarn	2,2	2,4	4,6
Eisen	Schweden, Ungarn	2,4	2,2	4,6
Öl	Flandern	2,7	1,5	4,2
Flachs	Livland, Norddeutschland	0,4	3	3,4
Verschiedene Lebensmittel	…	2,2	1,2	3,4
Silbergeld	?	0,7	2	2,7
Wein	Rheinland	1,3	0,9	2,2
Leinen	Westfalen	0,2	1,1	1,3
Verschiedenes	…	39,9	16,6	56,5
Nichtbezeichn	…	41	49	90
Gesamtsumme (Dezimalstellen aufgerundet)		338,9	206,9	545,8

Aus: Ph. Dollinger, a.a.O., S. 555.

Diese aber behielten noch im 15. und 16. Jahrhundert ihre Bedeutung, sogar im neuen Überseeverkehr, durch den zeitweilig noch einmal die Schifffahrt durch den Sund anstieg. Am Ende blieben allerdings nur Hamburg, Bremen und Lübeck als erstrangige Handelszentren übrig, auch noch, als Lübeck am 1. April 1937 seine Selbstständigkeit verlor.

J. Leuschner, Deutschland im späten Mittelalter, Deutsche Geschichte Bd. 3, 2. Auflage, Göttingen 1983, S. 170 f.

M 8 **Die Bremer Kogge**

Die beim Ausbaggern eines Hafenbeckens in Bremen 1962 entdeckte Kogge. Länge 23,27 m, größte Breite 7,62 m, geschätztes Ladegewicht ca. 80 t. Die Bremer Kogge ist im ausgehenden 14. Jahrhundert gebaut worden. Das Bauholz ist, wie eine dendrochronologische Datierung ergibt, 1378 gefällt worden. Zehn Jahre hat es dann gedauert, bis die zweite Kiellegung dieses Hanseschiffes im eigens dazu errichteten Kogge-Haus des Deutschen Schifffahrtsmuseums am 1. November 1972 stattfinden konnte. Aufgabe der Restauratoren war es seitdem, die Kogge, deren genaue Größe und Form keiner kannte, aus cirka 2000 Einzelteilen wieder zusammenzusetzen: Ein großes Puzzlespiel, denn nicht alle Maße konnten während der Bergung ermittelt werden. Es konnten nur Vermutungen angestellt und anhand der tatsächlichen Gegebenheiten überprüft werden. Neue Techniken der Vermessung aller Bauteile, der Feuchtholzverleimung und der Konservierung wurden [...] erprobt und fanden dann in der Praxis ihre Anwendung. Der Aufbau erfolgte in einer Nebelatmosphäre, da sonst das wassergesättigte, fast 600 Jahre alte Eichenholz um 25–30 % geschrumpft wäre. 1980/81 wurde um das Schiff ein Konservierungsbecken errichtet, in dem die Kogge mit einer Konservierungsflüssigkeit für viele Jahre getränkt wurde. [...]
Die Bremer Kogge zeigt alle charakteristischen Merkmale dieses Schiffstyps. Der Schiffskörper ist aus breiten Eichenplanken, die miteinander vernagelt sind, in Schalenbauweise gebaut und von innen gedichtet. Die Spanten (Querrippen) sind aus krumm gewachsenen Hölzern gehauen, nachträglich eingesetzt und mit der Außenhaut durch Eichendübel verbunden. Ein weiteres Merkmal der mittelalterlichen Seeschiffe sind die schweren Querbalken, die an beiden Seiten die Bordwand durchstoßen und die gesamte Deckskonstruktion tragen. Bei der Bremer Kogge sind es vier Balken mit einem Querschnitt von 40 x 40 cm. An Aufbauten besitzt die Bremer Kogge nur ein Kastell auf dem Hinterschiff mit einer großen Winde, deren Funktion uns unbekannt ist. Neben Einzelheiten der Takelage ist auch noch ungeklärt, wie viel Mann Besatzung zum Segeln dieses einmastigen Schiffes mit seinem großen Rahsegel notwendig waren.

Museum, Deutsches Schifffahrtsmuseum Bremerhaven, S. 23 f.

Aufgaben

1. Stellen Sie die Organisation der Hanse, ihr Selbstverständnis und ihre Entwicklung dar.
   → Text, M1–M7
2. Welche Privilegien erhielten die hansischen Kaufleute z. B. in London?
   → M5
3. Erschließen Sie den Umfang und die Art des Handels der Hanse.
   → M2, M7
4. Studieren Sie das Aussehen einer Kogge. Worin lagen die Schwierigkeiten bei ihrer Rekonstruktion?
   → M8

4.13 Ostsiedlung und Deutscher Orden

Ostsiedlung

Bis ins 10. Jahrhundert bildeten Elbe und Saale die Grenze zwischen germanischen und slawischen Völkern. Vor allem nachdem die Ungarn zurückgedrängt werden konnten (955 Schlacht auf dem Lechfeld bei Augsburg), versuchten König Otto I. und seine Nachfolger die Grenzen des Reiches nach Osten vorzuschieben. Es entwickelte sich eine Wanderungsbewegung, die sich aus vielen verschiedenen Quellen speiste: Sächsische Feudalherren stießen vor; in ihrem Gefolge traten missionierende Geistliche auf. Die heidnische Bevölkerung wurde tributpflichtig gemacht, oft entriss man ihr auch das Land. Der Zuzug deutscher Siedler rundete die Landnahme ab.

M 1

Die deutsche Besiedlung des Ostens stand in einem militärisch-territorialen, wirtschaftlichen und kirchlich-missionarischen Zusammenhang.

Die Siedlungsbevölkerung ist auch das Ergebnis des Bevölkerungsdrucks in den westlichen Gebieten des Reiches. Um neue Siedler anzulocken, warben die Feudalherren mit einer besseren Rechtsstellung. Viele Bauern sahen im günstigen Siedlungsrecht eine Möglichkeit, sich der bedrückenden grundherrlichen Abhängigkeit zu entziehen.

Die rege Siedlungstätigkeit war aber nicht nur das Ergebnis einer kriegerischen Landnahme. Es gab auch eine friedliche deutsche Einwanderung. Vielfach waren es slawische Fürsten, die die deutschen Siedler zur Entwicklung des Landes herbeiriefen. Diese wurden zur Kultivierung des bis dahin schwach besiedelten Landes gebraucht. Sie brachten als Bauern, Handwerker oder Bergleute neue Fertigkeiten und Kulturtechniken mit.

Deutscher Orden

In einem besonderen Maße wurde die Ostsiedlung durch den Deutschen Ritterorden gefördert. Im Zusammenwirken von Kirche, Ritterorden und Siedlern entstand eine mächtige Bewegung.

Der Deutsche Ritterorden richtete seine Aktivitäten auf Osteuropa, nachdem der Aufbau einer Machtbasis in Palästina gescheitert war. Ein Ersuchen des Herzogs von Masowien um Schutz gegen die Einfälle heidnischer Pruzzen markierte den Ausgangspunkt für eine dynamisierte Ostexpansion im 13. und 14. Jahrhundert.

Als Gegenleistung überließ der Herzog von Masowien dem Orden das Kulmer Land, das dann zum Kern eines neuen Ordensstaates wurde. Kaiser Friedrich II. garantierte dem Hochmeister des Ordens, Hermann von Salza, einen unabhängigen Staat (1226). Viele Ritter folgten dem Aufruf zu einem Krieg gegen die heidnischen Pruzzen. Der an der Weichsel gegründete Ordensstaat erlangte zeitweilig die Bedeutung einer europäischen Großmacht. Das Baltikum konnte zum Teil unter Kontrolle gebracht werden. Ein noch weitergehender Vorstoß nach Osten scheiterte 1242 gegen Nowgorod. Mit dem Übertritt der Polen und Litauer zum Christentum war dem Orden die Missionierungsaufgabe und damit auch die Rechtfertigung für deren Unterwerfung entzogen worden. Ein erstarktes Königreich Polen und dessen Zusammenschluss mit Litauen ließen nunmehr einen Konkurrenten um die Vormacht im Gebiet östlich der Oder entstehen. Der Konflikt endete mit einer Niederlage des Ordens (1466).

Chronologie

1226 Kaiser Friedrich II. überträgt dem Deutschen Orden das Kulmer Land.

1242 Die Ritter des Deutschen Ordens werden durch das Heer Nowgorods vernichtet.

1410 Schlacht bei Tannenberg: Sieg Polens und Litauens über den Orden

1466 Der 2. Thorner Friede beendet den Krieg zwischen Polen und dem Deutschen Orden: Der Deutsche Orden muss unter anderem die Städte Danzig, Elbing und Thorn abtreten sowie die polnische Oberhoheit anerkennen.

M 2 Privileg Kaiser Friedrichs II.

Der Kaiser überträgt dem Deutschen Orden die Herrschaft über das Kulmer Land (1226):

Im Namen der heiligen und unteilbaren Dreifaltigkeit Amen.
Friedrich II., von Gottes Gnaden Kaiser der Römer, allezeit erhaben, König von Jerusalem und Sizilien. Dazu hat Gott unser Kaisertum hoch über die Könige des Erdkreises gestellt und die Grenzen unserer Herrschaft über verschiedene Zonen der Welt ausgedehnt, auf dass unsere mühevolle Sorgfalt sich auf die Verherrlichung seines Namens in dieser Welt und auf die Verbreitung des Glaubens unter den Heiden richte, wie er denn das Heilige Römische Reich zur Predigt des Evangeliums geschaffen hat, damit wir nicht weniger die Unterwerfung wie die Bekehrung der Heiden erstreben; wir gewähren also die Gnade der Verleihung, durch die rechtgläubige Männer für die Unterwerfung barbarischer Völker und die Besserung des Gottesdienstes beständige, tägliche Mühen auf sich nehmen und Mittel und Leben unablässig einsetzen. Daher wollen wir durch den Wortlaut dieses Schreibens [...] kundtun, dass Bruder Hermann [gemeint ist der Hochmeister Hermann von Salza, 1170–1239], der ehrwürdige Meister des heiligen Hauses vom Spitale St. Mariens der Deutschen zu Jerusalem, unser Getreuer, [...] vor uns dargelegt hat, dass unser ergebener Konrad, Herzog von Masowien und Kujawien, versprochen und angeboten hat, ihn und seine Brüder mit dem so genannten Kulmer Lande zwischen seiner Mark und dem Gebiet der Preußen auszustatten, und zwar so, dass sie die Mühe auf sich nehmen, standhaft in das Preußenland einzudringen und es zu Ehre und Ruhm des wahren Gottes in Besitz zu nehmen. [...]
Daher haben wir dem Meister die Vollmacht erteilt, in das Preußenland mit den Kräften des Ordenshauses und mit allen Mitteln einzudringen, und überlassen und bestätigen dem Meister, seinen Nachfolgern und seinem Hause für immer sowohl besagtes Land, das er von dem Herzog gemäß seinem Versprechen erhalten wird, und ein anderes Gebiet, das er ihnen geben wird, wie auch alles Land, das er mit Gottes Zutun in Preußen erobern wird. [...]
Wir fügen ferner aus unserer Gnade hinzu, dass der Meister und seine Nachfolger eben die Gerichtsbarkeit und Obrigkeit in ihren Ländern haben und ausüben, wie es kein Reichsfürst in seinem Lande besser haben kann, dass sie gute Bräuche und Gewohnheiten setzen, Gesetze und Statuten erlassen, durch die sowohl der Glaube der Gläubigen gestärkt wird wie sich alle Untertanen eines ruhigen Friedens erfreuen.

Zit. nach: W. Lautemann, M. Schlenke (Hg.), a. a. O., S. 652 f.

M 3 Das Ordensland Preußen

Der Historiker Peter Moraw fasst die Geschichte des Deutschen Ordens im Mittelalter zusammen:

Der Deutsche Orden, eigentlich der Orden der „Brüder vom St. Marienhospital der Deutschen in Jerusalem", weist ins hohe Mittelalter zurück. Er wurde als jüngster der drei großen europäischen Ritterorden im Heiligen Land [...] im Jahr 1198 vor Akkon gegründet [neben dem Johanniter- und dem Templerorden]. [...] Er erhielt die ritterbezogene Templerregel und den weißen Templermantel, jedoch mit einem schwarzen Kreuz. Schwarz und Weiß wurden später die Farben Preußens, zusammen mit dem Rot der Hansestädte dann die Farben des Deutschen Reiches von 1871. Während das Hospitalwesen beim Deutschen Orden an Bedeutung verlor, gewann das schwierige Bemühen besonderes Gewicht, das Mönchtum und das Rittertum des Heidenkampfes zu vereinen. Dieser Gedanke konnte wohl nur im Mittelalter gefasst werden. Ausschlaggebend dafür war der kirchlich-mittelmeerisch-europäische Hintergrund, nicht eine bestimmte Nation. Der Ausbau der Ritterorden war eine Frucht des besonders „internationalen" 13. Jahrhunderts, der Aufbruchszeit Europas. Erst später stellte sich heraus, dass die damit verbundenen Hoffnungen auf großräumige Christianisierung nur einmal verwirklicht werden konnten: in Preußen und Livland [zwischen dem heutigen Lettland und Estland]. Gerade dort erwuchs zuletzt mehr und anderes als Mission daraus, nämlich Staatsbildung.
Der Deutsche Orden vergrößerte sich außerordentlich schnell: Zwischen 1200 und 1300 entstand fast jährlich eine Kommende oder Komturei [Niederlassung]. [...]
Zum Orden gehörten Rittermönche adeliger, selten großbürgerlicher Herkunft, Priesterbrüder und dienende Brüder als Leichtbewaffnete und Fachleute für Landwirtschaft und Gewerbe. Die tonangebenden, herrschaftsgewohnten Ritterbrüder, die meist aus Mittel-, West- und Südwestdeutschland stammten, zählten um 1400 wohl nicht viel mehr als eintausend Personen. Treue Freunde des Ordens waren die Päpste, viele Angehörige des europäischen Hochadels und Rittertums und die große Mehrzahl der deutschen Könige. Im 15. Jahrhundert stellte sich das heranwachsende nationale Bewusstsein auf seine Seite.

Der vierte Hochmeister, Hermann von Salza aus Thüringen (1209–1239), einer der großen Männer des Zeitalters, vollzog den entscheidenden Schritt an die Ostsee. Er griff den Ruf des von heidnischen Preußen, einem baltischen Stamm, bedrängten Herzogs von Masowien auf (1225/26). Hermann verpflichtete sich zum Heidenkampf gegen die Abtretung des an die Preußen verloren gegangenen Kulmer Landes. [...]
Mit dem Weichsel-Übergang bei Nessau begann 1231 die Eroberung. Ihr folgten sogleich der Burgenbau und die Städtegründung. [...] Gleichzeitig begann die Besiedlung Preußens durch deutsche Einwanderer – nicht aus nationalen Motiven, sondern zur Befestigung des Christentums und zur Vermehrung der Einnahmen der werdenden Landesherrschaft, auch um mit den Nachbarherren konkurrenzfähig zu bleiben. Das Siedlungswerk schuf in vier Generationen das moderne Preußen: ein Land, das [...] mehr als tausend deutsche Hufenzinsdörfer und sechsundsiebzig deutsche Städte aufzuweisen hatte. [...]
Das Siedelrecht war attraktiv und bot bei persönlicher Freiheit und freier Vererblichkeit zwei Hufen je Bauer, das waren dreiunddreißig Hektar; der nach Ablauf der Freijahre fällige Anerkennungszins für das Obereigentum des Ordens war mäßig. [...]
Die Städte waren fast ausschließlich von Deutschen oder zumindest von Assimilierten [Angeglichenen] bewohnt. [...] Das städtische Selbstbewusstsein zumal in den Handelsmittelpunkten, in Danzig, Thorn, Kulm, Elbing, Braunsberg und Königsberg, hatte allen Grund sich zu entfalten: Man war Mitglied der Hanse und konkurrierte erfolgreich mit dem Großhandelsunternehmen „Deutscher Orden". [...]
Organisationserfolge, wie sie der Deutsche Orden aufwies, lassen sein preußisches Gemeinwesen zumindest im 14. Jahrhundert als effektiver und machtvoller erscheinen denn viele andere im östlichen und mittleren Europa. Hinzu kamen jene mönchisch-kirchlichen Tugenden und Fähigkeiten seiner „Beamten", die gewisse, wenn auch äußerliche Analogien zum Verhalten preußischer Staatsdiener des 18. und 19. Jahrhunderts aufwiesen: Dienstgehorsam und Abberufbarkeit, Verzicht auf persönliches Eigentum und auf Begünstigung der eigenen Familie. Die Fähigkeiten der Ordensbeamten erlaubten eine zentralisierte schriftliche Verwaltung mit Instanzenzug und regelmäßiger Rechnungslegung. Im Jahr 1309 wurde der Sitz des Hochmeisters auf die Marienburg an der Nogat verlegt, die zu großen Dimensionen heranwuchs. Sie war als Herrschaftsmittelpunkt wohl ohne Gegenstück im damaligen Reich. Die sonst übliche Reiseherrschaft wurde entbehrlich. An ihrer Stelle stand die Zentralisierung rund um den Hochmeister, der am Ende des 14. Jahrhunderts vom Mönch zum Mönchs-Fürsten aufstieg.

P. Moraw, Von offener Verfassung zu gestalteter Verdichtung, 1250–1490, Propyläen Geschichte Deutschlands Bd. 3, Berlin 1985, S. 195 ff.

M 4 Marienburg
Die 1276 als Komturschloss, das heißt als Zentrum einer Ordensprovinz, gegründete Marienburg war 1309 bis 1457 Sitz des Hochmeisters des Deutschen Ordens.

Aufgaben

1. Geben Sie die Faktoren wieder, die bei der deutschen Ostsiedlung eine Rolle gespielt haben.
   → Text, M1
2. Analysieren Sie die Zielsetzung, die in dem Privileg Kaiser Friedrichs II. an den Deutschen Orden zum Ausdruck kommt.
   → M2
3. Erläutern Sie, in welcher Weise der Ordensstaat gegründet, besiedelt und verwaltet wurde.
   → Text, M3, M4

4.14 Krisen im Spätmittelalter

Nach der hochmittelalterlichen Aufstiegsphase, in der ein stetiger Bevölkerungsanstieg, gekoppelt mit Städtewachstum und Neulanderschließung, eine wirtschaftliche Expansion auf allen Gebieten angezeigt hatte, gab es im ausgehenden Mittelalter des 14. und 15. Jahrhunderts Entwicklungsrückstände, wie die Massierung von Krisenerscheinungen deutlich macht:

- die geistig-geistliche Krise aufgrund des Autoritätsverfalls der Kirche,
- die soziale Krise als Folge des Pesteinbruchs,
- die Wirtschaftskrise wegen des Preisverfalls bei Getreide,
- die politische Krise mit ihren Anzeichen von Kriegen, Aufständen und Fehden.

Kirchenkrise

Die offensichtliche Verwicklung der Kirche und ihrer Päpste in die europäischen Machtkämpfe sowie das Große Schisma (Spaltung) von 1378 bis 1417, als sich zwei rivalisierende Päpste gegenüberstanden, hatten eine Glaubenskrise zur Folge.

Aus der Verunsicherung der Gläubigen heraus erhielten innerweltliche Frömmigkeitsbewegungen verstärkt Zulauf, zum Beispiel Laienorden wie die Beginen. Das waren Gemeinschaften von Frauen, die klosterähnlich zusammenlebten und ihr Leben in Armut wohltätigen Zwecken widmeten. Auch andere Gruppen suchten ihr Heil außerhalb der Amtskirche, so zum Beispiel die Anhänger des Geschichtstheologen Joachim von Fiore (ca. 1132–1202), die das Zeitalter der Erlösung für gekommen hielten, oder die Geißler, die angesichts der Pest durch übersteigerte Bußfertigkeit Gnade zu erwirken trachteten. Eine weitere Antwort auf die Krise des Papsttums wurde durch die Schriften von Marsilius von Padua (ca. 1275–1343) und Wilhelm von Ockham (ca. 1285–1349) gegeben. Beide übten scharfe Kritik an der Macht der Päpste und wiesen dem Konzil, der allgemeinen Versammlung der kirchlichen Würdenträger, den Vorrang in Glaubensfragen zu.

John Wiclif (ca. 1320–1384), englischer Theologe, griff in seinen Schriften nicht nur den päpstlichen Monarchismus an, sondern er ging weiter, indem er das katholische Kirchenverständnis als solches grundsätzlich anzweifelte. Wiclif forderte die „unsichtbare" beziehungsweise geistige Kirche. Dem Priesterstand sprach er eine besondere Würde ab. Die Heilige Schrift sollte alleinige Richtschnur bei der Beurteilung von Glaubensfragen sein. Folglich forderte Wiclif, dass die Gläubigen selbst die Bibel lesen sollten. Mit seiner Lehre wurde Wiclif zum wichtigsten Vorläufer der Reformatoren des frühen 16. Jahrhunderts.

Konstanzer Konzil

Wiclifs reformatorische Ideen wurden unter anderem von Jan Hus (1370–1415) aufgegriffen. Auf dem Konzil zu Konstanz (1414–1418) sollte sich dieser deshalb verantworten. Trotz eines königlichen Geleitbriefes eröffnete man dort den Ketzerprozess gegen Hus, der mit seiner Verbrennung endete.

Hus war der Namensgeber für eine politische Bewegung, bei der sich religiös-protestantische, böhmisch-nationale und sozialrevolutionäre Züge vermischten. Seine Verbrennung löste Erhebungen aus, die 1420 mit der Ausrufung des Kreuzzugs durch Papst und König beantwortet wurden. Die Hussitenkriege (1419–1434) zogen über Böhmen hinaus weite Gebiete zwischen Donau und Oder in Mitleidenschaft.

Das Konstanzer Konzil – eine der großen Veranstaltungen des Mittelalters mit etwa 700 Geistlichen sowie ungefähr der gleichen Anzahl von Fürsten beziehungsweise deren Vertreter – stellte den Höhepunkt der Konzilsbewegung dar. Zwar gelang es, die Kirchenspaltung zu überwinden, aber die Reform der Kirche „an Haupt und Gliedern" scheiterte. Letztlich konnte sich die konziliare Bewegung ihren Vorrang vor dem Papst nicht bewahren. 1459 wurde die konziliare Theorie vom Papst für ketzerisch erklärt.

Agrarkrise

Nachdem das Hochmittelalter eine Zeit raschen Bevölkerungsanstiegs gewesen war, brachte das 14. Jahrhundert einen Einbruch, der bereits 1315 einsetzte. Damals wurden viele Länder von Missernten und Krankheiten heimgesucht. Die Pest, die anschließend über Europa hereinstürzte (1349/50), stieß auf eine bereits geschwächte Bevölkerung. Als Folge des „Schwarzen Todes" sank die Bevölkerungszahl Europas um etwa ein Drittel.

Der Bevölkerungsschwund wirkte sich mittelfristig auf die Getreidepreise aus. Während diese aufgrund der geringeren Nachfrage sanken, stiegen aufgrund des Arbeitskräftemangels die Löhne im gewerblichen Bereich.

Dieses Missverhältnis, die so genannte Lohn-Preis-Schere, veranlasste viele Bauern, in die Städte abzuwandern. In diesen brach eine

M 1

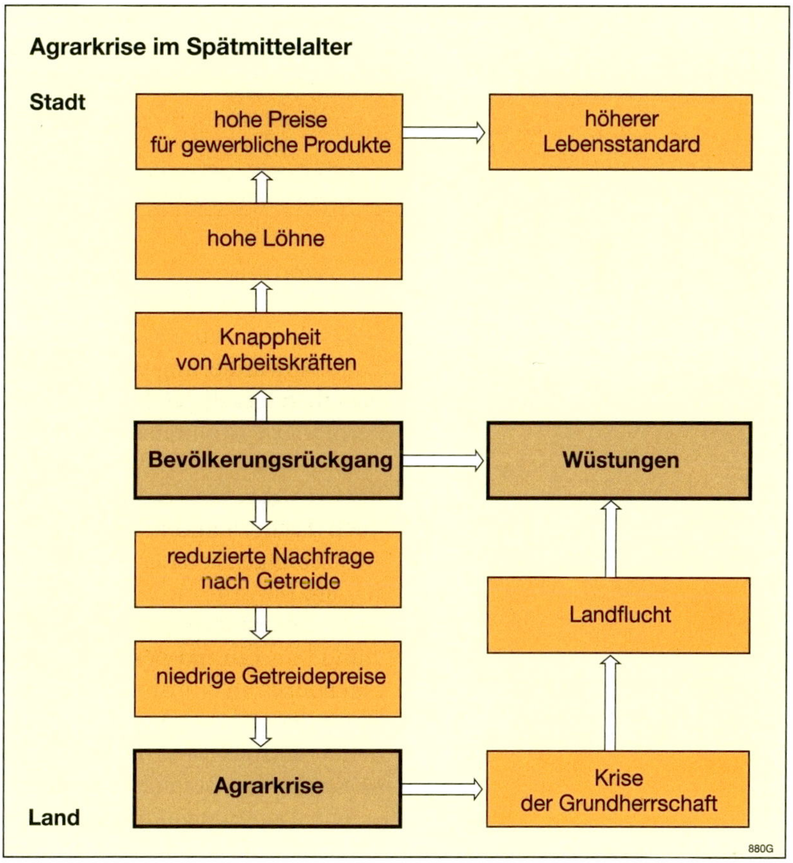

„Goldene Zeit" an, in der die städtische Bevölkerung von den niedrigen Agrarpreisen profitierte. Der hohe Fleischkonsum, der für das späte Mittelalter so charakteristisch ist, findet auf diese Weise eine Erklärung. Die Pest und die nachfolgende Landflucht hatten „Wüstungen" zur Folge, das heißt aufgegebene Siedlungen. Nach den Ergebnissen der Forschung ging die Zahl der Siedlungen um knapp ein Viertel zurück.

M 2

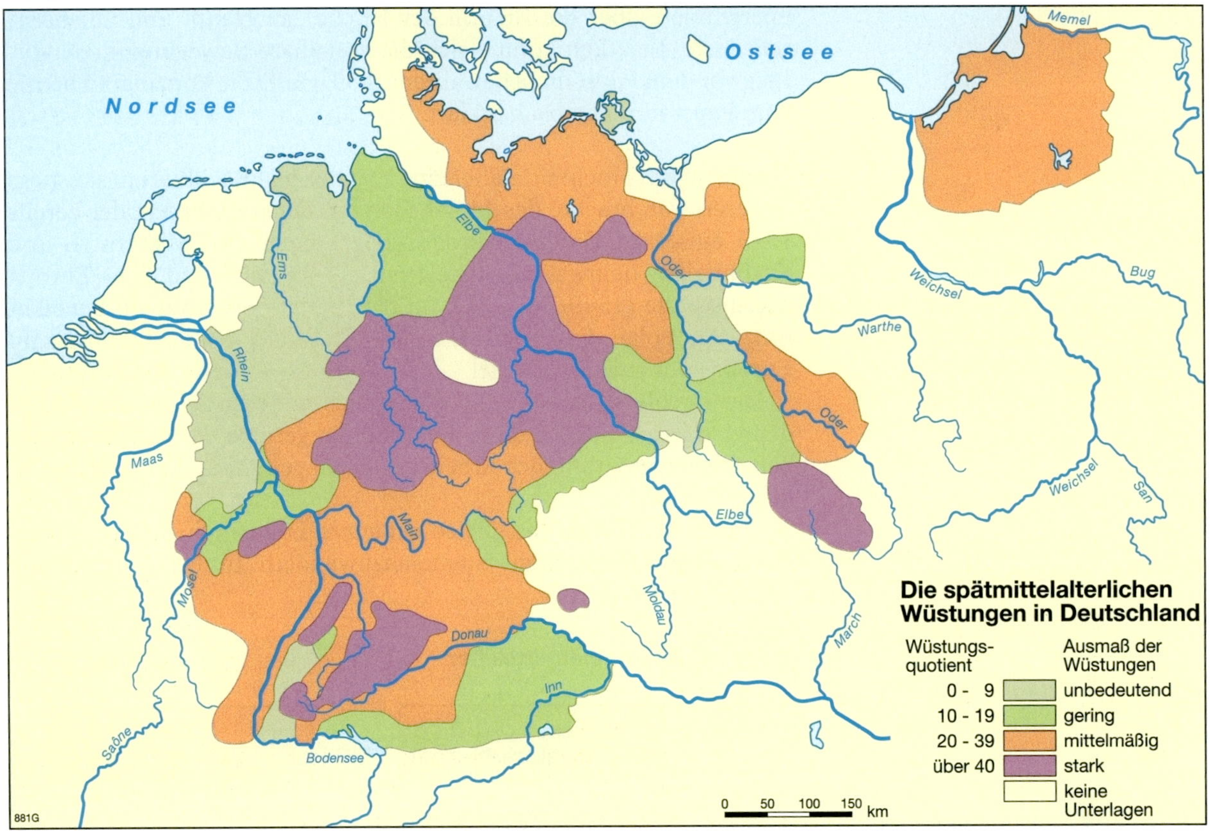

Bauernrevolten

Die Agrarkrise war zwangsläufig nicht nur eine Krise der Bauern, sondern auch der Grundherrn, die selbst an die agrarischen Einkommen gebunden waren. Die niedrigen Erlöse für Getreide sowie die massenhafte Abwanderung von Bauern raubten ihnen die materielle Grundlage ihrer gesellschaftlichen Existenz. Um den Wegzug der Bauern zu verhindern, konnten die Grundherrn versuchen, die Schollenbindung wieder einzuführen. Wollten sie ihre eigene missliche Situation durch höhere Abgabenverpflichtungen der Bauern kompensieren, so gab auch das der Landflucht neuen Auftrieb. Gegen beide grundherrlichen Bestrebungen setzten sich die Bauern wiederholt zur Wehr und kämpften um ihr „altes Recht".

In diesem Zusammenhang ist es auch zu sehen, dass Bauernaufstände im Europa des 14. und 15. Jahrhunderts stark zunahmen. Die „Jacquerie" in Nordfrankreich (1358), die Erhebung englischer Bauern unter der Führung von John Ball und Wat Tyler (1381) sind herausragende Beispiele. In Deutschland wurden vom 14. Jahrhundert bis 1525 allein für den Bereich südlich des Mains 59 Bauernrevolten gezählt.

Die Bauernaufstände richteten sich gegen die jeweilige Herrschaft. Im Wesentlichen ging es dabei immer – auch wenn die regionalen Unterschiede erheblich waren – um eine materielle und/oder rechtliche Besserstellung. Die Leibeigenschaft der Bauern und die damit einhergehende fehlende Freizügigkeit bildeten einen beständigen Stein des Anstoßes. Nach dem Tod des „Hörigen" waren dessen Kinder zumeist nicht erbberechtigt, das heißt, der Hof fiel an die Grundherrschaft zurück. Da individuelle Klagen in der Regel aussichtslos blieben, bildeten die Bauern „Gemeinden", um ihre Hörigkeit abzuschütteln. Sie versammelten sich zu gemeinsamen Aktionen, die vielfach in Revolten mündeten. Insgesamt blieb den revoltierenden Bauern des 14. und 15. Jahrhunderts der Erfolg versagt. Eine Ursache dafür ist darin zu sehen, dass ihnen nirgendwo ein dauerhaftes Bündnis mit der städtischen Opposition gelang. Zu groß waren die Interessenunterschiede zwischen Stadt und Land. Während die Bauern für ihr Getreide höhere Erlöse erzielen wollten, ging es den Städtern grundsätzlich um die kontinuierliche Versorgung mit preiswerten landwirtschaftlichen Produkten.

Fehdewesen

Die sinkenden Grundrenten hatten auch maßgeblichen Anteil an der Krise des Rittertums. Denn viele Ritter gerieten, da sie von der Grundherrschaft lebten, in wirtschaftliche Not, die umso bitterer sein musste, als zum ökonomischen Abstieg auch ein gesellschaftlicher hinzukam.

Der Gebrauch neuer Waffen (Armbrust und Artillerie) sowie die Anwendung neuer Kriegstaktiken leiteten einen militärischen Strukturwandel ein, der auf Kosten der Ritter ging und ihre Bedeutung minderte. In dieser Situation des gesellschaftlichen Abstiegs entwickelte sich das Fehde- und Raubritter(un)wesen, das wesentlich zur Verunsicherung der Menschen beitrug und zu vielfacher Klage Anlass gab. Ein vollständiges und dauerhaftes Verbot der Fehde erfolgte erst im Zuge der Reichsreform von 1495. Allerdings fehlten noch lange Zeit die staatlichen Zwangsmittel, um den „Ewigen Landfrieden" auch durchzusetzen.

Städtische Unruhen

Auch die Städte blieben im späten Mittelalter von Unruhen nicht verschont. Der Glaubwürdigkeitsverlust der Kirche schlug sich wiederholt in „Pfaffenkriegen" nieder, wie die kommunalen Konflikte zwischen Klerus und Bürgergemeinde genannt wurden. Für die Zeit zwischen 1360 und 1432 sind 80 städtische Konflikte in Deutschland nachgewiesen. Zumeist handelte es sich um Erhebungen gegen die Stadtobrigkeit, die in der Regel von einer kleinen Gruppe von Patriziern gestellt wurde.

Aufgaben

1. Inwiefern kann das ausgehende Mittelalter als ein Zeitraum der Krise und Verunsicherung verstanden werden? Gehen Sie in diesem Zusammenhang auf religiöse, wirtschaftliche, soziale und politische Aspekte ein.
   → Text, M1, M2

2 Aus welchen Motiven speiste sich die bäuerliche Aufstandsbewegung? Warum scheiterte sie?
   → Text

5. Frühe Neuzeit

Ein der Frühen Neuzeit nachempfundener Holzschnitt aus dem 19. Jahrhundert macht auf sinnfällige Weise deutlich, wie der Mensch den bis dahin vorgegebenen Rahmen durchstößt, in neue Welten vordringt und seinen Horizont erweitert. Obgleich dem Menschen in seinem Wesenskern der Vorstoß ins Unbekannte eigen ist, wurde in der Zeit um 1500 der Aufbruch mit einer Intensität betrieben, wie sie bis dahin von den Historikern nicht verzeichnet worden war. Der Wissensdurst erwies sich stärker als die Ängste vor dem Neuen und vor dem Verlust der althergebrachten mittelalterlichen Gewissheiten. Oft findet sich im Zusammenhang mit der Jahrhundertwende von 1500 die Formulierung von der „Erfindung des Menschen". Gemeint ist damit der moderne Mensch, dessen Nachfolger 500 Jahre später ebenfalls ständig seinen Horizont erweitert: jetzt im außerirdischen und mikroskopischen Bereich. Damals eröffneten Seefahrer, Kaufleute, Astronomen und Künstler neue Räume und Perspektiven. Zum einen wurde der Mensch selbst – in seiner natürlichen Leiblichkeit – zum Gegenstand von Entdeckungen. Der anatomische Blick war die längste Zeit nur am Tier erlaubt gewesen. Es musste erst ein uraltes Tabu durchbrochen werden, bis die Anatomie im 15. Jahrhundert das antike medizinische Wissen erweitern konnte.

Mit den Entdeckungen fremder Länder dehnte sich – aus europäischer Perspektive – das Weltbild aus. Um 1500 begann damit die Vernetzung der Weltteile, die als Beginn jener Globalisierung angesehen werden kann, die 500 Jahre später – auf der Grundlage neuer Transport- und Informationstechniken – zum vorläufigen Abschluss gelangte. Die Revolutionierung des Weltbildes verbindet sich mit den Namen von fünf Personen:

- Christoph Kolumbus (1451–1506) erweiterte mit der Entdeckung Amerikas den geografischen Horizont.
- Niccolò Machiavelli (1469–1527) formulierte ein neues Staats- und Politikverständnis.
- Erasmus von Rotterdam (1466–1536) verkörperte wie kein anderer die humanistische Wissenschaft.
- Nikolaus Kopernikus (1473–1543) beschrieb die Kreisbewegung der Himmelskörper im Rahmen des heliozentrischen Weltbildes.
- Martin Luther (1483–1546) revolutionierte den Glauben, und mit seiner Reformation zerbrach die christlich-mittelalterliche Einheit.

Die Eroberung Konstantinopels durch die Osmanen (1453) bedeutete das Ende des Oströmischen Reiches. Technische Fortschritte (zum Beispiel im Schiffbau, der Navigation, im Festungsbau und bei der Artillerie) waren die Voraussetzung für die globale Vorherrschaft der europäischen Zivilisation in den folgenden Jahrhunderten.

Die große Mehrzahl der Historiker sieht in der Zeit um 1500 die entscheidende Zäsur zwischen Mittelalter und Neuzeit, wobei im Allgemeinen der Zeitraum vom 16. bis zum 18. Jahrhundert (bis zur Französischen Revolution) als Frühe Neuzeit bezeichnet wird.

5.1 Die Welt im Umbruch

Renaissance

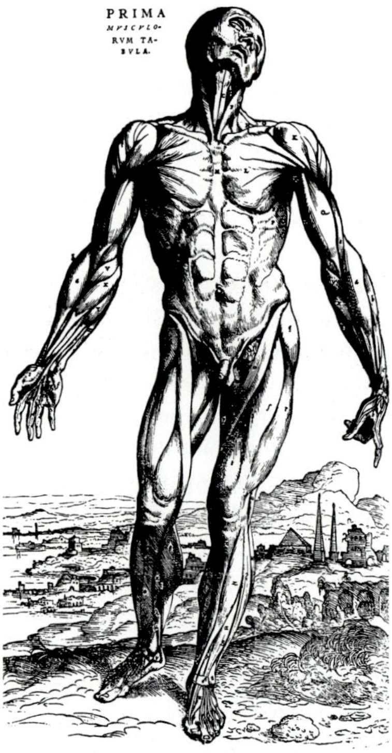

M 1 **Der „Muskelmann" vor toskanischer Landschaft**
Grundlegung der empirischen Anatomie der Neuzeit (1543). Aus einem Buch von Andreas Vesalius, Professor für Anatomie in Padua und Leibarzt von Kaiser Karl V.

Renaissance ist eine Epochenbezeichnung der europäischen Geschichte, die ihren Namen der Wiederentdeckung der Leistungen von Griechen und Römern verdankt und die sich seit dem 19. Jahrhundert eingebürgert hat.

Das Italien des 15. und 16. Jahrhunderts war Schauplatz eines geistigen Aufbruchs, der die Überwindung des mittelalterlichen Menschen- und Weltbildes herbeiführte. Der Geist der Renaissance fand dabei einen mehrdimensionalen künstlerischen, naturwissenschaftlichen und technischen Ausdruck: In der Literatur unter anderem durch Petrarca (1304–1374) und Boccaccio (1313–1375); in der Malerei durch Leonardo da Vinci (1452–1519), Michelangelo (1475–1564), Raffael (1483–1520) und Tizian (1489–1576). Michelangelo war zum Beispiel nicht nur Maler, sondern auch Bildhauer, Dichter und Architekt. Die fruchtbare Fantasie Leonardo da Vincis produzierte Entwürfe für Befestigungsanlagen, Wasserpumpen, Flugapparate, Unterwasserschiffe und anderes mehr. Brunelleschi (1377–1446), dem ersten Architekten der Renaissance, verdankt die Nachwelt die riesige Kuppel der Kirche Santa Maria del Fiore in Florenz. Donatello (1386–1466) wirkte viele Jahre in derselben Stadt und schuf Standbilder und Statuen nach antiken Vorbildern. Er gilt als bedeutendster Bildhauer der frühen Renaissance. Die Blüte der Kunst – zum Beispiel in Florenz – war an das Vorhandensein von Mäzenen gebunden. Im Unterschied zu Deutschland war der italienische Adel stadtsässig, was eine wesentliche ökonomische Voraussetzung für die Entfaltung eines neuen Künstlertums ohne Zunftbindung war.

Die Renaissance schuf einen neuen künstlerischen Ausdruck, der die Entfaltung des Individuums spiegelte. Der Mensch wurde in seiner lebendigen Körperlichkeit – also plastisch – gesehen. Dazu bedurfte es neuer Techniken der perspektivischen Darstellung. Das Studium der Anatomie des menschlichen Körpers machte nicht mehr vor dem Tabu der Sezierung von Leichen halt.

Der gewachsene Wert der Individualität äußerte sich auch darin, dass das Porträt unverwechselbare Züge gewann. Der Künstler der Renaissance verschwieg seinen Namen nicht mehr, wie das noch im Mittelalter weitgehend der Fall war.

Humanismus

Renaissance und Humanismus sind eng miteinander verknüpft, wobei der Humanismus als nordeuropäische Form der Renaissance bezeichnet werden kann. Der Humanismus, der in der zweiten Hälfte des 15. Jahrhunderts einsetzte, war vor allem eine literarische Bewegung, die im Wesentlichen auf eine kleine Schicht von Intellektuellen beschränkt blieb. Im Mittelpunkt stand das philologisch-historische Interesse „Ad fontes" („Zurück zu den Quellen!") – so lautete ein wegweisendes Motto der Humanisten. Darum beschäftigte man sich mit der Literatur des Altertums und stieß zu den griechischen und hebräischen Quellen vor.

Buchdruck und Humanismus gehören zusammen. Die Verbreitung antiker Schriften, die Kommunikation innerhalb der Gelehrtenkreise, der Aufbau von großen Bibliotheken, allgemein: die Ausbreitung neuen Wissens hätte ohne das gedruckte und damit billigere Buch nicht stattfinden können. Die Kostbarkeit von Büchern vor Gutenbergs Erfindung des Drucks mit beweglichen Lettern um 1450 wird deutlich, wenn man sich vor Augen führt, dass eine handgeschriebene Bibel den Wert eines Bauerngutes besaß.

Die humanistische Bewegung verlieh der Bildung ein neues und großes Prestige. Lokalisiert in Städten, getragen von einer neuen Schicht gebildeter Bürger, dokumentiert der Humanismus die Auflösung des glaubensgeprägten Weltbildes des Mittelalters. Der schon im Mittelalter einsetzende Prozess der Ersetzung der Mönchskultur durch eine Laienkultur fand seinen Abschluss.

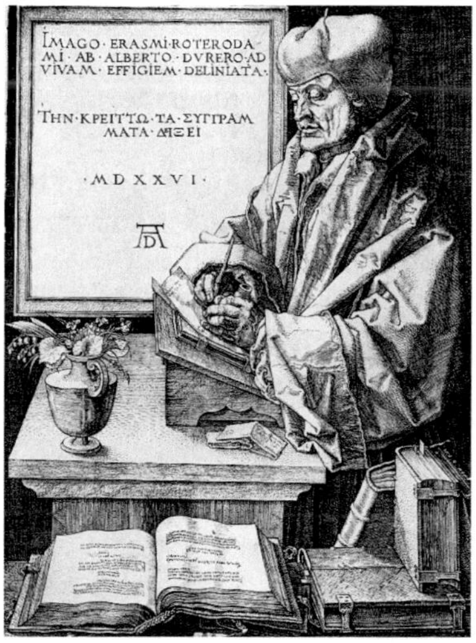

M 2 Idealbild des Humanisten
Erasmus von Rotterdam. Der große Humanist bei der Arbeit am Schreibpult, das Tintenfass in der Linken: so sah Dürer 1526 den damals Sechzigjährigen. Ein von Albrecht Dürer gezeichnetes Bild des Erasmus von Rotterdam nach lebendigem Modell.

Der Anspruch der Humanisten auf geistige Selbstständigkeit, ihr Interesse am Abstreifen geistiger Bevormundung fand im Konflikt um die „Dunkelmänner“ in Köln einen beispielhaften Ausdruck. Als der Kölner Dominikaner Johannes Pfefferkorn die Verbrennung hebräischer Schriften betrieb, stieß er auf den entschiedenen Widerstand des Humanisten Johannes Reuchlin (1455–1522). Dieser fand viel Unterstützung im Kampf gegen den wissenschaftsfeindlichen mönchischen Dogmatismus. 1515/1517 erschienen die „Dunkelmännerbriefe“, die in Form von Parodie und Satire die Unbildung der Mönche entlarvten.

Ulrich von Hutten (1488–1523), Dichter und nationaler Streiter gegen das römische Papsttum, der auch an den „Dunkelmännerbriefen“ mitgewirkt hatte, benutzte die lateinische und deutsche Sprache als politische Waffe. Conrad Celtis (1459–1508), Jakob Wimpheling (1450–1528), Willibald Pirckheimer (1470–1530) und Konrad Peutinger (1465–1547) waren weitere bedeutende deutsche Humanisten. Als ungekröntes Oberhaupt des europäischen Humanismus galt Erasmus von Rotterdam (1466–1536), ein unabhängiger Geist und Verfasser viel gelesener Bücher, der von den Einnahmen aus seinen Büchern leben konnte. Er tat sich als scharfsinniger Kritiker der Papstkirche und des Pfaffentums hervor. Obgleich er diesbezüglich mit Luther übereinstimmte, konnte er sich zu einer Unterstützung der Reformation nicht entschließen. Dennoch hat seine Publikationstätigkeit viel dazu beigetragen, den Boden für die Reformation vorzubereiten.

Politische Theorie

Niccolò Machiavellis zweifelhafter Ruhm als Staatstheoretiker verbindet sich mit seinem Buch „Der Fürst“ (geschrieben 1513). Machiavelli (1469–1527) gibt in ihm eine Anleitung für politisches Handeln. Im Zusammenhang mit dieser Schrift hat die Nachwelt immer wieder das Verhältnis von Politik und Moral diskutiert. Der „Machiavellismus“ ist dabei zu einem Grundbegriff der Politik geworden. Dieser bezeichnet ein machtpolitisches Handeln ohne sittliche Norm, bei dem der Zweck der Machterhaltung die Mittel heiligt.

Naturwissenschaften

Nicht nur in Bezug auf die bildenden Künste, Literatur und Philologie, sondern auch naturwissenschaftlich-technisch brachte das Zeitalter der Renaissance eine Durchbrechung traditioneller Vorstellungen. Das mittelalterliche Wissenschaftsverständnis stützte sich auf Überlieferungen, das heißt zur Lösung von Problemen zog man die maßgeblichen Schriften heran, zum Beispiel die Heilige Schrift und das Werk des Aristoteles.

In der Frühen Neuzeit hingegen breitete sich die Suche nach neuem Wissen aus. Erfahrung und Experiment traten an die Stelle des Glaubens, und es wurde zunehmend auf Gott und Engel als Erklärung von physikalischen Phänomenen verzichtet. Die Einheit von Religion und Wissen zerbrach. Die Entzauberung des Himmels fand ihren epochenspezifischen Ausdruck in der „kopernikanischen Wende". Nikolaus Kopernikus (1473–1543) revolutionierte das nach Aristoteles (384–322 v. Chr.) und Ptolemäus (2. Jahrhundert n. Chr.) konstruierte Weltbild, nach dem die Erde Mittelpunkt sei und der Himmel sich um diese drehe. Die Ablösung dieses überkommenen Bildes durch das heliozentrische Weltbild wirkte sich nachhaltig aber erst im 17. Jahrhundert aus, nachdem Johannes Kepler (1571–1630), Tycho Brahe (1546–1601) und Galileo Galilei (1564–1642) die Bewegungsgesetze der Gestirne herausgefunden und damit dem wissenschaftlichen Weltbild zu fortschreitender Anerkennung verholfen hatten.

Die Entmystifizierung der Welt spiegelte den Wandel der westeuropäischen Gesellschaft wider, die zunehmend von ökonomischer Konkurrenz, Handelsverflechtung, Unternehmungsgeist und Gewinnstreben geprägt wurde. Zeit und Raum wurden immer genauer gemessen. Ab 1550 gab es bereits Uhren mit Sekundenzeigern. Der Aufschwung der Kartografie ging einher mit den geografischen Entdeckungen und der Ausdehnung des Handels.

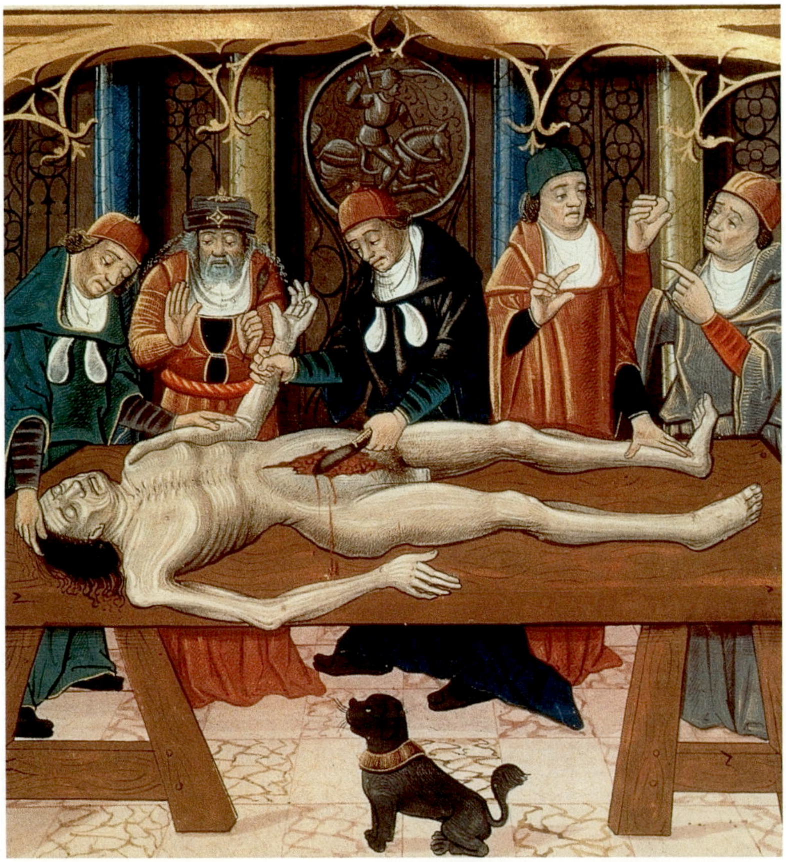

M 3 Die Öffnung des Leibes
Auch die Anatomie erweitert den menschlichen Horizont, Miniatur, Ende des 15. Jahrhunderts.

Fortschritte im Bergbau, in der Hüttenkunde und im Maschinenbau zeugen von einem weltbezogenen erfinderischen Denken. Fragen des ökonomischen beziehungsweise militärischen Nutzens (wie bei der Artillerie) traten in den Vordergrund.

Im 16. Jahrhundert wurden die Weichen für die Entwicklung des modernen und realistischen Weltbildes gestellt.

Entdeckungen

Um 1500 wurden innerhalb von wenigen Jahrzehnten die entscheidenden Entdeckungen gemacht, die das Bild von der Welt veränderten und bekannte Horizonte sprengten. Das Ausgreifen Europas nach Übersee leitete eine Entwicklung ein, die zu einer Jahrhunderte fortdauernden europäischen Dominanz führte.

Während vorher die Grenzen des Bekannten nur gelegentlich durchbrochen wurden, so zum Beispiel durch die historisch umstrittene Chinareise Marco Polos im 13. Jahrhundert, begann sich Portugal im 15. Jahrhundert langsam, aber gezielt entlang der afrikanischen Küste nach Süden vorzutasten. Angetrieben durch Heinrich den Seefahrer (1394–1460), unternahmen die Portugiesen maritime Anstrengungen, die mit der Umsegelung des Kaps der Guten Hoffnung (Bartolomeu Diaz; 1487) erfolgreich waren. Es folgten Vasco da Gamas Fahrt nach Indien (1497/98) und Fernando Magellans Weltumsegelung (1519–1522), mit der jeglichem Zweifel an der Kugelgestalt der Erde der Boden entzogen wurde.

M 4

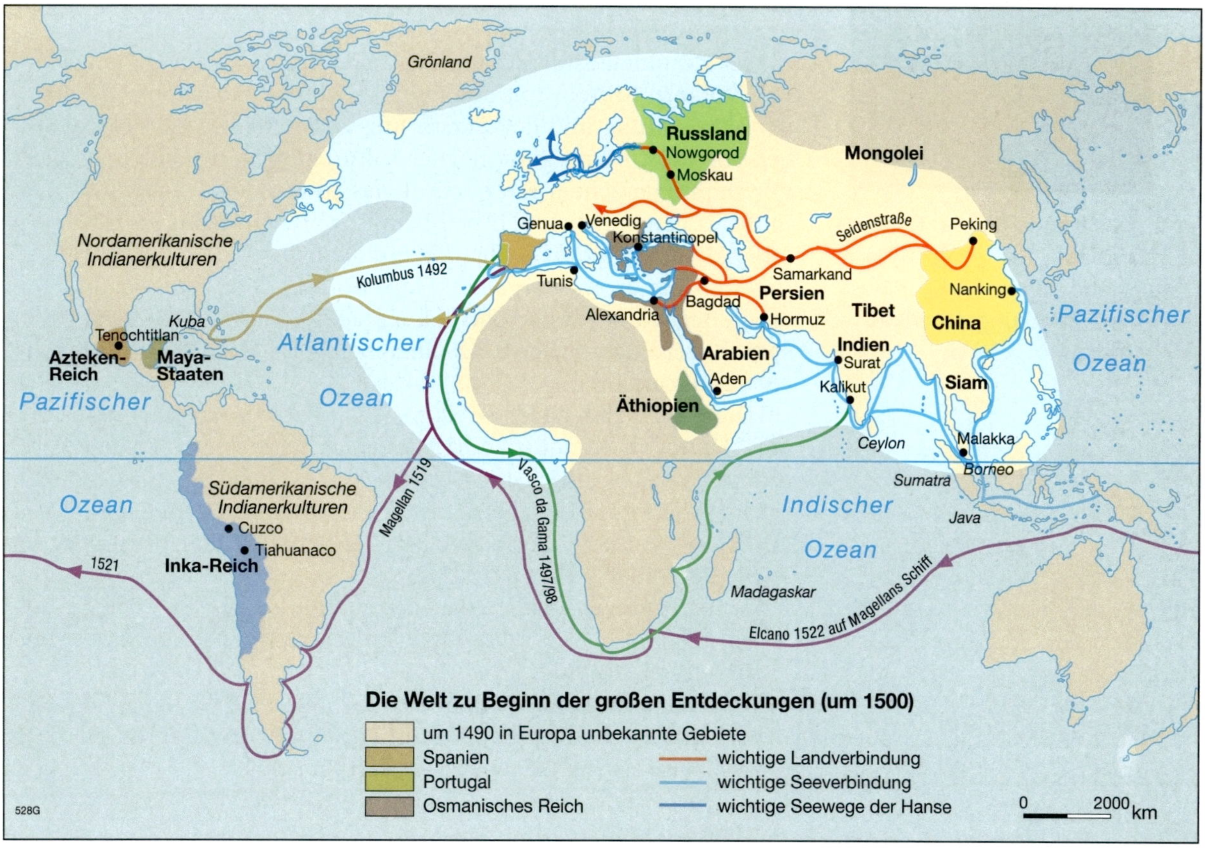

Ehe es zu diesen Entdeckungsfahrten kommen konnte, bedurfte es nicht nur der Zurückdrängung von mythischen Vorstellungen, zum Beispiel der Existenz von Seeungeheuern, sondern auch der Entwicklung maritimer Techniken, die ein Segeln ohne Sichtkontakt mit der Küste erlaubten. Nicht Fernweh, sondern handelspolitische Interessen waren es, die Seefahrer und deren Geldgeber bewogen, Expeditionen mit den winzigen Karavellen (Länge: 20 Meter) auszurüsten beziehungsweise anzutreten. Im Kern ging es um die Erschließung eines Seeweges nach Indien, mit dessen Hilfe das arabische Monopol am gewinnträchtigen Gewürzhandel gebrochen werden sollte. Dank der militärisch-technischen Überlegenheit des mit Kanonen bestückten Schiffs gelang den Portugiesen die Ausschaltung der außereuropäischen Konkurrenz. Sie errichteten befestigte Stützpunkte (zum Beispiel Calicut, Malakka, Ceylon), über die der Handel abgewickelt wurde. Wie einträglich der Handel war, wird unter anderem dadurch ersichtlich, dass noch große Gewinne erzielt werden konnten, obgleich von 625 portugiesischen Indienfahrern zwischen 1497 und 1572 nur 315 zurückkehrten.

M 5 **Das Flaggschiff Santa Maria**
Illustration aus der lateinischen Erstausgabe: Brief des Kolumbus über die Entdeckung Amerikas, Rom 1493

Christoph Kolumbus (1451–1506) betrieb sein Projekt, Indien auf dem Weg nach Westen zu erreichen, über viele Jahre. Er erhielt etliche Absagen, bevor er von der spanischen Krone gefördert wurde. Die berühmte Entdeckung Amerikas (1492) war kein Zufall, denn da Portugal die Strecke um Afrika besetzt hielt, musste die verspätete spanische Konkurrenz einen anderen Weg nach Indien finden, wenn sie am überseeischen Handel teilhaben wollte. Angesichts des sich abzeichnenden Konflikts zwischen Portugal und Spanien um die Besitzrechte an den entdeckten Gebieten wurde der Papst als Schiedsrichter angerufen. In mehreren Verträgen nahmen die Beteiligten eine Abgrenzung der Interessensphären vor.

Der Zusammenstoß der europäischen Eroberer mit den eingeborenen Völkern Mittel- und Südamerikas endete mit deren weitgehender Vernichtung und der Zerstörung vorhandener Kulturen. Getragen von der Überzeugung eigener kultureller Überlegenheit, beflügelt von missionarischem Eifer, wurde das so genannte herrenlose Land in Besitz genommen und die einheimische Bevölkerung versklavt. Der fehlende christliche Glaube der Indianer diente dabei oft der Legitimation für dieses Vorgehen. Gegen die Dezimierung der Indianer erhob der Dominikaner Bartholomé de Las Casas (1484–1566) Einspruch, vermochte aber trotz offizieller Verbote der Sklaverei kaum etwas auszurichten.

Die Nachwelt hat sich wiederholt mit der Frage beschäftigt, wie es eine Handvoll Konquistadoren zu Wege brachte, große Reiche zu erobern. Cortés (1485–1547) standen zur Eroberung des Aztekenreichs (1519– 1521) maximal 1300 Europäer zur Verfügung. Pizarro (1470–1541) gelang die Eroberung des peruanischen Inkareichs mit etwa 100 Soldaten (1531–1533).
Folgende Faktoren spielten dabei eine Rolle:

- Die technische Unterlegenheit der Indianer: Sie kannten weder Eisen noch das Rad.
- Die technische Überlegenheit der Europäer: Sie verfügten über Panzerung und Feuerwaffen. Von ihren Pferden und Bluthunden ging zudem eine schreckenerregende Wirkung aus.
- Das Sendungsbewusstsein und die körperliche Überlegenheit der Konquistadoren.

- Mikroparasiten kamen den Europäern zur Hilfe: Die Indianer wurden Opfer von verschiedenen Seuchen (unter anderem Pocken, Masern, Typhus).
- Beide Seiten interpretierten das oft plötzliche Massensterben als göttliche Strafe; scheinbare Bestätigung beflügelte die Eroberer, und Verzweiflung lähmte die Indianer.
- Dem Widerstand der Einheimischen wurde außerdem durch religiöse Prophezeiungen die Kraft geraubt: Man erblickte in den Europäern zunächst weiße Götter.
- Die Gesellschaftsstruktur sowohl des Inka- als auch des Aztekenreiches war extrem hierarchisch. Die Spanier konnten die vorhandene Opposition ausnutzen und später selbst an die Stelle der alten Führungsschicht treten. Aus der Sicht des durchschnittlichen Eingeborenen fand daher nur ein Austausch der Führung statt.

Schon bald nach der Eroberung Amerikas setzte die Einwanderung und die Errichtung einer spanischen Feudalordnung auf der Grundlage von Sklavenarbeit ein. Vor allem auf den westindischen Inseln wurde eine wirtschaftliche Transformation vorgenommen, in deren Verlauf Monokulturen mit Zuckerrohr, Tabak und Baumwolle geschaffen wurden. Das 16. Jahrhundert war mithin die Geburtsstunde des modernen Weltmarktes unter dem Vorzeichen europäischer Vorherrschaft. Die gewaltsame Einbeziehung außereuropäischer Völker in das europazentrierte Weltsystem wird anhand des Sklavenhandels besonders ersichtlich. Der Dreieckshandel, der im 17. und 18. Jahrhundert von England perfektioniert wurde, kombinierte dabei den Transport afrikanischer Sklaven von Afrikas Westküste nach Amerika mit dem Import von Produkten amerikanischer Plantagenwirtschaft nach Europa sowie dem Export verarbeiteter englischer Waren, wie zum Beispiel Textilien oder Waffen, nach Afrika.

Die Suche nach Edelmetallen war eine wichtige Triebfeder für den Vorstoß in unbekannte Gebiete gewesen. Nach anfänglicher Enttäuschung konnten Mitte des 16. Jahrhunderts die Silberminen von Potosí (Bolivien) und Zacatecas (Mexiko) erschlossen werden. Seitdem ergoss sich ein immenser Strom von Edelmetallen von Amerika nach Europa, der die allerdings nur vorübergehende imperiale Stellung der spanischen Krone begründete. Das Silber sorgte für eine Zunahme des Geldverkehrs und die Aufstockung des europäischen Handelskapitals. Wissenschaftlich umstritten ist, inwieweit das amerikanische Silber die als Preisrevolution des 16. Jahrhunderts bezeichnete Inflation verursachte.

Chronologie

1450	Erfindung des Buchdruckes
1492	Entdeckung Amerikas
1498	Vasco da Gama erreicht Indien.
1517	Luthers Thesen über den Ablass
1519	Wahl Karls V. zum Kaiser
1519–21	Eroberung Mexikos (Cortés)
1519–22	Erste Weltumsegelung (Magellan)
1525	Bauernkrieg
1531–33	Eroberung Perus (Pizarro)

M 6 **Kolonialreiche und Überseehandel um 1700**

Den Kolonialmächten der ersten Stunde erwuchs schon relativ bald eine nordwesteuropäische Konkurrenz. Die Aufteilung der Welt zwischen Spanien und Portugal stieß auf entschlossenen Widerstand. Zunächst waren es mit staatlichen Privilegien ausgestattete private holländische und englische Handelsgesellschaften, die sich erfolgreich daran machten, das iberische Handelsmonopol zu brechen. Schon im 17. Jahrhundert wurden spanische und portugiesische Kaufleute verdrängt. Die Handelsschwerpunkte verlagerten sich nach Amsterdam und London. Es ist bis heute Gegenstand der historisch-politischen Erörterung, welchen Anteil der Zufluss amerikanischer Edelmetalle wie auch Plünderung und Handel an der Entwicklung Europas hatten. Viele Historiker sehen in der Kolonialisierung eine entscheidende Vorbedingung für die Industrielle Revolution in Europa.

Kolonialreiche und Überseehandel um 1700

Besitzungen

Spanien	Niederlande
Portugal	Russland
Frankreich	Osmanisches Reich
England	

1549 Jahr der Besitznahme, bei Orten Jahr der Gründu[ng] oder Erwerbung

Wichtiger Seehandelsweg

chtige
ndelswaren

Gewürze (Zimt, Nelken, Pfeffer, Muskat)
Drogen
Tee

Kaffee
Weihrauch
Zucker
Edelhölzer

Tabak
Reis
Indigo
Seide

Baumwollwaren
Teppiche
Pelze, Häute
Perlen

Elfenbein
Porzellan
Lackwaren
Duftstoffe

Bergbau
Gold
Silber
Zinn
Salpeter

Diamanten
Sklaven

M 7 **Das humanistische Bildungsideal**

Leo Battista Alberti (1402–1472), Architekt und Kunsttheoretiker, schrieb:

Wer wüsste nicht, dass das Erste, was Not tut, die Geistesbildung ist; so sehr das Erste, dass selbst ein geborener Edelmann ohne Bildung nur für einen Tölpel gelten wird! Ich für meine Person wünschte die jungen Edlen öfter mit einem Buch in der Hand als mit dem Falken auf der Faust zu sehen; keineswegs gefällt mir der gemeine Gebrauch mancher, die da sagen: Vollauf genug, wenn du deinen Namen schreiben kannst und zusammenzurechnen weißt, was man dir schuldig ist! […]
Und ihr, Jünglinge, fahret fort, wie ihr es tut, widmet den gelehrten Studien viele Bemühung, seid beharrlich darin, findet eure Freude in der Kenntnis vergangener Zeiten und denkwürdiger Dinge und Nutzen in der Aneignung lehrreicher Erinnerungen, genießt es, euren Geist mit anmutigen Gedanken zu nähren, euer Gemüt an den trefflichsten Charakteren zu bereichern, suchet in der Erfahrung des politischen Lebens einen Überfluss unglaublicher Feinheiten, strebet, alles Menschliche und Göttliche kennen zu lernen, das mit vollkommener Vernunft in den Büchern niedergelegt ist. […] Keine Mühe ist so reich belohnt – wenn es überhaupt Mühe heißen kann und nicht vielmehr Vergnügen und Erquickung für Herz und Geist – wie die, gute Werke zu lesen und wieder zu lesen: Du gewinnst daraus einen Überfluss an Beispielen, eine Fülle von Gedanken, einen Reichtum an Überzeugungen, Kraft der Gründe und Urteile, du schaffst dir Gehör, deine Mitbürger lauschen gern deinen Worten, sie schauen auf dich, preisen dich, lieben dich. Ich will mich nicht darüber verbreiten, denn es wäre zu weitläufig, aufzuzählen, wie sehr literarische Bildung, ich sage nicht nützlich, sondern notwendig ist für den, der die Dinge lenkt und steuert; und ich will nicht beschreiben, wie sehr sie den Staat veredelt.

Zit. nach:
J. Burkhardt, Frühe Neuzeit, Königstein/Ts. 1985, S. 124 f.

M 8 **Ein neuer Geist**

Jean Fernel, Arzt des Königs von Frankreich, über den geistigen Aufbruch (1530):

Was aber, wenn unsere Altvordern und diejenigen, die ihnen vorangegangen sind, einfach den gleichen Weg beschritten hätten wie die vor ihnen? […] Nein, im Gegenteil scheint es gut zu sein für die Philosophen, sich auf neuen Wegen und in neuen Systemen zu bewegen, es scheint gut für sie zu sein, weder der Stimme des Verleumders noch dem Gewicht der alten Kultur oder dem Gewicht der Autoritäten zu gestatten, jene zu hindern, die ihre eigenen Ansichten zum Ausdruck bringen. Auf diese Art und Weise bringt jedes Zeitalter seine eigene Ernte an neuen Autoren und neuen Künsten hervor. Unser Zeitalter sieht Kunst und Wissenschaft nach zwölf Jahrhunderten der Ohnmacht wieder erstehen, Kunst und Wissenschaft haben jetzt ihren alten Glanz erreicht oder sogar übertroffen. Unser Zeitalter braucht sich in keiner Beziehung zu schämen und sich nach dem Wissen der Antike zu sehnen. […] Unser Zeitalter vollbringt Dinge, von denen die Antike sich nichts träumen ließ. […] Der Heldenmut unserer Seeleute ließ sie den Ozean überqueren und neue Inseln finden. Die fernen Geheimnisse Indiens liegen jetzt offen vor uns. Der Kontinent im Westen, die so genannte Neue Welt, unseren Vorvätern noch unbekannt, ist uns zum größten Teil bekannt. In all diesen Dingen und in den Gebieten, die zur Astronomie gehören, hatten Plato, Aristoteles und die alten Philosophen Fortschritte erzielt, denen Ptolemäus viele hinzugefügt hatte. Würde jedoch einer von ihnen heute zurückkehren, so fände er die Geografie so verändert, dass er sie nicht wiedererkennen würde. Ein neuer Erdball ist uns von den Seefahrern unserer Zeit gegeben worden.

Zit. nach: J. D. Bernal, Wissenschaft, Bd. 2, Reinbek 1970, S. 380 f.

M 9

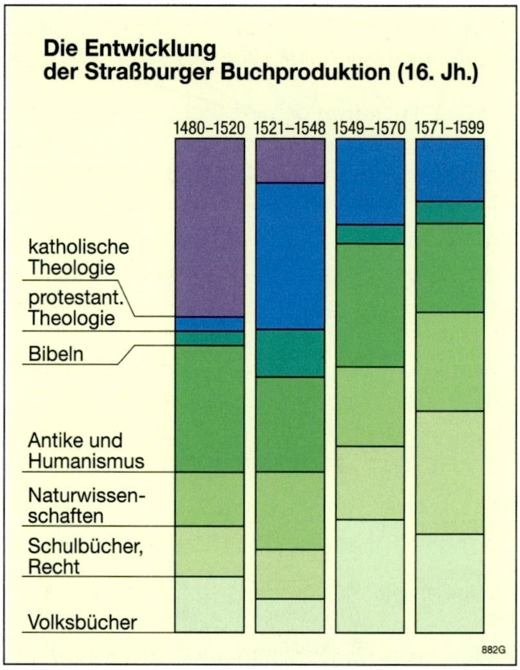

M 10

M11 Machiavelli: Der Fürst (1513)

Machiavelli (1469–1527) gilt als der bedeutendste politische Theoretiker des 16. Jahrhunderts:

Von den Eigenschaften, die den Menschen und insbesondere den Fürsten Lob oder Tadel eintragen.

Es bleibt uns noch zu betrachten, wie ein Fürst sich gegenüber seinen Untertanen oder seinen Freunden verhalten soll. […] Denn zwischen dem Leben, wie es ist und wie es sein sollte, ist ein so gewaltiger Unterschied, dass, wer das, was man tut, aufgibt für das, was man tun sollte, eher seinen Untergang als seine Erhaltung bewirkt; ein Mensch, der immer nur das Gute tun wollte, muss zugrunde gehen unter so vielen, die nicht gut sind. Daher muss ein Fürst, der sich behaupten will, auch imstande sein, nicht gut zu handeln und das Gute zu tun und zu lassen, wie es die Umstände erfordern. […]

Inwieweit die Fürsten ihr Wort halten sollen

Wie rühmlich es für einen Fürsten ist, die Treue zu halten, und redlich, ohne Falsch, zu leben, sieht jeder ein. Nichtsdestoweniger lehrt die Erfahrung, dass gerade in unseren Tagen die Fürsten Großes ausgerichtet haben, die es mit der Treue nicht genau nahmen und es verstanden, durch List die Menschen zu umgarnen; und schließlich haben sie die Oberhand gewonnen über die, welche es mit der Rechtlichkeit hielten. Man muss nämlich wissen, dass es zweierlei Waffen gibt: die des Rechtes und die der Gewalt. Jene sind dem Menschen eigentümlich, diese den Tieren. Aber da die ersten oft nicht ausreichen, muss man gelegentlich zu den andern greifen. Deshalb muss ein Fürst verstehen, gleicherweise die Rolle des Tieres und des Menschen durchzuführen. […]
Ein kluger Fürst kann und darf demnach sein Wort nicht halten, wenn er dadurch sich selbst schaden würde, oder wenn die Gründe weggefallen sind, die ihn bestimmten, es zu geben. Wenn alle Menschen gut wären, wäre diese Vorschrift nicht gut; da sie aber schlecht sind und dir die Treue nicht halten würden, brauchst du sie ihnen auch nicht zu halten. Auch hat es einem Fürsten noch nie an rechtsmäßigen Gründen gefehlt, um seinen Wortbruch zu beschönigen. Man könnte hierzu unzählige Beispiele aus neuerer Zeit anführen und zeigen, wie viele Friedensverträge und Versprechungen eitel

und nichtig geworden sind durch die Treulosigkeit der Fürsten; und wer am besten verstanden hat, den Fuchs zu spielen, ist am besten weggekommen. Man muss nur verstehen, der Fuchsnatur ein gutes Ansehen zu geben, und ein Meister sein in Heuchelei und Verstellung: Denn die Menschen sind so einfältig und gehorchen so leicht dem Zwang des Augenblicks, dass ein Betrüger stets einen finden wird, der sich betrügen lässt. [...] So muss der Fürst Milde, Treue, Menschlichkeit, Redlichkeit und Frömmigkeit zur Schau tragen und besitzen, aber wenn es nötig ist, imstande sein, sie in ihr Gegenteil zu verkehren. [...]

Jeder sieht, was der Fürst zu sein scheint, nur wenige können mit Händen greifen, was er ist, und diese wenigen wagen nicht, der Meinung der Menge entgegenzutreten, die obendrein die Majestät des Staates auf ihrer Seite hat. Zudem beurteilt man die Taten der meisten Menschen, und insbesondere der Fürsten, die keinen Richter über sich haben, nach dem Erfolg. Ein Fürst braucht nur zu siegen und seine Herrschaft zu behaupten, so werden die Mittel dazu stets für ehrenvoll gelten und von jedem gepriesen werden. Denn der Pöbel lässt sich durch den Augenschein und den Erfolg bestechen, und in der Welt gibt es nur Pöbel – die wenigen richten nichts aus, wenn die Menge einen Rückhalt hat.

Zit. nach: K.-H. Neubig, Renaissance und Reformation 1350–1648, Ebenhausen 1962, S. 22 ff.

M12 Die Revolution zur See

Im Folgenden wird die Entwicklung hochseefähiger Segelschiffe beschrieben:

Als Vasco da Gama 1498 Calicut erreichte, fragte man ihn, was er wolle. „Christen und Gewürze", lautete seine Antwort. War die Religion der Vorwand europäischer Expansion, so waren Gold und Gewürze die Motive und das seegehende Schiff das Mittel hierzu. Der technische Durchbruch, der Europäer in die Lage versetzte, Ozeane zu überqueren und Handelsposten an den Küsten ferner Kontinente zu errichten, kam mit der Entwicklung des Kanonen bestückten Segelschiffs, einer Erfindung, der in der Weltgeschichte die gleiche Bedeutung zukommt wie der des Rades.

Das hochseefähige Schiff war das Ergebnis der Vereinigung des kräftigeren Schiffs der nördlichen Gewässer und des längeren Handelsschiffs des Mittelmeers. Etwa seit 1400 wurde die geklinkerte Kogge mit Steuerruder (einer Erfindung des Nordens) und Rahsegel im Süden beliebt, da sie eine geringere Besatzung erforderte. Als Karweelbau (d.h. mit aneinanderstoßenden Planken) und mit lateinischer Takelage wurde sie die Karavelle oder vergrößert die Karracke, zwei- oder dreimastige Schiffe mit Rahsegeln an Haupt- und Fockmast. Mit solchen Karavellen von weniger als 300 Tonnen führten die meisten der frühen Entdecker ihre Reisen durch. Dagegen wurden im portugiesischen Fernosthandel riesige Karracken verwendet. So war die 1592 von den Engländern eroberte Madre de Dios 1600 Tonnen groß. [...]

Schwimmende Festungen wie die Karracken müssen bei ihrem Erscheinen im Jahre 1517 in Kanton großen Eindruck hinterlassen haben. Es verwundert nicht, dass ein chinesischer Chronist schreibt, solche Fremdländer seien „wegen ihrer Artillerie und Schiffe äußerst gefährlich. Keine Waffe seit Menschengedenken ist ihrer Kanone überlegen."

Solche Schiffe mussten über ferne, unbekannte Meere navigiert werden. Hier leisteten die Portugiesen ihren wichtigsten Beitrag. Sie verwandelten die küstennahe Lotsenkunst dadurch in ozeanische Navigation, dass sie es lernten, die Himmelskörper mit dem Astrolab der Seeleute, dem Quadranten, und dem Jakobsstab zu beobachten. [...]

Wichtigstes Instrument an Bord war der Kompass (erstmals erwähnt 1187 in Amalfi), der in einem in Messinggabeln gelagerten Gehäuse auf der Hütte untergebracht war. Veränderungen des Kompasses werden von frühen Entdeckern erwähnt, blieben aber unerklärlich. Die meisten Seefahrer vertrauten auf das Tiefenlot und das Stundenglas, mit dem die Wachzeiten bestimmt wurden: eine Sanduhr von halbstündiger Laufzeit, die während einer Wache achtmal gedreht wurde. Das Drehen wurde mit einem Ruf oder einem Glockenschlag angezeigt.

Der Seemann konnte seine Position nördlich und südlich durch die Sonnenhöhe recht genau bestimmen, sodass das Segeln nach Breite die Regel blieb. Die Bestimmung der Länge oder der westlichen und östlichen Entfernung blieb ein Geheimnis. Das einzige Mittel zur Feststellung eines Etmals (Tages) blieb die mit Knoten versehene Logleine, die in festgelegten Zeitabständen über Bord gegeben wurde, um die Geschwindigkeit, mit der die Knoten abliefen, und mit ihr die Fahrt des Schiffs zu messen. Die vermutete Position wurde mit einem Pflock in einer Tafel festgesteckt und als das „Log" vermerkt. Das Ergebnis waren riesige Fehleinschätzungen der Größe der Kontinente und der Breite der Ozeane. Die maritime Revolution [...] verlangte auch ein neues Weltbild, das zu einer kartografischen Revolution führte.

Chr. Lloyd, Atlas zur Seefahrtsgeschichte, Oldenburg 1980, S. 20.

M13 **Das neue Bild von der Erde**

Die frühen Kartenzeichner standen vor dem Problem, die Kugelgestalt der Erde auf eine Fläche zu projizieren. Auf der abgebildeten Karte, die auf Francesco Rosselli (ca. 1508) zurückgeführt wird, wurden die Breitengrade gradlinig gezeichnet. Die ovale Darstellung des Globus stellt aber eine kartografische Neuerung dar.

M 14

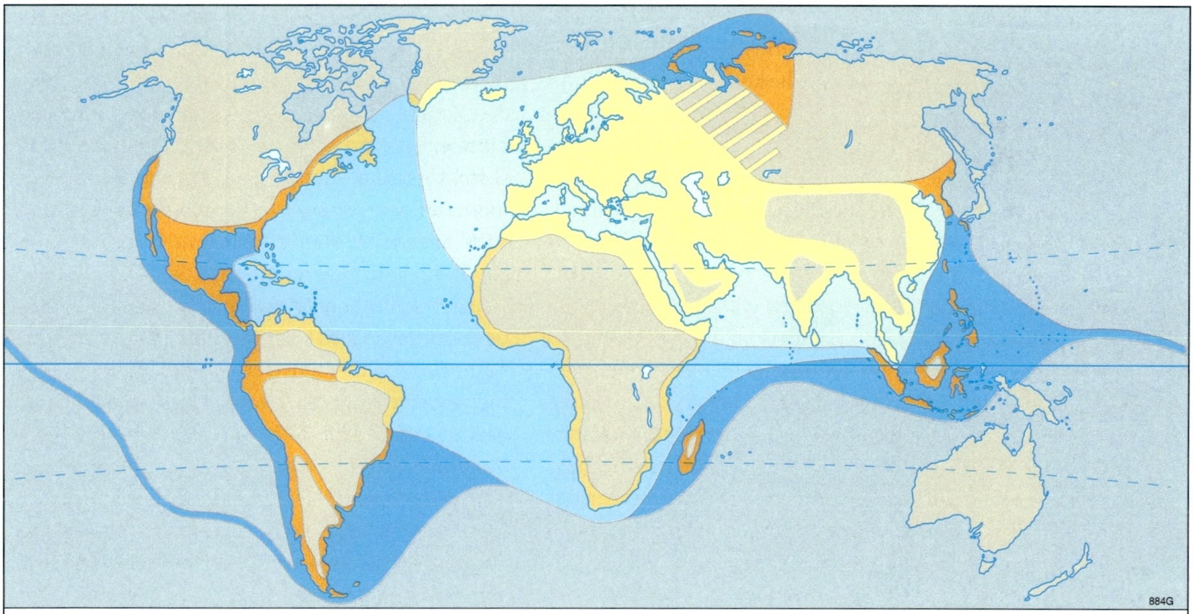

Der in Europa bekannte Teil der Erde	um 1400	um 1500	um 1550
bekannte Landoberfläche	ca. 31 Mio. km² - 21%	ca. 37 Mio. km² -25%	ca. 48 Mio. km² - 32%
bekannte Wasseroberfläche	ca. 26 Mio. km² - 7%	ca. 75 Mio. km² -20%	ca. 120 Mio. km² - 33%
bekannte Erdoberfläche	ca. 57 Mio. km² - 11%	ca. 112 Mio. km² -22%	ca. 168 Mio. km² - 32,5%

M15 Teilungsedikt des Papstes (1493)

Das päpstliche Urteil schlichtete den Konflikt zwischen Spanien und Portugal um die Aufteilung der Kolonien. Als Folge davon spricht man heute in Brasilien portugiesisch:

Unter den anderen der göttlichen Majestät wohlgefälligen und Unserem Herzen erwünschten Werken ist es das Wichtigste, dass der katholische Glaube und die christliche Religion gerade in Unserer Zeit verherrlicht und überall verbreitet, das Heil der Seelen gefördert und die barbarischen Nationen gedemütigt und zum Glauben zurückgeführt werden. [...]
(§ 3.) Auf den schon entdeckten Inseln finden sich Gold, Gewürze und zahlreiche andere wertvolle Naturprodukte verschiedener Art und Güte.
(§ 4.) Nachdem Ihr alles und namentlich, wie es katholischen Königen und Fürsten geziemt, das Interesse der Verherrlichung und Verbreitung des katholischen Glaubens gewissenhaft nach der Art Eurer Vorfahren glorreichen Angedenkens erwogen hattet, habt Ihr Euch vorgenommen, die genannten Inseln und Festländer samt ihren Bewohnern mit Gottes Hilfe Euch zu unterwerfen und zum katholischen Glauben zurückzuführen. [...]
(§ 6.) Das Gebiet, das Wir Euch aus bloßer Freigebigkeit, in voller Kenntnis und Apostolischer Machtvollkommenheit, aus eigenem Antrieb, nicht etwa aus Veranlassung einer Bitte von Eurer Seite[1] übergeben, umfasst alle Inseln und Festländer, ob schon bekannt oder noch zu entdecken, in westlicher und südlicher Richtung, sobald sie von Euren Abgesandten und Kapitänen erreicht werden; dazu ziehen Wir eine Linie vom arktischen Pol zum antarktischen Pol, also von Norden nach Süden, gleich ob nun die Festländer und Inseln auf dem Wege nach Indien oder nach einer anderen Weltgegend entdeckt wurden oder entdeckt werden[2]. Diese Linie soll hundert Meilen westlich von den Inseln, die als Azoren und Kapverden bekannt sind, nach Süden verlaufen, sodass Euch alle westlich dieser Linie gelegenen Inseln und Festländer, ob schon bekannt oder noch zu entdecken, zufallen, sofern sie sich bis zum letztvergangenen Weihnachtstag, mit dem das gegenwärtige Jahr 1493 begonnen hat, nicht im tatsächlichen Besitz eines anderen christlichen Königs oder Fürsten befunden haben.

1 Eine formelhafte Wendung, die nur dazu diente, dem Empfänger der Urkunde Gebührenfreiheit zu verschaffen. In Wirklichkeit war sie natürlich von Spanien beantragt.

2 Vertrag von Tordesillas (1494), 370 Meilen westlich der Kapverdischen Inseln

Zit. nach: W. Lautemann, M. Schlenke (Hg.), Geschichte in Quellen, Renaissance, Glaubenskämpfe, Absolutismus, München 1983, S. 57 ff.

M16 Der Kulturzusammenstoß

Der Historiker Urs Bitterli schildert die Konflikte der europäisch-überseeischen Begegnungen:

Zum geradezu klassischen Fall eines Kulturzusammenstoßes kam es auf der von Kolumbus während seiner ersten Reise entdeckten Insel Haiti. Die ersten Beziehungen zwischen den Spaniern und den einheimischen Indianern vollzogen sich im Sinne der Kulturberührung meist in einer Atmosphäre gegenseitiger Scheu und Zurückhaltung, gewannen aber bald, trotz bedeutender Kommunikationsschwierigkeiten und des Fehlens einer gemeinsamen Rechtsgrundlage, ausgesprochen friedlichen Charakter: Ohne die Hilfsbereitschaft der Eingeborenen wäre es den Leuten des Kolumbus unmöglich gewesen, in Haiti überhaupt an einen längeren Landaufenthalt zu denken. Dank der Unterstützung des Kaziken [Häuptling] Guancanagari gelang es beispielsweise Kolumbus, am Weihnachtstage des Jahres 1492 den ersten festen Stützpunkt der Europäer in der „Neuen Welt" zu begründen: „La Navidad" [Weihnachten]. In diesem Fort sollten etwa vierzig Kolonisten die Rückkehr ihres Kapitäns und Nachschub an Menschen und Material aus dem Mutterland abwarten. Doch als Kolumbus im November des Jahres 1493 wieder in Haiti eintraf, fand er die Befestigung zerstört und die Besatzung erschlagen: Die Kulturberührung hatte sich in der kurzen Zeit seiner Abwesenheit zum Kulturzusammenstoß gewandelt, und die Opfer waren diesmal nicht nur Eingeborene, sondern auch Europäer.
Dieser Umschlag vom freundlichen zum feindseligen Verhalten der Indianer, wie er im Falle von „La Navidad" besonders deutlich wird, ist von C. O. Sauer, einem hervorragenden Kenner der Geschichte des spanischen Kolonialimperiums, wie folgt kommentiert worden: „Was in Navidad geschah, war ungefähr das, was man hätte erwarten können. Die Besatzung, die man ausgewählt hatte, bestand zum größten Teil aus Gesindel. [...]
Kolumbus ließ sie mit dem Befehl zurück, sich möglichst viel Gold zu verschaffen und dessen Herkunft zu erkunden. Er rechnete völlig damit, dass die feigen Eingeborenen sich dem Willen der Spanier, was immer diese beabsichtigten, beugen würden. Den Männern von Navidad stand es frei, nach Lust und Laune herumzustreifen, statt dass man sie einer Disziplin unterstellt und für ihr Betragen verantwortlich gemacht hätte". Aus den Quellen geht hervor, wie ratlos Kolumbus angesichts dieser unerwarteten Wendung war.

Er musste erfahren, dass sich seine Landsleute durch ihre Gier nach Gold zu räuberischen Einfällen ins Hinterland hatten hinreißen lassen, dass sie durch die Plünderung indianischer Siedlungen, durch Vergewaltigung der Eingeborenenfrauen, durch Gefangennahme von Häuptlingen das anfängliche Vertrauen der Bevölkerung missbraucht und verspielt hatten, und er konnte ein solches Verhalten nicht billigen. Bestimmt bemühte er sich, seine Mannschaft künftig von derartigen Ausschreitungen abzuhalten, und zweifellos tat er manches, um durch Milde und Geduld eine Aussöhnung mit den Indianern herbeizuführen. Aber Kolumbus war eine in widersprüchlichen Stimmungen schwankende Persönlichkeit, ehrgeizig und nachsichtig in einem, und er war psychologisch zu ungeschickt, besaß auch wenige Ausstrahlungskraft, um auf seine Leute einzuwirken. So gewannen jene Kräfte die Oberhand, welche im rücksichtslosen Einsatz der ihnen zur Verfügung stehenden Machtmittel die einzige Lösungsmöglichkeit der kulturellen Problematik sahen. Skrupellose Unterführer brachen erneut zu bewaffneten Expeditionen ins Landesinnere auf, brandschatzten und raubten, erpressten sich durch Geiselnahme und Folterungen Zugeständnisse, deportierten Häuptlinge. Auf Unfreundlichkeit und Ungerechtigkeit im Umgang mit den Indianern folgten Übeltaten, die geradezu abartiger Einbildungskraft entsprangen; die anfängliche Achtung der Bevölkerung ersetzte man durch Einschüchterung.

Als Kolumbus nach einer Abwesenheit von mehreren Monaten – er hatte indessen Jamaica und Kuba erkundet – nach Haiti zurückkehrte, fand er Anarchie. Die Friedlichkeit der ersten Begegnung nun wiederherzustellen, war es zu spät. Da der herrschende Zustand einer allgemeinen Verwilderung die Verrohung und Disziplinlosigkeit der spanischen Kolonisten gefährlich beschleunigte, schien nichts anderes mehr übrig zu bleiben, als das Heil in der Flucht nach vorn zu suchen und das bisherige regellose Banditentum durch eine systematische Unterdrückungsstrategie zu ersetzen. Man begann, planmäßiger vorzugehen, operierte koordiniert, vergalt die geringste Regung des Widerstandes mit gezielten Repressalien. Im Frühling des Jahres 1495 kam es zur entscheidenden Auseinandersetzung, die, nach den vielleicht etwas hoch gegriffenen Schätzungen von Las Casas, gegen 100 000 Indianer das Leben kostete. Ein Jahr später hatte man die Insel unterworfen; die Eingeborenenbevölkerung war vollkommen verängstigt und in ihrem gesellschaftlichen und wirtschaftlichen Leben gestört, ihr Verteidigungswille war so sehr gebrochen, dass, wie ein Chronist berichtet, ein einzelner Spanier es wagen konnte, sich in jeden Teil der Insel zu begeben, unentgeltlich Gut und Nahrung zu fordern und seine sexuellen Bedürfnisse zu befriedigen.

Diesen direkten Unterwerfungs- und Vernichtungsaktionen folgten die indirekten. Da es sich bald zeigte, dass die Goldvorkommen der Insel nicht unerschöpflich waren, entschloss man sich, die Fruchtbarkeit des Bodens und die Gunst des Klimas zu nutzen. Die Verteilung des Grundbesitzes, die der erste Gouverneur der Insel, Ovando, anordnete, nahm auf indianische Besitzrechte keinerlei Rücksicht; sein System einer Agrarverwaltung zwang den Eingeborenen, die Hauptlast der Arbeit selbst zu tragen. Grundbesitz, Schürfrechte und Handelsprivilegien übertrug Ovando den besonders zahlreich nach Übersee auswandernden Hidalgos, Angehörigen des spanischen Kleinadels,

M 17 **Darstellung von der Landung des Kolumbus auf San Savador (1492),** Kupferstich von Theodor de Bry (1594)

die körperliche Arbeit als erniedrigend empfanden und nun ihren im Mutterland sehr eingeschränkten Machtaspirationen freien Lauf lassen konnten. Diesen Gutsherrenpersönlichkeiten wurden nach dem System das „repartimiento“ [Zuweisung] als Hilfskräfte Indianer zugeteilt, die zwar nach den Bestimmungen der Krone als freie Untertanen betrachtet werden sollten, in Tat und Wahrheit aber – da dieser Rechtsschutz jenseits des Ozeans kaum wirksam wurde – ein Sklavendasein führten. Überhaupt keinen Einschränkungen unterlag der Arbeitseinsatz der als kriegerisch und kannibalisch verrufenen Kariben, die von den umliegenden Inseln in wachsender Zahl nach Haiti verschleppt wurden, und dasselbe galt von den afrikanischen Negersklaven, die man nach 1505 in Westindien einführte und den besonders harten Frondienst in den neu geschaffenen Zuckerplantagen leisten ließ.

Das Landwirtschaftssystem der Spanier führte zwar in wenigen Jahrzehnten zu beachtlichen Erfolgen insbesondere auf den Gebieten der Zitrus-, Bananen- und Olivenproduktion sowie der Landwirtschaft, profitable Exportgeschäfte in Zucker und Farbhölzern bahnten sich an, und das Privatkapital der Kolonisten stieg sprunghaft; aber seine Auswirkung auf die Eingeborenengesellschaft war katastrophal und im Endergebnis noch verderblicher als die kriegerischen Aktionen der Jahrhundertwende. In einem Pamphlet, das nach dem Untergang der Armada in England neu aufgelegt und mit Vorliebe zur Kritik an spanischen Kolonialzuständen herbeigezogen wurde, hat Bartolomé de Las Casas die schädlichen Auswirkungen der Zwangsarbeit auf die indianische Bevölkerung mit beredten Worten geschildert. Es sei üblich gewesen, stellt Las Casas unter anderem fest, die männlichen Eingeborenen für eine bestimmte Zeit des Jahres in die Minen zu schicken, um sie unzumutbare Fronarbeit leisten zu lassen; die Frauen hätten indessen das Feld bestellen und so hart arbeiten müssen, dass selbst der stärkste und geübteste Mann darunter gelitten haben würde. Weder den Frauen noch den Männern habe man genügend zu essen gegeben, sodass die Frauen ihre Kinder nicht mehr hätten stillen können und diese hinweggestorben seien. Auch sei die Fortpflanzung der Indianer durch die Trennung der Geschlechter erschwert worden. Die Männer seien wegen Überbeanspruchung und Unterernährung in den Minen gestorben, und die Frauen aus denselben Gründen auf den Plantagen; auf diese Weise sei eine gewaltige Zahl von Inselbewohnern verbraucht und ausgetilgt worden. Man könne sich, schreibt Las Casas, keine Erdenbewohner denken, die durch solche Behandlung nicht schließlich ausgerottet würden.

U. Bitterli, Die „Wilden“ und die „Zivilisierten“, München 1976, S. 130 ff.

Aufgaben

1. Beschreiben Sie das humanistische Bildungsideal beziehungsweise die neue geistige Einstellung.
   → Text, M1–M3, M7, M8
2. Erläutern Sie die Bedeutung, die dem Buchdruck bei der Überwindung des Mittelalters zukam. Wodurch hatte der Buchdruck wesentliche Impulse erhalten?
   → Text, M9, M10
3. Analysieren Sie die historischen Entwicklungen, die sich in der Straßburger Buchproduktion widerspiegeln.
   → M9
4. Erklären Sie die politische Moral, die der Begriff „Machiavellismus“ umfasst.
   → Text, M11
5. Stellen Sie die technischen Voraussetzungen dar, die für das Ausgreifen Europas nach Übersee notwendig waren.
   → Text, M5, M6, M12, M13, M14
6. Charakterisieren Sie die Motive für die Eroberung überseeischer Gebiete, die der päpstliche Erlass von 1493 offenbart.
   → M15
7. Untersuchen Sie, wie sich der Zusammenstoß zwischen den europäischen Eroberern und den Indianern auf die westindische Kultur auswirkte.
   → Text, M16
8. Analysieren Sie die Abbildung im Hinblick auf ihren Wirklichkeitsgehalt und ihre ideologische Aussage.
   → M17
9. Inwiefern wurden im 16. Jahrhundert die Grundlagen für einen Prozess gelegt, den man aus heutiger Sicht als Beginn der Globalisierung bezeichnet?
   → Text, M6, M13, M14

5.2 Kaiser, Reich und die Fugger

Reichsreform

Das Heilige Römische Reich Deutscher Nation existierte in der Gestalt eines lockeren Gefüges von relativ selbstständigen Territorien. Die aus dem Mittelalter ererbte Schwäche des Fehlens einer durchgreifenden Zentralgewalt ließ im 15. Jahrhundert den Ruf nach einer Reform des Reiches immer lauter werden.

Die „Reformatio Sigismundi" (1439) von einem unbekannten Verfasser sowie die Denkschrift eines der größten Gelehrten des Spätmittelalters, Nikolaus von Kues (1401–1464), brachten den volkstümlichen Wunsch nach Schaffung einer Gewalt, die über den einzelnen Territorien steht, zum Ausdruck.

Das Reich wurde politisch geprägt durch den Dualismus von Kaiser und den Reichsständen (Kurfürsten, Fürsten und Städte), die über ein abgestuftes Mitwirkungsrecht verfügten. Die „Goldene Bulle" von 1356, eine Urkunde mit verfassungsmäßigem Rang, hatte das Wahlkönigtum beziehungsweise Mitkönigtum der Kurfürsten festgeschrieben. Der König (Kaiser) konnte aus eigener Machtvollkommenheit in Reichsangelegenheiten nicht tätig werden. Er besaß keine konkreten Zwangsmittel, und es fehlten sowohl die finanzielle Basis (Steuern) als auch Reichsheer und Beamtenapparat. Für Steuerbewilligung, Kriegserklärungen und Gesetzgebung war der Reichstag als höchstes Reichsorgan zuständig. Diese Einrichtung erwies sich in ihrer Arbeitsweise als schwerfällig. Praktisch waren Mehrheitsentscheidungen gegen den Willen starker Reichsfürsten nicht durchsetzbar. Zudem achteten die Reichsstände argwöhnisch darauf, dass der Kaiser nicht zu viel Macht in seinen Händen konzentrierte. Reale Macht besaß der Kaiser also nur

M 1 Die Ordnung der Reichsstände
Das „Heilige Römische Reich mit seinen Gliedern", Holzschnitt von Hans Burgkmair d. Ä. (1511). Idealisierte Darstellung des Reichsaufbaus: Das Kruzifix mit dem doppelköpfigen Reichsadler versinnbildlicht den christlichen Charakter des Reiches. Am Gefieder befinden sich die Wappen der Reichsstände.

in den Gebieten, in denen er selbst Landesherr war. Folglich hat man das Reich treffend als eine „Aristokratie mit monarchischer Spitze“ bezeichnet.

Eine Folge der Zersplitterung des Reiches in den vielzitierten „Flickenteppich“ war die Unregierbarkeit sowohl nach innen als auch nach außen. Nach innen spitzte sich die Situation dadurch kritisch zu, dass die Zahl der Fehden und damit einhergehend die Rechtsunsicherheit im Reich immer mehr zunahmen. Unter außenpolitischen Vorzeichen bewirkte das Fehlen einer echten Zentralgewalt einen Machtverlust auf europäischer Ebene.

Während der Regierungszeit Maximilians I. (1486–1519) verstärkte sich der Reformdruck. Auf Initiative des Mainzer Erzbischofs Berthold von Henneberg (1441–1504) wurden, vor allem auf dem Reichstag zu Worms (1495), mehrere Beschlüsse gefasst, mit denen die Auseinanderentwicklung des Reiches gebremst werden sollte:

- Die Verkündigung eines „Ewigen Landfriedens“ zielte auf die Aufhebung des Fehderechts ohne zeitliche Begrenzung.
- Die Einrichtung eines Reichskammergerichts war mithin notwendig, um Rechtsstreitigkeiten in geordnete rechtsförmige Bahnen zu lenken. Allerdings haben Geldnot und mehrfacher Ortswechsel die Wirksamkeit des Gerichts eingeschränkt.
- Ein „Gemeiner Pfennig“ als Reichssteuer sollte dem Reich eine eigene Finanzquelle erschließen. Diese Reformmaßnahme erwies sich unter anderem deshalb als wenig erfolgreich, weil das Reich nicht über einen eigenen Verwaltungsapparat verfügte, der die Steuer hätte einziehen können.
- Als neue organisatorische Einheiten wurden so genannte Reichskreise geschaffen, denen die Aufgabe zukam, das Fehdeverbot durchzusetzen, Steuern einzuziehen und Truppenkontingente zu stellen. Die Reichskreise konnten sich als feste Einrichtung nicht behaupten.

M 2

- Ein Kernstück der Reichsreform stellte das Reichsregiment dar, eine neue Reichsgewalt. Dem Regierungskollegium, das unter dem Vorsitz des Königs tagte, gehörten Kurfürsten und Vertreter der Reichskreise an. Auch diesem Organ war keine Dauerhaftigkeit beschert; Maximilian I. nutzte die erste Gelegenheit, um diese Reform rückgängig zu machen.

Scheitern der Reichsreform

Die Versuche, das Reich auf eine organisatorisch solidere Grundlage zu stellen, scheiterten. Weder der König noch die Stände vermochten sich durchzusetzen. So blieb es beim „Dualismus“ von Kaiser und Reichsständen. Die politische Schwäche des Reiches wurde nicht überwunden. Eine frühmoderne Staatsbildung in Form des Nationalstaates kam nicht zu Stande.

Während zum Beispiel in England, Frankreich und Spanien Staat und Nation zusammenwuchsen, blieb das Reich in Territorialstaaten zerteilt. Die Reformation vertiefte diese Spaltung. Nunmehr entfiel auch das einheitliche Christentum als geistige Klammer. Vor allem im Zeitalter der Konfessionalisierung (16. und 17. Jahrhundert) standen sich protestantische und katholische Reichsstände feindlich gegenüber. Das Reich vermochte seinen übernationalen beziehungsweise vorstaatlichen Charakter nicht zu überwinden. Es verlor als europäische Macht zunehmend an Bedeutung. Seine geografische Lage im Zentrum Europas im Verein mit seiner militärischen Schwäche machten es zum Schauplatz militärischer Konflikte. Das sollte sich zum Beispiel im Dreißigjährigen Krieg zeigen, als die deutschen Territorien zum Austragungsort eines europäischen Krieges wurden. Die dadurch verursachten Verwüstungen warfen die deutschen Staaten in ihrer Entwicklung um Jahrzehnte zurück. Der anschließende Friede zu Münster und Osnabrück (1648) beglaubigte dann nur noch einen Zustand, bei dem von einer Reichseinheit keine Rede mehr sein konnte. Der Staats- und Völkerrechtler Samuel Pufendorf bezeichnete 1667 das Reich als einen „einem Monstrum gleichenden Staatskörper“.

M 3 **Kaiser Karl V.**
Mit Reichsadler und Wappenschild von Kastilien, Aragon, Österreich und Burgund. Die beiden Säulen (Säulen des Herkules) symbolisieren die Felsen von Gibraltar und damit das Ende der Welt. Karl V. trägt das Goldenes Vlies des burgundischen Ritterordens. Der Granatapfel steht als Symbol für die Jungfrau Maria, Holzschnitt von Hans Weiditz, 1519.

Die neuzeitliche Staatlichkeit bildete sich nicht im Reich, sondern in den Territorien. Eine Nationalstaatsbildung sollte erst im 19. Jahrhundert gelingen. Deutschland war eine „verspätete Nation“.

1519 starb Kaiser Maximilian I. Um seine Nachfolge als Träger der deutschen Krone entbrannte ein Kampf zwischen dem Enkel Maximilians, Karl, und seinem Konkurrenten, dem französischen König Franz I. Mithilfe von riesigen Bestechungssummen an die deutschen Kurfürsten, die in erster Linie von den Fuggern aufgebracht worden waren, gelang es Karl, die Wahl zu seinen Gunsten zu entscheiden und als Karl V. römisch-deutscher König zu werden.

Mit Karl V. hatte der Vertreter der mächtigsten europäischen Dynastie, der Habsburger, gewonnen. Diesem Herrscherhaus war es vor allem durch geschickte Heiratspolitik sowie Erbschaften gelungen, innerhalb von wenigen Jahrzehnten Burgund mit den Niederlanden, Spanien und Ungarn-Böhmen dem österreichischen Stammland hinzuzufügen. Durch den Erwerb der deutschen Krone nahm das Habsburgerreich eine Dimension an, die den Anspruch auf ein Weltkaisertum auf den ersten Blick als gerechtfertigt erscheinen ließ. Von Karls „christlichem Universalreich“ hieß es in Anspielung auf die außereuropäischen Besitzungen, dass in ihm die Sonne nicht untergehe.

Das mächtige französische Königtum sah sich durch die Niederlage im Kampf um die deutsche Krone eingekreist und herausgefordert. In den folgenden Jahrzehnten war Europa und insbesondere Italien Schauplatz eines Kampfes um die Vormacht, den weder der französische König noch das Haus Habsburg für sich entscheiden konnte. Das 16. Jahrhundert offenbarte aber bereits, dass die Zukunft dem souveränen Nationalstaat gehörte. Denn das Reich der Habsburger bildete keine territoriale Einheit, bestand vielmehr aus ganz verschiedenartigen Ländern, die nur durch das Erbrecht zusammengehalten wurden. Die Sonderinteressen der Reichsteile gewannen die Oberhand, und noch zu Lebzeiten Karls V. wurde die Teilung des Reiches der Habsburger vollzogen: in eine spanische Linie mit seinem Sohn Philipp II. als König und eine österreichische mit dem Bruder Ferdinand (ab 1556 als römisch-deutscher Kaiser) an der Spitze.

M 4 Jakob Fugger mit seinem Buchhalter Matthäus Schwarz, Miniatur von 1520

Wirtschaft und Politik: die Fugger

Schon das späte Mittelalter hatte reiche und berühmte Bank- und Kaufleute hervorgebracht wie zum Beispiel Francesco Datini (1335–1410) aus Prato bei Florenz, Jacques Coeur (1395–1456) aus Bourges in Frankreich oder Cosimo de Medici (1389–1464) aus Florenz. Sie alle repräsentieren den langsamen Durchbruch einer neuen Wirtschaftsgesinnung nach dem Motto: „Im Namen Gottes und des Profits" (Datini).

Die Augsburger Familie der Fugger stand in dieser Tradition. Ihr gelang es, sich eine solche Finanzkraft anzueignen und diese auch politisch einzusetzen, dass man – zumindest was die erste Hälfte des 16. Jahrhunderts anbetrifft – vom „Zeitalter der Fugger" sprechen kann. In dieser Zeit unterhielten die Fugger Beziehungen zu fast allen wichtigen Herrschern Europas. Es hieß, dass es keinen Krieg und keine Krönung gab, ohne dass die Fugger ihre Hände mit im Spiel hatten.

Den Aufstieg zu den heimlichen Herrn Europas verdankte das Haus der Fugger dem Umstand, dass der frühneuzeitliche Staat einen enormen Finanzbedarf entwickelte, aber nur über unzureichende Steuereinnahmen verfügte. Das mittelalterliche Militärsystem, das auf der Treue der Lehnsmänner fußte, hatte sich aufgelöst. Daher wurde die Verfügung über Bargeld notwendig, um Söldner anwerben und Heere ausrüsten zu können. Dem Staat beziehungsweise dem Herrscher fehlte aber ein moderner Staatsapparat zur Eintreibung von Steuern.

In dieser Situation der fürstlichen „leeren Taschen" kam es ab 1491 zu einem Zweckbündnis zwischen den Fuggern und dem Habsburger Maximilian I., römisch-deutscher König seit 1486. Dessen politische Aktivitäten wurden fortan finanziell nachdrücklich unterstützt. Vom Aufstieg der Habsburger zur führenden Dynastie Europas profitierten auch die Fugger. Zur Sicherheit ihrer Darlehen erhielten sie die einträglichen Rechte am Tiroler Silber- und Kupfervorkommen.

Vom Standpunkt der Gegenwart aus wird man das Fuggersche Unternehmen als einen multinationalen Konzern bezeichnen können. Neben den Bank- und Kreditgeschäften betrieb man Fernhandel mit Tuchen, Gewürzen und Metallen, und außerdem war man unternehmerisch im Bergbau tätig. Ein dichtes Netz von Niederlassungen überzog Europa. Die wirtschaftlichen Aktivitäten reichten von Goa in

Indien bis Lima in Südamerika. Ein eigener Nachrichtendienst wurde eingerichtet. Alle Fäden liefen in Augsburg zusammen.

Das Unternehmen der Fugger repräsentierte ein neues, dynamisches und nicht mehr statisches Wirtschaftsverständnis. Die kapitalistische Gewinnorientierung setzte sich durch. Die Errichtung von Handelsmonopolen zum Zweck der Gewinnmaximierung wurde bewusst angestrebt, was allerdings im Heiligen Römischen Reich auf volkstümlichen Widerstand stieß und zu einer erregten Debatte über Monopole, den „gerechten Preis“ beziehungsweise Wucher führte. 1512 verabschiedete der Reichstag zwar ein Verbot von Monopolen, allerdings scheiterten die Bestrebungen der Reichsstände nicht zuletzt deshalb, weil Karl V. nicht gegen die Fugger vorzugehen wagte.

Die Macht des Bank- und Handelshauses der Fugger kam 1519 zum Tragen, als die Wahl des Kaisers anstand. Zwei Kandidaten rangen dabei um die Stimmen der Kurfürsten: der habsburgisch-spanische König Karl I. und der französische König Franz I. Entschieden wurde die Wahl zu Gunsten des Habsburgers, weil dieser die Kurfürsten mit „Handsalbe“ (Bestechungsgelder) auf seine Seite zu ziehen vermochte.

Da selbst Könige nicht über entsprechende Geldmittel verfügten, mussten sie beträchtliche Darlehen aufnehmen. Die für damalige Verhältnisse gewaltige Summe von 850 000 Gulden wurde zum größten Teil von Jakob Fugger aufgebracht. Zwar wurde bei dieser Gelegenheit die Macht des Geldes in Aufsehen erregender Weise sichtbar, gleichzeitig barg jedoch die einseitige Anbindung der Fugger an ein Herrscherhaus für sie auch erhebliche Risiken. Denn mit wachsender Verschuldung wuchs auch die Abhängigkeit des Kreditgebers vom Schuldner. Der Staatsbankrott des spanischen Königs Philipp II. konnte auf den Gläubiger abgewälzt werden. Dieser Mechanismus wurde den Fuggern zum Verhängnis. Unbeglichene Forderungen in Millionenhöhe führten im 17. Jahrhundert zum raschen wirtschaftlichen und politischen Abstieg.

Mit den Fuggern hatte sich die neue Macht der Hochfinanz etabliert, die nicht in das Schema der traditionellen mittelalterlichen Gewalten passte. Zwar erhob Kaiser Karl V. die Fugger in den Fürstenstand und integrierte sie damit in die ständische Gesellschaft, dennoch wurde bereits im Ansatz deutlich, dass Geld die traditionelle Gesellschaftsordnung zu sprengen vermochte.

Von der Landesherrschaft zum Territorialstaat

Gleichsam als Gegenbewegung zum Machtverlust des Reiches vollzog sich im 16. Jahrhundert der Aufstieg der Territorialmächte. Begünstigt durch die Schwäche des Reiches sowie durch wesentliche Zugeständnisse und Privilegien („Goldene Bulle“) erhoben sich aus der territorialen Vielfalt des Reiches mittelgroße Mächte, denen eine Festigung der Staatsgewalt gelang. Das Reich umfasste (um 1500) etwa 350 Territorien verschiedenster Art sowie über 1 000 Reichsritter. Die meisten dieser politischen Einheiten waren viel zu klein, um aus eigener Kraft eine verwaltungsmäßige Durchdringung und territoriale Abrundung der Herrschaft zu bewerkstelligen. Lediglich die mittelgroßen Mächte Österreich, Bayern, Kursachsen, Brandenburg sowie Württemberg und in geringerem Maße die Kurpfalz im Südwesten vermochten eine frühneuzeitliche

Staatsbildung einzuleiten. Was den westeuropäischen Monarchien auf nationaler Ebene gelang, nämlich die Bildung des modernen Staates, das vollzog sich im Reich auf der Ebene der Territorien. Das Wirken der Territorialmächte richtete sich zum einen gegen die kaiserliche Reichsgewalt, zum anderen aber auch gegen die niederen Adelsgeschlechter und Städte, die sich der frühmoderne Staat einzuverleiben trachtete.

Die fürstlichen Obrigkeiten versuchten allenthalben, ein zusammenhängendes, einheitliches Territorium zu schaffen. Weit auseinander liegende Gebiete und sich bisweilen überlappende Herrschaftsansprüche hatten zuvor die Verwaltung erschwert. Auch ein geschlossener Untertanenverband hatte sich auf dieser Basis nicht herstellen lassen.

Die Kämpfe mit den selbstständigen kleinen Herrschaften gingen im Einzelnen unterschiedlich aus, aber im Wesentlichen konnte sich die Fürstengewalt durchsetzen und den Absolutismus des 17. und 18. Jahrhunderts begründen. Viele Ritter und Herrn verloren darum ihre Reichsunmittelbarkeit beziehungsweise Unabhängigkeit. Der Dualismus von Kaiser und Reich setzte sich auf territorialer Ebene als Dualismus von Landesherr und Landständen fort.

Landstände

Gerade in der Anfangsphase des modernen Staates war der Landesherr noch kein absolut regierender Herrscher, vielmehr war er auf die Zustimmung und Dienste der Großen im Land angewiesen. Diese organisierten sich in Vertretungskörperschaften, wobei die Landtage sich im Allgemeinen aus drei Kurien zusammensetzten: Prälaten (hohe Geistlichkeit), Ritterschaft (Adel) und Städte; ausnahmsweise besaßen auch Bauern die so genannten Landstandschaften, zum Beispiel in Dithmarschen, Friesland und Tirol.

Die Landstände wurden vom Landesherrn vorzugsweise dann herangezogen, wenn fürstliche Verschuldung ein finanzielles Entgegenkommen der Stände notwendig machte. Solche Bedingungen führten auch zur Entstehung von landständischen Verfassungen, denn die Stände versuchten die Zustimmung zu ihrer finanziellen Belastung an bestimmte Mitwirkungsrechte zu knüpfen. So entstand das für den frühmodernen Staat so charakteristische Wechselspiel zwischen dem Landesherrn und den Ständen, wobei sich im 17. Jahrhundert in den meisten Territorien die Gewichte zugunsten des Landesherrn verschoben. In dem Maße, wie der Einfluss der Stände zurückgedrängt wurde, setzte sich die Tendenz zum fürstlichen Absolutismus durch, wie zum Beispiel in Bayern und Brandenburg, während etwa in Württemberg die Stände nie völlig ausgeschaltet werden konnten.

Im Unterschied zum Nordosten und Süden des Reiches blieben im Südwesten viele kleine reichsunmittelbare Herrschaften erhalten: Reichsstädte (zum Beispiel Ulm, Esslingen, Rottweil, Konstanz, Reutlingen), Reichsritter, Grafen und Herrn (zum Beispiel Hohenlohe, Löwenstein, Fürstenberg, Hohenzollern, Waldburg) und geistliche Gebiete (zum Beispiel Speyer, Weingarten, St. Blasien). Ansätze zu einer Territorialherrschaft und somit zu einer Aufhebung der für den Südwesten so typischen Zersplitterung zeigten sich lediglich in Bezug auf den habsburgischen Breisgau sowie die Kurpfalz, die Markgrafschaft Baden und am deutlichsten in Bezug auf Württemberg, das seit 1495 Herzogtum war. Den württembergischen Landesherrn war es gelungen, durch Zukauf, Krieg, Öffnung von Burgen sowie Durchsetzung der Primogenitur eine territoriale Geschlossenheit und eine Verbreiterung der Besitzbasis herzustellen.

M 5

Die Verfassungsstruktur des Deutschen Reiches im 15./16. Jahrhundert

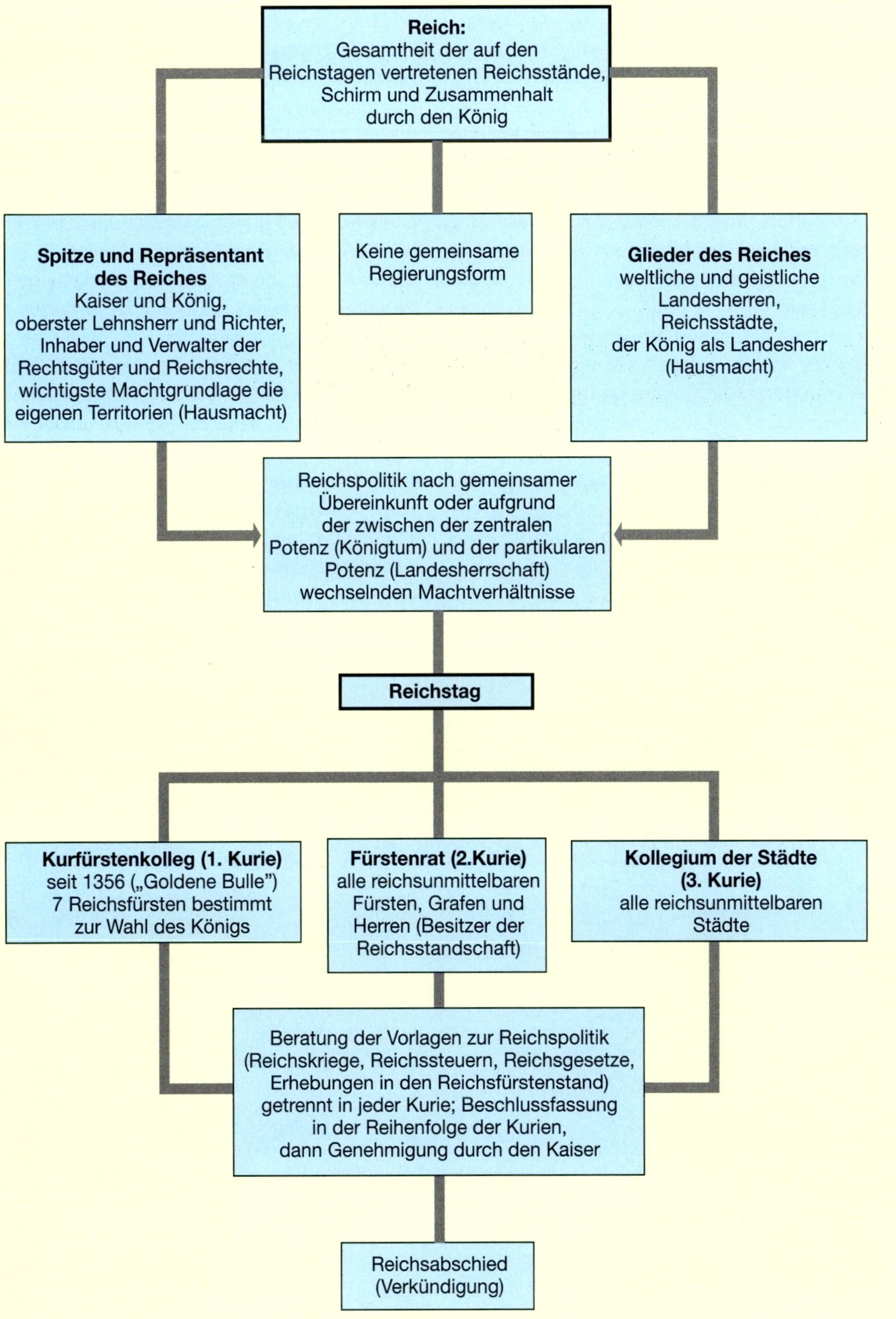

M 6 **Notwendigkeiten einer Reichsreform**

Nikolaus von Kues (1401–1464), Philosoph und Theologe, versuchte eine Einigung der deutschen Fürsten herbeizuführen:

Dahin ist alle Sorge um den Staat, gelockert sind die Zügel, und ungestraft übertritt ein jeder die Gesetze. Und wo einst Verehrung mit Zittern und Furcht war, da herrscht jetzt Geringschätzung und Verachtung. Und alle Gesetze sind aus Spinnfaden zusammengewebt, kaum die kleinsten Heuschrecken können in ihnen festgehalten werden.

Durch die Sorglosigkeit der Kaiser […] hat alle Aufsicht aufgehört, und die Rebellen werden nicht bestraft; an Stelle der Alleinherrschaft sind viele Fürsten und Mächtige geworden, während das Reich abnahm.

Und überdies gibt es noch ein anderes Verderbnis des Reiches: Während der Kaiser nämlich nur Verwalter zum Nutzen des Staates ist, tritt er oft durch Verträge mit den Kurfürsten, die ihren eigenen Vorteil suchen, die Regierung an. Und die widerrechtlich angeeigneten Reichsrechte wagt er wegen seines Eides nicht zurückzuverlangen, nicht die das Gemeinwesen beschwerenden Zölle abzuschaffen und andere nützliche Anordnungen zu treffen; ebenso ist er verhindert, die durch seine Vorgänger zum Nachteil des Reiches vorgenommenen Schenkungen oder Verpfändungen zu widerrufen. […] Nachdem so die Glieder alle Gewalt des Hauptes und des Reiches zerrissen und zerfleischt haben, wird alle hierarchische Ordnung aufhören; denn es ist kein Erster da, zu dem man seine Zuflucht nehmen kann. Und wo keine Ordnung ist, da ist Verwirrung, da ist keiner sicher. Und wenn die Adeligen so untereinander streiten, werden sich solche erheben, die alles Recht in der eignen Waffe suchen; denn wenn die Fürsten das Reich verzehren, so werden die Volksführer die Fürsten verzehren.

Überdies sehen wir heute im Richterstande entweder die größte Unordnung oder überhaupt keine Gerechtigkeit. Die Adeligen erklären, sie könnten sogar die größten Herrschaften mit Recht in Besitz nehmen, sobald man zugebe, dass der Besitzer keinen Rechtstitel gehabt habe noch habe. […]

Die Ordnung verlangt, dass jenen Entartungen und Gefahren, in denen sich der Staat befindet, sorgfältig und eiligst abgeholfen wird, weil eine tödliche Krankheit das Deutsche Reich befallen hat; wenn man dieser nicht schleunigst durch ein heilsames Gegengift begegnet, so wird unzweifelhaft der Tod erfolgen, und man wird das Reich in Deutschland suchen, aber nicht dort finden; in der Folge werden Fremde unser Land einnehmen und sich in uns teilen. Nicht besser aber lassen sich Vorkehrungen treffen als auf den erprobten und alten Wegen, die wir durch eine Reformation beschreiten müssen.

Zit. nach: H. Krieger (Hg.), Das Mittelalter, Frankfurt/M. 1972, S. 321 f.

M 7

M 8 Wahlkapitulation Karls V. (1519)

Zusage des gewählten Königs an die Kurfürsten:

Dieweil uns die Kurfürsten zu einem Römischen König erwählt, so haben wir uns gegen sie und das heilige Reich verschrieben: Dass wir die Römische Kirche, den Stuhl zu Rom und das Heilige Römische Reich treulich schützen und schirmen sollen und wollen. Dass wir die Kurfürsten bei ihren Freiheiten und innehabenden Gütern bleiben lassen und ihnen die konfirmieren sollen. Dass wir die Goldene Bulle und andere Ordnung, durch Kurfürsten und Stände des Reichs auf gehaltenen Reichstagen aufgerichtet, halten, handhaben und vollziehen sollen und wollen und sie, wo nötig, mit den Ständen des Reichs helfen bessern. Dass wir Frieden und Recht im Reiche handhaben und halten wollen. Dass wir auch dem Recht und was geurteilt ist seinen gestreckten Lauf lassen und nichts dawider ausgehen lassen sollen. Dass wir die Ämter an unserm Hof und im Reich mit Deutschen, die von Adel, und mit Leuten, die fromm, redlich und von gutem Herkommen sind, besetzen sollen und wollen. Dass wir uns gegen die deutsche Nation keiner andern Sprache denn Deutsch oder Latein zu schreiben gebrauchen wollen. Dass wir nichts vom Heiligen Reich ohne der Kurfürsten Rat und Bewilligung versetzen oder hingeben sollen. Dass wir, was vom Reich genommen, nach unserm Vermögen wieder zum Reich bringen wollen. Dass wir Dienstgeld und Leihungen, so auf des Reichs Renten verschrieben sind, abschaffen wollen, dass sie dem Reich ledig fallen. Dass wir ohne der Kurfürsten und Stände des Reichs Bewilligung keinen Anschlag oder gemeinen Pfennig aufs Reich schlagen oder anlegen wollen. Dass wir ohne der Kurfürsten Rat und Einwilligung keinen neuen Zoll geben noch die alten steigern sollen. Dass wir keinen Fürsten des Reichs strafen sollen, er sei denn zuvor mit Recht in die Strafe erkannt. Dass wir ohne unserer Kurfürsten Miterkenntnis keinen Fürsten in die Acht tun wollen. Dass wir uns so förderlich wie möglich in die deutsche Nation erheben, die römische königliche Krone empfangen und den ersten Hof zu Nürnberg halten sollen, auch zur Erlangung der kaiserlichen Krone möglichen Fleiß anwenden wollen. Dass wir auch, so viel möglich, unsern Aufenthalt und Hof den mehrern Teil des Jahres in deutscher Nation haben und halten wollen. Dass wir bei dem Stuhl zu Rom darauf dringen, dass die Konkordate[1] wieder ins Wesen kommen, dazu uns die Kurfürsten helfen sollen. Dass wir keine Versammlung im Reich erfordern und ausschreiben, auch kein Kriegsvolk sammeln sollen, ohne der Kurfürsten Rat, Wissen und Einwilligung. [...]

1 -Vereinbarung zwischen dem Hl. Stuhl und einem Staat

Zit. nach: R. Stuppenrich, Die Reformation in Deutschland, Gütersloh 1980, S. 174 f.

M 9 Das Kaisertum Karls V.

Auffassung des kaiserlichen Kanzlers Gattinara (1521):

Sire! Da Gott, der Schöpfer, Euch die Gnade erwiesen hat, Eure Würde über alle christlichen Könige und Fürsten zu erhöhen, indem Er Euch zum größten Kaiser und König seit der Teilung des Reiches Karls des Großen, Eures Vorgängers, machte und Euch auf den Weg der rechtmäßigen Weltherrschaft [Monarchie] verwies, um den ganzen Erdkreis unter einem Hirten zu vereinigen, ist es recht und billig, dass Eure Kaiserliche Majestät sich vor der Sünde des Undanks hüte und den Schöpfer, den wahren Geber aller Güter, erkenne. [...]
Bittet Gott ohne Unterlass, von ganzem Herzen und mit Ehrfurcht, dass Er Euch mit seiner Gnade erfüllen und solcher Art erleuchten und lenken möge, dass Ihr das Euch verliehene Amt wohl verwalten und darüber Rechenschaft geben könntet, zum Dienst Seiner Göttlichen Majestät, zur Erhöhung Seines heiligen katholischen Glaubens und zur Förderung der gesamten Christenheit, auf dass ihr mithilfe und Beistand des heiligen Apostolischen Stuhles das Gut des allgemeinen Friedens erlangen möget, der nicht anders als durch die Kaiserliche Herrschaft erreicht werden kann.

Zit. nach: W. Lautemann, M. Schlenke (Hg.), Geschichte in Quellen, Renaissance, Glaubenskämpfe, Absolutismus, München 1982, S. 212.

M10 Die Fugger: Bargeld ist Macht

Der Historiker Hellmut Diwald stellt den Aufstieg der Fugger zu einer der reichsten Familien Europas dar:

Die Söhne Jakob [I.] Fuggers – Ulrich, Georg und Jakob [II.], später auch „der Reiche“ genannt – waren einer wie der andere ausgestattet mit einer [Überempfindlichkeit] für die Beziehungen zwischen Wirtschaft, Geld und Geldwirtschaft. Dieses Brüdergespann verhalf dem Fuggerschen Handelshaus zu Ruhm und mythischem Prestige in der ganzen Welt, die damals von Europa aus zu erreichen war. Während eines Jahrhunderts geschah im Reich kaum Wesentliches, bei dem die Fugger nicht finanziell beteiligt gewesen wären. Zusammen mit den Bank- und Handelshäusern der Augsburger Welser und Hochstetter konnten die Fugger ihre

Heimatstadt in die unangefochtene Finanzmetropole der gesamten Christenheit verwandeln. Sie waren sowohl die Bankiers der Päpste als auch die Finanziers der Kaiser: eines Friedrich III., Maximilian I. und Karl V. [...]

Dass die Fugger am Ende des 15. Jahrhunderts zur reichsten Familie Europas aufgerückt waren, verdankten sie, ohne Umschweife gesagt, ihrem unerschütterlichen Spekulations[trieb], der sie dazu trieb, deutschen Fürsten, österreichischen Erzherzögen, ungarischen Königen, Päpsten und Bischöfen Darlehen auf Darlehen zu gewähren. Den Größenordnungen der Transaktionen entsprachen die Gegenleistungen: langfristige Abgaben ganzer Städte und Bezirke, Pfand[Schuld]verschreibungen, die Nutzungsrechte der Montanunternehmen von Fürstentümern, dem damals wichtigsten Produktionszweig, in dem Deutschland führend war und dessen jährliche Gewinne Karl V. auf zwei Millionen Goldgulden bezifferte. Vor allem aber ging das Haus Fugger mit dem Haus Habsburg eine finanzpolitische Liaison ein, [die] einer gemeinsamen Begierde entsprang: dem ständigen Bedarf der Habsburger an Geld und dem gleichen Bedürfnis nach noch mehr Geld bei den Fuggern. Als Jakob [II.] Fugger geraten wurde, rechtzeitig aus dem unsicheren Kupfergeschäft in Ungarn auszusteigen, gab er die Antwort: Er wolle gewinnen, dieweil er könne. [...]

Jakob Fugger gelang es, für sein Haus das Kupfermonopol von ganz Europa zu erwerben, später noch das Monopol für Quecksilber, das für die Silberaufbereitung unersetzlich war. Im Montangeschäft landete er seine ersten Coups bereits 1488, als er die Innsbrucker Niederlassung führte. Erzherzog Sigmund von Tirol überließ ihm gegen ein Darlehen von einhundertfünfzigtausend Gulden die Ausbeutung der Schwazer Silberminen in Tirol bis zur Tilgung der Schuld. Jakob Fugger wurde damit zur wichtigsten Figur des Landes, da er über die Zügel der Wirtschaft die Richtung der Politik bestimmen konnte. Sigmund beabsichtigte entgegen den Wünschen des Kaisers, der Stände und Maximilians, nach seinem Tod die österreichischen Vorlande und Tirol an Bayern zu übergeben. 1490 stellte Jakob Fugger unvermittelt alle weiteren Zahlungen an Sigmund ein. Auf diesem trockenen Boden konnte der Erzherzog aber nicht leben; gegen eine stattliche Jahresrente überschrieb er Maximilian I. die Herrschaft von Tirol. Der Augsburger Geldherr hatte sich damit selbst die Probe aufs Exempel großen Stils geliefert. Seit dieser Zeit bedurften sämtliche politischen Pläne und diplomatischen Projekte Maximilians der finanziellen

M11

„Einsegnung Jakob Fuggers, und dieses Plazet [Zustimmung] war nicht leicht zu erlangen. Jakob Fugger vergaß nie, dass sein Vetter Lukas von der Geschwisterlinie „Fugger vom Reh" wegen eines Darlehens an Maximilian, das nicht eingelöst werden konnte, in Konkurs gegangen war.

Den Aufsehen erregendsten Kredit brachte Jakob Fugger 1519 zusammen: Damit bestimmte er die politischen Konstellationen Europas bis zur Mitte des Jahrhunderts. König Franz I. von Frankreich bewarb sich seit 1517 um die deutsche Kaiserkrone, unterstützt vom Papst, dem die Vorstellung, dass der Enkel Kaiser Maximilians, der junge König Karl von Spanien, an der Spitze des Heiligen Römischen Reiches den Kirchenstaat von Süden und Norden umspannt halten würde, genauso viel Bedenken verschaffte, wie den französischen König die Version einer ähnlichen Umklammerung durch die Habsburger Universalmonarchie mit Sorge, Befürchtungen und Neid erfüllte. Die Aussichten Franz I. standen zwar nicht übermäßig günstig, da der Papst sein Wohlwollen dem Kurfürsten von Sachsen, Friedrich dem Weisen, zuwandte, der eine Verpflichtung abgelehnt hatte, nach dem Tod Maximilians der Wahl des Kaiserenkels Karl zuzustimmen. Die Konkurrenzen und Wahlvorbereitungen verwandelten sich bald in ein gnadenloses Bestechungsgeschäft, zum größten Polit-Poker der europäischen Geschichte. Der französische König warf scheffelweise Subsidien [Hilfsgelder] in die Tröge der Kurfürsten. Der neunzehnjährige Souverän von Spanien musste mitziehen. Schließlich wurde für den Stimmenkauf die Fantasiesumme von über achthundertfünfzigtausend Goldgulden benötigt. Jakob Fugger erlegte davon allein fünfhundertdreiundvierzigtausend. Nach der Wahl Karls V. brannten in Ausburg Freudenfeuer. [...]

H. Diwald, Anspruch auf Mündigkeit, Frankfurt/M. 1982, S. 223 ff.

M12 Landesherr und Stände im Territorialstaat

Den Prozess der „Territorialisierung" analysiert der Historiker Bernd Moeller:

Die Fürsten, die als „Reichsstände" mit dem Kaiser regierten und ihn kontrollierten, waren also ihrerseits der Mitregierung und Kontrolle ihrer Landstände ausgesetzt. Das hatte in beiden Fällen einen ähnlichen Grund: Es war in erster Linie das wachsende Finanzbedürfnis der Obrigkeiten am Ende des Mittelalters, das die unteren Gewalten stärkte. In den Territorien wuchsen vor allem die Bedürfnisse des Hofes; dem Ausbau der Behördenorganisation musste der Ausbau von Residenzen folgen, der nicht auf der Basis von Natural-, sondern nur von Geldeinkünften durchzuführen war. Und es wandelte sich etwa das Kriegswesen; an die Stelle der Lehensaufgebote traten die viel leichter lenkbaren Söldnertruppen – für sie aber brauchte man gleichfalls Geld.

Dem Fürsten standen mancherlei Finanzquellen zu Gebote, über die er allein, kraft seiner Landesherrschaft, verfügte. Er konnte Gebühren erheben, Zölle, Gebrauchssteuern, er konnte insbesondere die Regalien, die ihm zur Verfügung standen, nutzbar machen, etwa das Münzrecht oder in Bergbaugebieten das Bergregal, und endlich konnte er sich verschulden – die großen Handelshäuser wurden, wie wir sehen werden, als Gläubiger fürstlicher Regierungen mächtig. An die Gelder seiner Untertanen jedoch kam der Landesherr in der Regel nur über die Inhaber der Grundherrschaft heran; insoweit war der feudale Aufbau der Gesellschaft um 1500 noch intakt. Steuern also mussten die Stände bewilligen, häufig mussten sie auch die lokale Eintreibung besorgen, und es kam vor, dass der Landesherr sich ihrer Hilfe auch sonst in Finanzfragen bediente. Die Beziehung zwischen dem Fürsten und den Ständen war keineswegs immer oder auch nur vorwiegend auf Rivalität und Kampf abgestellt. Es bestand auch ein Interesse des Landesherrn daran, die Stände in die Verantwortung für das gesamte Land hineinzuziehen, sie an der Gesetzgebung zu beteiligen und so etwas wie einen territorialen Patriotismus zu erzeugen. [...] Dennoch lag es nahe, dass die fürstliche Regierung durch die Stände in vielen Fällen auch behindert wurde. Diese beanspruchten Privilegien – etwa die Steuerfreiheit – und traten Wünschen der Landesherrschaft in den Weg – etwa im Fall von Landesteilungen. So hatte der Zug zur „Territorialisierung", der um 1500 in vielen Ländern zu beobachten ist, d. h. das Bemühen um die Abrundung und rechtliche Vereinheitlichung des Staatsgebietes, natürlicherweise auch eine gegen die Macht der Stände gerichtete Tendenz.

Das wichtigste Mittel, dessen sich der Fürst zu diesem Zweck bediente, war der Aufbau von Regierung und Verwaltung. [...]

Wichtigstes Ziel war auch in diesem Fall das Bemühen um Geldbeschaffung. So wurden die Behörden zentralisiert, der Besitz inventarisiert, vor allem aber wurde für eine fachmännische Verwaltung der „Kammer" gesorgt, in der die Regel der strengen und allgemeinen Schriftlichkeit, der doppelten Buchführung und regelmäßigen Abrechnung und Kontrolle galt. Daneben waren eine ausgedehnte gesetzgeberische Tätigkeit und die Sor-

ge für das Justizwesen und die Kodifikation [Aufzeichnung] des Rechts für diese Anfangszeiten des Behördenstaats charakteristisch.
Als Personal dienten dem Fürsten nun häufig Berufsbeamte, die nicht den Ständen des Landes entstammten, „Ausländer" und nicht selten Bürgersöhne aus den größeren Reichsstädten, die sich durch ihre Kenntnis des Rechts empfahlen. Um 1500 waren in allen größeren Territorien Deutschlands in den Kanzleien, Rechenkammern und Hofgerichten neben den adligen die „gelehrten" Räte anzutreffen, oft hatten diese bereits das Übergewicht, und sie begannen, eine eigene gesellschaftliche Gruppierung, ein „Beamtenpatriziat", zu bilden. Es wirkte sich aus, dass die Zahl der Universitäten in Deutschland in den Jahrzehnten um 1500 stark zunahm – seit der Gründung von Frankfurt/Oder im Jahr 1506 besaß jedes Kurfürstentum seine eigene Hochschule. Die Universitäten wurden Ausbildungsstätten für den Fürstendienst, und der Fürstendienst wurde einträglich.

B. Moeller, Deutschland im Zeitalter der Reformation, Göttingen 1981, S. 20 f.

M13 Tübinger Vertrag (1514)

Der Vertrag zwischen dem Fürsten und den Ständen bildete für etwa 200 Jahre das Grundgesetz des Herzogtums Württemberg:

Zum Ersten sollen die Landstände fünf Jahre lang dem Herzog Ulrich 22 000 Gulden jährlich geben; dazu sollen die Prälaten, Stifte, Klöster und Ämter [...] geben, soviel von ihnen erreicht werden mag. Das gesamte Geld soll zur Bezahlung von Herzog Ulrichs Schulden verwendet werden. Nach den fünf Jahren sollen die Landstände zusammen mit den Prälaten, Stiften, Klöstern und Ämtern [...] 800 000 Gulden, mit denen das Fürstentum belastet ist, übernehmen und bezahlen. [...] Wenn ein regierender Fürst, was Gott verhüten möge, gefangen genommen wird, dann sollen die Landstände ihrem Fürsten treu helfen, so wie es bei Herzog Ulrichs Großeltern geschehen ist. [...]
Auch sollen Land, Leute, Schlösser, Städte und Dörfer nicht mehr ohne Rat, Wissen und Zustimmung der Landstände verpfändet oder verkauft werden. [...] Außerdem soll auch eine Steuer oder sonst eine außerordentliche Hilfe, wie immer man sie auch nennen möge, den Äbten und Landständen in Zukunft nicht mehr auferlegt werden. Wie aber die Töchter von Württemberg ausgesteuert werden und was ihnen im Erbfall zustehen soll, darüber soll sich Herzog Ulrich mit seinen Landständen einigen. Es soll auch niemand in „peinlichen Sachen" [Strafprozessen], wenn sie Ehre, Leib oder Leben betreffen, anders als mit Urteil und Recht bestraft oder getötet werden; über jeden muss gemäß seinem Verschulden Recht gesprochen werden. [...]
Wenn sich in Zukunft jemand gegen den Fürsten empören sollte, oder gegen dessen Räte, Amtleute, Diener, Prälaten, Geistlichkeit, Bürgermeister, Gericht [...], der soll seinen Leib und sein Leben verwirkt haben. Die auferlegte Strafe soll an ihm auch vollstreckt werden, sei es durch Vierteilen, Radbrechen, Ertränken, Enthaupten [usw.], wie es sich nach der Schwere der Übeltat gebührt.

E. Schneider (Hg.), Ausgewählte Urkunden zur Württembergischen Geschichte, Stuttgart 1911, S. 87 ff.

Aufgaben

1. Beschreiben Sie den Aufbau des Reiches und analysieren Sie die sich daraus ergebenden politischen Probleme.
   → Text, M1–3, M5, M6
2. Wie begründete Nikolaus von Kues die Notwendigkeit einer Reform des Reiches?
   → M6
3. Welche Zugeständnisse machte Karl V. in seiner Wahlkapitulation an die Kurfürsten? Wie mussten sich diese Zusagen bezüglich der Entwicklung des Reiches auswirken?
   → M8
4. Charakterisieren Sie das Verständnis, das Karl V. von seiner eigenen Herrschaft besaß.
   → M3, M9
5. Erklären Sie, worauf die wirtschaftliche Macht der Fugger beruhte.
   → Text, M10, M11
6. Untersuchen Sie den Zusammenhang zwischen wirtschaftlicher und politischer Macht, den die Geschichte des Hauses Fugger offenbart.
   → Text, M10
7. Erläutern Sie die Umstände und Merkmale, die die Entstehung des Territorialstaates prägten.
   → Text, M12
8. Zeigen Sie am Beispiel Württembergs, welche territorialen Regelungen trotz der Spannungen zwischen Herzog und Landtag getroffen wurden.
   → Text, M13

5.3 Reformation und die Konfessionalisierung der Politik

Luther: Ablassstreit und eine neue Theologie

Thesenanschlag

Nach einer Überlieferung hat Martin Luther am 31. Oktober 1517 seine 95 Thesen gegen den Ablasshandel an die Tür der Schlosskirche zu Wittenberg geschlagen. Dieses Datum gilt heute als der historische Beginn der Reformation.

Martin Luther (1483–1546), Sohn eines Bergmanns, war 1505 dem Augustinerorden beigetreten und seit 1512 Doktor der Theologie. Mit dem Thesenanschlag trat er zum ersten Mal an die Öffentlichkeit. Was zunächst als ein kirchlicher Diskussionsbeitrag unter Gelehrten gemeint war, wurde zum Anlass einer christlichen Erneuerungsbewegung, die sehr schnell den rein theologischen Rahmen sprengte und mächtige politische Auswirkungen hatte.

Martin Luther (1483–1546),
Gemälde von Lucas Cranach d. Ä.

Weder Luther noch seine Anhänger dachten zunächst an eine Spaltung der Kirche. Erst ein spezielles Zusammenwirken von zeitgeschichtlichen Umständen, tatkräftigen Personen und wirkungsvollen Handlungen verlieh diesem Thesenanschlag ein solches Gewicht, dass dieser Vorgang in der Gründung einer neuen Kirche und im Zerfall der kirchlichen Einheit Europas mündete.

Der Erwerb von Ablässen war seit dem Mittelalter durchaus nichts Unübliches, aber das Ablasswesen nahm im Zuge des steigenden Finanzbedarfs der Kirche mehr und mehr zu. Seit 1476 konnten Ablässe auch für Verstorbene erstanden werden. Ursprünglich war der Ablass nur als Nachlass von Kirchenstrafen beziehungsweise Bußleistungen gedacht. Es wurde aber der Eindruck erweckt, als würde er vor Fegefeuer und Höllenpein verschonen. Die Lösung von der Sünde und das Seelenheil schienen somit zumindest nach landläufiger Auffassung käuflich zu sein.

Peters-Ablass

Der Peters-Ablass von 1507 diente zur Finanzierung des Baues der römischen Peterskirche. Er war ein länderübergreifendes Unternehmen, das allerdings in deutschen Territorien auf nicht unbeträchtlichen Widerstand stieß, denn der Ablass brachte den Abfluss großer Geldmengen nach Italien mit sich. Ablasskommissar für Deutschland war Albrecht von Brandenburg, ab 1514 sowohl Erzbischof von Magdeburg

M 1 **Ein Spottbild auf die Mönche**
Während die Hochmut, die Ausschweifung und die Habgier den Mönch am Gängelband halten, stopft ihm ein Bauer die Bibel in den Mund. Die Armut droht mit der Faust, Holzschnitt von 1521.

M 2 Ohne Ablass von Rom kann man wohl selig werden
Kritik am Handel mit Ablasszetteln. Unter dem Kreuz steht die Ablasskiste. Der Mönch verliest die päpstliche Ablassbulle, Titelholzschnitt einer anonymen Schrift gegen den Ablasshandel, 1518.

als auch von Mainz, dem wichtigsten Bischofssitz in Deutschland. Die päpstliche Bestätigung solcher Ämter erfolgte im Zuge von Palliengeldern (Abgaben an die römische Kurie). Da nach kanonischem Recht die Ämterhäufung untersagt war, bedurfte es weiterer Zahlungen, um einen Dispens (Ausnahmebewilligung) von Papst Leo X. zu erhalten. Diese beträchtlichen Zahlungen wurden durch einen Kredit des Bankhauses Fugger gewährleistet. Die Hälfte der mit dem Ablass verbundenen Einnahmen dienten denn auch der Tilgung der Bankschulden. Folglich reisten die Bankbeamten des Hauses Fugger mit den Ablasspredigern, was die Verstrickung der Kirche mit dem Weltlichen auch äußerlich nachhaltig dokumentierte. Entsprechend geschäftstüchtig war auch das Auftreten der Ablassprediger, zum Beispiel des Dominikanermönches Tetzel, an dessen Treiben Luther so sehr Anstoß nahm.

Luthers Protest gegen die Ablasspraxis fiel auf einen fruchtbaren Boden. Der Anklang, den die 95 Thesen fanden, muss im Zusammenhang mit religiöser Verunsicherung und dem allgemeinen Bedürfnis nach einer Reform der Kirche „an Haupt und Gliedern" gesehen werden. Kirchenspaltung (Schisma), religiöse Massenbewegungen, die sich mit den Namen John Wiclif (etwa 1320–1384) und Jan Hus (1370–1415) verbinden, waren Anzeichen dafür gewesen, dass sich die Kirche des ausgehenden Mittelalters in einer Krise befand. Angesichts verschiedener Bedrohungen und Ängste war ein außerordentlich intensives Verlangen nach Heilsvergewisserung vorhanden. Der Streit um den Ablass war daher für die meisten Menschen keineswegs eine akademische Angelegenheit, sondern eine ganz praktisch-existenzielle.

Die umfassende Verweltlichung und Kommerzialisierung der Kirche, als letztlich fast alle religiösen Handlungen wie Kreuzzüge, Pilgerreisen und Gelübde durch Geldzahlungen abgelöst werden konnten, hatte bereits manchen Unmut bewirkt. Das kirchliche Finanzgebaren, der Reichtum, der Handel mit einkommensträchtigen Kirchenämtern (Pfründen) überwucherten die eigentlichen seelsorgerischen Aufgaben der Kirche. Der Lebenswandel des Klerus, der allzu oft im Widerspruch zu den Gelübden von Armut und Keuschheit stand, bestärkte vielfach die Gläubigen in ihrer Skepsis..

Heilsgewinnung

Ausgehend von der Kritik an der Ablasspraxis entwickelte Luther in den folgenden Jahren einen anderen Weg der Heilsgewinnung, den er unter anderem in seinen drei großen Programmschriften aus dem Jahr 1520 darstellte („An den christlichen Adel deutscher Nation"; „Von der babylonischen Gefangenschaft der Kirche"; „Von der Freiheit eines Christenmenschen").

Luthers Ausgangspunkt war die Sündhaftigkeit des Menschen. Göttliche Gnade sei nicht durch so genannte gute Werke (Wallfahrten, Fasten, wohltätige Stiftungen), Reliquien, Rituale, sondern nur durch den Glauben (sola fide) zu erreichen. Luther betonte, der Ablass sei kein Ersatz für ganz persönliche Buße. Er bezichtigte die Kirche falscher Versprechungen; eine „Bestechung" Gottes sei nicht möglich; Gnade sei nicht käuflich (sola gratia). Priester und Papst hätten nicht das Recht der Sündenvergebung; Erlösung werde allein durch das Opfer Christi ermöglicht (solus Christus). Luther berief sich bei seiner Theologie nicht auf die kirchliche Tradition, sondern auf die Autorität der Bibel, die für ihn entscheidend war (sola scriptura).

Das Revolutionäre dieser theologischen Konzeption bestand darin, dass die katholische Kirche als Heilsanstalt in Frage gestellt wurde. Der Vorrang der Kirche basierte ja auf der Verwaltung der Gnadenmittel. Da Luther den Glauben verinnerlichte, ihn von allen äußeren Formen der sichtbaren und messbaren Frömmigkeit befreite, machte er ihn gleichsam zu einer Privatsache zwischen dem einzelnen Gläubigen und Gott. Die Kirche als Institution zumindest in der bestehenden Form war somit nicht mehr notwendig. Mit der fehlenden Notwendigkeit einer Vermittlung beziehungsweise eines Fürsprechers verlor sie ihre Existenzberechtigung.

Die Autorität der Kirche wurde auch dadurch besonders erschüttert, dass Martin Luther ausdrücklich die Fehlbarkeit von Päpsten und Konzilien behauptete.

Die Mündigkeit des einzelnen Gläubigen äußerte sich in einem neuen Begriff der „christlichen Gemeinde". Die versammelten Gläubigen sollten grundsätzlich gleichrangig sein. Der Zugang zur Bibel sollte fortan kein priesterliches Privileg mehr sein. Wenn aber der Gläubige selbst die Bibel lesen und verstehen konnte, dann wurde die hierarchisch gegliederte katholische Kirche auch von dieser Seite angegriffen.

Reformation im Reich: Konfessionalisierung der Reichsstände

Die Thesen von Wittenberg fanden eine rasante Verbreitung. Es heißt, dass sie in 14 Tagen in ganz Deutschland bekannt gewesen seien. Im Zusammenhang mit der Reformation fand gleichsam eine Explosion hinsichtlich der Anzahl und der Auflage von Druckwerken statt. Dies hat Historiker zu der These veranlasst, dass die Reformation ohne die vorangegangene Erfindung des modernen Buchdruckes nicht denkbar gewesen wäre. Die Reformation war der erste politische Konflikt, der nicht zuletzt mithilfe der gedruckten Medien wie Flugschriften und Karikaturen volksnah ausgetragen wurde. Der Gebrauch der deutschen Sprache verhinderte die Beschränkung der Diskussion auf einen kleinen Zirkel von Gelehrten. Die Druckerschwärze sorgte nicht nur für die rasche Verbreitung reformatorischen Gedankenguts, sondern sie erschwerte auch eine Unterdrückung durch die Obrigkeit.

Wormser Edikt

Die Auseinandersetzung begann damit, dass Erzbischof Albrecht von Mainz gegen Luther Anzeige in Rom erstattete. Allerdings kam der Konflikt zunächst nicht offen zum Ausbruch, weil Papst Leo X. und Luthers Gönner, Kurfürst Friedrich von Sachsen, politische Verbündete waren, die gleichermaßen die Wahl Karls V. zum Kaiser zu hintertreiben suchten. Aber nach erfolgter Krönung (1519) drang die Kurie verstärkt auf Auslieferung Luthers. Diese erste Phase der Reformation endete mit der Verhängung des Kirchenbanns durch den Papst und der Reichsacht durch den Kaiser Karl V. Zuvor hatte Luther auf dem Reichstag zu Worms (1521) den Widerruf verweigert. Mit dem so genannten Wormser Edikt, mit dem die Reichsacht gegen Luther und seine Anhänger ausgesprochen wurde, war die Reformation endgültig zu einer reichsrechtlichen Angelegenheit geworden. Auf der Rückkehr von Worms wurde Luther auf Anordnung des sächsischen Kurfürsten „überfallen" und zur eigenen Sicherheit auf die Wartburg gebracht, wo er bis 1522 anonym lebte. In dieser Zeit fertigte Luther die deutsche Übersetzung des Neuen Testaments an; die gesamte Bibelübersetzung war 1534 beendet. Luthers Arbeit gilt als grundlegend für die neuhochdeutsche Schriftsprache.

Unterstützung für Luther

Luthers Reformvorstellungen fanden in Deutschland Unterstützung auf verschiedenen gesellschaftlichen Ebenen:

- Viele Theologen traten Luther zur Seite: Philipp Melanchthon (1497–1560), der das Augsburger Bekenntnis von 1530 verfasste; Martin Bucer (1491–1551), der Straßburg zu einem Zentrum der Reformation machte; Andreas Karlstadt (1477–1541); Thomas Müntzer (um 1490–1525) und viele andere.
- Die Theologen machten die Kanzel neben der Druckerei zum wichtigsten Ort der Verbreitung reformatorischen Gedankenguts.
- Auch bei vielen nicht im Dienste der Kirche stehenden Gebildeten fand Luther Unterstützung. Der Humanismus mit seiner Kritik am Papsttum hatte dafür den Boden bereitet.
- Ulrich von Hutten (1488–1523) war nicht nur Dichter und Humanist, sondern auch Ritter. Er und einige Standesgenossen (zum Beispiel Franz von Sickingen, 1481–1532) fühlten sich nicht zuletzt aus nationalen und antiklerikalen Gefühlen heraus mit der Reformation verbunden.
- Die zunächst stärkste Stütze fand die Reformation in den Städten, deren überwiegende Mehrheit im Zuge einer Volksbewegung reformiert wurde (etwa Predigt in deutscher Sprache und Laienkelch).
- Im Unterschied zu den meisten Städten wurde die Reformation in einigen Territorien „von oben“ betrieben, das heißt mit Unterstützung oder auf Betreiben der jeweiligen Landesherrn. Luthers Kritik stand im Einklang mit den „Beschwerden der deutschen Nation“ auf dem Reichstag zu Worms 1521, mit denen sich die Reichsstände über den Abfluss von Ablassgeldern nach Rom beklagten. Die Reformation eröffnete aber auch die Möglichkeit, die Kirchengüter zu säkularisieren sowie die Aufsicht über die Kirche zu festigen. Luthers Plädoyer für eine starke Obrigkeit dürfte die Hinwendung mancher Landesherrn zur lutherischen Lehre erleichtert haben.

Spaltung des Reiches

Gemäß dem Wormser Edikt war theoretisch jeder Stand verpflichtet, Luther an den Kaiser auszuliefern und seinen Anhängern den Prozess zu machen. Die vielfache Unterstützung, die Luther gefunden hatte, verhinderte aber den Vollzug des Edikts. Nicht nur die Mehrheit der Reichsstädte, sondern auch viele Fürsten hatten sich der reformatorischen Bewegung angeschlossen. Zu Luthers Beschützer, dem sächsischen Kurfürsten Friedrich dem Weisen, kamen hinzu der Herzog Albrecht von Preußen, der Landgraf Philipp von Hessen, die Herzöge von Schleswig und Braunschweig sowie der Graf von Mansfeld. Später wechselten Pommern, Brandenburg, das Herzogtum Sachsen sowie Württemberg ins protestantische Lager.

„Protestantismus“ bezeichnet alle religiösen Strömungen, die aus der Reformation hervorgegangen sind. Der Begriff selbst lässt sich auf den Reichstag von Speyer (1529) zurückführen, auf dem die Minderheit der evangelischen Reichsstände erfolglos gegen die Aufrechterhaltung des Wormser Ediktes „protestierte“.

Kaiser Karl V. verlor zeit seines Regierens das Ziel nicht aus den Augen, die Spaltung des Reiches in Territorien mit unterschiedlicher Konfession rückgängig zu machen. Mehrere Faktoren durchkreuzten allerdings seine politische Absicht:

Kaiser Karl V.
als Sieger über den Schmalkaldischen Bund, Gemälde von Tizian von 1548

- Seine längere Abwesenheit; so hielt sich Karl V. zum Beispiel zwischen 1521 und 1530 überhaupt nicht im Reich auf.
- Die Rivalität mit dem französischen König Franz I.
- Der Vormarsch der Türken (1529 vor Wien) nötigte ihn, die militärische Unterstützung auch der protestantischen Stände zu suchen.
- Letztlich fehlte auch die Bereitschaft der katholischen Stände, gegen die protestantischen zu kämpfen.
- Ein Teil der protestantischen Stände organisierte sich in einem Verteidigungsbündnis (Schmalkaldischer Bund, 1531).

Im Schmalkaldischen Krieg (1546/47) siegten die kaiserlichen Soldaten über die Truppen des Schmalkaldischen Bundes. Aber dieser militärische Sieg entpuppte sich sehr schnell als politische Niederlage. Zwar standen sich Reichsstände mit unterschiedlichem Glaubensbekenntnis gegenüber, aber sie hatten auch gemeinsame Interessen, wenn es um die Abwehr einer erstarkten monarchischen Gewalt ging. Karls V. wichtigster Verbündeter im Krieg, Moritz von Sachsen, wechselte die Seite, wurde Vorreiter für „fürstliche Libertät“, das heißt Autonomie. Mit Unterstützung Frankreichs fand unter seiner Führung ein erfolgreicher Fürstenaufstand gegen Karl V. statt. Damit war die Beendigung der Glaubensspaltung mit Waffengewalt endgültig gescheitert. Ein allgemeines Bedürfnis nach Frieden und Sicherheit ebnete nunmehr den Weg zum „Augsburger Religionsfrieden“ (1555). Dieser bestätigte, was praktisch ohnehin schon eingetreten war: die Koexistenz unterschiedlicher Konfessionen. Die Einheit der Kirche war zerbrochen.

Die Landesherrn gingen gestärkt aus diesem Konflikt hervor. Die Religionshoheit lag bei den Reichsständen: Der deutsche Partikularismus hatte ein weiteres Mal gesiegt.

Man hat später die Augsburger Regelungen, die Teil der Landfriedensordnung waren, auf den einfachen und griffigen Nenner gebracht: „cuius regio, eius religio“ (Wer das Land besitzt, der bestimmt die Religion).

Karl V. hatte letztlich verloren und zog sich aus der Politik zurück. Sein Bruder Ferdinand wurde (seit 1556 als Kaiser) Oberhaupt des Heiligen Römischen Reiches; sein Sohn Philipp wurde Karls Nachfolger als König von Spanien.

Die Schweizer Reformation: Zwingli und Calvin

Huldrych Zwingli (1484–1531), seit 1518 Priester am Großmünster in Zürich, wirkte als Reformator zur gleichen Zeit wie Luther, aber unabhängig von diesem. Seine Lehre beeinflusste die Eidgenossenschaft (Zürich, Bern, Basel), strahlte aber auch nach Süddeutschland aus.

Im Unterschied zu Luther war Zwinglis Reformation stärker an den Bedürfnissen der städtischen Gemeinde ausgerichtet. Theologische Akzente setzte er durch die Betonung des Geistigen und seinen konsequenten Verzicht auf alle Äußerlichkeiten des Glaubens wie Bilder, Reliquien, Lieder und Zeremonien. Entsprechend diesem Glaubensverständnis sah Zwingli im Sakrament des Abendmahls nur eine symbolische Handlung, während Luther von einer leiblichen Gegenwart Christi sprach. Versuche, die Kluft zwischen Luther und Zwingli zu überbrücken, so zum Beispiel im Marburger Religionsgespräch von 1529, misslangen. Zwingli starb im innerschweizerischen Glaubenskrieg in der Schlacht von Kappel (1531).

M 3 Calvinistischer Gottesdienst in der Kirche zu Stein bei Nürnberg,
Kupferstich aus dem 16.Jahrhundert

Jean Calvin (1509–1564),
Gemälde von 1555

Jean Calvin (1509–1564) gilt als der bedeutendste Reformator der zweiten Hälfte des 16. Jahrhunderts. Von Geburt Franzose, wirkte er seit 1541 bis zu seinem Lebensende in Genf und machte diese Stadt zu einem Modell der calvinistischen Gemeinde. Calvin und seine Anhänger setzten ein Gemeinwesen durch, in dem das gesamte Leben – auch das politische – an den Erfordernissen des Glaubens ausgerichtet wurde. Zur Abwendung eines göttlichen Strafgerichts erschienen ihnen äußerste Strenge und Zucht bei der Einhaltung der biblischen Gebote notwendig. Städtische Obrigkeit und Presbyter (Kirchenälteste) überwachten die Lebensführung der einzelnen Gemeindemitglieder. Theologisch an Luther und Zwingli anknüpfend, unterschied sich Calvin von diesen durch eine stärkere Betonung der Prädestination (Vorherbestimmung). Der Einzelne ist ihr zufolge der Allmacht Gottes unterworfen, dessen „geheimer Ratschluss“ ihn den Seligen oder Verdammten zuführe.

Calvin betrieb systematisch die Ausbreitung seiner Lehre. Diese erwies sich als außerordentlich dynamisch. In Deutschland konnte die calvinistische Lehre unter anderem in der Kurpfalz unter Kurfürst Friedrich III. Fuß fassen (1563). Vor allem aber in den Niederlanden, in Frankreich („Hugenotten“), England und Schottland bildeten sich Mitte des 16. Jahrhunderts große calvinistische Gemeinden. Später trugen britische Einwanderer die Lehre nach Nordamerika, wo calvinistisches Gedankengut als „Puritanismus“ bis in die Gegenwart lebendig ist.

Die Erkenntnis, dass Länder mit einer starken puritanisch-calvinistischen Durchdringung zu den wirtschaftlich fortgeschrittensten gehörten, hat viele Sozialwissenschaftler zu der Fragestellung veranlasst, welchen Zusammenhang es zwischen der Religion und den wirtschaftlichen Entwicklungen gibt. Diese Diskussion wurde maßgeblich beeinflusst von der Schrift „Die protestantische Ethik und der Geist des Kapitalismus“ (1904) des bedeutenden Soziologen Max Weber.

Da auch der Calvinist angesichts der Prädestination nach Heilsgewissheit suchte, wurde von den Puritanern abweichend von Calvins ursprünglicher Lehre der materielle Erfolg im Diesseits als Zeichen der göttlichen Erwähltheit verstanden. Dadurch wurde praktisch ein kommerzielles, am Gewinn orientiertes Denken gefördert. Allerdings hat Webers These keine ungeteilte Zustimmung der Historiker gefunden. Vielfach ist darauf hingewiesen worden, dass das spätmittelalterliche Italien der Geburtsort des „kapitalistischen Geistes" gewesen sei.

Die Täufer von Münster (1534/35)

Die Täufer stellten eine Glaubensbewegung im Rahmen der reformatorischen Vorgänge des 16. Jahrhunderts dar. Ihr Name resultierte aus der Ablehnung der Kindertaufe. Die Taufe wurde von ihnen als eine bewusste und freiwillige Entscheidung verstanden, daher konnte sie sinnvollerweise nur von Erwachsenen praktiziert werden. Die Täufer fühlten sich als eine Gemeinschaft von Erwählten, die sich in Erwartung des nahenden Weltendes zusammengefunden hatten. Diese Heilserwartung ließ sie viele Entbehrungen auf sich nehmen. Die Verfolgungen, denen sie ausgesetzt waren, verstanden sie als Vorspiel zu ihrer Erlösung.

Angeführt von Laienpredigern nahm die Täuferbewegung von Münster die Form eines sozialrevolutionären Protests an: Ablehnung der Obrigkeit, Verweigerung von Eid und Kriegsdienst sowie Durchsetzung der Gütergemeinschaft.

Das Täuferreich von Münster war das bekanntcste Beispiel einer Täufergemeinde. Diese hielt über ein Jahr der Belagerung durch den Bischof von Münster stand. Da das Täufertum seit dem Reichstag von Speyer (1529) von Reichs wegen verboten war, wurde diese reformatorisch-sozialrevolutionäre Bewegung sowohl von Lutheranern als auch Katholiken niedergeschlagen. Die Eroberer richteten ein Blutbad an. Die Führer der Täufer, Jan Bockelson, Bernd Knipperdolling und Bernd Krechting, wurden mit glühenden Zangen bearbeitet und dann erdolcht. Ihre Körper hängte man in drei eisernen Käfigen am Turm der Lambertikirche auf, wo die Skelette bis 1881 zur Abschreckung zu sehen waren.

Chronologie

1517	Luthers Thesenanschlag in Wittenberg
1521	Reichstag zu Worms: Luther verweigert den Widerruf. Wormser Edikt: Reichsacht über Luther und seine Anhänger
1526	1. Reichstag zu Speyer: Aufschiebung des Vollzugs des Wormser Edikts; jeder Reichsstand kann in Religionsangelegenheiten eigenverantwortlich verfahren.
1529	2. Reichstag zu Speyer: Erneuerung des Wormser Edikts: evangelische Reichsstände protestieren (Protestanten).
1530	Reichstag zu Augsburg: Der Versuch einer Einigung auf der Grundlage von Melanchthons „Confessio Augustana" scheitert; Erneuerung des Wormser Edikts.
1531	Gründung des Schmalkaldischen Bundes
1546	Luthers Tod
1546/47	Schmalkaldischer Krieg
1551/52	Fürstenrebellion gegen Karl V.
1555	Augsburger Religionsfriede

M 4 Luther: 95 Thesen gegen den Ablass

Mit diesen Thesen löste Martin Luther die Reformation aus (31. Okt. 1517):

Aus Liebe zur Wahrheit und dem Eifer, sie zu ermitteln, soll über das Nachstehende in Wittenberg disputiert werden. [...]

21. Daher irren all die Ablassprediger, welche erklären, dass der Mensch durch den Ablass des Papstes von jeder Strafe los und frei werde. [...]

24. Folglich wird der größte Teil des Volkes betrogen, wenn man ihm schlankweg mit hohen Worten verspricht, es sei die Strafe los.

27. Man predigt Menschenlehre, wenn man sagt: Sobald das Geld im Kasten klingt, entflieht die Seele [dem Fegefeuer].

28. Das ist gewiss, dass Gewinn und Habgier zunehmen können, wenn das Geld im Kasten klingt; ob die Kirche mit ihrer Fürbitte Erfolg hat, steht dagegen bei Gott. [...]

32. Wer glaubt, durch Ablassbriefe seines Heils sicher zu sein, wird auf ewig mit seinen Lehrmeistern verdammt werden. [...]

36. Jeder Christ, der wahrhaft Reue empfindet, hat einen Anspruch auf vollkommenen Erlass von Strafe und Schuld, auch ohne Ablassbrief. [...]

45. Man soll die Christen lehren: Wer einen Bedürftigen sieht und ihm nicht hilft, und stattdessen sein Geld für Ablass gibt, der hat sich nicht des Papstes Ablass, sondern Gottes Zorn erworben. [...]

67. Den Ablass, den die Ablassprediger als „größte Gnade" ausschreien, kann man insofern tatsächlich dafür ansehen, als er ein großes Geschäft bedeutet.

Zit. nach: E. Büssem, M. Neher (Hg.), Arbeitsbuch Geschichte, Neuzeit 1, Quellen, München 1977, S. 163 ff.

M 5 Lehre vom allgemeinen Priestertum

Diese Lehre bildet den Kern von Luthers Angriff auf den geistlichen Stand (1520):

Die Romanisten [hier: Anhänger der römischen Kirche] haben *drei Mauern* mit großer Behendigkeit um sich gezogen, womit sie sich bisher beschützt, dass sie niemand hat können reformieren, wodurch die ganze Christenheit greulich gefallen ist. Zum Ersten, wenn man auf sie gedrungen mit weltlicher Gewalt, haben sie gesetzt und gesagt, weltliche Gewalt habe nicht Recht über sie, vielmehr sei geistliche über die weltliche. *Zum andern*, hat man sie mit der Heiligen Schrift wollen strafen, setzen sie dagegen, es gebühre die Schrift niemand auszulegen denn dem Papst. *Zum Dritten*, droht man ihnen mit einem Concilio [Konzil], so erdichten sie, es könne niemand ein Concilium berufen denn der Papst. Also haben sie drei Ruten uns heimlich gestohlen, dass sie mögen ungestraft sein, und sich in die sichere Befestigung dieser drei Mauern gesetzt, alle Büberei und Bosheit zu treiben, die wir denn jetzt sehen. [...]

Wollen die erste *Mauer* am ersten angreifen. Man hat's erfunden, dass Papst, Bischof, Priester und Klostervolk wird der *geistliche Stand* genannt, Fürsten, Herrn, Handwerks- und Ackerleute der *weltliche Stand*, welches gar ein fein Lügen und Gleißen [Heucheln] ist; doch soll niemand darob schüchtern werden, und das aus dem Grund: denn alle Schriften sind wahrhaft geistlichen Standes, und ist unter ihnen kein Unterschied denn des Amts halben allein, wie Paulus sagt, dass wir allesamt ein Körper seien, doch ein jeglich Glied sein eigen Werk hat, damit es den andern dienet; das macht alles, dass wir *eine* Taufe, *ein* Evangelium, *einen* Glauben haben und sind *gleiche* Christen, denn die Taufe, Evangelium und Glauben, *die* machen allein geistlich und Christenvolk. [...]

Wenn ein Häuflein frommer Christen, die Laien sind, würden gefangen und in eine Wüstenei gesetzt, die nicht bei sich hätten einen von einem Bischof geweihten Priester, und würden allda der Sache einig, erwählten einen unter sich, er wäre ehelich oder nicht, und beföhlen ihm das Amt zu taufen, Messe zu halten, zu absolvieren und predigen, der wäre wahrhaftig ein Priester, als wenn ihn alle Bischöfe und Päpste hätten geweihet. Daher kommt's, dass in der Not ein jeglicher taufen und absolvieren kann, was nicht möglich wäre, wenn wir nicht *alle* Priester wären. [...]

M. Luther, An den christlichen Adel deutscher Nation, zit. nach: I. Schmieder, Der deutsche Reformator Martin Luther, Leipzig 1917, S. 34 f.

M 6 Kritik am Papsttum

Luthers Sichtweise des Papstes entzweite die Christenheit (1520):

Zum Ersten ist's greulich und erschrecklich anzusehen, dass der Oberste in der Christenheit, der sich Christi Vikar [Stellvertreter] und St. Peters Nachfolger zu sein rühmet, so weltlich und prächtig fährt, dass ihn darin kein König, kein Kaiser mag erlangen und ihm gleich werden, und in dem, der allerheiligst und geistlichst sich lässet nennen, weltlicher Wesen ist, denn die Welt selber ist. Er trägt eine dreifältige Krone, während die höchsten Könige nur eine Krone tragen: gleicht sich das mit dem armen Christo und St. Peter, so ist's ein neu Gleichen. Man plärret, es sei ketzerisch, wo man dawiderredet; man will aber auch nicht hören, wie unchristlich und ungöttlich solch Wesen sei. Ich halte aber dafür, wenn er beten sollte mit Tränen vor Gott, er müsste stets solche Krone ablegen, dieweil unser Gott keine Hochfahrt [Hochmut] mag leiden. Nun sollte sein Amt nichts anderes sein, denn täglich weinen und beten für die Christenheit und ein Exempel aller Demut vortragen.

M. Luther, An den christlichen Adel deutscher Nation, zit. nach: I. Schmieder, a. a. O., S. 39.

M 7 Die Reformation: Schriften und Bilder

Der Kunsthistoriker Konrad Hoffmann macht deutlich, wie sehr die Reformation mit einer Medienrevolution einherging:

Bei der Ausbreitung der Reformation griffen mündliche, schriftliche und bildliche Formen der Vermittlung in neuartiger Weise intensiv ineinander. Am deutlichsten ist die Veränderung bei den Druckerzeugnissen quantitativ zu fassen. Zusammen mit der Ablösung des Lateinischen durch Deutsch kennzeichnen die anwachsende Zahl der Titel und die Erhöhung der Auflagenzahlen die Entwicklung. So wurden zu Beginn des 16. Jahrhunderts im Jahr durchschnittlich 40 deutsche Titel gedruckt, wogegen sich für 1519 schon mindestens 111 und für 1523 sogar mindestens 498 nachweisen lassen. In der von Rolf Engelsing erarbeiteten Statistik bezeichnen die Jahre 1523–24 den Höhepunkt. Hier ist eine etwa tausendfache Steigerung der Bücherzahlen gegenüber 1517 erreicht. [...]
Mit der Massenproduktion der Gebrauchsliteratur, der Verwendung der Volkssprache, der Verschränkung zwischen gedrucktem und gesprochenem Wort hängt der andere große Wirkungsfaktor der Reformationspropaganda vielfältig zusammen, das Bild. Ja, innerhalb der reformatorischen Öffentlichkeit und für das Verständnis der neuen Lehre beim Gemeinen Mann spielte die Illustration des Titelblattes in einer Flugschrift und vor allem der grafische Bestandteil eines Flugblattes, die Bebilderung durch einen Holzschnitt, eine entscheidende Rolle. Die visuelle Erfassung des im Text ausgeführten Gedankens durch Betrachten und „Lesen" des Bildes war bei einer wesentlich breiteren Bevölkerungsschicht eingeübt als die Lesefähigkeit, die für unseren Zeitraum mit fünf bis höchstenfalls zehn Prozent angenommen wird. Hierin wirkte sich die kirchliche Überlieferung aus. Denn die meisten Menschen waren im Lesen verschlüsselter Bildzeichen, mit der Umsetzung geläufiger Erfahrungsgegenstände in Allegorien [sinnbildlichen Darstellungen] in der Kirche unterwiesen worden. Mit der Wendung an den Gemeinen Mann aber unterstützte das Bild als situationsbezogenes Kampfmittel der Massenkunst in der Reformationsphase von 1517–1525 eine negative Charakterisierung dieser alten Kirche selber.

K. Hoffmann, Die reformatorische Volksbewegung im Bilderkampf, in: Germanisches Nationalmuseum Nürnberg, Martin Luther, Frankfurt/M. 1983, S. 219.

M 8 Bildpropaganda

a) „Des Teufels Dudelsack", Zeichnung von Erhard Schoen (um 1525)

Der Bapstesel zu Rom

b) Der Papstesel, Holzschnitt von Lucas Cranach d.Ä. (1523)

M 9 **Ein Propagandaflugblatt**

„Unterschied zwischen der waren Religion Christi und falschen Abgöttischen lehr des Antichrists in den fürnemsten stücken" ist die Überschrift dieses kolorierten Holzschnitts aus der Zeit um 1544 – ein Propagandaflugblatt der Lutheraner. Auf der linken Hälfte ist die protestantische Taufe und Kommunion dargestellt. Luther legt die Lehre von der Erlösung durch das Opfer Christi aus, die durch symbolische Darstellungen (Opferlamm, Christus mit Dornenkrone) verdeutlicht wird; unter seinen Hörern ist auch Kurfürst Johann Friedrich von Sachsen, der ein Kreuz auf seiner Schulter trägt.

Auf der rechten Seite schauen Gott im Himmel und der heilige Franziskus voller Entsetzen auf die Erde herab, denn dort sammeln die Mönche in schändlicher Weise Geld für die Kirche in Rom. Der Prediger auf der Kanzel erklärt, dass es viele mühelose Wege gäbe, um erlöst zu werden, Wege, die alle der katholischen Kirche zur Verfügung stünden; was er sagt, wird ihm jedoch vom Teufel eingegeben, der ihm mit einem Blasebalg in die Ohren bläst. Rechts sieht man den Papst, wie er Ablässe feilbietet. Im Hintergrund werden katholische Zeremonien und Sakramente (besonders das Besprengen mit Weihwasser) verspottet.

Aus: D. Hay, Die Renaissance, München/Zürich 1968, S. 200, 203.

M10 **Augsburger Religionsfriede (1555)**

In Form eines Reichsabschieds wurde die Beilegung der Religionskämpfe verkündet:

§ 15. Und damit solcher Fried auch der spaltigen [gespaltenen] Religion halben, wie [...] die hohe Nothdurft [Notwendigkeit] des H. Reichs Teutscher Nation erfordert, [...] so sollen die Kayserl. Maj., Wir, auch Churfürsten, Fürsten und Stände des H. Reichs keinen Stand des Reichs wegen der Augspurgischen Confession und derselbigen Lehr, Religion und Glaubens halb mit der That gewaltiger Weiß [mit Gewalt] überziehen, beschädigen, vergewaltigen oder in andere Wege wider sein.
[...] und soll die streitige Religion nicht anders dann durch Christliche, freundliche, friedliche Mittel und Wege zu einhelligem, Christlichem Verstand und Vergleichung gebracht werden, alles bey Kayserl. und Königl. Würden, Fürstl. Ehren, wahren Worten und Pön [Strafe] des Land-Friedens.

§ 17. Doch sollen alle andere, so obgemelten beeden [oben genannten beiden] Religionen nicht anhängig, in diesem Frieden nicht gemeynt, sondern gäntzlich ausgeschlossen seyn.[1]

§ 24. Wo aber Unsere, auch der Churfürsten, Fürsten und Stände Unterthanen der alten Religion oder Augspurgischen Confession anhängig, von solcher ihrer Religion wegen [...] mit ihren Weib und Kindern an andere Orte ziehen und sich nieder thun wollten, denen soll solcher Ab- und Zuzug, [...] unverhindert zugelassen und bewilligt [...] seyn.

§ 27. Nachdem aber in vielen Frey- und Reichs-Städten die beede Religionen, nemlich Unsere alte Religion und der Augspurg. Confession-Verwandten Religion ein zeithero im Gang und Gebrauch gewesen, so sollen dieselbigen hinführo auch also bleiben und in denselben Städten gehalten werden und derselben Frey- und Reichs-Städt Bürger und andere Einwohner, geistlichs und weltlichs Stands, friedlich und ruhig bey- und neben einander wohnen und kein Theil des andern Religion, Kirchengebräuch oder Ceremonien abzuthun. [...]

1 Gemäß § 17 galt der Religionsfriede nicht für Täufer und andere Sekten.

Nach: A. Buschmann, Kaiser und Reich, Baden-Baden 1994, S. 224 ff.

M11 Das Genf Calvins

Der Historiker Ernst Walter Zeeden stellt die Verklammerung von Religion und Politik dar:

Im Jahr des Augsburger Religionsfriedens, 1555, gewannen seine Anhänger in den entscheidenden politischen Gremien des Stadtstaats die Mehrheit. Seitdem war Calvin der mächtigste Mann in Genf. Nach dem Umschwung von 1555 machten seine Anhänger von der Macht, die sie legal ergriffen hatten, gegen die politische und kirchliche Opposition rigoros Gebrauch. Sie verbannten ihre Gegner, ließen Todesurteile fällen und konfiszierten das Vermögen der Missliebigen. Angehörige der wohlhabenden Schichten verließen in Mengen die Stadt. Immigranten waren willkommen, sie kamen in immer größerer Zahl. Die Bevölkerung von Genf wurde völlig umstrukturiert. Die Glaubensinquisition merzte die Opposition gründlich aus. „Das Gefängnis öffnet seine Türen allen, die an der strengen Lehre des Reformators Kritik üben", so Imbart de La Tour in seinem Werk über die Ursprünge des französischen Protestantismus. Wie die verlästerte Sorbonne richtete Genf eine Bücherzensur ein. Es gab keinen Druck ohne Lizenz des Rates, keine Lizenz des Rates ohne Überprüfung des Textes durch die Pastoren. [...]

Er [Calvin] sorgte dafür, dass Übertretungen bestraft wurden, um Gott die Ehre zu geben. „Ich weiß gar wohl", sagte er einmal, „wie schwer es für euch sein mag, solche Reinheit zu pflegen. Aber es steht nicht in meiner Macht, von den Geboten Gottes auch nur das Geringste abzulassen." Sein auf Heiligung des öffentlichen Lebens versessenes Regiment ließ Würfel, Kartenspiel und Tanz eben sowenig zu wie das Theaterspiel. [...]

Zum Abendmahl wurde nur zugelassen, wen die Kirchenleitung im Glauben und Allgemeinverhalten für intakt befunden hatte: „Zum heiligen Abendmahl Christi darf niemand kommen, er habe denn zuvor seinen Glauben bekannt. Deshalb werden jährlich vier Prüfungen abgehalten, an denen die Kinder befragt und eines jeden Fortschritte festgestellt werden. [...] Was die Erwachsenen angeht, so wird jede Familie einmal im Jahr inspiziert. Wir verteilen die Quartiere untereinander so, dass die einzelnen Bezirke der Reihe nach besucht werden können. Dabei werden die Neuzugezogenen auch geprüft. Den schon [zuvor in die Gemeinde] Aufgenommenen wird das erlassen. Bei ihnen untersuchen wir nur, ob es im Haus friedlich und ruhig zugeht, ob Streit mit den Nachbarn oder etwa Trunkenheit vorkommt, ob sie faul und träge im Predigtbesuch sind". Über die Wahrnehmung der Sittengerichtsbarkeit durch das Konsistorium äußerte er sich bei dieser Gelegenheit: „Es wird niemand vorgeladen, als wer sich trotz [vorangegangener] Mahnung unfolgsam erwiesen hat und der Gemeinde durch sein böses Beispiel Ärgernis gibt. So werden Flucher, Hurer, Trunkenbolde, Raufbolde, Streitsucher, Tänzer, Reigenführer und dergleichen Leute vorgeladen [...]" (Calvin).

E. W. Zeeden, Hegemonialkriege und Glaubenskämpfe, 1556–1648, Frankfurt/M. 1982, S. 40 ff.

M12 Das belagerte Münster

Ein Historiker schildert im Folgenden die Herrschaft der Täufer in Münster (1534/35):

In diesen Tagen ertönte zum ersten Mal der „Bußruf" in Münster, als der Prädikant [Laienprediger] Heinrich Roll durch die Straßen lief und mit dem Ruf: „Tut Buße! Bekehrt Euch!" die Nichtgetauften erschreckte. Noch oft sollte dieser Ruf in Münster ertönen, der meist besondere Ereignisse ankündigte. Es kam zu ekstatischen Szenen auf den Straßen, da Männer, Frauen und Kinder Vorzeichen am Himmel zu sehen glaubten, die das Strafgericht Gottes oder die Wiederkehr Christi ankündigten. [...]

Diese Zeit musste man überstehen. Da es mit den vorhandenen Lebensmitteln auszukommen galt, wurden im März sechs Diakone ernannt, die alle Vorräte in Häusern und Läden aufschrieben. Gold- und Silbermünzen mussten im Rathaus abgeliefert werden, auch Schmuck und wertvolles Geschirr. Täufer, die Schuldbriefe von Glaubensbrüdern in Besitz hatten, verbrannten die Zinsbücher und

Urkunden. Propheten und Prädikanten wollten mithilfe des Rates eine Form der Gütergemeinschaft in Münster einführen, wie sie [nach der Apostelgeschichte] zwischen Ostern und Pfingsten von den Jüngern Jesu in der wachsenden Gemeinde zu Jerusalem vorgelebt worden war. Reichliche Vorräte in der Stadt, dazu die beschlagnahmten Güter geflohener Bürger, erlaubten es, auch die einwandernden auswärtigen Glaubensbrüder mit Wohnung, Nahrung und Kleidung zu versorgen.

Alle arbeitsfähigen Männer und Frauen verstärkten mehrere Tage lang die Befestigungen; Stadttore und Übergänge wurden versperrt, Brücken abgebrochen, Wall und Rundelle an einigen Stellen verbessert. Als Baumaterial nahm man die zerschlagenen Steinfiguren und Grabplatten aus den Kirchen, aber auch Häuser wurden niedergerissen und Gärten abgegraben. Eine Anwerbung von Söldnern lehnten die Prädikanten zunächst ab: man dürfe sich wohl wehren, nicht aber sich rächen [d. h. vorsätzlich Gewalt ausüben].

An diesem 27. Februar erhob der Prophet Matthys den Bußruf und forderte die Gemeinde auf, die „Gottlosen" zu vertreiben, damit die „Heilige Stadt" vom Unglauben frei sei. Bis zum Abend mussten alle, die den Empfang der Wiedertaufe verweigerten, die Stadt verlassen. Etwa 2 000 Menschen wurden von Haus und Hof vertrieben; das Mitnehmen von Gepäck und Lebensmitteln war verboten. Viele Familien mussten sich trennen, oft blieb nur eine Person zum Schutz des Hauses zurück. Die Verbleibenden wurden gezwungen, sich taufen zu lassen. Jan Matthys, Bäckermeister aus Haarlem, wollte die Vision des apokalyptischen [aufs Weltende bezogenen] Sehers Johannes verwirklichen: Münster sollte das Neue Zion sein, Sammelplatz der Auserwählten, die hier das Strafgericht Gottes über die Ungläubigen überlebten und das Reich des tausendjährigen Friedens vorbereiteten. Später würde ein neuer Salomon die Herrschaft übernehmen, bis zum Weltgericht am jüngsten Tage. […]

Bockelson, der nun wohl mit einer längeren Belagerung rechnete, entwickelte Mitte Mai einen Organisationsplan für Verwaltung und Wirtschaft der Stadt. Nach einem nächtlichen Bußruf zog er sich drei Tage zurück und verkündete dann, Gott habe ihm eine neue Verfassung der Gemeinde offenbart. Zwölf Älteste sollten künftig an ihrer Spitze stehen und ein strenges Regiment führen. Die Todesstrafe wurde angedroht für Gotteslästerung, Ungehorsam gegen Obrigkeit, Eltern und Herren, Ehebruch, Unzucht, Geiz, Raffgier, Diebstahl, Betrug, Verleumdung, Streit und Zank, Murren und Aufruhr. Ein langer Katalog von 33 Artikeln enthält zunächst die Aufgaben der Ältesten (Art. 2–7), danach die Einsetzung Knipperdollings als „Schwertträger" [Scharfrichter] sowie die Regelung der gemeinsamen Mahlzeiten und des Wachdienstes.

K.-H. Kirchhoff, Utopia 1534/35, Entstehung und Untergang der Gemeinde Christi, der sog. Wiedertäufer, hrsg. vom Stadtarchiv Münster durch H. Galen u. a., Münster 1981, S. 4 f.

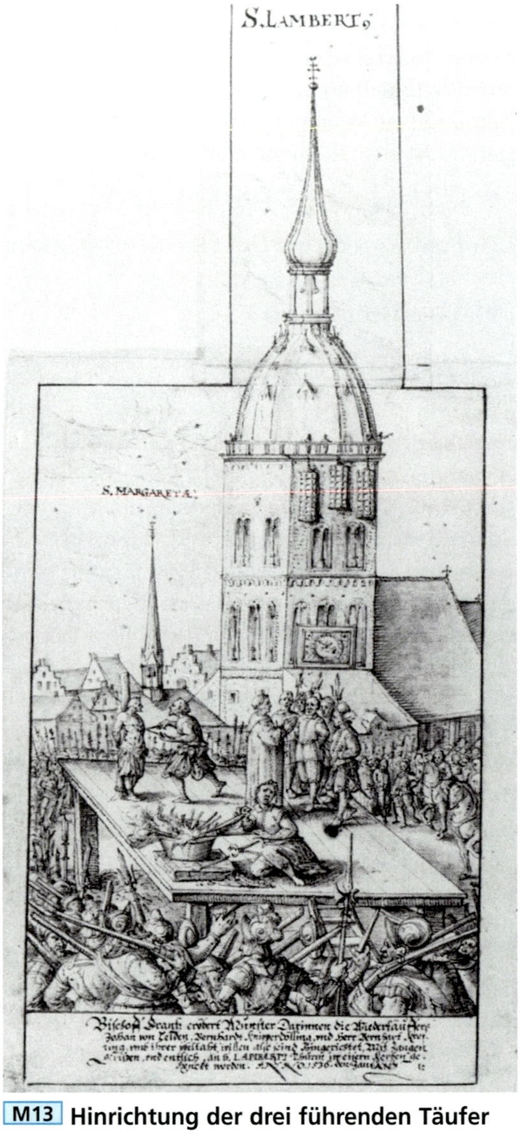

M13 Hinrichtung der drei führenden Täufer in Münster

Die Folterung der Täufer fand vor der Lambertikirche in Münster statt. Nach der Hinrichtung stellte man die Leichen der drei Anführer dieser radikal-reformatorischen Bewegung in Eisenkäfigen am Kirchturm zur Schau. Originalgetreue Nachbildungen dieser Käfige hängen auch heute noch dort, Federzeichnung von 1607.

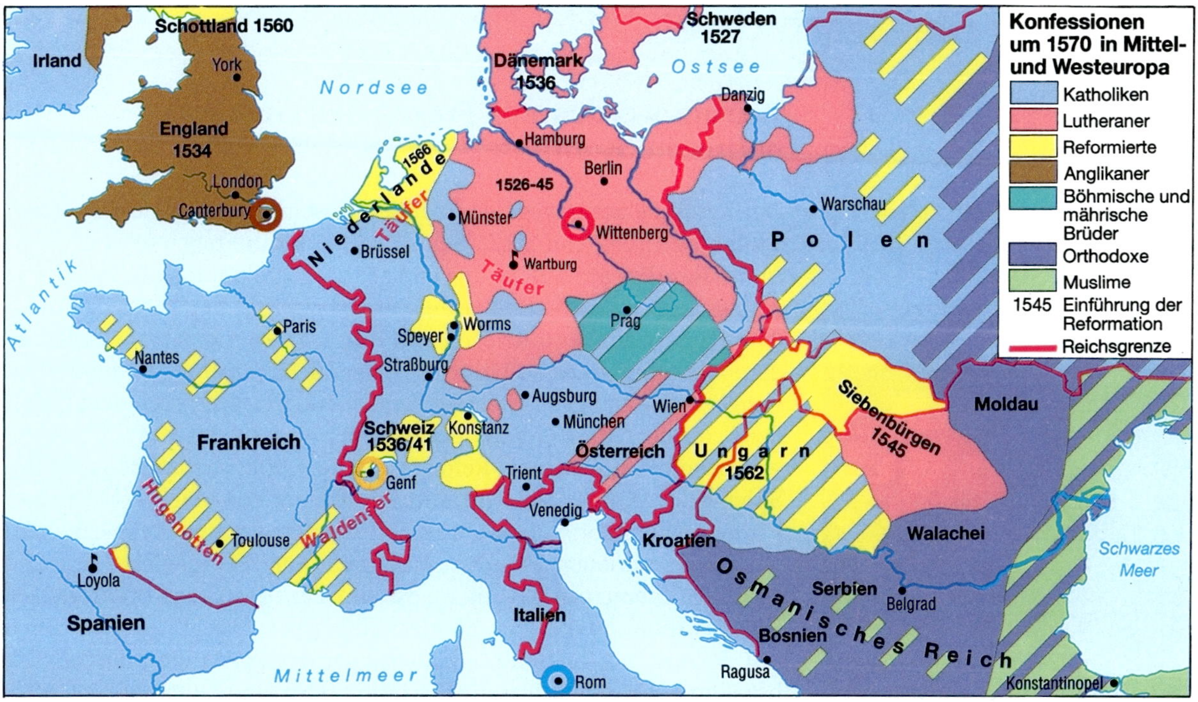

M14

Aufgaben

1. Arbeiten Sie die Kritik heraus, die Luther am Ablasswesen übte.
   → Text, M1, M2, M4
2. Wie begründete Luther seine These, dass sowohl dem Papst als auch dem Klerus kein standesmäßiger Vorrang zukomme?
   → Text, M5, M6
3. Inwiefern musste Luthers Lehre fast zwangsläufig die Grundfesten des geistlichen Lebens erschüttern?
   → Text
4. Erläutern Sie die Rolle, die die Massenmedien im Zeitalter der Reformation spielten.
   → M7
5. Analysieren Sie die bildnerischen Mittel, die der Verunglimpfung des religiösen Gegners dienten.
   → M8, M9
6. Beurteilen Sie die Bestimmungen des Augsburger Religionsfriedens vor dem Hintergrund jahrzehntelanger kriegerischer Konflikte.
   → Text, M10, M14
7. Halten Sie die Unterschiede zwischen protestantischem und katholischem Gottesdienst fest. Erläutern Sie die politisch-religiöse Perspektive des Künstlers.
   → M9
8. Vergleichen Sie das Aussehen einer reformierten Kirche mit einer katholischen. Welche Unterschiede können Sie feststellen? Inwiefern spiegelt sich in Äußerlichkeiten das Glaubensverständnis wider?
   → Text, M3
9. Wie wirkte sich der Calvinismus auf das gesellschaftliche Zusammenleben aus?
   → Text, M11
10. Stellen Sie die Glaubensüberzeugungen der Täufer dar. Welche politischen Maßnahmen werden aus ihnen abgeleitet?
    → Text, M12
11. Versuchen Sie die Grausamkeit zu erklären, mit der die führenden Täufer getötet wurden.
    → M10, M13

Warum werden aus Fragen des Glaubens politische Konflikte?

Frühmoderner Staat

Der moderne Staat westlich-liberalen Zuschnitts praktiziert die Trennung von Kirche und Staat. Seine Neutralität in Fragen des Glaubens ist das Resultat der Aufklärung und der bürgerlichen Revolutionen. Die verfassungsmäßige Verankerung der Religionsfreiheit muss dabei vor dem Hintergrund von Kriegen und Bürgerkriegen gesehen werden, in denen sich europäische Völker im 16. und 17. Jahrhundert ruinierten. Religiöse Toleranz zum Staatsprinzip zu erklären entsprach dem Gebot der Selbsterhaltung und der politischen Vernunft.

Warum wurde Luthers Reformation zum politischen Ereignis? Die Sphäre des Politischen wird durch Konflikte des Machterwerbs und Machterhalts geformt. Und um Machtfragen ging es auch im Zusammenhang mit den neuen Glaubensprinzipien. Luthers religiöses Konzept beinhaltete einen radikalen Angriff auf den Klerus als privilegierten Stand. Luther lehnte jede Sonderstellung der Priester, einschließlich des Papstes, ab. Im spätmittelalterlichen Heiligen Römischen Reich besaßen die Kirchenfürsten (Bischöfe, Äbte) eine Doppelfunktion als Träger kirchlicher *und* weltlicher Macht. Die Reformation mit ihrer Betonung der Schrift, des Glaubens und der unerforschlichen Gnade Gottes untergrub die Legitimität der Papstkirche mit ihren Verstrickungen ins Weltliche. Somit waren auch politische Konflikte vorprogrammiert.

M1 Politik und Reformation
Kurfürst Johann Friedrich von Sachsen im Kreis der Vorkämpfer der Reformation (am linken Bildrand Luther und Spalatin, vorne rechts Melanchthon), Gemälde aus der Werkstatt von Lukas Cranach d. Ä (1532/39)

Die Politisierung des neuen Glaubens kam dadurch zu Stande, dass das Luthertum frühzeitig eine Allianz mit dem Fürstenstaat einging. Ohne den Schutz durch ihre Landesherrn wären die Reformatoren wahrscheinlich den Weg des Jan Hus gegangen, der 1415 in Konstanz verbrannt worden war.

Den Landesherrn ihrerseits gab die Reformation eine Rechtfertigung für die Säkularisierung (Verweltlichung) von Kirchenbesitz. Dadurch konnten sie vielfach ihre Territorien abrunden. Der frühmoderne Staat betrieb die Schaffung eines einheitlichen Untertanenverbandes. In ihm formte sich eine (neue) Einheit von religiösem Bekenntnis und Fürstenherrschaft.

Gemeinschaft und Genossenschaft

Die enge Kopplung von religiösen und politischen Fragen ergab sich auch daraus, dass in den damaligen Gesellschaften kaum Platz für den Individualismus war. Die Menschen dachten und handelten überwiegend genossenschaftlich, was die Einheitlichkeit des Glaubens begünstigte. Die Religion bildete somit – nach heutigen Begriffen – eine politische (Staats-)Ideologie. Überdies konnten Religionen und Völker eine so enge Verbindung eingehen, dass die Religion zum Bestandteil der nationalen Identität wurde, wie das zum Beispiel beim irischen oder polnischen Katholizismus der Fall ist.

In den genossenschaftlich organisierten Gesellschaften war man – wie beispielsweise bei den Täufern zu Münster – der Überzeugung, dass jede Abweichung vom göttlichen Gebot die Aussicht auf das Heil verringerte. Nach dieser Logik mussten jene Menschen beseitigt werden, die der „Errichtung des Himmelreichs auf Erden“ angeblich im Wege standen. Die vor-individualistische Vorstellung einer Gemeinschaft, in der Religion und Gesellschaft untrennbar verwoben sind, erleichterte die Radikalisierung und ebnete den Weg für ein rücksichtsloses Vorgehen gegen Andersgläubige. So erklärt sich auch die Gnadenlosigkeit, mit der die religiösen Führer jede Abweichung verfolgten. Wann immer sich Herrschende im Besitz des „ewigen Wortes Gottes" wähnten oder das Monopol auf die Kenntnis des „göttlichen Rechts" beanspruchten, hatte das allzu oft tödliche Konsequenzen. Das zeigte sich am Wirken der Inquisition genau so wie an der Scharia, dem islamischen Religionsgesetz, das den Abfall vom Glauben (Apostasie) als todeswürdiges Verbrechen einstuft.

Die ideologische Einteilung der Welt in Rechtgläubige und Ungläubige kann leicht zur Radikalisierung führen, wobei der Toleranzgedanke regelmäßig auf der Strecke bleibt.

Fundamentalismus

Im ausgehenden 20. Jahrhundert und zu Beginn des 21. Jahrhunderts ist der religiöse Fundamentalismus zu einem weit verbreiteten Phänomen geworden. So macht zum Beispiel der islamische Fundamentalismus von sich reden, vor allem nach der Revolution im Iran, wo 1979 eine Art Gottesstaat vom Ajatollah Khomeini proklamiert wurde. Vorausgegangen war der Sturz von Schah Reza Pahlewi. Dieser Alleinherrscher seines Landes hatte versucht, den Iran beschleunigt zu modernisieren. Dabei hatten die weltlich orientierten Eliten weder Rücksicht auf die traditionalistisch eingestellte Landbevölkerung genommen, noch wurden die Belange der städtischen Unterschichten berücksichtigt. Fundamentalismus bedeutet in seinem Wesenskern die Identität von Staat und Religion. Sein Ziel ist die Herstellung einer „glaubensreinen Gesellschaft" und die „Rückkehr zur gottgewollten Ordnung".

Überall wo islamische Fundamentalisten die Macht in ihren Händen halten, wird die Scharia eingeführt. Dieses mittelalterlich geprägte Religionsgesetz beinhaltet die Regelung des gesellschaftlichen Lebens. Dazu zählen zum Beispiel ein – aus heutiger Sicht – inhumanes Strafrecht, die rechtliche Benachteiligung von Frauen, Zins- und Alkoholverbot und das Verbot einer Abkehr vom Islam.

Der Pluralismus westlicher Staaten wird von den Vertretern des Fundamentalismus als gottlos abgelehnt – so wie auch die Trennung von Religion und Staat. Da das religiöse Gesetz, das alle Bereiche der Gesellschaft durchdringt, als göttlich und absolut aufgefasst wird, ist jedem Fundamentalisten der Kompromiss- und Toleranzgedanke fremd. Denn – so wird von seiner Seite argumentiert – ein göttliches Gesetz könne nicht von Menschen verändert werden. Der Fundamentalismus setzt auf die Herrschaft Gottes. Folglich muss die Macht gleichsam automatisch in die Hände derjenigen gelangen, die vorgeben, den göttlichen Willen zu erkennen: Schriftgelehrte, Theologen, Imame (Vorbeter) und Ajatollahs.

Aufgaben

1. Erläutern Sie die Schnittstellen zwischen Religion und Politik.
2. Welche Auswirkungen hat der Fundamentalismus auf das Zusammenleben von Menschen?

5.4 Der Bauernkrieg

Vorzeichen

Dem eigentlichen Bauernkrieg ging eine Vielzahl von Bauernunruhen voraus. Allein zwischen 1500 und 1525 wurden 15 Erhebungen südlich der Main-Linie gezählt. Dies zeugt von der gewachsenen Streitbarkeit der bäuerlichen Bevölkerung, die nicht mehr bereit war, neue Steuern oder eine rechtliche Schlechterstellung widerspruchslos hinzunehmen. Das Beispiel der Schweizer Bauern, die die feudale Herrschaft der Habsburger abzustreifen vermochten, besaß Ausstrahlungskraft gerade im deutschen Südwesten. Eine der bekanntesten Erhebungen der Bauern verbindet sich mit dem Namen Hans Böhm, dem so genannten Pfeifer von Niklashausen, der im Taubertal volkstümlich gegen Adel und Pfaffen predigte. Er forderte die Herstellung von Gleichheit und Gemeineigentum an Wald, Weide und Gewässern. Die solchermaßen herausgeforderte Obrigkeit ließ ihn in Würzburg verbrennen (1476).

Joß Fritz war die treibende Kraft von so genannten Bundschuhverschwörungen, die sich 1502, 1513 und 1517 im Gebiet des Oberrheins abspielten. Der Bundschuh, ein einfacher bäuerlicher Schuh, der den Gegensatz zum ritterlichen Stiefel darstellte, wurde zum Feldzeichen der aufständischen Bauern. Trotz Geheimhaltung waren diese Aufstandsbewegungen genauso wenig erfolgreich wie der „Arme Konrad", jene Erhebung, die sich 1514 in erster Linie gegen den Herzog Ulrich von Württemberg und dessen neue Steuern richtete.

Charakteristisch für die Bauernunruhen um 1500 war die Vermischung von religiösen und politischen Ideen. Eingeklagt wurde dabei im Allgemeinen das „alte Recht". Insofern haftete dem Protest ein konservativer Akzent an.

Diese Zeit des verstärkten bäuerlichen Protestes ging mit einer allgemeinen geistigen Erregung einher. Das vage Bewusstsein einer sich verändernden Welt fand Ausdruck in der für das Spätmittelalter kennzeichnenden Endzeiterwartung. Diese spiegelt sich auch in vielen oft astrologisch untermauerten Prophezeiungen wider, die dank der modernen Drucktechnik rasche und massenhafte Verbreitung fanden und die vermutlich die Bereitschaft zum Handeln begünstigten.

Ursachen

Beim Bauernkrieg handelt es sich um die größte bäuerliche Erhebung in Deutschland. Ausgehend vom südlichen Schwarzwald und von Oberschwaben erfassten die Erhebungen die Alpenländer, den gesamten Südwesten Deutschlands und reichten bis Thüringen im Norden. Die Bauern formierten sich zu so genannten Haufen, bildeten „christliche Schwurgemeinschaften" und forderten Städte, Ritter und andere Herrn zum Beitritt auf. Zunächst stießen sie auf wenig Widerstand, da die Obrigkeit unvorbereitet war.

Gemeinsam war den Bauern der angesammelte Unmut, der aber regional ganz unterschiedliche Ursachen hatte. In einer jeweils anderen Gewichtung spielten wirtschaftliche Notlagen nach Missernten, rechtliche Schlechterstellung durch Intensivierung der Leibherrschaft (zum Beispiel Einschränkung der Freizügigkeit) oder Belastungen durch neue landesherrliche Abgaben eine Rolle. Im Großen und

Ganzen war es aber kein Protest der absolut Verelendeten, sondern die Teilnahme auch der wohlhabenden Bauern belegt neben den ökonomischen auch die politischen Zielsetzungen des Aufstandes.

Forderungen

Die „12 Artikel" stellen eine Zusammenfassung von lokalen Beschwerdeschriften des Baltringer Haufens (um Memmingen) dar. Sie wurden Ende Februar 1525 vom Kürschnergesellen Sebastian Lotzer und vom Prediger Christoph Schappeler verfasst. In diesem Dokument zeigt sich unter anderem, in welchem Maße die Revolte der Bauern von der Reformation inspiriert war. Diese hatte zweifellos das Selbstbewusstsein der Bauern gestärkt und stellte überdies eine wesentliche Rechtfertigung des Protestes dar.

M 1 **Träger der Freiheitsfahne,** Holzschnitt aus dem Jahr 1522

Obgleich die bäuerlichen Erhebungen jeweils regionalen Charakter hatten, können die „12 Artikel" als das repräsentativste Dokument bäuerlicher Forderungen angesehen werden. Es fand weite Verbreitung; 25 Drucke (Auflagen) in nur zwei Monaten zeugen von der Popularität dieser Beschwerden, die dem allgemeinen Gerechtigkeitsempfinden offenbar entsprachen und daher von anderen Bauernhaufen übernommen wurden.

Nach dem Scheitern der Verhandlungen zwischen den Bauern und ihrem Gegenspieler, dem Bündnis des Adels und der Reichsstädte (Schwäbischer Bund), radikalisierte sich die Bewegung. Es kam zu Gewalttaten gegen Klöster, Schlösser und Burgen. Im „Artikelbrief", mit dem verschiedene Städte zum Anschluss aufgefordert wurden, drückte sich eine kompromisslosere Einstellung aus.

Da die Erhebung der Bauern spontan war, gab es kein weitreichendes politisches Gesamtkonzept für die gesellschaftliche Neuordnung. Es mangelte auch an einer Koordination zwischen den einzelnen Bauernhaufen. Als Ausnahme muss in diesem Zusammenhang Wendel Hipler gelten. Ehemals in kurpfälzischen Diensten, besaß er als Schreiber der Odenwälder Bauern eine nationale Perspektive. Er fasste in seinem „Heilbronner Programm" eine politische Reform des Reiches ins Auge. Allerdings hatte dieses Dokument keine praktische Bedeutung mehr, da zwischenzeitlich der „Schwäbische Bund" so weit gerüstet hatte, dass er den Bauernhaufen vernichtende Niederlagen zufügte.

Müntzer und Luther

Thomas Müntzer (1490–1525) und Martin Luther (1483–1546) sind die Repräsentanten entgegengesetzter theologisch-politischer Tendenzen. Während Müntzer sich kompromisslos zum Anwalt der ärmeren, unterprivilegierten Volksschichten machte, so entschieden ergriff Luther Partei für die Obrigkeit. Anhand dieser beiden Persönlichkeiten wird die Bandbreite des reformatorischen Verständnisses und des damit verknüpften Handelns deutlich.

Müntzers Name ist untrennbar mit dem Aufstand in Thüringen verbunden. Zunächst ein Anhänger Luthers, predigte er seit 1523 in Allstedt, einem kleinen Ackerbürgerstädtchen bei Eisleben, und gründete dort einen „Bund der Auserwählten". Nach einem Konflikt mit den Grafen von Mansfeld und dem Verbot seiner Schriften musste Müntzer ins thüringische Mühlhausen flüchten, wo er eine neue Anhängerschaft gewinnen konnte.

Müntzers Theologie läuft daraus hinaus, dass die Herrschaft Gottes durch Auserwählte bereits im Diesseits durchgesetzt werden müsse. Die Auserwählten sah er in erster Linie in den Armen und Leidenden.

Für sie ergriff er Partei. Müntzer predigte eine Brüderlichkeit mit frühsozialistischen Anklängen. Mit dieser Theologie wurde er zum Gegenspieler und Konkurrenten Luthers, den er wiederholt als „Fürstendiener“, „Vater Leisetritt“, „Bruder Sanftleben“ beschimpfte.

Beide – Luther und Müntzer – kämpften um die Gunst des sächsischen Kurfürsten; Müntzer allerdings ohne Erfolg. Seine Predigten, die zum gewaltsamen Umsturz aufriefen, fanden vor allem Anklang bei Gesellen, Handwerkern und Ackerbürgern. Aber die Bergknappen von Mansfeld trugen den Aufstand nicht mit. Der revolutionäre Funke sprang nicht über.

Als im April 1525 die Bauernerhebungen sich von Franken nach Thüringen ausbreiteten, übernahm Müntzer die Führung. In der Entscheidungsschlacht bei Frankenhausen (15. Mai 1525) erlitt sein „Gottesheer“ eine verheerende Niederlage durch das Fürstenheer. 5 000 Tote auf Seiten der Aufständischen standen nur sechs auf der anderen gegenüber. Müntzer wurde gefangen genommen, gefoltert und hingerichtet.

Luther wurde in den Bauernkrieg hineingezogen, weil sich die Aufständischen auf ihn beriefen. Von ihm liegen im Wesentlichen zwei Reaktionen vor:
Anfang Mai 1525 veröffentlichte er mit Bezug auf die „12 Artikel“ eine „Ermahnung zum Frieden“ an beide Seiten und Mitte Mai, nachdem er von gewalttätigen Unruhen Kenntnis erhalten hatte, die berühmte Streitschrift „Wider die räuberischen und mörderischen Rotten der

M 2

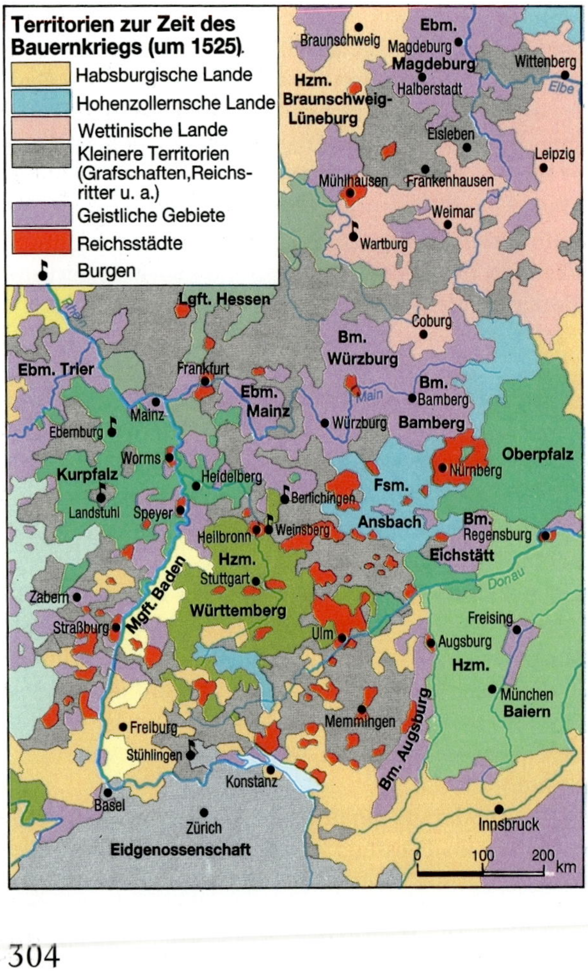

M 3

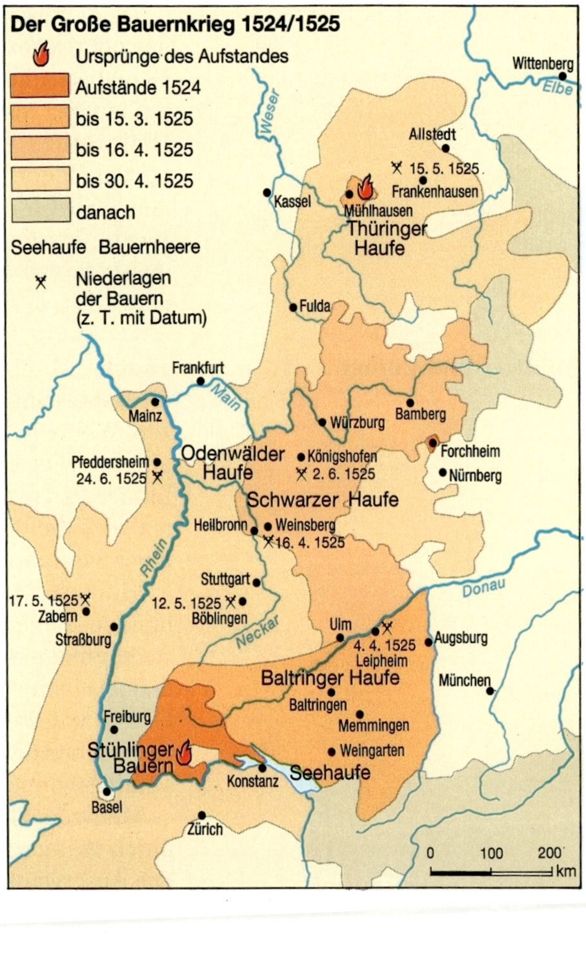

Bauern". Diese Schrift erschien zur gleichen Zeit, als die Bauern massenweise getötet wurden. Luther wollte noch zögernde Fürsten zum Handeln gegen die Aufständischen ermahnen. Grundlage für Luthers Haltung war dessen Verständnis von Obrigkeit. Er glaubte, dass die Obrigkeit von Gott eingesetzt sei. Jede Auflehnung wurde daher von ihm als Streben gegen die göttliche Ordnung verurteilt. Luther wehrte sich gegen eine „fleischliche" (weltliche) Deutung von christlicher Freiheit. Da die Bauern sich aber reformatorisch rechtfertigten, empfand Luther offenbar einen heftigen Distanzierungszwang gegenüber diesen Bauern.

Verlauf und Ergebnis

Die von den Bauern zunächst angestrebte vertragliche Lösung des Konflikts mit der Obrigkeit kam nicht zu Stande. Auf der Seite des Adels war echte Verhandlungsbereitschaft nicht vorhanden. Ende März 1525 wurden in Süddeutschland die ersten Schlösser gestürmt, weitere Gewalttaten richteten sich gegen Klöster und Burgen. Allerdings verlief der Aufstand relativ unblutig. Am bekanntesten wurde – gerade weil es sich um eine Ausnahme handelte – die „Weinsberger Bluttat", als die rebellierenden Bauern einen Grafen und mehrere Adlige ermordeten (16. April 1525).

Die Bauern wurden ziemlich schnell unterworfen. Das Heer des Schwäbischen Bundes, das geführt von Georg Truchsess von Waldburg (1488–1531) in Süddeutschland operierte, brachte den Bauern bei Leipheim und Böblingen entscheidende Niederlagen bei. Weitere folgten bei Ingolstadt (Ochsenfurth), Frankenhausen und Zabern (Elsass). Anfang Juni 1525 war der Aufstand in Süddeutschland endgültig niedergeschlagen. Die Bauern hatten sich regelmäßig überrumpeln lassen, die Schlachten endeten in heilloser Flucht und mit blutigem Gemetzel.

Die Niederlage der Bauern hatte mehrere Ursachen: Die Aufstandsbewegung besaß keine einheitliche Führung. Sie war nicht nur regional, sondern auch politisch zersplittert. Zur mangelhaften militärischen Führung kam die fehlende Kriegserfahrung. Die Bewaffnung der Bauernhaufen erwies sich als unzureichend. So fehlten sowohl Reiterei als auch Artillerie.

Städtische Proteste

Parallel zu den Erhebungen der Bauern kam es – vor allem in Frankfurt am Main, im Rheinland und in Thüringen – zu städtischen Protesten, die aber nicht mit den Bauern koordiniert waren. Zwar öffneten die Städte – regional unterschiedlich – den Bauernhaufen die Tore. Zumal städtische Unterschichten mit dem Anliegen der Bauern sympathisierten und den Rat zwangen, sich der „christlichen Vereinigung" anzuschließen. Insgesamt gesehen kam es aber nicht zu einer Koalition zwischen Bauern und Bürgern.

Was das Verhältnis von Bauern und Rittern anbetrifft, so standen letztere den Bauern in der Regel feindlich gegenüber. Nur vereinzelt hatten sich Ritter aus Protest gegen die Landesherrn den Bauern angeschlossen. Florian Geyer (1490–1525), Anführer fränkischer Bauern, und Götz von Berlichingen (1480–1562), Führer des Odenwälder Haufens, angeblich zum Mitmachen gezwungen, stellten eine Ausnahme dar.

Nach dem militärischen Sieg der Fürsten folgten Massenhinrichtungen. Der Justizapparat kannte kein Erbarmen. Nicht nur so genannte Rädelsführer wurden verfolgt, ganze Dörfer ließ man abbrennen. Die Folter stand auf der Tagesordnung.

M 4 **Dürer: Die Apokalyptischen Reiter**

Endzeitstimmung liegt über jeder Epoche. Aber an der Wende vom 15. zum 16. Jahrhundert zog in ganz Europa die Stimmung einer Zeitenwende herauf. Im Nachhinein sehen wir, dass diese Ahnung berechtigt war: Die Entdeckung der Neuen Welt verlagerte die Kraftlinien aus Mitteleuropa und vom Mittelmeer in den atlantischen Raum. Die Erschütterung des alten Glaubens durch die Reformation führte ein neues Verhältnis von Mensch und Gott herauf. Die Naturwissenschaften suchten neue Welterklärung, die zuvor in der Weltenwende der Renaissance schon ihren künstlerischen Ausdruck gefunden hatte. In Dürers „Apokalyptischen Reitern" von 1498 wird in den Gestalten von Hunger, Pest, Brand und Krieg die düsterere Seite des Umbruchs sichtbar: fromme Mahnung, Zukunftsvision und Widerspiegelung eines Seelenzustandes.

Aus: M. Stürmer, Die Grenzen der Macht, Berlin 1990, S. 14.

M 5 **Die wirtschaftliche Existenz der Bauern**

Ein Historiker hat die Belastungen der Bauern folgendermaßen charakterisiert:

Unter den dinglichen Abgaben standen an erster Stelle die „Zinsen oder Gülten" als Ausfluss der Grundherrschaft. Die Grundzinsen waren jährlich zu leisten und wurden meist noch in Naturalien bezahlt, überwiegend mit Getreide oder Wein, aber auch mit Erbsen, Käse, Gänsen, mit Herbst- oder Fastnachtshühnern, mit Eiern und den so genannten „Küchenabfällen" für die verschiedensten Gartengewächse. An den Naturalabgaben waren die feudalen Grundherrn interessiert, da seit dem ausgehenden 15. Jahrhundert die Lebensmittelpreise wieder anstiegen. [...]
Da die Grundherren rücksichtslos das Getreide einholten, waren die Bauern gezwungen, auf das Saatgetreide zurückzugreifen, wodurch sie im folgenden Jahr völlig ruiniert wurden.[...]
Für viele Bauern und Winzer bedeuteten die Misswuchsjahre das Ende ihrer wirtschaftlichen Existenz. Sie konnten die fälligen Grund- oder Pachtzinsen nicht mehr aufbringen und liefen einfach davon. [...] Andere Bauern überbrückten eine Missernte durch die Aufnahme von Krediten, sei es bei reichen Bauern, Juden, Bürgern oder kirchlichen Einrichtungen. Viele der Kreditnehmer aber konnten bald ihren Verpflichtungen nicht mehr nachkommen, woraufhin es zu Verpfändungen oder gar zu Verhängung des Kirchenbanns kam.

R. Endres, Ursachen, in: H. Buszello, P. Blickle, R. Endres (Hg.), Der deutsche Bauernkrieg, Paderborn 1984, S. 227.

M 6 **Astrologische Prophezeiungen**

Der Fisch steht groß in der Mitte und spült mit einer Flut Dorf und Einwohner hinweg. Er symbolisiert die Sintflut und ein mit ihr verknüpftes Unheil. Unter dem Fisch stehen sich Saturn [links] und Jupiter gegenüber, die Konjunktion [Stellung], die 1524 eintreten würde, ein alle 960 Jahre auftretendes Ereignis, in dem man die Ankündigung von Gefahr für Staat und Kirche [...] vermutete. Saturn galt als Symbol der Armen und Bedrängten, Holzschnitt, 1523.

M 7 Die Zwölf Artikel (1525)

Das Dokument gilt als das repräsentativste der bäuerlichen Forderungen:

Die gründlichen und rechten Hauptartikel aller Bauernschaft und Hintersassen der geistlichen und weltlichen Obrigkeit, von welchen sie sich beschwert vermeinen.

Dem christlichen Leser Fried und Gnade Gottes durch Christum. [...]

Zum andern ergibt sich klar und lauter, dass die Bauern, die in ihren Artikeln solches Evangelium zur Lehre und zum Leben begehren, nicht ungehorsam und aufrührerisch genannt werden können [...].

Der erste Artikel

Zum Ersten ist unser demütig Bitt und Begehr, auch unser aller Wille und Meinung, dass wir nun fürderhin Gewalt und Macht haben wollen, dass die ganze Gemeinde ihren Pfarrer selbst erwählen [...] soll; auch Gewalt haben, den selbigen wieder abzusetzen, wenn er sich ungebührlich verhalten sollte. [...]

Der andere Artikel

Zum andern, nachdem der rechte [Getreide] Zehnt auferlegt ist im Alten Testament und im Neuen vollkommen erfüllt: nichtsdestoweniger wollen wir den rechten Korn-Zehnt gern geben, doch wie sich's gebührt. [...]

Den kleinen [Fleisch] Zehnten wollen wir gar nicht geben. Denn Gott der Herr hat das Vieh dem Menschen abgabenfrei erschaffen. Das erachten wir für einen ungebührlichen Zehnten, den die Menschen ersonnen haben. Darum wollen wir ihn nicht weiter geben.

Der dritte Artikel

Zum Dritten ist der Brauch gewesen, dass man bisher behauptet hat, wir seien Eigenleute, was zum Erbarmen ist, in Anbetracht dessen, dass uns Christus alle mit seinem kostbaren Blutvergießen erlöst und loskauft hat – den Hirten ebenso wie den Höchsten, keinen ausgenommen. Darum ergibt sich aus der Schrift, dass wir frei sind, und deshalb wollen wir's sein.

Nicht, dass wir völlig frei sein und keine Obrigkeit haben wollen: das lehrt uns Gott nicht. Wir sollen den Geboten gemäß leben und nicht in freiem fleischlichen Mutwillen. [...]

Wir bezweifeln auch nicht, ihr werdet als wahre und rechte Christen uns aus der Leibeigenschaft gern entlassen oder uns aus dem Evangelium belehren, dass wir leibeigen seien.

Der vierte Artikel

Zum Vierten ist bisher im Brauch gewesen, dass kein Untertan die Befugnis gehabt hat, das Wildbret, Geflügel oder Fische in fließendem Wasser zu fangen – was uns gar nicht ziemlich und brüderlich dünkt, vielmehr eigennützig und dem Wort Gottes nicht gemäß. [...]

Der fünfte Artikel

Zum Fünften sind wir auch beschwert der Holznutzung halben. Denn unsere Herrschaften haben sich die Wälder alle allein zugeeignet, und wenn der Bauer etwas bedarf, muss er's ums doppelte Geld kaufen. Hier ist unsere Meinung: was es an Waldungen gibt – mögen sie Geistliche oder Weltliche innehaben –, das soll, wenn jene sie nicht gekauft haben, der ganzen Gemeinde wieder anheimfallen. [...]

Der sechste Artikel

Zum Sechsten fühlen wir uns hart beschwert der Dienste halben, welche von Tag zu Tag gemehrt werden und täglich zunehmen. [...]

Der siebente Artikel

Zum Siebenten wollen wir uns künftig von der Herrschaft keine weiteren Lasten auflegen lassen, sondern unter den Bedingungen, unter denen die Herrschaft gebührender Weise einem ein Gut verleiht, soll er's besitzen laut der Vereinbarung zwischen Herrn und Bauern. [...]

Der achte Artikel

Zum Achten sind wir beschwert – und deren viele, die Güter innehaben –, dass diese Güter die Pachtzinse nicht aufbringen können und die Bauern das Ihre darauf einbüßen und zugrunde gehen sehen. Wir begehren, dass die Herrschaft dieser Güter ehrbare Leute besichtigen lassen und nach Recht und Billigkeit einen Pachtzins genau festsetzen soll, damit der Bauer seine Arbeit nicht umsonst tue. Denn ein jeglicher Tagewerker ist seines Lohnes wert.

Der neunte Artikel

[...] Wir wünschen, man möge uns aufgrund alter geschriebener Strafsatzung strafen, je nachdem wie die Strafsache beschaffen ist, und nicht nach Gunst.

M 8 Die Bundschuh-Fahne, Symbol bäuerlicher Aufstandsbewegungen

Die Bauern schwören auf die Bundschuh-Fahne mit dem gekreuzigten Christus, Holzschnitt 1514

Der zehnte Artikel

Zum Zehnten sind wir damit beschwert, dass etliche Herren zugeeignet haben Wiesen, desgleichen Äcker, die der Gemeinde zugehören. [...]

Der elfte Artikel

Zum Elften wollen wir den Brauch, genannt den Todfall ganz und gar abgetan haben, ihn nimmer leiden, noch gestatten, dass man Witwen und Waisen das Ihre wider Gott und Ehre also schändlich nehmen und rauben soll, wie es an viel Orten in mancherlei Gestalt geschehen ist. [...]

Beschluss

Zum Zwölften ist unser Beschluss und unsere endgültige Meinung: Wenn einer oder mehr Artikel allhier aufgestellt sein sollten, die dem Worte Gottes nicht gemäß – wie wir denn nicht vermeinen –: dieselbigen Artikel wolle man uns aufgrund des Wortes Gottes als ungebührlich erweisen, so wollten wir davon abstehen, wenn man uns den Nachweis mit Begründung aus der Schrift führt. [...]

Die Verweise auf Bibelseiten wurden weggelassen, zit. nach: G. Franz (Hg.), Quellen zur Geschichte des Bauernkriegs, Darmstadt 1963, S. 102 ff.

M 9 Revolutionsbegriff

Über den neuzeitlichen Revolutionsbegriff schreibt der Revolutionsforscher und Historiker Karl Griewank:

Als allgemeinstes Kennzeichen darf angesprochen werden, dass „Revolution" ein Neuanfang unter entscheidendstem Bruch mit der Vergangenheit ist: Bruch mit ihren politischen und rechtlichen Satzungen als politische Revolution, Bruch mit ihrem Gesellschaftsaufbau als soziale Revolution, Bruch mit geistigen Gehalten und Wertsystemen als geistige und kulturelle Revolution, Revolution des Weltbildes, der Wissenschaft oder anderer Kulturbereiche. „Revolutionär" sind für uns Handlungen und Entwicklungen, die sich über alte Rechts- und Wertordnungen, über bisher gültige Vorstellungen hinwegsetzen oder sie von Grund auf ändern; in weiterem Sinne überhaupt Wandlungsprozesse in Staat, Gesellschaft und Kulturgefüge, die mehr oder weniger beschleunigt deren alte Struktur verändern.

K. Griewank, Der neuzeitliche Revolutionsbegriff, Frankfurt/M. 1969, S. 20 f.

M10 Thomas Müntzer: Hochverursachte Schutzrede

Thomas Müntzer, revolutionärer Theologe, trat als Gegenspieler von Luther auf (1524):

Gleichwohl kommt Vater Leisetritt, ach der kirre Geselle, und sagt, ich wolle Aufruhr machen, wie er denn aus meinem Sendbrief an die Berggesellen gelesen hat. Eines sagt er, und das Allerbescheidenste verschweigt er, wie ich vor den Fürsten klar ausbreitete, dass [nämlich] eine ganze Gemeinde die Gewalt des Schwertes habe wie auch den Schlüssel der Auflösung –, und sagte vom Text Daniel 7, Offb. 6 und Röm. 13,1. Sam. 8, dass die Fürsten keine Herren, sondern Diener des Schwertes seien. Sie sollens nicht machen, wie es jenen wohl gefällt, 5. Mose 17, sie sollen recht tun. Darum muss auch aus dem alten guten Brauch das Volk [dabei] sein, wenn einer recht gerichtet wird nach dem Gesetz Gottes, 4. Mose 15. Ei warum? Falls die Obrigkeit das Urteil ver[fälschen] sollte, Jes. 10, so sollen die umstehenden Christen das verneinen und nicht leiden, dass Gott von einem unschuldigen Blut Rechenschaft haben will, Psalm 79. Es ist der allergrößte Gräuel auf Erden, dass niemand der Bedürftigen Not sich will annehmen; die großen Hansen machens wie sie wollen, wie Hiob am 41. schreibt. [...]

Sieh zu, die Grundsuppe des Wuchers, der Dieberei und Räuberei sind unsere Herren und Fürsten; [sie]

Thomas Müntzer (1490–1525)
Das nicht authentische Bild von 1608 zeigt den revolutionären Theologen als Pfarrer in Allstedt (Thüringen).

nehmen alle Kreaturen als Eigentum: die Fische im Wasser, die Vögel in der Luft, das Gewächs auf Erden muss alles ihrer sein, Jes. 5. Darüber lassen sie dann Gottes Gebot ausgehen unter die Armen und sprechen: Gott hat geboten, du sollst nicht stehlen; es [hilft] ihnen aber nicht. So sie nun alle Menschen [nötigen], den armen Ackersmann, Handwerksmann und alles, was da lebt, schinden und schaben, Micha 3, und wenn [einer] sich dann am Allergeringsten vergreift, so muss er hängen. Da sagt dann der Doktor Lügner [auch noch]: Amen. [Dabei] machen die Herren das selber, dass ihnen der arme Mann feind wird. Die Ursache des Aufruhrs wollen sie nicht wegtun, wie kann es [auf] die Dauer gut werden? Wenn ich das sage, muss ich aufrührerisch sein, wohlan!

Zit. nach: G. Wehr (Hg.) Thomas Müntzer, Schriften und Briefe, Frankfurt/M. 1973, S. 130 f.

M11 Thomas Müntzer: An die Allstedter

In einem Manifest an die Mansfelder Berggesellen rief Müntzer zur Erhebung auf (April 1525):

Das sage ich euch, wollt ihr nicht um Gottes Willen leiden, so müsst ihr des Teufels Märtyrer sein. Darum hütet euch, seid nicht so verzagt, nachlässig, schmeichelt nicht länger den verkehrten Fantasien, den gottlosen Bösewichtern; fanget an und streitet den Streit des Herrn! Es ist hohe Zeit, haltet eure Brüder alle dazu [an], dass sie göttliches Gezeugnis nicht verspotten, sonst müssen sie alle verderben. Das ganze deutsche, französische und welsche Land ist wach. Der Meister will [das] Spiel machen, die Bösewichter müssen dran. Zu Fulda sind in der Osterwoche vier Stiftskirchen verwüstet [worden], die Bauern im Klegau und Hegau,[im] Schwarzwald sind auf, dreimal tausend Mann stark, und der Haufe wird je länger je größer. Allein das ist meine Sorge, dass die närrischen Menschen sich in einen falschen Vertrag einwilligen, darum dass sie den Schaden noch nicht erkennen.

Wenn euer nur drei sind, die in Gott gelassen, allein seinen Namen und Ehre suchen, werdet ihr hunderttausend nicht fürchten. Nun dran, dran, dran, es ist Zeit, die Bösewichter sind verzagt wie die Hunde. Regt die Brüder an, dass sie zum Frieden kommen und ihrer Bewegung Gezeugnis einholen.[1] Es ist über die Maßen hoch vonnöten. Dran, dran, dran! Lasst euch nicht erbarmen, [auch wenn] euch der Esau gute Wort vorschlägt, I. Mose 33. Seht nicht an den Jammer der Gottlosen. Sie werden euch [freilich] so freundlich bitten, greinen, flehen wie die Kinder. Lasst euch nicht erbarmen. [...] Dran, dran, solange das Feuer heiß ist! Lasset euer Schwert nicht kalt werden, erlahmt nicht! Schmiedet pinkepanke auf den Ambossen Nimrods[2], werfet ihnen den Turm[3] zu Boden! Es ist nicht möglich, solange sie leben, dass ihr der menschlichen Furcht leer werden solltet. Man kann euch von Gott nichts sagen, solange sie über euch regieren. Dran, dran, solange ihr Tag habt; Gott geht euch voran, folget, folget! [...]

Datum zu Mühlhausen im Jahr 1525

Thomas Müntzer, ein Knecht Gottes wider die Gottlosen.

1 Ihr Versprechen halten

2 nach Moses: Gründer des babylonischen Reiches; Herrscher und Jäger

3 Symbol der Gewalt der Tyrannen

Zit. nach G. Wehr (Hg.) a. a. O., S. 180 f.

M12 Martin Luther: Über die weltliche Revolution der Bauern

In seiner Schrift „Wider die räuberischen und mörderischen Rotten der Bauern" (Anfang Mai 1525) verurteilt der Reformator das Vorgehen der Bauern:

[...] Dreierlei gräuliche Sünden wider Gott und Menschen laden diese Bauern auf sich, weswegen sie den Tod verdient haben an Leib und Seele mannigfältig.

Zum Ersten, dass sie ihrer Obrigkeit Treu und Huld geschworen haben, untertänig und gehorsam zu sein, wie solches Gott gebietet, da er spricht: „Gebt dem Kaiser, was des Kaisers ist", und Röm. 13,1: „Jedermann sei der Obrigkeit untertan" etc. Weil sie aber diesen Gehorsam mutwillig und mit Frevel brechen und dazu sich wider ihre Herren setzen, haben sie damit Leib und Seele verwirkt, wie die treulosen, meineidigen, lügenhaften, ungehorsamen Buben und Bösewichter zu tun pflegen. Drum auch Sankt Paulus Röm. 13,2 ein solches Urteil über sie fällt: „Welche der Gewalt widerstreben, die werden ein Gericht über sich empfangen." Welcher Spruch auch endlich die Bauern treffen wird, es geschehe [über] kurz oder lange. Denn Gott will Treu und Pflicht gehalten haben.

Zum Andern, dass sie Aufruhr anrichten, rauben und plündern mit Frevel Klöster und Schlösser, die nicht ihnen gehören, womit sie, als die öffentlichen Straßenräuber und Mörder, allein wohl zwiefältig den Tod an Leib und Seele verdienen; auch ein aufrührerischer Mensch, den man dessen [überführen] kann, ist schon in Gottes und kaiserlicher Acht, dass, wer denselben am ehesten kann und erwürgen mag, recht und wohl tut. Denn über einen öffentlichen Aufrührerischen ist ein jeglicher Mensch beides, Oberrichter und Scharfrichter. Gleich als wenn ein Feuer angeht, wer am ersten löschen kann, der ist der Beste. Denn Aufruhr ist nicht ein einfacher Mord, sondern wie ein großes Feuer, das ein Land anzündet und verwüstet. So bringt Aufruhr mit sich ein Land voll Mordes, Blutvergießens und macht

Witwen und Waisen und zerstört alles, wie das allergrößte Unglück. Drum soll hier zuschmeißen, würgen und stechen, heimlich oder öffentlich, wer da kann, und gedenken, dass nichts Giftigeres, Schädlicheres, Teuflischeres sein kann, als ein aufrührerischer Mensch. Gleich als wenn man einen tollen Hund totschlagen muss; schlägst du nicht, so schlägt er dich, und ein ganzes Land mit dir.
Zum Dritten, dass sie solche schreckliche, gräuliche Sünde mit dem Evangelium decken, nennen sich christliche Brüder, nehmen Eid und Huld und zwingen die Leute zu solchen Gräueln mit ihnen [sich] zu halten. Womit sie die allergrößten Gotteslästerer und Schänder seines heiligen Namens werden und ehren und dienen [auf diese Weise] dem Teufel unter dem Schein des Evangeliums. Daran haben sie wohl zehnmal den Tod verdient an Leib und Seele, dass ich eine hässlichere Sünde nie gehört habe. [...]
So kanns denn geschehen, dass, wer auf der Seite der Obrigkeit erschlagen wird, ein rechter Märtyrer vor Gott sei, wenn er mit solchem Gewissen streitet, wie gesagt ist. Denn er geht in göttlichem Wort und Gehorsam. Wiederum, was auf der Seite der Bauern umkommt, ist ein ewiger Höllenbrand. Denn er führt das Schwert gegen Gottes Wort und Gehorsam und ist ein Teufelsglied. [...]
Solche wunderliche Zeiten sind jetzt, dass ein Fürst den Himmel mit Blutvergießen verdienen kann, [und zwar] besser als andere mit Beten.

Zit. nach: G. Wehr (Hg.), a. a. O., S. 206 ff.

M13 Der Bauernkrieg

Die Ergebnisse des Bauernkrieges bilanziert der Kirchenhistoriker Bernd Moeller:

Zwar hat Luther mit seiner scharfen Absage die Entscheidung von Frankenhausen kaum noch beeinflusst, wohl aber die ganze Schlussphase des Krieges und dessen unmittelbare Nachwirkungen. In vielen Gebieten folgte eine Kette von Strafgerichten, in großer Zahl wurden Rädelsführer und Teilnehmer des Aufstandes hingerichtet oder schwer gezüchtigt, und riesige Schadenersatzforderungen wurden eingetrieben. Die Zahl der toten Bauern wird auf 70000–75000 geschätzt, die Kontributionen [Entschädigungszahlungen] betrugen selbst in mittelgroßen Territorien wie den fränkischen Hochstiften weit über 100000 fl., in den thüringischen Gebieten Kursachsens kam auf diesem Wege nach und nach mehr als das Doppelte einer normalen Jahreseinnahme des Staates auf. Existenznot war die Folge des Krieges, und nicht nur der materielle Verlust war zu tragen, sondern auch das Bewusstsein, dass ein Gottesurteil ergangen sei. In den betroffenen Landschaften sank die Erinnerung an die schrecklichen Geschehnisse in die Tiefe. [...]
Zwar ist neuerdings nachgewiesen worden, dass nicht überall das Resultat des Aufstands für die Bauern nur negativ war. Es gab auch verunsicherte Obrigkeiten und Grundherrschaften, und zum Teil funktionierten die Mechanismen des Ständestaates zugunsten der Bauern. So sind in einer Reihe süddeutscher Territorien die 12 Artikel weitgehend verwirklicht worden, in Tirol und im Erzstift Salzburg sowie in Graubünden erlangten die Bauern den Status von Landständen, und in etwa einem Drittel des Aufstandsgebietes gab es Reformen. Sogar auf der Ebene des Reiches konnte es eine Zeitlang, auf dem Speyerer Reichstag von 1526, scheinen, als würden die Forderungen der Bauern wenigstens teilweise Gehör finden. Und in günstigen Konstellationen war es ihnen auch weiterhin möglich, sich gegen Unrecht ihrer Herren erfolgreich zur Wehr zu setzen. Der Bauernkrieg endete also nicht mit totalem Fehlschlag und vollständigem Ruin der Bauern.
Als Nutznießer der Geschehnisse jedoch kann man allenfalls die Landesherren bezeichnen. Sie hatten militärisch gesiegt und ihre obrigkeitliche Stellung verstärkt. Die große Mehrheit der Bauern hingegen verfiel in der Folge erneut der politischen Lethargie, so wie sie auch im geistigen und im religiösen Bereich wieder ebenso stumm wurden wie vor 1524. Dies war das Hauptresultat des Bauernkriegs: Die gesellschaftliche Geringschätzung der Bauern wurde bestätigt und für Jahrhunderte festgelegt.
In der Geschichte der Reformation bedeutete das Jahr 1525 einen Einschnitt. Zwar dürfte die Behauptung, die Sache Luthers habe seither ihre Popularität überhaupt verloren, durch gewichtige Gegenargumente widerlegt sein; doch zeichneten sich partiell Ernüchterung, Klärung und auch Enttäuschung ab, die immensen Flugschriftenzahlen gingen seither zurück. Ja, es gab Gegenden, in denen das alte Kirchenwesen wieder restauriert werden konnte, und im Einflussbereich Luthers setzte sich die Tendenz zur Institutionalisierung der Kirche mithilfe des Staates durch.

B. Moeller, Deutschland im Zeitalter der Reformation, 4. Auflage, Göttingen 1999, S. 100 f.

M14 Albrecht Dürer: Gedächtnissäule für den Bauernkrieg (1525)

Der Entwurf einer unausgeführten Gedächtnissäule für den Bauernkrieg, ein Holzschnitt mit der Datierung „Anno domini 1525", gehört zu einer Bildfolge in Dürers gedrucktem Lehrbuch der Geometrie für Künstler, der „Underweysung der messung mit dem zirckel vn(d) richtscheyt […]" aus dem Jahre 1525. Sie erinnert an den deutschen Bauernkrieg, der mit einer folgenschweren Niederlage der Aufständischen endete. […]

Auf einen Sockel, umgeben von teilweise gefesselten Haustieren, werden Gegenstände des bäuerlichen Lebens zu einer Bildsäule übereinandergefügt: Haferkasten, Wasserkessel, Käsenapf, Teller, Butterfass, Milchkrug, Erntegarbe mit Geräten und darauf ein „Hühnerkörble". Gekrönt wird das Denkmal von einem auf einem umgekehrten Schmalztopf sitzenden, regungslos und hoffnungslos in sich versunkenen Bauern, dem ein Schwert in den Rücken gestoßen wurde. Ein Hinweis auf die siegreichen Fürsten findet sich nicht. […] Auch wenn Dürers Ansichten über den Bauerkrieg nicht schriftlich überliefert sind, so lässt die „Viktoria" Sympathie und Mitleid des Künstlers für die Geschlagenen erkennen.

Aus: Chr. Stölzl (Hg.), Deutsche Geschichte in Bildern, München/Berlin 1997, S. 54.

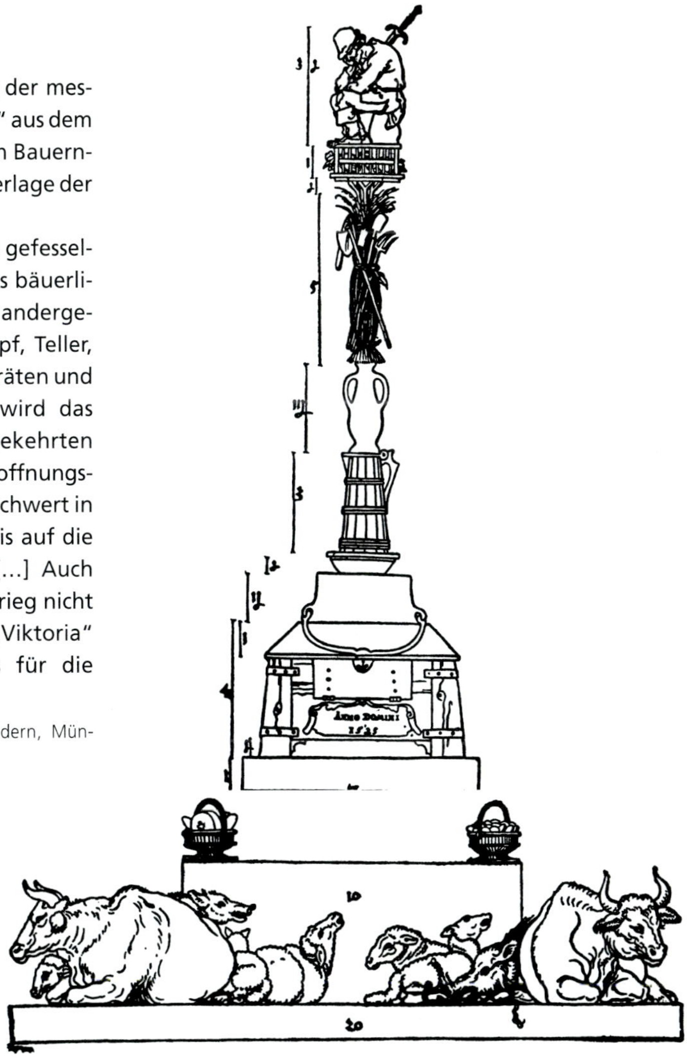

Aufgaben

1. Beschreiben Sie die Endzeitstimmung zu Beginn des 16. Jahrhunderts.
   → Text, M4, M6
2. Nennen Sie die Belastungen, denen die Bauern ausgesetzt waren.
   → Text, M5, M7
3. Interpretieren Sie die Prophezeiung von 1523.
   → M6
4. Stellen Sie die Missstände dar, die in den „Zwölf Artikeln" beklagt wurden, sowie die Forderungen, die erhoben wurden.
   → M7
5. Erklären Sie das Selbstverständnis des bäuerlichen Aufstandes, das sowohl auf der Bundschuhfahne als auch in den „Zwölf Artikeln" sichtbar wird.
   → M7, M8
6. Beurteilen Sie, ob es sich beim Aufbegehren der Bauern um eine Revolution handelte.
   → Text, M9
7. Vergleichen Sie die Schriften Müntzers und Luthers unter folgenden Gesichtspunkten: Obrigkeit, Gewalt, Menschenbild und Theologie.
   → Text, M10–M12
8. Analysieren Sie die sprachlichen Mittel der religiös-politischen Propaganda.
   → M10–M12
9. Fassen Sie die unmittelbaren Auswirkungen und die mittelfristigen Nachwirkungen zusammen, die die Niederlage der Bauern hatte.
   → Text, M13
10. Analysieren Sie Dürers Gedächtnissäule bezüglich der Bildelemente sowie der Gesamtaussage. Wie beurteilen Sie angesichts des Ausgangs des Bauernkrieges die Tatsache, dass der Holzschnitt im Geometrie-Lehrbuch erschien?
    → M14

5.5 Hexenverfolgungen

Entgegen landläufiger Meinung war die systematische Hexenverfolgung in Europa nicht Bestandteil des „finsteren“ Mittelalters, vielmehr handelte es sich um eine frühneuzeitliche Erscheinung, die zwischen 1550 und 1650 ihren Höhepunkt erreichte.

Als juristische Grundlage der Hexenverfolgungen diente zum einen die so genannte Carolina, die peinliche Gerichtsordnung Karls V. (1532), die die Folter als zulässiges Mittel der Prozessführung vorsah. Hinzu trat die Inquisition, die seit dem 13. Jahrhundert als zentrale päpstliche Einrichtung zur Ketzerbekämpfung existierte. Papst Innozenz VIII. hatte bereits 1484 in einer Bulle die Tätigkeit der Hexenverfolger bestätigt.

Hexenhammer

1487 veröffentlichten die Dominikaner Jacob Sprenger und Heinrich Institoris den „Malleus maleficarum“ (wörtlich: Hammer der Zauberinnen), heute bekannt unter dem Titel „Hexenhammer“. Dieses Handbuch für Juristen, das selbst keine neuen Gedanken enthielt, vielmehr das vorhandene Gedankengut systematisierte, wurde zum unbestrittenen Leitfaden der Hexenverfolger. Allein bis 1669 sind etwa 30 Auflagen nachzuweisen.

Der Glaube an Hexen an sich ist uralt und hat vorchristliche Ursprünge; nachtfahrende Dämonen gehörten ebenso dazu wie die Magie von Wetterhexen. Seit dem 14. Jahrhundert veränderte sich aber die gesellschaftliche Anschauung vom Hexenwesen. Die Hexen wurden zunehmend „verchristlicht“, das heißt in die christliche Weltanschauung eingebunden. Demzufolge existierte ein Geheimbund von Menschen, die dem Teufel auf der Basis eines Vertrages ergeben waren. Diese kriminelle Vereinigung des Bösen schickte sich an, die Weltherrschaft an sich zu reißen. Die Welt wurde also als ein Schlachtfeld wahrgenommen, auf dem das Gute (repräsentiert durch die Kirche und christliche Staatsorgane) mit dem Bösen (repräsentiert durch Teufel und Hexen) rang. Da die Komplizenschaft des Einzelnen mit dem Teufel den Abfall vom rechten Glauben voraussetzte, war somit die klassische Aufgabe der Inquisition berührt. Gemäß dieser Definition war also das Hexenwesen nichts anderes als die Verschwörung einer kirchenfeindlichen Sekte.

Hexenszenario

Die Hexenlehre, so wie sie von den Juristen geformt wurde, stellte eine Konstruktion aus Elementen dar, die im Einzelnen seit dem 13. und 14. Jahrhundert geläufig waren. Das Hexenszenario bestand aus:

- Teufelspakt (Vertrag),
- Teufelsbuhlschaft (sexuelle Vereinigung),
- Hexenflug,
- Hexensabbat (Treffen mit dem Teufel: Orgien),
- Schadenzauber (Stiftung von Unheil).

Für die Durchführung des Hexenprozesses selbst gilt allemal der Spruch vom Wahnsinn, der Methode hat, denn wer einmal in die Mühle der Hexenverfolgung geriet, hatte kaum eine Chance, seine Unschuld zu beweisen und heil herauszukommen. Immer wieder spielte sich dann Folgendes ab: Irgendeine Denunziation lenkte den Verdacht auf

M 1 **Der Hexenflug**
Vom Satan geführte Hexenschar, Ausschnitt aus dem Gemälde „Die Melancholie" von Lucas Cranach d. Ä., 1532.

eine Person, der Verdacht rechtfertigte Verhör und Folter. Das gewünschte Geständnis sowie das anschließende Todesurteil waren aufgrund der Tortur nur eine Frage der Zeit.

Zur Durchführung der massenhaften Tötungen etablierte sich ein Justizapparat, der keineswegs nur aus Sadisten und Wahnsinnigen bestand. Vielmehr waren es in der Regel kühl denkende und angesehene Juristen mit höherer Bildung, die die Feder führten. Gemäß dem „Hexenhammer" waren alle an der Hexenverfolgung Beteiligten von jeder Hexerei ausgenommen. Sie galten als über jeden Verdacht erhaben. Außerdem verdiente vor allem diese Gruppe an den Hexenprozessen. Denn die Verurteilung war regelmäßig mit dem Vermögenseinzug verknüpft; gegebenenfalls mussten die Hinterbliebenen die Kosten des Verfahrens tragen. Es gab überdies Belohnungen für Denunzianten, Fangprämien, Gebühren für Gerichtsherrn und Entgelte für Scharfrichter. Die Habsucht der Hexenverfolger vermag eine Erklärung für die Dynamik des Vorgangs zu erbringen. Eine andere Erklärung liegt in der Folter. Denn die erpresste Selbstbezichtigung war Grundlage der Verurteilung. Die Befragung unter der Folter bezog sich auch auf die angeblichen Mitverschworenen, die die Hexe – nach der Logik der Hexenjäger – auf dem Hexensabbat getroffen haben musste. Diese so genannten Besagungen bedeuteten neue Nahrung für weitere Hexenjagden.

Die vielfältigen Krisen des ausgehenden Mittelalters, wie zum Beispiel der Einbruch der Pest, und der frühen Neuzeit, wie zum Beispiel der Dreißigjährige Krieg mit den einhergegangenen Verwüstungen, bildeten das gesellschaftliche Umfeld, in dem ein solcher Wahn Realität werden konnte.

Ein zentrales Element der Hexenlehre ist der so genannte Schadenzauber. Einer grundlegenden sozialpsychologischen Erkenntnis zufolge neigt der Mensch dazu, ein unerklärliches Unglück, das ihn betrifft, dadurch zu verkraften, dass er einen Schuldigen ausfindig macht. So richtete sich zum Beispiel angesichts der Pest die Angstreaktion breiter Bevölkerungskreise gegen gesellschaftliche Außenseiter, in erster Linie Juden, die man bezichtigte, „Brunnenvergifter" zu sein. Unbegreifliche Krankheiten, Missernten, Seuchen verlangten förmlich nach einer Erklärung, die nur allzu leicht im Schadenzauber von Hexen gefunden wurde. Der Sündenbock ist also ein Produkt der Gesellschaft; auf ihn können die vorhandenen Aggressionen ohne Hemmung gelenkt werden. Es kann daher auch nicht wundernehmen, dass nicht nur die Obrigkeit Initiator von Hexenverfolgungsmaßnahmen war, sondern dass sich auch oft ganze Gemeinden an den zuständigen Gerichtsherrn mit Prozesswünschen wandten.

Opfer

Ungefähr 80 Prozent der Opfer waren Frauen. An dieser weitgehenden Einengung des Hexenmusters hatte der extrem frauenfeindliche „Hexenhammer" entscheidenden Anteil. Die Verfasser standen mit ihrer Anschauung von der Minderwertigkeit der Frau allerdings in einer Tradition, die aus der Antike stammte (die Frau als „verstümmelter Mann", Aristoteles) und unter christlichen Vorzeichen fortgesetzt wurde (die Frau als Symbol der Sünde).

Aus der Perspektive der modernen Psychologie erscheint die Frau als das Objekt verdrängter sexueller Wünsche der männlichen Hexenjäger. So passt es zum Beispiel in das konstruierte Hexenbild, das die sexuelle Zügellosigkeit beim Umgang mit dem Teufel ein wichtiges Element darstellte. Genauere Untersuchungen machen deutlich, dass aber nicht jede Frau gleichermaßen gefährdet war, sondern dass sich das Feindbild idealtypisch präzisieren lässt: alte Frau, zugehörig zur Unterschicht, hässlich, Außenseiter. In jüngster Zeit ist überdies noch belegt worden, dass sich der Hass der Hexenjäger heftig gegen Hebammen und medizinkundige „Kräuterweiber" gerichtet hat.

Der „Hexenhammer" blieb nicht ohne Kritiker. Johann Weyer (1515–1588) bekämpfte die Hexenprozesse und wurde deshalb als Ketzer angesehen. Berühmter war der Jesuit Friedrich von Spee (1591– 1635), der in seinem Buch „Cautio criminalis" (Rechtliche Bedenken) aufzeigte, wie die Hexen von der Gesellschaft gemacht wurden. Er hatte seine Erfahrungen als Beichtvater von zum Tode verurteilten angeblichen Hexen gesammelt. In der zweiten Hälfte des 17. Jahrhunderts nahm die Intensität der Hexenverfolgungen langsam ab. Das Zeitalter der Aufklärung begünstigte Vernunft und Toleranz. 1754 wurde zum Beispiel in Preußen die Folter aufgehoben, die ein zentrales Element des Hexenprozesses gewesen war. In Mitteleuropa wurde das letzte Todesurteil gegen eine Hexe 1782 in Glarus (Schweiz) vollstreckt.

Die Gesamtzahl der Menschen, die der Massenhysterie zum Opfer gefallen sind, beziffert sich keineswegs – wie bislang angenommen wurde – in Millionenhöhe. Die neuere Geschichtswissenschaft hat etwa 100 000 Opfer errechnet.

M 2 Papst Innozenz VIII.: Bulle aus dem Jahr 1484

Offizielle Verlautbarung des Papstes in Form einer versiegelten Urkunde:

Vor kurzem ist uns zu unserm nicht geringen Leidwesen zu Ohren gekommen, dass in einigen Gegenden des obern Deutschland und auch in den Kirchenprovinzen von Mainz, Köln, Trier, Salzburg, Bremen mehrere Personen beiderlei Geschlechts, ohne an ihr Seelenheil zu denken und im Widerspruch mit dem katholischen Glauben, Unzucht mit Dämonen treiben und durch ihre Zaubersprüche und Verse und Beschwörungen und anderes abscheuliches abergläubisches Vornehmen und durch unnatürliche Zaubereien Verbrechen und Vergehen bewirken, sodass Männer, Weiber, Groß- und Kleinvieh und andere Geschöpfe aller Art, auch Weinstöcke, Baumgärten, Wiesen, Weiden, Getreide und Gemüse der Erde erstickt und vernichtet, ebenso, dass gequält und gepeinigt würden Männer und Frauen, Zugtiere, Groß- und Kleinvieh und sonstige Geschöpfe mit schrecklichen Schmerzen und Leiden, innerlich und äußerlich. Ebenso, dass sie unter Schmähworten dem Glauben abschwören, den sie bei Empfang der heiligen Taufe angenommen haben, und sich zudem nicht scheuen, noch gar viel Abscheuliches, Ausschreitungen und Verbrechen auf Geheiß des Feindes des menschlichen Geschlechtes, zu begehen und zu vollführen. Und wenn auch unsre lieben Söhne, Heinrich Institor und Jakob Sprenger, jener in den vorgenannten Bezirken des obern Deutschland, dieser in bestimmten Bezirken am Rhein, durch päpstliche Handschreiben zu Inquisitoren der verruchten Ketzerei eingesetzt sind, so schämen sich doch einige Kleriker und Laien in jenen Gegenden, indem sie besonders weise sein wollen, nicht, den genannten Inquisitoren in den angezeigten Provinzen die Ausübung der Inquisition zu verbieten. [...] Damit nun die Seuche der verruchten Ketzerei ihr Gift nicht weiter verbreite und die vorgenannten Provinzen und Orte nicht etwa der nötigen Inquisition entbehren, so bestimmen wir mit Gegenwärtigem, dass diese selben Inquisitoren dort eine derartige Inquisition ausführen dürfen, und zwar gegen alle Personen jeglichen Standes, in welcher Stellung sie sich auch befinden mögen, und dass sie die Personen selbst, die sie in gedachtem Sinn schuldig befunden haben, nach ihrem Verdienst einkerkern und bestrafen.

Zit. nach: G. Guggenbühl, O. Weiss (Hg.), Quellen zur Allgemeinen Geschichte des Mittelalters, Zürich 1946, S. 284 f.

M 3 Szenen eines Hexensabbats, Francesco Mario Guazzo, Compendium Maleficarum, Mailand 1608

1

2

3

4

M 4 Der Hexenhammer (1487)

Auszug aus dem wichtigsten Buch der Hexenverfolger:

So ist das Weib, von dem der *Prediger 7* spricht und über das jetzt die Kirche jammert wegen der ungeheuren Menge der Hexen. „Ich fand das Weib bitterer als den Tod; sie ist eine Schlinge des Jägers; ein Netz ist ihr Herz; Fesseln sind ihre Hände; wer Gott gefällt, wird sie fliehen; wer aber ein Sünder ist, wird von ihr gefangen werden" Es ist bitterer als der Tod, d. h. der Teufel. *Apokalypse 6*: Ihr Name ist Tod. Denn mag auch der Teufel Eva zur Sünde verführt haben, so hat doch Eva Adam verleitet. Und wie die Sünde der Eva uns weder leiblichen noch seelischen Tod gebracht hätte, wenn nicht in Adam die Schuld gefolgt wäre, wozu Eva und nicht der Teufel ihn verleitet, deshalb ist sie bitterer als der Tod. Nochmals bitterer als der Tod, weil dieser natürlich ist und nur den Leib vernichtet; aber die Sünde, vom Weibe begonnen, tötet die Seele durch Beraubung der Gnade und ebenso den Leib zur Strafe der Sünde. [...] Schließen wir: Alles geschieht aus fleischlicher Begierde, die bei ihnen unersättlich ist. *Sprüche* am Vorletzten: „Dreierlei ist unersättlich (usw.) und das Vierte, das niemals spricht: Es ist genug, nämlich die Öffnung der Gebärmutter." Darum haben sie auch mit den Dämonen zu schaffen, um ihre Begierden zu stillen. Hier könnte noch mehr ausgeführt werden; aber den Verständigen ist hinreichende Klarheit geworden, dass es kein Wunder, wenn von der Ketzerei der Hexer mehr Weiber als Männer besudelt gefunden werden. Daher ist auch folgerichtig die Ketzerei nicht zu nennen die der Hexer, sondern der Hexen.

J. Sprenger, H. Institoris, Der Hexenhammer, 1. Teil, München 1982, S. 105 f.

M 5 Friedrich von Spee: Rechtliche Bedenken (1631)

Das Buch des mutigen Jesuitenpaters gilt als wichtiges Dokument für die Überwindung der Hexenverfolgungen:

Die Mehrzahl aller unwissenden, sorglosen Richter, auch viele habsüchtige und niederträchtige, schreiten auf haltlose Indizien hin zur Festnahme und Folterung. Die Gewalt der Folterqualen schafft Hexen, die es gar nicht sind, weil sie es gleichwohl sein müssen. Sie müssen auch ihre Lehrmeisterinnen, Schülerinnen und Gefährten angeben, die sie doch nicht haben. Weil ihnen das Gewissensqualen bereitet, leisten sie solange Widerstand, bis sie durch die Folter oder die bloße Furcht vor ihr gezwungen werden. Da sie den Schmerzen nicht gewachsen sind, nennen sie schließlich solche Personen, bei denen es glaubwürdig erscheint und wo sie so wenig Schaden als möglich anrichten: Sie nennen, sage ich, solche, die bereits verstorben, als Hexen verbrannt worden sind. Drängt man sie weiter, so nennen sie noch am Leben befindliche Personen, und zwar zunächst solche, von denen sie früher gehört haben, dass sie verschrien, auch von andern denunziert oder irgendwann einmal wegen Hexerei festgenommen worden seien usw. So ist es überall, und wenn ich nicht die Wahrheit spreche, dann „Mag der allmächtige Vater mich mit dem Blitzstrahl erschlagen."

F. von Spee, Cautio Criminalis, München 1982, S. 269 f.

M 6 Hexenglaube heute

Der Kulturgeschichtler Wolfgang Behringer macht deutlich, dass der Hexenglaube kein Phänomen der Vergangenheit ist:

Hexenglaube und Hexenverfolgung stellen nicht nur ein Phänomen der Vergangenheit dar. In den urbanen Zentren der westlichen Zivilisation bezeichnen sich Dissidenten aus dem esoterischen oder feministischen Milieu als „neue Hexen". Die Hexenpanik in der Nordprovinz der Republik Südafrika, wo im Jahr 1996 etwa dreihundert Menschen wegen Hexerei von lokalen Tribunalen verurteilt und hingerichtet wurden, ist nur das jüngste Beispiel für das Aufbrechen der traditionellen Hexenfurcht. Die vom African National Congress Nelson Mandelas gestellte Provinzregierung in Pietersburg zeigte sich entsetzt und richtete Asyldörfer zum Schutz der Verfolgten ein. Moderne Antihexereibewegungen in Afrika und anderen Teilen der heutigen Welt verdeutlichen wie die historischen Pogrombewegungen in Europa, worum es bei dem traditionellen Hexereibegriff geht: um die Auseinandersetzung mit „dem Bösen". Grundlage dafür ist die nie zu lösende und immer aktuelle Frage nach den Ursachen der Leiden und Übel in der Welt [...].
Der Anthropologe Max Marwick versuchte in den 50er Jahren, solche allgemeinen Aussagen auf eine statistische Basis zu stellen und sammelte bei den Cewa in Ostafrika 200 Fälle von „Unglück", dessen Umstände und Interpretation er verglich. Dabei stellte er fest, dass Unglück bei allgemeiner Fragestellung zu 100% auf Hexerei zurückgeführt wurde, bei den konkreten Fällen immer noch zu 54%. [...]

Auch in Europa gab es nach der Streichung des Hexereidelikts aus dem Strafrecht illegale Aktionen, bei denen vermeintliche Hexen bedrängt und getötet, oft in ihren Häusern eingeschlossen und mit diesen verbrannt worden sind. Der Hexenglaube ist auch heute noch in beträchtlichem Maße verbreitet. Meinungsumfragen haben gezeigt, dass der Anteil der hexengläubigen Bevölkerung – je nach Art der Fragestellung – durchschnittlich zwischen zehn und dreißig Prozent der Gesamtbevölkerung liegt. Bei einer 1973 durchgeführten Umfrage des Institutes für Demoskopie in Allensbach lag der Anteil der Hexengläubigen bei 11% (2% sicher, 9% vielleicht) der westdeutschen Bevölkerung (8% der Männer, 13% der Frauen). Anders sah das Ergebnis aus, wenn das Reizwort „Hexen" vermieden wurde. Das „Anwünschen" von Krankheiten hielten 23% der Bevölkerung für möglich (Männer 15%, Frauen 28%). In einer 1986 durchgeführten Befragung des Forsa-Instituts hielten 13% der Westdeutschen Hexerei, 21% Krankheitszauber für „möglich". Umfrage der demoskopischen Institute in Allensbach 1989 und des Wickert-Instituts 1991 ergaben Werte von 16% bzw. 14%. Insgesamt hat der Hexenglaube in Deutschland den repräsentativen Umfragen (jeweils ca. 2000 Befragte) zufolge innerhalb einer Generation leicht zugenommen, wenngleich 85–90% der Befragten den Hexenglauben jeweils entschieden ablehnten.
Die Hexengläubigen bilden mit 10–15 % der Bevölkerung in einer der entwickelsten westlichen Gesellschaften eine stabile Minderheit. Ihr Sozialprofil entspricht im Hinblick auf Alter, Geschlecht, Stadt-/Landverteilung, Parteipräferenz, Religiosität, Bildung und soziale Schicht den Erwartungen. Ihr Idealtypus ist eher weiblich und alt, lebt auf dem Land, besitzt geringe Bildung und gesellschaftliche Position. Eine starke Korrelation [hier: Zusammenhang] besteht zwischen Hexenglaube und Frömmigkeit, insbesondere bei einem ausgeprägten Glauben an einen personalisierten Teufel. Eine Erhebung des Gallup-Institutes von 1988 zeigt für den Teufelsglauben in den USA mit 66% und in Irland mit 57% hohe Spitzenwerte. In Deutschland ist der Glaube an die Existenz eines personalen Teufels mit 24% am stärksten unter den regelmäßigen Kirchgängern [...] ausgeprägt.

W. Behringer, Hexen, Glaube, Verfolgung, Vermarktung, München 1998, S. 10 f.

M 7 Jugend und Hexenglaube

Ergebnisse einer repräsentativen Erhebung aus dem Jahre 1995:

Frage: Glauben Sie, es gibt Hexen, also Frauen, die durch Sprüche und andere übernatürliche Vorkehrungen andere Menschen beeinflussen können oder ihnen Schaden zufügen?

Befragt wurden Jugendliche von 15–30 Jahren	Westen	Osten
ja, Hexen gibt es	11	9
gibt es sicher nicht	64	73
weiß nicht	25	18
Gesamt	100	100

Aus: G. Schmidtchen, Wie weit ist der Weg nach Deutschland?, Opladen 1997, S. 424.

Aufgaben

1. Inwiefern handelt es sich beim Hexenszenario um eine Konstruktion, bei der Juristen maßgeblich beteiligt waren?
   → Text
2. Wie begründete Papst Innozenz VIII. sein Eintreten für die Inquisitoren?
   → M2
3. Ordnen Sie die folgenden Bildunterschriften zu.
   → M3
   – Hexen geben dem Teufel einen perversen Verehrungskuss,
   – Verspottung und Schändung des Kreuzes,
   – Der Teufel tauft einen neuen Hexer,
   – Hexen machen ihre Salbe aus Kinderleichen.
4. Von der Hexenverfolgung waren in erster Linie Frauen betroffen. Wie wurde dieses Vorgehen im „Hexenhammer" gerechtfertigt?
   → M4
5. Welche rechtlichen Bedenken erhob Friedrich von Spee wegen der Hexenprozesse?
   → M5
6. Zu welchen Ergebnissen kommt die Sozialforschung hinsichtlich des aktuellen Hexenglaubens? Versuchen Sie, die Langlebigkeit solcher Vorstellungen zu erklären.
   → M6, M7
7. „Niemals tut man so vollständig und so gut das Böse, als wenn man es mit gutem Gewissen tut." (B. Pascal, französischer Philosoph und Mathematiker, 1623–1662). Erörtern Sie diese These.

5.6 Glaubenskämpfe in Europa

Gegenreformation

Durch den Vormarsch der Reformation in Europa wuchs auch innerhalb der katholischen Kirche die Einsicht in ihre Reformbedürftigkeit. Der notwendigen Erneuerung sollte das Tridentinische Konzil – so benannt nach dem oberitalienischen Tagungsort Trient – dienen, das von 1545 mit Unterbrechungen bis 1563 dauerte.

Das Konzil reagierte auf die reformatorische Herausforderung mit einer Festigung des Katholizismus und einer Abgrenzung von Luthers Lehre. Es wurden folgende Beschlüsse gefasst:

- Die kirchliche Tradition wurde betont. Nicht nur die Bibel sollte Richtschnur sein,
- Verbot der Pfründenhäufung und Residenzpflicht der Bischöfe,
- das Sakrament der Priesterweihe wurde bekräftigt,
- Anhebung des theologischen Niveaus der Geistlichkeit durch Einrichtung von Priesterseminaren,
- Ausbau des päpstlichen Behördenapparates (Inquisition, Ausbreitung des Glaubens).

Neben den Konzilsbeschlüssen erwies sich der vom Basken Ignatius von Loyola (1491–1556) gegründete Jesuitenorden (Societas Jesu, SJ) als ein wirkungsvolles Instrument der Gegenreformation. Dieser Orden, der 1540 offiziell durch Papst Paul III. anerkannt wurde, verstand sich als eine kämpfende Elite, die sich zum besonderen Gehorsam dem Papst gegenüber verpflichtet hatte. An der Spitze stand ein Ordensgeneral. Die eigene Tätigkeit der Bewahrung und Ausbreitung des Katholizismus wurde als „Kriegsdienst“ bezeichnet. Der Jesuitenorden blieb immer ziemlich klein, war aber einflussreich. Er wirkte vor allem im Erziehungswesen.

Glaubenskämpfe in Europa

In der zweiten Hälfte des 16. Jahrhunderts verlagerte sich das politische Gewicht ins westliche Europa. Das katholische Spanien unter König Philipp II. (1555–1598) stieg – gestützt auf die koloniale Silberausbeute – zur politischen Vormacht Europas auf.

Den Kriegen in dieser Epoche haftete außer dem machtpolitischen Kalkül auch eine religiöse Komponente an. Das galt zum Beispiel auch für den Aufstand der Niederländer gegen die spanische Herrschaft, als Philipp II. versuchte, das Land zur Ausgangsbasis der Gegenreformation zu machen (1566). Den Vereinigten Provinzen des Nordens – stark geprägt vom Calvinismus – gelang die Durchsetzung ihrer Unabhängigkeit (1581), die aber erst nach dem Dreißigjährigen Krieg völkerrechtlich anerkannt wurde (1648). Der südliche Teil (das heutige Belgien) blieb als Spanische Niederlande bestehen.

Auch der Konflikt zwischen Spanien und England fand unter konfessionellen Vorzeichen statt. In England hatte sich nach dem Bruch Heinrichs VIII. mit dem Papst (1534) die Anglikanische Staatskirche etabliert. Mit ihr nahm der englische König selbst die Rechte des Papstes über die Kirche in Anspruch. Die europäische Gegenreformation setzte sich zum Ziel, das protestantisch geprägte England zu erobern. Der spanische Versuch einer Invasion scheiterte aber, weil die überlegene spanische Flotte (Armada) in drei Seeschlachten besiegt wurde (1588). Spanien hatte damit seinen machtpolitischen Zenit überschritten.

Der Dreißigjährige Krieg

Die Bezeichnung „Dreißigjähriger Krieg" dient als Oberbegriff für eine Kette von Kriegen, die zwischen 1618 und 1648 auf deutschem Boden ausgetragen wurden. Die Historiker sprechen vom 16. und 17. Jahrhundert als dem „Konfessionellen Zeitalter". Gleichwohl waren die religiösen Gesichtspunkte nur *ein* verursachender Faktor im Ringen der deutschen und europäischen Mächte. Von Beginn an und verstärkt noch gegen Ende des Krieges traten rein machtpolitische Zielsetzungen in den Vordergrund.

Der Augsburger Religionsfriede von 1555 hatte keine tatsächliche Konfliktlösung zwischen Katholiken und Protestanten gebracht. In einer Zeit, in der der religiöse Absolutheitsanspruch aufrechterhalten wurde, blieben folglich auch die Spannungen bestehen. Die Handlungsunfähigkeit des Reiches offenbarte sich, als die konfessionelle Spaltung zur Gründung von zwei Bündnissen führte: der protestantischen Union unter Führung des pfälzischen Kurfürsten Friedrich IV. (1608) sowie der katholischen Liga unter Führung des Herzogs Maximilian I. von Bayern (1609).

Böhmisch-Pfälzischer Krieg

Vor dem Hintergrund einer politisch-konfessionellen Spaltung des Reiches erhoben sich 1618 die ganz überwiegend protestantischen böhmischen Stände gegen die Monarchie der katholischen Habsburger. Der Aufstand gipfelte in der Wahl des pfälzischen Kurfürsten Friedrich V. (1596–1632) zum böhmischen König (1619). Der habsburgische Kaiser Ferdinand II. (1576–1637) wurde bei der Niederschlagung des Aufstands von der katholischen Liga unterstützt. Herzog Maximilian I. von Bayern (1573–1651) spekulierte in diesem Zusammenhang – erfolgreich, wie es sich später zeigen sollte – auf die pfälzische Kurwürde. Dieser erste Abschnitt des Dreißigjährigen Krieges wird der Böhmisch-Pfälzische Krieg genannt (1618–1623). Aus diesem Krieg gingen die kaiserlich-katholischen Truppen als Sieger hervor.

Niedersächsisch-Dänischer Krieg

Gegen den anschließend in das deutsche Geschehen eingreifenden dänischen König Christian IV. gelang es dem Kaiser in den folgenden Jahren im Niedersächsisch-Dänischen Krieg (1625–1629), die Macht über den Norden Deutschlands zu erringen.

Nach dem ersten Kriegsjahrzehnt hatte der Kaiser eine einzigartige Machtposition inne, die weit über die habsburgischen Erblande hinausreichte. Kaiser Ferdinand II. verdankte seine politischen Erfolge nicht zuletzt den militärischen Siegen seiner Feldherrn Tilly (1559–1632) und Wallenstein (1583–1634). Letzterer verkörperte wie kein anderer Heerführer ein modernes Kriegsunternehmertum. Wirkungsvoll und erfolgreich betrieb Wallenstein das Kriegsgeschäft im Dienste des Kaisers, aber auch auf eigene Rechnung. Er führte nicht Krieg, um konfessionellen Bestrebungen zum Durchbruch zu verhelfen, vielmehr betrieb er seine eigene politische Karriere.

Schwedischer Krieg

Die Ausdehnung der kaiserlich-katholischen Macht veranlasste den Kaiser, die Gegenreformation energisch voranzutreiben. Ein Reichsgesetz sah die Rückgabe geistlicher Güter an die katholische Kirche vor (1629). In Österreich selbst wurde der Protestantismus beseitigt. Daraufhin verhärtete sich der Widerstand der protestantischen Reichsstände. Zudem erschien mit Schweden eine neue Macht auf dem Plan.

M 1 **Plündernde Soldaten, Kupferstich aus dem 17. Jahrhundert**

In dieser dritten Phase des Dreißigjährigen Krieges, im Schwedischen Krieg (1630–1635), verstärkte sich die Internationalisierung des Geschehens. Gleichzeitig wurde die Doppeldeutigkeit im Handeln der Krieg führenden Parteien immer offensichtlicher. Einerseits legitimierten die Schweden ihr Eingreifen, indem sie die konfessionelle Solidarität mit den bedrängten deutschen Glaubensgenossen beschworen, andererseits handelte der schwedische König Gustav II. Adolf (1594–1632) aus politischem Kalkül heraus. Denn das Vordringen der kaiserlich-katholischen Truppen in Norddeutschland führte zum Konflikt mit den schwedischen Hegemonialinteressen im Ostseeraum. 1630 griff Schweden mit Billigung und finanzieller Unterstützung durch Frankreich erfolgreich ins Kriegsgeschehen ein.

Schwedisch-Französischer Krieg

Die Endphase des Dreißigjährigen Krieges, der Schwedisch-Französische Krieg (1635–1648), wurde dann geprägt durch das direkte Eingreifen Frankreichs. Nunmehr zeigte sich ganz unverstellt die europäische Dimension des Dreißigjährigen Krieges. Denn das katholische Frankreich, das im eigenen Lande die protestantischen Hugenotten verfolgte, kämpfte auf Seiten der protestantischen deutschen Stände. Deutschland war zum Schlachtfeld der europäischen Auseinandersetzung zwischen Habsburgern und der französischen Bourbonen-Dynastie geworden. Dieser Konflikt reichte bis zum ausgehenden Mittelalter zurück.

Frankreichs Kriegseintritt erklärt sich daraus, dass es die dynastische Verbindung zwischen Österreich, Spanien, Burgund und den spanischen Niederlanden als Umklammerung und Bedrohung empfand. Kardinal Richelieu (1585–1642), der erste Minister der französischen Krone, blieb allzeit bestrebt, die habsburgische Position zu schwächen. Er förderte die Zersplittung und die damit einhergehende Handlungsunfähigkeit des Reiches. Ferner zielte die französische Politik darauf, die linksrheinischen Gebiete dem französischen Staatsgebiet einzuverleiben.

Die anti-kaiserliche Koalition – bestehend aus Frankreich, Schweden, den niederländischen Generalstaaten und den protestantischen deutschen

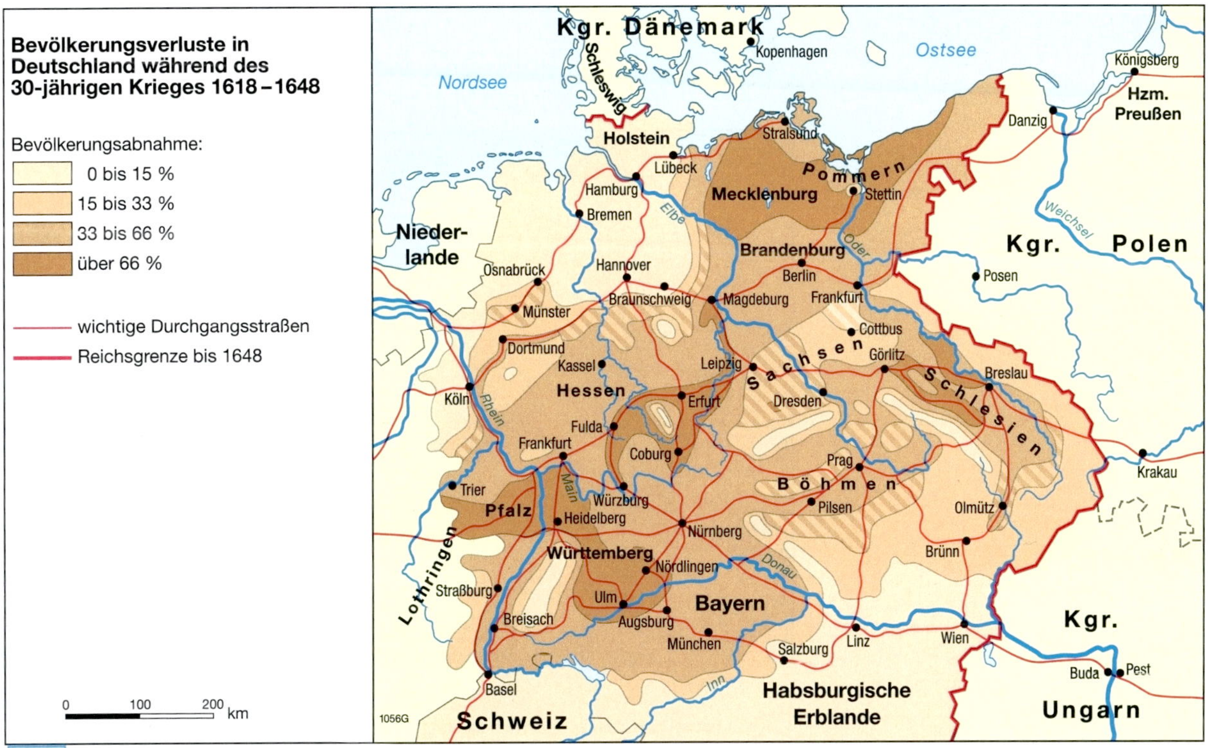

M 2

Bundesgenossen – besaß in den letzten Kriegsjahren ein deutliches militärisches Übergewicht. Die kaiserlich-katholischen Truppen wurden zusehends in die Defensive gedrängt. Allenthalben verbreitete Kriegsmüdigkeit kam hinzu, sodass der Krieg nach 30 Jahren beendet wurde.

Er hinterließ ein erschöpftes, ausgeblutetes Land. Die umherziehenden Heere hatten allgemein nach dem Grundsatz gehandelt, dass der Krieg sich selbst ernähren müsse, und das hieß in der Praxis: Raub, Plünderungen, Mord und Totschlag. In 30 Kriegsjahren hatte Deutschland – wenn auch regional sehr unterschiedlich ausgeprägt – enorme Bevölkerungsverluste erleiden müssen. Ungefähr ein Drittel der Menschen war entweder Opfer von unmittelbaren Kriegseinwirkungen oder von Seuchen, Hunger und Heimatverlust geworden.

Westfälischer Friede

Seinen Abschluss fand der Dreißigjährige Krieg im Westfälischen Frieden von Münster und Osnabrück (1648). Die Vertrag schließenden Parteien kamen überein, die Religionskonflikte zwischen den deutschen Reichsständen beizulegen. Der Augsburger Religionsfriede von 1555 wurde bestätigt. Die Vertragspartner garantierten die Freiheit der Religionsausübung. Gleichzeitig schrieben sie die konfessionelle Besitzverteilung auf der Grundlage des Jahres 1624 fest (Ausnahme: die habsburgischen Erblande und die Oberpfalz). In einem für die Bevölkerung wesentlichen Punkt revidierte man aber den Augsburger Religionsfrieden. Die Klausel „Cuius regio, eius religio" (Wer das Land beherrscht, der bestimmt auch die Religion) wurde außer Kraft gesetzt. Nach 1648 gab es keine erzwungenen Glaubenswechsel ganzer Bevölkerungen mehr, wenn ein Herrscher seine Religion wechselte. Der Westfälische Friede fixierte staatsrechtlich gesehen den Sieg der Reichsstände über das monarchische Prinzip. Er offenbarte aufs Neue die sich seit dem ausgehenden Mittelalter abzeichnende Schwäche des Reiches.

M 3 Freud- und Friedenbringender Postreiter,
Flugblatt zum Friedensschluss vom 25. Oktober 1648

Die Friedensschlüsse von Münster und Osnabrück regelten zum einen die völkerrechtlichen Beziehungen in Europa, zum anderen bestimmten sie die Verfassungsentwicklung in den deutschen Ländern. Sie stellten praktisch eine Art Grundgesetz des Alten Reiches dar. Diese Verträge wurden möglich, weil die beteiligten Mächte die zerstörerische Kraft konfessioneller Kriege erkannt hatten.

Die Berufung auf ein vermeintliches göttliches Recht rückte im 17. Jahrhundert zusehends in den Hintergrund. Nicht mehr die Konfessionalität stand im Vordergrund, sondern der sich immer mehr als säkular (weltlich) verstehende Staat. Folgerichtig wurde auch die religiöse Wahrheitsfrage aus den Friedensverhandlungen ausgeklammert. Statt auf den theologischen Wahrheitsanspruch konzentrierten sich die Vertragsparteien auf eine religiös neutrale Friedensordnung.

Dem Kaiser blieben auch außenpolitisch die Hände gebunden. Alle wesentlichen Entscheidungen, zum Beispiel Kriegserklärungen und Bündnisse, bedurften der Zustimmung durch den Reichstag. Der Einfluss Frankreichs förderte die Souveränität der Landesfürsten, die nunmehr eine außenpolitische Selbstständigkeit erhielten. Allerdings durften sich außenpolitische Verträge deutscher Territorialherren nicht gegen das Reich selbst richten. Auch die Beschlüsse hinsichtlich einer europäischen Friedensordnung lassen die Handschrift der Sieger erkennen. Eine Schwächung des Reiches drückte sich in der Ausgliederung der Schweizer Eidgenossenschaft und der protestantischen Niederlande aus dem Reichsverband aus. Schweden erhielt Vorpommern, Rügen sowie die Bistümer Bremen und Verden zugesprochen. Frankreich vermochte nicht nur erfolgreich die Territorialisierung des Reiches zu stabilisieren, sondern schob sein Staatsgebiet bis an den Rhein vor. Die Einverleibung des Elsass, des Sundgaus (Oberelsass) und der Bistümer Verdun, Toul und Metz wurde im Westfälischen Frieden bestätigt. Frankreich ging als kontinentale Vormacht aus dem Dreißigjährigen Krieg hervor.

M 4 **Abbildung des unbarmherzigen, abscheulichen, grausamen und gräulichen Tiers**

Groß tappt ein wolfsköpfiges Monstrum – teils Löwe, teils Pferd, teils Mensch – durch die vom Krieg verwüstete Landschaft. Unter seinen Füßen tritt es die Früchte bäuerlicher Arbeit, Korn und Wein, ebenso wie den Soldaten, der sich ihm in den Weg gestellt hat. Das Maul fasst Geldsäcke, die Löwenpranke hält Kirchengerät, die Menschenfaust Spieß und Fackeln. Hungersnot und Pestilenz folgen seinen Spuren (linker Mittelgrund). „Wie nennet man dann dieses Thier?", fragt der Text, und er gibt sogleich die Antwort: „Es wird Krieg genannt." Die Verheerungen des Dreißigjährigen Krieges sind in das sinnfällige Bild des übergroßen, wilden, gierigen Zerstörers gefasst. Doch wird der somit personifizierte Krieg im begleitenden Text nicht als ein schicksalhaftes, unabwehrbar apokalyptisches Ereignis angesehen. Vielmehr ist das Monstrum Krieg, an „vnsr allr Bruest gesogn" und durch das Fehlverhalten aller Stände „aufferzogen" worden. Nur gottgefälliges Handeln aller Menschen würde das Untier auch zu Tode bringen, 2. Viertel des 17. Jahrhunderts.

Aus: G. Langemeyer u. a. (Hg.), Bild als Waffe, München 1984, S. 253.

Aufgaben

1. Erläutern Sie den Begriff „Gegenreformation".
   → Text
2. Zeichnen Sie den Verlauf und die Ergebnisse des Dreißigjährigen Krieges nach.
   → Text, M2, M3
3. Aus welcher Perspektive erlebte (und erlitt) das Volk den Dreißigjährigen Krieg?
   → M1–M4

6. Das Zeitalter des Absolutismus

Das berühmte Porträt Ludwigs XIV. von Hyacinthe Rigaud (um 1700) ist ein Beispiel für moderne staatliche Auftragskunst. Ludwig XIV. (1638–1715) verkörperte wie kein anderer Herrscher seiner Zeit den Absolutismus. Er regierte 72 Jahre, davon 54 als Alleinherrscher. Das Bild war Teil einer planmäßig in Szene gesetzten Regierungspropaganda, galt als Staatsporträt und besaß die Qualität einer Ikone, eines quasi heiligen Bildes. Es repräsentierte die Majestät und wurde im Thronsaal von Versailles aufgestellt, wenn der König nicht anwesend war. Das Bild musste mit dem gleichen Respekt behandelt werden wie die Person des Königs selbst, zum Beispiel war es nicht statthaft, ihm den Rücken zuzukehren. Das Bildnis des Königs folgt den Gesetzen der Idealisierung. Es zeigt ihn in der Pose der Macht mit lilienbesticktem und hermelinbesetztem Königsmantel und ausgestattet mit den Herrschaftssymbolen Krone, Zepter und Schwert. Am Sockel der Säule im Hintergrund befindet sich eine Justitiafigur. Hohe Absätze machten Ludwig größer, als er in Wirklichkeit war; und die Perücke verdeckte seinen Haarausfall.

Bilder waren Teil einer umfassenden Inszenierung, die den Ruhm des Herrschers vermehren sollte. Sie fügten sich ein in ein Ensemble von Festen, Theateraufführungen, öffentlichen Mahlzeiten, repräsentativer Kleidung und kostspieliger Architektur. Zur Steigerung königlicher Ausstrahlung stand zudem ein beträchtlicher Medienapparat zur Verfügung. Auf Bildern, Münzen, Gobelins, durch Denkmäler, literarische und musikalische Werke wurde das Charisma produziert, das für die Aufrechterhaltung der absolutistischen Herrschaft notwendig war.

Im Ergebnis führte das zur Identifikation des Königs mit dem Staat an sich (französisch: „L'Etat c'est moi.“) und zur Gleichsetzung des Königs mit der lebensspendenden Sonne („roi soleil“). Die Salbung mit dem heiligen Öl während des Krönungsrituals verlieh den französischen Königen – in mittelalterlicher Tradition – eine heilende Kraft. Ihnen wurde die Fähigkeit zugeschrieben, durch königliches Handauflegen Skrofel zu heilen, eine damals verbreitete Hautkrankheit. Historiker schätzen, dass Ludwig XIV. während seiner langen Regierungszeit etwa 350 000 Mal dieses Ritual vollzogen hat.

Hinsichtlich des Absolutismus ist zwischen dem Idealbild, das die Herrscher verbreiteten, und der Wirklichkeit zu unterscheiden. Der Staat im Zeitalter des Absolutismus war in der Praxis weit davon entfernt, die Gesellschaft so zu durchdringen, wie er sich das selbst zum Ziel setzte. Vielfach blieben die so genannten mittleren Gewalten des Adels, der Rittergutsbesitzer, des städtischen Patriziats intakt. In vielen Territorialstaaten ließen sich auch die Stände nicht gänzlich ausschalten. Die Fürsten konnten nur sehr bedingt in eigener Machtvollkommenheit handeln. Die Verfügungsgewalt über das Heer und die Bürokratie war zwar gegeben, aber die chronischen Finanzierungsschwierigkeiten des absolutistischen Staats setzten der Machtvollkommenheit der regierenden Fürsten Grenzen, zum Beispiel durch die Kreditgeber.

6.1 Absolutismus als Herrschaftsform

Der Begriff „Absolutismus“ weist zwei unterschiedliche Bedeutungen auf. Zum einen kann er als Epochenbezeichnung dienen, dann bezieht er sich auf die Zeitspanne von 1648 (dem Ende des Dreißigjährigen Krieges) bis 1789 (dem Beginn der Französischen Revolution). Zum anderen wird mit „Absolutismus“ auch eine bestimmte Herrschaftsform bezeichnet, bei der der Inhaber der Staatsgewalt eine Macht ausübt, die nicht durch Stände, Zünfte, Adlige oder Städte beschränkt wird. Der Herrscher (Souverän) verfügt über die richterliche, gesetzgebende und ausführende Macht in seinem Staat. Als Monarch ist er oberster Gerichtsherr, entscheidet über Krieg und Frieden in der Außenpolitik und bestimmt über Finanzen und Verwaltung.

„Staatsräson“

Die besonderen Interessen zum Beispiel des Adels mussten sich der „Staatsräson“, also dem übergeordneten Nutzen des Staates und der Krone, fügen. Der Monarch, der den Staat durch Amt und Person verkörperte, durfte aber nach der Auffassung der Zeit keine Willkürherrschaft ausüben, sondern sollte die Grundsätze des göttlichen und natürlichen Rechts beachten.

Zeitlich gesehen entstand der Absolutismus im Übergang vom späten Mittelalter zur Frühen Neuzeit. Vor allem im westlichen, mittleren

M 1

und nördlichen Europa (zum Beispiel Spanien, Frankreich, Schweden, Brandenburg-Preußen) war er eine wesentliche Triebkraft für die Herausbildung des modernen europäischen Staatensystems zwischen dem 15. und 17. Jahrhundert. Im absolutistischen Staat liefen beim Fürsten beziehungsweise Territorialherrscher zunehmend die Hoheitsfunktionen (zum Beispiel die Verwaltung) zusammen, die in der feudalen und ständischen Ordnung des Mittelalters auf die verschiedenen bevorrechtigten Träger (Adel, Kirche, Stadtgemeinden) verteilt waren. Vor allem in Frankreich prägten sich die Strukturen des Absolutismus besonders deutlich aus. Hier hatte er einen entscheidenden Anteil beim Aufstieg des Landes zur europäischen Großmacht.

Die geschichtlichen Errungenschaften des Absolutismus zeigten sich in den verschiedenen Bereichen von Wirtschaft, Gesellschaft und Staat:

- Die staatliche Verwaltung (Bürokratie) wurde ausgebaut. Zu den wichtigsten Aufgaben zählten Einziehung der Steuern, die Organisation der Polizei, Gerichtsbarkeit, das Militärwesen und der Landesausbau (zum Beispiel durch Verkehrswege). Der Konzentration der Macht beim Monarchen entsprach ein zentraler und hierarchischer Aufbau der Behörden. Im Auftrag des Königs arbeitete eine abhängige, weisungsgebundene Beamtenschaft. Die Spitzen der Verwaltung, beispielsweise die Intendanten in Frankreich, waren direkt dem König gegenüber verantwortlich, der sie berief und entließ. Nicht nur der Adel, sondern auch mehr und mehr das Bürgertum stellte die Fachleute zur Verfügung, die der bürokratische Obrigkeitsstaat brauchte.
- Als eine der wichtigsten Stützen der Macht wurden stehende Heere aufgebaut. Ein Großteil der Staatsausgaben floss damit in die Rüstung. Große und disziplinierte Heere waren für die Monarchen unerlässliche Werkzeuge im wirtschaftlichen, diplomatischen und militärischen Konkurrenzkampf mit den anderen Mächten. Unter Ludwig XIV. betrug zum Beispiel die durchschnittliche Heeresstärke 100 000 Mann.
- Die wachsenden Aufgaben des Staates, die zahlreichen Kriege um Territorien und Vormacht und nicht zuletzt eine verschwenderische Hofhaltung erzeugten einen großen Geldbedarf, der den Ausbau des staatlichen Finanz- und Steuerwesens notwendig machte. Die neuen wirtschaftspolitischen Methoden des Merkantilismus versprachen eine Steigerung staatlicher Macht durch wirtschaftliche Expansion.

Besonders konfliktreich war das Verhältnis des absoluten Königtums zu den alten feudal-ständischen Gewalten. Einerseits schränkte die erstarkende Zentralgewalt zwangsläufig die Macht der Stände beziehungsweise des Adels ein. Andererseits verkörperte der Monarch nach wie vor die Spitze einer traditionellen aristokratischen Ordnung. Die gesellschaftlich hervorgehobene Stellung des Adels wurde also nicht grundsätzlich angetastet.

Adel

Der Adel verfügte traditionell über eine Reihe von gesellschaftlichen, wirtschaftlichen und steuerlichen Privilegien. Hohe Posten in Verwaltung, Justiz, Armee und Diplomatie waren von Adligen besetzt. Als Grundbesitzer zogen die Adligen die Feudalabgaben von den Bauern ein. Außerdem genossen sie eine weitgehende Steuerbefreiung. Seit dem 16. Jahrhundert nutzten Angehörige des Bürgertums verstärkt die Möglichkeit, durch Ämterkauf in den Adel aufzusteigen. Der Ämterkauf, der ein erhebliches Geldvermögen voraussetzte, diente der Krone zur Deckung ihres chronischen Finanzbedarfs. Durch die Aristokratisierung von Teilen des Bürgertums entstand neben dem alten Schwertadel (noblesse d'épée) der Amtsadel (noblesse de robe). Unter der absoluten Monarchie gelang es dem Amtsadel, mehr und mehr in wichtige Posten im Verwaltungs- und Justizapparat aufzurücken. Das Königtum stützte sich also zunehmend auf die aufsteigende bürgerliche Dienstklasse.

Die theoretische Begründung des Absolutismus

Bodin

Der Franzose Jean Bodin (1529 oder 1530–1596) entwarf mit seiner Staatstheorie in den „Six livres de la République" (Sechs Bücher über die Republik, 1576) eine schon zu seiner Zeit einflussreiche Begründung der absoluten Monarchie. Für Bodin war der Staat die übergreifende Ordnung des menschlichen Zusammenlebens. Seine Mitglieder waren nicht Bürger, sondern Untertanen. Zur Verwaltung des Gemeinwesens sei eine souveräne Macht nötig. Die zentrale Vorstellung in Bodins Lehre war die Idee der Souveränität, nach der der Fürst (Monarch) die Quelle aller Herrschaft sei. Dieser könne im Rahmen der Gerechtigkeit und der „natürlichen" und göttlichen Gesetze Verordnungen und Gesetze erlassen. In der Monarchie sah Bodin den vollkommensten Ausdruck dieses Souveränitätsprinzips.

Hobbes

Der Philosoph und Staatstheoretiker Thomas Hobbes (1588–1679) entwickelte seine Auffassung von der Funktion des Staates unter dem Eindruck des Bürgerkrieges in England. Sein Hauptwerk „Leviathan" (1651) hatte einen großen Einfluss auf die politische Theorie der Neuzeit.

Hobbes' Ausgangspunkt war dabei der Konflikt zwischen dem englischen König Karl I. und dem Parlament. Die blutigen Wirren des Bürgerkrieges prägten seine politische Lehre vom Naturzustand des Menschen: In einer Welt knapper Güter (modern: Ressourcen) führten Konkurrenzkampf und Selbsterhaltungstrieb zum grausamen Krieg aller gegen alle (lateinisch „bellum omnium contra omnes"). Der Naturzustand des Menschen wird also als ein kriegerischer verstanden. Um diesen permanenten Kriegszustand, der das Überleben aller gefährde, zu überwinden, erfänden die Menschen den staatlichen Souverän. Mittels eines fiktiven Gesellschaftsvertrages übertrügen sie ihm die uneingeschränkte Gewalt (Unterwerfungsvertrag). Die neue Zwangsgewalt des Staates sei allein imstande, den inneren Frieden und eine stabile Ordnung zu schaffen. Die Friedenssicherung durch den Souverän korreliert also mit der Gehorsamspflicht der einzelnen Bürger. Die Macht des Staates muss größer sein als die aller Bürgerkriegsparteien zusammen. Der Grundsatz des staatlichen Gewaltmonopols, der auch für die moderne Demokratie gilt, hat in der Lehre von Thomas Hobbes seinen Ursprung. Zwar war es der Schrecken des englischen Bürgerkriegs, der Hobbes zu seiner politischen Theorie inspirierte, aber die große Resonanz, die seine Staatsidee fand, war auch eine Folge des Dreißigjährigen Krieges.

M 2 Die Entstehung des Absolutismus

Der Soziologe Norbert Elias sieht in der Staatenbildung einen zentralen Aspekt der Zivilisation:

1. Ein paar der wichtigsten Mechanismen, die der Zentralgewalt eines Herrschaftsgebietes am Ausgang des Mittelalters allmählich wachsende Chancen zuführten, [...] zeigen sich besonders klar und eindeutig ausgeprägt in der Entwicklung des französischen Königtums. Die allmähliche Vergrößerung des geldwirtschaftlichen Sektors auf Kosten des naturalwirtschaftlichen in einem bestimmten Gebiete des Mittelalters hatte sehr verschiedene Folgen für das Gros [Mehrheit] des Kriegeradels auf der einen, für den König oder Fürsten dieses Gebiets auf der anderen Seite. Je mehr Geld auf einem Gebiet in Umlauf kam, desto stärker stiegen die Preise. Alle Schichten, deren Verdienst nicht entsprechend stieg, alle die Menschen, die ein festgelegtes Einkommen hatten, waren damit benachteiligt, vor allem die Feudalherren, die von ihren Gütern feste Renten bezogen.

Die gesellschaftlichen Funktionen, deren Einkommen sich entsprechend den neuen Verdienstchancen vergrößerte, waren begünstigt. Dazu gehörten bestimmte Gruppen des Bürgertums; dazu gehörte vor allem auch der König, der Zentralherr; denn er hatte durch den Steuerapparat an dem wachsenden Reichtum Anteil; er konnte von jedem Verdienst im ganzen Herrschaftsgebiet einen Teil an sich ziehen, und seine Einkünfte vermehrten sich infolgedessen mit dem wachsenden Geldumlauf außerordentlich.

Auf Grund dieses Mechanismus [...] kam zunächst einmal mehr oder weniger automatisch ein immer größeres Einkommen in die Verfügungsgewalt der Zentralherren. Das ist eine der Voraussetzungen, aufgrund derer die Institution des Königs oder Fürstentums allmählich den Charakter der Absolutheit oder Unumschränktheit erhielt.

2. Proportional zu den finanziellen Chancen, über die die Zentralfunktion verfügte, wuchsen ihre militärischen. Derjenige, der über die Steuern eines ganzen Landes verfügte, war in der Lage, sich mehr Krieger zu mieten als irgendein anderer. [...] Der König [...] erhielt mit den wachsenden Einnahmen auch die Chance der militärischen Überlegenheit über alle militärischen Kräfte des Landes.

[...] Während der Geldumlauf wuchs und die Handelstätigkeit sich entwickelte, während die Einnahmen bürgerlicher Schichten und der Zentralgewalt stiegen, sanken die Einnahmen des gesamten übrigen Adels. Ein Teil der Ritter war zu einem kümmerlichen Leben verurteilt, ein anderer nahm sich durch Raub und Gewalt, was ihm auf friedlichem Wege nicht mehr zugängig war, wieder andere hielten sich, solange es ging, durch den langsamen Verkauf ihrer Güter über Wasser, und ein guter Teil des Adels schließlich trat, durch diese Umstände gezwungen, durch die neuen Chancen angelockt, in die Dienste der Könige oder Fürsten, die bezahlen konnten. Das waren die Chancen, die sich der an das Wachstum des Geldumlaufs und des Handelsnetzes nicht angeschlossenen Kriegerschicht von der wirtschaftlichen Seite her boten.

4. [...] Das Monopol der Verfügung über Waffen und kriegerische Macht ging aus der Hand des ganzen Adelsstandes in die Hand eines Einzelnen seiner Mitglieder, des Fürsten oder Königs, über, der, gestützt auf das Steuereinkommen des ganzen Gebietes, die größte Truppe in diesem Gebiet bezahlen konnte. Damit wurde das Gros des Adels aus relativ freien Kriegern oder Rittern bezahlte Krieger oder Offiziere im Dienst des Zentralherrn. [...]

5. [...] Der Adel verlor mit der Vergrößerung des geldwirtschaftlichen Sektors in der Gesellschaft an Macht, während bürgerliche Schichten mit ihr an Macht gewannen. Aber im Allgemeinen erwies sich keiner der beiden Stände als stark genug, um für längere Zeit die Oberhand über den anderen zu gewinnen. Spannungen bestanden dauernd, und die kamen von Zeit zu Zeit überall in Kämpfen zum Ausbruch. [...]

N. Elias, Über den Prozeß der Zivilisation (Zweiter Band), Frankfurt/M. 1978, S. 8 ff.

M 3 Armeen als Instrumente der Gesellschaftsformung

Die Historiker Leonhard Bauer und Herbert Matis stellen im Folgenden die soziale Disziplinierung im Rahmen des Militärs dar:

Für den umfassenden sozialen Disziplinierungsprozess [...] kommen auf institutioneller Ebene primär Heer, Schule, Zucht- und Arbeitshäuser sowie die Manufakturen in Betracht, in denen die vom neuen Staats- und Wirtschaftssystem geforderten Eigenschaften des „neuen" Menschen vermittelt werden sollen. Vor allem während des Dreißigjährigen Krieges sind Ansätze zu einer disziplinären Straffung und Uniformierung der Armeen erkennbar, in Westeuropa sogar noch etwas früher. Im Gegensatz zu den bunt gemischten, verschieden ausgestatteten und in ungeordneten Haufen im Felde stehenden Söldnern, deren Zugehörigkeit zu einer der kämpfenden Parteien oft nur schwer erkennbar ist – tatsächlich kommt es auch oft vor,

M 4 Militärjustiz
Disziplin durch die Härte der Militärstrafen. Zusammenfassende Darstellung der Militärjustiz aus H. F. v. Flemings „Der vollkommene Teutsche Soldat", Leipzig 1726

dass ein Landsknechthaufen wegen ausstehenden Soldes einfach die Seiten wechselt –, setzen die Spanier erstmals mit dem „spanischen Viereck" eine einheitlich bewaffnete Truppe, die „Infanterie", ein, die durch ihre strenge Ordnung und ausgeklügelte, sich nach Dienstalter und Tüchtigkeit der Soldaten richtende Aufstellung besondere Schlagkraft aufweist. Mit der allgemeinen Verbreitung der Feuerwaffen ändert sich allgemein sowohl die Organisation als auch die Gefechtstaktik der Heere. Die Ausrüstung wird vereinheitlicht, desgleichen die Bekleidung, welche zur „Uniform" wird. Die verschiedene Uniformierung der Truppenteile und Waffengattungen hat vor allem auch den Zweck, dass der Feldherr die einzelnen Einheiten auf dem Schlachtfeld besser erkennen und wie in einem Sandkastenspiel, wie auf einem Schachbrett (das „königliche Spiel") dirigieren kann. Durch Drill und Exerzieren soll schließlich eine massenhafte Präzision der Bewegungen und Befehlsausführung erzielt werden. Beispielsweise nimmt Ludwig XIV., geradezu die Inkarnation des absoluten Fürsten, 1666 in Paris die erste Militärparade ab, eine Machtdemonstration, in der erstmals die Vorstellung vom mechanischen Menschen ins Giganteske übertragen und die neue, geometrisch festgelegte Ordnung der Truppe realisiert wird. Diese Parade macht Schule an den Fürstenhöfen Europas; das Exerzierreglement wird dann vor allem von den preußischen Königen übernommen und perfektioniert. Absoluter Gehorsam, mechanische Bewegungen [...] werden in der auch als „Schule der Nation" bezeichneten Institution der Armee zum Ideal erhoben.

L. Bauer, H. Matis, Geburt der Neuzeit, München 1988, S. 320 f.

M 5 Über den Ursprung staatlicher Gewalt

Bossuet (1627–1704), Hofprediger Ludwigs XIV. und Erzieher des Thronfolgers, hatte großen Einfluss auf den König:

Alle Welt beginnt also mit der monarchischen Staatsform, und fast die ganze Welt hat sie als die natürlichste Form beibehalten. Auch hat sie [...] ihren Grund und ihr Vorbild in der väterlichen Gewalt, d. h. in der Natur selber. Die Menschen werden allesamt als Untertanen geboren, und die väterliche Autorität, die sie an den Gehorsam gewöhnt, gewöhnt sie zugleich daran, nur ein Oberhaupt zu kennen.
Wenn die monarchische Staatsform die natürlichste ist, so ist sie, wie sich von selbst ergibt, die dauerhafteste und damit auch die stärkste. [...]
Wenn man Staaten gründet, will man sich vereinigen; niemals aber ist die Einheit besser gewahrt als unter einem einzigen Oberhaupte. Niemals ist man auch stärker als in diesem Falle, weil alles zu einem Ziel zusammenwirkt. [...]
Wir haben also mit der Schrift begründet, dass die königliche Gewalt ihren Ursprung in der Gottheit selber hat; dass Gott sie seit Erschaffung der Welt sichtbar über die Menschen ausgeübt hat; dass er diese übernatürliche und wundersame Herrschaft über das Volk Israel fortdauernd ausgeübt hat bis zu der Zeit der Einsetzung der Könige; dass er darauf die Staatsform der erblichen Monarchie als die natürlichste und dauerhafteste unter allen ausgewählt hat. [...]
Wir haben schon gesehen, dass jede Gewalt von Gott kommt. [...] Die Fürsten handeln also als Gottes

Diener und Statthalter auf Erden. Durch sie übt er seine Herrschaft aus. [...] Deshalb ist, wie wir gesehen haben, der königliche Thron nicht der Thron eines Menschen, sondern Gottes selber. [...] Aus alledem ergibt sich, dass die Person der Könige geheiligt ist; wer sich an ihnen vergreift, begeht ein Sakrileg. Gott lässt sie durch seine Propheten mit heiligem Öl salben, wie er die Priester und seine Altäre salben lässt. Aber auch ohne äußerliche Salbung sind sie geheiligt durch ihr Amt als die Repräsentanten der göttlichen Majestät, die seine Vorsehung bestimmt hat, dass sie seine Absichten erfüllen .[...]

Zit. nach: W. Lautemann, M. Schlenke (Hg.), Geschichte in Quellen, Bd. III, München 1966, S. 450 f.

M 6 Über die Souveränität

Jean Bodin (1530–1596) kämpfte für das Königtum und begründete die Lehre von der fürstlichen Souveränität:

Souveränität ist die absolute und dauernde Macht eines Staates, die die Lateiner „majestas" nennen [...], und bedeutet so viel wie „höchste Befehlsgewalt". Wir müssen hier den Begriff der Souveränität formulieren, weil noch kein Rechtsgelehrter und kein Staatsdenker aufgetreten ist, der ihn definiert hätte; und doch handelt es sich um den Hauptpunkt, dessen Klärung in einem Traktat über den Staat am allerwichtigsten ist. [...] Es ist also nötig, zu erklären, was „souveräne Gewalt" bedeutet. Es [...] gehört notwendig zum Begriff der Souveränität, dass ihre Inhaber auf keine Weise den Befehlen eines anderen unterworfen sind, dass sie den Untertanen Gesetze geben, überholte Gesetze kassieren und aufheben und neue dafür erlassen können: Das kann keiner, der selber den Gesetzen oder anderen, die Befehlsgewalt über ihn haben, untersteht. Dies ist gemeint, wenn das Gesetz sagt, der Fürst sei von der Gewalt der Gesetze befreit. [...] Deshalb lesen wir am Schluss der Gesetze und Ordonnanzen [Verordnungen] die Worte: „Car tel est nostre plaisir" [Denn es ist unser Vergnügen.], um anzuzeigen, dass die Gesetze des souveränen Herrschers, obwohl auf guten und triftigen Erwägungen beruhend, dennoch nur von seinem erklärten und freien Willen abhängen. Nur den göttlichen und natürlichen Gesetzen sind alle Herrscher der Welt unterworfen, und es liegt nicht in ihrem Ermessen, dagegen zu verstoßen, wenn sie nicht des Verbrechens der Beleidigung der göttlichen Majestät schuldig werden und sich gegen Gott auflehnen wollen, dessen Größe sich alle Monarchen der Erde zu unterwerfen, vor dem sie alle ihr Haupt in Furcht und Ehrerbietung zu neigen haben. [...] Daher bleibt unser Grundsatz bestehen: Der Fürst ist weder seinen Gesetzen noch denen seiner Vorgänger unterworfen, wohl aber den von ihm eingegangenen rechtmäßigen und billigen Abmachungen, an deren Innehaltung die Untertanen allgemein oder auch teilweise interessiert sind. [...] Man darf also Gesetz und Vertrag nicht verwechseln, denn das Gesetz hängt von dem Inhaber der Souveränität ab, der alle seine Untertanen, nicht aber sich selber verpflichten kann; der Vertrag aber ist eine zweiseitige Bindung von Herrscher und Untertanen, die beide Parteien wechselseitig verpflichtet; keine kann zum Nachteil und ohne Zustimmung der anderen davon abweichen, und der Fürst hat darin nichts vor seinem Untertan voraus, außer dass er beim Fortfall des Rechtsgrundes eines Gesetzes, das er beschworen hat, an sein Versprechen nicht mehr gebunden ist, wie wir gezeigt haben: Dieses Recht haben seine Untertanen in ihren Beziehungen untereinander nicht. [...]

Bodin, Les six livres de la république, 1576. Zit. nach: Geschichte in Quellen, München 1977, S. 204.

M 7 Hobbes über den „Leviathan"

Mit dem Ausdruck „Leviathan" bezieht sich Hobbes auf ein im Alten Testament (Buch Hiob) erwähntes mythisches Ungeheuer. Mit dem gleichnamigen Buch begründet Thomas Hobbes die moderne Staatstheorie:

Der alleinige Weg zur Errichtung einer solchen allgemeinen Gewalt, die in der Lage ist, die Menschen vor dem Angriff Fremder und vor gegenseitigen Übergriffen zu schützen und ihnen dadurch eine solche Sicherheit zu verschaffen, dass sie sich durch eigenen Fleiß und von den Früchten der Erde ernähren und zufrieden leben können, liegt in der Übertragung ihrer gesamten Macht und Stärke auf einen Menschen oder eine Versammlung von Menschen, die ihre Einzelwillen durch Stimmenmehrheit auf einen Willen reduzieren können. Das heißt so viel wie einen Menschen bestimmen und bedeutet, dass jedermann alles als eigen anerkennt, was derjenige [...] verkörpert [...].
Dies ist mehr als Zustimmung oder Übereinstimmung: Es ist eine wirkliche Einheit aller in ein und derselben Person, die durch Vertrag eines jeden mit jedem zustande kam, als hätte jeder zu jedem gesagt: Ich autorisiere diesen Menschen oder diese Versammlung von Menschen und übertrage ihnen mein Recht, mich zu regieren, unter der Bedingung, dass du ihnen ebenso dein Recht überträgst

und alle ihre Handlungen autorisierst. Ist dies geschehen, so nennt man diese zu einer Person vereinte Menge Staat, auf lateinisch civitas. Dies ist die Erzeugung jenes großen Leviathan oder besser, um es ehrerbietiger auszudrücken, jenes sterblichen Gottes, dem wir unter dem unsterblichen Gott unseren Frieden und Schutz verdanken. Denn durch diese ihm von jedem Einzelnen im Staate verliehene Autorität steht ihm so viel Macht und Stärke zur Verfügung, die auf ihn übertragen worden sind, dass er durch den dadurch erzeugten Schrecken in die Lage versetzt wird, den Willen aller auf den innerstaatlichen Frieden und auf gegenseitige Hilfe gegen auswärtige Feinde hinzulenken. Hierin liegt das Wesen des Staates, der, um eine Definition zu geben, eine Person ist, bei der sich jeder Einzelne einer großen Menge durch gegenseitigen Vertrag eines jeden mit jedem zum Autor ihrer Handlungen gemacht hat, zu dem Zweck, dass sie die Stärke und Hilfsmittel aller so, wie sie es für zweckmäßig hält, für den Frieden und die gemeinsame Verteidigung einsetzt. Wer diese Person verkörpert, wird Souverän genannt und besitzt, wie man sagt, höchste Gewalt, und jeder andere daneben ist sein Untertan. […]

Thomas Hobbes, Leviathan, zit. nach: N. Hoerster (Hg.), Klassische Texte der Staatsphilosophie, München 1976, S. 125 f.

M 8 Der Leviathan: „Keine Macht auf Erden ist ihm vergleichbar" (Hiob 41,25),
Titelkupfer der Erstausgabe des „Leviathan" von Thomas Hobbes, London, 1651.

Aufgaben

1. Untersuchen Sie die gesellschaftlichen und wirtschaftlichen Entwicklungen, die zur Herausbildung des Absolutismus führten.
   → Text, M2
2. Inwiefern begründete der Absolutismus den modernen Staat?
   → Text, M2–M4
3. Wie legitimierte Bossuet die monarchische Staatsform?
   → M5
4. Nennen Sie die Merkmale, mit denen Bodin die souveräne Herrschaft bestimmte.
   → Text, M6
5. Erläutern Sie, warum es nach Hobbes notwendig ist, dem Staat das Gewaltmonopol zu übertragen. Erörtern Sie, welche Probleme und Gefahren sich aus dieser autoritären Staatsauffassung ergeben können.
   → Text, M7, M8

6.2 Die absolute Monarchie in Frankreich

Herrschaft und Gesellschaft

Mit der Thronbesteigung des Bourbonen Heinrich IV. (1589–1610) konnte sich die Monarchie in Frankreich nach Jahrzehnten innerer Wirren (Religionskriege) wieder konsolidieren. Unter den großen Kardinälen Richelieu (seit 1624) und seinem Nachfolger Mazarin (seit 1643) vollendete sich auf der Grundlage des monarchischen Absolutismus der Aufstieg Frankreichs zu einer europäischen Großmacht. Richelieu, ein taktisch geschickter und machtbewusster Politiker, war zunächst Minister des Äußeren unter Ludwig XIII. Nachdem ihm dann die Oberaufsicht über alle Ministerien übertragen worden war, rückte er in das Zentrum der Macht auf. Sein großes politisches Ziel war die Durchsetzung der absoluten Monarchie.

Innenpolitisch richtete sich sein Kampf zunächst gegen die protestantischen Hugenotten. Nach der Niederlage der aufständischen Hugenotten in La Rochelle, einer ihrer militärischen Hochburgen, verloren sie ihre politischen Vorrechte. Jedoch blieben ihnen die religiösen und bürgerlichen Rechte wie Freiheit des Gottesdienstes und die Gleichstellung mit den Katholiken erhalten, die ihnen das Edikt von Nantes (1598) gewährt hatte. Auch den zweiten großen innenpolitischen Konflikt, die Niederwerfung der Adelsopposition, löste Richelieu im Sinne der Krone. Die aufständischen Adligen, die in der Folge einer wachsenden Königsmacht mit einem Verlust ihrer ständischen Vorrechte konfrontiert waren, wurden von Richelieu mit unnachsichtiger Härte unterdrückt und verfolgt. Mehrere Anführer des Aufstandes, darunter ein Marschall und ein Herzog, wurden enthauptet.

Auch in den Provinzen kam es immer wieder zu Unruhen, verursacht durch die harten Methoden der Steuereintreibung und durch eine längere wirtschaftliche Krise (Missernten, Seuchen, Hunger und Verelendung der Bauern).

Der außenpolitische Ehrgeiz Richelieus zielte darauf, die kontinentale Vorherrschaft des habsburgischen Österreich durch eine Hegemonie Frankreichs abzulösen.

Ludwig XIV.

Die Nachfolge von Richelieu übernahm Kardinal Mazarin, der 1643 unter dem zunächst noch minderjährigen Ludwig XIV. zum Leitenden Minister berufen wurde. Schon in den ersten Jahren seiner Regierungszeit flammten erneut innere Unruhen auf. Die rebellierenden Anhänger der Adelsrevolte (der so genannten Fronde) wollten Mazarin stürzen. Zu den Trägern dieses Aufstandes zählte vor allem der Hochadel unter der maßgeblichen Führung des Prinzen Condé. Erneut erhob sich der Adel gegen die Macht der Krone und ihres Vertreters. Das Parlament von Paris, eine Art oberster Gerichtshof, verweigerte die Zustimmung zu neuen Steuern und stellte sich, unterstützt von der städtischen Bevölkerung, ebenfalls gegen Mazarin. Die Kämpfe steigerten sich zu einem regelrechten Bürgerkrieg. Erst nach Jahren gelang die Niederwerfung des Aufstandes. Die Autorität der Krone ging gestärkt aus dem Konflikt hervor.

M 1 Le „Roi Soleil"
Ludwig XIV. wurde als Sonnenkönig bezeichnet. Seine Devise: Nec pluribus impar (frei übersetzt: Keiner kann sich mit ihm messen), Rückseite der Medaille von Jean Warin, 1674

Im Mittelalter und in der Frühen Neuzeit hatten die Krone und der hohe Adel um die entscheidenden Machtpositionen konkurriert. Die Herrschaftsstrategie der absolutistisch regierenden Fürsten bestand vor allem darin, den Adel von den Regierungsgeschäften fernzuhalten. Ludwig XIV. öffnete ihm Karrieren in der Armee und bei Hofe. Für die Politik selbst zog er vermehrt Bürgerliche hinzu, die in der Regel besser ausgebildet waren und deren dienende Funktion außer Zweifel stand. Mit den Beamten entstand ein differenzierter Regierungsapparat. In den Provinzen und Städten wurden machtvolle Intendanten eingesetzt, die den König vor Ort repräsentierten. Bürgerliche, die im Staatsdienst Karriere gemacht hatten, erhielten oft einen Adelstitel. So entstand ein Amts- beziehungsweise Dienstadel, der sich teilweise mit dem alteingesessenen Schwertadel vermischen konnte.

Der königliche Absolutismus äußerte sich in der Entmachtung der Stände. Die Generalstände von Frankreich traten 1614 zum letzen Mal zusammen und dann erst wieder 1789 am Vorabend der Französischen Revolution. Das Parlament von Paris, kein Parlament im modernen Sinne, sondern der höchste Adelsgerichtshof, wurde zum verlängerten Arm der Krone.

Nach dem Tode Mazarins (1661) vollendete sich unter Ludwig XIV. (1643–1715) der monarchische Absolutismus. Der umfassende Herrschaftsanspruch des Königs drückte sich in dem ihm zugeschriebenen Ausspruch aus: „L'état c'est moi!" (Der Staat bin ich). Das Streben nach Größe und Ruhm wurde zur Triebfeder der Selbstdarstellung des Monarchen und hob ihn als „roi soleil" (Sonnenkönig) über alle seine Untertanen hinaus. Entscheidend war die Degradierung des ursprünglich kriegerischen Adels zum Hofadel, was in der Praxis auf dessen Entmachtung und Entpolitisierung hinauslief. Etwa 4 000 beim König „vorgestellte Familien" waren die Nutznießer von Pfründen, königlichen Pensionsfonds und Offizierswürden. Ludwig XIV. gelang es, neue Kulturmuster durchzusetzen, indem er die Unterwerfung unter den königlichen Willen als ehrenvolle Erhöhung zelebrierte.

M 2

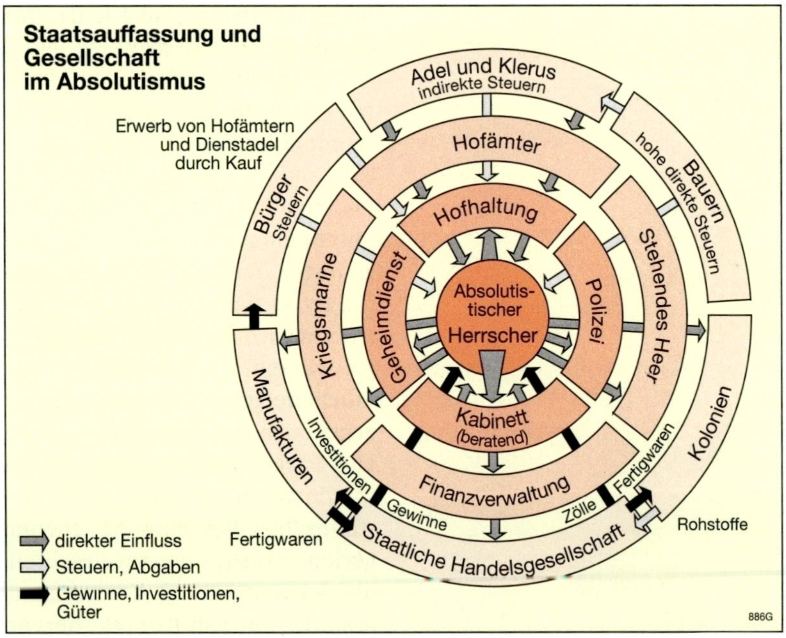

M 3 **Versailles**
Pierre-Denis Martin malte um 1722 das Schloss Versailles.

Versailles

Als repräsentativen Mittelpunkt der Monarchie ließ Ludwig XIV. das riesige Schloss von Versailles erbauen. Mit dieser Residenz schuf er sich den glanzvollen Rahmen, in dem er seine Macht gegenüber Adel und Volk demonstrieren und einen beeindruckenden Lebens- und Regierungsstil entfalten konnte. Dieser wurde an vielen europäischen Fürstenhöfen bewundert und in einem bescheideneren Umfange auch nachgeahmt. Alle Künste und Handwerke wie Architektur, Malerei und Gartenbau trugen dazu bei, aus Versailles ein Prestigeobjekt des Zeitalters zu machen. Am Bau des Schlosses waren bis zu 36 000 Menschen beschäftigt. Die Baukosten verschlangen einen erheblichen Teil der jährlichen Staatsausgaben.

Versailles wurde mehr und mehr zum Mittelpunkt eines aufwändigen höfischen Lebens ausgestaltet. Die Anziehung, die der Hofstaat auf den Adel ausübte, kam auch den machtpolitischen Absichten des Königs entgegen. Durch einträgliche Ämter und die Aussicht auf Karrieremöglichkeiten wurde der Adel zunehmend in den Hofstaat eingebunden. Auf diese Weise gerieten gerade die Spitzen des Adels in Abhängigkeit von der Gunst des Königs und verloren als seine Gegenspieler an Macht.

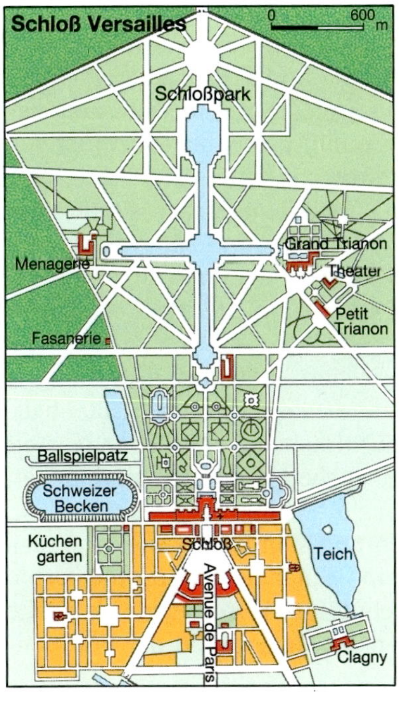

Am Hofe Ludwigs XIV. blieb nichts dem Zufall überlassen. Um den Mittelpunkt, den der König selbst darstellte, gruppierte sich - in hierarchischer Anordnung - der Hofadel. Die Etikette, heute verstanden als höfische Umgangsform, verzeichnete ursprünglich alle am Hof zugelassenen Personen nach ihrem Rang.

Der Tagesablauf war streng geregelt. Die Rituale reichten vom morgendlichen „Lever“ (Aufstehen) bis zum nächtlichen „Coucher“ (Zu-Bett-Gehen). Selbst das An- und Auskleiden des Königs bildete eine Staatsaktion. Dazwischen lagen Mahlzeiten, das Lustwandeln in den Gärten und abendliche Feste. Beim Essen des Königs zusehen zu dürfen, galt als Gnade, wie überhaupt die Nähe zum König als ein außerordentlicher Gunstbeweis gewürdigt wurde.

Die Inszenierung des höfischen Lebens durch Ludwig galt als vorbildhaft für ganz Europa. Auch die deutschen Fürsten verließen ihre oft noch mittelalterlich geprägten Schlösser und errichteten neue Residenzen, zum Beispiel in Mannheim, Karlsruhe, Hannover, Charlottenburg und Ludwigsburg. Sie ahmten das bewunderte Vorbild nach und umgaben sich mit „französischen Gärten", die in ihrer geometrischen Anlage genauso künstlich waren wie das höfische Leben selbst.

Der Merkantilismus

Jean Baptist Colbert war von 1661 bis 1685 Erster Minister Ludwigs XIV., Gemälde von Claude Lefébvre, 1666.

Zu einem der einflussreichsten und tüchtigsten Politiker unter Ludwig XIV. stieg nach 1661 der Finanzminister und Staatssekretär Colbert auf. Sein vorrangiges Ziel war die Förderung der gewerblichen Produktion und des Handels. Dieser Wirtschaftspolitik lagen die Grundsätze des Merkantilismus zugrunde, der in Frankreich nach seinem wichtigsten Vertreter auch als Colbertismus bezeichnet wurde.

Durch die Förderung der Ausfuhr und die Einschränkung der Einfuhr von Gütern sollte eine positive Handelsbilanz erzielt werden. Die Vereinheitlichung der Zölle (nach innen) und abschirmende Zollmauern (nach außen) sollte den Binnenhandel erleichtern und somit das einheimische Gewerbe schützen.

Ebenso förderten staatliche Subventionen, Steuerbefreiungen und die Gewährung von Monopolen die Gewerbebetriebe und Manufakturen, in denen zum Beispiel Waffen und Ausrüstungen für einen wachsenden Heeresbedarf oder Mode- und Luxusgüter (Glas, Porzellan, Textilien, kunstgewerbliche Artikel) gefertigt wurden.

Für die französische Kolonialpolitik lag der Wert von Kolonien in der Bereicherung des Mutterlandes (Einfuhr von Agrarprodukten, auch Sklavenhandel). Die von Jean Baptist Colbert gegründeten Handelsgesellschaften nach englischem Vorbild waren neben der Kriegsmarine die wichtigsten Pfeiler des französischen Kolonialreichs (erste Niederlassungen in Kanada, auf den Antillen, in Guayana, im Senegal und in Ostindien).

Die Anstrengungen und Ziele des Colbertismus erklärten sich damit auch aus der wirtschaftlichen Rivalität mit den wirtschaftlich fortgeschrittenen Handelsnationen Holland und England (Amsterdam und London waren die bedeutendsten Handelsplätze Westeuropas).

Der Merkantilismus bezeichnet Theorie und Praxis einer staatlich gelenkten Wirtschaft, wobei es im Wesentlichen um die Stärkung der staatlichen Finanzkraft ging. Ausgangspunkt war dabei die Annahme, dass sich der Reichtum in der Anhäufung von Geldbesitz ausdrücke. Daher blieb eine aktive Handelsbilanz (Devisenüberschüsse) der Fixpunkt des Merkantilismus. Die Erhöhung der staatlichen Einkünfte diente dem König dazu, vom traditionellen Steuerbewilligungsrecht der Stände unabhängig zu werden. Wirtschaftliche Macht sollte in politische Macht umgesetzt werden.

Die merkantilistisch geführte Wirtschaft sollte die notwendigen Finanzierungsmittel bereitstellen, damit die kostspieligen Schlossbauten, das stehende Heer, Kriege und das prachtvolle Hofleben bezahlt werden konnten. Adel und Kirche blieben von Steuerzahlungen befreit, sodass die steuerliche Belastung der Untertanen wuchs.

Trotz gesteigerter Staatseinnahmen und ständiger Steuererhöhungen hat der absolutistische Staat seine Finanzierungsprobleme nie in den Griff bekommen. Die Verschuldungskrise wurde so lange verschleppt, bis sie im Jahre 1789 zum Ausgangspunkt der Französischen Revolution wurde.

M 4 Hof und Adel

Die Mechanismen des Herrscherkults analysiert der Kulturhistoriker Richard van Dülmen:

Die Fürsten hoben sich in ihrer Lebensweise immer schon sichtbar vom Volk ab. Was sich aber im Zuge der Ausbildung der höfischen Gesellschaft an Überhöhung von fürstlicher Ehre und Würde durch das kultische Fest und die Charismatisierung des Fürsten vollzog, brachte eine bisher nicht gekannte Dimension von Herrschaft und Gottesgnadentum, die nicht nur das Volk als aktiven Teil ausschloss aus der öffentlichen Welt, sondern es seiner selbstständigen Eigenart und Besonderheit beraubte. Hatte das Volk ehemals durchaus eine wesentliche Rolle in der herrschaftlichen Repräsentation gespielt, wobei der Herrscher sich nicht selten seiner unmittelbaren Kontakte zum Volk rühmte, wurden seit dem 17. Jahrhundert alle Aktivitäten des Volkes zunehmend eingeschränkt und, soweit es überhaupt als Staffage noch zum Hof Zugang fand, ihm neue, „untertänige" Verhaltensweisen vorgeschrieben. Wenn der Fürst sich immer mehr in die geheimnisvolle sakrale Sphäre des Hofes [Schloss, Fest] zurückzog, letztlich dem Volk unsichtbar, nur durch seine Chargen [Amtsträger] gegenwärtig war, so entsprang dies [...] letztlich der Verachtung für das Volk, wie auch dem Anspruch auf nur quasi religiöse Verehrung. Der Bildung eines einheitlichen, von jeder auch nur symbolischen Herrschaft ausgeschlossenen Untertanenverbandes war damit Vorschub geleistet. Weit mehr aber als eine Distanzierung und Beherrschung des Volkes erstrebte der Fürst durch die Charismatisierung seiner Autorität und die höfische Ausdehnung seiner Autonomie [Unabhängigkeit], den Adel an den Hof zu ziehen, durch Teilhabe an seinem Glanz zu domestizieren [zähmen] bzw. zu erhöhen und ihn von seinen regionalen Einflüssen und Kontakten zum Volk zu lösen. Für den Verlust seiner feudalen Autonomie und seiner [...] politischen Rechte sollte der Adel durch Anhebung seines sozialen Status als Mitglied des Hofes gegenüber den Untertanen entschädigt werden. Dass dieser Prozess der Verhöflichung des Adels seit dem Ende des 16. Jahrhunderts nicht nur in Frankreich so erfolgreich gelingen konnte, hatte seine Ursache einerseits in der mit durch die Preisrevolution und die Agrarkrise des 16. Jahrhunderts bedingten Verarmung bzw. im Machtverlust des Adels, die neue Einkommensmöglichkeiten nötig machten, andererseits in der zunehmenden Attraktivität des Hofes und der freizügigen Vergabe einträglicher und prestigeträchtiger Ämter gerade für den hohen Adel. Mit dem Leben am Hof war allerdings die unmittelbare Unterwerfung unter den Herrscherkult verbunden, der alle Wirklichkeit des Hofes durchdrang. Hier repräsentierte der Adelige nicht mehr seine eigene Ehre, sondern die Ehre des großen königlichen Hauses. Diesen Prozess der Integration in die Hofgesellschaft bei gleichzeitiger Aufgabe der eigenen autonomen Stellung, zumindest bei Vernachlässigung lokaler Verbindungen, förderten vor allem zwei Mittel, die die Fürsten bewusst einsetzten, das Titelwesen und das Zeremoniell. Die Titel waren keinesfalls bloßer Ausdruck höfischer Eitelkeiten, [...] sondern kennzeichneten genau die gesellschaftliche Position am Hofe, damit zugleich die Nähe oder Entfernung zum Herrscher. Obwohl die Titel selten materiellen Nutzen brachten, nur in einigen Fällen waren sie mit Pfründen verbunden, musste der Adel aufgrund des Systems sozialer Wertschätzung so viele Titel anhäufen, wie seine Kasse erlaubte. Für den Fürsten waren die Titel nicht nur das billigste Mittel, seinen Adel zu hierarchisieren, sondern sie brachten nicht selten noch beträchtliche Gelder ein.

Aber auch das höfische Zeremoniell war keine höfische Spielerei, seine politisch-soziale Funktion ist offenkundig. Einmal hatte es den Sinn, den Hofadel zu beschäftigen und zu kontrollieren. Darüber hinaus, und das ist in unserem Zusammenhang noch wichtiger, diente das Zeremoniell wesentlich der kultischen Verklärung des Fürsten. Auch innerhalb des Hofes sollte es allgemein Distanz schaffen zwischen Fürst und Adel und damit den Adel als Hofdiener an das sakrale Amt des Herrschers binden.

R. van Dülmen, Entstehung des frühneuzeitlichen Europas 1550–1648, Frankfurt/M. 1982, S. 330 f.

M 5 Der Monarch und sein Hof

Saint-Simon, Herzog und Offizier, lebte seit 1702 am Hofe Ludwigs XIV., dessen Regierungsstil er kritisierte:

In allem liebte er [Ludwig XIV.] Glanz, Verschwendung, Fülle. Es war wohlberechnet, dass er die Sucht, ihm hierin nachzueifern, in jeder Weise begünstigte. Er impfte sie seinem ganzen Hofe ein. Wer alles draufgehn ließ für Küche, Kleidung, Wagen, Haushalt und Spiel, der gewann sein Wohlwollen. Um solcher Dinge willen redete er die Leute an. Indem er so den Luxus gewissermaßen zur Ehrensache und für manche zur Notwendigkeit machte, richtete er nacheinander alle zugrunde, bis sie schließlich einzig und allein von seiner Gna-

M 6 **„Eine historische Studie"**

„Man sieht sofort, dass die Majestät aus der Perücke gemacht ist, den hochhackigen Schuhen und dem Mantel ...
So stellen Barbiere und Flickschuster die Götter her, die wir anbeten."

Karikatur von William Thackeray, 1840.

de abhingen. So befriedigte er seinen Hochmut und seinen Ehrgeiz. Sein Hof war blendend, und die Rangunterschiede verschwanden in einem allgemeinen Wirrwarr. Er hat dem Lande damit eine Wunde geschlagen, die wie ein Krebsschaden an allem frisst. Vom Hofe aus hat die Verschwendungssucht Paris, die Provinzen, das Heer ergriffen. Man schätzt einen jeden, der eine gewisse Stellung einnimmt, nur noch nach seinem Aufwand in Küche und Haus ein. Wer Gelegenheit zum Stehlen hat, stiehlt infolgedessen, um die Ausgaben seines Haushalts bestreiten zu können. Die Not zwingt ihn dazu. Es existiert im Grund kein Rangunterschied mehr. Alle Stände sind in heillosem Durcheinander. Der Hochmut wächst ins Ungemessene. Die Folgen sind nicht abzusehen. Untergang und Umwälzung sind im Anzuge. [...]

Seine Minister, seine Generäle, seine Mätressen und Höflinge erkannten bald nach seinem Regierungsantritt seine Fehler, nicht so seine Ruhmsucht. Man lobte den Herrscher um die Wette und verdarb ihn damit. Dieses Loben, besser gesagt: diese Lobhudeleien sagten ihm dermaßen zu, dass selbst die gröbste Sorte Erfolg und die niedrigste wenigstens ein huldvolles Lächeln garantierte. Schmeichelei war der einzige Weg, sich den König geneigt zu machen. Seine Günstlinge verdankten ihre Vorteile nicht allein ihrem guten Stern, sondern ebenso ihrer Unermüdlichkeit in dieser Hinsicht. Die übergroße Macht seiner Minister hatte die nämliche Quelle, da sie fortwährend Gelegenheit hatten, ihm Weihrauch zu streuen, indem sie so taten, als ginge alles vom Könige aus, was in Wirklichkeit aus ihren Köpfen kam, und als sei er der hohe Herr und Meister, von dem sie dauernd lernten. Geschmeidigkeit, Lakaiensinn, Speichelleckerei und vor allem die Kunst, im Dunstkreis der Majestät im Nichts zu ersterben und so zu tun, als sei man alles lediglich durch seine Huld und Gnade – das waren die Hauptmittel, ihm zu gefallen. [...]

Mit der Schwäche war die Ruhmsucht des Königs, die ihn auch zeitweilig den Armen der Liebe entriss, eng verwachsen. Infolgedessen war es eine Leichtigkeit für Louvois [Kriegsminister (1668) unter Ludwig XIV.], ihn zu großen Kriegen zu bewegen. [...]

Zit. nach: W. Lautemann, M. Schlenke (Hg.), Geschichte in Quellen, Renaissance Glaubenskämpfe Absolutismus, München 1982, S. 430 ff.

M 7 **Colberts Wirtschaftsprogramm (1664)**

Colbert (1619–1683) war Leiter der französischen Finanz- und Wirtschaftspolitik und Begründer des Merkantilismus:

Die Gründe für die Wiederherstellung und Neueinrichtung des Handels sind [...], dass, falls der König der natürlichen Kraft Frankreichs auch noch die von Kunst, Gewerbefleiß und Handel hinzufügen könnte, seine Größe und Macht, wie man leicht ermessen kann, ganz bedeutend vermehrt würden. Die Macht des Königs zu Lande ist der aller Staaten Europas überlegen, zur See jedoch unterlegen. Dies wäre also das einzige Mittel, sie in jeder Beziehung der der anderen gleich zu machen. [...]

Nach dieser kurzen Übersicht über die Lage unseres Binnen- und Außenhandels dürfte es vielleicht am Platze sein, einige Worte über die Vorteile des Handels zu sagen.

Ich glaube, man wird ohne weiteres in dem Grundsatz einig sein, dass es einzig und allein der Reichtum an Geld ist, der die Unterschiede an Größe und Macht zwischen den Staaten begründet. Was dies betrifft, so ist es sicher, dass jährlich aus dem Königreich einheimische Erzeugnisse [Wein, Branntwein, Weinessig, Eisen, Obst, Papier, Leinwand, Eisenwaren, Seide, Kurzwaren] für den Verbrauch im Ausland im Wert von 12 bis 18 Millionen Livres hinausgehen. Das sind die Goldminen unseres Königreiches, um deren Erhaltung wir uns sorgfältig bemühen müssen. [...] Je mehr wir die Handelsgewinne, die die Holländer den Untertanen des Königs abnehmen, und den Konsum der von ihnen eingeführten Waren verringern können, desto mehr vergrößern wir die Menge des hereinströmenden Bargeldes und vermehren wir die Macht, Größe und Wohlhabenheit des Staates. Denselben Schluss können wir hinsichtlich des Zwischenhandels ziehen, d. h. derjenigen Waren, die wir aus Ost- und Westindien holen und nach Nordeuropa bringen könnten, von wo wir die zum Schiffbau nötigen Materialien selber heranführen könnten, worauf zum anderen Teil Größe und Macht des Staates beruhen.

Außer den Vorteilen, die die Einfuhr einer größeren Menge Bargeld in das Königreich mit sich bringt, wird sicherlich durch die Manufakturen eine Million zurzeit arbeitsloser Menschen ihren Lebensunterhalt gewinnen. Eine ebenso beträchtliche Anzahl wird in der Schifffahrt und in den Seehäfen Verdienst finden, und die fast unbegrenzte Vermehrung der Schiffe wird im gleichen Verhältnis Größe und Macht des Staates vermehren. Dies sind die Ziele, nach denen der König meines Erachtens aus guter Gesinnung und Liebe zu seinem Volk streben sollte. Als Mittel, sie zu erreichen, schlage ich vor: Durch einen Conseilbeschluss [Conseil = königlicher Rat] mit Beteiligung des Königs möge Seine Majestät allen Untertanen seinen Entschluss verkünden. Alle im Dienst des Königs Stehenden sollen die Vorteile, die den Untertanen des Königs daraus erwachsen, öffentlich erörtern; die am Hof erscheinenden Kaufleute sollten mit allen Anzeichen der Gewogenheit und des guten Willens empfangen, in allen Angelegenheiten ihres Handels unterstützt und zuweilen, wenn sie mit wichtigen Angelegenheiten kommen, im Conseil Seiner Majestät gehört werden. [...] Alle Verwaltungsvorschriften im Königreich bezüglich der Wiederherstellung der Manufakturen sollten erneuert, die Ein- und Ausfuhrtarife überprüft [...], und es sollte jährlich eine bedeutende Summe für Wiederherstellung der Manufakturen und die Förderung des Handels durch Conseilbeschluss ausgeworfen werden. Desgleichen bezüglich der Schifffahrt: Zahlung von Gratifikationen an alle, die neue Schiffe kaufen oder bauen oder große Handelsreisen unternehmen. Die Landstraßen sollten ausgebessert, die Zollstationen an den Flüssen aufgehoben, die kommunalen Schulden weiterhin abgelöst werden. Man bemühe sich unablässig, die Flüsse im Innern des Königreiches schiffbar zu machen, soweit sie es noch nicht sind; man prüfe sorgfältig die Frage einer Verbindung der Meere über Guyenne und Burgund, unterstütze tatkräftig die Ost- und Westindische Kompanie und ermuntere jedermann zum Eintritt. [...] Darüber hinaus muss in jedem Conseil ein besonderes Problem des Handelssektors erörtert werden, z. B. der Levantehandel und die durch die Konsuln verursachten Ordnungswidrigkeiten und deren Abstellung, die Angelegenheiten der Ostindischen und der Westindischen Kompanie, der Handel mit dem Norden [Archangelsk, Moskau, Ostsee, Norwegen], die Binnenzölle, die Entschuldung der Gemeinden, Landstraßen, Binnen- und Seeschifffahrt, Manufakturen, Besuch der Seehäfen und etwaiger Schwierigkeiten desselben.

Zit. nach: W. Lautemann, M. Schlenke (Hg.), a. a. O., S. 448 f.

Aufgaben

1. Inwiefern spiegelte sich die zentralisierende Tendenz der absoluten Monarchie auch in der Regierungspraxis wider?
   → Text, M2, M3
2. Untersuchen Sie die Beziehungen von Hof (Monarch) und Adel.
   → Text, M4, M5
3. Charakterisieren Sie das Herrscherbild, das in dieser zeitgenössischen Beschreibung von Ludwig XIV. entworfen wird.
   → M5
4. Bestimmte Formen der Selbstdarstellung gehörten zur Herrschaftstechnik des Absolutismus. Welche Funktionen kommen ihnen zu? Analysieren Sie in diesem Zusammenhang auch die Karikatur von Thackeray.
   → Text, M1, M3, M4, M6
5. Stellen Sie die wirtschaftspolitischen Maßnahmen dar, die Colbert vorschlug. Welchen Zielen sollte die merkantilistische Wirtschaftspolitik dienen?
   → Text, M7

6.3 Europäische Mächtepolitik

Französische Expansion

Der umfassende Machtanspruch der absoluten Monarchie unter Ludwig XIV. drückte sich auch in einer expansiven Außenpolitik aus. Diplomatie und Krieg waren die entscheidenden Elemente, mit denen die Monarchie die Vorrangstellung Frankreichs in Europa durchzusetzen suchte.

Die organisatorischen Voraussetzungen dieser Politik wurden im militärischen Bereich von den königlichen Kriegsministern Le Tellier und seinem Nachfolger Louvois (seit 1668) geschaffen. Unter der Regie des Militäringenieurs und Festungsbaumeisters Vauban ergänzte der Bau eines Gürtels von 300 Festungen die Expansionspolitik durch ein defensives Element.

Frankreich besaß die größte Militärmacht auf dem Kontinent. Seine Armeen wuchsen bereits 1672 auf eine Stärke von 120 000 Mann. Über dieses schlagkräftige Instrument verfügte allein der König Ludwig XIV. Dessen Machtwille trug die außenpolitischen Entscheidungen. Im 17. und zu Beginn des 18. Jahrhunderts bestimmte Frankreich die Art und Zielsetzung der europäischen Außenpolitik. Seine wesentlichen Vorhaben bestanden im Kampf gegen die habsburgische Vormachtstellung auf dem Kontinent, die Ausweitung und Absicherung des eigenen Territoriums und schließlich die Erringung der Hegemonie in Europa. Die Initiative ergriff Ludwig XIV., um – wie es aus französischer Perspektive hieß – die Umklammerung durch das Haus Habsburg aufzusprengen. Dessen zwei dynastische Linien regierten in Österreich, in den spanischen Niederlanden und in Spanien selbst.

M 1

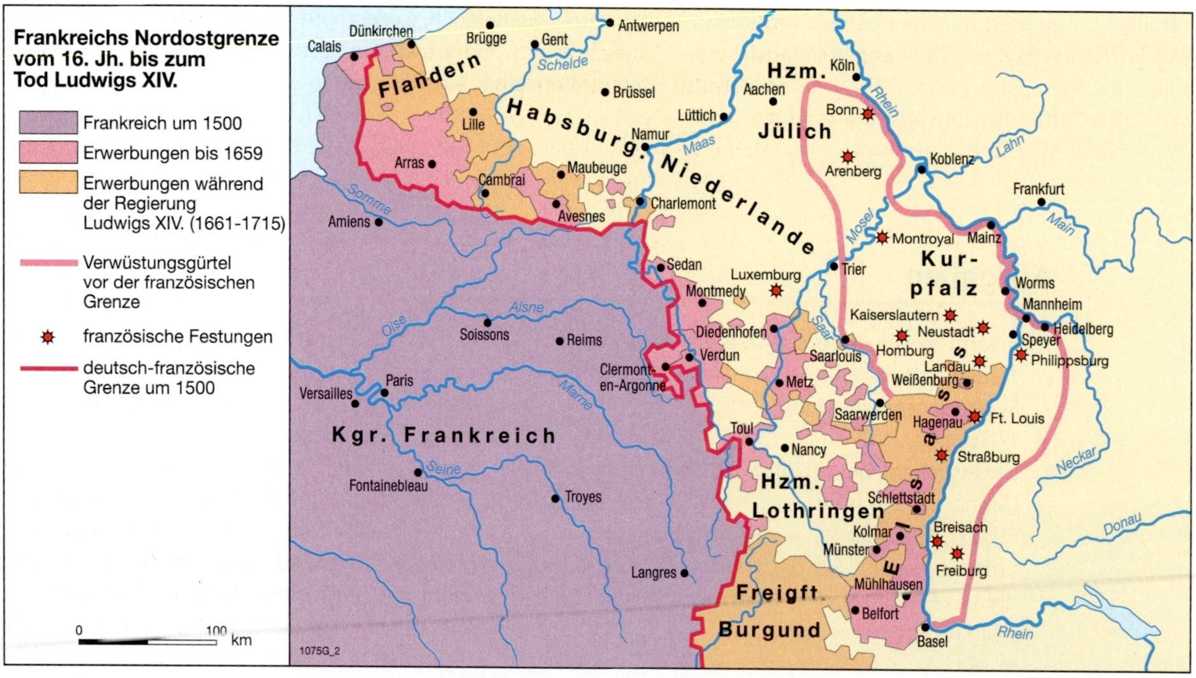

Frankreichs Nordostgrenze vom 16. Jh. bis zum Tod Ludwigs XIV.

Die jahrzehntelangen kriegerischen Auseinandersetzungen mit Spanien endeten mit einem Sieg Frankreichs. Im Pyrenäenfrieden (1659) gelangte Frankreich in den Besitz von Gebieten im Norden (zum Beispiel in Flandern) und im Süden (Grafschaft Roussillon). Nach dem Tode Philipps IV. von Spanien machte Ludwig XIV. einen französischen Anspruch auf die spanischen Niederlande geltend. Der Plan, die gesamten Niederlande zu erobern und einzugliedern, scheiterte jedoch am Widerstand der verbündeten Mächte Holland, England und Schweden, die eine Verschiebung des europäischen Gleichgewichts zugunsten Frankreichs und eine Beeinträchtigung ihrer Handelsinteressen befürchteten. Der Friede von Aachen (1668) brachte Frankreich lediglich den Gewinn einiger flandrischer Städte ein.

Schon wenige Jahre später richtete sich ein weiterer Eroberungszug des Königs gegen Holland, dessen Verteidigung durch Wilhelm III. von Oranien im Bündnis mit Preußen, Österreich und Spanien organisiert wurde. Im Frieden von Nimwegen (1678) musste Spanien die Freigrafschaft Burgund (Franche Comté) und einige Befestigungsstädte im französisch-holländischen Grenzbereich an Frankreich abtreten.

Im östlichen Grenzgebiet wurden in der Folge Teile des Elsass und von Lothringen von Frankreich einverleibt. Diese Annexionspolitik stützte sich auf die Urteilssprüche so genannter Reunionskammern (Réunion = Wiedervereinigung), die im Auftrage des Königs vorgeschobene Rechtsansprüche Frankreichs geltend machten. Im Zuge dieser Reunionspolitik ging nach einer militärischen Besetzung auch die ehemalige Freie Reichsstadt Straßburg 1681 in französischen Besitz über.

Eine weitere strategische Stoßrichtung französischer Außenpolitik richtete sich gegen das Reich. Ziel war es dabei – unter Ausnutzung der inneren Schwäche des Reiches – die französische Ostgrenze über den Rhein hinauszuschieben. Das Reich, zersplittert in knapp 300 Landeshoheiten und durch das Fehlen einer starken Zentralgewalt charakterisiert, stellte sich als willkommenes Terrain für die französische Diplomatie dar. Drohungen und verschiedene Subsidien-Verträge mit rheinischen Fürsten (Subsidien waren Hilfsgelder) sollten den Kaiser in Wien schwächen, der zudem wiederholt im Osten gegen die Osmanen militärisch gebunden war.

Der Pfälzische Erbfolgekrieg

Als Frankreich unberechtigte Erbansprüche auf die Pfalz erhob, führte dies zu einem Bündnis zwischen dem Kaiser, Spanien, Schweden und einigen deutschen Reichsfürsten, Holland und England. Die Folge war ein fast zehnjähriger Krieg (1688–1697), in dessen Verlauf große Teile der Pfalz, Dörfer und Städte wie Heidelberg, Speyer und Worms zerstört wurden. Im Frieden von Rijswijk (1697) musste Frankreich auf die Pfalz und einzelne Städte wie Freiburg (Breisgau) und Breisach verzichten; Straßburg und das Elsass blieben französisch. Damit wurde Frankreich im Wesentlichen auf das linke Rheinufer zurückgeworfen.

Der Pfälzische Erbfolgekrieg offenbarte ein mächtepolitisches Muster, das typisch für die europäische Politik war. Als Reaktion auf das französische Expansionsstreben bildete sich eine europäische Koalition, die aus den Seemächten England und den Niederlanden, dem Kaiser und einzelnen deutschen Territorialstaaten bestand. Vor allem England bildete wiederholt den Kern der Bündnisse, um die Hegemonie Frankreichs auf dem Kontinent zu verhindern.

Der Spanische Erbfolgekrieg

Mit dem Tod des kinderlosen Karl II. starb der letzte Habsburger auf dem spanischen Thron (1700). Die für das Zeitalter des Absolutismus typischen Erbfolgestreitigkeiten traten daraufhin ein, wobei sowohl das Haus Habsburg als auch Ludwig XIV. ihre Ansprüche erhoben. Dessen Enkel, der Bourbone Philipp V. von Anjou, konnte sich durchsetzen, was die Vereinigung des spanischen Erbes mit Frankreich bedeutete. Gegen diesen beträchtlichen Machtzuwachs Frankreichs formierte sich wiederum eine europäische Allianz, bestehend aus den Seemächten, dem Kaiser, Preußen und verschiedenen deutschen Fürsten. In mehreren Schlachten gelang es den Feldherren der Alliierten – Markgraf Wilhelm von Baden, Prinz Eugen von Savoyen und dem Herzog von Marlborough – das französische Heer zu besiegen. Im Friedenskongress von Utrecht (1713) wurde zwar Philipp von Anjou als spanischer König bestätigt, aber mit dem wesentlichen Vorbehalt, dass Frankreich und Spanien nicht in Personalunion geführt werden dürften. Ausschlaggebend für diese Regelung und für den Ausschluss der Habsburger Dynastie vom spanischen Thron war das Wirken Englands. Diese „verdeckte Hegemonialmacht" übernahm eine diplomatische Schiedsrichterrolle und verhinderte sowohl eine habsburgische Großmonarchie als auch ein übermächtiges Frankreich.

Mit der englischen Politik der „balance of power" fand das Gleichgewichtsprinzip Eingang in die europäische Diplomatie. Es verhinderte eine kontinentale Hegemonie und sicherte England die außereuropäische Dominanz.

Der Siebenjährige Krieg und der Aufstieg Preußens und Russlands

Der habsburgische Kaiser Karl VI. hinterließ bei seinem Tod (1740) keine männlichen Thronfolger. Zwar hatte das Haus Habsburg durch die so genannte Pragmatische Sanktion – eine Art Gesetz zur Regelung wichtiger Staatsangelegenheiten – die weibliche Thronfolge für dessen Tochter Maria Theresia geregelt, diese wurde aber von verschiedenen Mächten nicht anerkannt.

M 2 Rückkehr Friedrichs II. nach dem Siebenjährigen Krieg
Die Rückkehr nach Berlin hat sich so nicht abgespielt. Der König scheute jeden offiziellen Empfang. Unter der Palme sitzt die besiegte österreichische Kaiserin Maria Theresia, Einblattdruck, Berlin 1763.

M 3

Der preußische König Friedrich II. – 1740 seinem Vater Friedrich Wilhelm I. auf den Thron gefolgt – nutzte die Thronfolgestreitigkeiten aus, um sich im Handstreich die Herrschaft über Schlesien zu sichern. Ziel dieser offensiven Machtpolitik war es zweifellos, Preußen (seit 1701 Königreich) durch den Erwerb neuer Gebiete in den Kreis der Großmächte zu heben. Es folgten drei Kriege, von denen der letzte, der so genannte Siebenjährige Krieg (1756–1763), Preußen an den Rand des Ruins brachte. Den Habsburgern war es gelungen, eine anti-preußische Allianz zu schmieden, die unter anderem Österreich, Russland, Sachsen, Schweden und das traditionell feindselige Frankreich umfasste. Unterstützung fand Preußen lediglich in England und Hannover.

Nur mit militärischem Geschick und dem Feldherrngenie seines Königs hätte sich Preußen nicht behaupten können. Es kam auch Glück hinzu. Der Tod der russischen Zarin Elisabeth (1762) und das anschließende Ausscheiden Russlands aus der Koalition verhinderten die Niederlage und Vernichtung Preußens und ebneten den Weg für den Frieden von Hubertusburg (1763). Preußen bekam Schlesien endgültig zugesprochen und stieg damit zur zweiten deutschen Großmacht auf. Allerdings war dies um den Preis von großen Bevölkerungsverlusten und zerrütteten Staatsfinanzen geschehen.

Der Siebenjährige Krieg kann als der erste faktisch weltumspannende Krieg bezeichnet werden. Die englisch-französische Rivalität entlud sich parallel zu den Kämpfen auf dem Kontinent in Nordamerika, Indien, in der Karibik und in Westafrika.

Russland

Russland drängte in der Folge immer weiter nach Westen, nachdem es bereits in der ersten Hälfte des 18. Jahrhunderts Schweden als führende Ostseemacht abgelöst hatte. Das Ausgreifen russischer Politik nach Westen zeigte sich im 18. Jahrhundert auch in den drei polnischen Teilungen (1772, 1793, 1795), in denen Russland zusammen mit Preußen und Österreich territoriale Gewinne auf Kosten des polnischen Staates erzielte. Durch das Zusammenspiel der drei Großmächte wurde die staatliche Eigenständigkeit Polens letztlich bis 1918 beendet.

Friede von Paris

So wie der Siebenjährige Krieg auf dem europäischen Festland mit einem Zuwachs an Macht und Ansehen für Preußen endete, so siegte Großbritannien im globalen Maßstab. Der Friede von Paris (1763) beglaubigte dessen Position als Weltmacht. Großbritannien nutzte geschickt die europäischen Konflikte, um seine Expansion nach Übersee voranzutreiben. Bereits damals offenbarte sich diejenige Strategie britischer Politik, die bis ins 20. Jahrhundert Gültigkeit besitzen sollte: Sicherung der „balance of power" auf dem Kontinent bei gleichzeitiger Verfolgung kolonialer Interessen in Übersee. Die Weltmeere und die koloniale Expansion bildeten den Brennpunkt des politischen Interesses der Insel. Neben den territorialen Zugewinnen ging es im Frieden von Paris daher auch um Schifffahrtsrechte und Flottenstützpunkte. Die britische Krone gewann unter anderem Florida (von Spanien) sowie Kanada (von Frankreich). Frankreich musste zudem die britische Vorherrschaft in Indien anerkennen. Somit wurde Frankreich sowohl aus Kanada als auch aus Südasien verdrängt. Frankreichs Versuch, in Indien ein eigenes Kolonialreich zu begründen, war damit gescheitert. Für Europa hatte sich als Ergebnis des Siebenjährigen Krieges die Mächtestruktur der Pentarchie, also von fünf Großmächten, herauskristallisiert.

Großbritannien hatte sich als führende See- und Kolonialmacht etabliert. Frankreich war auf globaler Ebene geschwächt, blieb aber eine europäische Großmacht. Russland drang verstärkt nach Mitteleuropa vor. Und mit dem Aufstieg Preußens entstand eine Konkurrenzmacht zur Habsburger Monarchie. Hier lagen die Anfänge jenes Dualismus, der die deutsche Politik im 19. Jahrhundert maßgeblich bestimmen sollte, als es um die Vorherrschaft in Deutschland ging.

Diese fünf Großmächte dominierten bis zum Ersten Weltkrieg die europäische Politik. Die europäische Staatengeschichte des 19. und 20. Jahrhunderts lässt sich aus der Perspektive von Gleichgewicht und Hegemonie (Vormacht) betrachten. Alle Versuche der Hegemonialbildung, die sich zum Beispiel mit den Namen Napoleon I., Wilhelm II. und Hitler verbinden, scheiterten an einer Koalition gegnerischer Mächte. Zwei Machtkreise bestimmten im 18. Jahrhundert und danach das europäische Staatensystem: im Westen die Konkurrenz zwischen Großbritannien und Frankreich und im Osten der Expansionsdrang Russlands. Beide Kreise schnitten sich in Europas Mitte.

Chronologie

1688 - 1697	Pfälzischer Erbfolgekrieg
1701 - 1714	Spanischer Erbfolgekrieg
1740 - 1748	Österreichischer Erbfolgekrieg (mit Schlesischen Kriegen)
1756 - 1763	Siebenjähriger Krieg

Aufgaben

1. Warum scheiterte der Versuch der französischen Monarchie im 17./18. Jahrhundert, eine Vormachtstellung in Europa zu erringen?
→ Text, M1

2. Im Siebenjährigen Krieg bildete sich jene Mächtekonstellation, die bis zum 1. Weltkrieg die europäische Politik bestimmen sollte. Rekapitulieren Sie diesen Prozess.
→ Text

6.4 Wege zum modernen Staat: Preußen, Russland, England

Preußens Weg zum aufgeklärten Absolutismus

Friedrich II. von Preußen als Feldherr
Auf der Brust der Schwarze Adlerorden mit dem preußischen Leitspruch „Suum cuique" („Jedem das Seine"), Gemälde von Friedrich Weitsch, 1780

Seit dem späteren 17. Jahrhundert bildete sich auch in Brandenburg-Preußen unter absolutistischen Vorzeichen ein moderner Militär-, Wirtschafts- und Verwaltungsstaat heraus. Eine innere Machtkonzentration sollte die Grundlage für eine territoriale Expansion und die Selbstbehauptung des Staates im Kräftespiel der europäischen Großmächte darstellen. Ähnlich wie in Frankreich bildeten ein effektiveres Steuersystem, ein leistungswilliger und loyaler Beamtenapparat, die Förderung von Produktion, Gewerbe und Handel und eine schlagkräftige Armee die Grundlage des modernen Zentralstaates preußischer Prägung.

Unter Friedrich Wilhelm I. (1713–1740) wurde die wirtschaftliche Entwicklung den Bedürfnissen des Staates untergeordnet. Aufbau und Unterhalt einer teuren Armee waren nur mit einer gesteigerten Wirtschaftskraft möglich. Das Preußen des 18. Jahrhunderts entsprach einem unterentwickelten Agrarland, das zudem noch durch den Dreißigjährigen Krieg verwüstet und entvölkert worden war. Seine Herrscher, die Hohenzollern, zählten zu den ärmsten Dynastien. Es entsprach der Logik der Staatsräson, also der Festigung der Staatsmacht, das öffentliche Finanzwesen zu stärken und die Staatseinnahmen zu erhöhen. Vor diesem Hintergrund erfolgte die Förderung von Manufakturen, der Ausbau der Infrastruktur und die Effektivierung der Verwaltung. Es handelte sich um eine Modernisierung „von oben". Das Volk war in jedem Fall das Objekt staatlicher Maßnahmen. Es gab in Preußen kein Bürgertum, das stark genug gewesen wäre, die Modernisierung von Staat und Gesellschaft aus eigenem Antrieb zu bewerkstelligen.

Die hohen Kosten der preußischen Armee prägten das höfische Leben in einer Weise, die sich vom stilbildenden Vorbild Frankreichs deutlich abhob. Unter dem Diktat knapper Kassen wurde auf jeglichen Pomp verzichtet und eine sparsame Hofhaltung angeordnet. Normen wie Sparsamkeit, Pflichterfüllung und Disziplin – später als klassische preußische Tugenden mal gelobt und mal diskreditiert – erfuhren in diesem historischen Kontext ihre Durchsetzung von oben.

Am Ende der Regierungszeit Friedrich Wilhelms I., auch Soldatenkönig genannt, besaß Preußen mit 83 000 Soldaten die viertgrößte Armee des Kontinents. In einem Staat mit knapp 2,5 Millionen Einwohnern verschlang sie 80 Prozent des Staatshaushaltes. Wegen der überproportionierten Armee haben Spötter immer wieder behauptet, Preußen sei nur eine Armee, die einen Staat besitze. Friedrich Wilhelm I. hinterließ bei seinem Tod (1740) nicht nur ein schlagkräftiges Heer mit einem loyalen Offizierskorps, sondern auch einen gefüllten Staatsschatz und ein pflichtbewusstes Beamtentum. Er schuf damit die Voraussetzungen für die aggressive Machtpolitik seines Nachfolgers Friedrich II. (1740–1786). Dessen Außenpolitik folgte den klassischen Regeln absolutistischer Macht- und Eroberungspolitik. So wurde in mehreren Kriegen das an Preußen angrenzende Schlesien dem großen Gegner Österreich entrissen.

Am Ende der Regierungszeit Friedrichs II. war es dem preußischen Herrscher gelungen, den verstreuten Besitz zusammenzufassen, die Verbindung zwischen Brandenburg und Ostpreußen herzustellen und eine zusammenhängende Landmasse mit fünf Millionen (statt 2,5 Millionen) Einwohnern zusammenzufügen. Das Ziel der preußischen Monarchie, nach den Erfahrungen des Dreißigjährigen Krieges das Überleben durch eine Stärkung des Staates zu sichern, war damit zunächst erreicht.

Aufgeklärter Absolutismus

Um die Mitte des 18. Jahrhunderts hatte sich in Ländern wie Preußen, Österreich und einigen kleineren deutschen Territorialstaaten die Bereitschaft der Regierenden durchgesetzt, sich aufklärerischer Ideen zu bedienen. Dies führte zu einer Herrschaftsform, die man auch als „aufgeklärten Absolutismus" bezeichnet hat. Von den fortschrittlichen Gedanken der Aufklärung versprachen sich die Herrscher eine Beschleunigung der gerade unter außenpolitischen Zwängen notwendigen politischen und gesellschaftlichen Reformen. Vor allem im Bereich der Religionspolitik, der Justizreform und der Förderung der Wissenschaften zeigte sich ein wachsender Einfluss der Aufklärung.

Die Abschaffung der Folter, die Herstellung von Rechtsgleichheit und Rechtssicherheit und religiöse Toleranz gehörten zum typischen Programm des aufgeklärten Absolutismus. So verfügte Friedrich II. als eine seiner ersten Maßnahmen nach Machtantritt die Einschränkung beziehungsweise Abschaffung der Folter (1740).

Religiöse Toleranz

Die Proklamierung religiöser Toleranz geschah in Preußen zu einem Zeitpunkt, als das in Europa noch nicht selbstverständlich war. Friedrich II. handelte auch aus dem Geist der Aufklärung, wenn er forderte: „... denn hier muss ein jeder nach seiner Façon selig werden ...", aber die Staatsräson spielte eine ebenso große Rolle. Mit der praktizierten Toleranz in religiösen Angelegenheiten bewegte er sich in der Tradition seiner Vorgänger. Schon der Große Kurfürst Friedrich Wilhelm (1640–1688) hatte die französischen Hugenotten aufgenommen, die nach der Aufhebung des Edikts von Nantes (1685) aus Frankreich fliehen mussten. Später folgte unter Friedrich Wilhelm I. die Einwanderung Salzburger Protestanten. Der preußische Staat versprach sich von den Einwanderern, die zum Teil in den bevölkerungsschwachen östlichen Provinzen angesiedelt wurden, Impulse für die wirtschaftliche Entwicklung. Als Steuerzahler waren die Einwanderer allemal willkommen. In einem begrenzten Umfang wurde auch die Niederlassung von Juden toleriert, die im Geld- und Warenhandel eine größere Rolle spielten, jedoch rechtlich nicht gleichgestellt waren.

Förderung der Wissenschaften

Dem aufgeklärten Selbstverständnis Friedrichs II. entsprach es auch, dass er die Wissenschaften, zum Beispiel durch die Preußische Akademie der Wissenschaften, förderte, deren Veröffentlichungen von der Zensur ausgenommen waren. Mit dem französischen Aufklärer Voltaire pflegte der Monarch einen intensiven Umgang. Eine rege Korrespondenz, die über 36 Jahre andauerte, verband den König mit dem Philosophen, was ihm auch den Titel „Philosophen-König" einbrachte.

Legitimation der Herrschaft

Die „aufgeklärten Monarchen“ beriefen sich nicht mehr auf eine Legitimation ihrer Herrschaft „von Gottes Gnaden“, sondern auf ihre Verpflichtung gegenüber den Untertanen, im Interesse des Gemeinwohls zu regieren. Im Sinne dieser neuen Herrschaftsauffassung verstand sich beispielsweise Friedrich II. (der Große) als „erster Diener des Staates“.

Gesellschaftsstruktur

Jedoch wurden auch unter dem aufgeklärten Absolutismus die überkommenen gesellschaftlichen Strukturen nicht angetastet. Nach wie vor besetzte der Adel Offiziersstellen im Heer, in der Verwaltung und am Hof. Unter Friedrich II. wurden fast ausschließlich Adlige zu Ministern ernannt. Auf dem Lande verfügten die adligen Gutsherren (auch Junker genannt) über die Polizeigewalt und über die einfache Gerichtsbarkeit in den dörflichen Gemeinden. Zudem lag die Aufsicht über die Schulen in ihren Händen. Das vom Adel getragene Offizierskorps gehörte zu den wesentlichen Elementen des preußischen Militärstaates.

In der ständischen Gliederung Preußens waren Bürger und Bauern immer noch scharf vom Adel abgegrenzt. Die Bauern, die etwa vier Fünftel der Bevölkerung ausmachten, stellten die Masse der Soldaten, die häufig durch Zwangsmaßnahmen rekrutiert wurden. Im Rahmen des guts- und grundherrschaftlichen Systems stützte sich die Herrschaft des Adels auf die verschiedenen Dienste (zum Beispiel Hand- und Spanndienste) und Abgaben der Bauern. Neben den Bauern waren die Bürger die zweite große Gruppe der Steuerzahler im Staate.

Russlands Weg zur zaristischen Selbstherrschaft

Iwan IV. der Schreckliche

Im 15. und 16. Jahrhundert gelang es dem kleinen Fürstentum Moskau zur russischen Hegemonialmacht aufzusteigen. Symptomatisch für das Selbstbewusstsein war der Anspruch, das 1453 von den Osmanen eroberte Byzanz als „Drittes Rom“ zu beerben. Im Jahre 1547 übernahm Iwan IV. den Zaren (Kaiser-) titel, das steife byzantinische Hofzeremoniell und den Doppeladler als Staatswappen. Zar Iwan IV. (1533–1584) betrieb eine expansive Politik nach außen und begründete ein Terrorregime nach innen, das ihm den Beinamen „der Schreckliche“ eintrug. Er begründete ein Zarentum, das als sakral untermauerte Autokratie (Selbstherrschaft) in die Geschichte eingegangen ist und das bis 1905 die Herrschaftsausübung ohne Mitwirkung der Stände beinhaltete.

Peter I. der Große

Erst mit Beginn des 18. Jahrhunderts machte sich Russland als europäische Macht bemerkbar. Zar Peter I. (1689–1725) unternahm den Versuch, Russland nach westlichem Vorbild zu modernisieren. Er stieß – wie es oft bildhaft formuliert wurde – das Fenster nach Europa auf. Wie revolutionär dieses Unternehmen war, wird daraus ersichtlich, dass Russland bis dahin ein weitgehend von der Außenwelt abgeschottetes Land gewesen war. Zuvor waren Auslandsreisen verboten und wurden sogar als Landesverrat eingestuft. Wenige Ausnahmen gab es nur auf Anweisung des Zaren, zum Beispiel für Kaufleute.

Peter I. wusste, dass der russische Staat der technischen Innovationen bedurfte, wenn er eine wirkliche Großmacht werden sollte. Zar Peter selbst reiste ins Ausland, um sich als Geschützmeister, Schiffs-

Peter der Große (1672–1725),
Zeitgenössisches Gemälde von Pierre Gobert

ingenieur und Navigator ausbilden zu lassen. In klassisch aufgeklärter Manier förderte er Studienreisen in den Westen, das Schulwesen, den Import von Büchern, die Anwerbung westlicher Experten und den Bau von Manufakturen.

Primäres Ziel seiner Politik bestand – analog zum Wirken anderer absolutistisch regierender Fürsten – im Aufbau eines großen, schlagkräftigen Heeres und einer neuen Flotte. Mittelfristig wollte Peter I. sein Land unabhängig von Zulieferungen aus dem Ausland werden lassen.

Mit seiner „Revolution von oben" errichtete Zar Peter I. einen europäischen Machtstaat, aber ohne Europäisierung seines Staates und der russischen Gesellschaft. Die Militärausgaben verschlangen 80 bis 85 Prozent der Staatseinkünfte, wobei die Steuereintreibung mit erbarmungsloser Härte durchgeführt wurde. Peter I. hinterließ bei seinem Tod (1725) ein armes Land mit einer riesigen Militärmaschinerie von 210 000 regulären Soldaten und 24 000 Seeleuten.

Symptomatisch für die autokratische Regierungsweise war sein einsamer Entschluss, eine neue Hauptstadt an der Newa-Mündung zu gründen: das heutige St. Petersburg. Auf Menschen wurde dabei keine Rücksicht genommen. Für diese am Reißbrett entstandene Stadt, die unter extrem ungünstigen Bedingungen in einem sumpfigen Überschwemmungsgebiet errichtet wurde, mussten ungezählte Zwangsarbeiter ihr Leben lassen.

Militärpolitisch beendete Zar Peter I. den Nordischen Krieg (1700–1721) siegreich, verdrängte Schweden als führende Ostseemacht und begründete eine russische Außenpolitik, die territoriale Gewinne im Westen suchte und die später in den polnischen Teilungen fortgesetzt wurde. Im 18. Jahrhundert richtete sich die russische Militärmacht verstärkt auch gegen das Osmanische Reich als Balkanmacht und Kontrolleur des Bosporus. Der politisch-militärische Druck in der Meerengenfrage blieb eine Konstante der russischen Politik bis ins 20. Jahrhundert. Seit dem 18. Jahrhundert war Russland ein Teil des europäischen Mächte-

M 1

systems und stieg unter Zar Alexander I. (1801–1825) im Kampf gegen Napoleon I. zur konservativen Vormacht in Europa auf.

Katharina II. die Große

Die deutsche Zarin Katharina II. (1762–1796) setzte in vielerlei Hinsicht die Politik ihrer Vorgänger fort. Als aufgeklärte Herrscherin korrespondierte sie – wie Friedrich II. von Preußen – mit Philosophen und Wissenschaftlern, sie holte Intellektuelle (Lehrer, Professoren, Beamte) ins Land, warb Kolonisten an für die Besiedlung menschenleerer Steppen. Andererseits konsolidierte sie ein Gesellschaftssystem, das in seiner inhumanen Ausprägung mit dem Standard westeuropäischer Regierungspraxis nicht mehr vereinbar war.

Die russische Gesellschaft

Unter den selbstherrschenden Zaren an der Spitze unterteilte sich die russische Gesellschaft – vereinfacht – in einen adeligen Dienststand und die so genannten Gemeinen. Ein Bürgertum, das in den westeuropäischen Ländern zum Motor der Modernisierung und Demokratisierung werden sollte, fehlte weitestgehend. Ende des 18. Jahrhunderts machte es nur etwa drei Prozent der Bevölkerung aus. Der russische Adel besaß ein Monopol auf Grundbesitz und Leibeigene. Im 17. Jahrhundert umfasste er (bei etwa 13 Millionen Einwohnern) etwa 15 000 Familien. Die Gemeinen – in der Regel Bauern – waren keine Staatsbürger, sondern Leibeigene, den Grundherrn unterworfen, wehrlos und ohne Klagerecht. Ihre Rechtsstellung entsprach einem beweglichen Eigentum. Sie durften die Hofstellen nicht verlassen und konnten zusammen mit dem Land verkauft werden. Ferner besaßen die Grundherren das Züchtigungsrecht und die niedere Gerichtsbarkeit über sie. Noch im 18. Jahrhundert, als sich in Westeuropa die Ideen der Aufklärung unaufhaltsam verbreiteten, wurde die Leibeigenschaft in Russland verschärft. Eine Minderheit von etwa 100 000 Grundbesitzern hielt das Land in der Hand. Russland blieb ein Zwangsstaat, der durch eine korrupte Bürokratie, durch das Fehlen einer unabhängigen Justiz und durch eine scharfe Zensur geprägt blieb. Erst 1861 verfügte Zar Alexander II. die Aufhebung der Leibeigenschaft und stellte durch diesen Schritt überhaupt erst die Rechtsfähigkeit des allergrößten Teils der russischen Gesellschaft her.

Die Anhänger einer bürgerlichen Gesellschaftsordnung blieben in Russland eine kleine Minderheit. Das Land an der östlichen Peripherie Europas blieb weitgehend unbeeinflusst vom Humanismus, der Reformation und der Aufklärung, also jenen geistesgeschichtlichen Bewegungen, die den Weg zur Demokratie und zum Rechtsstaat ebneten.

M 2 **Körperstrafen im Russischen Reich,** Stich von 1849

Englands Weg zur konstitutionellen Monarchie

Magna Charta

Mit Spanien und Frankreich zählte England seit dem Mittelalter zu den großen Monarchien Westeuropas. Im Unterschied zu den beiden Mächten des Kontinents konnte sich jedoch in England der Absolutismus nie wirklich vollständig durchsetzen. Manche Historiker haben deshalb auch von dem „Sonderfall England“ gesprochen. In harten, jahrhundertelangen und oft gewaltsamen Kämpfen errangen und festigten die „Untertanen“ ihre Rechte gegen die Krone. Bereits mit der „Magna Charta“ (1215) setzten Adel und Kirche ihre Interessen gegen den König durch: Steuern bedurften ihrer Zustimmung, und der Schutz vor willkürlicher Verhaftung musste gewährt sein. In der Curia regis traten seit dem 12. Jahrhundert mehrmals jährlich die Adligen und Ritter zu einer Art Parlament zusammen. Diese Versammlung diente dazu, den König zu beraten, ihm Gelder zu bewilligen und Recht zu sprechen.

Im 14. Jahrhundert trennte sich das Parlament in ein House of Commons (Unterhaus) und ein House of Lords (Oberhaus). Im House of Lords saßen der hohe Adel und die hohe Geistlichkeit. Adlige aus den Grafschaften und Vertreter der Städte bildeten das House of Commons. Seine Mitglieder wurden in den Grafschaften und in den Stadtgemeinden gewählt, sodass damit schon eine Art Repräsentation entstand. Allerdings war das Wahlrecht auf eine kleine vermögende Minderheit beschränkt.

Bauernaufstände, der Hundertjährige Krieg mit Frankreich (1339–1453) und die Machtkämpfe des Adels in den so genannten Rosenkriegen (15. Jahrhundert) schwächten das Königtum. Erst unter den Tudor-Königen des 16. Jahrhunderts (Heinrich VIII. und Elisabeth I.) konnte sich die Monarchie wieder vorläufig festigen.

Konflikt zwischen König und Parlament

Im 17. Jahrhundert verschärfte sich die Auseinandersetzung zwischen Krone und Parlament. Unter Jakob I. (1603–1625) und Karl I. (1625–1649) traten die absolutistischen Neigungen der Könige wieder stärker hervor, als sie versuchten, die Rechte des Parlaments weitgehend zu beschneiden. Mehrmals löste Karl I. die verschiedenen Parlamente auf und regierte insgesamt elf Jahre ohne ihre Mitwirkung.

Als er führende Abgeordnete aus dem Unterhaus des neuen „Langen Parlaments“ verhaften lassen wollte, wurde dieser Rechtsbruch zum Anlass für einen blutigen Bürgerkrieg (1642–49). Auf der Seite des Parlaments kämpften vor allem die bürgerlichen Kräfte und die (protestantischen) Puritaner unter der Führung von Oliver Cromwell. Große Teile des Adels, die Katholiken und die Anhänger der (anglikanischen)

M 3 **„Abscheulichste unerhörte Exekution** an weyland dem Durchleutig und Großmächtigsten Carl Stuart, König in Großbritannien, Frankreich und Irland etc. Vorgegangen in London vor der Residentz Whitehall dienstag den 30. janua Anno 1649. Nachmittag zwischen 2 und 3 uhren" steht über diesen Kupferstich von 1649 geschrieben.
Das Medaillon des Königs wird von denen seiner Gegner, General Fairfax und Generalleutnant Cromwell, umrahmt. In der Wolke zwei Engel mit Palmwedel und Lorbeerkrone, den Siegeszeichen über den Tod. Auf dem Podest der Leichnam des Königs, der Henker mit einem Gehilfen, zwei Offiziere und der Bischof von London als geistlicher Beistand.

M 4 **Zeitgenössische Herrscherpropaganda: Cromwell als Retter Englands**

Die Abbildung zeigt Cromwell, 1653–1658 Lord-Protektor von England, Schottland und Irland, als erfolgreichen Kriegsherrn und Friedensstifter, der mit religiösem Sendungsbewusstsein dem Volk Wohlstand, Freiheit und Glück in Aussicht stellt. Die Säule links preist zum Beispiel Herrschertugenden wie Stetigkeit, Tapferkeit und die Verpflichtung auf das Volkswohl und verweist auf die Magna Charta.

Staatskirche unterstützten den König. Damit war der politische Konflikt wesentlich von religiösen Auseinandersetzungen bestimmt und überlagert. Das schlagkräftige und disziplinierte Heer Cromwells siegte schließlich über die Armee des Königs. Auf Beschluss des Unterhauses, in dem nur noch Anhänger Cromwells saßen, wurde Karl I. angeklagt, verurteilt und schließlich 1649 öffentlich hingerichtet. Ein unerhörter Vorgang zu einer Zeit, in der Person und Amt des Königs noch als unantastbar galten.

Unter der Herrschaft Cromwells wurden zunächst die aufständischen (katholischen) Iren mit harter Hand unterworfen. Der irische Grundbesitz ging in englische Hände über. Die Navigationsakte (1651) bestimmte, dass einzuführende ausländische Waren nur von englischen Schiffen befördert werden durften. Die damit bezweckte Ausschaltung der konkurrierenden holländischen Handelsschifffahrt kam den Interessen des Handel treibenden Bürgertums in den Städten entgegen. Andere Erfolge in der Kolonial- und Außenpolitik stärkten unter Cromwell Englands Bedeutung im Kreis der führenden Seemächte. Den religiösen Gruppen wurde – mit Ausnahme der Katholiken – weitgehende Toleranz gewährt. Unter Cromwell war England formell zur Republik geworden, in Wirklichkeit glich es eher einem Militärregime. Nach Cromwells Tod kam es durch einen Parlamentsbeschluss zur Restauration des Stuart-Königtums unter Karl II. (1660–1685) und Jakob II. (1685–1688).

„Glorious Revolution“

Gegen den Versuch Jakobs II., das Land zu rekatholisieren und den Absolutismus erneut durchzusetzen, erhob sich der Widerstand des Parlaments. Dieses trug Wilhelm III. von Oranien, dem mit den Stuarts weitläufig verwandten Erbstatthalter der Niederlande, die englische Krone an. Er landete im November 1688 mit einem kleinen protestantischen Heer unter dem Motto: „Für die protestantische Religion und ein freies Parlament." Nach der Flucht Jakobs II. in das französische Exil trat Wilhelm III. 1689 die Thronfolge an. Dieser unblutig verlaufene Thronwechsel („Glorious Revolution“) bedeutete die Versöhnung von Monarchie und Parlament. Der neue englische König erkannte in der „Bill of Rights“ (1689) die Rechte des Parlaments, der Kirche und der Bürger an. Dieser Vorgang war von größter politischer Bedeutung, weil er den Absolutismus in England beendete und das Tor zur parlamentarischen Monarchie öffnete. Die Souveränität verschob sich von der Krone auf das Parlament. Fortan sprach man vom „King in Parliament“. Das Parlament regelte die monarchische Erbfolge, beschränkte die Prärogative (politischen Vorrechte) des Königs und ließ sich das Budgetrecht nicht mehr nehmen. Der König konnte keine Gesetze mehr außer Kraft setzen. Zudem stand ihm in Friedenszeiten auch kein Heer mehr zur Verfügung.

Die „Glorious Revolution“ etablierte neue Spielregeln der Politik, die England zum freiesten Land in Europa machten. Auch wenn von einer Demokratie im heutigen Sinne nicht die Rede sein konnte – zumal nur fünf Prozent der Bevölkerung wahlberechtigt waren –, so galten fortan Grundsätze, die eine relative Rechtsstaatlichkeit verbürgten: zum Beispiel die Meinungsfreiheit, der Schutz der Persönlichkeit, die Gleichheit vor dem Gesetz und die Unschuldsvermutung vor Gericht.

Ihre theoretische Rechtfertigung erfuhr die „Glorious Revolution“ durch John Locke, der in seinem Buch „Two Treatises of Government“ (1690) die Grundsätze des liberalen Parlamentarismus niedergelegt hat.

Möglich wurde diese Zäsur in der englischen Politik durch eine Gesellschaft, die sich in wesentlichen Aspekten von der kontinentalen unterschied. Hier waren die Standesgrenzen durchlässiger als anderswo, zum Beispiel zwischen dem wohlhabenden Bürgertum und dem niederen Adel (engl. gentry). Auch galt es im Unterschied zu den konservativen Gesellschaften des Kontinents nicht als sittenwidrig, wenn sich Adlige in Geldgeschäften betätigten. Das englische Handelskapital verteilte sich also über die Standesgrenzen hinweg. Die relativ moderne Sozialstruktur des Landes zeigte sich auch im Agrarbereich, wo die Bauern entweder frei auf Eigenland oder als Pächter tätig waren.

Chronologie

1649	Hinrichtung des englischen Königs Karl I.
1688	„Glorious Revolution“
1689–1725	Peter I., russischer Zar
1740–1786	Friedrich II., preußischer König
1762–1796	Katharina II., russische Zarin

M 5 Absolutismus in Preußen

Der Historiker Ernst Walter Zeeden stellt die Errichtung und den Aufstieg des preußischen Staates dar:

Der kräftigste Mittelstaat war Brandenburg. Seine Kurfürsten hatten gelernt, ihre Länder von Ostpreußen bis zum Rhein administrativ zusammenzuhalten und wirtschaftlich aufeinander abzustimmen. Obwohl im europäischen Kräftespiel nur eine geringe Potenz, konnte sich Brandenburg in seiner auswärtigen Politik etwas freier bewegen als seine territorialen Nachbarn. Kurfürst Friedrich III. (1688–1713) erhob mit kaiserlicher Zustimmung sein dem Reich nicht zugehöriges souveränes Herzogtum Preußen zum Königreich und krönte sich selbst im Dom von Königsberg zum König (18.1.1701). König Friedrich I. und seine Gattin Sophie Charlotte suchten ihre Residenz kulturell dem Stand der vergleichbaren Höfe von Dresden und München anzunähern. [...]

Friedrich Wilhelm I. (1713–1740) löste bei der Regierungsübernahme sofort den kostspieligen Hofstaat auf und führte das Prinzip der Rentabilität und Sparsamkeit als Grundregel ein. In seiner Wirtschafts- und Handels-, Finanz- und Heerespolitik setzte er die Vorarbeiten des Großen Kurfürsten fort und trieb den Absolutismus auf die Spitze. Er stellte [...] erstmalig einen Staatsetat auf und führte, um ihn zu kontrollieren, die Oberrechenkammer ein, die Vorläuferin der heutigen Rechnungshöfe. In seinen 27 Regierungsjahren vermehrte er das Heer von 38000 auf 80000 Mann. Einen Teil der Mannschaften rekrutierte er aus aller Herren Länder; den größten Teil stellte das eigene Land nach dem Kantonreglement (1733), wonach die einzelnen ländlichen Regionen für eine bestimmte Anzahl von Rekruten aufzukommen hatten, deren Auswahl ihnen überlassen blieb. Um der Landwirtschaft die benötigten Arbeitskräfte zu erhalten, bekamen die ausgehobenen bäuerlichen Kantonisten während ihrer 20-jährigen Dienstzeit jährlich bis zu 10 Monate Urlaub. Die Offiziersschicht bildete und ergänzte der König fast ausschließlich aus dem Adel seiner Länder. [...]

Als merkantilistischer Wirtschafts- und Handelspolitiker sann er unermüdlich auf Mittel, die Produktion zu beleben und das Land für seine Bedürfnisse selbst aufkommen zu lassen. Er baute Manufakturen und Siedlungen, nahm Einwanderer auf, um das Land zu „peuplieren", und spornte die Gewerbetreibenden an, ihren Umsatz zu steigern; ihr Mehrgewinn kam über die indirekte Steuer (die Akzise) der Staatskasse unmittelbar zugute. [...]

Durch umfassende Verwaltungsreformen machte der König aus den verschiedenen preußischen Territorien ein einheitliches Staatswesen. [...]

Friedrich Wilhelm organisierte nicht nur das Heer und die Verwaltung, sondern zog auch die Leute heran, die beides trugen: den Offizier und den Beamten. Dem König gelang es, den Adel für die Monarchie zu gewinnen und ihm ein neues, am Staat und Heer orientiertes Standes- und Berufsethos einzupflanzen. Er brachte dem Adel ein Bewusstsein dafür bei, dass seine spezifische Ehre darin bestünde, dem preußischen König mit seinem Gut und Blut zu dienen. Der König selbst trug Uniform. Er reihte sich für seine Person dem Offiziersstand ein und hob dadurch dessen Ansehen nicht wenig. Erstaunlicherweise zeigte sich die Aristokratie gewillt, in das ihr neu abgesteckte Aufgabenfeld einzutreten. Sie entwickelte sich, unter den direkten Antrieben des Königs, zu einem aufbauenden Element und zur staatstragenden Schicht. Der König beließ ihr dafür ihre sozialen Privilegien. Durch seine persönliche Erziehungsarbeit machte der König auch die Beamtenschaft zu einem Stand mit eigener Ehre, der pünktlich, unbestechlich und gegen kargen Lohn hart zu arbeiten wusste. Wohl nirgends in Deutschland wurden Gehorsam und Subordination [Untertänigkeit] in solchem Maße gefordert. Aber mit eben diesen Mitteln machte der König auch Zuverlässigkeit, Pflichtgefühl und Sparsamkeit zu sprichwörtlich „preußischen" Eigenschaften. Dadurch, dass er seine Anforderungen an Unbestechlichkeit, Fleiß und Anspruchslosigkeit durchzudrücken und ein spezifisches Ehrgefühl des Beamten zu entwickeln verstand, wirkte er weit über den Tod hinaus auf nachfolgende Generationen typen- und gesinnungsbildend.

Aus: R. Elze, K. Repgen, Studienbuch Geschichte, Stuttgart 1974, S. 628 ff.

M 6 Friedrich der Große: Grundsätze der Politik

In einem politischen Testament formulierte der preußische König Richtlinien für eine „gut geleitete" Regierung (1752):

[...] Eine gut geleitete Regierung muss ein ebenso festgefügtes System haben, wie es ein System der Philosophie geben könnte, dass alle genommenen Maße gut durchdacht und die Finanzen, die Politik und das Militär auf dasselbe Ziel zulaufen, was die Befestigung des Staats und das Anwachsen seiner Macht bedeutet. Aber ein System kann nur aus einem Kopf entspringen; also muss es aus dem des

Herrschers hervorgehen. Die Trägheit, die Wollust oder die Dummheit sind die Ursachen, die die Fürsten daran hindern, an dem edlen Beruf zu arbeiten und das Glück ihrer Völker zu bewirken. Diese Art Souveräne verhalten sich so verächtlich, dass sie zum Gespött und zum Gelächter ihrer Zeitgenossen werden, dass in der Geschichte ihre Namen nur zur Zeitbestimmung einer Epoche dienen; sie vegetieren auf dem Thron, unfähig, ihn zu besitzen, nur damit in Anspruch genommen, sich selbst zu befriedigen. Ihre Fahrlässigkeit gegenüber ihren Völkern ist geradezu strafbar. Ein Souverän ist nicht in diesen hohen Rang erhoben, man hat ihm nicht die größte Macht anvertraut, damit er in Verweichlichung lebt, damit er sich aus der Substanz des Volkes mästet und damit er glücklich sei, während alle Welt leidet. Der Souverän ist der erste Diener des Staates. Er wird gut bezahlt, damit er die Würde seiner Stellung aufrechterhalte; aber man fordert von ihm, dass er wirksam für das Wohl des Staates arbeite und dass er wenigstens die Hauptgeschäfte mit Aufmerksamkeit leite. [...]
Selbst Recht zu sprechen, ist ein Dienst, mit dem sich kein Herrscher belasten kann und ein König von Preußen noch weniger als ein anderer. Die zahllosen Einzelheiten eines jeden Falles würden die Zeit aufzehren, die er vornehmlich für die anderen Geschäfte der Regierung braucht. Aber wenn der Fürst auch nicht selbst Recht spricht, so folgt daraus nicht, dass er die Rechtsprechung überhaupt vernachlässigen darf. [...]
Ich bin entschlossen, niemals den Ablauf der Prozessführung zu stören: In den Gerichtshöfen müssen die Gesetze sprechen und der Souverän hat zu schweigen; aber von Zeit zu Zeit hat mich dieses Schweigen doch nicht gehindert, die Augen offen zu halten und über die Führung der Richter zu wachen. [...]
Die Katholiken, die Lutheraner, die Reformierten, die Juden und eine Anzahl anderer christlicher Sekten wohnen in diesem Staat und leben dort in Frieden: Wenn der Souverän aus falschem Eifer auf den Gedanken käme, sich für eine dieser Religionen zu erklären, würden sich Parteien bilden, Dispute sich erhitzen, die Verfolgungen anfangen und nach und nach die verfolgte Religion ihre Heimat verlassen und Tausende von Untertanen durch ihre Zahl und ihren Fleiß unsere Nachbarn bereichern. [...]
Die militärische Disziplin bringt die Truppen zu blindem Gehorsam. Diese Unterordnung unterwirft den Soldaten dem Offizier, den Offizier dem Kommandeur, den Obersten dem General und sämtliche Generäle dem, der die Armee führt. Ein Soldat, der gegen den Unteroffizier murrt oder den Säbel zieht, um sich zu wehren, ein Offizier, der den Degen gegen seinen Kommandeur erhebt und so weiter – gegen alle diese wird die Todesstrafe verhängt. Ihnen gegenüber darf der Herrscher keine Gnade walten lassen; das Beispiel wäre zu gefährlich: Die geringste Lockerung würde die Verwilderung nach sich ziehen, diese den Geist der Aufsässigkeit, und endlich wären die Kommandeure nicht mehr Meister ihrer Untergebenen, sondern sähen sich gezwungen, ihnen zu gehorchen. [...]
Aus allem, was ich hier des Langen und Breiten über den Stand der Finanzen gesagt habe, geht hervor, dass der Fürst noch weit mehr seine Einnahmen erhöhen kann, nicht indem er das Volk bedrückt und ihm neue Steuern auferlegt, sondern indem er seinen Untertanen Erleichterungen verschafft und sich einer löblichen Industrie bedient, um sich in einen besseren Stand zu versetzen. Was die allgemeinen Kassen angeht, so ist die Hauptsache, dass die Steuern vom Volk und die Pacht von den Pächtern pünktlich bezahlt werden, damit das Militär, die Richter, die Finanzbeamten, die Apanage [Zuwendungen, Einkünfte] des Fürstenhauses und alle Staatsausgaben regelmäßig bezahlt werden können, ohne die Einkünfte der verschiedenen Kassen zu vermengen oder in Unordnung zu bringen, ohne jemals die gesamten Einnahmen eines Jahres auszugeben, damit durch Überschüsse der Staatsschatz stets hinreichend gefüllt ist, um einen Krieg wenigstens vier Jahre lang aushalten zu können und allen Notlagen, in die der Staat geraten kann, gewachsen zu sein, die Finanzbeamten aufs Beste auszuwählen und unter militärischer Disziplin zu halten und wenigstens darauf bedacht zu sein, dass neue Anordnungen auf das Sorgfältigste befolgt werden. [...]

Zit. nach: R. Dietrich (Hg.), Politische Testamente der Hohenzollern, München 1981, S. 132 ff.

M 7 Friedrich II. als gerechter Richter (um 1780)

Die Allegorie zeigt den erhöht thronenden König als gerechten Richter, der die mit Orden und Auszeichnungen belastete und die mit „Indigence" [Bedürftigkeit] bezeichnete Waagschale im Gleichgewicht hält. Friedrich II. blickt empor zu der in den Wolken schwebenden Gestalt, die mit einem Schwert die „schlechten" Richter vertreibt. Vor der Estrade knien der um Gerechtigkeit flehende Müller Arnold und seine Familie, deren Mühle im Hintergrund zu sehen ist. Der legendäre Müller-Arnold-Prozess ist ein Beispiel für die zahlreichen Auseinandersetzungen zwischen Bauern und Gutsherren, in denen die Bauern auf dem Rechtswege versuchten, ihre drückenden Lasten zu vermindern. Als der Landrat von Gersdorff oberhalb der Mühle Karpfenteiche anlegen ließ, die die Nutzung der Mühle beeinträchtigten, zahlte der Müller keinen Pachtzins mehr und musste die Mühle verlassen. Nachdem Arnolds Beschwerden von der Küstriner Regierung und dem Kammergericht in Berlin zurückgewiesen worden waren, wandte er sich an den König, der die Urteile aufhob. Gegenüber dem Minister von Zedlitz äußerte sich Friedrich am 11. Dezember 1779: „Denn Ich will, dass in Meinen Landen einem jeden, er sei vornehm oder gering, prompte Gerechtigkeit widerfahren [...] soll."

Der König entschied willkürlich, ohne die Sachlage zu kennen, dass die Richter ihre adeligen Standesgenossen begünstigt hätten, was aber nicht der Fall war, und entließ sie. Erst die 1794 als „Allgemeines Landrecht" in Kraft getretene einheitliche Gesetzessammlung für die preußischen Staaten band den König an die im Staate herrschenden Gesetze.

Aus: Germanisches Nationalmuseum Nürnberg, Freiheit, Gleichheit, Brüderlichkeit, Nürnberg 1989, S. 212 f.

M 8 Am Zarenhof

Audienz der holsteinischen Gesandtschaft beim Zaren. Der Diplomat Adam Olearius beschrieb die Szene (1634):

[...] auf dem Stuhle saß des Zaren Majestät in einem mit Edelsteinen besetzten und mit Perlen bestickten Rock. Die Krone, die er über einer schwarzen Zobel-Mütze aufhatte, war mit großen Diamanten besetzt, wie auch das goldene Zepter, das er, weil es wohl schwer war, bisweilen aus einer Hand in die andere tat. Vor des Zaren Stuhl standen vier junge starke Fürsten, zwei auf jeder Seite, mit weißen Damast-Röcken und Mützen aus Luchsfell und mit weißen Stiefeln, über der Brust mit goldenen Ketten kreuzweise behängt. Jeder hielt ein silbernes Beil auf der Schulter, wie bereit zum Hieb. An den Wänden saßen die vornehmsten Fürsten, Bojaren [Adelige] und Reichsräte, 50 Personen, in sehr köstlichen Kleidern mit hohen schwarzen Fuchs-Mützen, welche sie immer auf dem Kopf behalten. Neben des Zaren Stuhl zur Rechten stand der Reichsapfel in Größe einer Kegel-Kugel aus Gold auf einer silbern durchbrochenen Pyramide, zwei Ellen hoch. [...]

Zit. nach: L. Sievers, Deutsche und Russen, Hamburg 1981, S. 113.

M 9 Öffnung des Landes

Manifest Peters des Großen über die Berufung von Ausländern (April 1702):

In allen Ländern, die der Allmächtige unserer Regierung untertan gemacht hat, ist es zur Genüge bekannt, dass wir seit der Besteigung dieses Thrones alle unsere Bemühungen und Maßnahmen darauf gerichtet haben, diesen Staat so zu verwalten, dass alle unsere Untertanen, dank unserer Fürsorge für das allgemeine Wohl, mehr und mehr in einen besseren und glücklicheren Zustand gelangen sollten.

Zu diesem Zwecke haben wir eifrig danach getrachtet, die innere Ruhe zu wahren, den Staat vor fremden Angriffen zu schützen sowie den Handel zu verbessern und auszudehnen.

Zu eben diesem Zwecke mussten wir während unserer Regierung einige notwendige und dem Wohl des Landes dienende Veränderungen durchführen, damit unsere Untertanen desto leichter und gründlicher ihnen bisher fremde Kenntnisse erwerben und alle ihre Handelsgeschäfte desto geschickter betreiben könnten.

Deshalb haben wir insbesondere den Handel mit dem Ausland durch die notwendigen Befehle, Anordnungen und Einrichtungen gefördert, und wir sind gewillt, es auch künftighin zu tun.

Da wir aber befürchten, dass diese Angelegenheiten sich noch nicht so gut entwickelt haben, als wir es wünschen; und da unsere Untertanen die Früchte unserer Bemühungen noch nicht in vollkommener Ruhe genießen können, so haben wir noch nach weiteren Mitteln getrachtet, um unsere Grenzen vor feindlichen Überfällen zu sichern, die Rechte und Vorzüge unseres Reiches sowie die Ruhe der Christenheit zu wahren, wie es einem christlichen Monarchen geziemt.

Um diese heilsamen Ziele zu erreichen, haben wir uns vor allem bemüht, das Heer, da es eine Stütze unseres Staates ist, in bestmöglichen Zustand zu bringen, damit unsere Truppen nicht nur aus gut ausgebildeten Leuten bestehen, sondern auch in Disziplin und guter Ordnung leben.

Um aber in dieser Hinsicht größtmögliche Vollkommenheit zu erreichen und jene Fremden, welche in der Lage sind, bei solchen Bestrebungen mitzuwirken und die Verbesserungen zu fördern, dazu zu bewegen, dass sie, gemeinsam mit sonstigen, für das Staatswesen nützlichen Fachleuten zu uns kommen und in unserem Dienst wie auch in unserem Lande verbleiben, haben wir befohlen, dieses Manifest mit unten stehenden Punkten überall bekannt zu geben und durch Drucklegung in ganz Europa zu publizieren[1].

1 Es folgt eine Aufzählung der den Ausländern gebotenen Bedingungen: freie Einreise, Sicherheit und Reiseunterstützung jeder Art; Glaubensfreiheit; Immunität der Ausländer gegenüber russischen Gerichten und Gesetzen; besondere Gerichtsbarkeit für die Fremden nach göttlichem, römischem und sonstigem ausländischen Recht usw.

Zit. nach: V. Gitermann, Geschichte Russlands, Bd. 2, Frankfurt/M. 1965, S. 417 f.

M 10 Katharinas imperialer Schritt
Anonyme französische Karikatur (1792) auf die Eroberungspolitik der russischen Zarin Katharina II. Der „Katzensprung nach Konstantinopel" ist gleichzeitig eine Anspielung auf die Sinnlichkeit der Zarin. Unter ihr der Papst und die Könige Europas.

M11 **Grundbesitzer im europäischen Teil Russlands, die Leibeigene besaßen**

Einteilung nach der Zahl der männlichen Leibeigenen (Seelen)		(1858/59) Zahl	Anteil
A. Große Grundherren (mehr als 1000 Seelen)		1032	1,1%
B. Kleinadel	a) 501–1000 Seelen	1754	2,0%
	b) 101–500 Seelen	15717	18,0%
C. Verarmte Dworjane (= adeliger Grundbesitzer)	c) 21–100 Seelen	30593	35,1%
	d) unter 20 Seelen	38173	43,8%

Genauere Zahlen über den Besitz von Leibeigenen liegen erst für das 19. Jahrhundert vor. Danach besaßen 1400 der reichsten Grundbesitzer des Russischen Reiches drei Millionen Leibeigene. Die gesamte Einwohnerzahl im europäischen Russland betrug zum damaligen Zeitpunkt etwa 60 Millionen.

Daten aus: R. Pipes, Russland vor der Revolution, München 1977, S. 180 ff.

M12 **Der englische Souverän.** Das Bild zeigt das Parlament im Jahre 1641. Die Sitzordnung im traditionsbewussten England hat sich bis in die Gegenwart nicht geändert.

M13 **Bill of Rights (1689)**

Die „Bill of Rights" hat die Bedeutung eines Grundgesetzes für den englischen Staat:

Die in Westminster versammelten geistlichen und weltlichen Lords und Gemeinen, die gesetzmäßige, vollständige und freie Vertretung aller Stände des Volkes in diesem Königreich, legten am 13. Tag im Februar im Jahr unseres Herrn 1689 Ihren Majestäten, zu der Zeit genannt und bekannt unter dem Namen und Titel Wilhelm und Maria, Prinz und Prinzessin von Oranien, die in eigener Person anwesend waren, eine gewisse geschriebene Erklärung vor, welche von oben angeführten Lords und Gemeinden in folgenden Worten ausgestellt wurde. [...]
Die angemaßte Befugnis, Gesetze oder die Ausführung von Gesetzen durch königliche Autorität ohne Zustimmung des Parlaments aufzuheben, ist gesetzwidrig.
Die angemaßte Befugnis, Gesetze oder die Ausführung von Gesetzen durch königliche Autorität zu dispensieren, wie sie kürzlich beansprucht und ausgeübt wurde, ist gesetzwidrig.
Die Errichtung des früheren außerordentlichen Gerichtshofes für kirchliche Rechtsfälle sowie alle anderen Kommissionen und Gerichtshöfe ähnlicher Natur sind gesetzwidrig und gefährlich.
Steuern für die Krone oder zum Gebrauch der Krone unter dem Vorwand eines Prärogativs [Vorrecht] ohne Erlaubnis des Parlaments für längere Zeit oder in anderer Weise, als erlaubt und bewilligt wurde, zu erheben, ist gesetzwidrig.
Es ist das Recht des Untertans, dem König Bittschriften einzureichen, und jede Untersuchungshaft sowie Verfolgung wegen solch einer Petition ist gesetzwidrig.
Es ist gegen das Gesetz, es sei denn mit Zustimmung des Parlaments, eine stehende Armee im Königreich in Friedenszeiten aufzustellen oder zu halten.
Den protestantischen Untertanen ist es erlaubt, Waffen zu ihrer Verteidigung gemäß ihrer Stellung und wie es das Gesetz gestattet zu führen.
Die Wahl von Parlamentsmitgliedern soll frei sein.
Die Freiheit der Rede und der Debatten und Verhandlungen im Parlament darf von keinem Gerichtshof oder sonstwie außerhalb des Parlaments angefochten oder infrage gestellt werden.
Eine allzu hohe Bürgschaft darf nicht gefordert werden. Auch dürfen keine übermäßigen Geldstrafen auferlegt oder grausame und ungewohnte Strafen vollzogen werden. [...]
Um allen Beschwerden abzuhelfen sowie zur Besserung, Stärkung und Erhaltung der Gesetze sollen Parlamentssitzungen häufig gehalten werden. [...]
Im vollen Vertrauen, dass Seine Hoheit der Prinz von Oranien seine diesbezügliche Erklärung erfüllen und sie gegen Verletzung ihrer hiermit zugesicherten Rechte sowie gegen alle sonstigen Angriffe auf ihre Religion, Rechte und Freiheiten schützen wird, beschließen die zu Westminster versammelten geistlichen und weltlichen Lords und Gemeinen, dass Wilhelm und Maria, Prinz und Prinzessin von Oranien, König und Königin von England sein und als solche erklärt werden sollen. [...]

Zit. nach: W. Lautemann, M. Schlenke (Hg.), a. a. O. München 1982, S. 495.

Aufgaben

1. Erklären Sie den Begriff „aufgeklärter Absolutismus".
   → Text
2. Beschreiben Sie das Herrschafts- bzw. Regierungssystem im „friderizianischen Staat".
   → Text, M5, M6, M7
3. Untersuchen Sie die Grundlinien der Politik, die Friedrich der Große in seinem „Politischen Testament" entwickelte. Welche Grundsätze sind eher dem herkömmlichen Absolutismus zuzuordnen, und welche Auffassungen entsprechen dem „aufgeklärten Absolutismus"?
   → Text, M5, M6
4. Im Osten Europas entstand ein autokratischer Machtstaat. Fassen Sie die spezifischen Merkmale der zaristischen Herrschaft zusammen.
   → Text, M8, M9
5. In welcher Hinsicht unterschied sich die russische Gesellschaft z. B. von der englischen?
   → Text, M11
6. Erklären Sie die sozialen Voraussetzungen der Englischen Revolution. Wer waren ihre Träger?
   → Text
7. Zeigen Sie, an welchen Bestimmungen der „Bill of Rights" die Verschiebung der Souveränität auf das Parlament sichtbar wird.
   → M13
8. In welcher Weise unterschieden sich die Wege zum modernen Staat? Vergleichen Sie die Entwicklung in Preußen, Russland und England.
   → Text, M1–M13

6.5 Ideen des Parlamentarismus und der Aufklärung

Aufklärung

Im 17. und 18. Jahrhundert entfaltete sich zunächst in Holland und England, später in Frankreich und Deutschland die Bewegung der Aufklärung. In ihr liefen die seit der Renaissance und dem Humanismus sichtbar gewordenen Tendenzen der Säkularisierung (Verweltlichung) und Verwissenschaftlichung des Denkens zusammen.

Die Aufklärung wollte alle Verhältnisse in der Gesellschaft und im Staat dem Urteil der Vernunft unterwerfen. Durch kritisches Denken, geistige Freiheit und religiöse Toleranz sollten vernunftfeindliche Traditionen, ständische Vorurteile und kirchlich-religiöse Herrschaftsansprüche überwunden werden. Ein optimistischer Fortschrittsglaube machte die Abschaffung aller geistigen, sozialen und politischen Beschränkungen notwendig, die der Selbstbestimmung des Einzelnen und der Verbesserung der überkommenen Gesellschaftsordnung im Wege standen.

Im Zusammenhang des neuen Weltbildes der Aufklärung wurden auch die fortschrittlichen Prinzipien der modernen Staatstheorien formuliert:

- Nach der von dem Holländer Hugo Grotius (1583–1645) weiterentwickelten Naturrechtslehre kommen dem Menschen angeborene und nicht aufhebbare Rechte zu, die der Staat zu respektieren und zu schützen habe. Diese „natürlichen Rechte“ des Menschen stellen auch die Grundlage der allgemeinen Menschenrechte dar.
- Die religiöse Legitimation des Staates wurde durch eine rationale Herleitung staatlicher Herrschaft abgelöst: Der Staat basiere auf einem Vertrag beziehungsweise einer Vereinbarung der Menschen. Die Lehre vom Gottesgnadentum war damit durch die Theorie vom Staatsvertrag überwunden. Im Anschluss an Hobbes begründete der deutsche Rechtslehrer Samuel Pufendorf (1632–1694) die Notwendigkeit des Staates aus der Gewährleistung des inneren Friedens und der öffentlichen Sicherheit.
- Die Souveränitätsrechte verschoben sich vom Herrscher (Monarchen) auf das Volk.
- Die Funktionen des Staates wurden neu definiert: Der Zweck des Staates liege nicht mehr in der Machtentfaltung des Souveräns. Die staatliche Herrschaft solle vielmehr auf die Förderung des allgemeinen und individuellen Wohls zielen, dem Regierung, Verwaltung und Gesetzgebung zu dienen hätten. In abgeschwächter Form gingen diese Auffassungen auch in die Regierungspraxis des aufgeklärten Absolutismus ein.

John Locke

Ein Schlüsselwerk der modernen Staatsrechtslehre stammt aus der Feder von John Locke (1632–1704). In seinen „Two Treatises on Government“ (Abhandlungen über die Regierung, 1690) entwickelte John Locke die staatstheoretische Begründung für die konstitutionelle Monarchie. Vor dem Hintergrund der Glorious Revolution erregten seine Gedanken großes Aufsehen und machten ihn mit einem Schlag berühmt. Locke selbst war in die politische Opposition gegen die Stuart-Könige verwickelt und verbrachte mehrere Jahre im holländischen Exil.

Locke knüpfte an die Idee des Gesellschaftsvertrags an, die 40 Jahre zuvor zum ersten Mal von Thomas Hobbes formuliert worden war. Im Unterschied zu Hobbes ging Locke von der Freiheit des Menschen als Naturrecht aus. Nicht die Unterwerfung der Gesellschaft unter einen Souverän ist bei ihm die Schlussfolgerung, sondern die widerrufbare Einsetzung des Herrschers durch die Gesellschaft. Damit brachte Locke die Grundsätze des liberalen Parlamentarismus zu Papier, die bis in die Gegenwart nichts von ihrer Bedeutung eingebüßt haben:

- die Legitimation von Herrschaft durch die Beherrschten,
- die Machtübertragung auf Zeit (Prinzip der Abberufbarkeit),
- das Widerstandsrecht gegen absolutistische (totalitäre) Machtansprüche,
- die Teilung der Gewalten.

Montesquieu

Jahrzehnte später wurde in Frankreich durch Montesquieu (1689–1755) Lockes Lehre von der Teilung der Gewalten in Legislative, Föderative (mit dem Recht der Außenpolitik) und Exekutive wieder aufgenommen und ausgebaut. Ähnlich wie Lockes Schriften traf sein Hauptwerk „De l'Esprit des Lois" (Vom Geist der Gesetze, 1748) im absolutistischen Frankreich auf eine große Resonanz. Montesquieu, der selbst ein Angehöriger des Amtsadels war, ordnete die Exekutive dem Monarchen zu. Nach dem Vorbild des englischen Ober- und Unterhauses sollte die Legislative zwei Kammern umfassen, in denen sowohl der Adel als auch die bürgerlichen Kräfte ihre Interessen vertreten konnten. Gegen den Missbrauch staatlicher Macht setzte Montesquieu eine unabhängige richterliche Gewalt zum Schutz politischer Freiheiten der Bürger.

Lockes Betonung der Rechte und Freiheiten der Bürger (Liberalismus) und Montesquieus Lehre von der Gewaltenteilung gingen über die Unabhängigkeitserklärung (1776), die amerikanische Verfassung (1798) und die französische Revolutionsverfassung (1791) in die Verfassungen aller modernen Demokratien ein.

Aufklärung in Frankreich

Denis Diderot (1713–1784)
Gemälde von Jean-Honoré Fragonard, 1770

Die größte Breitenwirkung hatte die Aufklärung in Frankreich. Hier verkörperte Voltaire (1694–1778) den Typus des freidenkerischen Aufklärungsschriftstellers. Sein literarischer und publizistischer Kampf richtete sich gegen religiöse Intoleranz, die Machtansprüche der Kirche und die Missstände des spätabsolutistischen Herrschaftssystems. An der von Diderot und D'Alembert herausgegebenen „Encyclopédie" (1751–1772), die den gesamten Bestand des zeitgenössischen Wissens aus aufklärerischer Perspektive darstellen wollte, arbeiteten die bekanntesten französischen Gelehrten und Schriftsteller mit, darunter Voltaire, Montesquieu, Condillac und Rousseau. Die Enzyklopädie als Dokument des geistigen und gesellschaftlichen Fortschritts der Epoche enthielt in verständlicher Darstellung Artikel zu allen Wissensgebieten wie Politik, Kunst, Philosophie, Technik, Handwerk und Naturwissenschaften.

Jean-Jacques Rousseau (1712–1778) kritisierte die ungleiche Verteilung des Privateigentums und die dadurch bedingte Ungleichheit der politischen Rechte. In seiner einflussreichen Schrift „Du Contrat social" (Vom Gesellschaftsvertrag, 1762) verfocht er den Grundsatz der Volkssouveränität, indem er den Staat aus einem allgemeinen Willen des Volkes („volonté générale“) hervorgehen ließ. Seine revolutionäre Idee, eine demokratische Republik auf der Grundlage von gesellschaftlicher und politischer Freiheit zu errichten, stand in einem scharfen Gegensatz zur herrschenden Monarchie. So war Rousseau mit Montesquieu und Voltaire einer der geistigen Wegbereiter der Französischen Revolution.

Aufklärung in Deutschland

In Deutschland wurde die Aufklärung durch Universitätsprofessoren und Gelehrte wie Gottfried Wilhelm Leibniz, Christian Thomasius und Christian Wolff und Schriftsteller wie Gotthold Ephraim Lessing (1729–1781) vertreten.

Lessing versuchte in seinem literarischen Werk die Ideen der Aufklärung auf die Bühne zu bringen. Seinem Humanitätsideal verlieh er mit der Figur des Nathan (der Weise) in dem gleichnamigen Theaterstück zeitlosen Ausdruck. Im „Nathan" machte sich Lessing zum Anwalt der Toleranzidee und damit der Überwindung des Konfessionalismus. Humanität sollte sich demzufolge nicht an abstrakten Glaubensinhalten messen lassen, sondern am praktischen Handeln eines Menschen. Dahinter stand auch die optimistische Idee von einer Verbesserung der Gesellschaft durch vorbildhaftes Verhalten.

Der Philosoph Immanuel Kant (1724–1804) hatte das Ziel der Aufklärung so definiert: „Aufklärung ist der Ausgang des Menschen aus seiner selbstverschuldeten Unmündigkeit.“ Nach Kant sollte die Politik die individuelle Freiheit sichern, die (rechtliche) Gleichheit der Menschen fördern und den Bürgern das Recht auf politische Mitwirkung gewähren. Im Hinblick auf die Beziehungen der Staaten untereinander hielt er die Schaffung einer völkerrechtlich abgesicherten Friedensordnung für ein Gebot der Vernunft. Diese Forderung schloss eine Kritik an der Kriegs- und Expansionspolitik der absolutistischen Staaten (zum Beispiel Preußens) ein. Kant verfolgte mit Interesse und Sympathie die Ereignisse der Französischen Revolution. Gleichwohl sah er in Reformen (und nicht in gewaltsamen Revolutionen) das geeignete Mittel, die herrschende Staatsordnung zu verbessern.

Im Wesentlichen blieb die Aufklärung trotz ihres universalen Anspruchs eine Angelegenheit einer gebildeten intellektuellen Elite. Zu ihren Trägern gehörten neben fortschrittlichen Teilen des Adels insbesondere Angehörige einer bürgerlichen Oberschicht von Kaufleuten, Gelehrten, Wissenschaftlern, Schriftstellern und Philosophen, die den Charakter der Aufklärung als einer bürgerlichen Emanzipationsbewegung bestimmten. Ihre breitere Wirkung hing entscheidend von der Herausbildung einer politisch und kulturell interessierten Öffentlichkeit ab. Eine wachsende Buch- und Zeitschriftenproduktion kam dem Informations- und Diskussionsbedürfnis des Lesepublikums entgegen.

Die Aufklärungsliteratur verstand sich demnach als kulturelles Medium eines sozialen und politischen Bewusstseinswandels. Die weithin übliche Praxis staatlicher Zensur stellte allerdings eine Beschränkung des freien, öffentlichen Austauschs der Gedanken dar. Von daher erklärte sich auch die aufklärerisch-liberale Forderung nach Freiheit der Meinung.

M 1 **„Toleranz“**
Radierung von Daniel Chodowiecki, 1791

M 2 John Locke: Naturzustand und Gesellschaftsvertrag

Mit seinen „Zwei Abhandlungen über die Regierung" (1690) rechtfertigte Locke die „Glorious Revolution":

Um politische Gewalt richtig zu verstehen und sie von ihrem Ursprung abzuleiten, müssen wir erwägen, in welchem Zustand sich die Menschen von Natur aus befinden. Es ist ein Zustand vollkommener Freiheit innerhalb der Grenzen des Gesetzes der Natur, ihre Handlungen zu regeln und über ihren Besitz und ihre Persönlichkeit so zu verfügen, wie es ihnen am besten scheint. [...]

John Locke, Kupferstich aus dem Jahre 1734

Es ist darüber hinaus ein Zustand der Gleichheit, in dem alle Macht und Rechtsprechung wechselseitig sind, da niemand mehr besitzt als ein anderer: Nichts ist einleuchtender, als dass Geschöpfe von gleicher Gattung und von gleichem Rang, die ohne Unterschied zum Genuss derselben Vorteile der Natur und zum Gebrauch derselben Fähigkeiten geboren sind, ohne Unterordnung und Unterwerfung einander gleichgestellt leben sollen, es sei denn ihr Herr und Meister würde durch eine deutliche Willensäußerung den einen über den anderen stellen und ihm durch eine überzeugende, klare Ernennung ein unzweifelhaftes Recht auf Herrschaft und Souveränität verleihen. [...]

Jeder Mensch, der mit einem anderen übereinkommt, einen einzigen politischen Körper unter einer Regierung zu bilden, verpflichtet sich gegenüber jedem Einzelnen dieser Gesellschaft, sich dem Beschluss der Mehrheit zu unterwerfen und sich ihm zu fügen. Denn sonst würde dieser ursprüngliche Vertrag, durch den er sich mit anderen zu einer Gesellschaft vereinigt, keinerlei Bedeutung haben und kein Vertrag sein, wenn der Einzelne weiter frei bliebe und unter keiner anderen Verpflichtung stände als vorher im Naturzustand. Damit nun alle Menschen davon abgehalten werden, die Rechte anderer zu beeinträchtigen und sich einander zu benachteiligen, und damit das Gesetz der Natur, das den Frieden und die Erhaltung der ganzen Menschheit verlangt, beobachtet werde, so ist in jenem Zustand die Vollstreckung des natürlichen Gesetzes in jedermanns Hände gelegt. Somit ist ein jeder berechtigt, die Übertreter dieses Gesetzes in einem Maße zu bestrafen, wie es notwendig ist, um eine erneute Verletzung zu verhindern. [...]

Wenn der Mensch im Naturzustand so frei ist, wie gesagt worden ist, wenn er der absolute Herr seiner eigenen Person und seiner Besitztümer ist, dem Größten gleich und niemandem untertan, warum soll er auf seine Freiheit verzichten? Warum soll er seine Selbstständigkeit aufgeben und sich der Herrschaft und dem Zwang einer anderen Gewalt unterwerfen? Die Antwort darauf liegt auf der Hand: Obwohl er nämlich im Naturzustand ein solches Recht hat, so ist doch die Freude an diesem Recht eher ungewiss, da er fortwährend den Übergriffen anderer ausgesetzt ist. Denn da jeder in gleichem Maße König ist wie er, da alle Menschen gleich sind und der größere Teil von ihnen nicht genau die Billigkeit und Gerechtigkeit beachtet, so ist die Freude an seinem Eigentum, das er in diesem Zustand besitzt, sehr ungewiss und sehr unsicher. Das lässt ihn bereitwillig einen Zustand aufgeben, der bei aller Freiheit voll von Furcht und ständiger Gefahr ist. Und nicht grundlos trachtet er danach und ist dazu bereit, sich mit anderen zu einer Gesellschaft zu verbinden, die bereits vereinigt sind oder doch die Absicht hegen, sich zu vereinigen zum gegenseitigen Schutz ihres Lebens, ihrer Freiheiten und ihres Vermögens, was ich unter der allgemeinen Bezeichnung Eigentum zusammenfasse. [...]

Das große Ziel, das Menschen, die in eine Gesellschaft eintreten, vor Augen haben, liegt im friedlichen und sichern Genuss ihres Eigentums, und das große Werkzeug und Mittel dazu sind die Gesetze, die in dieser Gesellschaft erlassen worden sind. So ist das erste und grundlegende positive Gesetz aller Staaten die Begründung der legislativen Gewalt, so wie das erste und grundlegende natürliche Gesetz, das sogar über der legislativen Gewalt gelten muss, die Erhaltung der Gesellschaft und (soweit es mit dem öffentlichen Wohl vereinbar ist) jeder einzelnen Person in ihr ist. Diese Legislative ist nicht nur die höchste Gewalt des Staates, sondern sie liegt auch geheiligt und unabänderlich in den Händen, in welche die Gesellschaft sie einmal gelegt hat. [...]

J. Locke, Zwei Abhandlungen über die Regierung, zit. nach: N. Hoerster (Hg.), Klassische Texte der Staatsphilosophie, München 1976, S. 133 ff.

M 3 Montesquieu: Über Gewaltenteilung

Der französische Staatstheoretiker musste sein Hauptwerk „Vom Geist der Gesetze" 1748 anonym veröffentlichen:

In der Tat scheint das Volk in den Demokratien zu tun, was es will. Aber die politische Freiheit besteht nicht darin, zu tun, was man will. In einem Staat, das heißt in einer Gesellschaft, in der es Gesetze gibt, kann die Freiheit nur darin bestehen, das tun zu können, was man wollen darf, und nicht gezwungen zu sein, zu tun, was man nicht wollen darf.

Man muss sich gegenwärtig halten, was Unabhängigkeit und was Freiheit ist. Freiheit ist das Recht, alles zu tun, was die Gesetze erlauben. Wenn ein Bürger tun könnte, was die Gesetze verbieten, so hätte er keine Freiheit mehr, weil die anderen ebenfalls diese Macht hätten. [...]

Es bedarf keiner sonderlichen Mühe, um die politische Freiheit in der Verfassung zu entdecken. Wenn man sie dort sehen kann, wo sie ist, wenn man sie dort gefunden hat, wozu sie noch weiter suchen?

In jedem Staat gibt es drei Arten von Gewalt: die gesetzgebende Gewalt, die vollziehende Gewalt in Ansehung der Angelegenheiten, die vom Völkerrecht abhängen, und die vollziehende Gewalt hinsichtlich der Angelegenheiten, die vom bürgerlichen Recht abhängen.

Vermöge der ersten gibt der Fürst oder Magistrat Gesetze auf Zeit oder für immer, verbessert er die bestehenden oder hebt sie auf. Vermöge der zweiten schließt er Frieden oder führt Krieg, schickt oder empfängt Gesandtschaften, befestigt die Sicherheit, kommt Invasionen zuvor. Vermöge der dritten straft er Verbrechen oder spricht das Urteil in Streitigkeiten der Privatpersonen. Ich werde diese letzte die richterliche Gewalt und die anderen schlechthin die vollziehende Gewalt des Staates nennen. [...]

Wenn in derselben Person oder der gleichen obrigkeitlichen Körperschaft die gesetzgebende Gewalt mit der vollziehenden vereinigt ist, gibt es keine Freiheit; denn es steht zu befürchten, dass derselbe Monarch oder derselbe Senat tyrannische Gesetze macht, um sie tyrannisch zu vollziehen.

Es gibt ferner keine Freiheit, wenn die richterliche Gewalt nicht von der gesetzgebenden und vollziehenden getrennt ist. Ist sie mit der gesetzgebenden Gewalt verbunden, so wäre die Macht über Leben und Freiheit der Bürger willkürlich, weil der Richter Gesetzgeber wäre. Wäre sie mit der vollziehenden Gewalt verknüpft, so würde der Richter die Macht eines Unterdrückers haben.

Alles wäre verloren, wenn derselbe Mensch oder die gleiche Körperschaft der Großen, des Adels oder des Volkes diese drei Gewalten ausüben würde: die Macht, Gesetze zu geben, die öffentlichen Beschlüsse zu vollstrecken und die Verbrechen oder die Streitsachen der Einzelnen zu richten. [...]

Montesquieu, Vom Geist der Gesetze, zit. nach N. Hoerster, a. a. O., S. 180 ff.

M 4 Rousseau: Grundlagen der Gesellschaft

Im „Contrat social" (1762) entwickelte der Philosoph und Schriftsteller Jean-Jacques Rousseau einflussreiche Gedanken zum Gesellschaftsvertrag:

Der Mensch wird frei geboren, und überall ist er in Ketten. [...]

Die gesellschaftliche Ordnung ist ein geheiligtes Recht, das die Grundlage aller übrigen bildet. Dieses Recht entspringt jedoch keineswegs der Natur; es beruht also auf Verträgen. Es kommt deshalb darauf an, über diese Verträge Klarheit zu schaffen. Der Stärkste ist nie stark genug, um immer der Herr zu sein, wenn er nicht seine Gewalt in Recht umwandelt und den Gehorsam in Pflicht. [...]

Wir sind uns also darüber einig, dass Gewalt kein Recht schafft und dass man zum Gehorsam nur gegenüber den gesetzmäßigen Gewalten verpflichtet ist.

Da kein Mensch eine natürliche Macht über seinesgleichen besitzt und da die Gewalt kein Recht schafft, so bleiben also die Verträge als die Grundlage jeder gesetzmäßigen Macht unter den Menschen. [...]

Es geht darum, eine Gesellschaftsform zu finden, die mit der ganzen gemeinsamen Kraft die Person und die Güter jedes Gesellschaftsmitgliedes verteidigt und schützt und durch welche jeder Einzelne, obwohl er sich mit allen verbindet, dennoch nur sich selbst gehorcht und so frei bleibt wie zuvor. Dies ist das Grundproblem, dessen Lösung der „Gesellschaftsvertrag" bietet. [...]

Trennt man also von dem Gesellschaftsvertrag alles das ab, was nicht zu seinem Wesen gehört, so findet man, dass er sich folgendermaßen begrenzen lässt: Jeder von uns stellt gemeinschaftlich seine Person und seine ganze Kraft unter die oberste Leitung des allgemeinen Willens, und wir nehmen jedes Mitglied als unteilbaren Teil des Ganzen auf. [...]

Damit der Gesellschaftsvertrag keine leere Form bleibt, enthält er stillschweigend jene Verpflichtung, die allein den übrigen Kraft zu verleihen vermag, nämlich die Verpflichtung, dass, wer auch immer sich weigert, dem allgemeinen Willen zu gehorchen, von der ganzen Gemeinschaft hierzu gezwungen wird. Das bedeutet nichts anderes, als dass man ihn dazu zwingen wird, frei zu sein. Denn dies ist die Bedingung, die jedem Bürger, dadurch dass sie ihn dem Vaterlande einverleibt, Schutz gegen jede persönliche Abhängigkeit verleiht.

Zit. nach: P. Hartig, Die Französische Revolution, Stuttgart 1972, S. 6 ff.

M 5 Kant: Über den ewigen Frieden unter den Staaten (1795)

Die Gedanken des größten deutschen Philosophen der Aufklärung Immanuel Kant (1724–1804) haben auch nach 200 Jahren nichts von ihrer Aktualität eingebüßt:

1. „Es soll kein Friedensschluss für einen solchen gelten, der mit dem geheimen Vorbehalt des Stoffs zu einem künftigen Kriege gemacht worden".

2. „Es soll kein für sich bestehender Staat (klein oder groß, das gilt hier gleichviel) von einem andern Staate durch Erbung, Tausch, Kauf oder Schenkung erworben werden können".

[...] Auch die Verdingungen der Truppen eines Staats an einen andern, gegen einen nicht gemeinschaftlichen Feind, ist dahin zu zählen; denn die Untertanen werden dabei als nach Belieben zu handhabende Sachen gebraucht und verbraucht.

3. „Stehende Heere sollen mit der Zeit ganz aufhören".

Denn sie bedrohen andere Staaten unaufhörlich mit Krieg, durch die Bereitschaft, immer dazu gerüstet zu erscheinen; reizen diese an, sich einander in Menge der Gerüsteten, die keine Grenzen kennt, zu übertreffen, und, indem durch die darauf verwandten Kosten der Friede endlich noch drückender wird als kurzer Krieg, so sind sie selbst Ursache von Angriffskriegen, um diese Last loszuwerden; wozu kommt, dass zum Töten oder getötet zu werden in Sold genommen zu sein, einen Gebrauch von Menschen als bloßen Maschinen und Werkzeugen in der Hand eines andern [des Staats] zu enthalten scheint. [...]

4. „Es sollen keine Staatsschulden in Beziehungen auf äußere Staatshändel gemacht werden".

[...] Diese Leichtigkeit, Krieg zu führen, mit der Neigung der Machthabenden dazu, welche der menschlichen Natur eingeartet zu sein scheint, verbunden, ist also ein großes Hindernis des ewigen Friedens. [...]

5. „Kein Staat soll sich in die Verfassung und Regierung eines andern Staats gewalttätig einmischen".

6. „Es soll sich kein Staat im Kriege mit einem andern solche Feindseligkeiten erlauben, welche das wechselseitige Zutrauen im künftigen Frieden unmöglich machen müssen: als da sind, Anstellung der Meuchelmörder, Giftmischer, Brechung der Kapitulation, Anstiftung des Verrats in dem bekriegten Staat etc".

Die bürgerliche Verfassung in jedem Staate soll republikanisch sein.

Die erstlich nach Prinzipien der Freiheit der Glieder einer Gesellschaft [als Menschen]; zweitens nach Grundsätzen der Abhängigkeit aller von einer einzigen gemeinsamen Gesetzgebung [als Untertanen]; und drittens, die nach dem Gesetz der Gleichheit derselben [als Staatsbürger] gestiftete Verfassung – die einzige, welche aus der Idee des ursprünglichen Vertrags hervorgeht, auf der alle rechtliche Gesetzgebung eines Volks gegründet sein muss – ist die republikanische!

I. Kant, Zum ewigen Frieden, in: Kant, Werke (Bd. 9), Wiesbaden 1964, S. 196 ff.

Aufgaben

1. Erläutern Sie, inwiefern die Politik durch die Ideen der Aufklärung verändert wurde.
   → Text
2. Wie begründete Locke die Notwendigkeit eines Vertrags zwischen Volk und Regierung?
   → Text, M2
3. Analysieren Sie, warum Montesquieu eine Teilung der Gewalten unbedingt für erforderlich hielt.
   → Text, M3
4. Arbeiten Sie die Argumente heraus, die Jean-Jacques Rousseau bei seinem Plädoyer für einen Gesellschaftsvertrag gebrauchte.
   → M4
5. Erläutern Sie, in welcher Hinsicht Kants Forderungen geschichtlich über den Absolutismus hinausweisen. Wie beurteilen Sie die Aktualität der von Kant genannten Bedingungen für einen Frieden zwischen den Staaten?
   → M5

Was ist politisch am Individualismus?

Der moderne Mensch der westlich geprägten Zivilisation sieht in der subjektiven Selbstentfaltung und Selbstbestimmung etwas Selbstverständliches. Aber auch für unsere Gegenwart gilt das Gesetz der Geschichte: „Wir sind, was wir geworden sind." Erst im 16. Jahrhundert hatte eine Entwicklung eingesetzt, die in einem langen und langsam verlaufenden Prozess zum Individualismus des ausgehenden 20. Jahrhunderts geführt hat. Während der längsten Zeit war das Leben der Menschen durch strenge, vorgegebene gesellschaftliche Normen gelenkt worden, die das weltliche und religiöse Dasein durchdrangen. Erst die allmähliche Erosion der ständischen Ordnung eröffnete dem Einzelnen die Möglichkeiten, seine subjektiven Bedürfnisse zu artikulieren und auszuleben.

Der moderne Individualismus entstand zwischen 1500 und 1800. Wichtige Impulse erhielt er zunächst durch die Renaissance und den Humanismus. Auch in der christlichen Religion, die bis ins 19. Jahrhundert die meisten Lebensbereiche beeinflusste, war der Individualismus angelegt. Der christlichen Überzeugung nach hatte sich Christus für jeden Einzelnen geopfert. Christliche Kernbegriffe wie Schuld, Sühne und Erlösung beziehen sich auf den Einzelnen. Und die Unmittelbarkeit des Einzelnen zu Gott erfuhr durch die Reformation des 16. Jahrhunderts eine zusätzliche Radikalisierung. Im 18. Jahrhundert formte sich zunächst in der Lebenswelt des städtischen Bürgertums eine Vorstellung von Autonomie und Individualität, die zum Kern der Aufklärungsphilosophie gehört. Dahinter stand ein neues Menschenbild, die Idee der Erziehbarkeit des Einzelnen zum Guten. Begleitet wurde dieser Prozess durch die Zunahme der Alphabetisierung. Das Lesen und Schreiben – an sich schon höchst individuelle Tätigkeiten – fand seinen literarischen Ausdruck in der beträchtlichen Zunahme von Autobiografien, Tagebüchern und privaten Briefen.

In immer neuen Lebensbereichen setzten sich individuelle Wünsche durch: Wohnung, Kleidung und Ehe wurden mehr und mehr durch den individuellen Geschmack und durch das individuelle Glücksverlangen geprägt. Zwar war diese Entwicklung im 18. Jahrhundert noch weitgehend auf ein begrenztes bürgerliches Milieu beschränkt, doch hat sich von hier aus der Individualismus zwischen dem 18. und 20. Jahrhundert als stil- und gesellschaftsbildend durchgesetzt.

Individualrechte

Die Aufklärer waren vom Eigenwert des Individuums überzeugt. Die Aufklärer forderten das Selbstdenken. Der Einzelne sollte von seiner ihm innewohnenden Vernunft Gebrauch machen. Die Rechte der Menschen wurden von ihnen als Individualrechte angesehen. Meinungs- und Glaubensfreiheit, Eigentums- und Gewerbefreiheit standen aus dieser Perspektive dem Einzelnen zu. Die aufgeklärte Elite durchbrach damit Standesabgrenzungen und kollektivistische Denkweisen. Nicht Geburt und Familienzugehörigkeit, sondern Bildung und Wissen sollten eine neue Gemeinsamkeit aufgeklärter Individuen stiften. Durch Korrespondenzen, in Lesegesellschaften und Freimaurerlogen formten sie den Rahmen für diese neue kulturelle Orientierung. Die

Selbstverwirklichung der bürgerlichen Aufklärer war eine männliche Angelegenheit, auch wenn in ihren Schriften allgemein vom Menschen die Rede ist. Die Frauen blieben auf den Handlungsraum des Hauses und der Familie beschränkt. Erst im Laufe des 19. Jahrhunderts vermochten sie – zunächst vereinzelt – aus diesem herauszutreten und am gesellschaftlichen Dialog teilzunehmen.

Der Staat

Aus den Ideen der Aufklärung ergab sich zwangsläufig eine veränderte Sichtweise vom Staat. Er wurde nicht länger als eine vorgegebene metaphysische oder gar göttliche Institution angesehen, sondern als ein Produkt der Menschen, die ihm bestimmte Kompetenzen übertrugen. Das Volk behielt dabei die Souveränität. Dem monarchischen Absolutismus war somit die ideologische Legitimation entzogen. Die grundlegenden Rechte des Menschen können daher auch nicht vom Staat gewährt (und genommen) werden, sondern sie besitzen einen vor-staatlichen Charakter. Nach der Naturrechtslehre existieren sie individuell und übernational.

Menschenrechte

Das Naturrecht besteht demnach unabhängig von der staatlichen Rechtsetzung. Auch wenn staatliches Recht die Menschenrechte missachtet, so verliert sich dadurch nicht der naturrechtliche Anspruch.

In das Grundgesetz der Bundesrepublik Deutschland haben die Menschenrechte Eingang gefunden in Verbindung mit einem umfassenden Grundrechtskatalog (Art. 1–19 GG), wobei Art. 1 GG („Die Würde des Menschen ist unantastbar.") als Fundamentalnorm angesehen werden muss.

Menschenrechte können nicht isoliert betrachtet werden, sondern sie stehen in einem unauflöslichen Zusammenhang mit dem Rechtsstaat. Aber wichtig ist auch eine kritische Öffentlichkeit, die Grundrechtsverletzungen wahrnimmt und auf Abhilfe dringt.

M 1

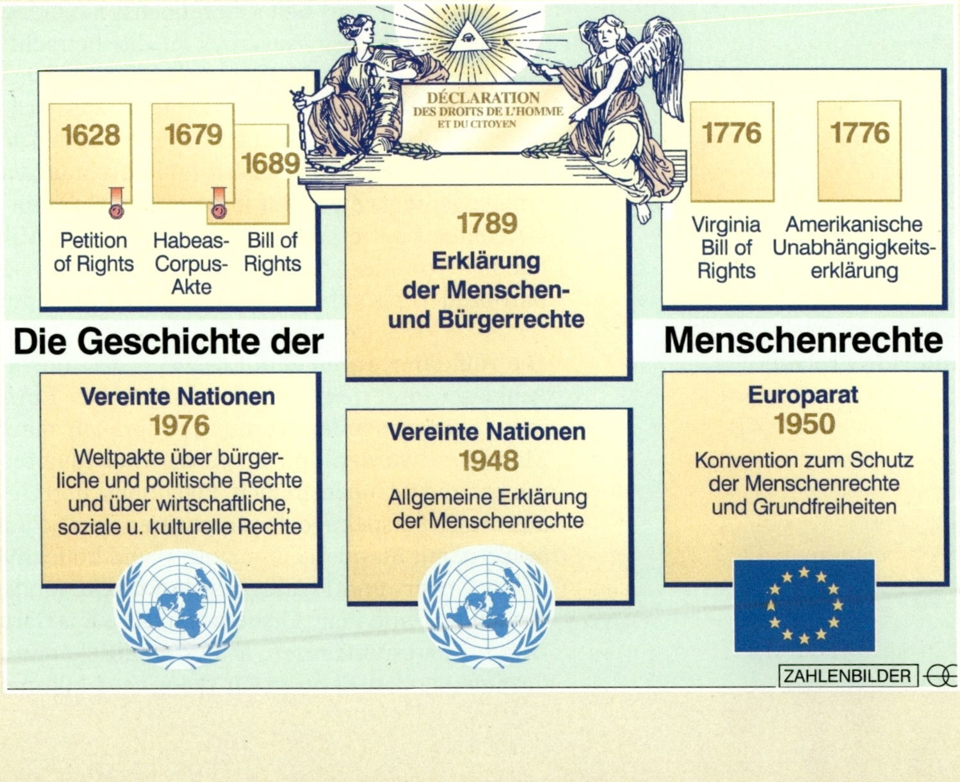

M 2 **Magna Charta Libertatum (1215)**

Die Große Freiheitsurkunde bildet bis heute den Grundstein englischen Verfassungsrechts. Mit ihr wurde eine Tradition begründet, die den Schutz der Untertanen (bzw. Bürger) zum Ziel hatte. Die englische Freiheitsidee zentrierte sich um das Verhältnis des Einzelnen zum Staat. Freiheitsrechte wurden daher als Abwehrrechte gegen potenzielle Übergriffe des Staates verstanden. Die „Magna Charta" ging aus einem feudalen Konflikt hervor, nachdem sich ein Bündnis von Kirche, Hochadel und der Stadt London gegen den englischen König formiert hatte. Die in der „Magna Charta" fixierten Rechte begünstigten zunächst nur den Adel. Erst durch die nachfolgenden Generationen erfuhr dieses Dokument eine demokratische Umdeutung und entfaltete damit seine historische Langzeitwirkung:

Johan, von Gottes Gnaden König von England […], Gruß den Erzbischöfen, Bischöfen, Äbten, Grafen, Baronen, Richtern, Forstaufsehern, Vizegrafen, Vorstehern, Dienern und allen seinen Amtmännern und Getreuen. Ihr möget wissen, dass Wir auf Eingebung Gottes und zu Unserem und auch zu all Unserer Vorgänger und Nachfolger Seelenheil, zur Ehre Gottes und zur Erhöhung der Heiligen Kirche und zur Mehrung Unseres Reiches, auf den Rat Unserer ehrwürdigen Väter und der edlen Herren […] sowie Unserer getreuen Laien:

1. an erster Stelle Gott gelobt und durch diese Unsere hier vorliegende Urkunde für Uns und all Unsere Nachfolger auf ewig bestätigt haben, dass die englische Kirche frei und im Besitz ihrer vollen Rechte und unangetasteten Freiheiten sein soll. […] Wir haben weiterhin allen freien Männern Unseres Königreiches für Uns und Unsere Erben auf ewig alle nachstehend aufgezeichneten Freiheiten zugestanden, die sie von Uns und Unseren Nachfolgern auf ewig haben und behalten sollen. […]

20. Ein freier Mann soll für ein geringes Vergehen nicht mit Strafe belegt werden, es sei denn entsprechend dem Grade seines Vergehens; und für ein schweres Vergehen soll er mit einer der Schwere des Vergehens entsprechenden Strafe belegt werden, jedoch stets bei Wahrung seines Unterhaltes; desgleichen soll ein Kaufmann sein Warenlager und ein Bauer sein Inventar behalten dürfen, wenn sie Unserer Strafe verfallen sind: Und keine der erwähnten Strafen soll auferlegt werden, wenn nicht aufgrund des Eides ehrlicher Männer der Nachbarschaft.

21. Grafen und Barone sollen nur durch ihresgleichen und einzig gemäß dem Grade ihres Vergehens bestraft werden. […]

30. Keiner Unserer Vizegrafen oder Amtmänner oder irgend jemand sonst sollen eines freien Mannes Pferde oder Wagen gegen den Willen des besagten freien Mannes zu Transportdiensten beschlagnahmen. […]

38. Kein Amtmann soll fortan jemanden allein auf seine eigene Anklage hin und ohne glaubwürdige Zeugen vor Gericht stellen.

39. Kein freier Mann soll ergriffen, gefangengelegt, aus seinem Besitz vertrieben, verbannt oder in irgendeiner Weise zugrunde gerichtet werden, noch wollen wir gegen ihn vorgehen oder ihm nachstellen lassen, es sei denn aufgrund rechtmäßigen Urteiles seiner Standesgenossen und nach dem Recht des Landes.

40. Wir werden niemandem Recht oder Gerechtigkeit verkaufen, verweigern oder verzögern.

60. Alle die genannten Bräuche und Freiheiten, die wir in Unserem Königreich, soweit es an uns liegt, gegenüber den Unseren zu halten zugestanden haben, sollen alle unter Unserer Herrschaft, sowohl Geistliche als auch Laien, den Ihrigen halten, soweit es bei Ihnen liegt. […]

Solches wollen wir und bleiben fest, dass die Anglikanische Kirche frei sei, und dass die Menschen in Unserem Reich alle vorbesagten Freiheiten, Rechte und Zugeständnisse haben und behalten sollen, wohl und in Frieden, frei und ruhig, voll und unversehrt, für sich und ihre Erben durch Uns und Unsere Erben, in allen Dingen und an allen Orten, in Ewigkeit, wie es vorgeschrieben wurde. Es ist auch von Unserer Seite und von Seiten der Barone beschworen, dass all das Besagte treuen Glaubens und ohne bösen Hintersinn eingehalten werden wird. In Zeugenschaft der oben Genannten und vieler Anderer. Gegeben von Unserer Hand auf der Wiese Runnymede genannt, zwischen Windsor und Staines, am 15. Tage des Juni, im 17. Jahre unserer Herrschaft.

Zit. nach: W. Heidelmeyer (Hg.), Die Menschenrechte, Paderborn 1997, S. 51 ff.

Aufgaben

1. Analysieren Sie, in welcher Weise der Individualismus Eingang in die bürgerliche Rechts- und Gesellschaftsordnung gefunden hat.
2. Erörtern Sie die Erfahrungen, die im 20. Jahrhundert mit kollektivistischen Gesellschaftsentwürfen gemacht wurden.

7. Die Vereinigten Staaten von Amerika

Die Freiheit kann auf verschiedene Weise symbolisiert werden. Im antiken Rom erhielten freigelassene Sklaven eine Mütze, die in der Französischen Revolution als Jakobinermütze populär wurde. Eine andere Form, die Idee der Freiheit darzustellen, war der Freiheitsbaum. Während in Europa meist Eichen als Freiheitsbaum dienten, griff man in Nordamerika auf Fichten (pine trees) zurück. So kämpften zum Beispiel die amerikanischen Kolonisten unter der „Liberty Tree Flag" gegen die englischen Truppen. In der zweiten Hälfte des 19. Jahrhunderts wurde die Freiheitssymbolik durch eine brennende Fackel erweitert (mit der Nebenbedeutung von Fortschritt). Das berühmteste Beispiel des Fackelsymbols befindet sich an der Freiheitsstatue im New Yorker Hafen. Diese wurde 1886 als Geschenk Frankreichs errichtet, um an den gemeinsamen Kampf der Franzosen und Amerikaner im amerikanischen Unabhängigkeitskrieg zu erinnern.

Die Freiheitsstatue stellt wie kein anderes Bauwerk das nationale Symbol Amerikas dar. Sie empfing die Einwanderer, wenn sie sich New York mit dem Schiff näherten. Die Statue symbolisierte für sie die Hoffnung auf ein besseres Leben und drückte andererseits das Selbstverständnis der amerikanischen Gesellschaft als Hort der Freiheit aus.

„Amerika, du hast es besser", schrieb einstmals Goethe und gab damit eine weit verbreitete Ansicht wieder. Die Vereinigten Staaten waren und sind das klassische Einwanderungsland. Sie wirkten wie ein Magnet auf sehr viele Menschen. Waren es im 18. und 19. Jahrhundert überwiegend Europäer, die in der Neuen Welt buchstäblich ihr Glück suchten, so hat sich am Ende des 20. Jahrhundert das Bild gewandelt. Nunmehr sind es Latinos und Asiaten, die die Mehrzahl der Immigranten ausmachen. Kein anderes Land dieser Welt hat das Streben nach Glück, wie es in den „Bill of Rights" festgehalten wird, als Verfassungsrecht abgesegnet.

Die Sozialwissenschaftler unterscheiden bei Migrationsbewegungen zwischen Pull- und Push-Faktoren, also den Gründen für die Attraktivität eines bestimmten Ortes und Motive für das Verlassen der Heimat. Seit ungefähr 400 Jahren haben religiöse Dissidenten, politisch Verfolgte und Wirtschaftsflüchtlinge den Weg in die USA gesucht. Darunter waren viele, die von der Verheißung des Glücks angezogen wurden. Geht man von der Zahl der Immigranten aus, so drängt sich die Erkenntnis auf, dass kein anderes Land auf dieser Welt die Ideale der Freiheit, des Individualismus, der Volkssouveränität und des gesellschaftlichen Aufstiegs so sehr vermittelt wie die USA. Hier war der Glaube an den Fortschritt schon früher ausgeprägt als sonst irgendwo auf der Welt. Das menschliche Bedürfnis nach Utopie, also wörtlich nach dem nicht-existenten Ort, wurde in diesem Land eher befriedigt als zum Beispiel im kriegsgeschüttelten Europa. Die USA können auf eine 200 Jahre andauernde, ununterbrochene Verfassungstradition zurückblicken. Sie besitzen damit eine politische Kontinuität wie kein anderes Land dieser Welt, sieht man von Großbritannien ab, das keine eigentliche Verfassung besitzt.

7.1 Die Unabhängigkeit

Die vorrevolutionäre Kolonialgesellschaft

Die Ursprünge der zuerst englischen Besiedlung Nordamerikas reichen bis ins 16. Jahrhundert zurück. Sie erfolgte im Zusammenspiel von Siedlern und privaten Handelsgesellschaften, die im Auftrage der Krone tätig wurden und mit so genannten Charters (königlichen Ermächtigungen) ausgestattet waren.

Die Krone sah in den Kolonien eine Einkommensquelle, die sie von der parlamentarischen Steuerbewilligung unabhängiger machte. Vor allem in der Anfangsphase der Kolonisierung wurde auf das Vorkommen von Gold und Silber spekuliert. Aber auch die machtpolitische Konkurrenz Englands, insbesondere zu Spanien und Frankreich, spielte eine Rolle bei den Besiedlungsaktivitäten.

Frühe Besiedlung

Die englische Regierung nutzte ihre Kolonien in Amerika, um „unliebsames Volk" (zum Beispiel Bettler, Nichtsesshafte, verwaiste Kinder) dorthin abzuschieben. Bis 1776 wurden zudem etwa 40 000 Sträflinge nach Amerika deportiert.

Abgesehen von den zwangsweise verschickten Menschen, kehrten englische Emigranten ihrem Land aus verschiedenen Gründen den Rücken. Zur Abenteuerlust gesellten sich politische, wirtschaftliche, aber auch religiöse Motive. Armut gilt nur als ein Motiv, bedeutsamer erscheint den Historikern die religiöse Intoleranz. Die in Opposition zur anglikanischen Staatskirche stehenden Puritaner, wie die Anhänger des Genfer Reformators Calvin (1509–1564) genannt werden, spielten bei der frühen Besiedlung Nordamerikas eine herausragende Rolle. Puritanische Ideale wie die Selbstverwaltung der Gemeinde, die Respektierung körperlicher Arbeit sowie die Hochachtung vor dem materiellen Erfolg stellen wichtige Komponenten des amerikanischen Selbstverständnisses dar. Die bis in die Gegenwart stark ausgeprägte Tendenz, Erfolg mit materiellem Erfolg gleichzusetzen, hat im Puritanismus ihren Ursprung.

Wiege der Demokratie

Nordamerika erscheint aus heutiger Perspektive als Wiege der modernen Demokratie. Das hat wiederholt die Frage aufgeworfen, wie demokratisch es in den Kolonien zuging. Unbeschadet von Unterschieden in den einzelnen Kolonien kann von einem demokratischen Charakter der kolonialen Gesellschaft nur mit großen Vorbehalten gesprochen werden. Denn die politische Mitbestimmung war an Kirchenmitgliedschaft und Besitz gebunden. Zudem musste der vollwertige Bürger den Status eines „freeman" besitzen, das heißt er durfte in keinem Dienstverhältnis stehen.

Diese Bedingungen wurden in den einzelnen Kolonien von der Mehrheit der weißen Männer erfüllt. Schwarze (Sklaven), Indianer – aber auch Frauen allgemein – blieben grundsätzlich von der Teilhahme an politischen Entscheidungen ausgeschlossen. Im Gegensatz zu vielen Idealisierungen der kolonialen Gesellschaft als einer von Gleichheit geprägten betonen manche Historiker die sozialen Unter-

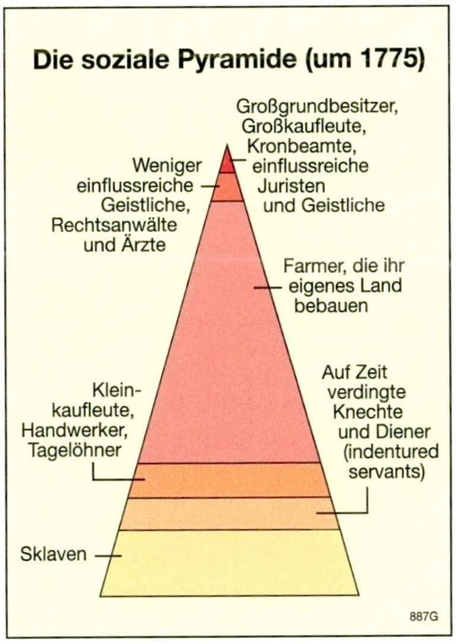

M 1

schiede. Weit verbreitete calvinistische Einstellungen legitimierten gesellschaftliche Unterschiede und interpretierten diese als im Einklang mit der göttlichen Ordnung stehend. Allerdings kannte die britisch-amerikanische Kolonialgesellschaft keine erbliche Standeszugehörigkeit und die damit verbundene rechtliche Ungleichheit. Eine privilegierte Aristokratie spielte in Nordamerika keine Rolle. Die gesellschaftliche Mobilität stieß folglich auch nicht auf Standesschranken, die in Europa zum Teil erst im 20. Jahrhundert abgebaut wurden. Abgesehen von den schwarzen Sklaven schienen die sozialen Gegensätze zwischen Arm und Reich tendenziell geringer als im Mutterland zu sein. Unabhängige Kleinfarmer bildeten eine breite Mittelschicht der etwa 2,5 Millionen Bewohner der Kolonien (1775). Das Land bot offenkundig so vielfältige Möglichkeiten des Broterwerbs, dass Massenarmut kein dauerhaftes soziales Phänomen war. Diese gesellschaftlichen Ausgangsbedingungen begünstigten die Entstehung von Gleichheit und Individualismus, die für die Vereinigten Staaten von Amerika bis heute konstitutiv sind.

Der Konflikt mit dem Mutterland

Der Konflikt zwischen den amerikanischen Kolonien und dem englischen Mutterland entzündete sich an wirtschaftlichen Interessenunterschieden. London war bestrebt, im Rahmen seiner merkantilistischen Wirtschaftspolitik den Handel mit den Kolonien entsprechend den eigenen Vorteilen zu regeln. Handels- und Zollgesetze wiesen den Kolonien eine zweifache wirtschaftliche Funktion zu: als Absatzgebiet für verarbeitete britische Manufakturwaren und als Lieferant von Roh-

M 2

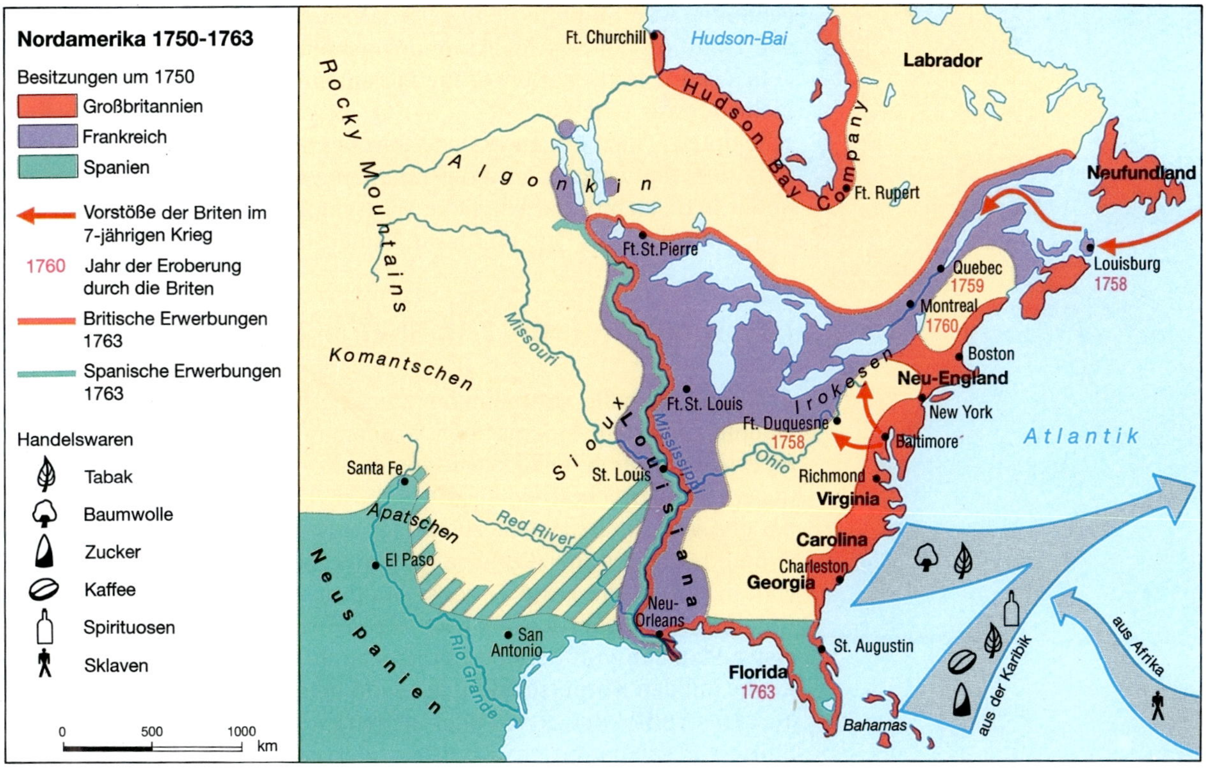

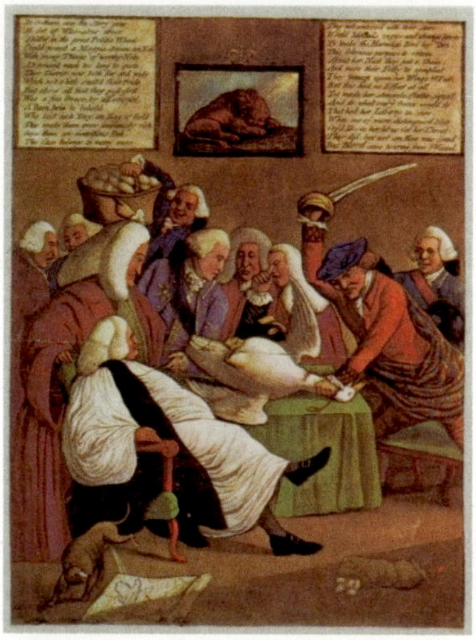

M 3 **Auch in England gab es Kritik an den strengen Regierungsmaßnahmen gegen die Kolonien.** Die britischen Minister schlachten die Gans, die goldene Eier legt (gemeint sind die amerikanischen Kolonien), zeitgenössische englische Karikatur.

stoffen (zum Beispiel Zucker, Tabak, Baumwolle, Felle). Der Transport der Waren hatte gemäß der „Navigation Acts“ von 1651 ausschließlich auf englischen Schiffen zu erfolgen. Damit sollte die billigere holländische Konkurrenz ausgeschaltet werden. Weil zudem die Kolonisten ihre Waren nur nach England exportieren durften (und nicht dorthin, wo sie am meisten einbrachten), stieß diese wirtschaftliche Gängelung zunehmend auf Widerstand. Die Auflagen, die den Kolonien von London diktiert wurden, gingen sogar so weit, die Verarbeitung von Roheisen zu verbieten, wodurch der Export teurer englischer Eisenwaren gefördert werden sollte.

Die Politik Englands brachte eine ungleichartige Koalition zu Stande: Plantagenbesitzer des Südens litten unter einer Verschuldung, die in willkürlich niedrigen Preisfestsetzungen für Tabak in London ihre Ursache hatte. Händler und Gewerbetreibende, mittelbar aber auch Lohnarbeiter, waren von der Handelspolitik Englands negativ betroffen. Die Mittelschicht, geführt von Juristen, fürchtete um die Selbstverwaltungsgarantien. Und den Menschen, die an der Grenze siedelten, war durch ein königliches Dekret die Westwanderung verboten worden.

Eine Zuspitzung erfuhr der Wirtschaftskonflikt durch die englische Steuerpolitik. Krone und Regierung in London beabsichtigten einen Teil der finanziellen Belastungen, verursacht durch den Siebenjährigen Krieg mit Frankreich (1756–1763), auf die Kolonien abzuwälzen. Neue Zölle auf Waren (zum Beispiel Tee) und Steuern auf Dokumente („Stempelsteuern“) stießen auf den Widerstand der Siedlergesellschaft, in der sich die Idee der Selbstverwaltung verankert hatte. Obgleich die Steuern und Zölle keineswegs übermäßig hoch waren, wurde ihnen aus grundsätzlichen Erwägungen Widerstand entgegen gebracht. Die Körperschaften der Siedler besaßen bereits einen tendenziell demokratischen Charakter, zumal die Teilnahme (nur) an Grundbesitz gebunden war. So hatte sich im 18. Jahrhundert bereits eine freiheitliche Tradition der Selbstbestimmung gebildet. Da aber die Kolonisten kein Wahlrecht für das englische Parlament besaßen, also in ihm auch nicht repräsentiert (vertreten) waren, weigerten sie sich, dessen Entscheidungen anzuerkennen. Die Parole „no taxation without representation“ entwickelte im Folgenden eine revolutionäre Sprengkraft. Somit hatte sich der anfängliche Wirtschafts- und Finanzkonflikt mit dem Mutterland um die politische Dimension erweitert.

Der Kampf um die Unabhängigkeit

1774 trafen sich die Vertreter von (zunächst) 12 der 13 Kolonien in Philadephia, um den gemeinsamen Widerstand gegen die englische Politik zu organisieren. Die Delegierten des Kontinentalkongresses waren überwiegend Rechtsanwälte (30 von 56 Delegierten). Bei den Verhandlungen standen nicht zuletzt auch darum Rechtsfragen im Mittelpunkt. Es ging um die Erhaltung amerikanischer Freiheiten. Man war sich einig, dass die Gesetzgebung des britischen Parlaments in London nicht mehr automatisch für die Kolonien gelten sollte. Ein erster Plan sah vor, bei der Gesetzgebung ein Zusammenwirken der Krone mit den Körperschaften der Kolonisten („assemblies“) zu erwirken. Das Verbot der „assemblies“ durch die königlichen Gouverneure führte zur Eskalation des Konflikts. Der zweite Kontinentalkongress proklamierte 1776 die Unabhängigkeit von der englischen Krone. Ein Jahr zuvor hatte der Unabhängigkeitskrieg begonnen, in dem sich wenige tausend schlecht gerüsteter amerikanischer Milizionäre und eine hoch gerüstete englische Söldnerarmee gegenüberstanden. Unter der Führung George Washingtons (1732–1799) entwickelte sich ein jahrelanger Abnutzungskrieg, der letztlich ohne die Unterstützung durch Frankreich und (in geringerem Maße) durch Holland nicht gewonnen worden wäre.

Im Frieden von Paris (1783) erkannte das Mutterland die 13 vereinigten Staaten als frei, unabhängig und souverän an. Eine Minderheit von knapp 100 000 (von insgesamt etwa 2,5 Millionen) Bewohnern – wegen ihrer Treue zur englischen Krone Loyalisten genannt – verließ die Kolonien in Richtung England oder Kanada.

Die amerikanische Unabhängigkeit stellte das Ergebnis einer Entwicklung dar, das zu Beginn des Konfliktes zwischen den Kolonien und dem Mutterland keineswegs abzusehen war. Amerikanisches Selbstbewusstsein und Nationalgefühl wuchsen erst im Konflikt. Britische Strafaktionen sowie der Krieg, der von englischer Seite in erheblichem Umfang mit deutschen – von ihren Fürsten verkauften – Söldnern geführt wurde, bewirkten eine Solidarisierung, die ohne den gemeinsamen Gegner nicht wahrscheinlich gewesen wäre.

Chronologie

1584	Sir Walter Raleigh gründet eine Niederlassung im späteren Virginia, die bald zugrunde geht.
1606	Die London Company gründet Jamestown, die erste dauerhafte Siedlung in Virginia.
1629	Gründung der Massachusetts Bay Colony durch Puritaner
1681	William Penn wird Eigentümer einer Quäker-Kolonie mit Religionsfreiheit.
1763	Der Friede von Paris beendet den Siebenjährigen Krieg. Frankreich muss die Gebiete östlich des Mississippi sowie Kanada an England abtreten.
ab 1763	England versucht, einen Teil der Kriegsfolgekosten auf die Kolonien abzuwälzen. Die Kolonien reagieren u. a. mit einem Boykott englischer Waren.
1773	„Boston Tea Party" – Protestaktion gegen die Zahlung von Tee-Zoll. Als Indianer verkleidete Kolonisten werfen eine Schiffsladung unverzollten Tee über Bord.
1774	Erster Kontinentalkongress in Philadelphia
1775	Der englische König erklärt die amerikanischen Kolonisten zu Rebellen. Der 2. Kontinentalkongress ernennt George Washington zum Oberbefehlshaber der amerikanischen Truppen.
1775 - 1781	Unabhängigkeitskrieg
1776	Virginia Bill of Rights.Unabhängigkeitserklärung der 13 Vereinigten Staaten von Amerika (Verfasser: Thomas Jefferson) – Der 4. Juli ist Amerikas Nationalfeiertag.
1778	Kriegsentscheidendes Bündnis der USA mit Frankreich
1781	Kapitulation der englischen Armee
1783	Friede von Paris (Versailles): Anerkennung der amerikanischen Unabhängigkeit durch das Mutterland

M 4 Puritanismus und Obrigkeit

Von dem geistigen Gründer Connecticuts, dem Prediger Thomas Hooker, ist das Musterbeispiel einer Puritanerpredigt erhalten (1638):

Text: 5. Mose I, 13: Schaffet her weise, verständige und erfahrene Leute unter euren Stämmen, die will ich über euch zu Häuptern setzen.[...]
Lehre: I. Dass die Wahl der öffentlichen Beamten dem Volk zusteht, durch Gottes eigene Verfügung. II. Das Vorrecht der Wahl, das dem Volk zusteht, soll daher nicht seiner Laune, sondern dem heiligen Willen und Gesetz Gottes entsprechend ausgeübt werden. III. Wer die Macht hat, Beamte und Obrigkeit zu bestellen, in dessen Macht liegt es auch, Grenzen und Einschränkungen der Macht und des Amts zu setzen, in die er jene beruft.
Begründung: 1. Weil die Grundlage der Amtsgewalt erstlich in der freien Zustimmung des Volkes beruht. 2. Weil durch eine freie Wahl die Herzen des Volkes den Gewählten um so mehr zugetan und zum Gehorsam um so bereitwilliger sein werden. 3. Weil es Pflicht und Verpflichtung des Volkes ist.

Zit.nach: F. Wagner, USA, Geburt und Aufstieg der neuen Welt, Geschichte in Zeitdokumenten 1607–1865, München 1947, S. 22.

M 5 Calvins Prädestinationslehre

Der große deutsche Soziologe Max Weber (1864–1920) analysierte in seinem Werk „Die protestantische Ethik und der Geist des Kapitalismus" die weltlichen Auswirkungen des Calvinismus:

Das Grunddogma des strikten Calvinismus: Die Prädestinationslehre schließt es prinzipiell aus, dass die Kirche der Calvinisten eine Spenderin von Gütern sei, deren Empfang für das ewige Heil des Empfängers irgendwelche Bedeutung hat. Die Unerforschlichkeit und Unerkennbarkeit der Prädestination zur Seligkeit oder zur Verdammnis waren dem Gläubigen naturgemäß unerträglich, er suchte nach der „certitudo salutis" [Heilsgewissheit], nach einem Symptom also dafür, dass er zu den Prädestinierten gehöre, und konnte es, da die außerweltliche Askese verworfen war, einerseits in dem Bewusstsein finden, streng rechtlich und vernunftgemäß, unter Unterdrückung aller kreatürlichen Triebe zu handeln, andererseits darin, dass Gott seine Arbeit sichtbar segne. [...]
Und da der Erfolg der Arbeit das sicherste Symptom ihrer Gottwohlgefälligkeit ist, so ist der kapitalistische Gewinn einer der wichtigsten Erkenntnisgründe, dass der Segen Gottes auf dem Geschäftsbetrieb geruht hat. Es ist klar, dass sich dieser Lebensstil mit der für die „bürgerliche" Erwerbsarbeit als solche möglichen und üblichen Form der Selbstrechtfertigung – Geldgewinn und Besitz nicht als Selbstzweck, sondern als Maßstab der eigenen Tüchtigkeit – am intimsten berührt und geradezu deckt: die Einheit des religiösen Postulats [Forderung] mit dem für den Kapitalismus günstigen bürgerlichen Lebensstil ist erreicht.

M. Weber, Die protestantische Ethik I, hrsg. von J. Winckelmann, München und Hamburg 1969, S. 331 ff.

M 6 Unterm Freiheitsbaum

Widerstand gegen die Tee- und Stempelsteuer: Ein britischer Zöllner wird geteert und gefedert, Zeitgenössische amerikanische Karikatur.

M 7 Der Finanz- und Steuerstreit

In seiner „Geschichte der USA" beschreibt der Historiker Hans Rudolf Guggisberg den Finanz- und Steuerstreit:

Der zweite Konfliktpunkt[1] muss etwas eingehender betrachtet werden, weil er mehr direkte und sichtbare Konsequenzen nach sich zog. Der Finanz- und Steuerstreit ergab sich aus dem an sich durchaus harmlosen und auch verständlichen Wunsche Englands, die Kolonien sollten zur Deckung der Kosten, die der Siebenjährige Krieg verursacht hatte, einen angemessenen Beitrag leisten. Viele Engländer waren der Meinung, der Krieg sei (jedenfalls in Nordamerika) in erster Linie zum Schutze der Kolonien geführt worden, und es sei daher nur recht und billig, dass diese sich nun an der Sanierung des Staatshaushaltes beteiligten. Zum Allermindesten sollten sie die Versorgung der

Truppen mittragen helfen, die die englische Regierung zur Bewachung und eventuellen Verteidigung der eroberten Gebiete in Amerika belassen hatte. In diesem Sinne stimmte das Parlament 1764 einem Gesetz zu, das die Zollsätze für verschiedene Einfuhrartikel der Kolonien revidierte und gleichzeitig schärfere Vorschriften für die Eintreibung der Zölle enthielt. Das Gesetz wurde als „Revenue Act" oder „Sugar Act" bezeichnet. Eine seiner wichtigsten Bestimmungen setzte den Einfuhrzoll auf Melasse (ein Grundprodukt für die in Neuengland blühende Rumdestillerie!) von 6 auf 3 Pence pro Gallone herab. Diese Maßnahme sah aus wie eine Lockerung, aber sie sollte sich in entgegengesetzter Richtung auswirken. Der frühere Zoll war so hoch gewesen, dass die amerikanischen Importeure ihn durch Schmuggel und Bestechung systematisch umgangen hatten. Durch die Neuregelung war der Schmuggel nun zugleich weniger lohnend und viel riskanter geworden [...]. Das Ziel des Gesetzes bestand nach dem Wortlaut seiner Präambel ganz eindeutig in der Erhöhung der fiskalischen Einkünfte aus den Kolonien. Dass hierzu die Belastung durch Zölle oder Steuern ein berechtigtes Mittel sei, wurde in Westminster nicht bezweifelt. Der Schöpfer der „Revenue Act" war der Schatzkanzler Georg Grenville. Er brachte schon im folgenden Jahr eine weitere Maßnahme durch das Parlament, nämlich das Stempelsteuergesetz („Stamp Act"). Sein Inhalt war simpel: Für alle in Amerika ausgefertigten Rechtsurkunden sowie für Druckerzeugnisse wie Bücher, Kalender, Zeitungen, Flugblätter, Spielkarten, Formulare usw. mussten Stempelgebühren in Gebührenmarken entrichtet werden.

1 neben der Einschränkung der Expansion nach Westen durch den englischen König

H. R. Guggisberg, Geschichte der USA I, Stuttgart 1975, S. 34 f.

M 8 Britannia, ihrer Kolonien beraubt

Das Spruchband bedeutet so viel wie: „Gebt dem armen Belisario einen Groschen". Anspielung auf einen byzantinischen General des 6. Jahrhunderts, der nach der Eroberung Italiens von Kaiser Justinian entlassen wurde und angeblich anschließend betteln gehen musste, Abbildung des amerikanischen Politikers Benjamin Franklin (1706–1790) aus dem Jahre 1767.

M 9 Der Erste Kontinentalkongress

Beschluss des Ersten Kontinentalkongresses, zu dem sich Delegierte von zwölf Kolonien in Philadelphia versammelt hatten (14. Oktober 1774):

[...] Die Volksvertreter [...] erklären zuvörderst nach dem alten Brauch von Engländern, ihren Vorfahren, in ähnlichen Fällen, zur Sicherung und Verteidigung ihrer Rechte und Freiheiten: Dass die Bewohner der englischen Kolonien in Nordamerika kraft der unveränderlichen Gesetze der Natur, kraft der Grundbegriffe der englischen Verfassung und kraft der einzelnen Freibriefe und Verträge die folgenden Rechte besitzen: Es wird einstimmig beschlossen:
I. Sie sind berechtigt zu Leben, Freiheit und Eigentum, und sie haben niemals irgendeiner fremden Macht ein Recht darauf abgetreten, ohne ihre Zustimmung über eines dieser drei Güter zu verfügen. II. Unsere Vorfahren, die Gründer dieser Kolonien, waren zurzeit ihrer Auswanderung aus dem Mutterland zu allen Rechten, Freiheiten und Vorrechten freier und geborener Untertanen innerhalb des Reiches England berechtigt. [...] IV. Die Grundlage der englischen Freiheit sowie aller freien Regierungen ist ein dem Volk innewohnendes Recht, an der gesetzgebenden Ratsversammlung teilzuhaben; und da die englischen Kolonisten im britischen Parlament nicht vertreten sind und aus räumlichen Gründen und anderen Umständen nicht angemessen darin vertreten sein können, so sind sie zu freier und ausschließlicher gesetzgebender Gewalt in ihren verschiedenen Provinzkörperschaften berechtigt, wo ihr Recht auf Vertretung allein bewahrt werden kann, und zwar in allen Fällen von Besteuerung und innerer Verwaltung, wobei sie

allein dem Veto ihres Souveräns in der Weise unterworfen sind, wie es bisher Anwendung fand und Brauch war. Jedoch willigen wir angesichts der sachlichen Notwendigkeit und aus Rücksicht auf den wechselseitigen Vorteil beider Länder gerne ein, dass Akte des britischen Parlaments, soweit sie bona fide [guten Glaubens] sich auf die Regelung unseres Außenhandels beschränken, in Wirkung treten zwecks Sicherung der Handelsvorteile des Gesamtreiches für das Mutterland sowie der Handelsverträge der Einzelglieder; jeder Gedanke an innere oder äußere Besteuerung zwecks Erhebung einer Einkommensteuer von den Untertanen in Amerika ohne deren Zustimmung bleibt jedoch ausgeschlossen. […]

Zit. nach: F. Wagner, USA, Geburt und Aufstieg der neuen Welt, Geschichte in Zeitdokumenten 1607–1865, München 1947, S. 22.

M10 Plädoyer gegen die Monarchie (1776)

Thomas Paine gab mit seiner Flugschrift „Common Sense" (Gesunder Menschenverstand) einen entscheidenden Impuls zur Revolution. Die Kleine Schrift von 47 Seiten hatte mit 120 000 Exemplaren einen beispiellosen Erfolg:

Aber, werden einige fragen, wo ist der König von Amerika? Ich will es Euch sagen, Freunde: Dort oben regiert Er und richtet keine Verheerung unter der Menschheit an, wie das königliche Untier von Großbritannien. […]
Denn so wie in absoluten Regierungen der König das Gesetz ist, so sollte in freien Ländern das Gesetz König sein, und nichts sonst. Damit aber hernach kein Missbrauch damit getrieben werden kann, soll die Krone am Ende der Zeremonie zerschlagen und sollen die Stücke unter das Volk geworfen werden, dessen Recht dies ist. […]
Oh, Ihr Freunde der Menschheit! Ihr, die Ihr es wagt, Euch nicht nur der Tyrannei, sondern auch dem Tyrannen zu widersetzen, tretet hervor! Jeder Fleck der Alten Welt ist von Unterdrückung bedeckt. Die Freiheit ist um den ganzen Erdball gejagt worden. Asien und Afrika haben sie längst ausgestoßen. Europa betrachtet sie als Fremdling, und England hat ihr zu verstehen gegeben, sie solle sich fortmachen. Oh! Empfangt den Flüchtling und bereitet der Menschheit rechtzeitig ein Asyl. […]
Nichts kann unsere Sache so schnell in Ordnung bringen wie eine offene und entschlossene Unabhängigkeitserklärung.
[…] England zu Europa, Amerika zu sich selbst.

Zit. nach: W. P. und A. Meurer Adams (Hg.), Die Amerikanische Revolution in Augenzeugenberichten, München 1976, S. 231.

M11 Gesichter der Revolution

George Washington (1732–1799),
konservativer Gutsbesitzer, Oberbefehlshaber der amerikanischen Milizsoldaten, als Vaterfigur der amerikanischen Revolution zum ersten Präsidenten gewählt (1789–1797).

Thomas Jefferson (1743 – 1826),
überzeugter Demokrat, konzipierte die Unabhängigkeitserklärung, zentrale Figur des radikalen Flügels der Revolution, dritter Präsident der USA (1801–1809).

Benjamin Franklin (1706 – 1790),
Mitunterzeichner der amerikanischen Unabhängigkeitserklärung und Mitarbeiter an der Verfassung, Diplomat seines Landes in Frankreich, wo er 1783 den Friedensvertrag mit Großbritannien unterschrieb.

M12 Fünf Delegierte überreichen den Entwurf der Unabhängigkeitserklärung, der im Wesentlichen aus der Feder von Thomas Jefferson stammt, dem Präsidenten des Kongresses John Hancock: John Adams (Präsident der USA von 1797–1801), Roger Sherman, Robert Livingston, Thomas Jefferson (Präsident von 1801–1809) und Benjamin Franklin (Philosoph, Erfinder und Vertreter seines Landes in Frankreich), Gemälde von John Trumbull.

M13 Unabhängigkeitserklärung der Vereinigten Staaten

Die Unabhängigkeitserklärung wird am 4. Juli 1776 von den Kolonien angenommen. In ihr werden die Gründe dargelegt, die die Trennung veranlasst haben. Dieser Tag wird als amerikanischer Nationalfeiertag begangen:

Folgende Wahrheiten erachten wir als selbstverständlich: dass alle Menschen gleich geschaffen sind; dass sie von ihrem Schöpfer mit gewissen unveräußerlichen Rechten ausgestattet sind; dass dazu Leben, Freiheit und das Streben nach Glück gehören; dass zur Sicherung dieser Rechte Regierungen unter den Menschen eingesetzt werden, die ihre rechtmäßige Macht aus der Zustimmung der Regierten herleiten; dass, wenn immer irgendeine Regierungsform sich als diesen Zielen abträglich erweist, es Recht des Volkes ist, sie zu ändern oder abzuschaffen und eine neue Regierung einzusetzen und diese auf solchen Grundsätzen aufzubauen und ihre Gewalten in der Form zu organisieren, wie es ihm zur Gewährleistung seiner Sicherheit und seines Glückes geboten zu sein scheint. Gewiss gebietet die Weisheit, dass von alters her bestehende Regierungen nicht aus geringfügigen und vorübergehenden Anlässen geändert werden sollten; und demgemäß hat jede Erfahrung gezeigt, dass die Menschen eher geneigt sind, zu dulden, solange die Missstände noch erträglich sind, als sich unter Beseitigung altgewohnter Formen Recht zu verschaffen. Aber wenn eine lange Reihe von Missständen und Übergriffen, die stets das gleiche Ziel verfolgen, die Absicht erkennen lässt, sie absolutem Despotismus zu unterwerfen, so ist es ihr Recht und ihre Pflicht, eine solche Regierung zu beseitigen und neue Wächter für ihre künftige Sicherheit zu bestellen.

So haben diese Kolonien geduldig ausgeharrt, und so stehen sie jetzt vor der zwingenden Notwendigkeit, ihre bisherige Regierungsform zu ändern. Die Regierungszeit des gegenwärtigen Königs von Großbritannien ist von unentwegtem Unrecht und ständigen Übergriffen gekennzeichnet, die alle auf die Errichtung einer absoluten Tyrannei über diese Staaten abzielen.

Zit. nach: M. Jonas, Die Unabhängigkeitserklärung der Vereinigten Staaten, Hannover 1964, S. 39 f.

M14 **Virginia Bill of Rights (1776)**

Zum ersten Mal in der Geschichte werden die Grund- bzw. Menschenrechte verfassungsmäßig garantiert:

Erklärung der Menschenrechte

Abschnitt 1: Alle Menschen sind von Natur gleichmäßig frei und unabhängig und haben gewisse angeborene Rechte, die sie bei ihrem Eintritt in einen Zustand geselliger Vereinigung ihren Nachkommen weder rauben noch vorenthalten können, nämlich den Genuss von Leben und Freiheit zugleich mit der Befähigung, Eigentum zu erwerben und zu besitzen sowie Glück und Sicherheit zu erstreben und zu erlangen.

Abschnitt 2: Alle Gewalt ruht im Volk und ist folglich von ihm abzuleiten, die Behörden sind seine Vertrauensmänner und Diener und ihm jederzeit verantwortlich.

Abschnitt 3: Die Regierung wird und soll für den gemeinsamen Nutzen, den Schutz und die Sicherheit des Volkes, der Nation oder der Gemeinschaft eingesetzt werden. Von all den verschiedenen Regierungsarten ist die die Beste, die imstande ist, den höchsten Grad von Sicherheit und Glück herbeizuführen und am wirksamsten vor der Gefahr einer schlechten Verwaltung zu schützen vermag. Findet sich, dass eine Regierung diesen Zwecken nicht entspricht oder ihnen entgegengesetzt ist, so hat die Mehrheit der Gemeinschaft ein unzweifelhaftes, unveräußerliches und unaufhebbares Recht, sie zu reformieren, zu verändern oder abzuschaffen, so wie es für das allgemeine Wohl am nützlichsten gehalten wird.

Abschnitt 4: Weder ein einzelner noch eine Klasse von Menschen hat Anspruch an die Gemeinschaft auf ausschließliche oder besondere Begünstigung oder Privilegien, es sei denn in Anerkennung öffentlicher Dienste; da diese nicht übertragbar sind, so sollen auch die Ämter der Regierung, des Gesetzgebers oder Richters nicht erblich sein.

Abschnitt 5: Die gesetzgebende und die ausübende Gewalt des Staates sollen getrennt und von der richterlichen Gewalt geschieden werden. […]

Abschnitt 6: Die Wahlen der Abgeordneten, die als Volksvertreter in der Versammlung sitzen, sollen frei sein; und jeder, der ausreichenden Nachweis für andauernde Teilnahme und Anhänglichkeit am Gemeinwesen erbringt, hat das Wahlrecht und kann nicht besteuert oder seines Eigentums öffentlicher Zwecke halber entäußert werden ohne seine Zustimmung oder die seiner erwählten Vertreter. Niemand kann durch irgendein Gesetz, dem er nicht in gleicher Weise für das allgemeine Wohl zugestimmt hat, verpflichtet werden. […]

M15

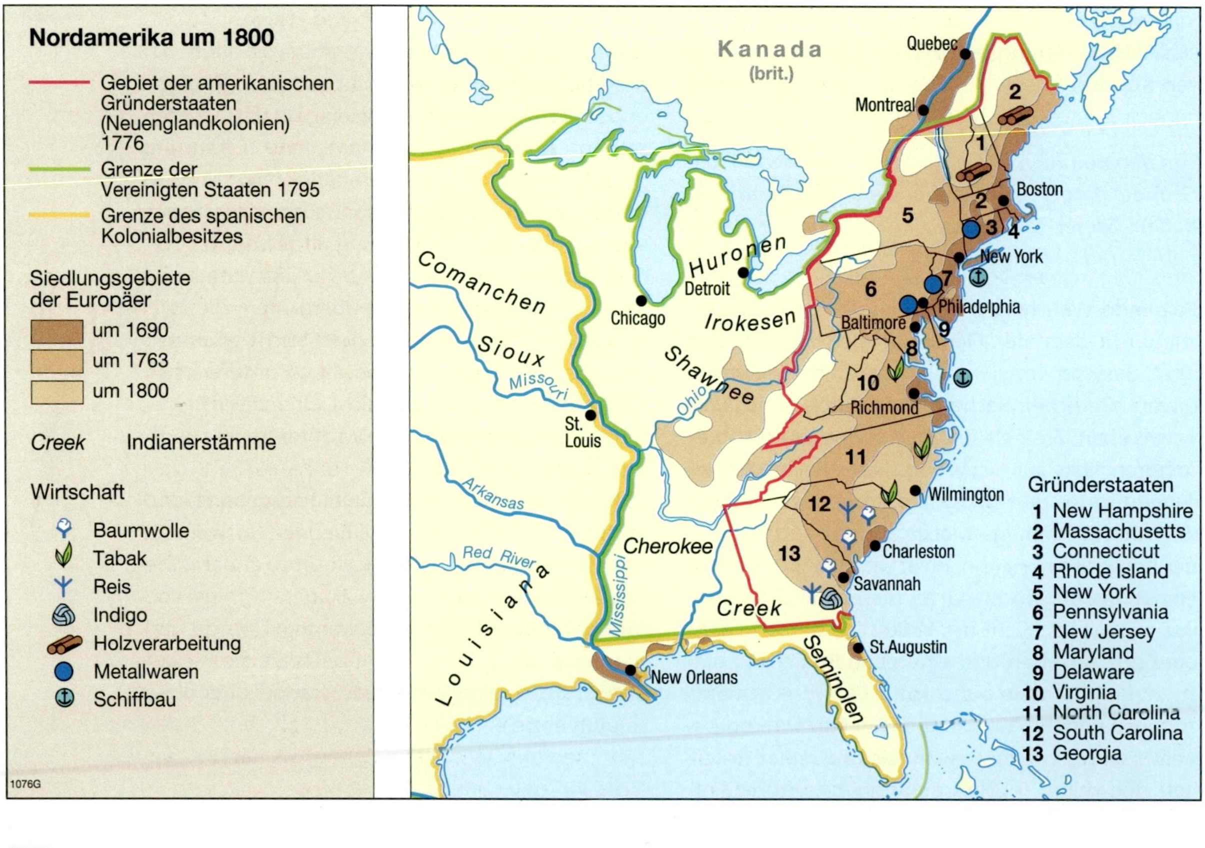

Abschnitt 12: Die Pressefreiheit ist eines der großen Bollwerke der Freiheit und kann nur durch despotische Regierungen eingeschränkt werden. [...] Abschnitt 16: Religion, oder die Verpflichtung, die wir unserem Schöpfer schulden, und die Art, wie wir uns ihrer entledigen, kann nur durch Vernunft und Überzeugung bestimmt werden, nicht aber durch Zwang oder Gewalt. Daher sind alle Menschen gleichermaßen zur freien Ausübung ihres Glaubens berechtigt. [...]

Zit. nach: F. Wagner, a. a. O., S. 66 ff.

M17 „Wir sind keiner Krone eine Verpflichtung schuldig."
Transparent für die Feiern zum 4. Juli aus dem 19. Jahrhundert

M16 Amerikanische Ideologie

Der Politikwissenschaftler Peter Lösche fasst die Ideen des amerikanischen Selbstverständnisses folgendermaßen zusammen:

Die Frage drängt sich auf: Was hält diese vielfarbige und vielgestaltige Gesellschaft, zergliedert in Zehntausende von Nachbarschaftsinseln, was hält den Staat, was die Nation überhaupt zusammen? Was verbindet die Amerikaner untereinander, so dass sie sich als Amerikaner gegenseitig erkennen und erfahren – und sich eben nicht nur als Kalifornier oder New Yorker, als Neuengländer oder Südstaatler, als Bewohner ihrer Gemeinde oder ihrer Nachbarschaft erleben? Was also hält Amerika im Innersten – und auch äußerlich – zusammen? Die Antwort mag überraschen: Es ist die amerikanische Ideologie, die die 270 Millionen Einwohner der Vereinigten Staaten zu Amerikanern macht und die die amerikanische Nation begründet. So paradox dies klingen mag: Dem amerikanischen Volk ist eine Art weltlicher Religion (civil religion) gemeinsam, die auf bestimmten Glaubenssätzen, auf Ritualen und Symbolen beruht. [...] Wie das gemeint ist, soll [...] an einem Beispiel erläutert werden. Jeden Morgen versammeln sich in allen amerikanischen Schulklassen die Schüler zu einer kurzen Besinnung, sie legen ihre rechte Hand auf das Herz, wenden sich dem Sternenbanner zu und geloben Treue. [...]
Zu den Prinzipien der amerikanischen Ideologie gehören:
1. Demokratie, nämlich eine Verbindung von repräsentativen Elementen, wie sie sich in den Parlamenten der Einzelstaaten und im Kongress sowie in der Wahl von Mitgliedern der Exekutive und des Präsidenten zeigen, und von plebiszitären Elementen, die sich u. a. im Lokalismus amerikanischer Politik, in der direkten Wahl und (in einigen Staaten) Abwahlmöglichkeit von Richtern, Sheriffs oder Bürgermeistern zeigen. Demokratie heißt dann auch Herrschaft der Gesetze im Rahmen der Verfassung, also Rechtsstaatlichkeit. Gemeint ist zudem die republikanische Staatsform, für die man sich in der Revolution bewusst in Abgrenzung von den europäisch-monarchischen [Staatsformen] entschieden hatte.
2. Freiheit, nämlich „liberty" und „freedom", zwei Begriffe, die als Symbole ideologisch wohl am stärksten von allen zentralen Elementen der weltlichen Religion überhöht worden sind. Zunächst bedeutete „liberty" recht konkret die Trennung vom Mutterland und damit zugleich die Abgrenzung von absolutistischen Herrschaftsformen der Alten Welt. Der Begriff schließt dann aber auch die Freiheit des Einzelnen gegenüber dem Staat, frei sein von staatlicher Reglementierung, ein und ist dadurch mit dem Widerstandsrecht verbunden, sich nämlich bewusst staatlicher Kontrolle – und sei es in einem Akt der Rebellion – zu entziehen.
3. Damit ist die fundamentale Skepsis, ja Opposition gegen jede Art der Machtanhäufung angesprochen, ein weiteres Prinzip amerikanischer Ideologie, das sich aus dem Freiheitsverständnis und den plebiszitären Elementen des Demokratiebegriffs sowie historisch aus der Ablehnung absolutistischer Tyrannei im alten Europa ergibt. [...]
4. Individualismus [...] Die einzelne Persönlichkeit konstituiert sich überhaupt erst dadurch, dass zu ihr Eigentum gehört. Eigentum wird als Teil der persönlichen Sphäre angesehen und ist dadurch vor Übergriffen eigens geschützt, ja wird nachgerade

heilig gesprochen. Konkret: Nach wie vor gelten in einigen Staaten des Mittleren Westens und des Westens Gesetze, dass, wer Privatgrundstücke trotz entsprechender Warntafeln betritt, auch mit Waffengewalt vom Eigentümer vertrieben, ja selbst erschossen werden darf. Die calvinistische Komponente zeigt sich dann darin, dass in diesem Verständnis derjenige von Gott ausersehen ist, der Reichtümer besitzt. Die an den europäischen Besucher gestellte Frage „How much are you worth?" mag diesen schockieren, bedeutet aber nichts anderes, als dass der Fragesteller wissen will, mit welcher Art von Persönlichkeit, zu der auch sein Eigentum direkt gehört, er es zu tun hat. Anders als bei uns gibt es in den Vereinigten Staaten daher auch kaum Hemmungen, jemandem zu erzählen, wie viel man verdient, wie viel „man macht", eben wie viel „man wert ist". [...]

5. Schließlich gehört ein ungebrochener, ja uns Europäer zuweilen naiv anmutender Fortschrittsglaube zu den Prinzipien amerikanischer Ideologie, der nämlich in einem Missionarismus gipfeln kann, nach dem in dem von Gott ausersehenen Land, in Amerika, das „Neue Jerusalem", das Reich Gottes auf Erden errichtet werden wird. Amerikanischer Imperialismus und Expansionismus (sowohl auf dem eigenen Kontinent wie in der ganzen Welt) haben hier ihre ideologische Legitimation erhalten. Der Fortschrittsglaube hat sich im 19. Jahrhundert in eigenartiger Weise mit dem Frontier-Mythos verbunden. Der Ausruf „Go West, young man", „Schmiede Dein Glück, indem Du nach Westen ziehst", berief sich auf die konkrete Erfahrung großer geografischer Mobilität und suggerierte zugleich doch auch sozialen Aufstieg, eben den amerikanischen Traum des Aufstiegs vom Tellerwäscher zum Millionär. [...]

Aus dem Verständnis amerikanischer Geschichte als Heilsgeschichte entspringt und legitimiert sich auch das, was den amerikanischen Missionarismus ausmacht. [...]

Besonders in der Aufklärung und in der Romantik galt Amerika als das Land, das die Menschen nach ihren Vorstellungen und nach Gottes Plan bewusst gestalten können, also eine Gesellschaft, in der man frei leben konnte, in der schließlich religiöse Toleranz galt, aus der heraus man aber auch das Reich Gottes auf Erden zu schaffen vermochte. Der Begriff „Providence", göttliche Vorsehung, taucht als Ortsname in allen Landesteilen und in allen historischen Epochen auf. [...]

P. Lösche, Amerika in Perspektive, Darmstadt 1989, S. 271 ff.

Aufgaben

1. „Herzöge wandern nicht aus". Welche Konsequenzen hat diese Spruchweisheit für den Aufbau der amerikanischen Gesellschaft? Erläutern Sie die soziale Zusammensetzung der Kolonialgesellschaft.
   → Text, M1
2. Analysieren Sie die Puritanerpredigt im Hinblick auf demokratische Ideale.
   → M4
3. Welcher Zusammenhang besteht zwischen Calvins Prädestinationslehre und der Hochschätzung des materiellen Erfolgs?
   → M5
4. Analysieren Sie die merkantilistische Wirtschaftspolitik im Hinblick auf die Bedeutung der Kolonien für das Mutterland.
   → Text
5. Beschreiben Sie die Ursache des Finanzstreits zwischen England und den amerikanischen Kolonien.
   → Text, M3, M6, M7
6. Halten Sie jene wegweisenden Rechtsprinzipien fest, die von den amerikanischen Volksvertretern im Einzelnen formuliert wurden.
   → Text, M9, M10–M14
7. Auf welche Staatsform zielt die Unabhängigkeitserklärung?
   → M13
8. Untersuchen Sie, warum die amerikanische Gesellschaft eine „civil religion" hervorbrachte.
   → Text, M16
9. Erläutern Sie die Elemente dieses „amerikanischen Glaubens". Versuchen Sie, die einzelnen Aspekte aus der Geschichte heraus zu erklären.
   → Text, M16

7.2 Verfassung und politisches System

Zunächst handelte es sich bei den 13 Kolonien um selbstständige Staaten. Nachdem aber die Loslösung vom Mutterland vollzogen war, machte sich das Fehlen einer nationalen Regierung zusehends nachteilig bemerkbar. Die Ausgestaltung eines einheitlichen Binnenmarktes sowie die militärische Vertretung nach außen erforderten eine zentrale Gewalt. Erst die Verabschiedung der Verfassung (1787) machte aus dem Staatenbund einen Bundesstaat.

Drei Problemfelder ließen aber das Ergebnis der verfassunggebenden Versammlung lange Zeit ungewiss erscheinen:

- Wie sollte ein Interessenausgleich zwischen den bevölkerungsreichen und den bevölkerungsarmen Staaten aussehen?
- Wie sollte der Konflikt zwischen den Anhängern einer starken Zentralgewalt (missverständlicherweise Föderalisten genannt) und den Befürwortern einer weitgehend einzelstaatlichen Autonomie beigelegt werden?
- Wie konnte ein Übergriff der neuen Regierung auf die Rechte des Einzelnen vermieden werden?

Gewaltenteilung

Bei den Debatten standen sich zwei Fraktionen gegenüber: Föderalisten („federalists“) und die Republikaner. In den „Federalist Papers“ (1787/88) stritten Alexander Hamilton und James Madison (der vierte US-Präsident) für die Unionsverfassung mit einer starken Bundesregierung. Die Republikaner mit Thomas Jefferson (dritter Präsident der USA) traten für einen dezentral strukturierten Staat ein.

M 1

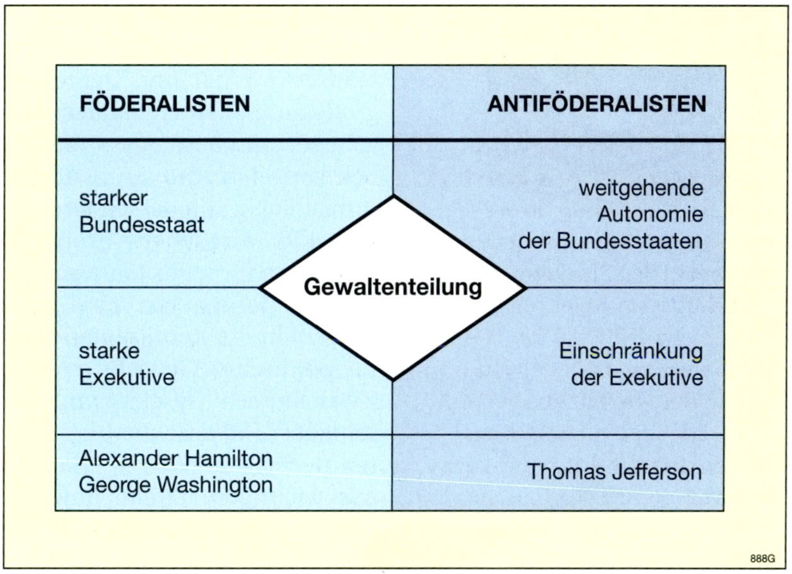

Die Verfassung weist folgende Gesetzgebungsbereiche der bundesstaatlichen Kompetenz zu: Wirtschaft, Währung, Handel und Verteidigung. Abweichend vom deutschen Verständnis des Begriffs „föderal“ hat das englische „federal“ die Bedeutung von „zentral“.

Die „Verfassungsväter“ konstruierten eine Verfassung, die auf der Lehre von John Locke (1632–1704) basiert. Ihre leitenden Prinzipien sind:

- die Souveränität des Volkes,
- die Besetzung der politischen Ämter durch Wahlen,
- das Repräsentativsystem,
- die strikte Teilung der Gewalten,
- die Wahrung der Grundrechte.

Wahlrecht

Im Zuge der Gestaltung der politischen Verhältnisse wurde auch die Frage, wem das Wahlrecht zustehe, kontrovers diskutiert. In der Anfangsphase der neuen Republik war das Wahlrecht an eine Qualifikation (Steuern beziehungsweise Grundbesitz) gebunden. Frauen, Schwarze und Indianer blieben zunächst von der politischen Teilhabe ausgeschlossen. Zwischen 1840 und 1850 wurde das Wahlrecht auf alle weißen Männer ausgedehnt. Nach dem Bürgerkrieg zwischen den Nord- und Südstaaten (1861–1865) fielen die rassischen Beschränkungen weg. Das 15. Amendment (Zusatzartikel) zur Verfassung (1870) erhob das Stimmrecht für Schwarze und das Verbot ihrer Diskriminierung zum Grundrecht.

Frauen erhielten das union-weite Wahlrecht 1920, nachdem es zuvor schon in verschiedenen Einzelstaaten eingeführt worden war. 1924 erreichten auch die Indianer ihre rechtliche Anerkennung als Staatsbürger.

Regierungssystem

Das amerikanische Regierungssystem beruht auf zwei Säulen: der strikten Unabhängigkeit der drei Gewalten Exekutive, Legislative und Judikative sowie der Hervorhebung des Präsidenten als politische Führungsinstanz. Die einzelnen Gewalten unterliegen verschiedenartigen Wahlverfahren und Amtszeiten.

Der amerikanische Präsident, der für vier Jahre gewählt wird (mit einmaliger Möglichkeit der Wiederwahl), geht aus einer quasi direkten Wahl durch das Volk hervor. Ihm steht der Kongress (Legisla-tive) als Gegenspieler und Partner gegenüber. Der Kongress besteht aus zwei Häusern: Senat und Repräsentantenhaus. Der Konflikt zwischen großen und kleinen Staaten wurde von den Gründungsvätern dahingehend entschärft, dass die einzelnen Bundesstaaten unterschiedlich vertreten sind: im Senat mit je zwei Senatoren pro Einzelstaat (unabhängig von dessen Größe) und im Repräsentantenhaus mit seinen 435 Mitgliedern proportional zur Einwohnerzahl. Während Senatoren für sechs Jahre gewählt werden, beträgt die Amtsdauer der Repräsentanten nur zwei Jahre. Der zweijährige Wahlrhythmus unterzieht die Repräsentanten einem permanenten Wahlkampf, was ihr politisches Gewicht im Vergleich zu den Senatoren verringert. Zwar müssen Gesetze von beiden Häusern des Kongresses verabschiedet (und anschließend vom Präsidenten unterzeichnet) werden, um Rechtsgültigkeit zu erlangen, aber insgesamt muss der Senat als das wichtigere Organ angesehen werden. Seine Vorrangstellung resultiert zum einen aus dem Recht, außenpolitische Verträge (mit Zweidrittel-Mehrheit) zu ratifizieren, zum anderen aus seinem Einfluss auf die Personalpolitik. Alle wichtigen Ernennungen und Berufungen des Präsidenten (zum Beispiel Minister, Oberste Richter) bedürfen der Zustimmung durch den Senat. Im (seltenen) Fall einer Anklage gegen den Präsidenten (impeachment) fungiert der Senat als Gerichtshof.

M 2 Das amtliche Siegel des amerikanischen Präsidenten
In der Mitte ein Adler mit einem Olivenzweig (Sinnbild des Friedens) und einem Bündel von Pfeilen (Bereitschaft zur Verteidigung). Darüber in lateinischer Sprache der Leitspruch der Vereinigten Staaten: E pluribus unum = Aus vielen (Nationen) eine. Die dreizehn Sterne über dem Kopf des Adlers stehen für die 13 Gründerstaaten. Rings um den Adler sind 50 Sterne angeordnet, einer für jeden Bundesstaat.

Funktionsweisen des präsidentiellen Regierungssystems

Die amerikanischen Verfassungskonstrukteure haben sich für ein Regierungssystem entschieden, das sich substanziell vom parlamentarischen Regierungssystem, das zum Beispiel in Deutschland in Kraft ist, unterscheidet.

Im parlamentarischen System geht die Regierung aus der Parlamentsmehrheit hervor. Eine fehlende Mehrheit führt in der Regel zu ihrem Rücktritt. Im amerikanischen Regierungssystem gehen Kongress und Regierung (Präsident) aus unterschiedlichen Wahlen – mit je eigener Legitimation – hervor. Folglich kann die Regierung auch nicht vom Parlament abgewählt werden, wie das beim parlamentarischen Misstrauensvotum der Fall ist. Nur im präsidentiellen System ist es daher möglich, dass die Regierung und die Parlamentsmehrheit unterschiedlichen Parteien angehören, was aber potenziell die Gefahr der politischen Lähmung mit sich bringt. Der Präsident kann mithilfe seines Vetos die Beschlüsse des Kongresses blockieren. Zwar hat der Kongress dann die Möglichkeit, das Veto wirkungslos zu machen („override“), aber dazu ist eine Zweidrittel-Mehrheit in beiden Häusern notwendig, die naturgemäß nur in seltenen Fällen erreicht wird.

M 3

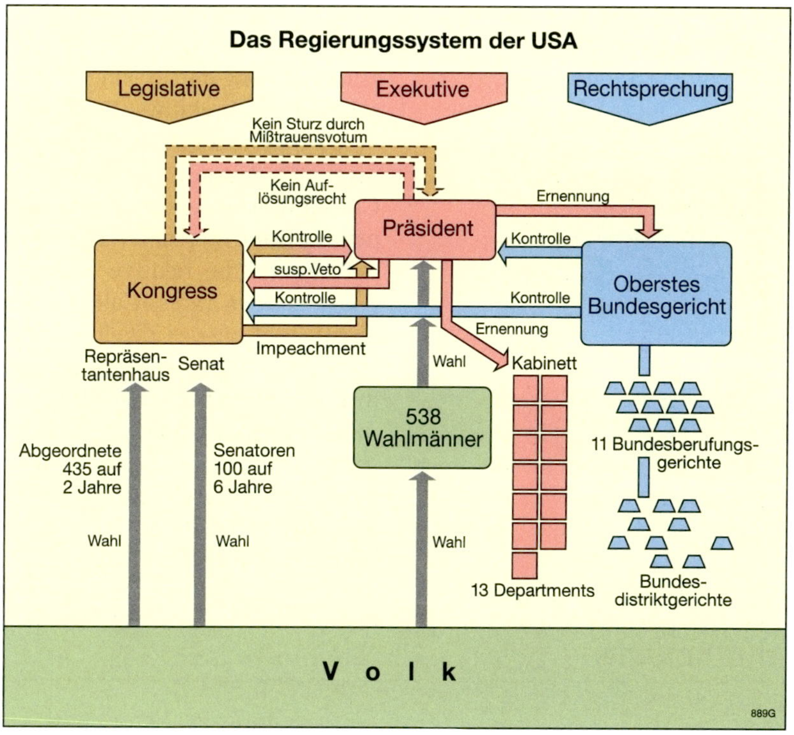

„Checks and balances“

Die Konstruktion des politischen Systems der USA wurde von der Absicht diktiert, eine Konzentration der Macht und deren möglichen Missbrauch zu verhindern. Das so entstandene Politikmuster bezeichnet man auch mit den Begriffen „checks und balances“ (Kontrollen und Ausgleich). In einem komplizierten Verfahren wurden die Teilgewalten so aufeinander bezogen, dass deren Kooperation unerlässlich ist, wenn der politische Prozess nicht in Stagnation und die Beteiligten nicht in Handlungsunfähigkeit verfallen sollen. Die offenkundige Gewaltenteilung erweist sich bei näherer Betrachtung als funktionale Gewaltenverschränkung. Der Gesetzgebungsprozess verläuft also in vielen Fällen komplizierter und langsamer, als das in parlamentarischen Demokratien der Fall ist.

Parteien

Die zwei großen amerikanischen Parteien – Demokraten und Republikaner – stellten bislang ohne Ausnahme den Präsidenten. Ihre Vorherrschaft konnte von dritten Parteien noch nie ernsthaft gefährdet werden. Letztlich kann die Form der amerikanischen Demokratie nur funktionieren, weil die beiden großen Parteien keine festgefügten Einheiten mit scharf umrissener Parteiideologie sind. In den Grundfragen der Politik gab und gibt es – trotz unterschiedlicher Parteiprofile – einen bemerkenswerten Konsens zwischen den beiden großen staatstragenden Parteien. Die Demokraten gelten als liberaler, während man die Republikaner im Allgemeinen mehr dem konservativen politischen Milieu zuordnet. Das politische System als solches wurde von keiner Seite in Frage gestellt. Weil die ideologischen Barrieren nicht so hoch sind, kann es immer wieder zu kooperativen Bündnissen und sachlichen Lösungen von Konflikten kommen. Das ist besonders dann notwendig, wenn der Präsident einer anderen Partei angehört als die Kongress-Mehrheit.

Amerikanische Parteien sind relativ lockere Organisationen, die sich primär als Wahlbündnisse von Gruppen und örtlichen Komitees zur Erringung der Präsidentschaft verstehen. Formelle Parteimitgliedschaften sind relativ selten. In Wahlkampfzeiten pflegen sich zeitweilig Gruppen zu bilden, die einen Kandidaten unterstützen.

Wahlen

Charakteristisch für das amerikanische Wahlsystem ist das Mehrheitsprinzip (im Unterschied zum Verhältniswahlrecht). In jedem Wahlkreis entscheidet die relative Mehrheit. Folglich gibt es nur einen Sieger („The winner takes it all."). Dieses Wahlverfahren hat zweifellos die Herausbildung des Zweiparteiensystems begünstigt. Es gibt also keine Parteilistenwahl, daher fühlen sich die Gewählten in erster Linie auch ihren Wählern verantwortlich (und weniger der Partei). Die sehr unterschiedlichen lokalen, regionalen und bundesstaatlichen Interessen müssen daher jeweils zu einem Zweckbündnis zusammgengefasst werden, wenn mit Aussicht auf Erfolg die Präsidentenschaftswahlen angegangen werden sollen. Die organisatorisch schwachen amerikanischen Parteien spielen also in der praktischen Politik eine geringere Rolle als die straffer organisierten europäischen Parteien.

Chronologie

1787 Fertigstellung der Verfassung

1789 Inkrafttreten der Verfassung nach Ratifizierung durch die Einzelstaaten; George Washington wird zum ersten Präsidenten der USA gewählt.

1791 Auf Drängen der Einzelstaaten wird die „Bill of Rights" als Zusatzartikel (amendments) I–X zur Verfassung angenommen.

1870 Verabschiedung des 15. Zusatzartikels der Verfassung: Keine Beschränkung des Wahlrechts wegen der Hautfarbe

1920 Verabschiedung des 19. Zusatzartikels der Verfassung: Allgemeines Frauenwahlrecht

M 4 Zusatzartikel der Verfassung

Der Grundrechtskatalog lehnte sich stark an die „Virginia Bill of Rights" von 1776 an und trat 1791 als Verfassungsrecht in Kraft:

Zusatzartikel I: Der Kongress darf kein Gesetz erlassen, das die Einführung einer Staatsreligion zum Gegenstand hat, die freie Religionsausübung verbietet, die Rede- oder Pressefreiheit oder das Recht des Volkes einschränkt, sich friedlich zu versammeln und die Regierung durch Petition um Abstellung von Missständen zu ersuchen.

Zusatzartikel II: Da eine gut ausgebildete Miliz für die Sicherheit eines freien Staates erforderlich ist, darf das Recht des Volkes, Waffen zu besitzen und zu tragen, nicht beeinträchtigt werden. [...]

Zusatzartikel IV: Das Recht des Volkes auf Sicherheit der Person und der Wohnung, der Urkunden und des Eigentums, vor willkürlicher Durchsuchung, Verhaftung und Beschlagnahme darf nicht verletzt werden. [...]

Zusatzartikel VI: In allen Strafverfahren hat der Angeklagte Anspruch auf einen unverzüglichen und öffentlichen Prozess vor einem unparteiischen Geschworenengericht desjenigen Staates [...], in welchem die Straftat begangen wurde. [...]

Zit. nach: E. Helms, USA–Staat und Gesellschaft, Hannover, S. 155 f.

M 5 Das präsidentielle Regierungssystem

Die Politikwissenschaft unterscheidet zwischen parlamentarischen und präsidentiellen Regierungssystemen:

Demokratische Regierungssysteme westlicher Prägung lassen sich nach der Art der Beziehungen zwischen Legislative, Exekutive und Justiz in parlamentarische oder präsidentielle Systeme unterteilen. Zu den ersteren zählen England und die Bundesrepublik Deutschland, während die USA als Modell der zweiten Kategorie gelten. [...] Nach dem Prinzip der Gewaltentrennung ist im amerikanischen präsidentiellen System die Regierungsgewalt zwischen der nationalen Exekutive, der Legislative und der Justiz so verteilt, dass – zumindest theoretisch – kein Organ zu stark oder von den anderen abhängig werden kann. Zu diesem Zweck wurde die Verfassung als ein sorgfältig ausgearbeitetes System von Gegengewichten und Handlungssperren, den so genannten checks and balances, konstruiert. Vom parlamentarischen System unterscheidet sich das präsidentielle durch die Direktwahl des Staats- und Regierungschefs durch die Wahlmänner des Volkes sowie durch den Zusammenschluss beider Funktionen – also etwa der des Kanzlers und der des Bundespräsidenten – im Amt des Präsidenten.

6

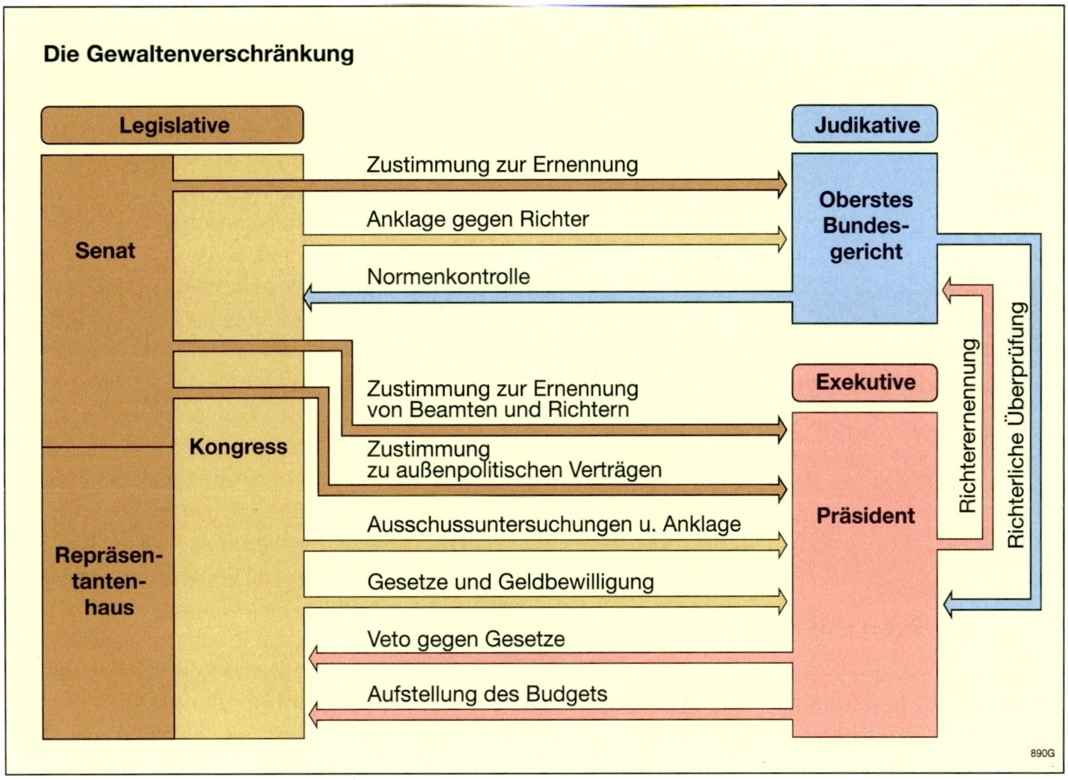

Im Gegensatz zu der für das amerikanische präsidentielle System typischen strikten Trennung von Exekutive und Legislative stehen diese in parlamentarischen Systemen im engen Verhältnis zueinander, wobei die Exekutive das Vertrauen der Mehrheit des Parlamentes besitzen muss. Wenn dies nicht länger der Fall ist, hat das Parlament das Recht, die Regierung abzulösen. Der Kongress kann demgegenüber den Präsidenten nur im Fall von Rechtsverletzungen in einem gerichtsförmigen Verfahren, dem so genannten Impeachment-Verfahren, seines Amtes entheben. Umgekehrt hat der Präsident nicht das Recht, den Kongress aufzulösen, während in parlamentarischen Systemen das Staatsoberhaupt oder der Regierungschef das Recht der Parlamentauflösung regelmäßig in irgendeiner Form besitzt. Als Vorteil des präsidentiellen Systems gilt die periodische Direktwahl des Präsidenten; die Exekutive hängt in ihrem Bestand nicht vom Parlament ab. Seine Schwäche ist die permanente Gefahr der Handlungsunfähigkeit der Regierung, besonders im Fall des Konfliktes zwischen Exekutive und Legislative oder vor anstehenden Wahlen.
Ein anderes Merkmal der Präsidentialdemokratie ist die hochgradige Personalisierung der Politik. In den USA steht nicht die Regierung, die keine einheitliche Institution darstellt, im Mittelpunkt des politischen Interesses, sondern die Person des Präsidenten.

P. H. Merkl, D. Raabe, Politische Soziologie der USA, Wiesbaden 1977, S. 122.

M 7 Wenn sich Präsident und Kongress nicht einigen können.
Links: US-Präsident Bush (1989–1993), Karikatur aus: Hannoversche Allgemeine Zeitung, 18.10.1990

M 8 Die Funktion des Präsidenten

Der Politikwissenschaftler Peter Lösche zeigt auf, wie das politische System der USA auf den Präsidenten zugeschnitten ist:

Folgt man der Verfassung, so sind im Amt des Präsidenten politische Funktionen konzentriert und zusammengefasst, die in anderen politischen Systemen – z. B. in den westeuropäisch-parlamentarischen, einschließlich dem der Bundesrepublik – auf mehrere Institutionen verteilt sind:
Der Präsident [ist] der Chef der Exekutive und [verkörpert] die ausführende Gewalt. Ihm unterstehen formal also alle Bundesbehörden. [...] Im Unterschied zu den Vereinigten Staaten stehen in der Bundesrepublik an der Spitze der verschiedenen Ministerien die zuständigen Ressortminister, und nur über seine Richtlinienkompetenz und durch das Kabinettskollegium kann der Chef der Exekutive, also der Kanzler, in die einzelnen Behörden „hineinregieren".
Der Präsident ist sodann Oberbefehlshaber der Streitkräfte, eine Aufgabe, die nach dem Grundgesetz nur im Verteidigungsfall vom Bundeskanzler, im Übrigen aber vom Verteidigungsminister wahrgenommen wird.
Ferner wird der Präsident als erster Diplomat des Landes bezeichnet, denn ihm steht das Recht zu, Verträge abzuschließen, die allerdings der Zustimmung durch eine Zweidrittelmehrheit des Senats bedürfen, um rechtswirksam zu werden. Ähnlich wie bei uns sind also in den Vereinigten Staaten Exekutive und Legislative an der Außenpolitik beteiligt, wenn auch die Gewichte der Verfassungsorgane verschieden verteilt sind. [...]
Gewaltenverschränkung gilt in Amerika auch allgemein für das Gesetzgebungsverfahren: Trotz vergleichsweise strikter Gewaltenteilung ist der Präsident auch formal – ganz zu schweigen von der Verfassungswirklichkeit – daran beteiligt. Er kann gegen Gesetzentwürfe sein Veto einlegen sowie dem Kongress in Botschaften und Erklärungen seine politischen Empfehlungen zukommen lassen. Dem Präsidenten stehen also auch legislative Kompetenzen zu.
Schließlich ist der Präsident Staatsoberhaupt, er vollzieht also jene repräsentativen und diplomatischen

Zeremonien wie in konstitutionellen Monarchien der König oder bei uns der Bundespräsident. Er empfängt das Diplomatische Korps, nimmt die Beglaubigungsschreiben der Botschafter entgegen und unterzeichnet die Gesetze vor ihrem Inkrafttreten. Aufgrund von Tradition gilt der Präsident dann auch als Führer seiner Partei, ein Titel, der für europäische Ohren großartig klingt, in Wirklichkeit aber vergleichsweise wirkungslos ist.

P. Lösche, Amerika in Perspektive, Darmstadt 1989, S. 113 f.

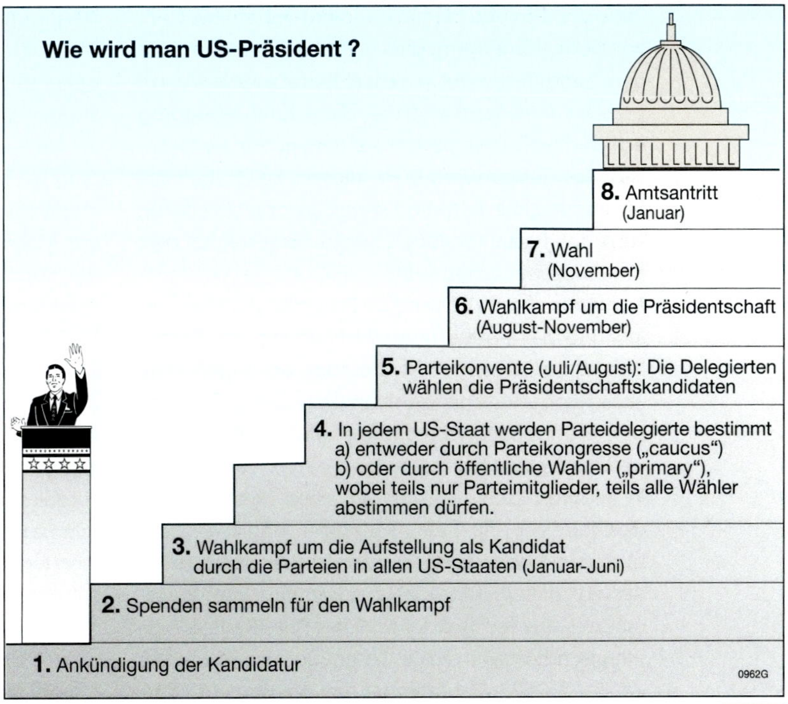

M 10

M 9 Präsidentschaftswahlen

Das Wahlverfahren zum Präsidenten stellt der Landeskundler Helmut Riege dar:

Die amerikanischen Parteien sind völlig anders organisiert als etwa die westdeutschen. Sie kennen keine feste, ständige Organisation. Es gibt keine Mitglieder und keine Beiträge. Die Parteien existieren nur während der Wahlkämpfe. Infolge dieser losen Organisation der Parteien gibt es keine klare Trennung zwischen Parteifunktionären und Bürgern. Die Grenzen sind offen, und jedem Bürger steht es frei, sich während des Wahlkampfes für die Partei seiner Wahl zu engagieren.

Bis 1924 wurden die Präsidentschaftskandidaten durch die Kongressfraktionen (caucus) aufgestellt. Dann wurde das System der Wahlversammlungen (convention) auf allen Ebenen: in der „Grafschaft“ (county), dem Einzelstaat (state) und der ganzen Union (nation) eingeführt. Zu den Konventen werden Delegierte entsandt, die diskutieren, über das Wahlprogramm abstimmen und die Kandidaten nominieren. Um das Wahlverfahren weiter zu demokratisieren, wurde in den Vereinigten Staaten eine Einrichtung eingeführt, die bei uns völlig unbekannt ist: nämlich die Vorwahlen (primaries). In der Bundesrepublik Deutschland ist es (wie auch ursprünglich in Amerika) so, dass den Parteien die Auswahl der Kandidaten völlig überlassen wird. Das demokratische Prinzip wird nur innerhalb der Partei angewendet, indem (in zunehmendem Maße) auch die „Basis“ der Parteimitglieder an der Auswahl beteiligt wird; der außenstehende Bürger hingegen muss die Kandidaten hinnehmen, die ihm von den Parteien vorgesetzt werden. Bei den Vorwahlen dagegen greift der Staat von vornherein in die Auswahl schon der Kandidaten ein. Es bleibt nicht mehr den Parteiorganisationen überlassen, wen sie aufstellen wollen, sondern die Wähler selbst entscheiden darüber.

Bei den Vorwahlen wählt der Wähler also nicht zwischen den Kandidaten verschiedener Parteien, sondern nur zwischen Kandidaten innerhalb einer Partei. Man unterscheidet nun zwischen geschlossenen Vorwahlen (closed primaries) und offenen Vorwahlen (open primaries).

Bei den geschlossenen Wahlen muss der Wähler angeben, bei welcher Partei er an der Auswahl der Kandidaten mitwirken will: er muss sich für eine Partei „registrieren“ lassen (register to vote). Diese Nötigung, sich in den Vorwahlen zu einer Partei öffentlich zu „bekennen“, wirkt auf den ersten Blick befremdend. Sie wird aber aus zwei Gründen nicht als Verletzung des Wahlgeheimnisses angesehen: einmal, weil die Wahl des Parteikandidaten selber ja geheim bleibt, und zum andern, weil diese Registrierung gar nicht bindend für die spätere Hauptwahl zwischen den Parteien ist.

Bei den offenen Wahlen nun braucht der Wähler sich nicht registrieren zu lassen, sondern kann am Vorwahltag in der Liste einer der Parteien die Kandidaten auswählen. Bei dem System der Vorwahlen lässt es sich selbstverständlich nicht vermeiden, dass ein Anhänger einer Partei bei der gegnerischen Partei mitwählt; auf diese Weise kann er Einfluss auf die Auswahl des gegnerischen Kandidaten nehmen, also etwa einen Kandidaten befürworten, von dem er annimmt, dass er eine leichte Beute für den Kandidaten der eigenen Partei werden wird. [...] Der Präsidentschaftskandidat kann endgültig erst durch die Delegierten auf dem nationalen Konvent festgelegt werden. In diesem Fall haben die Vorwahlen die Funktion eines Barometers dafür, wen der Parteikonvent zweckmäßigerweise zum Kandidaten machen sollte.

Erst wenn diese aufwendige Prozedur der Vorwahlen und der endgültigen Aufstellung des Parteikandidaten beendet ist, beginnt der eigentliche zwischenparteiliche Wahlkampf. [...]

Der Präsident wird nominell über Wahlmänner (electors) gewählt.

In jedem Staat werden so viele Wahlmänner gewählt, wie der Staat Senatoren und Repräsentanten im Bundeskongress zusammen hat, also mindestens drei pro Staat. Dazu kommen drei Wahlmänner für den District of Columbia (Regierungshauptstadt Washington). Zusammen ergibt das 100 + 435 + 3 = 538 Wahlmänner. Die Wahlmänner dürfen weder Mitglied des Bundeskongresses sein noch ein Bundesamt bekleiden.

Derjenige Präsidentenschaftskandidat, der die Mehrheit der Stimmen in einem Staate erzielt, bekommt sämtliche Wahlmännerstimmen dieses Staates, wenn einige Wochen nach der Volkswahl im November, nämlich im Dezember, die Wahlmänner ihre Stimmen abgeben. [...]

Theoretisch ist es sogar möglich, dass ein Kandidat die Mehrheit, sogar eine beträchtliche Mehrheit der Stimmen hinter sich hat und trotzdem nicht Präsident wird. Es könnte nämlich sein, dass die Summe seiner Stimmenvorsprünge in seinen Siegesstaaten größer ist als die des Konkurrenten in dessen Siegesstaaten – dass aber die Staaten des Konkurrenten über insgesamt mehr Wahlmännerstimmen verfügen. Allerdings ist dieser Fall zuletzt 1888 vorgekommen, als Grover Cleveland gegen Benjamin Harrison unterlag, obwohl er mehr Volksstimmen bekommen hatte[1].

1 Das Gleiche geschah bei den Präsidentschaftswahlen des Jahres 2000. Georg W. Bush jun. siegte auf diese Weise über den demokratischen Kandidaten Al Gore.

H. Riege. Nordamerika, Bd. 1, München 1978, S. 126 f, 105.

Aufgaben

1. Aus welchen Gründen bzw. mit welchem Ziel wurde die Schaffung einer amerikanischen Zentralgewalt betrieben?
   → Text, M1
2. Kennzeichnen Sie die Konflikte, die die Verabschiedung einer Verfassung erschwert haben. In welcher Form sind sie beigelegt worden?
   → Text, M3
3. Diskutieren Sie, ob der Zusatzartikel II noch zeitgemäß ist.
   → M4
4. Erarbeiten Sie die Unterschiede zwischen dem parlamentarischen und dem präsidentiellen Regierungssystem.
   → Text, M3, M5, M8
5. Kritiker sehen im präsidentiellen Regierungssystem die Gefahr der gegenseitigen Lähmung. Erläutern Sie die Umstände, unter denen diese Situation eintreten kann.
   → Text, M3, M5–M8
6. Grenzen Sie die beiden Häuser des Kongresses im Hinblick auf ihre politische Bedeutung ab.
   → Text, M3, M5, M6
7. Inwiefern lässt sich im amerikanischen Regierungssystem die Gewaltenverschränkung [checks and balances] als Leitprinzip ausmachen?
   → Text, M6, M8
8. Obgleich die Gesetzgebungsbefugnis beim Kongress liegt, ist der Präsident die dominante Institution der amerikanischen Politik. Welche Möglichkeiten besitzt er, um auf den Gesetzgebungsprozess Einfluss zu nehmen?
   → Text, M3, M6, M8
9. Nennen Sie diejenigen Faktoren, die das Zweiparteiensystem stabilisieren. Überlegen Sie – darüber hinausgehend – warum es in der Geschichte der USA keine revolutionäre sozialistische Partei gegeben hat.
   → Text
10. Stellen Sie die einzelnen Etappen im Präsidentschaftswahlverfahren dar.
    → Text, M9, M10
11. Wie beurteilen Sie das amerikanische Vorwahlverfahren?
    → Text, M9, M10

7.3 Das Werden des neuen Staates

Die Erschließung des Kontinents

Drei Aspekte prägten das Werden des neuen Staates im 19. Jahrhundert: die Erschließung des Kontinents, die Bewahrung der nationalen Einheit in einem blutigen Bürgerkrieg und der Aufstieg zur führenden Wirtschaftsmacht.

Die Inbesitznahme des Landes galt seit 1890 als abgeschlossen, nachdem das Statistische Bundesamt offiziell die „Schließung der Grenze“ erklärt hatte. Zuvor war in einem langen Prozess die „frontier“ durch Pioniere (Pelztierjäger, Goldsucher, Rancher) immer weiter nach Westen vorgeschoben worden.

John Quincy Adams (Präsident von 1825–1829) schrieb in seinen Memoiren: „Die Welt soll sich mit dem Gedanken vertraut machen, dass unsere Herrschaft den ganzen nordamerikanischen Kontinent umfasst. Seit wir ein unabhängiges Volk sind, ist dieser unser Anspruch ebenso gut ein Naturgesetz wie die Tatsache, dass der Mississippi ins Meer fließt.“ Adams’ Formulierung ist repräsentativ für das Denken der Amerikaner. Sie konnten sich ohne nennenswerten Widerstand von außen ausbreiten, weil sich die europäischen Mächte (außer Spanien im Süden und Großbritannien im Norden) vom Kontinent fern hielten.

Die Erschließung des Kontinents hat das Selbstverständnis der Amerikaner entscheidend geprägt. Durch die Westwanderung bildete sich jener Mythos vom „Land der unbegrenzten Möglichkeiten“. Die Grenze („frontier“) förderte die Entstehung einer mobilen Pioniergesellschaft, die durch ungehemmte Entwicklung der Privatinitiative sowie durch Ablehnung von Standesdünkel charakterisiert war.

M 1

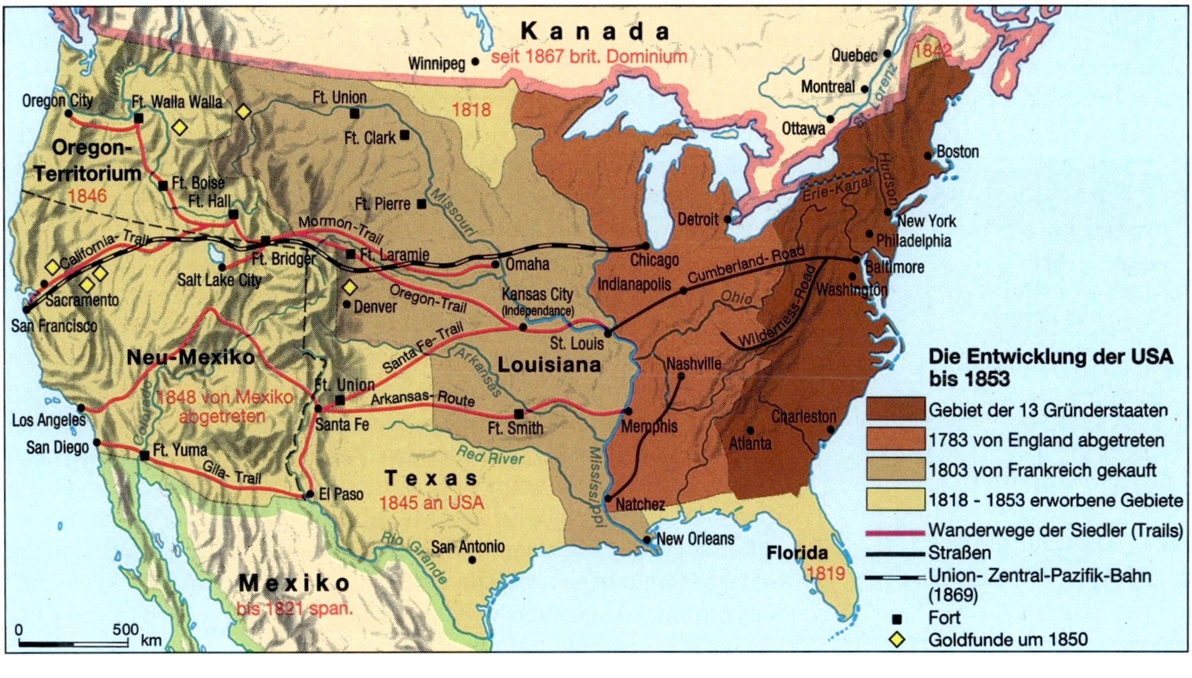

Indianer

Die Expansion der Weißen über den nordamerikanischen Kontinent führte naturgemäß zum Konflikt mit den Ureinwohnern und endete in der Vertreibung der Indianer aus ihren angestammten Gebieten. Die Macht der neuen Siedler erwies sich als überlegen. Alle mit den Indianern geschlossenen Verträge wurden letztlich gebrochen und die Indianer in wirtschaftlich kaum nutzbare Reservate abgedrängt.

Die Ureinwohner stellen heute mit etwa zwei Millionen Menschen eine relativ einflusslose Minderheit dar, die unter dem Verlust der eigenen Identität zu leiden hat. Die Hälfte von ihnen lebt in etwa 300 Reservaten, die insgesamt ein Territorium von der Größe der alten Bundesrepublik Deutschland umfassen. In ihnen genießen die Indianer Sonderrechte (zum Beispiel Steuerfreiheit, Jagdrechte, staatliche Beihilfen), die als Kompensation für frühere Landenteignungen zu verstehen sind. Die finanzielle Situation vieler Indianerstämme hat sich in den letzten Jahren verbessert. Als lukrativ erwiesen sich die Einrichtung von Casinos (für Glücksspiele), der Tourismus und das Kunsthandwerk. Auch Schadensersatzzahlungen für unrechtmäßig verlorenen Boden und die Vermarktung von Rohstoffen (Öl, Gas) haben die Einnahmen erhöht. Allerdings ist vielfach die soziale und psychische Situation der Indianer beklagenswert. Überdurchschnittlich hohe Arbeitslosigkeit, soziale Zerrüttung, Alkoholismus, ein mangelhafter Gesundheitszustand und unterdurchschnittliche Schul- und Berufsausbildung prägen immer noch die Lage der Nachfahren der Ureinwohner.

M 2

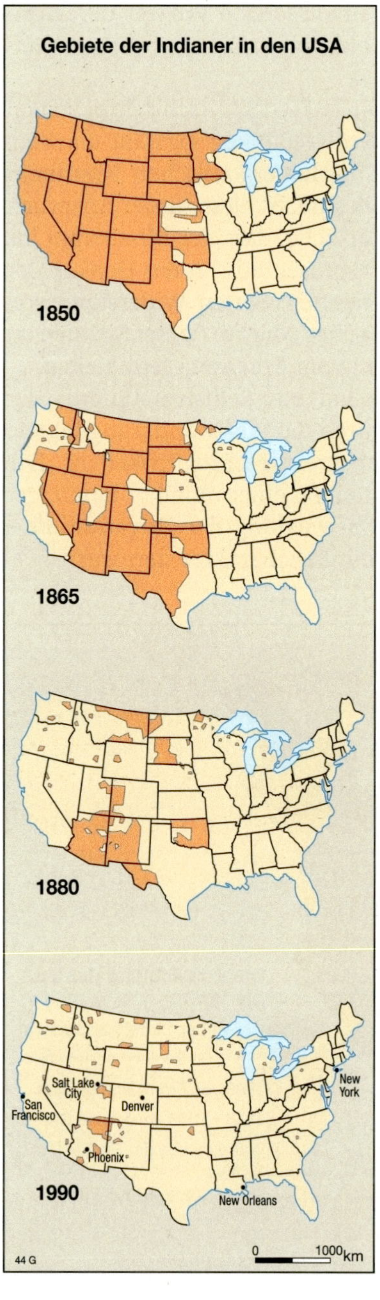

Der Sezessionskrieg (1861–1865)

In den Südstaaten der USA bestand insbesondere in der Plantagenwirtschaft (Tabak, Baumwolle, Zucker) ein Bedarf an Arbeitskräften, der mithilfe von Sklaven gedeckt wurde. Zu Beginn des amerikanischen Bürgerkrieges gab es unter den 9,5 Millionen Einwohnern der elf von der Union abgefallenen Südstaaten etwa 3,5 Millionen Sklaven (bei etwa 380 000 Sklavenhaltern). Nur eine Minderheit war also tatsächlich im Besitz von schwarzen Sklaven. Doch es gab eine weit verbreitete rassistische „Sklavenhaltermentalität“, die gerade auch in der weißen Unterschicht verbreitet war. Man rechtfertigte die Sklaverei mit dem Hinweis darauf, dass die Schwarzen dumm und faul seien. Die weiße Unterschicht konnte angesichts der mit dem Attribut der sozialen Minderwertigkeit versehenen schwarzen Sklaven ein Konzept von Stolz (auf die weiße Hautfarbe) und Überlegenheit entwickeln.

Der amerikanische Bürgerkrieg zwischen den Nord- und den Südstaaten wurde erst in zweiter Linie um die Verwirklichung eines humanitären Ideals, nämlich der Sklavenbefreiung, geführt. Im Wesentlichen ging es um die Frage, ob die USA als *ein* Staat erhalten bleiben konnten beziehungsweise ob es ein Recht einzelner Bundesstaaten gibt, aus der Union auszutreten. Der Austritt aus der Union (Sezession) war von den Sklaven haltenden Staaten bereits mehrfach erwogen worden. Als Lincoln zum Präsidenten gewählt wurde, vollzogen sie diesen Schritt, um möglichen Maßnahmen gegen die Sklaverei zuvorzukommen. Die Südstaaten beriefen sich dabei auf das einzelstaatliche Selbstbestimmungsrecht. Die elf Südstaaten bildeten 1861 eine Konföderation mit eigener Verfassung und eigenem Präsidenten. Kurz darauf begannen die Kampfhandlungen.

Die Sklavenfrage spiegelte lediglich einen Konflikt zwischen dem sich industrialisierenden Norden und dem agrarischen Süden. Während die dynamische Wirtschaft des Nordens expandierte, stagnierten die wirtschaftlichen Strukturen des Südens. Seine fast rein landwirtschaftliche Produktion war auf billige Handarbeiter angewiesen. Während die südlichen Plantagenstaaten vom Export nach Europa lebten und somit an einer Freihandelspolitik interessiert waren, nahm der Norden eine protektionistische Haltung ein, um die eigene noch junge Industrie gegenüber der englischen Konkurrenz zu schützen.

M 3 **Sklavenmarkt in den Südstaaten,**
Richmond (Virginia) um 1850

Sieg der Nordstaaten

Die Entscheidung im amerikanischen Bürgerkrieg zugunsten des Nordens war letztlich auf das größere ökonomische und militärische Potenzial zurückzuführen. Mit 19 Millionen Einwohnern zählte der Norden drei Mal so viele Weiße wie der Süden, was sich auch in den Truppenstärken niederschlug. Der industriell geprägte Norden stand einem agrarischen Süden gegenüber, sodass die Ressourcen für eine moderne Kriegswirtschaft überwiegend im Norden vorhanden waren. Je länger der Krieg dauerte, desto deutlicher mussten sich die Vorteile der industriellen Infrastruktur zeigen.

Bürgerkriege haben es oft an sich, dass sie mit größter Brutalität geführt werden. Das galt auch für den amerikanischen „civil war", der außerordentlich verlustreich für die amerikanische Nation war. Die Union (der Nordstaaten) beklagte etwa 360 000 Tote, der Süden etwa 260 000. Dieser Krieg zwischen den amerikanischen Staaten verwüstete weite Landstriche und hinterließ eine massiv verschuldete Nation, die allerdings nur zwei Generationen später die größte Industriemacht der Welt sein sollte. Es war der einzige Krieg – sieht man von den begrenzten militärischen Konflikten mit den Indianern ab – den die USA auf ihrem eigenen Territorium ausgefochten haben.

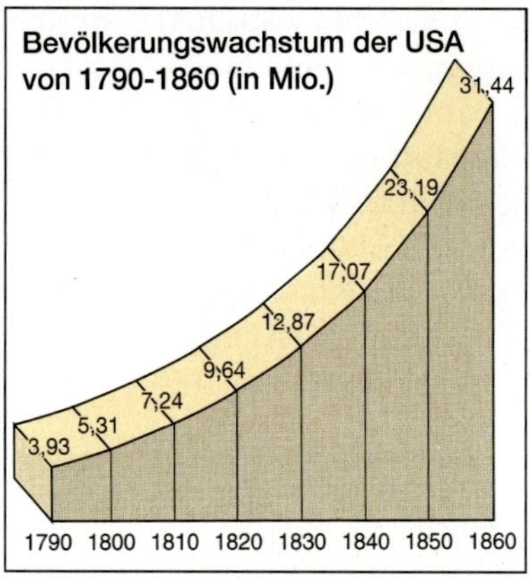

M 4

Der Aufstieg zur führenden Wirtschaftsmacht

Angetrieben durch ein sprunghaftes Bevölkerungswachstum von 39 Millionen (1870) auf 76 Millionen Einwohner (1900) durchliefen die USA eine dynamische wirtschaftliche Entwicklung, die sie schon vor der Jahrhundertwende zur weltgrößten Ökonomie machte.

Nach dem selbstzerstörerischen Bürgerkrieg begann mit der „reconstruction“ der verstärkte Ausbau der Infrastruktur. Dabei wurde der Eisenbahnbau zum wichtigsten Wachstumsfaktor. Die Bundesregierung in Washington förderte den Ausbau der Infrastruktur durch außerordentlich großzügige Landschenkungen an die Eisenbahngesellschaften. Die großen Eisenbahngesellschaften setzten einheitliche Standards für den Betrieb durch, was eine unabdingbare Voraussetzung für die effiziente wirtschaftliche Erschließung des Landes war. Der Eisenbahnsektor bildete auch aufgrund seiner sehr hohen Beschäftigungsquote einen Schlüsselbereich der amerikanischen Wirtschaft in der zweiten Hälfte des 19. Jahrhunderts. Bereits 1870 startete der fahrplanmäßige transkontinentale Eisenbahnverkehr.

Aus der Zuwanderung, die im Zeitraum von 1820 bis 1890 etwa 15 Millionen Menschen betrug, rekrutierten sich Pioniere, die in Kalifornien nach Gold schürften, als auch Siedler, die vom Westen Besitz ergriffen. Der „Homestead Act“ (Heimstättengesetz) von 1862 förderte die Landnahme. Das Gesetz regelte die Inbesitznahme von Boden. Jede amerikanische Familie erhielt das Recht, ein Stück unbesiedeltes Land zu bebauen und nach fünf Jahren in Besitz zu nehmen.

Die Kombination von weitläufig landwirtschaftlich nutzbaren Flächen, unerschöpflichen Bodenschätzen, einem wachsenden Angebot an Arbeitskräften, einer Vielzahl kreativer Unternehmer und einer liberalen Wirtschaftsordnung ließ die Ökonomie der USA rasant wachsen. Die Industrie expandierte dabei zu immer größeren Produktionseinheiten. Es entstanden Großkonzerne, die sich mit noch heute legendären Namen verbinden: zum Beispiel Ford (Autos), Rockefeller (Öl), Carnegie (Eisen und Stahl), Mellon (Plantagen) und Vanderbilt (Eisenbahnen und Reedereien). Die Anwendung modernster Techniken erhöhte kontinuierlich die Produktivität, den Kapitalstock und den Lebensstandard der Bevölkerung. Vor diesem Hintergrund wurde aus einem verschuldeten Land während des Ersten Weltkrieges die Gläubigernation der meisten europäischen Staaten.

Chronologie

1860 Abraham Lincoln gewinnt als Kandidat der Republikaner die Präsidentschaftswahlen.

1861 Mehrere Südstaaten erklären ihren Austritt aus der Union und gründen eine Konföderation.

1861–1865 Sezessionskrieg

1863 Formelle Befreiung der Sklaven durch Lincolns „Emancipation Proclamation“

1865–1871 Verabschiedung der Zusatzartikel 13, 14 und 15, die den Schwarzen Freiheit, Rechtsgleichheit und Wahlrecht gewährleisten sollen. In den folgenden Jahrzehnten unterläuft die Praxis der Segregation (Trennung) die verfassungsmäßige Ordnung.

M 5 Erschließung des Kontinents
Am 10. Mai 1869 wird die erste transkontinentale Eisenbahnverbindung hergestellt. Bei Promotory Point in Utah treffen sich die Union Pacific und die Central Pacific Railroad. In einer Zeremonie wurde ein goldener Nagel in die letzte Schwelle geschlagen.

M 6 „American Progress": Fortschreiten der amerikanischen Zivilisation
Idealisierte Darstellung von der Eroberung und Erschließung des Landes, aus: Crofutt's New Overland Tourist's guide von 1878.

M 7 Der Mythos der „Grenze"

Der Publizist Max Mittler beschreibt die Grenzerfahrung im Kontext der amerikanischen Alltagsgeschichte:

Im Westen entstand inzwischen in der täglichen Erfahrung des „Frontier" die neue amerikanische Gesellschaft. Der von einem Mythos umwobene Begriff des „Frontier" – im Deutschen durch kein entsprechendes Wort wiederzugeben – umfasst sämtliche Aspekte jener Grenzzone, in der sich die Pioniere am Rande der Wildnis eine Heimstätte schafften. Gedacht ist nicht eine Grenzlinie im politischen Sinne und auch nicht eine „Front" als Abgrenzung eines militärischen Bereichs. „Frontier" meint nicht bloß eine geografische Zone, sondern einen gesellschaftlichen Zustand. Unter den Bedingungen des „Frontier" begegneten Pioniere und Siedler den umherschweifenden Indianervölkern, der unermesslichen Natur, den Wäldern am Ohio, dem Mississippi und dem Missouri, der Prärie, dem Felsengebirge, den Wüsten in Nevada und Utah. Es gab einen „Frontier" der Trapper, der Farmer, der Viehzüchter und der Minenarbeiter. Allen gemeinsam war die Grenzsituation, die Trennung vom organischen Leben der Nation, die Bewährung einer mehr oder minder homogenen Gruppe von Individuen in Schwierigkeiten und Gefahren aller Art. Ein Merkmal statistischer Natur bildet die geringe Dichte der Besiedlung. Zu den allgemein gültigen Kennzeichen gehörten [...] all jene Attribute, die den „Wilden Westen" ausmachen: Abenteuer und Spekulation, Faustrecht anstelle einer ordentlichen Justiz, handfeste Selbsthilfe der Pioniere und Verachtung für die Rechte der Indianer. Also eine Ausnahmesituation im privaten und öffentlichen Bereich, ein zeitlich beschränktes Provisorium. [...]
In gleichmäßigen Intervallen wiederholte sich derselbe Vorgang. Der „Frontier" wurde gewissermaßen von der „Zivilisation" eingeholt, die vor kurzem noch wilde Zone in einen Staat oder ein Territorium eingegliedert.

M. Mittler, Eroberung eines Kontinents, Zürich 1968, S. 16 f.

M 8 Die Vertreibung der Indianer

Die Verdrängung der Indianer schildert der Historiker Hans Rudolf Guggisberg:

Zu den dunkelsten Kapiteln der Geschichte der Westexpansion gehört unzweifelhaft das Schicksal der Indianer. Hier wirkte sich der Individualismus und der unersättliche Landhunger der vordringenden „Frontiersmen" in brutalster Weise aus. Da die Indianer kein Stimmrecht besaßen, beschäftigte sich keine politische Partei mit ihnen, und die wenig energische Indianerpolitik der Bundesregierung stand unter keinerlei Druck. Wohl waren mit einzelnen Stämmen im Gebiet zwischen Appalachen und Mississippi seit dem späten 18. Jahrhundert Landnahmeverträge abgeschlossen worden, aber diese wurden immer wieder gebrochen, und die Eingeborenen sahen sich stets um die versprochenen Entschädigungen geprellt. Sie verloren ihre Jagdgründe und damit auch die Möglichkeit, sich zu ernähren und zu bekleiden. Um diese Probleme kümmerten sich die weißen Siedler jedoch nicht. Sie waren überzeugt von ihrem Recht, ja von ihrer Pflicht, die Wilden zu verjagen, da diese das Land ja nicht erschlossen und seine Fruchtbarkeit ausnützten. Solche Argumentation verriet das Fehlen jedes Verständnisses für die Denkweise der Indianer. Sie richtete sich insbesondere gegen die Jägerstämme, aber mit der Zeit wurden auch die Ackerbau treibenden Völker aus ihren Gebieten verdrängt. Wenn die Indianer organisierten Widerstand zu leisten begannen, kam es stets zu blutigen Konfrontationen. [...]
Die Folge dieser für die betroffenen Stämme äußerst verlustreichen Niederlagen war ein allgemeines Nachlassen des Widerstandes. Schon seit dem Anfang des 19. Jahrhunderts hatten einzelne amerikanische Politiker die Möglichkeit erwogen, die Indianer in ihrer Gesamtheit westlich des Mississippi anzusiedeln. Im Jahre 1830 – also während der ersten Präsidentschaft Jacksons – beschloss der Kongress die Durchführung dieser Massendeportation. [...]
Um 1845 waren die meisten Indianer aus den Gebieten östlich des Mississippi verschwunden. Überreste hielten sich nur in wenigen älteren Reservaten.

H. R. Guggisberg, Geschichte der USA, Stuttgart 1975, S. 83 f.

M 9 „You are on Indian Land"

Indianer erinnern daran, dass sie die älteren Rechte am amerikanischen Boden besitzen:

Im Morgengrauen des 20. Novembers 1969 legte an einer nebelkalten und verlassenen Insel vor der Küste San Franciscos ein Boot an. Die Insel hieß Alcatraz, und im Boot saßen Indianer: Sioux, Navajo, Winnebago, Blackfeet, Apachen, Cheyenne, Irokesen. [...] Tags darauf richteten sie eine Proklamation an den „Weißen Vater und sein Volk" und boten 24 Dollar in Glasperlen und rotem Tuch. In dem Schreiben heiß es dazu: „Wir wissen, dass 24 Dollar in Waren für 16 Morgen umgerechnet mehr sind als die Summe, die seinerzeit für die Insel Manhattan bezahlt wurde, doch wir haben berücksichtigt, dass der Kaufwert von Land im Lauf der Jahre gestiegen ist. Unser Angebot von 1,24 Dollar pro Morgen übertrifft auf jeden Fall die 47 Cent pro Morgen, die die Weißen heutzutage den kalifornischen Indianern für ihr Land zahlen." Die Insel Ma-na-hat-tan hatten die Holländer 1626 für Plunder im Wert von 24 Dollar erworben. [...] „Wir haben das Gefühl, dass diese Insel [gemeint ist die ehemalige Zuchthaus-Insel Alcatraz] mehr als geeignet für eine Indianer-Reservation ist, gemessen an den ureigenen Vorstellungen der Weißen. Damit meinen wir, dass dieser Ort den meisten indianischen Reservationen in folgenden Punkten gleicht:

1. Er ist abgeschieden von modernen Errungenschaften und ohne entsprechende Transportmittel.
2. Er hat kein fließendes Wasser.
3. Seine sanitären Anlagen sind unzureichend.
4. Es bestehen keine Rechte an eventuell auftretenden Mineral- oder Ölvorkommen.
5. Es gibt keine Industrie, die Arbeitslosenquote ist hoch.
6. Es gibt keine Gesundheitsfürsorge.
7. Der Boden ist felsig, das Land hat keinen Wildbestand.
8. Es gibt keine schulischen Einrichtungen.
9. Der Bevölkerung wurde immer die Landbasis entzogen.
10. Die Bevölkerung wurde immer gefangen gehalten und in Abhängigkeit von anderen".

Zit. nach: C. Biegert, Seit 200 Jahren ohne Verfassung, Reinbek 1976, S. 74.

M10 Indianer protestieren vor dem Kongress, um 1975

M11 Rechtfertigung der Sklaverei

Der Gouverneur McDuffie von Süd-Carolina (1835):

Keine menschliche Einrichtung entspricht nach meiner Meinung deutlicher dem Willen Gottes als häusliche Sklaverei, und keine seiner Verordnungen ist mit lesbareren Zeichen geschrieben als diejenige, die die afrikanische Rasse zu dieser Stellung bestimmt: Wird sie doch dadurch zu ihrem eigenen Glück geführt, weit mehr als durch alles andere, für das sie empfänglich ist. Ob wir die Heilige Schrift oder die Offenbarungen der Natur und der Vernunft zu Rate ziehen, so tritt uns diese Wahrheit unzählige Male entgegen. [...]
Dass der afrikanische Neger von der Vorsehung dazu bestimmt ist, diese Stellung dienstbarer Abhängigkeit einzunehmen, ist nicht weniger offensichtlich. Es steht auf seinem Gesicht geschrieben, auf seiner Haut gestempelt und geht deutlich aus der geistigen Unterlegenheit und natürlichen Sorglosigkeit dieser Rasse hervor. [...] Keine menschliche Macht kann die Eigenschaft verleihen, die zum Genuss der Freiheit befähigt. Sie ist eine Gabe Gottes, und eine der seltensten, die er in seiner unerforschlichen Weisheit den Völkern der Erde zu verleihen für gut hielt. [...] Es liegt klar am Tage, dass die Bestimmung der Negerrasse entweder die scheußlichste Art politischer Knechtschaft oder jene häusliche Sklaverei ist, wie sie jetzt in den Sklaven haltenden Staaten besteht.

Zit. nach: F. Wagner, USA, Geburt und Aufstieg der neuen Welt, Geschichte in Zeitdokumenten 1607–1865, München 1947, S. 191 f.

M12 Die Einheit der Nation

Der amerikanische Präsident Abraham Lincoln (1858):

Ein Haus, das in sich uneins ist, kann nicht bestehen. Ich glaube, dass dieser Staat auf die Dauer nicht halb Sklaven haltend und halb frei bleiben kann. Ich erwarte nicht, dass die Union aufgelöst wird – ich erwarte nicht, dass das Haus einstürzt – aber ich erwarte, dass es uneins zu sein aufhören wird. Es wird ganz das eine oder ganz das andere werden. Entweder werden die Gegner der Sklaverei ihre weitere Ausbreitung aufhalten und sie in eine Stellung bringen, wo die öffentliche Meinung bei dem Glauben Ruhe findet, dass sie auf dem Weg zur schließlichen Austilgung ist, oder ihre Verfechter werden sie vorantreiben, bis sie in allen Staaten gleich rechtmäßig wird, in alten so gut wie neuen – im Norden so gut wie im Süden. Bewegen wir uns nicht in der letzteren Richtung?

Zit. nach: D. Gerhard, Abraham Lincoln und die Sklavenbefreiung, Hannover 1965, S. 46.

M13 Sklavenbefreiung

Abraham Lincoln äußerte sich zur Sklaverei (1862):

Mein oberstes Anliegen in diesem Zwist ist, die Union zu erhalten, und ist nicht, die Sklaverei zu erhalten oder zu zerstören. Wenn ich die Union erhalten könnte, ohne einen einzigen Sklaven zu befreien, würde ich es tun; und wenn ich sie erhalten könnte, indem ich alle Sklaven befreite, würde ich es tun; und wenn ich es tun könnte, indem ich einige befreite und andere ließe, wie sie sind, so würde ich auch das tun. Was ich in Bezug auf die Sklaverei und die farbige Rasse tue, tue ich, weil ich glaube, es wird helfen, die Union zu erhalten; und was ich unterlasse, unterlasse ich, weil ich nicht glaube, es wird die Union zu erhalten helfen.

Zit. nach: D. Gerhard, a. a. O., S. 55.

M14 „Was ist das für eine Vermischung! – Was wir erwarten müssen – nun, da Mr. Lincoln wiedergewählt wurde.“, Titelseite einer Publikation von 1864.

Abraham Lincoln, Präsident von 1861–1865

M15 Industrialisierung

Den Aufstieg vom Agrarland zum Industriestaat schildert im Folgenden der Politikwissenschaftler Peter Lösche:

Erst nach dem Bürgerkrieg [...] vollzog sich die Industrialisierung so schnell wie in keinem anderen Land der Welt. Zwischen 1865 und 1890 veränderten sich die Vereinigten Staaten von einem Agrarland zu einer voll industrialisierten Nation. Dabei wirkten als Motor der Industrialisierung unter anderem folgenden Faktoren zusammen: inländische und ausländische (namentlich britische, holländische und deutsche) Kapitalinvestitionen; das Vorhandensein eigener Rohstoffe (Holz, Kohle, Eisenerze, Öl); ein Angebot an ungelernten und geschulten Arbeitskräften (durch Freisetzung aus der Landwirtschaft und Einwanderung); Verbesserung der Verkehrsstruktur durch Eisenbahnbau und Eröffnung neuer Schifffahrtswege und damit verbundene Überwindung regionaler Märkte und Eta-

blierung eines nationalen, tendenziell bereits auch internationalen Marktes; technische Innovationen (verbunden unter anderem mit den Namen Thomas Edison, Alexander Bell, Henry Bessemer) und Zwang zur Rationalisierung des Produktionsprozesses (Anfänge der Massengüterproduktion); die puritanische Tradition, nach der wirtschaftlicher Erfolg des Gläubigen im Diesseits in direkter Verbindung mit seinem Heil in einer jenseitigen Welt stehe; prinzipielle Staatsabstinenz in jenen Bereichen, in denen die Kosten der Industrialisierung auf die Bevölkerung abgewälzt werden konnten (so etwa Fehlen jeder staatlichen Sozialpolitik) bei gleichzeitiger staatlicher Förderung der entstandenen Großunternehmen durch hohe Schutzzölle, Landschenkungen und billige Kredite.
Die Wirtschaftsstruktur atomistischer Kleinbetriebe wurde jetzt abgelöst durch marktstarke Unternehmen. Ökonomische Konzentration bestimmte das Bild der amerikanischen Gesellschaft um die Jahrhundertwende. Diese Entwicklung hält bis in unsere Gegenwart an. Konzerne entstanden mit den Merkmalen der horizontalen und vertikalen Integration des Produktionsprozesses und der Aufteilung des Marktes unter wenigen Konkurrenten. Diese großen Industriekonzerne konnten nicht mehr durch daran beteiligte Familien und Unternehmen allein finanziert werden, vielmehr trat an die Stelle der Eigenfinanzierung zunehmend die Außenfinanzierung durch Banken und die Bildung von Aktiengesellschaften (Corporations). Um 1895 entwickelte sich Wall Street, der New Yorker Finanzmarkt, zum Geldgeber der Großkorporationen. Bereits in den achtziger Jahren waren die Wirtschaftsimperien der Rockefeller, Carnegie, Hill, Morgan und anderer entstanden. Um die Jahrhundertwende erreichte eine Fusionswelle ihren Höhepunkt: 1899 fanden über 1 200 Zusammenschlüsse von Industrieunternehmungen statt. In der Stahlindustrie vollzog sich 1901 der größte Zusammenschluss mit der Errichtung der United States Steel Corporation, in der circa 180 Gesellschaften aufgingen. US Steel wurde mit einem Stammkapital von über 1 Milliarde Dollar die größte amerikanische Kapitalgesellschaft. Sie kontrollierte 66 Prozent der amerikanischen Stahlerzeugung.

P. Lösche, in: Das Parlament, Nr. 32–33, 1976.

M16 Verteilung der Industrieproduktion der Welt in Prozent

	1820	1840	1860	1870	1881–85
Großbritannien	34	29	24	31,8	26,6
Frankreich	25	20	16	10,3	8,6
Deutschland	10	11	13	13,2	13,9
USA	6	7	16	23,3	28,6
Russland	2	3	6	3,7	3,4

Nach: W. P. Adams (Hg), Die Vereinigten Staaten von Amerika, Frankfurt/M. 1977, S. 126.

Aufgaben

1. Beschreiben und interpretieren Sie die Darstellung von der Besiedlung des Kontinents.
   → M6
2. Untersuchen Sie, wie die Ausbreitung nach Westen legitimiert wurde.
   → Text, M6, M7
3. Wie begründen die Indianer die Besetzung der Insel Alcatraz? Welcher historische Vorgang wird durch die Aktion problematisiert?
   → Text, M2, M8–M10
4. Nennen Sie die Motive, aus denen heraus die Sklaverei betrieben wurde.
   → Text, M3
5. Wie wurde die Sklaverei legitimiert?
   → Text, M11, M14
6. Erklären Sie die Haltung, die Lincoln im amerikanischen Nord-Süd-Konflikt einnahm.
   → Text, M12, M13
7. Kennzeichnen Sie die Parteien, die sich im Sezessionskrieg gegenüberstanden.
   → Text
8. Analysieren Sie den industriellen Aufstieg der USA. Berücksichtigen Sie dabei die Aspekte Wirtschaftsraum, Märkte, Arbeitskräfte, Technik und Mentalität.
   → Text, M4, M5, M15, M16

7.4 Die Außenpolitik der USA

Auf dem Weg zur Weltmacht

In der ersten Hälfte des 19. Jahrhunderts dehnten sich die USA auf Kosten Englands, Frankreichs, Spaniens und Mexikos über den nordamerikanischen Kontinent aus. Das amerikanische Sicherheitsbedürfnis fand in dieser Zeit seinen Ausdruck in der Formel der so genannten Monroe-Doktrin (1823): „Amerika den Amerikanern!“ Diese Doktrin hatte den Zweck, eine Intervention europäischer Staaten abzuwenden und den Vormachtsanspruch für die gesamte amerikanische Hemisphäre zu proklamieren. Sie stellt bis in die Gegenwart ein Fundament amerikanischer Außenpolitik dar, wie sich zum Beispiel 1962 zeigte, als die Sowjetunion auf massiven Druck der amerikanischen Regierung unter J. F. Kennedy ihre auf Kuba installierten Raketen wieder abbaute.

Gegen Ende des 19. Jahrhunderts zeichnete sich ein Wendepunkt amerikanischer Außenpolitik ab. Der inneramerikanische Expansionsdrang war an seine Grenzen gestoßen und der Halbkontinent erobert beziehungsweise erschlossen.

Imperialismus

Die unternehmerischen Energien der amerikanischen Gesellschaft drängten nun über den Kontinent hinaus. Das gewaltige Wirtschaftswachstum im letzten Drittel des 19. Jahrhunderts forcierte das staatliche Interesse an neuen Absatzmärkten für amerikanische Produkte. Außenhandelsinteressen und Politik gingen ein Bündnis ein. Die wirtschaftliche Machtsphäre wurde zunächst in die Karibik und nach Mittelamerika ausgedehnt, womit die USA eine Abkehr von ihrer bis dahin praktizierten Selbstisolierung vollzogen.

Im Zuge des Amerikanisch-Spanischen Krieges um Kuba fielen nach der Niederlage Spaniens (1898) den USA die spanischen Kolonien (unter anderem die Philippinen) in die Hände. Die USA traten damit in den Kreis rivalisierender Kolonialmächte ein. Die Inbesitznahme fremder Gebiete widersprach der eigenen antikolonialistischen Tradition.

Als erster US-Präsident, der auch international eine bedeutende Rolle spielte, gilt Theodore Roosevelt (1901–1909). Mit seiner Amtszeit verbindet sich ein amerikanischer Interventionsanspruch, der auch als Politik des „big stick“ (des großen Knüppels) in die Geschichte eingegangen ist. Während seiner Präsidentschaft trennte sich die Provinz Panama mit massiver militärischer Unterstützung durch die USA von Kolumbien und wurde unverzüglich als selbstständige Republik anerkannt (1903). Das strategische Interesse der USA war dabei auf die Pacht eines Landstreifens für den Bau des Panamakanals gerichtet, die auch nach 1903 erfolgte.

Allerdings spielte dieser „Formelle Kolonialismus“ in der amerikanischen Geschichte nur eine untergeordnete Rolle. Der amerikanische Expansionsdrang war in erster Linie zivilisatorisch und ökonomisch motiviert. Handel und Investitionen standen im Vordergrund . Diesen Interessen entsprach mehr die „Politik der offenen Tür“. Sie zielte zum einen darauf, zu verhindern, dass konkurrierende europäische Staaten sich Gebiete der amerikanischen Interessensphäre aneigneten. Außerdem sollten alle Länder den freien Handel unter gleichen Bedingungen betreiben. Diese Politik spiegelte die wirtschaftliche Stärke und Konkurrenzfähigkeit der USA wider. Die Form der wirtschaftlichen und finanziellen Durchdringung fremder Märkte ist als „Dollar-Imperialismus“ in die Geschichte eingegangen.

Erster Weltkrieg

Im Ersten Weltkrieg blieben die USA – gemäß dem Vermächtnis ihres ersten Präsidenten George Washington – zunächst neutral. Gleichwohl gehörten die Sympathien der politischen Klasse überwiegend den Entente-Mächten Großbritannien und Frankreich, denen man sich politisch und historisch mehr verbunden fühlte als dem monarchischen und nur halbdemokratischen Deutschland, das zudem den Krieg angefangen hatte.

Der Krieg polarisierte auch die amerikanische Gesellschaft. Der europäische Konflikt spiegelte sich insofern wider, als die nationale Herkunft der Amerikaner die Sympathien für die eine oder andere Seite beeinflusste. Die Gunst der massenwirksamen Presse der Ostküste gehörte – nicht zuletzt aufgrund der sprachlichen Verbundenheit mit England – von Beginn an den Entente-Mächten.

Präsident Woodrow Wilson (1913–1921), überzeugter Demokrat, betrieb eine Politik der Neutralität und legte sich nicht auf eine Seite fest. Die Versenkung des britischen Passagierschiffes „Lusitania“ durch ein deutsches U-Boot (1915), die 1200 Menschen das Leben kostete, ließ die Stimmung in weiten Teilen der amerikanischen Öffentlichkeit zugunsten der Entente ausschlagen. Nach der Wiederaufnahme des unbeschränkten U-Boot-Krieges durch Deutschland, der zur Versenkung mehrerer amerikanischer Handelsschiffe geführt hatte, erklärte der Kongress am 6. April 1917 Deutschland und dessen Verbündeten den Krieg. Zwar waren die USA durch hohe Kredite an die Entente gebunden, aber diese Tatsache allein hätte die Aufgabe der traditionellen Neutralitätspolitik nicht bewerkstelligen können. Vielmehr hatte auch Deutschlands Versuch, Mexiko für den Krieg gegen die USA zu gewinnen, zu einem Stimmungsumschwung geführt, der der Kriegserklärung vorausging. Aufs Ganze gesehen, verwies der Kriegseintritt der USA auf die neue Weltmachtrolle, die das Land im 20. Jahrhundert übernahm.

Innerhalb kürzester Zeit vermochten die USA ihre wirtschaftlichen Kräfte und Bevölkerungsressourcen zu mobilisieren. Somit entschieden sie den Ersten Weltkrieg zugunsten der Westmächte.

Chronologie

1796	Präsident Washingtons Abschiedsbotschaft
1823	Monroe-Doktrin
1898	Amerikanisch-Spanischer Krieg: Spanien muss seine Kolonien (die Philippinen u. a.) an die USA abtreten.
1899	US-Staatssekretär Hay fordert eine „Politik der Offenen Tür“ (open door policy).
1917	Kriegserklärung an Deutschland und Eintritt in den 1. Weltkrieg

M 1 Die kommenden Weltmächte

Der französische Schriftsteller Alexis de Tocqueville hat in seinem berühmten Buch „Über die Demokratie in Amerika" (1835) einen Ausblick in die Zukunft gewagt:

Es gibt heute auf Erden zwei große Völker, die, von verschiedenen Punkten ausgegangen, dem gleichen Ziel zuzustreben scheinen: die Russen und die Angloamerikaner.
Beide sind im Verborgenen groß geworden, und während die Blicke der Menschen sich anderswohin richten, sind sie plötzlich in die vorderste Reihe der Nationen getreten, und die Welt hat fast zur gleichen Zeit von ihrer Geburt wie von ihrer Größe erfahren.
Alle anderen Völker scheinen die Grenzen ungefähr erreicht zu haben, die ihnen die Natur gezogen hat, und nur noch zum Bewahren da zu sein; sie aber wachsen: alle anderen stehen still oder schreiten nur mit großer Mühe weiter; sie allein gehen leichten und raschen Schrittes auf einer Bahn, deren Ende das Auge noch nicht zu erkennen vermag.
Der Amerikaner kämpfte gegen die Hindernisse, die ihm die Natur entgegenstellt; der Russe ringt mit den Menschen. Der eine bekämpft die Wildnis und die Barbarei, der andere die mit all ihren Waffen gerüstete Zivilisation: so erfolgen denn die Eroberungen des Amerikaners mit der Pflugschar des Bauern, die des Russen mit dem Schwert des Soldaten.
Um sein Ziel zu erreichen, stützt sich der eine auf den persönlichen Vorteil und lässt die Kraft und die Vernunft der einzelnen Menschen handeln, ohne sie zu lenken.
Der zweite fasst gewissermaßen in einem Manne die ganze Macht der Gesellschaft zusammen.
Dem einen ist Hauptmittel des Wirkens die Freiheit; dem anderen die Knechtschaft.
Ihr Ausgangspunkt ist verschieden, ihre Wege sind ungleich; dennoch scheint jeder von ihnen nach einem geheimen Plan der Vorsehung berufen, eines Tages die Geschicke der halben Welt in seiner Hand zu halten.

A. de Tocqueville, Über die Demokratie in Amerika (1835), München 1976, S. 478 f.

M 2 Georg Washingtons Abschiedsbotschaft

Das außenpolitische Testament des ersten US-Präsidenten George Washington (1796):

[...] Die große Verhaltensregel hinsichtlich fremder Nationen liegt für uns darin, bei der Ausweitung unserer Handelsbeziehungen so wenig politische Verbindung wie möglich mit ihnen zu haben. Soweit wir bereits Verpflichtungen eingegangen sind, lasst sie in vollendet gutem Glauben erfüllt werden. – Hier aber lasst uns Halt machen.
Europa hat ein Gefüge primärer Interessen, die keine oder sehr entfernte Beziehungen zu uns haben. Deshalb muss es in häufige Auseinandersetzungen geraten, deren Ursachen unseren Anliegen wesentlich fremd sind. Daher also muss es unklug für uns sein, uns durch künstliche Bande in die gewöhnlichen Wechselfälle seiner Politik oder die gewöhnlichen Kombinationen und Zusammenstöße seiner Freund- oder Feindschaften zu verwickeln.
Unsere abgesonderte und entfernte Lage veranlasst uns und setzt uns instand, einen anderen Kurs zu verfolgen. Wenn wir ein einiges Volk unter einer wirksamen Regierung bleiben, ist die Zeit nicht fern, wo wir beträchtlicher Schädigung durch auswärtige Staaten trotzen können; wo wir eine Haltung einnehmen können, die die Neutralität achten lassen wird, die wir zu irgendeiner Zeit beschließen mögen; wo Krieg führende Nationen angesichts der Unmöglichkeit, Erwerbungen bei uns zu machen, nicht leichthin damit spielen werden, uns zu provozieren; wo wir Krieg oder Frieden wählen können, wie unser Interesse, geleitet vom Recht, es geraten sein lässt.
Warum sich der Vorteile einer so besonderen Lage begeben? Warum unseren eigenen Boden verlassen, um auf fremdem zu stehen? [...]

Zit. nach: E. Angermann, Der Aufstieg der Vereinigten Staaten von Amerika 1607–1917, Stuttgart 1973, S. 53.

M 3 Monroe-Doktrin (1823)

US-Präsident James Monroe (1817–1825) in einer Botschaft an den Kongress zur Nichteinmischung europäischer Staaten in der „Neuen Welt":

Es ist ein Grundsatz, in welchem die Rechte und Interessen der Vereinigten Staaten inbegriffen sind: dass die amerikanischen Kontinente infolge des freien und unabhängigen Standes, den sie angenommen haben und behaupten, hinfort nicht als Gegenstände für künftige Kolonisation durch irgendwelche europäischen Mächte zu betrachten sind. [...] Wir haben niemals an den Kriegen der europäischen Mächte teilgenommen, soweit sie diese allein angingen, und es verträgt sich nicht mit unserer Politik, daran teilzunehmen. [...] Mit den Vorgängen auf dieser Halbkugel sind wir notwendigerweise unmittelbarer verbunden aus Ursachen, die allen aufgeklärten und unparteiischen Beobachtern klar sein müssen. Das politische System der Allianzmächte[1] ist von dem Amerikas in dieser

Beziehung in seinem Wesen verschieden. Der Unterschied rührt davon her, dass sie in ihren Regierungsformen von uns verschieden sind. [...] Wir sind deshalb den freundlichen Beziehungen, die zwischen den Vereinigten Staaten und jenen Mächten bestehen, die aufrichtige Erklärung schuldig, dass wir irgendwelchen Versuch von ihrer Seite, ihr System auf irgendeinen Teil dieser Halbkugel auszudehnen, als gefährlich für unseren Frieden und unsere Sicherheit betrachten würden. In die bestehenden Kolonien oder Dependenzen [Niederlassungen] irgendeiner europäischen Macht haben wir nicht eingegriffen und werden wir nicht eingreifen, aber bei den Regierungen, die ihre Unabhängigkeit erklärt und behauptet und deren Unabhängigkeit wir nach vieler Überlegung und aus gerechten Gründen anerkannt haben, könnten wir irgendwelche Interventionen, um sie zu unterdrücken oder irgendwie sonst ihr Schicksal zu bestimmen, von Seiten irgendeiner europäischen Macht in keinem anderen Licht sehen als in dem einer Bekundung unfreundlicher Gesinnung gegen die Vereinigten Staaten.

1 Gemeint ist die Heilige Allianz der restaurativen europäischen Monarchien

US-Präsident J. Monroe in einer Botschaft an den Kongress, zit. nach: F. Wagner, USA, Geburt und Aufstieg der neuen Welt, München 1947, S. 176.

M 4 „Neue Grenzen“

Der Journalist Thilo Koch beleuchtet die psychologischen Ursachen des amerikanischen Imperialismus:

Der amerikanische Imperialismus zu Beginn des 20. Jahrhunderts hatte auch psychologische Ursachen. 1890 war jenes „go west“ zum Stillstand gekommen, das so lange die Kräfte der jungen amerikanischen Nation und ihre Fantasie magisch angezogen hatte. Die „frontier“ war geschlossen, der ganze amerikanische Kontinent, soweit verfügbar, den Indianern entrissen und erobert. „Go west“ wurde immer mehr zu einem Mythos bis hin zu den Traumfabriken von Hollywood mit ihrer noch heute erfolgreichen Produktion von Western. Die Westwanderungen waren auch ein Sicherheitsventil gewesen. Nonkonformistische Elemente, Neueinwanderer, unruhige Jugend fanden in der Weite der Prärien und Gebirge Auslauf, Betätigung und auch Bestätigung. Die selbstverordnete Bestimmung des amerikanischen Volkes, „Gottes eigenes Land“ in Besitz zu nehmen, war mit großer Aktivität und rücksichtsloser Brutalität verwirklicht worden. Nun stand man an der Küste des Pazifischen Ozeans gewissermaßen still.

Theodore Roosevelt und seine Nachfolger sahen sich einem doppelten Zwang zu außenpolitischer Aktivität gegenüber, dem sie sich zumeist auch begeistert widmeten. „Neue Grenzen“ für den amerikanischen Betätigungsdrang mussten erschlossen werden, und die explosiv wachsende und überallhin ausgreifende amerikanische Industriekraft brauchte Absatzmärkte außerhalb der Grenzen der Vereinigten Staaten. Die überschäumenden Kräfte der auch an Bevölkerungszahl rasch zunehmenden US-amerikanischen Nation richteten sich, was nahelag, zunächst auf Lateinamerika. Präsident Theodore Roosevelt zwang zum Beispiel Kolumbien, Panama abzutreten, damit hier der für den Welthandel und besonders für die amerikanische Wirtschaft unentbehrliche Kanal zwischen Pazifik und Atlantik unter alleiniger nordamerikanischer Kontrolle gebaut werden konnte.

Th. Koch, Nordamerika, München 1972, S. 68.

M 5 Die Einmischung in einen kubanischen Aufstand führte zum Krieg mit Spanien (1898) und zum kubanischen Protektorat (1903); anhaltende Unruhen brachten mehrere Interventionen der USA in Kuba (1906–09, 1911–12, 1917–22). Zu ähnlichen Interventionen kam es in der Dominikanischen Republik (1905, 1916–24), in Haiti (1915–34) und in Nicaragua (1903–33). Unter Druck verkaufte Dänemark 1917 die Jungfern-Inseln an die USA. Auf Spannungen mit Mexiko reagierten die USA mit zwei Interventionen (1914, 1916).

M 6 Nach dem Sieg über Spanien (1898)

Dem US-Präsidenten William McKinley (1897–1901) stellte sich das Problem, wie mit den Philippinen umzugehen sei:

Die Wahrheit ist, ich wollte die Philippinen nicht. Als wir sie schließlich doch erhielten, war es ein Geschenk der Götter, von dem ich nicht recht wusste, was damit anzufangen sei. Vergebens suchte ich von allen Seiten Rat – von Demokraten und Republikanern. Erst dachte ich, wir nehmen Manila; dann Luzon; dann vielleicht auch die anderen Inseln. Ich lief Nacht für Nacht bis Mitternacht im Weißen Haus auf und ab, und ich schäme mich nicht, es Ihnen zu gestehen, Gentlemen, dass ich auf die Knie fiel und den Allmächtigen Gott um Erleuchtung und Führung bat. Spät eines Nachts, ich weiß nicht wie, kam die Antwort: 1., dass wir sie nicht an Spanien zurückgeben – das wäre feige und unehrenhaft; 2., dass wir sie nicht an Frankreich oder Deutschland – unsere wirtschaftlichen Rivalen im Orient – abtreten, das wäre ein schlechtes Geschäft und zudem entehrend; 3., dass wir sie nicht sich selbst überlassen – sie waren unfähig, sich selbst zu regieren und hätten sonst bald Anarchie und Missregierung schlimmer als die Spaniens; und 4., dass uns nichts anderes übrigbleibt, als sie zu übernehmen, den Filipinos Bildung, Zivilisation und den christlichen Glauben beizubringen, und mit Gottes Gnaden das Beste für sie als unsere Mitmenschen zu tun, für die Christus ebenfalls starb. Dann ging ich zu Bett und schlief fest ein.

Zit. nach: P. H. Merkl, D. Raabe, Politische Soziologie der USA, Wiesbaden 1977, S. 169.

M 7 Roosevelt-Karikatur: Der Weltpolizist, amerikanische Karikatur von 1905

Theodore Roosevelt, Präsident von 1901–1909

M 8 Präsident Theodore Roosevelt (1901–1905)

Die USA nehmen das Recht in Anspruch, eine internationale Polizeigewalt auszuüben:

Das Auftreten der Vereinigten Staaten in der Karibik und in Mittelamerika bedeutet dagegen so etwas wie einen Kompromiss zwischen der Ablehnung des europäischen Imperialismus und [...] eine[r] weitgehende[n] Auslegung der Monroe-Doktrin. Theodore Roosevelt hat die These von der besonderen Verantwortung der Vereinigten Staaten ausdrücklich formuliert: „Ständige Verfehlungen können es in Amerika wie auch anderswo letzten Endes notwendig machen, dass eine zivilisierte Nation eingreift, und in der westlichen Hemisphäre kann das Festhalten der Vereinigten Staaten an der Monroe-Doktrin die

Vereinigten Staaten, so sehr es ihnen auch widerstreben mag, in flagranten [offenkundigen] Fällen von Verfehlungen oder Unfähigkeit zwingen, Vollmachten einer internationalen Polizei auszuüben."

Zit. nach: R. Aron, Die imperiale Republik, Stuttgart/Zürich 1975, S. 39.

M 9 Die USA im Ersten Weltkrieg

Die wirtschaftlichen und finanziellen Aspekte des Krieges beleuchtet der Historiker Max Silberschmidt:

Der Ausbruch des Krieges brachte anfänglich eine Erschütterung im Wirtschaftsleben, dessen Prosperitätskurve schon seit einiger Zeit wieder nach unten tendierte, und das in ein kritisches Stadium einzutreten drohte. [...] Aber im Laufe des Jahres 1915 entrannen die USA nicht nur der drohenden Wirtschaftskrise, sondern die agrarische und industrielle Produktion gingen rasch der Hochkonjunktur entgegen. Die Exportzahlen stiegen, und die Finanzstellung der Vereinigten Staaten wurde – wenigstens in den Büchern – immer stärker, ja so stark, dass dieses bisher große Schuldnerland durch die enormen Zahlungen, die man an Amerika machte, und durch die anschwellenden Darlehen, die es gewährte, eine äußerst starke Gläubigerstellung gewann. Die Vereinigten Staaten exportierten für 330 Millionen $ Munition im Jahre 1915, im Jahre 1916 schon für 1,29 Milliarden $. Die Darlehen an die alliierten Mächte vor dem Eintritt der USA in den Krieg erreichten die Summe von 1,9 Milliarden $, während auf Deutschland nur eine Summe von 27 Millionen $ entfiel. [...] Damit waren amerikanische Bürger materiell am Kriege interessiert, und sein Ausgang konnte ihnen nicht gleichgültig sein. Man hat insbesondere aus der finanziellen Hilfeleistung an die Alliierten schließen wollen, dass damit ein Druck der Finanzkreise „zur Rettung der Guthaben" auf die Regierung ausgeübt worden sei. Aber selbst aus dem die großen Untersuchungen der Jahre 1936/37 zutage geförderten umfangreichen Material geht nichts dergleichen hervor. Denn wir wissen von keinem direkten Einfluss von Wall Street auf [US-Präsident] Wilson, der kein Freund der „Finanzinteressen" war, noch ist es ausgemacht, dass Wall Street, das schon im spanisch-amerikanischen Konflikt für die Neutralität und gegen den Krieg war, im Falle des europäischen Konfliktes anders eingestellt gewesen wäre.
Man darf Folgendes nicht übersehen: der wirtschaftliche Aufschwung der Vereinigten Staaten beruhte auch darauf, dass die Union jetzt die von Europa bisher bedienten außereuropäischen Märkte kultivieren konnte und auch die neutralen europäischen Länder für die Lieferung vieler Waren nunmehr auf Amerika angewiesen waren. Diese wirtschaftliche Machtstellung wurde durch eine direkte Teilnahme an den Kriegshandlungen eher gefährdet als gestützt.

M. Silberschmidt, Der Aufstieg der Vereinigten Staaten von Amerika zur Weltmacht, Aarau 1941, S. 209 ff.

Aufgaben

1. Fassen Sie die außenpolitischen Verhaltensregeln zusammen, die George Washington in seiner Abschiedsbotschaft formulierte.
   → M2
2. Stellen Sie die Grundzüge der Monroe-Doktrin dar. Welche Weiterführung erfuhr diese Doktrin durch Theodore Roosevelt?
   → Text, M3, M5, M7, M8
3. Erläutern Sie, warum das Jahr 1890 einen Einschnitt in der amerikanischen Geschichte bedeutet.
   → Text, M4, M6
4. Untersuchen Sie, wie Präsident McKinley die amerikanische Kolonialpolitik in Bezug auf die Philippinen begründete.
   → M6
5. Inwiefern verweist der Kriegseintritt der USA (1917) auf eine veränderte internationale Rolle der USA?
   → Text, M9
6. Wie beurteilen Sie den Anspruch Roosevelts vor dem Hintergrund aktueller Entwicklungen?
   → M8

Arbeitstechniken und Methoden

Quellen

Weil es keinen unmittelbaren Zugang zum Vergangenen gibt, stellt sich bei jedem geschichtlichen Rückblick die Frage: Woher weiß man das eigentlich?

Die Geschichte vergegenwärtigt sich in Form von Quellen. Diese ermöglichen erst den Zugang zu ihr. Quellen stellen sozusagen den „Rohstoff" für den Historiker dar. Als Quelle kann prinzipiell alles dienen, was das zeitlich Zurückliegende zu erhellen vermag.

Quellen lassen sich dahingehend unterscheiden, ob sie absichtlich (intentional) oder unabsichtlich der Nachwelt überliefert wurden. Ferner lassen sich Primärquellen von historischen Darstellungen unterscheiden. Letztere bezeichnet man oft auch als Sekundärquellen. Eine Differenzierung der Quellen lässt sich auch auf der Basis des Informationsträgers (Tontafel, Buch, Computer, Diskette) vornehmen:

- Schriftliche Quellen: zum Beispiel Besitzurkunden, Testamente, Parlamentsprotokolle, Tagebücher, diplomatische Korrespondenzen, Gerichtsakten, Zeitungen,
- Bildquellen: zum Beispiel Gemälde, Zeichnungen, Karikaturen, Plakate, Filme, Wochenschauen,
- Tonquellen: zum Beispiel Radioübertragungen, Interviews, Hörspiele,
- Sachquellen (Realien): zum Beispiel Gebäude, Denkmäler, Arbeitsgeräte, Waffen, Schmuck, Münzen, Kleidung.

Werkzeuge des Historikers

Zur Erforschung und Bearbeitung des Materials greift der Historiker auf die Ergebnisse der so genannten historischen Hilfswissenschaften zurück. Dazu zählen:

- Archäologie,
- Schriftkunde (Paläografie),
- Urkundenlehre (Diplomatik),
- Archivkunde,
- Wappenkunde (Heraldik) und Siegelkunde (Sphragistik),
- Sprachwissenschaft (Philologie)
- Zeitrechnungslehre (Chronologie),
- Münzkunde (Numismatik),
- Maß- und Gewichtskunde (Metrologie),
- Personen- und Geschlechterkunde (Genealogie),
- Bevölkerungskunde (Demografie),
- Historische Bildkunde (Ikonografie),
- Historische Kartenkunde (Geografie).

Quellenerschließung

Unter Quellenerschließung versteht man eine methodische Untersuchung, durch die eine Quelle in einen Sinnzusammenhang gestellt wird. Die Erschließung von historischen Quellen wird in je unterschiedlicher Gewichtung beschreibende, erklärende und interpretierende Elemente umfassen.

Beschreibung

Bei der Beschreibung handelt es sich um eine erste – provisorische – Erfassung der Quelle. Diese wird in Augenschein genommen. Das Sichtbare, zum Beispiel in einem Bild, wird festgehalten, ein Text wird gegliedert, inhaltlich rekapituliert. Formale Auffälligkeiten (Vermerke, Stempel) werden registriert.

Erklärung

Daran anschließend sollten Begriffe geklärt und die erwähnten Personen politisch-biografisch eingeordnet werden. Der nächste Schritt besteht darin, die Quelle in einen inhaltlichen Zusammenhang von Ursache und Wirkung zu stellen. In diesem Zusammenhang sind die Fragen nach dem Autor, dem Adressaten, den Interessen und Auswirkungen zu beantworten.

Interpretation

Die abschließende Interpretation baut auf den ersten beiden Schritten auf und zielt auf ein tiefer gehendes Verständnis. Die Quelle wird in einen größeren Zusammenhang gerückt. Ihr Sinn erschließt sich meist erst dadurch, dass eine Beziehung zu anderen Quellen (beziehungsweise Ereignissen) hergestellt wird.

Diese drei Schritte weisen vielfältige Berührungspunkte auf, so dass in der Praxis die Übergänge fließend sind. Der Begriff der Interpretation bezieht sich im umfassenderen Sinne auf den gesamten Vorgang der Quellenerschließung.

Schriftliche Quellen

Unter den historischen Quellen kommt der schriftlichen Überlieferung eine überragende Bedeutung zu. Mit der Entwicklung der Schrift in den frühen Hochkulturen (ab ca. 3000 v. Chr.) hat der Grad der Schriftlichkeit – mit Unterbrechungen zum Beispiel im frühen Mittelalter – ständig zugenommen. Für das gesamte öffentliche Leben (Gesetzgebung, Verwaltung, Außenpolitik) sind schriftliche Quellen maßgebend.

M 1 **Die Neolithische Revolution** bezeichnet jenen epochalen Einschnitt, als die Menschheit vom Jagen und Sammeln zur Produktion von Nahrung überging. Die „Erfindung der Landwirtschaft" erhöhte die Produktivität und bildete die Grundlage für die Entstehung von Hochkulturen. Erst im Rahmen dieser neuen Zivilisationsstufe wurden die ältesten Schriftformen entwickelt.

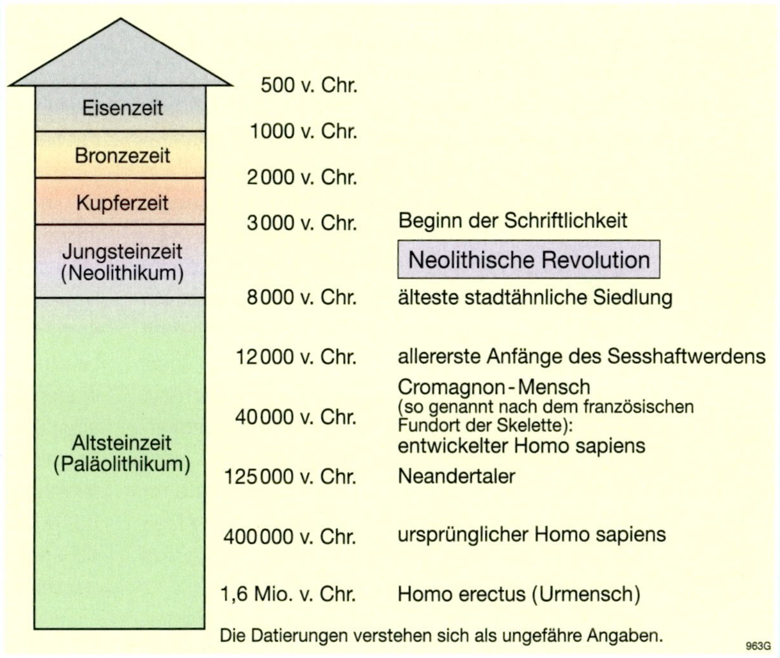

Leitfragen zu Textquellen

- Wer ist der Verfasser?
- Welchen Inhalt hat der Text?
- Aus welchem Anlass wurde der Text verfasst?
- Lässt sich die Quelle datieren?
- Gibt es einen feststellbaren Adressaten?
- Erfüllt der Text eine erkennbare Absicht?
- Welche (Aus-)wirkung hat der Text gehabt?

M 2 **Das Wormser Konkordat**

a) Die Urkunde des deutsch-römischen Kaisers Heinrichs V. vom 23. September 1122:

Im Namen der heiligen und unteilbaren Dreifaltigkeit. Ich, Heinrich, von Gottes Gnaden erhabener Römischer Kaiser, überlasse (dimitto) um der Liebe zu Gott, zur Heiligen Römischen Kirche und zu dem Herrn Papst Calixt sowie um meines Seelenheils willen Gott, den heiligen Aposteln Petrus und Paulus sowie der Heiligen Katholischen Kirche alle Investitur mit Ring und Stab (omnem investituram per anulum et baculum) und gestehe zu (concedo), dass in allen Kirchen, die sich in meinem König- und Kaiserreich befinden, die freie kanonische Wahl und Weihe (canonicam electionem et liberam consecrationem) stattfindet.

Die Güter und Regalien des heiligen Petrus, die von Beginn dieses Streites bis zum heutigen Tage, sei es zur Zeit meines Vaters oder zu meiner Zeit, der Kirche entzogen worden sind, gebe ich, soweit ich sie in meinem Besitz habe, der Heiligen Römischen Kirche wieder zurück; soweit ich sie nicht in meinem Besitz habe, werde ich getreulich Hilfe leisten, dass sie wieder zurückgegeben werden. Auch die Güter aller anderen Kirchen und Fürsten – sowohl der geistlichen wie der weltlichen –, die in den vorausgegangenen Wirren diesen entzogen worden sind, werde ich, soweit ich sie in meinem Besitz habe, nach Rat und Urteil der Fürsten auf rechtmäßige Art und Weise wieder zurückgeben; soweit ich sie nicht in meinem Besitz habe, werde ich auch hier getreulich Hilfe leisten, dass sie wieder zurückgegeben werden. Ferner sichere ich dem Herrn Papst Calixt, der Heiligen Römischen Kirche und allen, die bei diesem Streit auf ihrer Seite standen oder stehen, wirklichen Frieden zu. Darüber hinaus werde ich in allen Angelegenheiten, in denen die Heilige Römische Kirche Hilfe fordern sollte, ihr getreulich Hilfe leisten, und ihr in allen Streitsachen, über die sie vor mir Klage führen sollte, in gebührender Weise Recht und Gerechtigkeit zuteil werden lassen.

Alles dies ist mit Rat und Zustimmung jener Fürsten verhandelt worden, deren Namen nachstehend aufgeführt sind: Adalbert, Erzbischof von Mainz, Friedrich, Erzbischof von Köln, Hartwich, Bischof von Regensburg, Otto, Bischof von Bamberg, Bischöfe Brun von Speyer, Hermann von Augsburg, Godebald von Utrecht, Ulrich von Konstanz; Erlolf, Abt von Fulda; Heinrich, Herzog [von Bayern], Friedrich, Herzog [von Schwaben], Simon, Herzog [von Oberlothringen], Berthold, Herzog [von Zähringen], Markgraf Diepold [von Vohburg], Markgraf Engelbert [von Sponheim], Pfalzgraf Gottfried [von Calw], Pfalzgraf Otto [von Wittelsbach], Berengar, Graf [von Sulzbach].

Ich, Friedrich, Erzbischof von Köln und Erzkanzler, habe diese Ausfertigung beglaubigt.

b) Die Urkunde des Papstes Calixt II.

Ich, Calixt, Bischof, Diener der Diener Gottes, gestehe Dir, lieber Sohn Heinrich, von Gottes Gnaden erhabener Römischer Kaiser, zu (concedo), dass die Wahlen der Bischöfe und Äbte des Deutschen Königreiches (Teutonici regni), soweit diese zum Königreich gehören (qui ad regnum pertinent), ohne Simonie [Ämterkauf] und irgendeine Art von Zwang in Deiner Gegenwart abgehalten werden, und dass Du, wenn zwischen den Parteien Streit entstehen sollte, nach Rat und Urteil des Erzbischofs und der übrigen Bischöfe der jeweiligen Kirchenprovinz der klügeren Partei Zustimmung und Hilfe zuteil werden lässt (saniori parti assensum et auxilium praebeas). Der Erwählte (electus) aber soll mit dem Szepter die Regalien von Dir empfangen und das, was er Dir von Rechts wegen schuldet, leisten. In den übrigen Teilen des Kaiserreiches (partibus imperii) – ausgenommen denen, die erwiesenermaßen der Römischen Kirche gehören – soll der Geweihte jedoch innerhalb von sechs Monaten die Regalien mit dem Szepter von Dir ohne jede Abgabe empfangen und Dir das, was er Dir von Rechts wegen schuldet, leisten. In allen Angelegenheiten aber, über die Du vor mir Klage führen und für die Du meine Hilfe fordern solltest, werde ich Dir entsprechend der Verpflichtung meines Amtes in gebührender Weise Hilfe zuteil werden lassen. Ich sichere Dir und allen, die bei diesem Streit auf Deiner Seite standen oder stehen, wirklichen Frieden zu.

Zit. nach: A. Buschmann (Hg.), Kaiser und Reich, Klassische Texte und Dokumente zur Verfassungsgeschichte des Hl. Römischen Reiches Deutscher Nation, München 1984, S. 65 f.

Erschließung des Wormser Konkordats

Das Wormser Konkordat ordnete das Verhältnis von Reich und Kirche im 12. Jahrhundert. Mit ihm fand das jahrzehntelange Ringen um die Wahl und Einsetzung der kirchlichen Reichsfürsten ein Ende. Der

Konflikt zwischen Kaiser und Papst, der als Investiturstreit in die Geschichte eingegangen ist, endete mit einem Ausgleich.

Dem Konflikt lagen unterschiedliche Interessen zugrunde. Das Papsttum strebte nach einer Loslösung aus der Umklammerung durch die kaiserliche (modern ausgedrückt: staatliche) Gewalt. Für den König beziehungsweise Kaiser hingegen bildeten die Bischöfe eine wesentliche Stütze seiner Macht. Sie stellten nicht nur die wichtigsten Ratgeber, sondern konnten aufgrund ihrer Ehelosigkeit die Güter ihrer Macht nicht vererben. Die weltlichen Fürsten hingegen waren bestrebt, die Herrschaft für die Nachkommen zu sichern, was langfristig die Einheit des Reiches gefährden musste.

Die Besonderheit des römisch-deutschen Reiches lag darin begründet, dass die Bischöfe eine Doppelfunktion als geistliche und weltliche Herrscher ausübten. Daher ergab sich zwangsläufig ein Interesse der weltlichen Zentralgewalt – also des Königs –, die Einsetzung (Investitur) der Bischöfe zu beeinflussen.

Mit dem Vertrag zwischen Kaiser Heinrich V.und Papst Calixt II. wurde die Einheit von geistlicher und weltlicher Macht zerrissen. Fortan gliederte sich die Investitur der Reichsbischöfe und Reichsäbte in zwei Teile: erstens die kanonische (innerkirchliche) Wahl und Weihe sowie zweitens die Einsetzung in die weltlichen Rechte durch den König. Diese Vorgehensweise entsprach der Unterteilung der Investitur in geistliche Rechte („Spiritualien"), symbolisiert durch Ring und Stab, sowie weltliche Rechte („Temporalien"), symbolisiert durch das Szepter und die dazu gehörenden Regalien (Königsrechte). Der König verzichtete also auf die geistliche Investitur, gleichwohl fand diese in seiner Anwesenheit statt, was im Sinne einer Einflussmöglichkeit gedeutet werden kann. Bei einer strittigen kanonischen Wahl kam dem König ein Zustimmungsrecht zu.

Der Titel „Wormser Konkordat" ist kein originaler Begriff, sondern stammt aus dem 17. Jahrhundert. Konkordat bezeichnet heutzutage einen Vertrag zwischen „Staat" und „Kirche" – also Mächten, die im Mittelalter nicht zu trennen waren.

Bei dem vorliegenden Text handelt es sich um eine Bearbeitung, die von einem Fachhistoriker vorgenommen wurde. Außer der Übertragung aus dem Lateinischen musste die Entschlüsselung der Zeugenliste geleistet werden. Da wichtige mittelalterliche Urkunden oft nur in Abschriften vorhanden sind, wird die historische Forschung vor große Probleme gestellt. Im vorliegenden Fall ist die päpstliche Urkunde nur in einer Abschrift überliefert.

Die Quellenkunde bildet eine zentrale wissenschaftliche Aufgabe des Fachhistorikers. Sie dient der Erschließung der Quelle und bezieht sich unter anderem auf Zeitpunkt, Schrift und Beschreibstoff, Art der Überlieferung, Rezeption und Textvarianten. Auch die Echtheit muss angesichts der Fälschungshäufigkeit mittelalterlicher Urkunden speziell geprüft werden.

Die Urkunde Kaiser Heinrichs V. weist einige typische Merkmale einer Königsurkunde auf: die Anrufung Gottes am Anfang (Invocatio), den Namen und den Titel des Ausstellers (Intitulatio), die Nennung des Empfängers (Inscriptio). Diese Einleitung wird auch als Protokoll bezeichnet. Erst dann erfolgt der materielle Inhalt der Erklärung. Die Urkunde endet mit der Zeugenliste sowie der Beglaubigung durch den Erzkanzler am Schluss (Recognition).

Bildquellen

„Wir glauben, was wir sehen." In diesem Spruch drückt sich die Macht der Bilder aus. Von ihnen geht erfahrungsgemäß eine größere Suggestivkraft aus als von Texten. Die Nachhaltigkeit des Bilderlebens führt dazu, dass Bilder länger im Gedächtnis bleiben als Texte. Es kann daher nicht verwundern, dass die politischen Mächte sich seit Jahrtausenden der Bilder bedienten, zum Beispiel in Form von Herrscherporträts auf Münzen und Siegeln.

Seit dem 19. Jahrhundert haben vor allem Fotos als Massenprodukt eine neue Bildwirklichkeit hervorgebracht. Dem Foto haftet eine (scheinbare) Objektivität an, die das künstliche Bild nie erreichen konnte.

Im 20. Jahrhundert wurde das Bild zu einem zentralen Aspekt politischer Herrschaft. Totalitäre Regime haben systematisch Bildfälschungen betrieben, um zum Beispiel „in Ungnade gefallene Personen" aus dem kollektiven Gedächtnis zu entfernen.

Im Zeitalter der Digitalisierung wird es objektiv immer schwieriger, Bildfälschungen („Bilder, die lügen") zu erkennen. Aufgrund moderner Technik entfällt die konventionelle Bearbeitung des Bildmaterials (Montage, Retusche), sodass die Spuren einer Manipulation nicht mehr sichtbar sind.

Leitfragen zur Erschließung von Bildquellen

- Wie wird die Person beziehungsweise der Gegenstand dargestellt (Größe, Ausschnitt, Perspektive, Lichtquelle, Farben, Bildaufbau)?
- Was lässt sich über die Bildentstehung in Erfahrung bringen (Auftraggeber, Fotograf)?
- Gibt es Gegenstände, Darstellungen, Personen oder Symbole, deren Bedeutung durch zusätzliche Informationen zu klären ist?
- Welchem Zweck dient das Bild (zum Beispiel Selbstdarstellung, Propaganda)?
- Gibt es eine erkennbare Inszenierung?

Erschließung der Bildquelle M3

Im nach oben versetzten Zentrum des Bildes erblickt der Betrachter eine thronende männliche Figur, platziert in einem mandelförmigen Rahmen (Mandorla). Es handelt sich um Kaiser Otto III. (983–1002), der in christusgleicher Positur mit ausgebreiteten Armen – in der rechten Hand den Reichapfel mit Kreuz – von oben den göttlichen Segen empfängt. Die Mandorla gilt in der christlichen Ikonografie als Symbol der Menschwerdung und war daher eigentlich der Abbildung Christi vorbehalten. Auch die Armhaltung verweist auf den Gekreuzigten. Die segnende Hand sowie das Haupt des Kaisers werden durch einen blauen Nimbus (Heiligenschein) eingerahmt.

Der kaiserliche Thron ruht auf einer weiblichen Gestalt, die als Verkörperung der Erde identifiziert werden kann. Beidseitig zum Kaiser befinden sich die Symbole der vier Evangelisten: Matthäus (Mensch), Johannes (Adler), Lukas (Stier) und Markus (Löwe). Sie halten ein weißes bandförmiges Tuch, das als Pallium (Amtszeichen der Erzbischöfe) gedeutet werden kann.

Unterhalb zur Linken und Rechten des Kaisers nähern sich zwei Könige in demütiger Haltung dem Thron. Sie tragen Lanzen mit Fähnchen, was sie als Lehensempfänger (Vasallen) ausweist. Am unteren Bildrand stehen zwei weltliche und zwei geistliche Fürsten.

Welche Botschaft soll durch das Bild vermittelt werden? Der Kaiser erhebt Anspruch auf Unmittelbarkeit zu Gott. Gott selbst krönt den

M 3 **Otto III., Liuthar-Evangeliar,** hergestellt in Reichenau, um 1000, Domschatz Aachen

Kaiser, was gleichzeitig eine Zurückweisung und Herabstufung des Papsttums bedeutet. Der Kaiser selbst verlangt die Anerkennung als „Vicarius Christi"– also als Stellvertreter Gottes auf Erden. Das Bild diente somit einem propagandistischen Zweck im lang andauernden mittelalterlichen Konflikt zwischen Kaiser (Imperium) und Papst (Sacerdotium). Es entstand um das Jahr 1000 im Kloster Reichenau und ziert ein Evangeliar, das dem Kaiser gewidmet ist.

Die kurze Regierungszeit Ottos III. wurde durch das Bestreben des Kaisers charakterisiert, in die Tradition der römischen Kaiser einzutreten. Otto fühlte sich als berufener Nachfolger Karls des Großen und war von der Vorstellung beseelt, die Erneuerung des römischen Reiches mit Rom und Aachen als Bezugspunkten durchzusetzen. Damit knüpfte Otto III. an römische sowie karolingisch-christliche Vorbilder an. Sein Anspruch auf Weltherrschaft wurde durch die Bildpropaganda der Vergöttlichung (Apotheose) untermauert.

Sachquellen

Die Kugel galt bereits in der Antike als Abbildung des Kosmos und als Symbol der Weltherrschaft. Der Reichsapfel ist Teil der so genannten Reichskleinodien, also des Kronschatzes des Hl. Römischen Reiches.

Die Sichtbarmachung von Herrschaft besitzt orientalische und antike Wurzeln. Besondere zeremonielle Zeichen, so genannte Insignien, sollten Herrschaft augenfällig machen und ihr eine besondere Legitimität verleihen. Durch glückliche Fügungen hat sich der Kronschatz, der die Kaiseridee des Mittelalters repräsentiert, über die Jahrhunderte hinweg erhalten.

Zu den Insignien des Reiches gehörten in erster Linie Krone, Schwert, Szepter und Reichsapfel. Ihr Besitz verlieh dem Thronanwärter einen Vorrang, was bei Doppelwahlen von Bedeutung sein konnte.

Die Reichsinsignien spielten vor allem bei der Krönungszeremonie eine wichtige Rolle. Diese dinghaften Symbole demonstrierten vor der Öffentlichkeit eine herausragende Würde des Empfängers.

Der Reichsapfel aus dem 12. Jahrhundert besteht aus einer mit Goldblech überzogenen Harzmasse. Die vier edelsteinbesetzten Bänder gliedern die Welt in vier Erdteile. Das aufgesetzte Kreuz verweist auf eine Sakralisierung im Sinne der Herrschaft Christi. Im Mittelalter besaßen die Reichsinsignien den Charakter von so genannten Sekundärreliquien und wurden als solche kultisch verehrt.

M 4 **Der Reichsapfel** aus dem letzten Viertel des 12. Jahrhunderts

Leitfragen zu Sachquellen

- Welchem Zweck diente der Gegenstand?
- Besaß er einen privaten oder offiziellen Charakter?
- Handelt es sich um eine absichtliche Quelle, die für die Unterrichtung der Nachwelt hergestellt wurde?
- Welche künstlerischen und technischen Fähigkeiten bildeten die Voraussetzung für seine Herstellung?
- Welches zivilisatorische Niveau spiegelt der Gegenstand wider?
- Wie hat sich der Gegenstand erhalten? Hat er eine Geschichte?

Karikaturen

Die Karikatur ist ein Bildmedium, das bis in die Gegenwart nichts von seinem Reiz eingebüßt hat. Karikaturen gewannen seit der Reformation im 16. Jahrhundert große Bedeutung, weil neue Drucktechniken ihre massenhafte Reproduzierbarkeit ermöglichten.

Die Karikatur stellt eine bildliche Satire dar, bei der sich der Zeichner der Mittel der Verzerrung, der Zuspitzung und des Bild-Witzes bedient. Ihre Absicht besteht zumeist in der Bloßstellung beziehungsweise Verspottung einer Person oder eines Vorkommnisses. Die Karikatur ist eine politische Waffe, die letztlich nach dem volkstümlichen Motto „Lächerlichkeit tötet." funktioniert.

Karikaturen stellen einen komplexen Kommentar dar. Meistens sind zusätzliche Kenntnisse des Kontextes vonnöten, um eine Karikatur angemessen zu entschlüsseln.

Leitfragen zu Karikaturen

- Wozu stellt die Karikatur einen bildlichen Kommentar dar?
- In welchem Kontext steht sie?
- Welcher Bildelemente bedient sich der Karikaturist?
- In welcher Beziehung steht ein beigefügter Text zum Bild?
- Welche Absicht verfolgt der Zeichner?
- Handelt es sich um eine wohlwollende, verletzende oder aggressive Karikatur?
- Welche emotionale beziehungsweise rationale Wirkung geht von der Karikatur aus?

M 5 Ein Holzschnitt von Sebald Beham, 1521

Erschließung der Karikatur M5

Die Zeit der Reformation bildete den Hintergrund eines intensiv geführten Bilderkampfes. Die entwickelte Drucktechnik ermöglichte es, Flugblätter und Illustrationen in großer Anzahl in Umlauf zu bringen. Man bediente sich dieser propagandistischen Mittel, um den Gegner zu beleidigen, zu verteufeln oder auch nur lächerlich zu machen.

Das vorliegende Beispiel eines Spottbildes aus dem Jahre 1521 stammt vom Nürnberger Grafiker und Holzschneider Sebald Beham, der seine Werke bereits frühzeitig als Waffe im Kampf für die Bauern und die Reformation einsetzte.

Im Mittelpunkt steht ein Mönch, erkennbar an der Tonsur. Links befinden sich drei weibliche Figuren, die als Allegorien von Lastern zu erkennen sind: Superba (Stolz, Hochmut), Luxuria (Wohlleben, Unzucht) und Avaricia (Geiz, Habgier). Mit einem um den Hals geschlungenen Tuch halten sie ihn am Gängelband. Ein Bauer mit zerrissenen Beinkleidern – seinerseits angestachelt von der weiblichen Allegorie der Paupertas (Armut) – zwingt den Mönch, ein Buch zu essen. Der Sinn dieser Handlung ist nicht eindeutig. Man kann sie als „Marter des Briefessens" interpretieren. Überbringer schlechter Nachrichten konnten mitunter auf diese Weise bestraft werden. Bezogen auf die Reformationszeit hieße das: Die katholische Lehre ist unglaubwürdig geworden.

Unabhängig davon repräsentiert diese Karikatur eine Kombination von Gesellschafts- und Kirchenkritik. Der Künstler bezieht offensichtlich Stellung für die Bauern. Er kontrastiert das Wohlleben der Geistlichen mit der Armut der Bauern. Er spiegelte damit nur die allgemein verbreiteten Klagen über den Sittenverfall im Bereich der Kirche wider. Der Reichtum vieler Klöster stand in krassem Gegensatz zum christlichen Armutsideal.

Die Karikatur greift aber auch Luthers Kritik am Priestertum im Allgemeinen und am Möchtum im Besonderen auf. Luthers Lehre vom Laienpriestertum entkleidete den Geistlichen seiner besonderen Gottesnähe und wertete damit den gemeinen Gläubigen auf.

Statistiken

Bei der Statistik handelt es sich um die zahlenmäßige Erfassung bestimmter Sachverhalte. Dies kann entweder grafisch oder tabellarisch geschehen. Aus den beigefügten Angaben sollte klar hervorgehen, was genau gemessen worden ist. Statistiken stellen eine äußerst komprimierte Information dar und ermöglichen einen relativ schnellen Überblick zum Beispiel über eine historische Entwicklung.

Ob eine Statistik stimmt, ist für Nichtfachleute in der Regel nicht erkennbar. Den berühmten – dem britischen Staatsmann Winston Churchill zugeschriebenen – Ausspruch, er glaube keiner Statistik, die er nicht selbst gefälscht habe, hat dieser zwar nicht gemacht. Aber die zum Ausdruck kommende Skepsis gegenüber Zahlen ist mitunter wohlbegründet.

Statistiken können einem legitimatorischen beziehungsweise propagandistischen Zweck dienen. So ist zum Beispiel bekannt, dass die Statistiken der ehemaligen DDR durchgängig ein falsches Bild von der Wirklichkeit widerspiegelten. Die offiziellen Daten, zum Beispiel zum Wohnungsbau oder zur Finanzkraft, blieben bis zum Ende geschönt. Das hatte zur Folge, dass die wirtschaftliche Situation der DDR selbst von westdeutschen Spezialisten überbewertet wurde.

Leitfragen zu Statistiken

- Welche Quellen werden für die Daten angegeben?
- Gibt es zusätzliche Informationen seitens des Autors?
- Handelt es sich um absolute oder relative Zahlen?
- Wie wird die Vergleichbarkeit der Daten hergestellt?
- Bewegen sich die angegebenen Größenordnungen (Mrd./Mio.; t./Kg.) auf realistischem Niveau?

- Gibt es wesentliche Abweichungen in vergleichbarem Datenmaterial?
- Wer ist der Autor der Statistik beziehungsweise ihr Herausgeber?
- Wie steht es um die Objektivität der Publikation?

M 6

Altersspezifische Sterbetafel für Männer, die zwischen 1276 und 1300 in England geboren wurden

1 Altersspanne	2 Sterbewahrscheinlichkeit in Prozent	3 Überlebenswahrscheinlichkeit in Prozent	4 Zahl der Überlebenden von 1000 Geborenen	5 Lebenserwartung bei Alter x
0	15,00	85,00	1000	31,30
1 – 4	11,00	89,00	850	35,76
5 – 9	4,35	95,65	756	35,65
10 – 14	4,65	95,35	723	32,16
15 – 19	5,68	94,32	689	28,62
20 – 24	12,60	87,40	650	25,19
25 – 29	13,66	86,34	568	23,47
30 – 34	11,01	88,99	490	21,80
35 – 39	12,70	87,30	436	19,19
40 – 44	18,44	81,56	381	16,61
45 – 49	16,67	83,33	311	14,78
55 – 59	25,66	74,34	194	10,52
60 – 64	43,86	56,14	144	8,30
65 – 69	39,39	60,61	81	7,81
70 – 74	45,00	55,00	49	6,29
75 – 79	69,56	30,44	27	4,37
80 – 84	71,43	28,57	8	3,75
85 – 89	100,00	0,00	2	2,50

Die Sterblichkeitsziffern für die Altersgruppen 0 und 1–4 beruhen auf entsprechenden Angaben aus Indien, bei denen die Lebensdauer im Wesentlichen die gleiche ist wie jene bei anderen Altersgruppen. Friedhofsbefunde zeigen, dass diese Ziffern angemessen sind.

Quelle: J.C: Russel, Die Bevölkerung Europas 500-1500, in C.M. Cipolla, K. Borchardt, Europäische Wirtschaftsgeschichte, Bd. 1, Stuttgart 1983, S. 38.

11476E

Erschließung der Statistik M6

Die vorliegende Statistik des britischen Sozialhistorikers J. C. Russell stammt aus seiner Arbeit über „ Die Bevölkerung Europas 500–1500“ (in: C.M. Cipolla, K. Borchardt, Europäische Wirtschaftsgeschichte, Bd.1 , Stuttgart 1983, S. 38).

Diese Statistik dient der Erschließung von Lebenserwartung und Altersstruktur einer Gesellschaft . Die Sterbetafel für das vierte Quartal des 13. Jahrhunderts, die sich allerdings nur auf Männer bezieht, erteilt darüber nähere Auskunft. Für frühere Jahrhunderte geben die Demografen (Bevölkerungswissenschaftler) eine sehr niedrige durchschnittliche Lebenserwartung an. Das führt bei vielen Menschen zu einer falschen Vorstellung über die tatsächliche Lebenserwartung eines damals lebenden Menschen. Die durchschnittliche Lebenserwartung betrug bei Geburt 31.3 Jahre (Spalte 5). Diese niedrige Lebenserwartung erklärt sich unter anderem aus der sehr hohen Säuglingssterblichkeit (Spalte 3 und 4). Hatte der Säugling das erste Jahr überlebt, erhöhte sich sogleich die Lebenserwartung, die in der Folge kontinuierlich abnahm (Spalte 5). Hatte man zum Beispiel die Altersspanne 40–44 Jahre erreicht, so bestand eine durchschnittliche Lebenserwartung von 16.6 Jahren (Spalte 5).

Bis zum 9. Lebensjahr starben fast 25 Prozent der Neugeborenen (Spalte 4). Die Überlebenswahrscheinlichkeit nahm aber zu , hielt sich auf einem relativ hohen Niveau, um vor allem ab dem 55. Lebensjahr deutlich erkennbar abzunehmen (Spalte 3). Nur die Hälfte der Männer erreichte, wenn man die Geburt zum Ausgangspunkt nimmt, das 35. Lebensjahr. Ein Prozent wurde älter als 80 Jahre (Spalte 4). Der heutige Wert liegt bei vier Prozent – Tendenz steigend.

Das Datenmaterial, das sich nur auf den männlichen Teil der Bevölkerung bezieht, könnte durch demografische Angaben für Frauen ergänzt werden. In der Gegenwart besitzen Frauen eine deutlich höhere Lebenserwartung als Männer: neugeborene Jungen 76 Jahre, neugeborene Mädchen 81 Jahre. Noch bis ins 19. Jahrhundert war allerdings die Frauensterblichkeit höher, vor allem in der Altersspanne zwischen 20 und 40 Jahren. In diesem Zusammenhang spielten die Geburtsrisiken (z.B. Kindbettfieber) eine zentrale Rolle. Erst die moderne Medizin mit ihren hygienischen Fortschritten ermöglichte eine Umkehr des Trends.

Karten

Seit ältesten Zeiten stellt die Karte ein praktisches Hilfsmittel bei der Erfassung des Raumes dar. Der Mensch bewegt sich konkret und im übertragenen Sinne in einem Raum. Diese Räumlichkeit begründete die historisch-politische Geografie, die die territorialen Veränderungen erfasst (zum Beispiel Wanderungsbewegungen, Siedlungsstrukturen, Gebietsänderungen als Folge von Kriegen).

Die Geschichte der Landkarten reicht bis in prähistorische Zeiten zurück. Aber erst höhere Zivilisationen produzierten Weltkarten, die fast zwangsläufig das jeweilige Bild von der Welt widerspiegeln. Die Wurzeln der europäischen Kartografie liegen in der griechisch-römischen Antike. Wie auch auf anderen Gebieten so verfiel allerdings die Kunst der Kartografie nach dem Zusammenbruch des Römischen Reiches. Erst Ende des 15. Jahrhunderts wurde die Weltkarte des Klaudios Ptolemaios aus dem 2. Jahrhundert wiederentdeckt. Ptolemaios gilt als Vater der modernen Geografie. Er hatte bereits die Welt in ihrer Kugelgestalt erfasst, wenn auch mit unrichtigen Angaben. So hatte er die Länge des Äquators mit 32000 km berechnet. Gleichwohl wurde dieses Niveau der Kartografie erst in der Frühen Neuzeit im Kontext der Entdeckungen wieder erreicht. Von da an machte diese Wissenschaft mithilfe von exakteren mathematischen und astronomischen Berechnungen große Fortschritte. Die verbesserte Vermessungstechnik führte vor allem seit dem 17. Jahrhundert zu Maßstabsgerechtigkeit und zu einer realistischeren Projektion des gekrümmten Raumes. Damit erfüllten Karten die praktischen Bedürfnisse nach präzisen Informationen für die globale Erschließung.

Leitfragen zu Karten

- Wie lautet das Thema der Karte?
- Wie wurde das Problem der grafischen Anschaulichkeit gelöst?
- Ist die Legende (Zeichenerklärung) korrekt?
- Werden zusätzliche Erläuterungen gegeben?
- Welche Abweichungen beziehungsweise Veränderungen lassen sich bei Kartenvergleichen feststellen?
- Werden mit der Karte politische (territoriale) Ansprüche erhoben?

M 7 **Weltkarte aus dem Leipziger Kodex, 11. Jahrhundert**
Nachzeichnung, Ende 19. Jh.

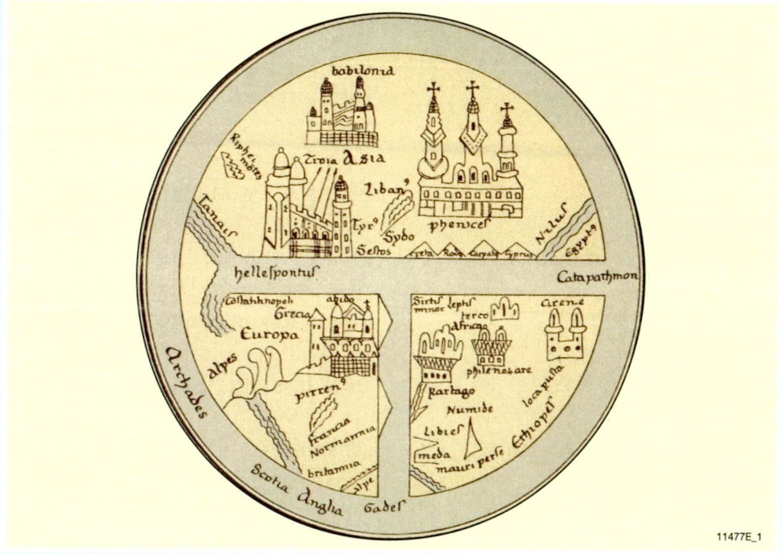

Erschließung der Karte M7

Die hier abgebildete Karte stammt aus dem 11. Jahrhundert. Die mittelalterliche Gesellschaft besaß offenkundig nur ein geringes Interesse an einer empirischen Erfassung der Welt. Vielmehr lag diesem Modell die Vorstellung zugrunde, die Erde habe die Gestalt einer schwimmenden Scheibe.

Mittelalterliche Karten spiegelten das innengeleitete und christlich geprägte Weltbild wider. Sie erfüllten offenkundig eher religiöse und künstlerische Bedürfnisse.

Die vorliegende Karte bietet ein Beispiel für das damals weit verbreitete T-O-Modell. Die Kombination des kreisförmigen Meeres mit den drei bekannten Kontinenten Europa, Afrika und Asien – jeweils getrennt durch Wasser – führte zu diesem blockartigen Schema. Erkennbar ist der begrenzte Horizont in Bezug auf die bewohnte Erde: Babylon, Don (Tanais) und Nil, Britannien und Mauretanien (Nordwestafrika) bildeten die Grenzen. Jerusalem – Mittelpunkt des christlichen Weltbildes – wurde schriftlich nicht verzeichnet. Gleichwohl ist mit Sicherheit davon auszugehen, dass die dreitürige und mit Kreuzen gekrönte Kirche diesen Ort symbolisiert.

Anleitung zur Facharbeit

Themen

Es gibt eine kaum zu begrenzende Vielfalt von allgemein-, regional- oder lokalgeschichtlichen Themen, die sich für eine häusliche Facharbeit eignen. Dabei sind sowohl reine Literaturarbeiten denkbar als auch solche, die im Zusammenhang mit bestimmten Lernorten stehen: Museen, Gedenkstätten, Schlösser, Kirchen, Klöster usw.

Themenbegrenzung

Die Bearbeitung eines Themas unterliegt den Gesetzen der „Zeitökonomie“, das heißt es muss in der zur Verfügung stehenden Zeit sinnvoll zu bearbeiten sein. Um den Aufwand in vernünftigen Grenzen zu halten, bedarf es also einer Präzisierung des Themas. Das Ziel beziehungsweise die Absicht der Untersuchung sollte deutlich erkennbar sein.

Informationsbeschaffung

Nach der thematischen Eingrenzung beginnt die Suche nach geeignetem Material („Recherche“): Internetadressen eröffnen den Zugang zu einem Teil der unten erwähnten Informationsquellen. Zu deutschen Bibliotheken gelangt man zum Beispiel über die Webseite:
http://z3950gw.dbf.ddb.de
Das Buchhandelsverzeichnis ist über das WWW zugänglich:
http://www.buchhandel.de

Informationssammlung

Das Festhalten der Informationen kann konventionell oder elektronisch erfolgen. Die traditionellen Mittel sind Kopien, Exzerpte (Auszüge) und eigene Notizen, die einen Bezug zum Thema besitzen. Wichtig ist, dass alle Informationen mit Quellenangaben versehen werden und dass die Ablage des Materials in geordneter Weise erfolgt.

Informationsverarbeitung

Anschließend muss das gesammelte Material ausgewertet werden. Die Leitfrage lautet in diesem Zusammenhang: Welche Informationen gehören in die schriftliche Arbeit – und an welche Stelle?

Die allgemeine Gliederung einer Facharbeit sieht folgendermaßen aus:

- Titelseite
  (Thema, Verfasser, Klasse, eventuell Lehrer)
- Inhaltsverzeichnis
- Einleitung
- Hauptteil
- Schluss
- Literaturverzeichnis

In der Einleitung kann auf die persönliche Motivation – oder das eigene Interesse – Bezug genommen werden. Man kann die Bedeutung des Themas kurz umreißen und die thematische Eingrenzung begründen.

Das Inhaltsverzeichnis spiegelt die gesamte Arbeit wider. Die Gliederung lässt Rückschlüsse auf die inhaltliche Perspektive, Stoffdurchdringung und Sachlogik zu. Als Beispiel für eine wissenschaftliche Gliederung wird im Folgenden ein Auszug aus dem Inhaltsverzeichnis eines Buches des Historikers Hans-Ulrich Wehler: „Das Deutsche Kaiserreich 1871-1918“ (Göttingen 1973) abgedruckt:

III. Herrschaftssystem und Politik

4.	**Steuer- und Finanzpolitik**	**141**
4.1.	Die Finanzierung des Herrschaftssystems	142
4.2.	Die Verteilung des Volkseinkommens	146
4.3.	Die Zementierung der Ungleichheit	148
5.	**Rüstungspolitik**	**149**
5.1.	Das Heer	149
5.2.	Der Militarismus	158
5.2.1.	Das Heer als Kampfinstrument nach Innen	159
5.2.2.	Soziale Zusammensetzung und Verhaltenskontrolle	160
5.2.3.	Die „Mobilisierung des kleinbürgerlichen Gesinnungsmilitarismus“	164
5.3.	Die Flotte	165
6.	**Der Imperialismus**	**171**
6.1.	Ungleichmäßiges Wachstum und Herrschaftslegitimierung: Der Sozialimperialismus	172
6.2.	Wilhelminische „Weltpolitik“ als Innenpolitik	176
6.3.	Sozialdarwinismus und Pangermanismus als imperialistische Ideologien	179

Für die Gliederung einer historischen Facharbeit eignet sich in besonderer Weise das chronologische Prinzip. Darüber hinaus sollte der Aufbau den Gesetzen der Systematik folgen. Das heißt:
a) Was inhaltlich zusammengehört, das sollte auch zusammen stehen.
b) Es gilt Oberbegriffe zu finden, unter die die einzelnen inhaltlichen Aspekte einzuordnen sind.

Insgesamt sollte die Darstellung so strukturiert sein, dass der Leser die Aussagen nachvollziehen kann.

Der Schluss einer Facharbeit wird in der Regel eine Zusammenfassung beziehungsweise das Ergebnis beinhalten. Es ist „unwissenschaftlich“, sich mit – wie der Volksmund sagt – fremden Federn zu schmücken. Das Plagiat, also der Diebstahl fremden geistigen Eigentums gilt als eine schwere Verfehlung.

Wissenschaftliche Darstellungsform

Die wissenschaftliche Darstellungsform zielt daher darauf ab, die Überprüfbarkeit der Aussagen sicherzustellen und die eigenen Arbeitsergebnisse von den Erkenntnissen anderer Autoren zu trennen. Diesem Zweck dienen Quellen- und Literaturangaben, Zitatbelege und Verweise.

Zitate stellen keinen Selbstzweck dar, vielmehr haben sie die Funktion, die eigene Argumentation zu belegen. Ferner dürfen Zitate auch dann verwendet werden, wenn sie besonders aussagekräftig sind, zum Beispiel im Hinblick auf eine bestimmte Personen oder wissenschaftliche Position. Beim Zitat handelt es sich um eine wörtliche Wiedergabe, die in Anführungszeichen gesetzt wird. Der Nachweis des Zitats erfolgt nummeriert unten auf der Seite oder im Anhang. Es gibt unterschiedliche Formen für die Literaturangabe. Allgemein hat sich das Autor-Jahr-System durchgesetzt. Beispiel:

Broszat, Martin (1983), Der Staat Hitlers. Grundlegung und Entwicklung seiner inneren Verfassung, München

Weitere Aspekte, die beim Zitieren zu beachten sind:

- Als Zitatbeleg muss die Seitenzahl hinzugefügt werden. Im Wiederholungsfall reicht dann die Angabe des Autors, der Jahres- und Seitenzahl. Beispiel:
  Broszat, Martin (1983), S. 125.
- Zieht sich das Zitat über zwei oder mehrere Seiten hin, so ist das durch ein f. bzw. ff. zu kennzeichnen. Beispiel:
  Broszat, Martin (1983), S. 15 f.
- Kürzungen eines Zitats sind im Zitat durch drei Punkte (...) deutlich zu machen. Diese Punkte können auch durch eine Klammer gekennzeichnet sein.
- Beim Paraphrasieren, also der Wiedergabe bezeihungsweise Umschreibung einer Textvorlage mit eigenen Worten, ist wie beim Zitieren zu verfahren – allerdings mit dem Unterschied, dass am Anfang ein siehe (s.) oder vergleiche (vgl.) steht. Beispiel:
  Vgl. Broszat, Martin (1983), S. 15 f.
- Beim Zitieren aus zweiter Hand erfolgt der korrekte Beleg durch folgende Formulierung:
  Zit. nach: Broszat, Martin (1983), S. 15 f.

Internet für historische Recherchen

Für die Recherche im Internet bieten sich zwei unterschiedliche Möglichkeiten an:

1. Portale:
   Auf einer Portal-Seite sind Links zu einem bestimmten Themengebiet gesammelt und für einen schnellen Zugriff aufbereitet.
2. Suchmaschinen:
   Hier unterscheidet man zwischen drei Typen:

- Volltext-Suchmaschinen: Sie führen eine Datenbank, die die Schlagworte und Adressen aus allen verfügbaren Internet-Seiten enthält. Sie sind für umfangreiche Recherchen geeignet.
- Web-Kataloge: Die eingetragenen Seiten sind nach Schlagwörtern sortiert und meistens bewertet oder zumindest vom Suchmaschinen-Betreiber eingesehen. Sie werden überwiegend für eine Recherche ohne eine genaue Suchanfrage verwendet.
- Meta-Suchmaschinen: Sie führen keinen eigenen Datenbestand, sondern durchsuchen mehrere Volltext-Suchmaschinen und Kataloge. Mit Meta-Suchmaschinen erhält man die größte Anzahl an Suchergebnissen.

Vorgehensweise für Internet-Recherchen mit Suchmaschinen

1. Auswahl der Suchbegriffe:
   Um den Erfolg einer Suche zu gewährleisten, sollten die Suchbegriffe möglichst eng gefasst sein. Zum Ausschließen von nichtrelevanten Suchergebnissen kann man mehrere Begriffe kombinieren.
2. Umgang mit Suchmaschinen:
   Bei den meisten Suchmaschinen hat sich dabei eine Verknüpfungssyntax eingebürgert, die eng an die boolesche Algebra angelehnt ist. In der folgenden Tabelle sind die wichtigsten dieser Operatoren aufgeführt.
   Leider verwenden allerdings nicht alle Suchmaschinen diese Syntax.

Schlüsselworte	Zeichen	Bedeutung	Beispiel
	+	Angegebener Begriff muss im Ergebnis enthalten sein.	+Napoleon + Schlacht
	–	Angegebener Begriff darf nicht im Ergebnis enthalten sein.	+Napoleon – Schlacht
	*	Platzhalter für Wortsegmente	
	„ “	Ausdruck muss im Ergebnis enthalten sein.	„Schlacht bei Waterloo“
AND	&	Im Ergebnis müssen die mit „&“ verbundenen Begriffe enthalten sein.	Napoleon AND Schlacht
OR	|	Im Ergebnis muss mindestens einer der mit „|“ verbundenen Begriffe enthalten sein.	Schlacht OR Krieg
NOT	!	Angegebener Begriff darf nicht im Ergebnis enthalten sein.	Napoleon AND Schlacht AND NOT Krieg
	()	Logische Klammern, benötigt wegen AND vor OR-Regel (wie Punkt vor Strich)	Napoleon AND (Schlacht OR Krieg)

Link-Sammlung für die Internet-Recherche allgemein

Die gängigsten Suchmaschinen	www.altavista.de www.hotbot.com www.acoon.de www.google.de www.fireball.de www.abacho.de	www.hurra.de www.alltheweb.com www.lycos.de www.northernlight.com
Spezielle Suchmaschine für Zeitungen	www.paperball.de	
Die gängigsten Meta-Suchmaschinen	www.metacrawler.de www.metager.de	www.profusion.com www.metaspinner.de
Die gängigsten Web-Kataloge/-portale	www.wissen.de www.web.de www.looksmart.com www.aol.de www.fireball.de	www.yahoo.de www.allesklar.de www.dino-online.de www.t-online.de
Hilfeseiten für Lehrer und Schüler	www.bildungsserver.de www.schulweb.de www.abi-tools.de	www.zum.de www.abitur.de www.zahlreich.de

Link-Sammlung für die Internet-Recherche zum Geschichtsunterricht

www.wissen.de
+ Verschafft schnell einen Überblick durch eine interaktive Zeitleiste. (Startseite → Geschichte)
+ Weiterführende Links
+ Nachschlagen in Lexika und Wörterbüchern möglich
+ Unterrichtsrelevante Themen (Startseite → Lernen)
- Seite lädt in manchen Browsern nicht richtig.
- Lange Ladezeiten

www.vl-geschichte.de
+ Weiterführende Links
+ Sehr umfangreich
- Qualität variiert sehr stark.

www.crispinius.com
+ Newsgroups
+ Gute Recherche-Seite mit vielen „Extras“, zum Beispiel einer Suchmaschine und einer Mediendatenbank (Videos, Bücher, CD-Roms) zum Thema Geschichte (Startseite → Suchen)

Historisch-politische Grundbegriffe

Absolutismus Abgeleitet von lat. absolutus: uneingeschränkt. Staatsform, in der ein Monarch alleiniger Inhaber der Staatsgewalt ist. Europäische Fürsten versuchten, sich von der Mitregierung durch die Stände zu befreien. Ihr Anspruch auf ungeteilte Souveränität gab einer Epoche ihren Namen (17./18. Jh.). Im aktuellen politischen Sprachgebrauch wird das Wort „absolutistisch" bisweilen im übertragenen Sinne gebraucht. Es bedeutet dann so viel wie „selbstherrlich" oder „losgelöst" von den Wählern.

Adel Bevorrechtigter Geburtsstand, dessen Macht auf der Verfügung über Grund und Boden beruhte. Als gesellschaftliche Machtelite hielt er seinen Führungsanspruch teilweise bis ins 20. Jh. aufrecht. Im 19. Jh. verband sich der europäische Adel vielfach mit neureichen bürgerlichen Familien. Der deutsche Adel spielt als politische Kraft seit 1945 keine Rolle mehr. Die Herrschaft des Adels nennt man Aristokratie.

Agrargesellschaft ist eine Gesellschaft, in der die Landwirtschaft der wichtigste Wirtschaftszweig ist. In der Evolution der Menschheit bildete die A. das Bindeglied zwischen den Jägern und Sammlern und der Industriegesellschaft. Erst die gesteigerte Produktivität des Agrarsektors bildete die Voraussetzung für die Freistellung von Beschäftigten für andere wirtschaftliche, administrative, wissenschaftliche oder kulturelle Tätigkeiten. In modernen Gesellschaften bietet der Agrarbereich nur noch zwei bis fünf Prozent der Beschäftigten Arbeit.

Anarchismus Zweideutiger Begriff, abgeleitet von Anarchie („Herrschaftslosigkeit"). Als politische Bewegung strebte der A. im 19. Jh. einen Gesellschaftszustand an, in dem die größte Freiheit und Selbstständigkeit der Individuen ermöglicht werden würde. Dem pazifistischen A. stand ein gewalttätiger gegenüber, der das heutige Verständnis von Anarchie prägt: als Zustand der Gesetz- und Führungslosigkeit sowie des Unfriedens.

Antisemitismus ist der Hass auf Juden, der sich bis in die römische Antike zurückverfolgen lässt. Er schöpfte seine aggressiven Energien zunächst aus christlich-religiösen Gefühlen (Juden als „Christusmörder"). Im 19. Jh. verbanden sich Rassismus und Judenhass zum modernen A. Dieser stellte den Wesenskern der nationalsozialistischen Ideologie dar und ebnete den Weg in den Holocaust.

Arbeiterklasse Soziologischer Begriff, der seine politische Bedeutung vor allem im Zusammenhang mit dem Marxismus erhielt. Diesem zufolge werde die A. geschichtsnotwendig zum revolutionären Subjekt, das den Kapitalismus beseitigt. Mit der A. verband die kommunistische Ideologie die Utopie einer total befreiten Gesellschaft.

Aristokratie Republikanische Staatsform, die auf ein antikes Ideal zurückgeht: „Herrschaft der Besten". Die A. grenzt sich von der Demokratie und der Monarchie ab. In der politischen Praxis bezieht sich A. auf die Herrschaft durch privilegierte Angehörige des Adels.

Autokratie In der wörtlichen Bedeutung von „Selbstherrschaft" deckt sich dieser Begriff weitgehend mit Absolutismus. A. wurde oft im Zusammenhang mit der russischen Zarenherrschaft gebraucht. Der Autokrat muss nicht notwendigerweise ein Despot sein.

Bolschewismus Bei den Bolschewiki (russ. Mehrheitler) handelte es sich in Wirklichkeit um eine Splittergruppe der russischen Sozialdemokratie, die von der Führungskraft und den Ideen Lenins geprägt wurde. Das Wesenselement des B. ist die Lehre von der revolutionären Machtergreifung durch eine kleine Partei von Berufsrevolutionären mit dem Ziel der Errichtung einer kommunistischen Gesellschaft. (vgl. Leninismus).

Bürgertum Das Bürgertum befreite sich im Verlaufe des 18.und 19. Jh. aus der ständischen Ordnung und wurde zur tragenden Schicht der neuen Gesellschaft und zum Wegbereiter der bürgerlichen Demokratie. Der Aufstieg des Bürgertums war das Ergebnis von kapitalistischer Erwerbsgesinnung, privaten Unternehmertums und rationeller Arbeit. Der Wirtschaftsbürger (franz. bourgeois) fand seine Ergänzung im Staatsbürger (franz. citoyen).

Bundestag ist das gesamtstaatliche Parlament der Bundesrepublik Deutschland, in dem die Repräsentanten des Volkes versammelt sind. Der B. ist als Teil der gewaltenteiligen Ordnung formal der Gegenspieler der Regierung, zuständig u. a. für die Gesetzgebung. Er hat auch die Funktion eines Forums, wo die bewegenden Zeitfragen debattiert werden.

Charisma Der Begriff stammt ursprünglich aus dem Bereich der Religion und meint eine Gnadengabe. Übertragen auf die Politik bezieht sich C. auf spezielle Persönlichkeitsmerkmale, von denen eine besondere Ausstrahlung ausgeht. Die charismatische Autorität herrscht über Menschen z. B. kraft magischer Fähigkeiten, rhetorischen Vermögens, kriegerischer Erfolge oder geistiger Leistungen. Der Soziologe Max Weber entwickelte den Idealtyp der charismatischen Herrschaft, die insbesondere in Krisenzeiten zum Tragen kommen kann (Retterfunktion).

Chauvinismus Aus dem Französischen kommende Bezeichnung für einen extrem überzogenen bzw. fanatischen Nationalismus.
Im Zusammenhang mit der emanzipatorischen Frauenbewegung hat der Begriff eine zweite Bedeutung gewonnen. C. nennt man heute auch eine männliche Haltung, die das eigene Geschlecht verherrlicht und mit Arroganz dem anderen Geschlecht gegenübertritt.

Demagogie Der Begriff aus der griechischen Politik bezieht sich auf die Volks(ver)führung mittels rhetorischer Fähigkeiten. Im 19. Jh. verstand man unter dem „Demagogen" einen Politiker, der an die so genannten niederen Instinkte des Volkes appellierte. Die „Demagogen-Verfolgung" war aber eine obrigkeitliche Maßnahme, die sich gegen die liberale und nationale Bewegung richtete.

Demokratie Staatsform, in der die Staatsgewalt vom Volke ausgeht. Man unterscheidet allgemein die repräsentative und die plebiszitäre Form der D. Am Ende des 20. Jh. hat sich die D. als globales Legitimationsprinzip durchgesetzt. Auch Diktaturen verzichten nur selten auf eine demokratische Fassade. Kommunistische Parteidiktaturen nannten sich „volksdemokratisch".

Despotie/Despotismus Gewaltherrschaft, in der keine Gesetze und rechtsstaatliche Normen die Willkür der bzw. des Herrschenden bremsen. Der Begriff ist weitgehend identisch mit Tyrannei, nicht hingegen mit Absolutismus.

Diktatur Der Begriff entstammt dem römischen Staatsleben und bezeichnete dort die (zeitlich begrenzte) unbeschränkte Gewalt im Zeichen eines Staatsnotstands. Daraus wurde im Laufe der Geschichte eine Herrschaftsform, die in sehr unterschiedlichen Zusammenhängen stehen kann (z. B. faschistische D., nationalsozialistische D., kommunistische D., Militärdiktatur, D. des Proletariats).

Elite ist die politische, wirtschaftliche, militärische und kulturelle Führungsschicht in Staat und Gesellschaft. Die Rekrutierung von Eliten ist abhängig vom jeweiligen Gesellschaftsverständnis. Nach 1945 war die Betonung des Elitegedankens als undemokratisch in Verruf geraten, gegenwärtig aber wieder im Rahmen der Leistungsgesellschaft akzeptiert.

Emanzipation Der Begriff stammt aus dem römischen Recht und bezog sich auf die Freilassung von Sklaven aus der Gewalt des Herrn (wörtl. „aus der Hand geben"). E. steht begrifflich für die Befreiung von tatsächlich oder vermeintlich benachteiligten Gruppen aus ihrer Abhängigkeit. Im 19. Jh. spielte der Begriff „Judenemanzipation" eine bedeutende Rolle, womit die staatsbürgerliche Gleichstellung der Juden gemeint war. Heute ist E. ein emotionalisierter und diffuser Begriff, der in Deutschland vor allem durch die kulturrevolutionäre 68er-Bewegung popularisiert wurde.

Ethnie Abgeleitet von griech. ethnos: Volksstamm stellt die E. eine Anzahl von Menschen dar, die aufgrund von Sprache, Religion, Kultur und Geschichte ein Zusammengehörigkeitsgefühl besitzen. Vor allem am Ende des 20. Jh. haben ethnische Konflikte erheblich zugenommen, z. B. weil Ethnien sich als Nation definieren und einen eigenen Staat anstreben.

Faschismus Historisch-politischer Oberbegriff für antidemokratische, rechtsgerichtete Bewegungen nach dem 1. Weltkrieg. Gemeinsame Merkmale: u. a. Verabsolutierung des Staates, Einparteisystem, Führerkult, tendenziell totale Erfassung des Einzelnen, Militarismus und Expansion. Die Rassenideologie und der Antisemitismus waren vor allem für den Nationalsozialismus grundlegend.
In der deutschen Nachkriegsgeschichte dienten die Adjektive „faschistisch" und „antifaschistisch" oft als politische Kampfbegriffe und wurden zur Diffamierung oder Rechtfertigung von Gewalt instrumentalisiert.

Feudalismus Abstrakter und mehrdeutiger historisch-politischer Begriff, der sich von lat. feudum: Lehen herleitet. Das Lehenswesen entstand im Rahmen der Agrargesellschaft des Mittelalters, letztlich weil Geld als gesellschaftliches Tauschmittel nicht in ausreichendem Maße zur Verfügung stand. Das Lehen (Leihgut) – meistens Grund und Boden – stellte ein Entgelt für (Kriegs-)Dienste und Treue dar. Das Lehenswesen, die Beziehung des Feudalherrn zu seinem Vasallen, wurde zum gesellschaftlichen Strukturprinzip des Mittelalters. Es entstand – theoretisch – ein pyramidaler Staat mit dem König als oberstem Lebensherrn an der Spitze.
Im Laufe der Zeit vermischten sich die Begriffe Feudalismus und Grundherrschaft. Wenn in der Gegenwart von „Feudalherrn" die Rede ist, dann sind damit i.d.R. Großgrundbesitzer gemeint.
Marxistische Historiker sehen im F. eine Wirtschafts- und Gesellschaftsform, die eine Mittelstellung zwischen antiker Sklavenhaltergesellschaft und dem bürgerlichen Kapitalismus einnimmt.

Föderalismus Abgeleitet von lat. foedus: Bund, Bündnis bedeutet F. eine bundesstaatliche Ordnung. Die Untergliederung des Gesamtstaates in Bundesländern spiegelt die historische Staatswerdung wider, wie z. B. in Deutschland und in den USA. In Deutschland wirken die Bundesländer über den Bundesrat an der Gesetzgebung des Bundes mit. Der F. stellt einen wesentlichen Aspekt der Gewaltenteilung dar. Die Gegenbegriffe zu F. lauten Unitarismus bzw. Zentralstaat.

Frauenbewegung Die Wurzeln der F. reichen bis zur Französischen Revolution zurück. Die F. trat dafür ein, die Werte der bürgerlichen Revolutionsbewegung auch auf die Frauen zu übertragen. Der Kampf der politisch engagierten Frauen galt daher im Wesentlichen der rechtlichen Gleichstellung mit dem Mann. Politisch ging es um das Frauenwahlrecht, wirtschaftlich um gleichen Lohn und sozial um den ungehinderten Zugang zu den Bildungseinrichtungen.
In der Bundesrepublik Deutschland erhielt die F. besonders durch die studentische Bewegung von 1968 neuen Auftrieb. Im Grundgesetz ist die Gleichberechtigung von Frauen und Männern festgeschrieben. Der Staat „wirkt auf die Beseitigung bestehender Nachteile hin" (Art. 3 GG).

Freiheitlich demokratische Grundordnung (FDGO) bildet das Herzstück im Verfassungsverständnis der Bundesrepublik Deutschland. Das Bundesverfassungsgericht hat die FDGO folgendermaßen definiert: Achtung der Menschenrechte, Volkssouveränität, Gewaltenteilung, Verantwortlichkeit der Regierung, Gesetzmäßigkeit der Verwaltung, Unabhängigkeit der Gerichte, Mehrparteienprinzip, Recht auf Opposition. Nur solche links- bzw. rechtsextremistische Parteien, die die FDGO ablehnen, können vom Bundesverfassungsgericht verboten werden.

Gesellschaft ist ein hochabstrakter Begriff, der alle Formen menschlichen Zusammenlebens umfasst. Soziologisch lassen sich sesshafte von nomadischen Gesellschaften abgrenzen. Darüber hinaus spricht man – abhängig vom wirtschaftlichen Entwicklungsstand – von Agrar-, Industrie- und Dienstleistungsgesellschaften. In der historisch-politischen Perspektive lassen sich Stände-, Klassen- und Schichtengesellschaften unterscheiden. In der pluralistischen G. haben sich frühere Gesellschaftsstrukturen weitgehend aufgelöst. G. und Staat stehen in einem wechselseitigen Einwirkungsverhältnis.

Genozid Relativ neuer Begriff, der sich für Völkermord durchgesetzt hat. Nach der Völkermord-Konvention der UNO (1948) umfasst der G. alle Handlungen, die begangen werden, um eine nationale, ethnische, rassische oder religiöse Gruppe ganz oder teilweise zu zerstören.

Gesetze sind Rechtsnormen des gesellschaftlichen Zusammenlebens, die im Unterschied zu anderen Regeln auf eine verfassungsmäßig vorgeschriebene Weise durch den Gesetzgeber zustande gekommen sind. Hinter den Gesetzen steht die Macht des Staates (Polizei, Justiz) als Erzwingungsinstanz. In einem Rechtsstaat müssen sich auch die Staatshandlungen selbst im Rahmen der G. bewegen.

Gewaltenteilung ist ein Grundsatz des modernen Parlamentarismus bzw. des Rechtsstaats, demzufolge der Machtmissbrauch verhindert und die bürgerliche Freiheit bewahrt werden soll. Die klassische Lehre der G. geht von der Unterscheidung zwischen Exekutive (Regierung), Legislative (gesetzgebende Gewalt) und Judikative (richterliche Gewalt) aus. In pluralistischen Gesellschaften hat sich die G. ausdifferenziert. Die G. ist ein substanzieller Bestandteil der freiheitlich demokratischen Grundordnung.

Globalisierung zu Beginn des 21. Jh. bezieht sich auf eine neue Qualität der weltweiten Vernetzung. Ursächlich dafür sind die neuen Informationstechnologien sowie die Transportrevolution. Die G. zeigt sich im sprunghaft gestiegenen Güter- und Kapitalverkehr, in der noch nie dagewesenen Mobilität von Menschen sowie in der grenzenlosen Verfügbarkeit von Informationen.

Grundherrschaft Herrschaftsform des Mittelalters und der Frühen Neuzeit, bei der die Herrschaft über das Land mit der Herrschaft über die auf ihm ansässigen Menschen verbunden war. Grundherrn konnten der König, der Adel oder die Kirche sein. Mit der G. verbindet sich i.d.R. die Gerichtsherrschaft. Der ganz überwiegende Teil der bäuerlichen Bevölkerung des Mittelalters besaß nur ein Nutzungsrecht für das Herreneigentum. In Form der Gutsherrschaft konnte sich eine modifizierte G. – vor allem östlich der Elbe – bis ins 19. Jh. halten.

Hegemonie Der Begriff entstammt der griechischen Geschichte und bedeutete das Streben eines Staates nach Vorherrschaft in einer Staatengemeinschaft. Heute oft verallgemeinert gebraucht im Sinne einer politischen, wirtschaftlichen und militärischen Überlegenheit der jeweiligen Vormacht.

Herrschaft Im Unterschied zu privater Machtausübung handelt es sich in Bezug auf H. um eine institutionalisierte Form von Macht. Der Herrschaftsanspruch bedarf der Legitimation. Der Soziologe Max Weber unterschied idealtypisch drei Geltungsgründe für H.: traditionelle H., die sich aus der je bestehenden Ordnung herleitet, charismatische H. und legale H.

Hierarchie Dieser Grundbegriff der Soziologie, abgeleitet von griech. Hierarch: oberster Priester, bezieht sich auf die vertikale Gliederung der Gesellschaft. Der abgestufte Aufbau formt klare Über- und Unterordnungsverhältnisse, die den Menschen einen bestimmten Rang zuordnen.
Während Diktaturen aus herrschaftstechnischen Gründen regelmäßig hierarchische Organisationsformen durchsetzen, wurde die H. in modernen Unternehmen zugunsten kooperativer Organisationsformen abgebaut.

Holocaust Angelsächsische Bezeichnung für den Genozid an den Juden (griech. „Ganzopfer", „Brandopfer"). In Deutschland ist die Leugnung des H. eine Straftat.

Ideologien Darunter versteht man (geschlossene) Systeme von Wertvorstellungen und weltanschaulichen Einstellun-

gen. Die großen politischen Bewegungen des 20. Jh. standen in engem Zusammenhang mit ihren I.: Liberalismus, Kommunismus, Faschismus.
Besonders im Zeitalter der Massenmedien besitzen I. eine integrierende und propagandistische Funktion.
Der Vorwurf der „Ideologisierung" bezieht sich regelmäßig auf fehlende Sachlichkeit und Voreingenommenheit.

Imperialismus Abgeleitet von lat. imperium: Herrschaftsgewalt, bezeichnet I. seit dem Ende des 19. Jh. das allgemeine Streben nach Vorherrschaft bzw. Ausdehnung des Machtbereichs. I. kann in unterschiedlichen Formen in Erscheinung treten: direkt (in Form von Kolonien) oder indirekt. Es können politische, wirtschaftliche, militärische oder kulturelle Mechanismen eine Rolle spielen.
Im Kalten Krieg war der Begriff I. Teil der politischen Propagandasprache des kommunistischen Ostblocks. Der Westen wurde regelmäßig mit dem Adjektiv „imperialistisch" versehen bzw. als „imperialistisches Lager" etikettiert.

Industriegesellschaft Die I., deren Wurzeln bis ins 18. Jh. zurückreichen, hat die agrarisch bzw. handwerklich geprägte Gesellschaft abgelöst. Sie ist das Ergebnis der industriellen Revolution, durch die die Fabrik mit ihren Maschinen ins Zentrum einer neuen Produktionsweise rückte. Dieser Prozess bewirkte einen vielschichtigen gesellschaftlichen Strukturwandel: soziale Auf- und Abstiegsbewegungen, Urbanisierung, Säkularisierung, Massenwohlstand, veränderte Qualifikationen und Leistungsanforderungen. Gegen Ende des 20. Jh. hat sich die moderne I. aufgrund der dynamischen Technikentwicklung zur Dienstleistungsgesellschaft weiterentwickelt.

Integration ist die soziologische Bezeichnung für die „Wiederherstellung des Ganzen", in der politischen Alltagssprache im Sinne von „Vereinigung" bzw. „Einbindung" gebraucht. Von I. spricht man z. B. in Bezug auf Ausländer, Strafenentlassene und Europa.

Kaiser Entstanden aus dem lat. caesar nennt man den Inhaber der höchsten Gewalt K. Das Kaisertum entwickelte sich aus dem antiken Römischen Reich und wurde auf das Mittelalter übertragen. Seit den Ottonen besaßen die deutschen Könige eine Anwartschaft auf den Titel. Der damit erhobene Anspruch auf eine abendländische Vormachtstellung konnte nie wirklich realisiert werden. Seit dem 19. Jh. verlor der Kaisertitel durch vielfachen Gebrauch seine Einzigartigkeit.

Kalter Krieg Bezeichnung für den weltpolitischen Zustand nach dem 2. Weltkrieg (1947-1989), als die tiefgreifenden politischen Gegensätze zwischen Ost- und Westmächten zwar zu ständigen Konflikten, nicht aber zum („heißen") Krieg führten.

Klasse ist ein Grundbegriff der Soziologie, der sich eng an marxistische Gesellschaftsvorstellungen anlehnt. Er bezeichnet in Abgrenzung zu Stand und Schicht die Position innerhalb der Industriegesellschaft. Die Klassenzugehörigkeit wird sozial definiert, und zwar im Rahmen der kommunistischen Ideologie durch den Besitz oder Nichtbesitz von Produktionsmitteln. Das Konzept der K. hat sich in Bezug auf moderne Gesellschaften als zu undifferenziert erwiesen.

Klerus bezeichnet in der mittelalterlichen Gesellschaft den geistlichen Stand, der sich durch den Gegensatz zu den Laien definierte. Er beanspruchte bestimmte Standesvorrechte. Der hierarchisch gegliederte K. war der einzige Stand, in den man nicht geboren wurde.

König Ursprünglich der Träger der höchsten staatlichen Gewalt in einer Monarchie. Das Königtum ist eine Institution, die in vorantike Zeiten zurückreicht. Seine Wurzeln liegen in der Vorstellung einer göttlichen Abstammung bzw. eines besonderen Königheils. Durch die Thronfolge eines Verwandten (i.d.R. des ältesten Sohnes) entstanden Dynastien. Die Könige bzw. Königinnen der parlamentarischen Monarchien besitzen heute nur noch die repräsentative Funktion eines Staatsoberhaupts.

Kommunismus Oberbegriff für eine Ideologie und für die auf ihr beruhenden Herrschaftssysteme; leitet sich von lat. communis: gemeinschaftlich ab. Die kommunistische Lehre ist der Entwurf einer utopischen Gesellschaftsordnung, in der die gleichen Lebensverhältnisse für alle herrschen. Der Marxismus sah in der Arbeiterklasse das Instrument zur Realisierung des K. In der politischen Praxis des 20. Jh. endeten alle kommunistischen Herrschaftssysteme in menschenverachtenden und opferreichen Diktaturen (vgl. Stalinismus und Maoismus).

Konflikt Grundbegriff der Politik und der Soziologie: „Zusammenstoß" bzw. Gegensatz von Meinungen, Interessen, Parteien, Organisationen usw. Konflikte stellen eine Konstante des menschlichen Zusammenlebens dar. Gesellschaften unterscheiden sich lediglich dadurch, wie tiefgreifend die Konflikte sind und wie mit ihnen umgegangen wird. Die pluralistische Demokratie lebt von der offenen Konfliktaustragung in den gesetzlichen Bahnen. Sie unterscheidet sich dadurch von Diktaturen aller Art.

Konservatismus/Konservativismus Politische Ideologie bzw. Grundhaltung, die den Schwerpunkt auf das Bewahren legt. Der K. betont mehr die Kontinuität als die Veränderung, lehnt daher revolutionäre Veränderungen ab und achtet auf die Aufrechterhaltung bewährter Institutionen. Der K. grenzt sich vom Liberalismus, Sozialismus, Kommunismus und Nationalsozialismus ab. Der Bedeutungsinhalt des konservativen Denkens ist abhängig vom historisch-politischen Zusammenhang, in dem es steht.

Legalität, abgeleitet von lat. lex: Gesetz, ist ein juristischer Begriff. Er bezieht sich auf die Gesetzmäßigkeit, z. B. einer Handlung. Er sagt nichts über deren Qualität aus.

Legitimation heißt „Berechtigung". In der Politik geht es um die Berechtigung von Herrschaft. L. kann durch Geburt erworben werden (z. B. in einer Erbmonarchie) oder auch durch das Charisma. Die L. in der Demokratie kommt durch die Einhaltung von bestimmten verfassungsmäßig festgelegten Regeln zustande. Die demokratische Regierung legitimiert sich letztlich durch die Zustimmung der Mehrheit in freier Wahl, in der die Souveränität des Volkes zum Ausdruck kommt.

Legitimität Der Begriff überschneidet sich mit dem der Legitimation. Während diese formaler Natur ist, verweist L. auf Rechtmäßigkeit in einem höheren Sinne. Die allgemeine Überzeugung von L. unterliegt einem historischen Wandel. Noch im 19. Jh. bezog sich L. auf den Monarchen „von Gottes Gnaden". In der Gegenwart hat sich das demokratische Prinzip als Grundlage der L. in weiten Teilen der Welt durchgesetzt.

Leibeigenschaft bezeichnet die grundherrschaftliche Abhängigkeit, auch Hörigkeit genannt, wobei der Grad der Abhängigkeit sehr unterschiedlich sein konnte. Im Unterschied zum Sklaven, der rechtlich einem materiellen Gut entsprach, besaß der Leibeigene des Mittelalters eine Rechtsqualität als Mensch. Seine Freiheit war allerdings eingeschränkt durch Arbeits- und Abgabezwang, Mobilitätsverbot und Heiratsbeschränkungen.

Leninismus Oberbegriff für politische und wirtschaftliche Ideen und Herrschaftspraktiken, die auf Lenin, den Begründer der Sowjetunion, zurückgehen. Im Unterschied zum Marxismus hielt Lenin die proletarische Revolution auch in einem wirtschaftlichen rückständigen Land (wie Russland) für machbar. Diesem Zweck diente die leninistische Partei. Diese zahlenmäßig kleine Partei von Berufsrevolutionären sollte die Arbeiterklasse führen. Nach der Revolution erfolgte im Schutz der Diktatur des Proletariats der Aufbau des sozialistischen Staates.

Liberalismus Politische Grundströmung der modernen Welt, die den Schwerpunkt auf die freie Entfaltung des Individuums legt. Abgeleitet von lat. liber: frei, stellt die Ideologie des L. die Basis für die Demokratie des 20 Jh. dar. Das Eingreifen des Staates wird vom L. entweder ganz abgelehnt oder auf das als notwendig Erachtete begrenzt. Das gilt nicht nur politisch, sondern auch wirtschaftlich. Der L. ist die ideelle Grundlage für die freie Marktwirtschaft (Wirtschaftsliberalismus).

Links (Extremismus) ist ein Ausdruck der „politischen Geografie", der nur eingeschränkt sachlich verwendbar ist und oft der politischen Meinungs- und Werbesprache zugerechnet werden muss. Ursprünglich eine Bezeichnung der parlamentarischen Sitzordnung umfasst „links" allgemein alle politischen Strömungen mit sozialistischer Ausrichtung. Das linke politische Spektrum war und ist äußerst vielfältig und reicht vom revolutionären Leninismus bis zur modernen Sozialdemokratie. Als linksextremistisch bezeichnet man heute linke Gruppierungen, die die freiheitlich demokratische Grundordnung bekämpfen.

Machiavellismus Diese Bezeichnung geht auf den frühneuzeitlichen florentinischen Diplomaten Niccoló Machiavelli zurück. Dieser entwarf ein Bild von der Politik, demzufolge der Staat seine Macht ohne Rücksicht auf sittliche Gebote einsetzen dürfe. M. steht allgemein für politische Skrupellosigkeit.

Macht Grundsätzlich stellt sich M. immer in Form einer Beziehung dar. Nach einer Definition des Soziologen Max Weber bedeutet M. die Fähigkeit, den eigenen Willen auch gegen Widerstreben durchzusetzen.

Maoismus ist neben dem Leninismus eine weitere geschichtlich bedeutende Variante des Kommunismus. Der Begriff leitet sich vom chinesischen Revolutionär Mao Zedong ab, der im Unterschied zum Marxismus in den Bauern die Akteure der Revolution sah. Maos Vision von der revolutionären Umgestaltung der Gesellschaft kostete vielen Millionen Menschen das Leben.

Marxismus stellt die wichtigste Ideologie im Rahmen des Sozialismus dar. Im Verlaufe des 19. und 20. Jh. hat sich eine Vielzahl von politischen Richtungen herausgebildet, die sich auf Marx beziehen.
M. ist also ein Sammelbegriff für gesellschaftspolitische Lehren, die entweder auf Marx und Engels selbst zurückgehen oder von ihren Interpreten stammen. Der M. bietet eine Kritik der kapitalistischen Gesellschaft und entwirft ein Szenario der proletarischen Revolution mit anschließender Errichtung der kommunistischen Gesellschaftsordnung.

Menschenrechte Die Idee der M. wurzelt in der Auffassung, dass das Individuum natürliche und unveräußerliche Rechte besitzt. Diese so gen. Grundrechte werden nicht hoheitlich (z. B. vom Staat) verliehen, sondern sie sind jeder Person kraft ihrer Geburt eigen. Seit der amerikanischen und französischen Revolution im ausgehenden 18. Jahrhundert gehören das Bekenntnis zu den M. und Grundrechtskataloge zu den Verfassungen demokratischer Rechtsstaaten.

Migration bezeichnet Wanderungsbewegungen, wobei man zwischen Immigration und Emigration differenziert. Menschheitsgeschichtlich war M. vor der Sesshaftigkeit der Normalfall. Heute ist die Migrationspolitik in vielen Ländern Gegenstand politischer Kontroversen, die sich um Asyl, Arbeitsplätze, Überfremdung, kulturelle Identität und soziale Leistungen drehen.

Monarchie Staatsform, in der ein Fürst als Landesherr Träger der Souveränität ist. Man unterscheidet zum einen die absolute M. bzw. Autokratie, in der der Fürst die Gewalt uneingeschränkt inne hat, zum anderen die konstitutionelle M., in der die Fürstenherrschaft durch die Verfassung beschränkt ist. Der Monarch bleibt aber Träger der Staatsgewalt. Erst die parlamentarische M. siedelt die Staatsgewalt beim Volk an und überlässt dem Monarchen lediglich noch eine repräsentative Funktion.

Nation Ursprünglich bezog sich der Begriff auf die „in einem Land geborenen Menschen". Abstammung, Geschichte, Sprache und Kultur bilden das Fundament für das Bewusstsein der Zusammengehörigkeit (Nationalbewusstsein). Das Werden einer N. bedeutet demzufolge immer auch die Abgrenzung nach außen. Der moderne Begriff der N. betont weniger die Kultur als den Willen, eine politische Einheit (Staat) zu formen.

Nationalismus Mächtige Ideologie bzw. politische Bewegung, die die Interessen der eigenen Nation in übersteigerter, oft militanter Weise vertritt. Der N. und mehr noch der Chauvinismus leugnen die Gleichwertigkeit von Nationen, verursachen Konflikte und sind Bestandteil von aggressiven Ideologien (z. B. Nationalsozialismus).

Nationalsozialismus Damit bezeichnet man gleichermaßen die Ideologie und das Herrschaftssystem des 3. Reiches. Der N. deckt sich bedeutungsmäßig wesentlich mit dem Faschismus und ist wie dieser eine totalitäre Diktatur mit einem Führer an der Spitze. Im Unterschied zu anderen faschistischen Staaten akzentuierte der N. den Rassismus und Antisemitismus. Der Genozid an den Juden war ein speziell nationalsozialistisches Programm.

Oligarchie, griech. „Herrschaft der Wenigen", ist eine Form der Herrschaft, die auf Großorganisationen oder Staaten bezogen sein kann. Oligarchien können sich aus Offizieren, Wirtschaftsführern und Parteifunktionären zusammensetzen. In den meisten Ländern des ehemaligen Ostblocks bildete sich eine oligarchische Herrschaft durch die kommunistische Parteiführung.

Opposition Sehr weitläufiger Begriff für eine Gegnerschaft bzw. für den Widerstand gegen staatliche Maßnahmen. Eine politische Herrschaft kann danach beurteilt werden, wie sie mit der O. umgeht. Das Recht auf O. ist ein Teil der freiheitlich demokratischen Grundordnung.

Parlament Das moderne Parlament stellt das Kernstück des parlamentarischen Regierungssystems dar. Es setzt sich aus den Repräsentanten des Volkes zusammen. Im Rahmen der gewaltenteiligen Ordnung ist das P. für die Gesetzgebung (einschließlich Budget) und die Kontrolle der Regierung zuständig. Das deutsche Parlament heißt Bundestag. Außerdem gibt es die Parlamente der einzelnen Bundesländer.

Parteien Moderne Parteien sind politische Vereinigungen, die sich an den Wahlen zu den Parlamenten beteiligen. P. umfassen Menschen mit ähnlichen Interessen und Weltanschauungen. Die deutsche Verfassung (das Grundgesetz) erkennt die Mitwirkung der P. an der politischen Willensbildung ausdrücklich an. Die Vielfalt der P. stellt ein Grundelement des Pluralismus dar. P. sind trotz mancher Kritik als Säulen der parlamentarischen Demokratie unentbehrlich. Einparteistaaten erweisen sich regelmäßig als Diktaturen.

Partizipation nennt man in der Politik allgemein die Teilnahme bzw. Teilhabe an Entscheidungen. Der Begriff steht in enger Beziehung zur Demokratisierung von Staat und Gesellschaft.

Pauperismus Begriff aus dem 19. Jh., der sich auf die massenhafte Armut in der Frühphase der Industrialisierung bezog. Der P. steht im Zusammenhang mit der sozialistischen Ideologie, die in ihm das Ergebnis der kapitalistischen Ausbeutung sah. Tatsächlich war der P. Ausgangspunkt für verschiedene Wege zur Lösung der Sozialen Frage (Sozialstaat).

Pazifismus Abgeleitet von lat. pax: Friede ist der P. eine Weltanschauung, die den Krieg, die Rüstung und alles Soldatische ablehnt. Die historische Erfahrung lehrt, dass der P. kaum geeignet ist, skrupellosen Diktaturen wirkungsvoll entgegenzutreten. Insofern liegt dem P. ein utopisches Menschenbild zugrunde.

Plebiszit ist die Abstimmung und Entscheidung unmittelbar durch das Volk selbst, d. h. ohne die Zwischenschaltung von Parlamenten. Die plebiszitäre (direkte) Form der Demokratie besitzt ihr Gegenmodell in der repräsentativen Demokratie.

Pluralismus Darunter versteht man in der Politik die grundlegende Anerkennung der Tatsache, dass es in jeder Gesellschaft eine Vielzahl von Meinungen, Interessen und folglich auch Organisationen und Parteien gibt. P. stellt einen notwendigen Aspekt einer jeden Demokratie dar. Die pluralistisch verfasste Gesellschaft steht im Gegensatz zu allen politischen Ordnungen, die eine Gesellschaft vereinheitlichen wollen (Diktatur, Totalitarismus).

Pogrom Das Wort stammt aus dem Russischen und bedeutet „Verwüstung". Es bezeichnet gewalttätige Ausschreitungen gegen Juden, deren Tötung und/oder Vertreibung. In jüngster Zeit wird bei offiziellen Anlässen für die so genannte Reichskristallnacht (9. Nov. 1938) der Begriff Reichspogromnacht verwendet.

Politik Der Ausdruck stammt aus dem Griechischen und leitet sich aus der Polis (griech. Stadt) ab. Im Stadtstaat der griechischen Antike wurde gewissermaßen die P. „erfunden" und später als „Staatskunst" verallgemeinert. Politische Fragen sind Machtfragen, wobei man zwischen einem engeren Politikbegriff (Staat) und einem weiteren Politikbegriff (Gesellschaft) unterscheiden kann. P. in einem weiteren Sinne beeinflusst heute tendenziell alle Lebensbereiche.

Prinzipat bezeichnet das ältere römische Kaisertum. Sprachlich leitet sich P. von lat. princeps ab: derjenige, der die erste Stelle einnimmt. In der ersten Epoche der römischen Kaiserzeit blieben republikanische Institutionen erhalten. Später erfolgte im Dominat (von lat. dominus: Alleinherrscher) die Transformation zur absolutistischen Monarchie.

Proletariat Der Begriff leitet sich von lat. proles: Nachkommenschaft ab. In der römischen Geschichte erwies sich die unterste, zur Zahlung von Steuern nicht fähige Schicht als besonders zeugungsfreudig. Mit dem Wort „Proleta-rier" bezeichnete man im 19. Jh. Leute, die zwar ihren Lebensunterhalt selbst verdienten, aber nur am Existenzminimum leben konnten. In der marxistischen Lehre wurde aus den armen und ausgebeuteten Lohnarbeitern (Arbeiterklasse) das Subjekt der sozialistischen Revolution.

Propaganda ist die Verbreitung von Meinungen, Ideologien und Glaubensinhalten. Sie dient als Herrschaftstechnik der Überredung bzw. Überzeugung von Menschen. Die technischen Instrumentarien des 20. Jh. haben die Möglichkeiten der P. erheblich erweitert. P. kann sowohl der Zerstörung bestehender Ordnungen als auch zu deren Stabilisierung dienen.

Putsch („Stoß", „Handstreich") Es handelt sich um ein illegales Unternehmen, das den Sturz der Regierung bezweckt. Meist ausgeführt durch eine kleine Gruppe (z. B. von Militärangehörigen) zielt der P. zunächst nicht auf eine tiefgreifende Umformung der Gesellschaft (vgl. Revolution), sondern auf den Austausch der politischen Führung (Elite).

Radikalismus Abgeleitet von lat. radix: Wurzel besitzt das Wort eine erhebliche Bedeutungsbreite. Positiv gewendet heißt „radikal" so viel wie gründlich, negativ aber kompromisslos, intolerant sowie extrem (vgl. Links- und Rechtsextremismus). R. ist Teil der politischen Meinungssprache und muss im jeweiligen Zusammenhang untersucht werden.

Rassismus ist eine biologistische Ideologie, die die Qualität eines Menschen nach seiner rassischen Zugehörigkeit bewertet. Der R. leugnet das Gleichheitspostulat und legitimiert Diskriminierung und aggressive Handlungen gegenüber fremden, andersartigen Menschen. Die Rassenideologie, auch in der Form des Antisemitismus, wurde im 3. Reich durch den Nationalsozialismus zum Rassenkampf gesteigert und zum Ausgangspunkt für den Völkermord.

Reaktion Im Unterschied zum naturwissenschaftlichen Sprachgebrauch wird der Begriff R. in der Politik manchmal nicht wertneutral gebraucht. Er drückt dann eine politische Meinung aus und bedeutet „Rückschritt", dessen Feststellung eine Sache des Standpunkts ist. Der abgeleitete Begriff „reaktionär" besitzt einen ausgeprägt abwertenden Sinn. Im 19. Jh. bezeichnete man auf diese Weise jene konservativen politischen Kräfte, die die Verbreitung des Liberalismus und Nationalismus verhindern wollten.

Recht ist ein hochabstrakter Begriff, der bestimmte Normen zu dem Zweck umfasst, das Zusammenleben von Menschen zu regeln. Je nach Geltungsbereich kann man das R. einzelner Staaten unterscheiden. R. kann in geschriebener oder ungeschriebener Form existieren. Es ist aber in jedem Fall überindividuell. Die Rechtswissenschaft unterscheidet vier Funktionen des Rechts:
1. Ordnungsfunktion
2. Gerechtigkeitsfunktion
3. Herrschaftsfunktion
4. Herrschaftskontrollfunktion

In modernen Gesellschaften findet die Rechtsverbindlichkeit ihren Ausdruck im Gesetz. Aus der politischen Perspektive sind Rechtsfragen Machtfragen (vgl. Macht, Gesetz).

Rechts (Extremismus) Als Teile der „politischen Geografie" ergänzen sich „rechts" und „links" spiegelbildlich. Im allgemeinen politischen Sprachgebrauch ist „rechts" ein Sammelbegriff für rechtsliberale, konservative, autoritäre oder neonazistische politische Strömungen – in der meinungsbetonten Alltagssprache oft undifferenziert benutzt. Der Rechtsextremismus bekämpft die freiheitlich demokratische Grundordnung und stützt sich dabei im Wesentlichen auf den Nationalismus und den Rassismus.

Rechtsstaat Er entwickelte sich im Zusammenhang mit dem Kampf des Liberalismus gegen die absolutistische Monarchie. Historisch-politisch stellt der R. den Gegenbegriff zu Diktatur und Despotie dar.
Die Rechtsstaatlichkeit der Bundesrepublik Deutschland erweist sich in der Rechtssicherheit, der Freiheitsgarantie, der Gleichheit vor dem Gesetz und in der Gewaltenteilung.

Regierung ist allgemein die Leitung eines Staates. In der gewaltenteiligen Ordnung des demokratischen Verfassungsstaates stellt sie die Spitze der Exekutive dar. Dabei steht die R. unter der Kontrolle durch die Gesellschaft, insbesondere aber durch die parlamentarische Opposition.
Regierungen lassen sich dahingehend unterscheiden, wie sie in ihr Amt gekommen sind (Legalität, Legitimität).

Repräsentation bedeutet zunächst „Stellvertretung" und bildet einen Mechanismus, um die demokratischen Entscheidungen in einer größeren territorialen Einheit zu organisieren. Die von der Basis ausgewählten Repräsentanten kommen im Parlament an Stelle des gesamten Volkes zusammen. Deutschland besitzt heute die Form einer repräsentativen Demokratie. Die Abgeordneten besitzen ein freies Mandat, d. h. sie sind an Aufträge nicht gebunden (Gegensatz: imperatives Mandat).

Republik Von lat. res publica: öffentliche Angelegenheit abgeleitet, wurde R. früher oft mit „Volksherrschaft" gleichgesetzt. Im aktuellen Sprachgebrauch ist R. eine Staatsform ohne monarchische Spitze. Die Bezeichnung eines Staates als R. gibt keine Auskunft über die Art und Weise der Regierung.

Restauration („Wiederherstellung") wurde und wird in ganz verschiedenen Zusammenhängen benutzt. R. dient u. a. zur Bezeichnung einer Epoche in der ersten Hälfte des 19. Jh., als im Zeichen des Konservativismus jene politische Ordnung „restauriert" wurde, die durch die Französische Revolution destabilisiert worden war.

Revolution Im Gegensatz zu Evolution mit ihren Reformen bezeichnet R. eine tiefgreifende, meistens schnell (und oft gewaltsam) ablaufende Veränderung der Verhältnisse. Ursprünglich als Rückkehr (lat. revolutio) zum alten Recht verstanden, betont der moderne Revolutionsbegriff den sozialen Fortschritt und die politische Weiterentwicklung. Je nach dem gesellschaftlichen Träger der R. lassen sich z. B. bürgerliche, proletarische, bäuerliche, nationale und religiös-fundamentalistische Revolutionen unterscheiden.

Ritter In der römischen Republik Bezeichnung für den wohlhabenden Stand der Reiter. Im Mittelalter bildeten die R. den Geburtsstand des niederen Adels. Ihr Rang ergab sich aus dem Besitz und dem vollen Waffenrecht. Die politische Position der R. änderte sich in der Frühen Neuzeit, als die reichsunmittelbaren R. der fürstlichen Landeshoheit unterworfen wurden.

Schicht Grundbegriff der Soziologie, der zur Erfassung der vertikalen Gliederung der Gesellschaft dient. Im Unterschied zur Kaste, zum Stand und zur Klasse werden Schichten durch eine Vielzahl gemeinsamer Merkmale definiert: z. B. Einkommen, Besitz, Bildung, Beruf, Beziehungen. Die

Abgrenzungen zwischen den einzelnen Schichten sind nicht eindeutig vorzunehmen. Im Schichtenmodell der Gesellschaft wird die Durchlässigkeit bzw. die Mobilität der Gesellschaftsmitglieder hervorgehoben.

Souveränität Im alltäglichen Sprachgebrauch bedeutet S. den Besitz einer Überlegenheit. Seit dem 16. Jh. ist S. ein Begriff des Völker- und Staatsrechts. Die S. als höchste Herrschaftsgewalt eines Staates drückt sich nach außen durch die Unabhängigkeit (von anderen Staaten) aus, nach innen durch die oberste Gerichtskompetenz.
Seit dem Ende des 2. Weltkriegs wird die traditionelle S. der Staaten zusehends untergraben. Immer mehr staatliche Entscheidungen fallen im Rahmen von zwischenstaatlichen bzw. überstaatlichen Institutionen (EU, NATO, UNO usw.).

Sozialdarwinismus orientiert sich an der Abstammungslehre von Charles Darwin und dessen Selektionsideen („survial of the fittest"). Der S. übertrug das biologische Prinzip vom Tierreich auf die menschlichen Gesellschaften. Diese im 19. Jh. weit verbreitete Ideologie machte sich der Nationalsozialismus zu eigen, um seine Kriegspolitik zu legitimieren.

Sozialismus Abgeleitet von lat. socialis: gesellig dient S. als Oberbegriff für eine Vielzahl von z. T. sehr unterschiedlichen Theorien und Ideen, die alle im Zusammenhang mit der Revolutionierung oder reformerischen Umgestaltung der kapitalistischen Gesellschaftsordnung stehen. Die wichtigste Lehre im Zusammenhang mit dem S. stellt der Marxismus dar.
Als gesellschaftlicher Träger des S. gilt die Arbeiterklasse. Im 20. Jahrhundert hat sich die sozialistische Bewegung weit aufgefächert und reicht von der Sozialdemokratie bis zum Leninismus und Maoismus.

Sozialstaat Im Unterschied zum Staatsverständnis des 19. Jh. („Nachtwächterstaat") verpflichtet das Grundgesetz des Staat zur aktiven Herstellung eines Mindestmaßes an sozialem Ausgleich. Die konkrete Ausgestaltung des Sozialstaats, das Ausmaß der Umverteilung unterliegt dem gesellschaftlichen Wandel und wird politisch kontrovers diskutiert.

Staat ist eine Institution der modernen Gesellschaft, die in sehr unterschiedlicher Form existieren kann (Monarchie, Republik). Der klassische S. definiert sich nach außen durch seine Souveränität und nach innen durch das Gewaltmonopol. Im freiheitlich-demokratischen S. ist die Staatsgewalt geteilt, um Machtmissbrauch zu verhindern. S. und Gesellschaft stehen sich dabei als zwar unterschiedliche, aber sich gegenseitig durchdringende Funktionsfelder gegenüber.

Ständestaat Der S. existierte in den meisten europäischen Ländern vom Mittelalter bis ins 18. Jh. Er beruhte auf der Gliederung der Gesellschaft in Stände. Die Stände (in der Regel Adel, Geistlichkeit und Städte, sehr selten auch Bauern) waren neben dem Monarchen an der Ausübung der Staatsgewalt beteiligt. Der Absolutismus versuchte den Einfluss der Stände zurückzudrängen.

Stalinismus umfasst sowohl die Ideologie als auch die Herrschaftspraktiken, die sich mit der Diktatur Stalins verbinden. Der S. stellt die blutigste, gewalttätigste Phase in der Geschichte der Sowjetunion dar (1928-1953). In dieser Zeit nahmen Staatswillkür, Terror, Deportationen und Personenkult extreme Formen an.

Stand Stände stellen sozial und rechtlich abgeschlossene Gruppen innerhalb einer hierarchischen Gesellschaftsordnung dar. Vormoderne Gesellschaften waren ständisch aufgebaut, wobei sich die Zugehörigkeit aus der Geburt oder dem Beruf ergab. Das klassische Ständemodell des Mittelalters unterschied zwischen Klerus, Adel und Bauern (bzw. Bürgern). Die neuzeitliche Wirtschaftsentwicklung hat die Stände zugunsten moderner Schichten aufgelöst.

Status In der Politik bedeutet S. allgemein einen Zustand. Der soziologische S. bezeichnet hingegen die soziale Lage eines Menschen im Rahmen der Schichtung. Der Rang bzw. die Position einer Person ergibt sich aus der Differenzierung bestimmter Merkmale: Beruf, Amt, Bildungsabschluss, Besitz, Einkommen, Konsum (Statussymbole). Die Statuszuweisung unterscheidet sich je nach Art der Gesellschaft.

Strukturwandel Moderner Begriff für die gesellschaftlichen, wirtschaftlichen und allgemein menschlichen Veränderungen als Folge von technischen Innovationen. In jüngster Zeit hat der S. durch die Einführung neuer Informationstechnologien eine zunehmende Beschleunigung erfahren. Die technische Revolution erweist sich als stärkster Motor für die Neustrukturierung der Arbeit, der Produktion, der Bildung, der Freizeitgestaltung und des Konsums.
Eine Begleiterscheinung des modernen Strukturwandels ist die Globalisierung.

Timokratie Bei der T. („Herrschaft der Vermögenden") handelt es sich um eine Herrschaftsform, bei der die politischen Rechte entsprechend dem Besitz oder der Steuerleistung abgestuft sind. Das Zensuswahlrecht, z. B. auch in der Form des preußischen Dreiklassenwahlrechts, entsprach dem timokratischen Herrschaftsverständnis. Bis zur Durchsetzung des gleichen Wahlrechts im 20 Jh. gab es durchweg Einschränkungen hinsichtlich der Wahlberechtigung.

Totalitarismus ist eine Form der Herrschaft, die die lückenlose Erfassung des Individuums anstrebt. Der Begriff selbst stammt aus den vierziger Jahren des 20. Jh. und diente der Politikwissenschaft zur Erfassung der Gemeinsamkeiten zwischen stalinistischen und faschistischen Diktaturen. Die totalitäre Diktatur macht systematischen Gebrauch von den technisch-operativen Herrschaftsinstrumenten des 20. Jh.

Tyrannei (Tyrannis) Herrschaftsform, die sich von griech. tyrannos: Herr, Alleinherrscher ableitet und heute die Bedeutung von Gewalt- oder Willkürherrschaft hat. In der griechischen Staatslehre galt die T. als Entartung der Monarchie. Der Tyrannenmord war in der Geschichte durchweg als legitime Form des Widerstandes anerkannt.

Utopie ist wörtlich der Ort, der nicht existiert. Der Begriff bezieht sich auf einen Roman des englischen Kanzlers Thomas Morus (16. Jh), in dem ein Staats- und Wirtschaftsideal dargestellt wird. Utopische Entwürfe enthalten neben ihrer weltverbesserischen Substanz eine Kritik an herrschenden Zuständen. Sie können auch warnende Komponenten enthalten.

Verbände organisieren wirtschaftliche, berufliche, kulturelle oder andere Interessen im Rahmen der pluralistischen Ordnung. V. nehmen im Unterschied zu modernen Volksparteien klar abgrenzbare Interessen ihrer Mitglieder wahr und vertreten diese nach außen: gegenüber der Regierung, den Parteien und den konkurrierenden Organisationen. Das Wirken der Verbände ist grundgesetzlich geschützt und stellt ein wesentliches Element der freiheitlichen Ordnung dar.

Verfassung In der V. wird die Grundordnung eines Staates fixiert. In ihr werden u. a. die Grundrechte der Bürger, die Staatsziele und die Formen und Grenzen staatlichen Handelns festgelegt. Verfassungen müssen notwendigerweise allgemein formuliert sein, so dass sich Spielräume eröffnen, die in der politischen Praxis geschlossen werden. Die Verfassungsgeschichte verlief weitgehend deckungsgleich mit der Herausbildung des bürgerlichen Rechtsstaates. Die V. der Bundesrepublik heißt Grundgesetz. Dessen Wesenskern ist als freiheitlich demokratische Grundordnung definiert.

Volkssouveränität In der Kombination von Souveränität und Volk ist dieser Begriff bedeutungsgleich mit Demokratie: Die Herrschaftsgewalt liegt letztlich beim Volk.

Widerstand Sehr allgemeiner Begriff für alle Maßnahmen und Handlungen, die gegen die Regierung oder die Staatsgewalt gerichtet sind. W. muss auf seine Legitimität hin im Einzelnen geprüft werden. Als Folge der nationalsozialistischen Diktatur sieht das Grundgesetz ein Widerstandsrecht für den Fall vor, dass die freiheitlich demokratische Grundordnung beseitigt werden soll.

Weiterführende Literatur

Kapitel 1: Einführung in die Geschichte

Peter Burke, Offene Geschichte, Die Schule der „Annales", Berlin 1991

Etienne François, Hagen Schulze, Deutsche Erinnerungsorte I-III, München 2001

Hans-Jürgen Goertz (Hg.), Geschichte, Ein Grundkurs, Reinbek 2001

Matthias Peter, Hans-Jürgen Schröder, Einführung in das Studium der Zeitgeschichte, Paderborn 1994

Winfried Schulze, Deutsche Geschichtswissenschaft nach 1945, München 1993

Volker Sellin, Einführung in die Geschichtswissenschaft, Göttingen 2001

Kapitel 2: Griechenland

Jochen Bleicken, Die athenische Demokratie, Paderborn 1995

Werner Dahlheim, Die Antike, Griechenland und Rom, Paderborn 2001

Hans-Joachim Gehrke, Kleine Geschichte der Antike, München 1999

Fritz Gschnitzer, Griechische Sozialgeschichte, Wiesbaden 1981

Christian Meier, Athen, Ein Neubeginn der Weltgeschichte, Berlin 1995

Guy Rachet, Lexikon der griechischen Welt, Darmstadt 1999

Kapitel 3: Rom - vom Stadtstaat zum Weltreich

Géza Alföldy, Römische Sozialgeschichte, Wiesbaden 1984

Klaus Bringmann, Römische Geschichte, München 1995

Karl Christ, Die Römische Kaiserzeit, Von Augustus bis Diokletian, München 2001

Jean Claude Fredouille, Lexikon der römischen Welt, Darmstadt 1999

Manfred Fuhrmann, Rom in der Spätantike, Düsseldorf 1998

Hans-Joachim Gehrke, Helmuth Schneider (Hg.), Geschichte der Antike, Ein Studienbuch, Stuttgart, Weimar 2000

Frank Kolb, Rom, Die Geschichte der Stadt in der Antike, München 2002

Wolfgang Will, Der römische Mob, Soziale Konflikte in der späten Republik, Darmstadt 1991

Kapitel 4: Das Mittelalter

Klaus Bergdolt, Der Schwarze Tod in Europa, Die große Pest und das Ende des Mittelalters, München 1994

Jörgen Bracker, Volker Henn, Reiner Postel, Die Hanse, Lebenswirklichkeit und Mythos, Lübeck 1999

Hartmut Boockmann, Stauferzeit und spätes Mittelalter, München 1994

Peter Dinzelbacher (Hg.), Europäische Mentalitätsgeschichte, Stuttgart 1993

Horst Fuhrmann, Überall ist Mittelalter, München 1996

Jacques LeGoff, Der Mensch des Mittelalters, Frankfurt/M., New York 1990

Dieter Hägermann (Hg.), Das Mittelalter, Die Welt der Bauern, Bürger, Ritter und Mönche, München 2001

Hans K. Schulze, Hegemoniales Kaisertum, Ottonen und Salier, Berlin 1991

Georg Schwaiger, Mönchtum, Orden, Klöster, Ein Lexikon, München 1993

Ferdinand Seibt, Glanz und Elend des Mittelalters, München 1999

Kapitel 5: Frühe Neuzeit

Peter Blickle, Die Reformation im Reich, Stuttgart 2000

Peter Blickle, Der deutsche Bauernkrieg, Stuttgart 1995

Richard van Dülmen, Kultur und Alltag in der Frühen Neuzeit, 3 Bde., München 1999

Richard van Dülmen, Die Entdeckung des Individuums 1500-1800, Frankfurt/M. 1997

Brian P. Levack, Hexenjagd, Geschichte der Hexenverfolgungen in Europa, München 1995

Bernd Möller, Deutschland im Zeitalter der Reformation, Göttingen 1999

Herfried und Marina Münkler, Lexikon der Renaissance, München 2000

Heinz Schilling, Aufbruch und Krise, Deutschland 1517-1648, München 1998

Kapitel 6: Das Zeitalter des Absolutismus

Günter Barudio, Der Teutsche Krieg 1618-1648, München 1998

Peter Burke, Ludwig XIV., Die Inszenierung des Sonnenkönigs, Frankfurt/M. 1995

Richard van Dülmen, Entstehung des frühneuzeitlichen Europa, Frankfurt/M. 2000

Richard van Dülmen, Die Gesellschaft der Aufklärer, Frankfurt/M. 1996

Sebastian Haffner, Preußen ohne Legende, Hamburg 1998

Ulrich im Hof, Das Europa der Aufklärung, München 1993

Johannes Kunisch, Absolutismus, Stuttgart 1999

Heinz Schilling, Höfe und Allianzen, Deutschland 1648- 1763, München 1998

Werner Schneider (Hg.), Lexikon der Aufklärung, München 1995

Rudolf Vierhaus, Deutschland im Zeitalter des Absolutismus (1638-1763), Göttingen 1985

Peter Wende, Die Englische Revolution, in: dgl., Große Revolutionen der Geschichte, München 2000

Kapitel 7: Die Vereinigten Staaten von Amerika

Willi Paul Adams, Die USA vor 1900, Frankfurt/M. 2000

Willi Paul Adams u.a. (Hg.), Länderbericht USA I und II, Frankfurt/M., New York 1999

Horst Dippel, Die Amerikanische Revolution 1763-1787, Frankfurt/M. 1985

Hans R. Guggisberg, Geschichte der USA, Stuttgart 2001

Jürgen Heideking, Geschichte der USA, Tübingen und Basel 1996

Jürgen Heideking (Hg.), Die amerikanischen Präsidenten, München 1995

Emil Hübner, Das politische System der USA, München 2001

Gert Raeithel, Geschichte der nordamerikanischen Kultur, Bd. 1, Vom Puritanismus bis zum Bürgerkrieg (1600-1860), Weinheim und Berlin 1987

Hermann Wellenreuther, Die Amerikanische Revolution, in: Peter Wende (Hg.), Große Revolutionen der Geschichte, München 2000

Arbeitstechniken und Methoden

P. Borowsky, B. Vogel, H. Wunder, Einführung in die Geschichtswissenschaft I, Opladen 1989 (5. Auflage)

A. von Brandt, Werkzeug des Historikers, Stuttgart 1998 (15. Auflage)

E. Haberkern, J. F. Wallach, Hilfswörterbuch für Historiker, 2 Teile, Tübingen, Basel 1995

M. Peter, H.J. Schröder, Einführung in das Studium der Zeitgeschichte, Paderborn 1994

V. Sellin, Einführung in die Geschichtswissenschaft, Göttingen 2001 (2. Auflage)

Register

Register

Register

Bildnachweis

Agence Photographique de la Reunion des Musées Nationaux, Paris: 159 M11
Albertina, Wien: 277 M3
American Academy in Rome/Fototeca Unione: 124 M9
Archiv der Hansestadt Lübeck: 247 M3
Archives Prehistoric Europe, H. Meyer, Tapfheim: 143 M1
akg-images, Berlin: Titel o. + u., 12 o.li., Mi.re. + u.li., 25 M3, 32, 34 M1, 47 o., 52, 79 M2, 85 M4, 86, 89 M2, 109 M5, 111 M1 (2), 131 M4, 137 M1, 145 M1, 148 M6, 149 M8, 169 M2, 174 M6, 178 M14, 181, 185 M2, 187 M3, 192 M5, 199 M2, 201 o., 204 M13, 205 M1, 209 M3, 210 M6, 211 M9, 212 M1, 216 M8, 227 M5, 229 M1, 237 M8, 258, 260 M1, 261 M2, 262 M3, 264 M5, 273 M17, 287 o., 288 M2, 291, 292 u., 300 M1, 303 M1, 306 M4 + M6, 307 M8, 311, 313 M1, 315 M3 (4), 324, 330, 335 M3, 345, 348, 349 M2, 350 M3, 356 M10, 357 M12, 360, 361 M1, 362, 374 M6, 376 (3), 377, 391 M3, 393 M5, 396 u., 402 u., 410 M4 (E. Lessing), 415 M7
Artbox, Bremen: 126
Askani, B., Schwetzingen: 75 M1
Baaske Cartoons, Müllheim: 9 (F. Behrendt)
Bayerische Staatsbibliothek, München: 198 M1 (Clm. 4456), 225 M2 (Clm. 15710 fol. 60 u.)
Bayerisches Nationalmuseum, München: 233 M3
Bevilaqua, C.: 68 M1
Biblioteca Vaticana: 156 M3, 202 M7
Bibliothèque municipale de Dijon: 224 M1
Bibliothèque Nationale de France, Paris: 173 M5, 179 M15, 320 M1
Bildarchiv Foto Marburg: 201 u.
Bildarchiv Preußischer Kulturbesitz, Berlin: 18 M8, 30 M2, 64, 69 M3, 73 M9, 77 (2), 125 M10 (2), 203, 219 M1, 221 M3, 245 M1, 292 M3, 296 M9, 308, 323 M4, 355 u.
Bilderberg, Hamburg: 13 u.re. (Th. Ernsting)
Brake, B./Lau, R., Auckland: 130 M2 li.
Bridgeman Art Library, London: 172 M4 (Corpus Christi College, Oxford), 336 (Giraudon)
British Museum London: 105
Commune di Roma: 122 M5
Deutsches Archäologisches Institut, Rom: 57 M2 (84.33000/Schwanke), 96 M4 (89.630/Anger), 113 M2 o. (32.144), 113 M2 u. (66.104/Koppermann)
Deutsches Schifffahrtsmuseum, Bremerhaven: 249 M8
Domkapitel, Aachen/A. Münchow: 158 M7, 409 M3
Eulenspiegel Verlagsgesellschaft, Berlin: 287 M1, 295 M8 (2), 411 M5
Germanisches Nationalmuseum, Nürnberg: 196 M12, 237 M7, 275 M1
Hellenic Republic Ministery of Culture, Athen: 66
Henn, R., Hennweiler: 386 M7
Herzog Anton Ulrich-Museum, Braunschweig: 278 M4 (B.-P. Kaiser)
Historisches Museum, Frankfurt/M.: 241
Jeiter, M. Morsenich: 194 M9
Jürgens Ost- und Europa-Photo, Berlin: 253 M4
Landschaftsverband Rheinland, Amt für Bodendenkmalpflege, Bonn 14 M1 a, 15 M2
Library of Congress, Washington: 393 M6
mauritius-images, Mittenwald: 6 (Matassa), 13 Mi.li. (Scholz), 35 M2 (Krautwurst)
Museum für Kunst und Kulturgeschichte der Hansestadt Lübeck: 222 M5
Museum zu Allerheiligen, Schaffhausen: 175 M8
National Martime Museum, Greenwich: 271 M13
Ny Carlsberg Glyptothek, Kopenhagen: 106 (O. Haupt)
Oberösterreichisches Landesmuseum, Linz: 19 M9
Österreichische Nationalbibliothek, Wien: 27 M6 (Cod. 2544, fol. 224 v), 177 M12
Punktum AG, Zürich: 218 M11 (4)
Rotheburg-Tourismus-Service: 238 M10
Sächsische Landesbibliothek, Deutsche Fotothek, Dresden: 120
Scala, Florenz: 37 M4
Staatliche Antikensammlung, München: 53 M2
Staatliche Museen Preußischer Kulturbesitz, Antikensammlung, Berlin: 76 o. (Chr. Begall)
Staatsbibliothek, Bamberg: 171 M3 (Msc. bibl. 59; 3R)
Staatsbibliothek zu Berlin, Preußischer Kulturbesitz: 209 M5, 342 M2, 355 o.
Stadtarchiv Braunschweig: 14 M1 b (D. Rixe)
Stadtmuseum Nördlingen: Titel Mi., 140
Transglobe Agency, Hamburg: 368
travelstock44.de: 30 M1
ullstein bild, Berlin: 375 (Granger Collection), 402 M7 (Archiv Gerstenberg)
Universitätsbibliothek, Heidelberg: 165 M8, 166 M10
© VG Bild-Kunst, Bonn 2006-05-22
Westermann Archiv: 58 M3, 82 M2, 213 M2, 322 M3, 372 M3, 379 M17
Zahlenbilder © Erich Schmidt Verlag, Berlin: 366 M1

alle übrigen Schaubilder und Karten: Westermann Kartographie/Technisch Graphische Abteilung, Braunschweig

Nicht in allen Fällen war es uns möglich, den Rechteinhaber ausfindig zu machen. Berechtigte Ansprüche werden selbstverständlich im Rahmen der üblichen Vereinbarungen abgegolten